速水 融
Hayami Akira

歴史人口学研究

新しい近世日本像

Historical Demography of Early-Modern Japan

藤原書店

「日本」の多様性

県別の女性平均初婚年齢

（明治 19 年・1886 年）

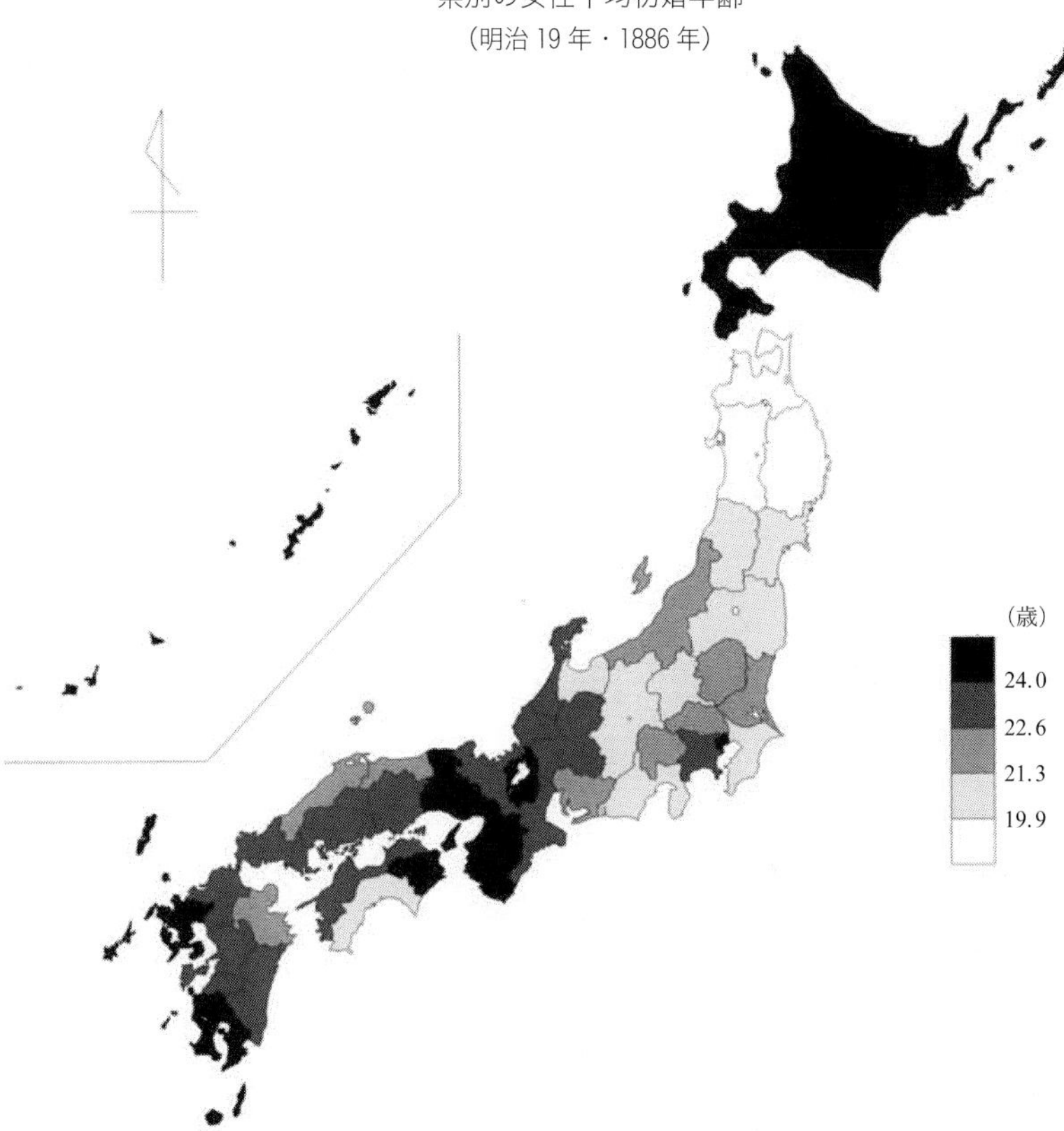

（注）『日本帝国民籍戸口表』のデータを元に作成。

▶富山県・長野県・静岡県（地質学上の「フォッサ・マグナ」）を境に、東西で平均初婚年齢は大きく異なる。明治期にはっきり確認できる、この地域差は、当然、江戸期から続いてきたものと考えられる。不十分ながらもこれまで得られた分析結果をまとめれば、地域ごとの人口・世帯構造の特徴は、おおよそ以下のようになる。

①**東北日本**　平均初婚年齢は低く、出産数は少ない。最終出産年齢は中央日本と比べて明らかに低い。出稼ぎ奉公は結婚後に行われたが、男子と女子を村やコミュニティにとどめておく手段だったとも考えられる。また奉公によって、全体として出産数は抑えられた。出生数が極めて少なく、家系継承のため、婿養子を迎えるケースも多い。

②**中央日本**　平均初婚年齢は東北日本に比べてかなり高いが、出生数は東北日本よりはるかに多い（最終出産年齢が高い）。出稼ぎ奉公は、東北日本とは対照的に、結婚以前の男女による。奉公先は都市で、一時的な労働移動でなく、帰村しないケースも多い。農村から都市（当時、都市は、農村よりも死亡率が高かった）への人口移動により、地域人口は全体として、内部のダイナミズムにも拘わらず、停滞する。

③**西南日本（主に東シナ海沿岸部）**　地域全体の人口は、江戸後期にも増加し続ける（1721-1846 年で約 20 % 増加、明治維新を主導した薩摩藩、長州藩、土佐藩の増加はとくに顕著）。これは、中央日本と異なり、地域全体の人口趨勢に影響を与えるような大都市が存在しなかったことによる（明治初期の都市人口比率は、近畿地方約 30 %、西南日本約 10 %）。中央日本と同じく平均初婚年齢は高いが、とくに東シナ海沿岸部では、離婚・再婚がタブー視されず、離婚・結婚の間の出産例、結婚前の妊娠例も見られる。出生数は中央日本よりやや多いが、婚外子の割合が高い。

カラフトの史料

「ショウニ　ヨリ　タラヱカ迄　北蝦夷地東西惣人別帳」（写本）

（文政 11 年・1828 年）
〔函館市立図書館所蔵〕

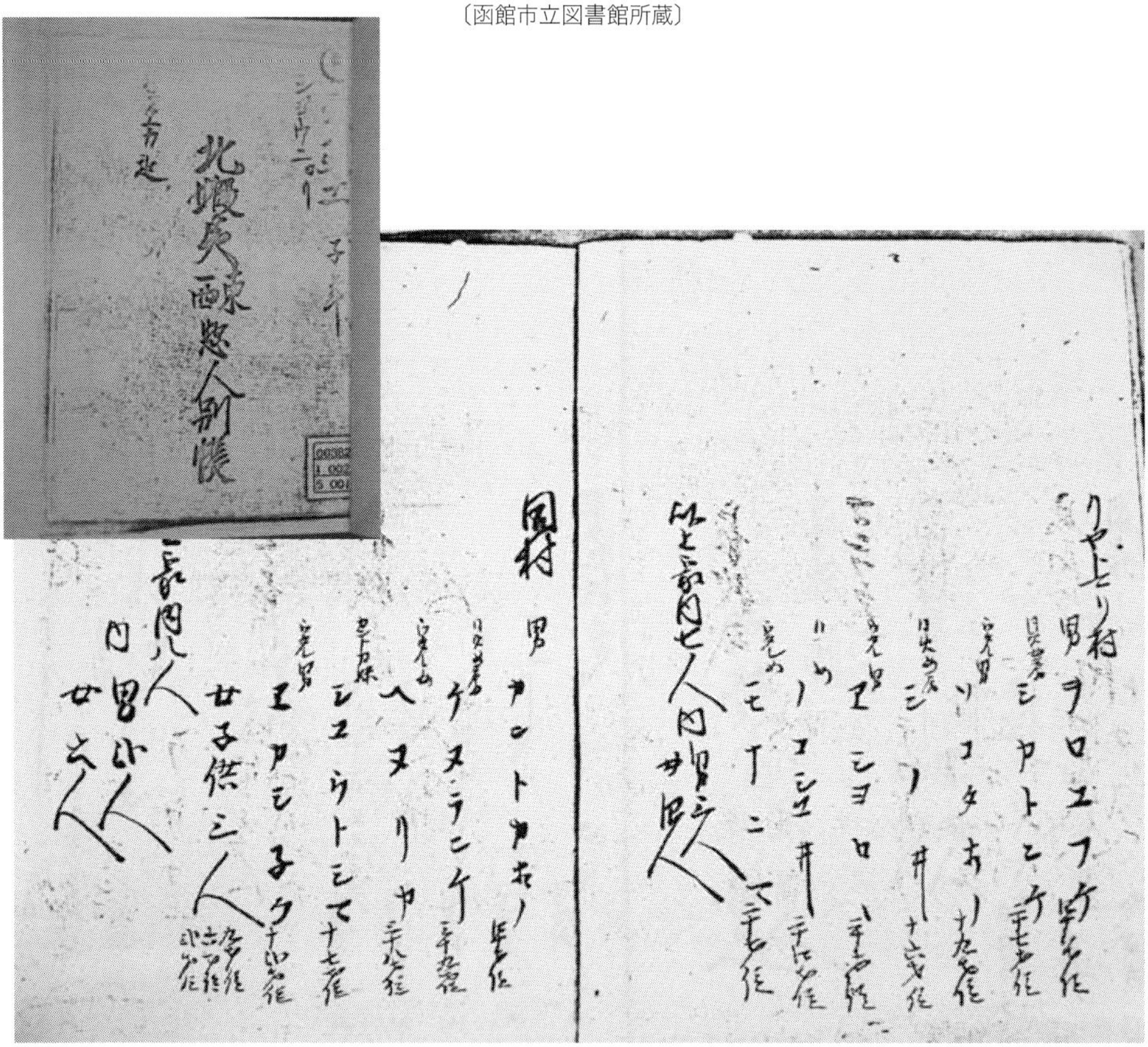

▶扱われているのは、カラフト全体ではなく、カラフト南部のみだが、ここで言われる「西」は、カラフト西海岸の一部の村を含むとはいえ、西海岸全体は対象とされず、大部分はアニワ湾沿岸の村を対象としている。「東」は東海岸のかなり北にあるタライカ（日本領時代の敷香近傍）に及ぶ。いずれにせよ、調査対象の村はほとんどが海岸沿いである（調査が沿岸部のみで実施されたのか、実際に集落が沿岸部にしか存在しなかったのかどうかは不明）。当時、カラフトの先住民族は、ギリヤークが北部に、ウルチャが中央部に、アイヌが南部に居住しており、この調査の対象となっているのは、ほとんどがアイヌの集落である可能性が高い。

▶個人の年齢表記が「〇〇才位」と記されており、全住民が自分の年齢を把握していないことを窺わせる。「続柄」には、妻（女房）、父、母、息子、兄弟姉妹以外に、アイヌ語で「同胞」を意味する「ウタレ」の記載が多い。カラフト・アイヌは、一夫多妻制であったとされているが、この調査では、一家のなかに「妻」が複数記載されているケースはない。「妾」という記載が 3 件あるが、むしろ「ウタレ」と記録されている中に「妾」に相当する者が含まれている可能性がある（「人別帳」の調査書式自体が、当然、一夫一妻制を前提としている）。

▶村数と世帯数については、「西」では「村＝ 40　世帯＝ 158」、「東」では「村＝ 40　世帯＝ 131」となっている。いずれも、1 つの「村」が 1 ～ 4 つの「世帯」からなるケースがほとんどである。これに対し、「西」と「東」の世帯当たり平均人数は、7. 7 人と 6. 7 人（全体で 7. 2 人）となっている（年少者の記載漏れの可能性が高く、実際はこれ以上と考えられる）。とくに「西」では、10 人以上の世帯が、44 世帯もあり、世帯全体の 28 %（全人口の 44 %）を占める。「世帯」の規模と「村」の規模がこれだけ近ければ、我々が普通に抱いている「世帯」や「村」という概念は、この社会にはそのまま適用できないのかもしれない。

諏訪地方農村の史料

「信濃国諏訪郡横内村　宗門改帳」

（貞享 3 年・1686 年）
〔長野県立歴史館所蔵〕

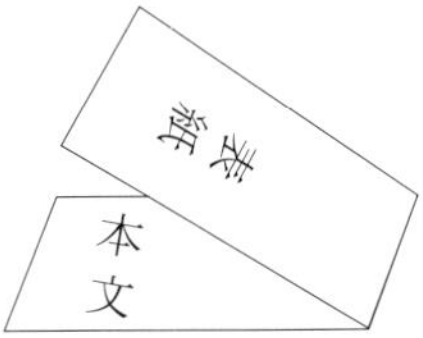

横帳（長帳）型宗門改帳

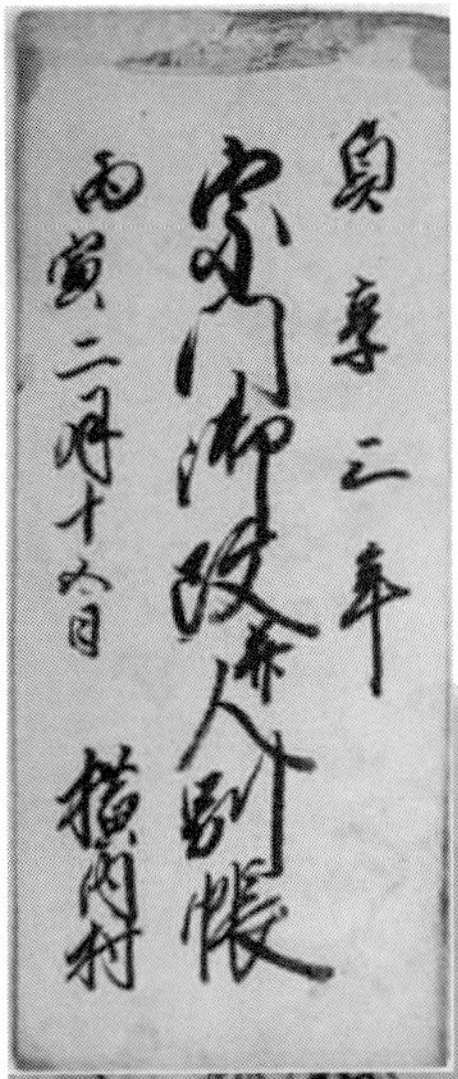

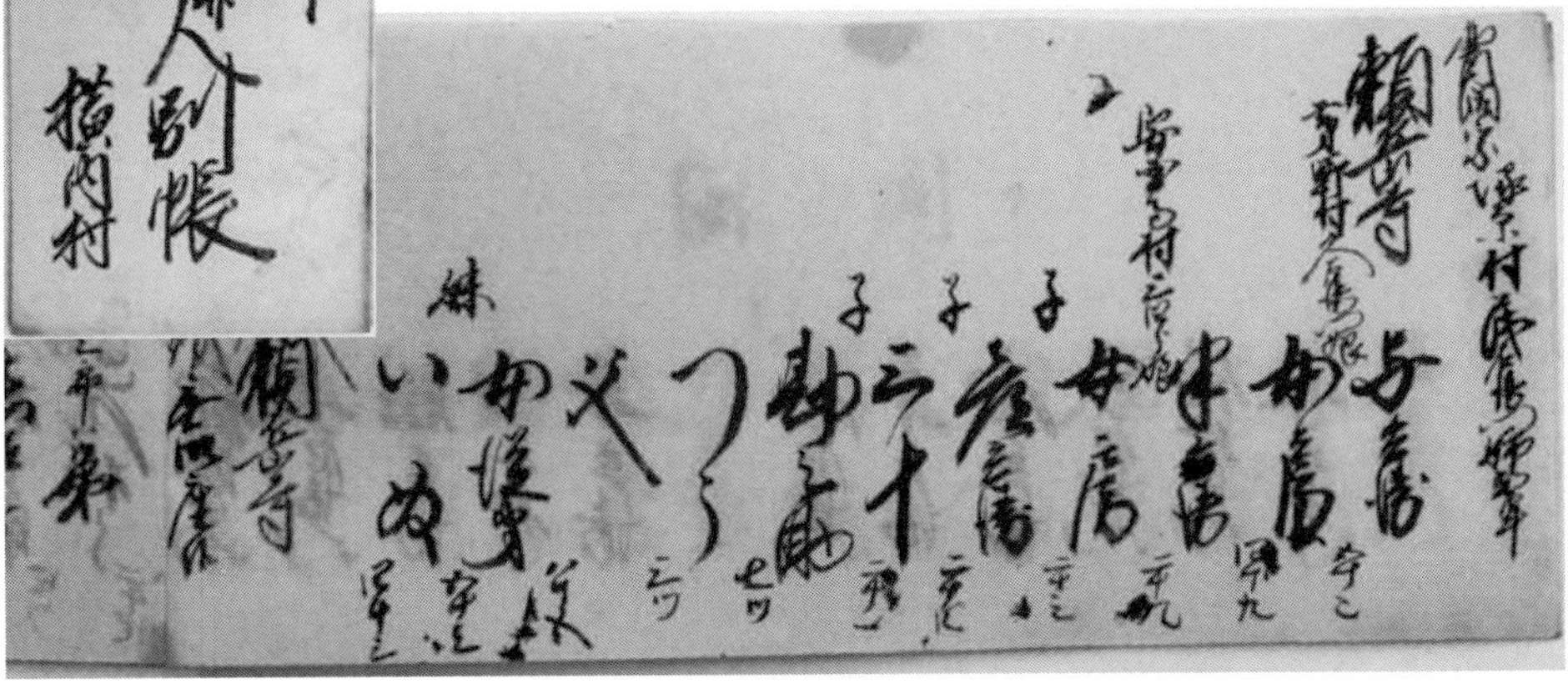

▶徳川幕府によるキリスト教厳禁政策、すなわち宗門改（1670 年頃からは全国で実施）は、人々に自らの信仰と檀那寺名の申告を強制したが、これが後世に思わぬ副産物をもたらした。江戸期に連年作成された宗門改帳は、同時期のミクロ史料として世界史的にも珍しく、「人類の遺産」とも言うべき、貴重な史料である。諏訪藩では、1671 年から 1871 年までの 201 年間にわたって各村単位で宗門改帳が作成されたが、横内村に関しては、この 201 年間のうち、144 年分の史料が利用可能である。

▶史料を分析すると、前半の 100 年間に、村の人口は急速に増加している。その後、長い停滞期が続き、再び人口が増加する局面を迎えている。前半の 100 年間における世帯数の増加は、人口の増加をさらに上回っており、下人・下女のような親族でない未婚の男女を抱えた世帯から、夫婦家族を基礎単位とする小規模世帯への移行が見られる。これは、農業経営の大規模な形態から小規模な形態への移行に対応すると考えられる。おそらくその後、耕地拡大が限界に達したことにより、都市への人口流出を生み出し、人口は停滞局面に入ったと推測できる。

▶徳川期の日本全国の人口趨勢も、横内村と似通ったものだった。17 世紀初頭の日本全国の人口は、「およそ 1800 万人」と長い間、言われてきたが、これには実は根拠がない。17 世紀初期の地方の人口史料を調べていくと、1800 万人はあまりに過大な数値で、実際には 1000 万人以下だったと思われる。1721 年に徳川幕府による最初の全国人口調査がなされたが、この時は、2600 万人と報告されている。これらを前提とすれば、17 世紀初頭から 100 年間に日本の人口は 2 倍以上に増加したことになる（横内村の場合は 3 倍の増加）。1721 年以降の幕府調査では、ほとんど変動がなく、1846 年（幕府による最後の調査）まで、2600 万人–2800 万人の間を推移した。その後、全国レベルの人口調査が実施されなかった四半世紀の空白期を挟んで、1872 年、明治政府による新しい戸籍制度ができ、全国人口は 3500 万人と判明している。つまり、徳川末期には、徳川期前半ほどの勢いではないにしても、全国人口は、全体として増加基調にあった。

美濃地方農村の史料

「美濃国安八郡楡俣村之内西条　巳年宗門人別改帳」

（寛政 9 年・1797 年）

〔立教大学図書館所蔵〕

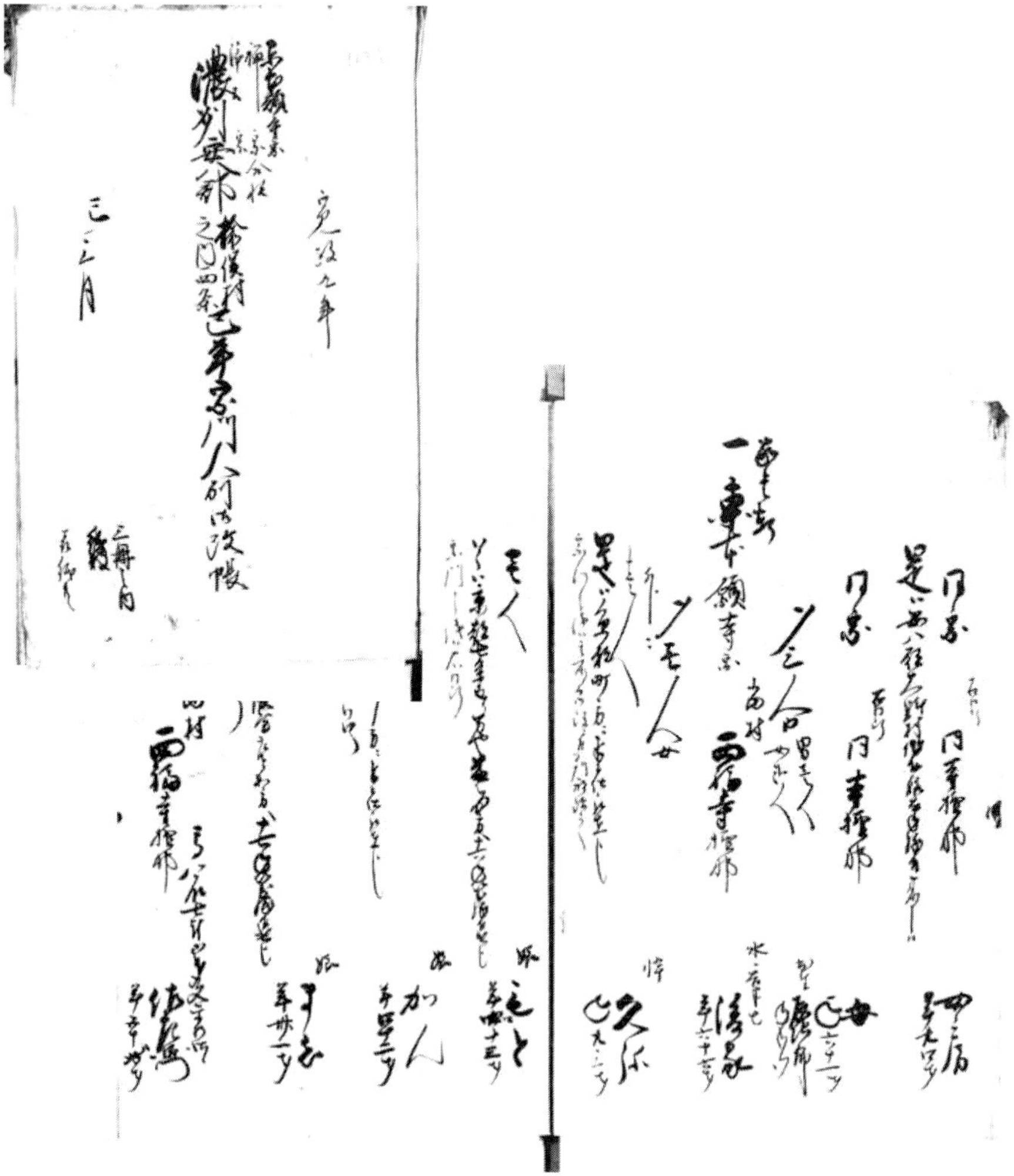

▶天領大垣藩預かり地の宗門改帳は、残存率の高いものが多いが、なかでも最もよいのが西条村の宗門改帳である。江戸後期 97 年間分のものだが、安永 2（1773）年から明治 2（1869）年に至るまで、1 年の欠けもない。このように史料が連続していることで、いつ、なぜこの村からいなくなったのか、どのような理由でどこからこの村に入ってきたかについて、一人残らず追うことが可能となる。ここに掲げた宗門改帳には、「京都町方への奉公」が記されている。

▶本書では、美濃国安八郡西条村の史料を用いて、都市（奈良・東向北町）と農村（西条村）の比較を行なったが（第 7 章）、死亡最高年齢は、東向北町では男子 76 歳／女子 83 歳、西条村では男子 94 歳／女子 101 歳で、年齢別に見て死亡数累計が 50 ％を超えるのは、東向北町では男子 33 歳／女子 26 歳、西条村では男子 51 歳／女子 46 歳となっている。西条村では、男子の 40 ％、女子の 44 ％が 60 歳に到達し、男子の 24 ％、女子の 28 ％が 70 歳を迎えている。約 4 分の 1 ではあるが、「古稀」の経験は、それほど稀有なことではなかった。

奈良の史料

「大和国奈良東向北町　宗門改帳」

（天保 12 年・1841 年）

〔東向北町所蔵〕

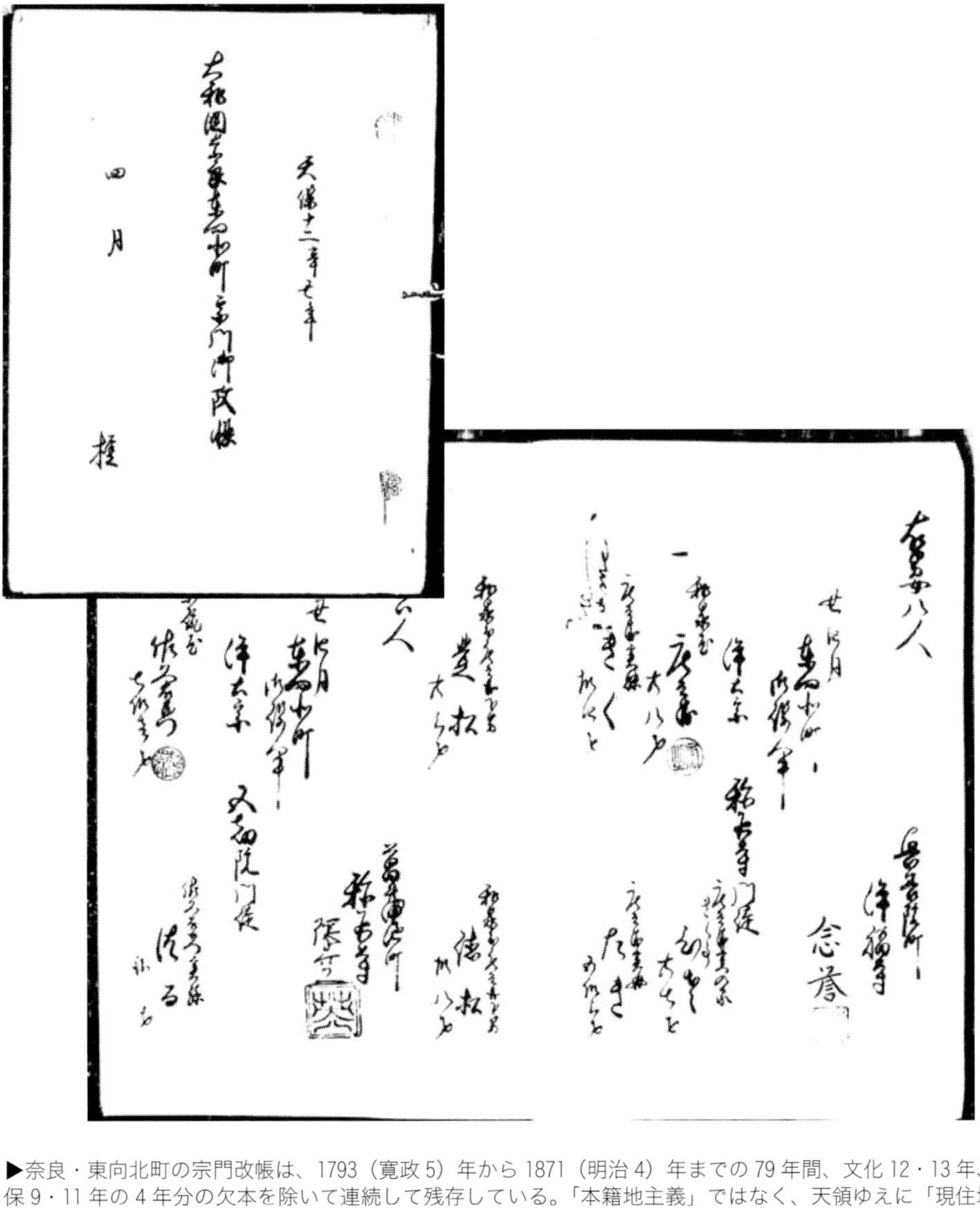

▶奈良・東向北町の宗門改帳は、1793（寛政 5）年から 1871（明治 4）年までの 79 年間、文化 12・13 年、天保 9・11 年の 4 年分の欠本を除いて連続して残存している。「本籍地主義」ではなく、天領ゆえに「現住地主義」であり、また天領の大都市の宗門改帳がしばしば欠いている年齢記載が含まれているゆえ、「近世都市」の歴史人口学研究・家族復元分析にとって極めて貴重な史料となっている。

▶年齢記載のあるこれらの史料から、奉公人と非奉公人（世帯内の家族構成員）を区別しつつ、有配偶率を含めて年齢別人口構成のグラフを作成してみると、16 歳～ 21 歳の男子奉公人の比率が突出していることが明らかになる（本書第 8 章、図 8―1―B 参照）。奉公人の年齢が、このように比較的若い、最も生産的な層の男子に集中していることは、彼らが従事したのは肉体的労働で、家事奉公人ではなく、商工業で雇われる丁稚・徒弟であったことを示唆している。

京都の史料

「京都四條立売中之町　宗門人別改帳」

（元禄 10 年・1697 年）

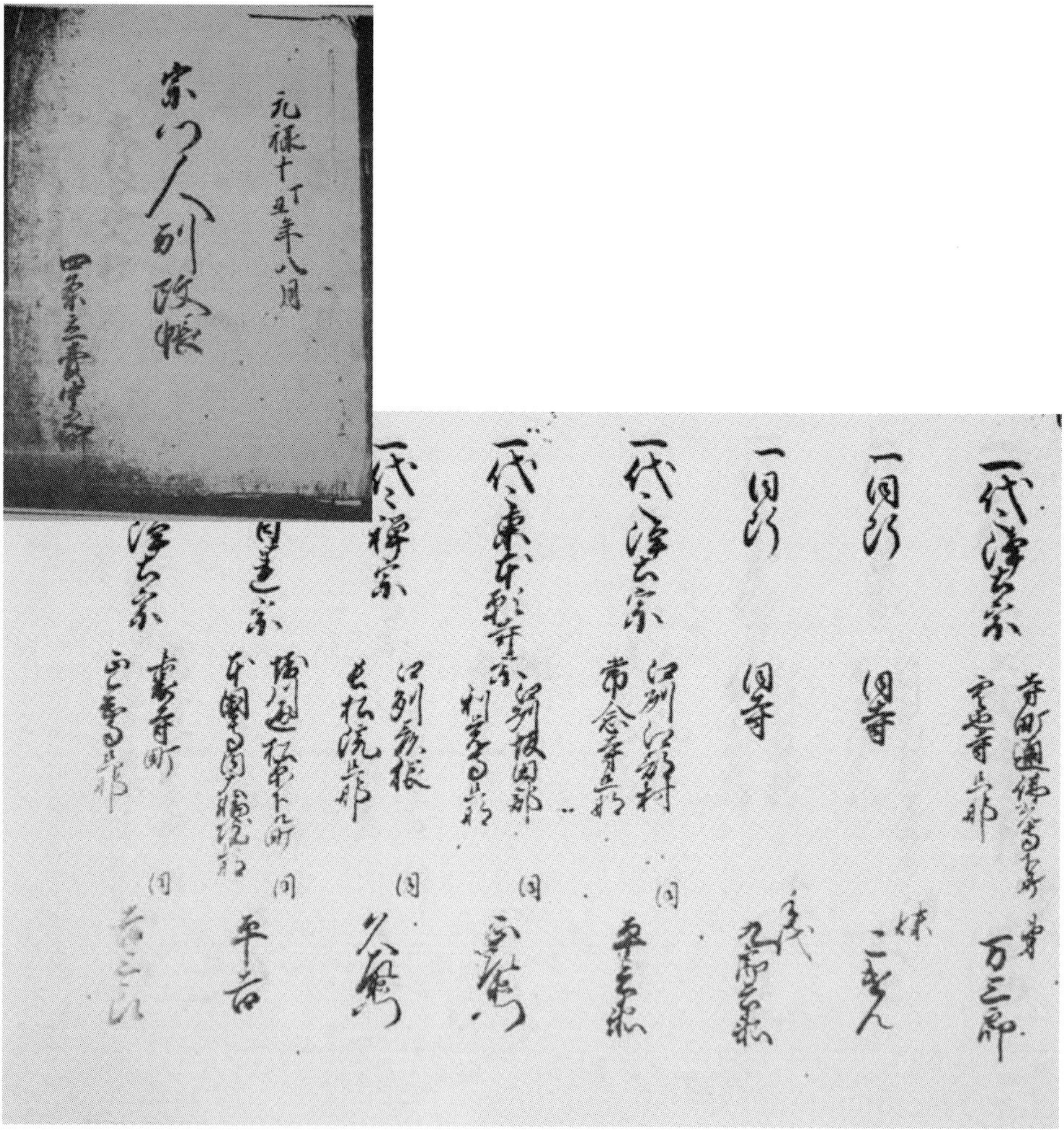

▶度重なる大火のためか、京都では宗門改帳が発見された事例自体が少ない。とくに元禄〜享保期のものは珍しいが、この史料は、岐阜県関ヶ原町、故不破幹雄氏が所蔵されていたものである。大坂菊屋町の宗門改帳と同じく、年齢記載はないが（奈良・東向北町の宗門改帳では、最初の 3 年以外は年齢記載がある）、京都に住む人々の出身地や職業、世帯構成などを時代ごとに観察できる貴重な史料である。ここに掲げた宗門改帳には、「近江出身の手代 3 人」が見られる。

▶立売中之町は、四條通りの一部で、現在、京都市中で最も繁華な、百貨店や銀行、証券会社が立ち並ぶ一画である。京都の有する経済力は 17 世紀に最も強大であったとされるが、奉公人数や奉公人を雇い入れる世帯の比率からみて、この町が最も繁栄したのは、（史料が残存する時期で言えば）18 世紀初期である。だが、1747（延享 4）年と 1808（文化 5）年の間では、内容に不連続の様相が窺われ、おそらく 18 世紀後半に大きな変動があり（1788 年に近世京都で最大規模の災害とされる天明の大火が発生している）、それ以降、京都は、商業都市としての力を失っていったと考えられる。

天草の史料

「子歳　宗旨御改顔踏帳　肥後国天草郡高濱村」

（寛政 2 年・1790 年／寛政 4 年・1792 年）

〔上田資料館所蔵〕

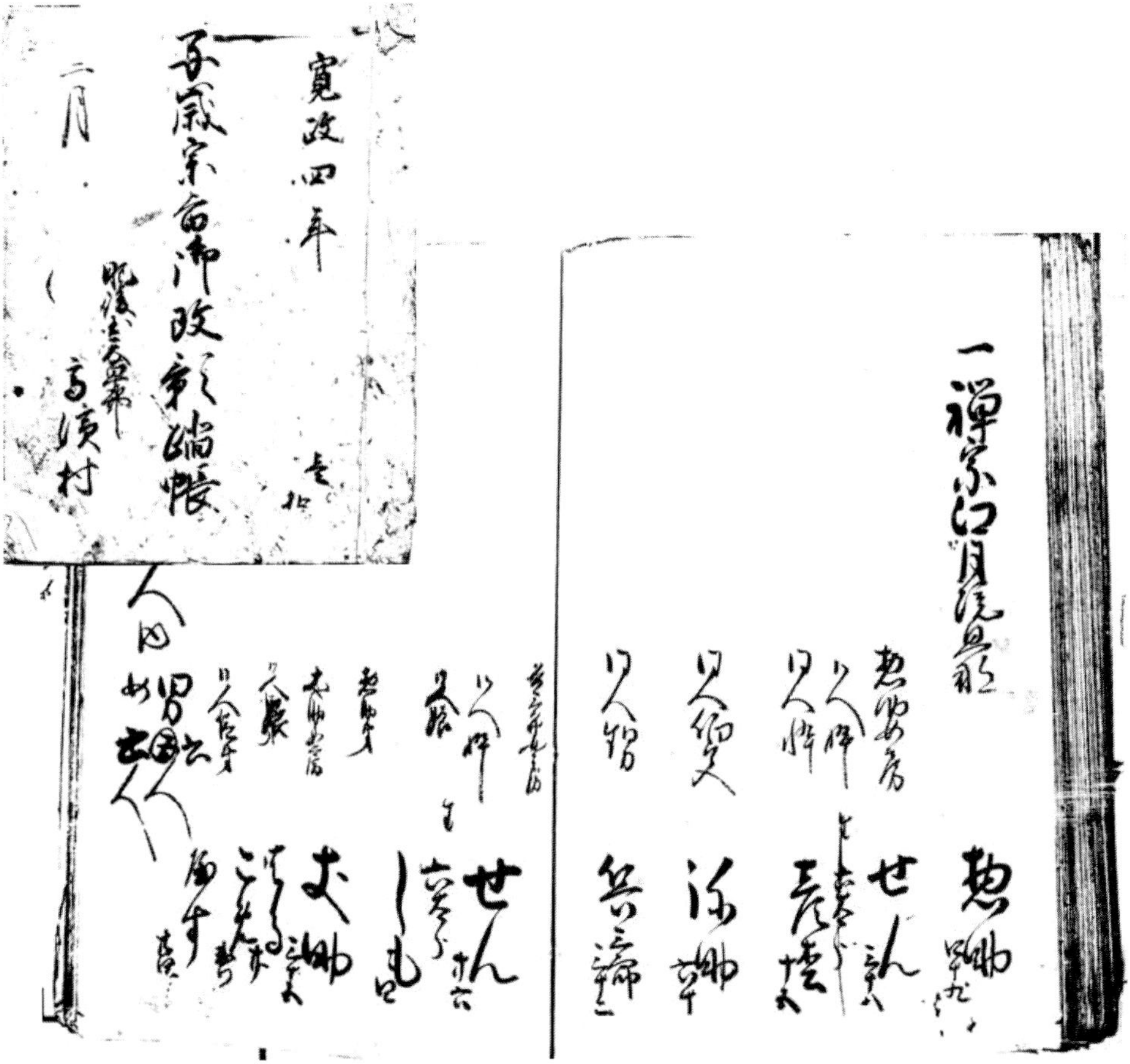

＊「表紙」は寛政 4（1792）年、「本文」は寛政 2（1790）年のもの。

▶高浜村の宗門改帳の特徴は、記載内容が極めて細かいという点にある。個人の状況をそこまで細かく把握したということだが、そもそも宗門改帳の作成は、キリスト教の厳禁を目的としたものであり、しかもこの地が天草・島原の乱（1637-1638 年）の舞台となったからには、当然のことと言える。キリシタンではないことを仏教寺院に請け負わせる寺請制度は、以前から存在したが、天草･島原の乱をきっかけに、1640 年、幕府は宗門改役を設置し、1664 年には諸藩に宗門改役を設置するよう命じている。

▶史料を読むと、男女とも生涯結婚しないケースや、東北・中央日本では見られないような「家族形態」が多いのが、まず注目される。出生数は多いが、とりわけ婚外子の占める割合が高いのが特徴であり、おそらく婚外子の存在も、それほど異例のこととは認識されていなかったと考えられる。そもそも宗門改帳の書式は、世帯には夫婦が存在することを前提としているが、天草の人々は、そういった先入観では律しきれない世帯形成･行動をとっているように見える。東北日本や中央日本とは異なる社会規範が存在したとも推測でき、まだ分析途上だが、この社会が女系・母系制であった可能性すら排除できない。

屋久島の史料

「大隅国屋久島　御検地竿次帳」
（享保11年・1726年）
〔慶應義塾大学古文書室所蔵〕

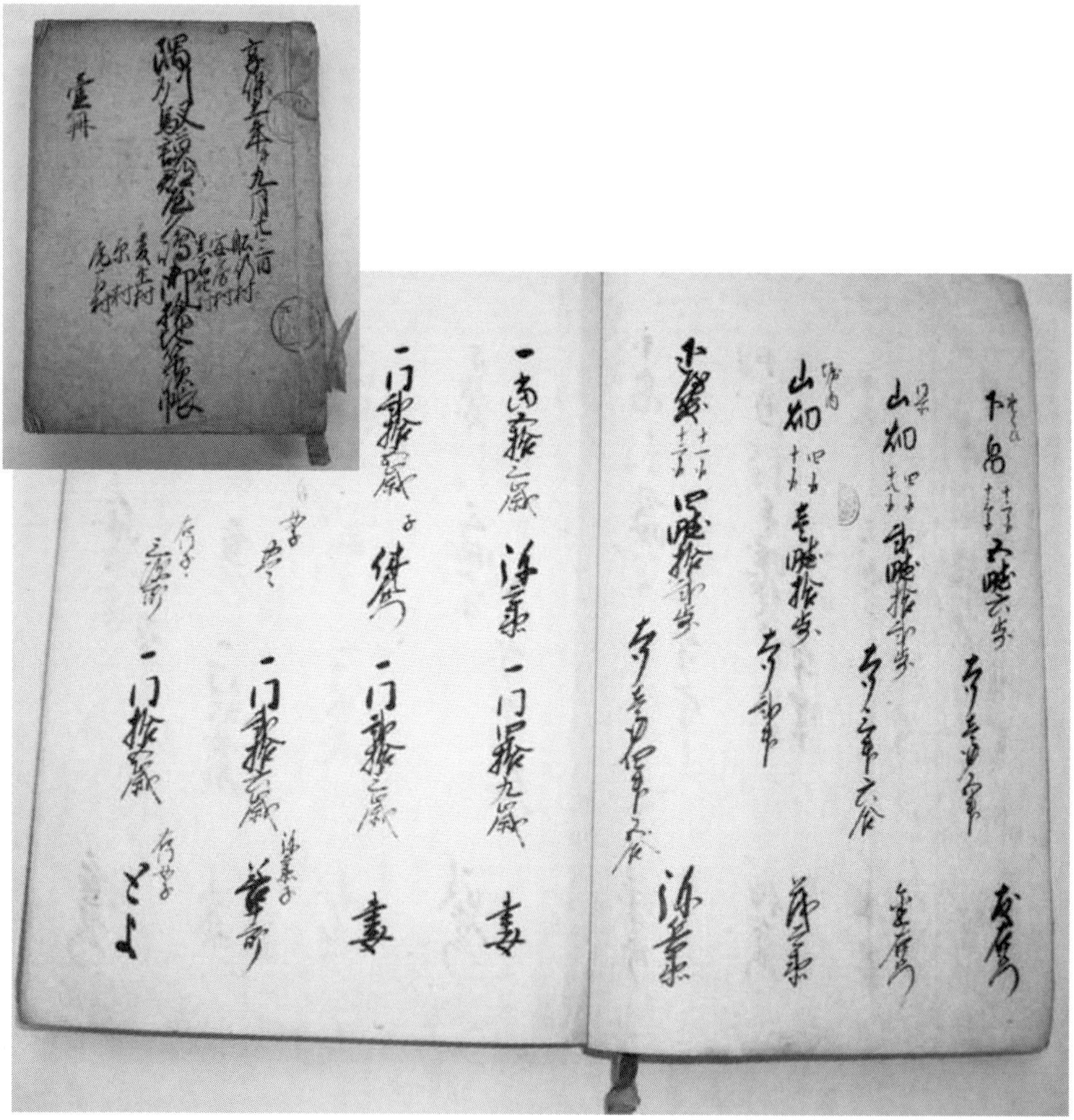

▶この史料は、表題からすれば「検地帳」であるが、検地対象の屋敷地と共に、屋敷地に居住する家族構成についても記載しており、「人別改帳」を兼ねている。土地と農民を一帳にまとめて記す史料は、初期の検地帳を除けば、屋久島以外では確認されていない。貢租賦課の対象となりうるものは、一木たりとも（桑、柿、唐竹、唐芋地なども）石高に計上され、漁船、商船、網なども対象となっており、屋久島の住民を商品貨幣経済から遮断し、利益を独占しようとする島津藩の姿勢が窺える。

▶史料を検討した結果、屋久島の北東部と南西部の間に顕著な地域差が存在することが判明した。検地帳にある耕地面積当たりの生産量を比較すると両地域に差異はないが、人口や家畜数を考慮して生産量を比較すると、人口１人当たりの石高は、北東部＝ 0.62 石、南西部＝ 0.22 石、１人当たりの耕地面積は、北東部＝ 3.4 反、南西部＝ 1.8 反、牛馬１頭あたりの耕地面積は、北東部＝ 8.6 反、南西部＝ 2.3 反となっており、顕著な差異が見られる。核家族世帯の割合や有配偶率が高い北東部では、家族労働力による、生産性の高い集約的な農業経営が定着していたのに対し、核家族世帯の割合や有配偶率が低い南西部では、そうした家族形態や農業経営形態が、まだ定着していなかったと考えられる。

歴史人口学研究／目　次

第Ⅳ部　人口史料と歴史人口学

歴史人口学研究　新しい近世日本像

本書における個別地域研究の対象となった主な地域

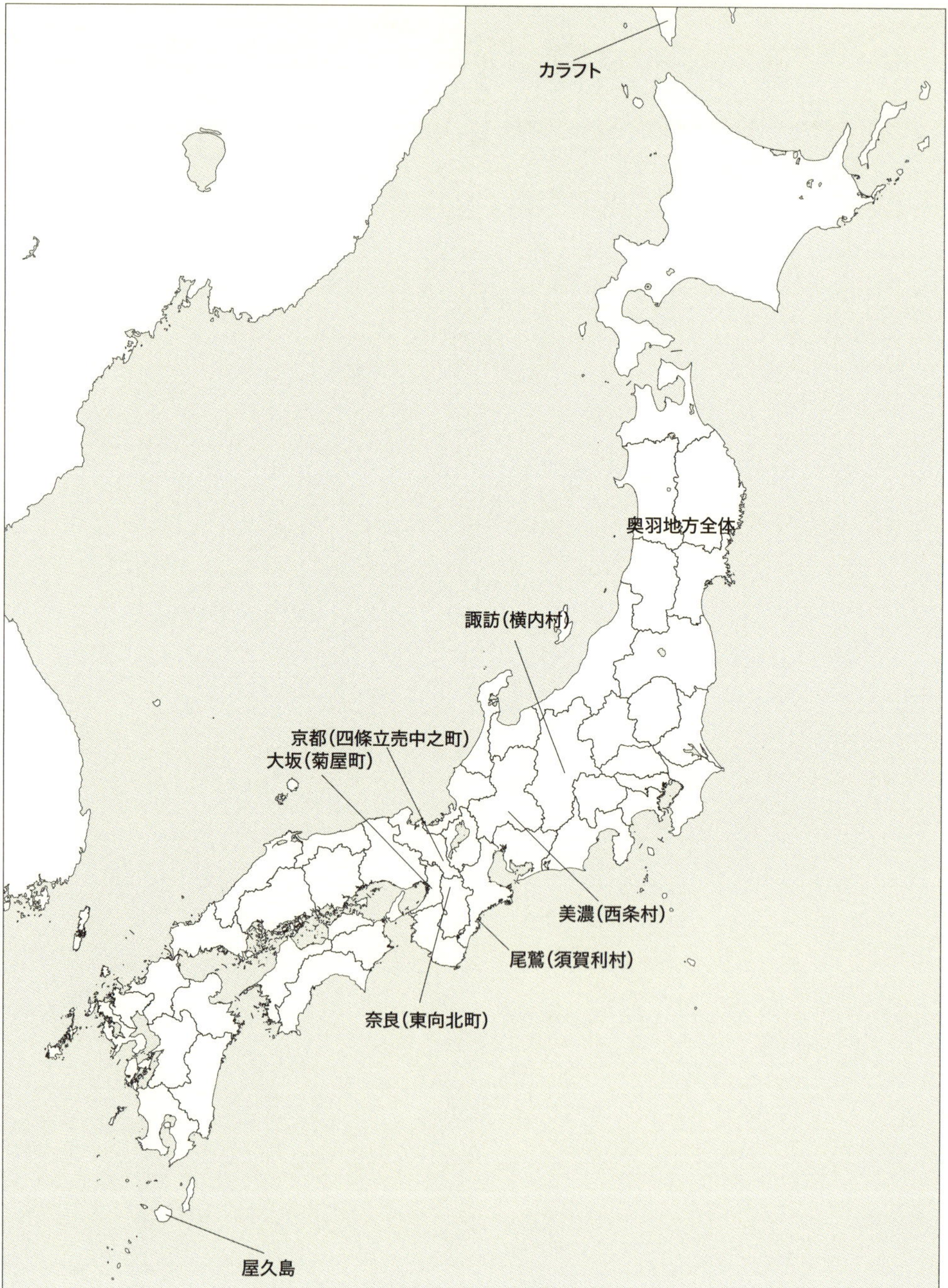

序章　宗門改帳と近世日本の歴史人口学

歴史人口学との出会いと宗門改帳の収集

本書は、筆者が人口の歴史、歴史人口学研究に志してから半世紀間に発表した論文を収録したものである。この間、モノグラフとして、一九七三（昭和四八）年に『近世農村の歴史人口学的研究――信州諏訪地方の宗門改帳分析』（東洋経済新報社）、および一九九二（平成四）年に『近世濃尾地方の人口・経済・社会』（創文社）を刊行した。まことに牛歩のような進みであるが、その間に他の研究を何もしなかったわけではない。むしろ、上記二冊は、一九六〇年代半ばから始めた筆者の歴史人口学研究成果のなかで、たまたま地域的にまとまっていたことからモノグラフとして出版した、というのが正しいであろう。本書は、それら二冊のように地域としてはまとまっていないが、時代としてはほぼ「徳川日本」の人口を、日本の北から南まで、都市と農村にまたがり、マクロおよびミクロ史料を用いて観察するという点で共通点を持ついくつかの論文の集成である。

ただし、執筆・発表の時点で、最も早いのは第14章の紀州一漁村を取り扱ったものである。発表した一九五三（昭和二八）年は、もちろん国際的にも、筆者自身のなかでも、「歴史人口学」成立以前であり、タイトルからして「人口動態」という紛らわしい題が付けられている。現在なら、「人口変動」とすべきであり、本書では訂正した。第18章も、史料についての説明であるが、その後の研究で、宗門改帳作成をもたらす要因は、人口調査というより、少なくともその開始時点における目的は、日本に住む者はキリスト教徒ではない、という証明を求めた一種の「異端審問」であり、人口調査ではなかった。ただ、調査対象が日本に住む全人口であり、一方で人口調査のための「人別改」も行われており、「宗門人別改帳」という名称をとる場合もあった。こうなると、この史料には結果的に、人口調査の意味が加わったことになる。しかし、第18章の元のタイトル「宗門改帳より壬申戸籍へ」は、宗門改帳から壬申戸籍（明治五年編成）への連続性を示していると受け取られかねない。この点も、その後の研究により、壬申戸籍は、江戸後期に長州藩で始まった戸籍制度を明治政府が引き継ぎ、京都や東京近辺で試験的に実施したあと、全国で行われた系列の史料であることが明らかになっている。したがって、史料の系譜からいえば、宗門改帳との間には連続性はない。それゆえ、明治四年に停止された宗門改帳作成と、初期の戸籍帳が同じ地域で同時に作成された例が存在することになる。

こういった「前史」はあるが、筆者は、いくつかの偶然が重なり合い、一九六三―六四年のヨーロッパ留学中に、生まれたての歴史人口学と出逢うという幸運に恵まれた。より詳しく知るにつれ、この学問は人口の歴史を取り扱うに際しての革新だと考え、留学の残りの期間はもっぱらその理解・吸収に努めた。そして、フランス生まれのこの研究分野の核心が、「家族復元」（family reconstitution）にあることを知り、帰国後は、まずこの手法の適用が可能な人口史料――つまり、長期間にわたり中断なく続く宗門改帳、もしくは人別改帳――の収集から始めた。現在は各地に史料館や文書館ができ、かなりそれらの史料が収集されているが、当時はそうではなく、まずは東京の国立史料館、諸研究所を訪ね回った。また、各府県史の編纂が進んでいるところでは、史料所在に関する情報を得ることができたので、数年後からマイクロ・フィルムの撮影器具を持ち込んで収集を行った。前述の二冊のモノグラフは、そのようにして収集した史料によっている。

「経済社会」の成立と宗門改帳の史料的価値

ところが、宗門改帳を多数集めてみると、その書式、記載内容が多種多様であることに気がついた。あるものは年少者を載せなかったり、調査が六年に一回だったり、現在の戸籍簿のように、実際にはそこに住んでいなくても、出生地であることを理由に記載されていたり（「本籍地主義」の宗門改帳と名付けた）、その逆に、調査時点で住んでいる者を記載したり（「現住地主義」の宗門改帳）、その中間もある。その上、宗門改帳自身が、仏教の宗派ごとに分冊になっていたり、世帯の構成員がどの宗派であれ、世帯として一括りにして扱われていたり、それがまた途中で変わったり、まちまちなのである。また、本来の宗門改とは関係のない「持高」や家畜保有の有無が記載されている場合、いない場合等々を含めると、大名の数だけ書式・記載内容の違いがあるといっても差し支えないほどである。

さらに根本問題として、宗門改帳で、記載の単位となっているものは、はたして現実の家族または世帯だろうか、という問いも成り立ち得る。このように、宗門改帳は、一見その取り扱いが容易であるような史料に見えるが、人口統計を作成するに当たっては、そういったヴァリエーションを考慮して取扱わねばならない「手強い」史料だということも分かった。

ともかく、最初に歴史人口学の手法、家族復元を応用したのは、上記の『近世濃尾地方の人口・経済・社会』に収録された尾張国海西郡神戸新田の研究で、その成果は一九六六（昭和四一）年から六七（昭和四二）年にかけて発表した。なぜこの村が最初に選ばれたかといえば、たまたまこの村の史料が、当時、東京戸越にあった国立史料館に所蔵され、利用しやすかったからである。また、地域的にまとまって利用可能な宗門改帳は、諏訪高嶋藩領のものが同じく史料館にあり、まだマイクロ・フィルムの撮影装置を求めることができなかったので、パトローネに入った三六枚撮りの幅三五ミリフィルムを何十本も使って撮影し、収集したものである。

この諏訪藩領の宗門改帳は、数奇な運命を経て現在利用可能となっているのであるが、一〇〇以上ある藩領村落のうち、横内村に関しては、この藩における本格的な宗門改帳作成の始まる一六七一（寛文一一）年から、最終の一八七一（明治四）年まで、二〇一年間に一四四年分、すなわち七割以上があり、とくに最初の五〇年間は欠けている年がほとんどない、という珍しい残り方をしている。一般に江戸時代の地方文書は、年代の推移とともに残存量が増大する。逆にいえば、享保年間（一七一六―三六）以前の史料はあまり多く残っていない。一七世紀の地方文書は、極めて稀にしか見出すことができないのである。ところが一方で、一七世紀の日本は、激変の時代であった。何よりも徳川幕府が成立し、将軍を頂点とする階層秩序（ハイアラーキー）が出現したのであるが、兵農分離政策の結果、二〇〇を越す城下町が全国的に成立し、静水に一挙に流れができた。ヒト・モノ・カネ・情報が全国的に行き交うようになり、筆者の言う「経済社会」が成立したのである。もちろん変化は、一挙にして転換したわけではなく、一七世紀を通じて進んだというべきであろうが、一七世紀、少なくとも享保年間以前の町や村の状況は、変化に満ちたものであったに違いない。たとえば、諏訪藩領の宗門改帳にみられるこの時期の世帯の構造変化は、毎年の史料から詳細に観察できるし、農業経営形態の変化の地理的拡散の速ささえ計測できるのである。

時刻表をヒントに――静態的情報と動態的情報のドッキング

というわけで、筆者は、しばらく諏訪藩領宗門改帳の研究に没頭した。コンピュータもない時代で、図表の作成は手計算で行った。さらに、コピー機さえなかったから、最初のころは一年一世帯一枚のシートを作成して、それを目的に応じて並び替えるという作業を重ねたものだが、次には、シートを二枚作り、年ごとの観察と世帯ごとの観察を分けて行うようになり、最終的には、趣味の列車時刻表にヒントを得て考え出したのが、現在もこの研究分野で用いられている、ＢＤＳ（Basic Data Sheet）と名付けた整理シートである。

　このシートには、タテに時間（この場合は「年」を単位とする）、ヨコに史料に記載されている毎年の情報を書き込む。具体的には行には各人の年齢が記入される。変化が記載されている場合には、下の欄に書き入れる。上欄には、各人の名前、世帯主（世帯筆頭者）との関係、男女別、個人番号を記入する。このようにして、BDSは、たとえば二五年ごと、二五人についての情報を書き込むべく設計されている場合、史料に記録されている二五人の情報のすべてを、二五年間にわたって一覧できるものである。これにより、静態的情報（性別、年齢別、婚姻の有無別など）と動態的情報（出生・死亡、婚姻、移動など）が同時に把握できることになる。

もちろん、BDSは、原史料が長く続けば、何枚にもわたって作成され、与えられた個人番号を追って、その人の出生から死亡まで、少なくとも史料への出現から消滅までの生涯に経験された人口学的な出来事（life history）を追うことができる。このようにBDSを作成すると、表をタテ方向に読めば、史料に登場する男女一人一人の毎年の状態や出来事（イベント）が書き込まれているので、プログラムを組み、コンピュータに入力し、各種の分類・観察を行ったり、人口学・統計学の手法を駆使した分析が可能となるのである。こうしてようやく教区簿冊（parish register）という、洗礼（出生）・結婚・埋葬（死亡）を記録する史料に依拠し、一九五〇年代末から六〇年代前半に成立したキリスト教圏の「歴史人口学」と対抗し得るもう一つの新しい「歴史人口学」を打ち立てることができた。

世界的に希有な史料

したがって問題は史料の存在である。教区簿冊は一六世紀以降、キリスト教社会では多くの場所で作成されているが、宗門改帳のような「戸籍簿型」の史料は断片的にはともかく、連年作成される社会は限られている。一九九五—二〇〇〇年に、日本の文部省の研究費によって実施された国際研究では、日本のほか、「戸口冊」を有する中国（遼寧省）、「魂の記録」を持つイタリア北部（ヴェニスとその北部）、国勢調査を住民台帳化した史料を持つべルギー（リエージュ地域）、「識字調査簿」を持つスウェーデン（南端部）の五つの社会に関する人口・家族の比較史研究を行い、その成果は刊行されつつあるが、遼寧省の記録は、清朝の始祖ヌルハチの出身地に、信頼する親衛隊を編成すべく調査されたもので、三年に一回の実施であった。イタリア、スウェーデンの場合も地域全体を覆うような史料が、毎年残されているわけではない。もちろん、このような住民台帳型の史料は、日本の例では、大化改新に始まる班田収授制の実施に際して作成されていたし、今日に残る二十数冊の「古代籍帳」は、奈良・平安朝期の人々の生き様を伝えてくれる最良の史料の一つである。しかし、断片的であっても、連年作成された記録が残る「宗門改帳」は世界的にみて「人類の遺産」とも言うべき、とりわけ貴重な史料なのである。

本書の構成

本書の各章は、マクロ・データを用いたものと、ミクロ・データを用いたものに分かれる。

第I部は、江戸時代と明治期を扱うが、すべてマクロ・データを用いた全国的観察である。

第II部の都市人口の研究は、第5章と第10章以外は、特定の都市のミクロ研究で、ここでは京都、奈良、大坂の三都市を扱っている。江戸およびこれらの都市は、幕府が直轄し、それぞれの行政は町奉行が管轄した。ところが、三都市（江戸もそうだが）に共通するのは、天保改革（一八四三〔天保一四〕年）以前には、宗門改帳に各個人の年齢の記載がないことである（奈良を除く）。年齢と性とは、人口学の基本的インデックスであり、これを欠いた史料は、全く意味がないわけではないが、求め得る結果は著しく限定される。そのこともあり、都市の歴史人口学研究は、農村に比べて遅れてきたが、ようやく最近になり著作が刊行されるようになった。第6章で取り扱った京都四条立売中之町は、現在の京都の最も繁華な街筋だが、岐阜県の史料調査をしていた時、たまたま京都の古書店で「こういうものを求めまして」と見せていただき、早速史料をフィルムに収めた。古い時期から町に住む人々の違いを読み取ることのできる貴重な史料である。

第Ⅲ部は、第12章以外はミクロ史料を用いた考察である。そのなかでとくに注目されるのは、第11章の一八二八（文政一一）年に行われたカラフト先住民二〇〇〇人あまりの人口調査ではなかろうか。帝政ロシアの進出に伴い、すでに一八世紀末以来、日本は彼らと遭遇し、ある場合には衝突さえ起こしていたが、同時に地図作成、探検も行っていた。ここに紹介した人口調査は、危機意識の産物であろうが、この調査は単にそういった国際間の問題から意味づけられるだけではなく、北方先住民族の居住状態を知る貴重な調査事例と言えるだろう。彼らは自分の年齢を知らなかったからか、年齢はすべて「位」と調査者の判断によっており、また世帯内の続柄も、同族を意味する「ウタレ」が多い。一つの村を構成する世帯の数は非常に少なく、しかもカラフトの東海岸と西海岸とでは多くの指標に相違があった。

第13章は、筆者にとって記念碑的な作品である。元はといえば、一九六八（昭和四三）年、アメリカ、インディアナ大学ブルーミントン校で開催された第四回国際経済史学会における報告論文である。まだ日本国内で「歴史人口学」の市民権が確立されておらず、筆者は、成果を英文にして国外の研究者に送っていた。そのためもあったのだろうか、当学会の前に、セッション組織者から、「ぜひ参加して報告してほしい、旅費は持つ」との連絡があり、喜び勇んで出かけた。とはいえ、国際学会での報告は未経験だったし、英語の発表すらしたことはなかったので不安でもあった。

学会ではいささか上がってしまい、ペーパーを持つ手は震えるわ、目を離すとどこを読んでいるのか分からなくなるわで、終わって席に戻った時は、「ああ、失敗した」と落ち込んでしまった。ところが、セッションが終わると、一人の紳士がやってきて、「とても面白かった。他の雑誌に約束していないのだったら、そのペーパーを私の雑誌にくれないか」といわれ、たちまち喜びに変わった。その紳士こそ、フランスの歴史家ル＝ロワ＝ラデュリ（E. Le Roy Ladurie）氏で、当時『アナール（*Annales : Economies Sociétés Civilisations*）』誌の編集長だった。この学術誌の名声については夙に知られていたから、これこそまさにビギナーズ・ラックである。後に氏とは親しい友人となったが、なぜあの時私の報告を『アナール』誌に掲載しようと思ったのか聞いたところ、「あの報告は『アナール』誌の編集方針と一致していたからだ」という答えが返ってきた。筆者は、フランス・アナール派に一種の親近感を持ち、いくつかの出版物を読んでいたから縁があったのかもしれない。

本書に収められた論文は、元の和文を英訳し、それがフランス語に訳されたものを、再び和文にしたもので、和文―英文―仏文―和文とめぐる間に、若干表現が異なってきている。どれが原文か、迷うところだが、『アナール』誌に掲載されたものを基本とし、明らかなミスは訂正してある。また〔　〕内は、本書収録に際し挿入した、筆者の補注である。

第15章の紀伊国奥熊野尾鷲（おわせ）組の人口趨勢に関する考察は、宗門改帳をもとにしたものではない。紀州和歌山藩は、御三家の一つでありながら、宗門改帳の作成は不熱心で、まず、八歳以下は対象とせず、かつ作成は、子の年と午の年、つまり六年に一回であった。それゆえ、宗門改帳があったとしても実行可能な分析は限られてしまう。しかし、紀州藩では、その代りに、「八歳子惣人数増減并ニ家数船数其外相改書上」と題する調査史料が毎年作成された。尾鷲組を構成する一四の村浦について、この史料を用いた考察を行った。それにより、例えば、天保八（一八三七）年、全国的には「天保飢饉」といわれる事態が発生したが、尾鷲という地方都市においては、むしろ「時疫」、「痢病」、「熱病」という、高熱と下痢を伴う流行病による死亡者が多かったことが分かったのである。尾鷲に限らずこの年は、中央日本の都市の死亡者が多く、少なくとも天保「飢饉」というより、「危機」と呼んだ方がいいだろう。飢饉が先か、疫病が先か、という問題はあるが、単なる「飢饉」とは言えないだろうというのが筆者の考えである。

残された課題――東シナ海沿岸・通時的な全国分析・詳細な地域分析

筆者は現在、宗門改帳を用いる徳川日本の歴史人口学研究を、次の三つについて実施しつつある。第一の対象は、従来の研究では地域上の空白地帯というべき東シナ海沿岸村落で、その一つは、筆者が六〇年近く以前に、東京の常民文化研究所で出会った肥前国野母村である。「長崎の先」とでも形容できるこの村と、最近利用可能になった肥後天草の高浜村の二つを内容とする。始めたばかりだが、いままで手掛けてきた本州の村々とは異なり、家族内あるいは家族間の関係が、全く異なることが分かった。ことによると、「東シナ海沿岸文化圏」と称すべき地域があって、これらの村々を包摂しているのかもしれない。そうだとすると、日本以外の社会も視野に入れる必要が出てくる。

第二は、本州に残る宗門改帳を総動員して、徳川日本の人口・家族構造を、長くとも五〇年毎に、いわば輪切りにする作業である。いままで、それぞれの村の、年代的に長く続く史料を使って研究してきたが、今度は、分析対象を空間的に拡大し、これを各年度で観察し、人口・家族構造の地域性と、その通時的変動を観察しようとするものである。いままで、顧みられなかった一年もしくは数年しか存在しない宗門改帳も、このような研究ではすべて動員可能となる。史料探しに時間がかかるだろうが、最近の府県史、市町村史には、史料編がついていて、そこから活字になった史料を収集することもできるだろう。

第三は、筆者の行った最初の研究――信州諏訪地方――に立ち返り、再検討することである。とくに、諏訪郡横内村宗門改帳は、最初のモノグラフ出版に際しては、二〇一年間のうち、一四四年分の史料を用いた。残存率七〇

%強である。ところが最近、この村の宗門改帳が、写本ではあるが発見され、公的機関に入った。これを加えると、利用可能年数は一七〇年間になり、八五%に達する。とくに最初の一〇〇年間にはほとんど欠年がない。諏訪藩領の宗門改帳は、維新まで藩蔵に保存されていたこともあり、初期のものも多くが利用可能という特質を持っている。同様に連続的に史料の残る他の同藩領の筑摩郡の二村と合わせ、本州中央高地地域の研究が可能なのである。

このように、夢は大いに膨らむのであるが、現実には筆者の研究可能期間はもういくばくもない。幸い、歴史人口学研究に関し、次の世代の活躍は瞠目すべきものがあり、中途で終わっても安心して譲れるのではあるが、まだまだ「後期高齢者」の意地も見せたいところである。本書が、そのステッピング・ストーンとしての意味を持つならばこれに越したことはない。

第Ⅰ部　江戸―明治期の全国人口——「近世」と「近代」の連続性

第1章　近世後期人口変動の地域的特性

長期的な漸増傾向

徳川時代の全国人口趨勢については、前半はかなり急激な増大、後半は停滞というのが今日の通説となっている。しかし、これを少しでも詳細に眺めようとすると、いくつかの未解決の問題が存在していることも明らかである。たとえば、単純な事実の認定に関しても、増大から停滞への屈折の時点については何ら判明していない。享保期が一応措定されてはいるが、これは経験的資料によって何ら裏付けされていないのである。[1] また、果して後半の人口が「停滞」であったか否かにも問題が残されている。周知の如く、享保以降幕末に至る幕府の全国人口調査は、身分的にも制度的にも、さらにまた技術的にも、調査から除外された人口を数多く有するものである。全国人口について言えば、調査の結果は長期的には「停滞」の名に値することは誰にも明らかであり、これに除外人口＝一定という仮定をおいて、徳川後期の全国人口を一定とするのが通説の論拠であった。しかし除外人口が一定であったか否かにはなお疑問が残る。個別的事例では、特に都市部においては人別帳に登録されない無籍者の数が多くなりつつあったことが認められる。幕末期の都市人口比率は全国人口の一五%以下であったから、そこにおける無籍者の人口が仮に都市人口の三分の一を占めたとしても全国人口に比較すれば五%にすぎないと言えるかもしれない。しかし、たとえそうであったとしても、これは除外人口全体の中の一部の要素にすぎない。他の要素についても同様のことが言えよう。一方、農村についてみると、農村部の人口資料では、幕末期にかなりの不在人口が認められる。出稼も多いし、行方不明、欠落が目立つ。[2] 出稼はともかく、行方不明者の多くは都市へ流れ込んで細民層を形成したのであろう。行方不明者自身は、まだ原籍地の人別帳・宗門改帳に記載され、全国人口調査にカウントされた可能性を持つが、仮に行方不明者同士が結婚して世帯を持った場合、その子供はどの資料にも記載されず、したがって無籍者の数は累積的に増加することになる。

さらに、武士やその家族についてはほとんど知られていない。しかし、わずかながら現在知りうる事例では、この間にかなりの変化を認めうるのである。[3] また、従来は除外人口に注意が集中していたが、逆に重複人口の可能性も考えねばならない。個別事例では初期の宗門改帳には重複記載があるが、後期にはなくなる傾向も存在する。このように、除外人口＝一定という仮定は、実のところ確認できないのである。従来考えられて来たように長期的に幕府による調査人口＝一定、除外人口＝一定、従って全国人口＝一定というように単純化しすぎることに疑問を提出したい。

しかし、除外人口が一定でないとするならば、どの程度変化したのかということになると、現在のところ正確な解答はできそうにない。もちろん、徳川後期の全国人口が激増したとか、激減したとかはありそうにないことである。ただ「停滞」を字義通りに解釈するよりも、長期的には漸増傾向があったのではなかろうかという指摘をするにとどめざるをえない。

地域別の人口趨勢——人口増加地域と反幕勢力

前述のように、全国の人口趨勢は漸増であったとしても——あるいは従来の如く停滞と考えるとしても——国や地域毎に趨勢をみるとそれは決して一様ではなかった。このことは幕府の全国人口調査で、国別人口の判明する年度をとり出して国毎、地域毎の趨勢を求めれば明瞭である。この種の作業は、徳川時代後半の人口を取り扱ったすべての著作に示されており、繰り返す必要はないほどである。[4] 享保六年（一七二一）の初回の調査と、弘化三年（一八四六）の現在求めうる最終の調査は共に国別人口を知ることができるから、この間の調査法が国毎に一定で

図1-1　徳川後期国別人口の変化（1721-1846年）

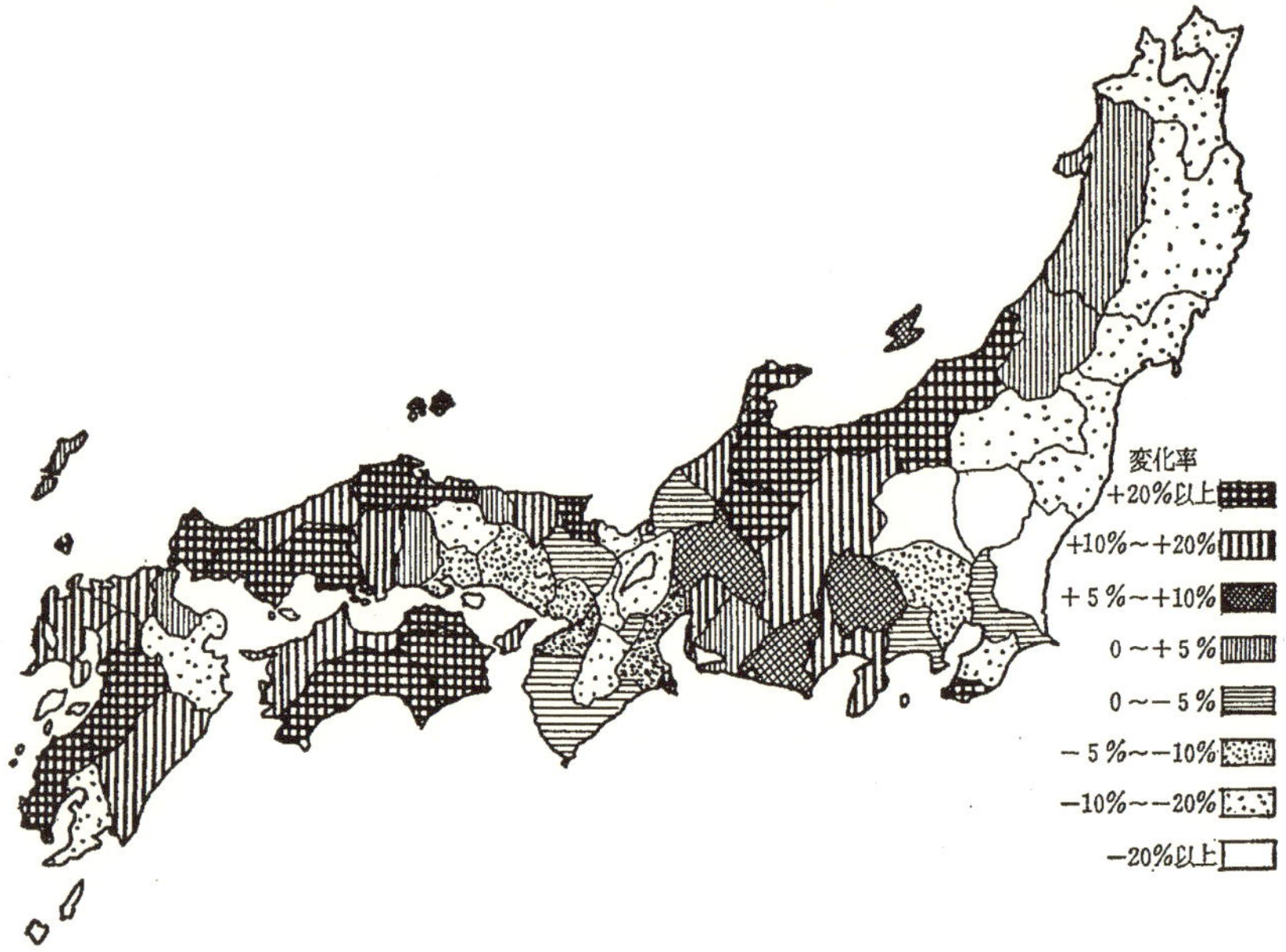

あるという仮定をおいて、変化を求めることは容易である。ここでは図1―1に国別の変化率を示した。その結果は、奥羽、関東がかなりの減少、近畿およびその周辺が減少、北陸、西中国、四国、南九州が増大という傾向が認められる。重要なことは、この地域的趨勢には二、三の例外を除いて、地域内に大きな差はないということである[5]。したがってもし増加と減少を程度に応じて地図上の色で示すと、決してまだらにはならず一定のまとまった地域が一定の色彩で塗られることになる。これは、人口の地域的変動に法則性があることを示す重要な指標である。

　増加と減少のコントラストが最も極端な対照的事例を示すと、北関東（上野・下野・常陸）と、山陽の大部分（備前・備中・備後・安芸・周防・長門）は、享保六（一七二一）年の調査でほぼ同一の人口規模を有していた（約一八四万人と一八三万人）。それが弘化三（一八四六）年の調査では、前者においては約一三三万人に減少したのに対し、後者では約二二七万人へと増加し、前者の一・七倍になっている。二つの地域の人口総数は三六七万人から三六〇万人へとほとんど同数を維持しているのである。これは極端な形であるが、徳川後期の人口趨勢の「停滞」の中味を端的に示していると言えるだろう。すなわち、高い増加率を維持した地域、減少の顕著な地域があって激しいコントラストを示し、全国合計では結果的に停滞ないしは漸増になっているということである。上記の事例では、北関東三ヵ国では享保六年—弘化三年の一二五年間に人口は七二・一％に減少し、年当りの増減率に換算すればマイナス〇・二〇％であった。他方、西山陽六ヵ国では同じ期間に人口は一二四・〇％に増大し、同じく年率ではプラス〇・一七％であった。±〇・二％という数値は人口変化の絶対値としてはそれほど高いものとはいえないが、長期にわたって続く場合にはその差は上述のごとくかなり大きなものになる。

このような人口変化の地域差は、当然それぞれの地域の社会経済活動に影響を与えたに違いない。生産技術や一人当りの所得にそれほど大きな変化はなかったと思われるこの時期に、人口総数の変化は生産や消費、流通の諸経済活動にインパクトを与える最も重要な要素の一つであった。たとえば享保六年—弘化三年の間に人口が二八％減少した北関東三ヵ国と、二四％増大した西山陽六ヵ国とでは、経済活動の変化の方向は全く逆であったに違いないのである。

さらに、西南日本の各地に人口増大がみられるということは、維新との関連でみる時に一つの暗示を与えてくれる。維新に際しての反幕勢力を形成した西南雄藩の所領であった、薩摩、長門、周防、土佐の各国は最も高い人口増加率を示しているのである。もちろん、人口増大が直接維新と結びつくものであるか否かは直ちには判らない。人口増大によって生じた社会・経済的変動がその要因となったのかもしれないし、また人口増大をもたらした何かの要因が、同時に維新と関係を持ったという可能性もあろう。この問題の解明は今後の研究に俟たねばならないが、人口増大が西南日本で最も大きかったことの意味の一つとして指摘しておきたい。

人口変動の要因――平常年と災害年

さてこのような人口変動に関する地域のコントラストはなぜ生じたのだろうか。人口を変動させる要因は、非常に多岐にわたって存在している。たとえば自然的変化も大きく作用しえたであろうし、社会経済的変化の影響も当然存在するであろう。それらのうち、経済史的に重要な要因のいくつかは、すでに梅村又次氏によって指摘されている。(6)

ここで採り上げている年代について変動要因を新たに求めるためにはどうすればよいのだろうか。利用可能な史料からいくつかの仮定をおいて検討することが可能な唯一の途であるように思われる。

近代社会成立以前の人口趨勢の特徴は、時折襲う災害によって人口が激減し、それまでの漸増傾向を振り出しへ戻してしまうといった鋸屋根状の推移を示すことである。近世後期の日本を襲った災害は全国的なものとして三回あると言われている。一つは、享保一八（一七三三）年の蝗害による大凶作、次は、天明年間（一七八一―八九）の冷害・噴火による大凶作、最後は、天保八・九（一八三七・八）年の凶作・流行病である。もちろんこれ以外にも局地的な災害は多く、特に関東・東北では冷害凶作が頻発し、長期的な気温低下のあったことが考えられるのであるが、(7)今この三つの災害と人口変動の関係をとり出して考えてみよう。

幕府の全国人口調査から上記の三大災害をはさむ調査年次（もちろん利用可能な）をとってその間の変化をみるといずれもマイナスである。すなわち、享保一八（一七三三）年をはさむ調査年次、享保一七（一七三二）年と延享元（一七四四）年の間に全国人口は二六九二万人から二六一五万人へ減少し、天明年間（一七八一―八九）をはさむ調査年次、安永九（一七八〇）年から寛政四（一七九二）年の間には二六〇一万人から二四八九万人へ減少し、最後の天保八・九（一八三七・八）年をはさむ天保五（一八三四）年と弘化三（一八四六）年の間には二七〇六万人から二六九一万人へと減少した。これ以外の年次間にも減少はみられるが、全国調査の結果が判明する一八回の間に、減少は八回あり、その間四回[8]は三大災害をはさむ年次の減少であった。そこで、この三大災害をはさむ調査年次を災害年、他を平常年としてそれぞれの変動を国別・地域別に検討してみよう。

残念ながら前記の各調査年次中、国別人口について知りうる年次は限られたものしかない。第Iの災害年については享保六（一七二一）年と寛延三（一七五〇）年、第IIでは宝暦六（一七五六）年と天明六（一七八六）年、第IIIでは天保五（一八三四）年と弘化三（一八四六）年となる。第I、第IIについては間隔が広く、災害による変動がある程度かくされてしまう可能性がある。また第IIの時期では天明六（一七八六）年がいわゆる天明の災害の途中であり、その全体を反映させることはできないかもしれない。しかし、ここでは、ともかく災害による減少がどの地域で最も甚だしかったかを大摑みに知ることが目的であるから、これらの不備に眼をつぶって観察を進めよう。**図1—2**は、この三大災害をはさむ調査年次の人口変化の合計を享保六（一七二一）年の人口数で除した災害年の変化率を国別に示したものである。また**図1—3**は、享保六（一七二一）年から弘化三（一八四六）年に至る人口変化から上記の災害年の変化を差引いた残り、すなわち平常年の変化を同様に当初人口で除した変化率の大きさに従って示したものである。[9]

もちろん、ここで災害年、平常年としたのは厳密なものではない。上記の三大災害だけが災害のすべてではなかったし、さらに国別人口の判明する年次が限られているために、災害による減少をある程度カヴァーした数値しか得られないからである。しかし、**図1—2**・**図1—3**をみると、**図1—1**で示した全期間を通しての趨勢とはかなり異なったものになっていることが明らかである。**図1—2**の示すところによれば、災害年の人口減少が激しい地域は、東北、房総半島南部を除く関東、東海の一部、越中を除く北陸、近江・志摩を除く近畿およびその周辺、東

図1-2　徳川後期国別人口の変化（3大災害年）

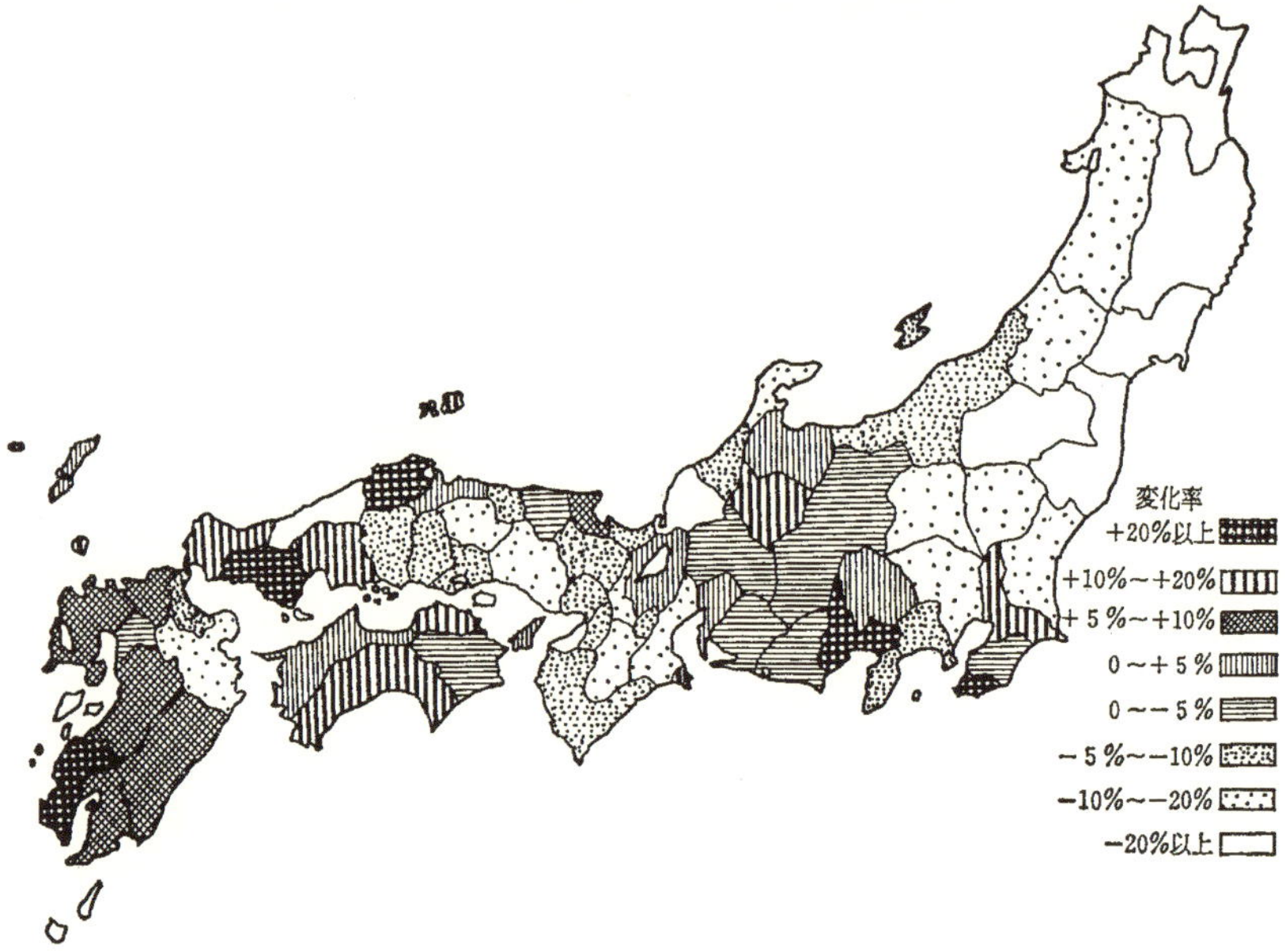

山陽に拡がっている。図1―1で示した全期間を通じての変化がプラスに出た西奥羽、北陸もここではマイナスに出ている。災害年にもマイナスに出なかったのは、本州中央部のいくつかの国と山陰、西山陽、阿波を除く四国、東北部を除く九州となっている。このように災害年の人口減少が、東北から関東、北陸および近畿にかけて甚だしいのは、特に天明年間の冷害凶作が東北、北関東、北陸地方に激しかったこと、三度の災害すべての影響が近畿地方において大きくみられることから説明可能である。

　これに対し、図1―3の平常年の変化率はほとんどの国でプラスであり、マイナスは地域的には北および東関東、近畿の一部でみられるにすぎない。災害年に激しい減少を示した東北ですら平常年はプラスであり、北陸にいたっては最も高い増加率を示しているのである。

　表1―1は、全国を一四の地域に分け、地域毎の享保六（一七二一）年と人口に対する変化

図1-3　徳川後期国別人口の変化（平常年）

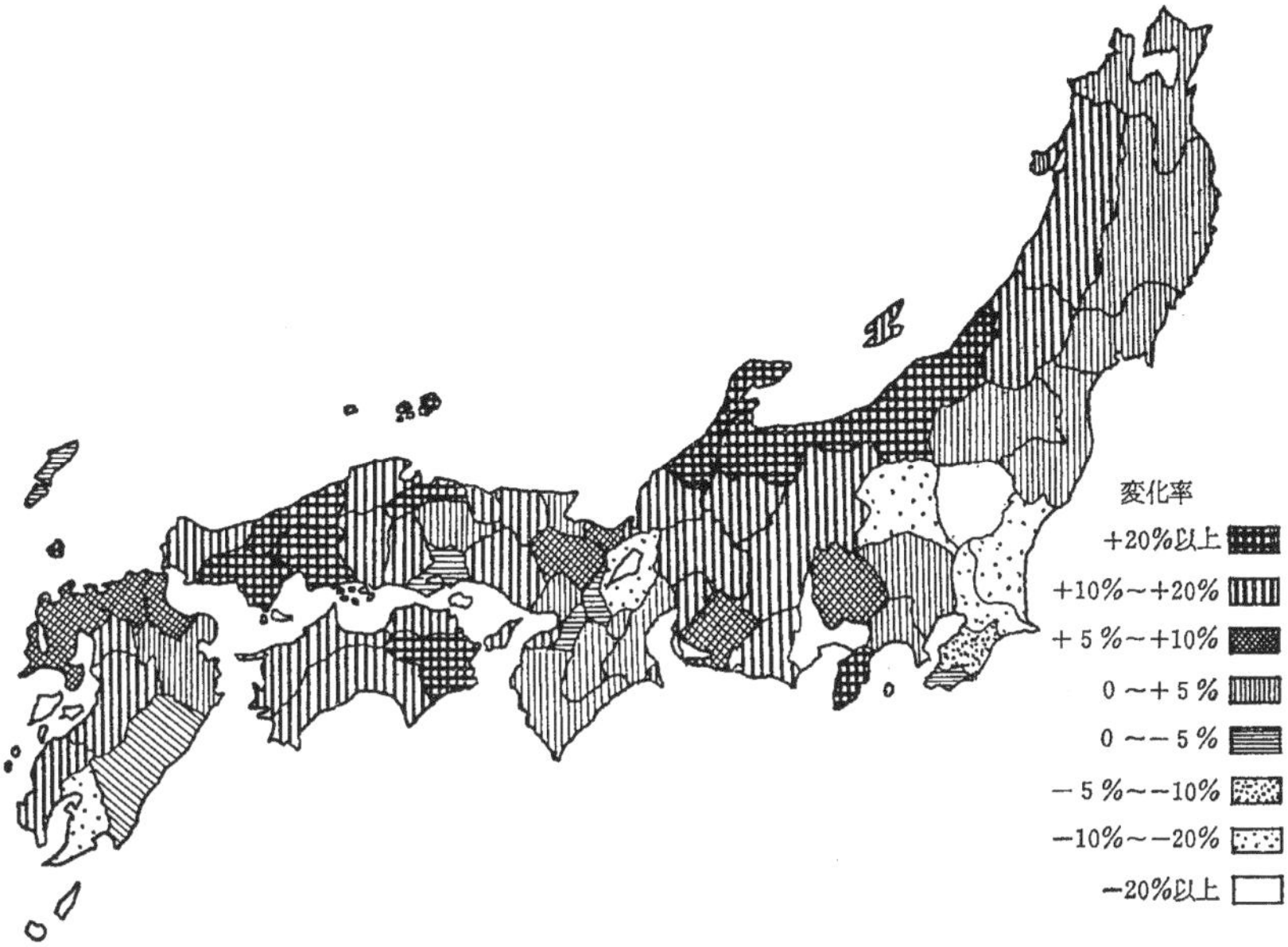

率を災害年・平常年および全期間の三つについて示したものである。また、災害年と平常年の変化率のあり方から、地域をA型——双方ともプラス、B型——平常年の増加が災害年の減少を上廻る、C型——災害年の減少が平常年の増加を上廻る、D型——双方ともマイナスの四つのタイプに分類し、さらにA型を二つに分け、災害年の増加の方が平常年の増加を上廻るものをA_2、それ以外をA_1とした。A型の地域が東海以外では西日本に集中し、B型は奥羽、北陸、東山、北九州と日本海側に集中している。B型の内で特に注目すべきは北陸で、災害による減少率は相当高いにもかかわらず、平常年の増加率は全国最大であり、その差は最も大きい。西奥羽にも同様の傾向がみられる。これらの地方では災害の影響を受けやすかったにもかかわらず、平常年の人口増加力が高いことから回復も著しかったのであろう。山陰も災害年にわずかな増大がみられるにしても、平常年の増加力ははるかに高く、これらの日本海側の諸地域に共通する特徴となっている。この事実は、

表 1-1　近世日本における地域別人口の変化

地域	享保 6 年人口	弘化 3 年人口	全期間変化率	災害年変化率	平常年変化率	タイプ
東奥羽	1962839	1607881	-18.1（%）	-23.0（%）	+4.9（%）	C
西奥羽	877650	912452	+4.0	-10.6	+14.6	B
北関東	1841957	1328534	-27.9	-14.2	-13.6	D
南関東	3281746	3109944	-5.2	-4.5	-0.7	D
北陸	2155663	2534477	+17.6	-9.6	+27.1	B
東山	1052147	1191309	+13.2	-0.3	+13.5	B
東海	2201831	2434061	+10.5	+5.6	+5.0	A2
畿内	2249792	1998737	-11.2	-14.1	+3.0	C
畿内周辺	2816804	2672179	-5.1	-8.0	+2.9	C
山陰	978447	1208875	+23.6	+1.3	+22.3	A1
山陽	2023970	2433799	+20.3	+2.4	+17.8	A1
四国	1532131	1943146	+26.8	+6.2	+20.7	A1
北九州	1987553	2123634	+6.8	-1.1	+8.0	B
南九州	1087276	1344411	+23.6	+13.2	+10.4	A2
合計	26049806	26843439	+3.0	-5.0	+8.0	

地域に含まれる国名
東奥羽：陸奥
西奥羽：出羽
北関東：上野、下野、常陸
南関東：武蔵、相模、上総、下総、安房
北陸：佐渡、越後、越中、能登、加賀、越前、若狭
東山：甲斐、信濃、飛騨
東海：伊豆、駿河、遠江、三河、尾張、美濃
畿内：山城、大和、和泉、河内、摂津
畿内周辺：近江、伊賀、伊勢、志摩、紀伊、淡路、播磨、丹波
山陰：丹後、但馬、因幡、伯耆、出雲、隠岐、石見
山陽：美作、備前、備中、備後、安芸、周防、長門
四国：阿波、讃岐、伊予、土佐
北九州：筑前、筑後、肥前、壱岐、対馬、豊前、豊後
南九州：肥後、日向、大隅、薩摩

日本海側の諸地域に人口増大をもたらす何らかの条件があったこと――気候上の変化、海退現象による海岸干潟の干拓等を含む――を想定させる。一方、東奥羽から北関東にかけての太平洋側の東日本では災害年の減少率が高い。特に北関東は平常年の減少率も高く、全国的に人口減少の最も著しい地域となっている。

以上のように北部および東部日本は、災害の影響を強く受けたが、平常年の変化率が太平洋側と日本海側で非常に異なるため、全体としての変動はヴァライアティに富んだものとなっているのである。これに対して西日本の状況はどのように説明されるだろうか。

近畿およびそれ以西の西日本においては、冷害凶作の被害はあまり強くなく、むしろ旱魃の影響を受けやすいことが挙げられる。したがって、もし東日本の人口に影響を与えた長期的な夏季の気温低下があったとしても、それは西日本には関係の薄いものであった。むしろ近畿を除いて平常年も災害年もともに人口増大がみられる、**表1－1**のA型の地域によって占められているという事実は、西日本の人口変動の基調は「増大」であったことをはっきり示している。ただ災害年の変化をとり出してみた場合、東日本と比較して地域的特性が薄く、変化率の種々の型が混在していることは**図1－3**のごとくである。たとえば石見国は災害年のマイナスがかなり高いが、周辺の諸国はいずれも高い増加率を示し、薩摩国も周辺から逆にプラスの方向に飛び出している。これは、災害年の人口に対する影響は西日本では全般的ではなかった結果であろう。そのなかでも薩摩、周防、長門、土佐という維新と関係深い諸国が災害年においても人口増加率の高いことが注目される。同様な型を示す国は、島嶼を除けば他では安芸・出雲・讃岐にみられるのみである。

人口変動の要因――都市人口

図1―1・2・3をみて奇異に感ずるのは、関東、近畿およびその周辺といった経済発展の著しいと普通考えられている地域に、人口数の変化においてはマイナスを示している国が多いことである。しかも、これは災害年に限られていない。**表1―1**でも関東は平常年の変化率がマイナスであり、近畿および近畿周辺も一応変化率はプラスであるが、ゼロに最も近い。このことは、人口が経済の従属変数にすぎないとするならば説明不可能となろう。今日の多くの個別研究は、これらの地域に商品生産が展開したこと、すなわち都市自身への人口集中、都市および農村手工業、農家副業あるいは商品作物の栽培という経済的諸局面において最も高い発展がなされたことを示している。誰もこれらの事実を否定することはできないだろう。にもかかわらず、人口総数の面で減少ないしは停滞がみられるのはなぜなのだろうか。北関東については、東奥羽と共に長期的な気温低下に基づく人口維持力の低下が考えられる。事実、これらの地域、北関東から西奥羽にかけての農村の荒廃、堕胎間引による人口減少は、徳川時代の領主層にとってもその財政的基盤を揺るがせる重大な問題であり、これらの地域では、人口維持に関する法令や施策が、その効果はともかく最も多くなされた。しかし、南関東や近畿ではそうではない。これらの地域の人口減少、人口増加力の低位性は、冷害凶作によるものではなさそうである。

そこで一つ考えられることは、これらの地域の経済的発展がかえって人口の停滞をもたらしたのではないかということである。なぜかといえば、近代工業社会成立以前の都市は、予防医学の未発達、医療や公衆衛生の不備によって死亡率は農村よりはるかに高く、一方、出生率は、生理的にも文化的にも低く抑えられるから、差引き自然増加率はマイナスとなるという性格があった[10]。加えて食糧自給力のない貧民層は、食糧価格のちょっとした高騰によ

って も直ちに飢餓にさらされ、特に技術的に輸送手段が限られ、行政的に分権的支配が行われている状態の下では、その影響は一層ひどかったと考えられる。そこへ疫病が流行すれば、死亡率は非常な高さに達した[11]。したがって都市は不断に農村からの人口流入を必要とした。

たとえば江戸において、非常に興味深い調査がなされている。それは、天保一四（一八四三）年から慶応三（一八六七）年にかけて数度行われた江戸住民の出身地調査で、これによれば、他所出生が二一・七～二九・五％に達している[12]。この間の人口はほとんど変化がなかったから、その人口は、江戸で出生した人口の二八～四二％が農村から補給されて初めて維持可能であった（もっとも江戸で出生して農村へ出た人口も考慮しなければならないが、これは僅少であろう）。大坂においてもほぼ同率の観察が可能で、寛永―慶応年間菊屋町、米屋町の人口に占める奉公人の割合は二〇―三三％であり、これら奉公人の給源は農村にあったと認められるのである[13]。この都市における人口再生産率の低位は、江戸のような大都市にのみみられる現象ではない。地方都市や人口数百の宿場町でさえも自然増加率は概ねマイナスであった[14]。したがって経済的発展が都市や都市的集落の人口を増加させればさせるほど、その都市を含む地域の人口の自然増加率は低くなるのである。南関東や近畿の状況は、このように都市発達の結果、農村に対する都市の人口吸引力が強く、地域全体としての人口数が停滞するという現象を生じていたのではあるまいか。もちろん確証するためには近世都市の人口学的諸指標の検出が望ましいのであるが、これは経済発展と地域人口における負のフィードバック現象で、すでに示したごとく、西ヨーロッパにおいても認められるところであり、近代工業社会成立以前には普遍的なものであったと考えられるのである。

一方、都市の人口規模自身にも限界があった。武士と庶民合わせて一〇〇万の人口を擁した江戸をとってみても、いかに生活水準が低かろうと生活必要物資の自給力がゼロに等しいこの人口集団を維持するためには、食糧、燃料、衣料、建築材料等相当量の物資が不断に江戸へ流れ込むことが必要であり、輸送手段、特に陸上輸送手段が貧弱な

表 1-2　1875 年における地域別都市人口比率

地域	総人口	人口 1 万以上の都市	同左人口の比率	人口 5 千以上の都市	同左人口の比率
東奥羽	2347507	6	6.5（%）	14	8.6（%）
西奥羽	1195120	5	10.7	11	14.5
北関東	1549276	4	3.9	9	6.3
南関東	5123553	6	18.6	17	20.2
北陸	3360285	12	10.7	37	16.0
東山	1391740	3	3.1	7	5.2
東海	2803578	9	8.2	20	10.8
畿内	2093500	9	30.8	15	32.7
畿内周辺	3032366	10	7.2	24	10.3
山陰	1341044	3	6.3	9	9.7
山陽	2880989	7	6.9	19	9.8
四国	2459214	7	7.3	14	8.8
北九州	2815219	7	4.7	19	7.7
南九州	2028402	2	6.6	7	8.5
合計	34421793	90	10.2	222	12.9

（注）『共武政表』（明治 8 年 12 月）による。

当時においては、おそらく人口一〇〇万という数字は維持能力の限界であった。かくして、経済的発展の最も著しい地域に人口の停滞という一見パラドキシカルな現象が生ずるのである。

残念ながら、徳川時代の都市人口についてその比率に関する全国的な数値は得られない。やむをえず明治初年の数値を挙げれば**表1―2**のごとくである。近世後期と明治初年の間には大きな社会変動があり、人口分布にもある程度変化があったとみられる。かつここで「都市」というのは、単に一定の人口規模を有する行政単位を指しているだけで、ここからは、ごく大まかな状況を知りうるのみである。**表1―2**において都市人口比率の最も高い南関東と畿内は、**表1―1**においては平常年の人口変化率が、自然的影響の強かったと考えられる奥羽、北関東を除いては、最も低い地域であることが明瞭であろう。

ただしこの表を利用するに当っては、以下の点が留意されなければならない。この表の基礎となった『共武政表』の国別の報告数字は、一見して統一された基準に従っていないことが明らかである。報告を求められたのは「各郡邑里人口一千名以上輻輳地及其戸数物産表」である。ところがある国では「人口一千名以上」でかつ「輻輳地」が報告の対象となっているのに、ある国では「人口一千名以上」のすべての町村が対象となっている。その結果たとえば摂津国では、人口二七万余の大坂以下、人口一千名の村に至るまで計三一の町村が書き上げられているのに対し、隣の河内国では枚方、富田林、八尾、古市の四ヵ所を掲げるのみであり、これは人口一千名以上でかつ輻輳地を抽出した結果であろう。したがって都市人口比率といっても厳密な数値とは言えないのである。しかし人口五千名以上をとれば基準は比較的均質なものになるだろうし、一万以上ならば、全く同一の基準でとらえられていると考えて差支えあるまい。

さて、**表1−2**は人口変動との関係を離れてもう一つの事実を物語ってくれる。それは、都市人口比率の地域差がかなり大きいことである。江戸、大坂、京都の三都のあった地域を除いても、一万以上の都市人口が全人口の一〇%以上を占める地域として西奥羽、北陸がある一方では、それが五%以下という北関東、東山、北九州がある。西奥羽、北陸の都市人口比率の高さは、特に工業化以後の都市人口分布と比較した場合、意外の感を深くする。**表1−1**の地域別の人口変化においても、少なくとも平常年では高い増加率を示していたことと関連があるのだろうか。他方、都市人口比率が低い地方については、その説明要因は一定していない。北関東は人口減少の最も激しかったところ、また近くに江戸という巨大都市をひかえた場所として説明できるだろう。しかし東山、北九州については同じ理由は成り立たない。わずかに考えられることとしては、これらの地域には大きな城下町が少なかったことくらいであるが、これらの問題の解明は今後に残さざるをえない。

結　論――性比の地域差

以上、ほとんど利用され尽したとも思われる幕府の全国人口の調査を用いて、人口の地域的変化の特性を観察し、平常年と災害年、都市人口比率という観点から考察を行った。何といっても不完全な数値を基とする考察であり、限界を感じないわけにはいかない。大体、考察を始めるに当って調査法が当該期間一定という仮定をおき、人口の絶対数よりもこれを指数化し、相対値として変化の地域的特質をみたのであるが、厳密に言えばこの仮定自身疑問の余地は大いにある。その一つの例としてこの作業の過程で求めた男女別人口比率＝性比をとり上げてみよう。

幕末の全国人口調査で、国毎の男女別人口の判明するケースがいくつかある。性比を女子一〇〇に対する男子の指数で示し、これを地域別に寛延三（一七五〇）年と弘化三（一八四六）年の二つの年次について図示したのが図1―4である。この一世紀間に、性比はノーマルな型（ここでは日本人の出生性比一〇五をノーマルとおいて示した）に近づいている。しかし寛延三（一七五〇）年の性比は、奥羽、関東および九州では非常にアンバランスであり、北陸、山陽、四国の数値でさえやや高すぎるようにみえる。明らかに近畿を中心として距離が離れるに従って性比は高くなる傾向が見出される。そして西奥羽のごとく一三〇をこえる性比は現実に存在したのだろうか、という疑問すら生ずる。このような異常な性比を確かめる手段は部分的にしか存在しない。南部藩の史料では、一六八〇年代から一七六〇年代前半にかけて性比はほぼ一二〇であったのが、一七七〇年代から一八三〇年代にかけては一一二～一一三になっている。[15]

したがって今のところ、このような状態は、そのままに受取るより仕方のないものであろう。もちろんこれは出生性比ではないから、出生後の人為的な操作によってこのような状態が生じたという可能性が高い。この場合、

図1-4　地域別性比の比較（寛延3年・弘化3年）

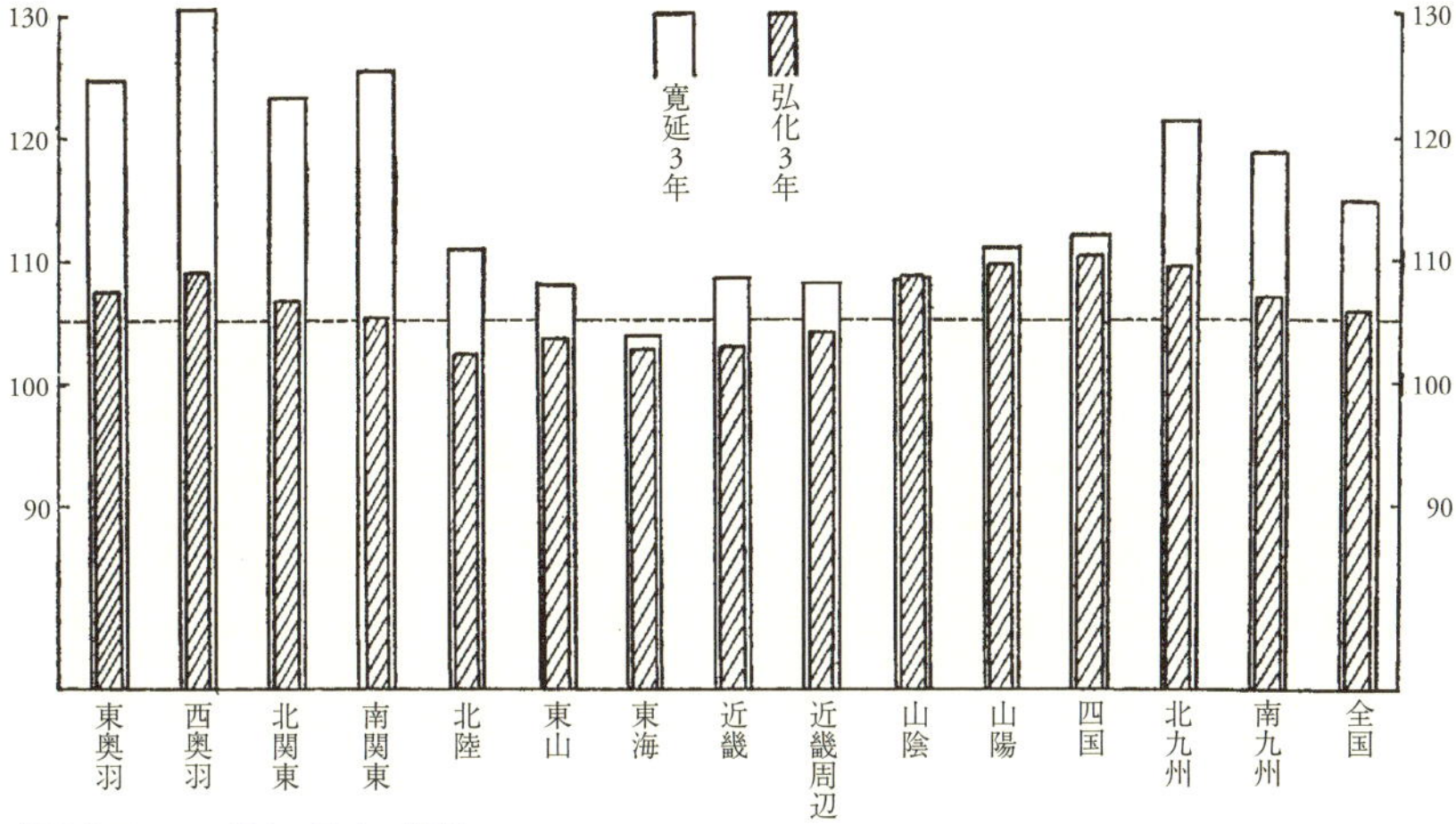

（注）女子100に対する男子の指数。

「操作」とは女子人口を減少させること以外には考えられないから、性比が異常に高いということは、女子について間引、幼児殺しがかなり行われたことを意味するが、もちろん女子の死亡率が男子に対して非常に高い場合でもこのような状態は生じるだろう。いずれにしても、これは注目すべき地域差である。

しかも、さらに重要なことは、このような辺境地方での高い性比や大きな地域差が、約一世紀間にかなりノーマルな型になり、縮小していることである。山陰を除けば性比の違いはいずれも低下し、特に以前には高かった奥羽、関東、九州では大幅な低下があり、山陽、四国のレベル以下になった。人口総数も減少しているところでは、性比の変化に重なって男子人口の低下は著しかったことになる。たとえば北関東では、寛延三（一七九一）年の男子人口は九八万五八六六人であったのが、弘化三（一八四六）年には六八万五一八一人へと三〇％強の減少をみせている。同じ期間に女子の減少は二〇％弱であった。

一世紀間にこのような変化が実際にあったのだとすれば、驚くべき変化と言わざるをえない。文化元（一八〇四）年の各地方の性比をみると全く両年度の中間である。したがって図1―4に示したような性比の正常化は、この一〇〇年の間、継続的に進行したとみてよい。

しかし、もしこのようなひどくアンバランスな性比は実際にはありえず、女子の人口調査が不完全であったとするならば、性比の変化の激しかった奥羽、関東、北陸、九州の人口変動は、大幅な修正を受けざるをえない。たとえば東奥羽では、性比一二四・七から一〇七・三に低下したが、これが一定であったとすると寛延三（一七五〇）年の女子人口は約二五％低く見積られていたことになり、その場合、寛延三（一七五〇）年の全人口は調査結果に約一二％加える必要が生ずる。このことは、必然的に徳川時代後半のこの地域の人口変動をさらに減少の激しいものにしてしまう。一方、南九州についても同様の操作をすれば、人口総数の推移は増大ではなく停滞に近くなってしまうのである。結局、もし性比のアンバランスを疑えば、徳川後期の全国人口は停滞どころか減少という結果が出てきてしまうのである。しかし地域による性比のアンバランスは、これほど大きくはないにしても確かに存在する。はるかに信頼度の高い明治五（一八七二）年の数字と弘化三（一八四六）年の数字の相関を比べると図1―5の如くである。これによって両年度の数値の間には高い相関度があることが確認されるだろう。とすれば弘化三（一八四六）年の性比は絶対値としてはともかく、相対値としては意味のある数値であることが明らかである。性比の高いのは、南九州を除けばいずれも辺境であり、中央部では低い。このような地域差はなぜ生じ、またいかなる影響を人口内部の諸現象に与えたのだろうか？

徳川時代の経済諸量について、全国数値の得られるものはごくわずかしかない。特に、人口は、他の石高や耕地面積に比較して信頼度や調査回数（後半に限られるが）の点ではるかにすぐれたものとみなすことができる。これらの数値を全く欠いている徳川以前の時代に比べれば、ともかくこれだけのものが存在する以上、その限界まで利

図1-5　地域別性比の比較（弘化3年-明治5年）

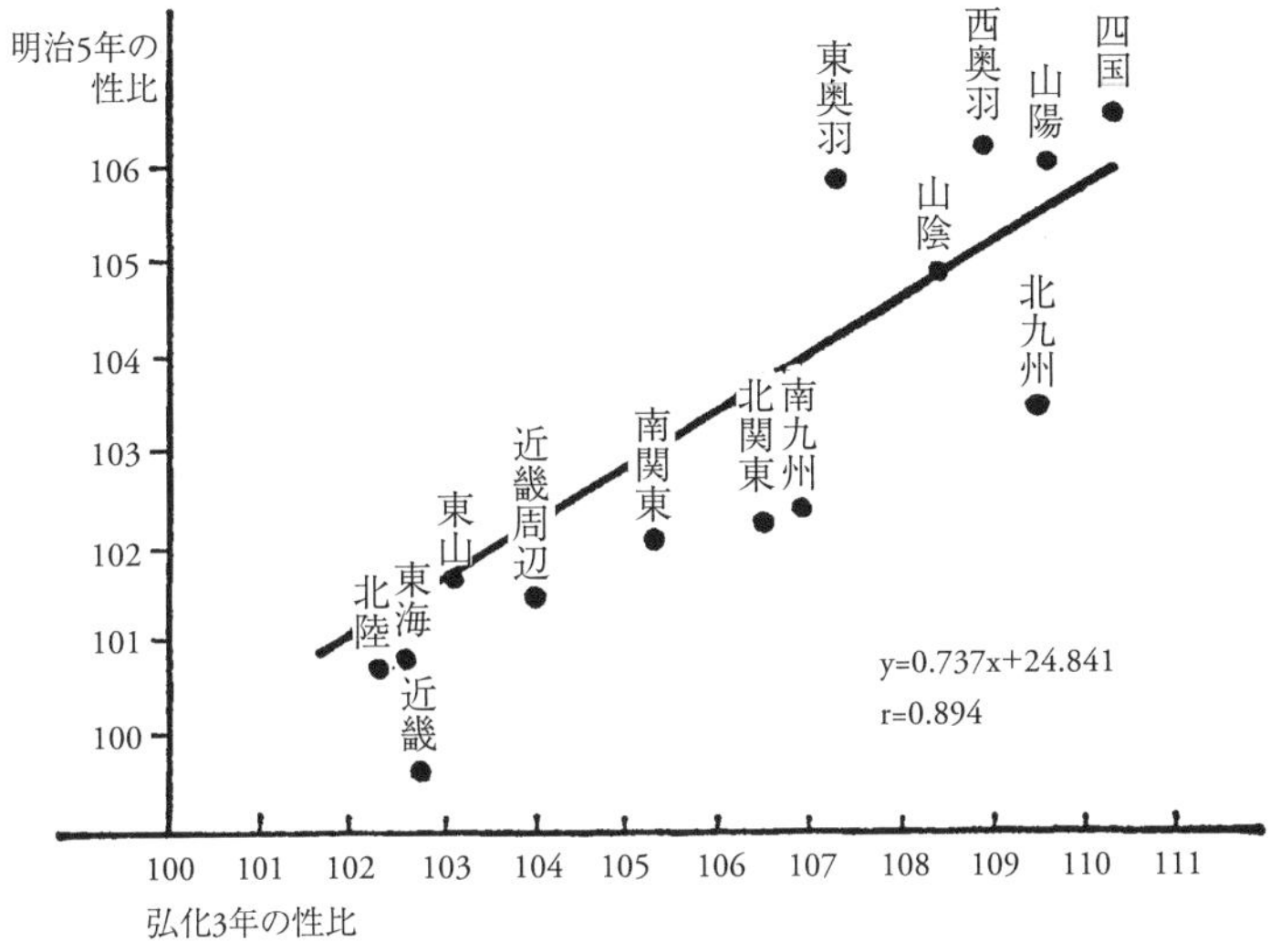

用するのが望ましいのが当然である。人口についてはおそらくこれ以上のものを調査数字から抽き出すことは難しいだろう。このように限界近くまで史料を利用してみることを通じて言えることは、やはり徳川時代の人口史研究は、どうしても地域的にならざるをえないということであった。その理由の一つは、今述べた史料の持つ限界であり、もう一つは、それらの史料の物語る激しい地域差である。このような地域差の存在する限り、たとえば全国人口が停滞していたということにどれだけ意味を認めることができるだろうか。それはむしろ全国を合計してみたら結果的にそうなったというにすぎないのではないだろうか。徳川時代の総決算ともいうべき明治初年という重要な時期の数多くの人口統計について、その詳細な検討が近代工業社会成立以前の人口水準や人口構造を知る上で、非常に価値の高いものとなって来ることを指摘しておきたい。

〔補記〕 本稿の作成、統計の整理に当っては、内田宣子さんの協力を得た。なお本稿は慶應義塾学事奨励資金および、日本経済研究財団の研究助成金による研究の一部である。

注

(1) 私見としては、前半の人口増大は専ら小家族制＝小農経営の一般化に伴って生じた結婚率増大→出生率増大に基因するものであり、増大の開始はもちろん、継続の期間について地域差は当然存在した。この種の増大は先進地帯ではすでに一七世紀中に、後進地帯では一八世紀中頃にピークに達したものとみられる。

(2) たとえば信濃国諏訪郡の三八の村における行方不明と記されている者の全人口に対する比率は、一六七〇年代〇・一％、一七二〇年代一・八％、一七七〇年代三・六％、一八六〇年代一・一％となっている。個々の村についてみれば、一八世紀の後半から一九世紀の前半にかけてそれが一〇％以上に達する場合もあった。

(3) 比較的長期にわたって武士およびその家族の推移を知りうる例として高橋梵仙氏により盛岡藩の場合が明らかにされている。それによると、資料の初出年代の天和三年（一六八三）には侍身分の者は家族を含めて合計二万一七四八人であったのが、享保五年（一七二〇）二万一五二二人、天明元年（一七八一）二万八二九一人、資料の最終年代天保一一年（一八四〇）二万八〇〇五人となっており、最初と最終の間では約二九％の増大があったことになる。このケースがどの程度一般化できるかは判らないが、少なくとも武士人口＝一定という仮定を置くのは危険であることを示している。（高橋梵仙『日本人口史之研究』第三、二三二—二四四頁所収の侍方人口の表より）

(4) 幕府の調査を用いた徳川後半の地域別人口変動の分析については、梅村又次氏の担当された調査「徳川時代の人口趨勢とその規制要因」（『経済研究』一六の二所収）が最もすぐれている。特に氏はそれまでの分析が人口減少要因の解明に重点を置いていたのに対し、地域的には増加の事実が認められる以上、人口増大要因を変数として組み込んだフレームワークの必要を主張され、とりあえず新田開発と人口増大との関係の分析を試みられている。

(5) たとえば図1—1において強いて地域内で例外的な変動を示す例を挙げるとすれば、関東地方で高い増加率を示す安房国、近畿で同じく志摩国、南九州で減少を示す大隅国ぐらいである。安房・志摩は小国でしかも半島の先端に位置すること、大隅については島嶼を含み、地理的にそれぞれ特殊条件であったとみることができる。

(6) 梅村氏、前掲論文。

（7）奥羽地方の太平洋側から北関東にかけて凶作をもたらすのは、夏季における低温――オホーツク高気圧の勢力の強さに基づく――であり、気候観測の発達した明治以降にも短期的にはしばしばみられている。これによる被害地域が、徳川後半の災害年で最も人口の減少をみせた地域と一致することから推断が可能である。

（8）天明災害をはさむ期間として安永九（一七八〇）年、天明六（一七八六）年、寛政四（一七九二）年の三回の調査であるため、三大災害に対して合計四回の調査となる。

（9）ここで注意したいことは、今日入手可能な幕府の全国人口調査の国別の数字がミスを含んでいることである。国別の数字を合算しても全国数字にならないことは稀ではないし、どうみても誤記としか考えられないケースもある。一例を挙げれば、駿河国は享保六（一七二一）年二四・六万人であったのが、寛延三（一七五〇）年三一・四万人、宝暦六（一七五六）年二五・一万人となり、以後最終調査年次の弘化三（一八四六）年に至るまで記録の上で二八・九万人を超えることはなかった。したがって寛延三（一七五〇）年の数字には疑問の余地が大いにある。本稿では数値をそのまま用いたため、図１―２、図１―３で駿河国は特異な動きを示す結果となった。

（10）たとえば近代工業社会成立以前のイングランドについて、リグリィは次のように言っている。「都市の出生率の特徴や、都市と農村との間に存在したであろう制度上の差異について、確証をえることは容易だというわけではないが、多くの場合、出生と死亡の単なる総計でも、都市人口は移入によって自らを保っているにすぎないことを明らかにしてくれる。……（中略）……数万、あるいはしばしば数十万という単位で数えられる人口をもつ都市を維持する点まで、経済的に発展した前工業化時代の社会の人口学的均衡の全体を考える場合、大規模な町や都市におけるマイナス分を補うためには、埋葬を上廻る洗礼が農村地方に存在しなければならなかったことを想起することが重要である。」（Ｅ・Ａ・リグリィ著、速水融訳『人口と歴史』一〇八頁）

（11）たとえば天保八・九（一八三七・八）年の飢饉と流行病は、大坂で人口の約一一％を減少させているが、おそらくこれは大部分死亡によるものであろう（西山松之助「大坂・兵庫・西宮・塩飽島人口統計表」『歴史学研究』一五七号所収）。また飛驒国高山では同八年の死亡率は八七‰に達した（佐々木陽一郎「飛驒国高山の人口研究――人口推移と自然的要因」社会経済史学会編『経済史における人口』所収）。さらに同八年から九年にかけて紀伊国尾鷲五カ在でも八歳以上の人口の死亡率は二〇〇‰をこえた（本書第15章参照）。

（12）関山直太郎『近世日本の人口構造』二二〇―二二一頁より。

（13）同上書、二二二頁。

(14) たとえば、いくつかの宿場町からなる信濃国諏訪地方の事例をみると、一六八一(天和元)年から一八七〇(明治三)年に至る一九〇年間を一〇年を一期として一九の時期に分けた場合、観察可能な一三の時期中、出生率が死亡率を上廻る時期四、下まわる時期九となり、総じて自然増減率はマイナスの傾向にあった(速水融「近世信州諏訪地方の人口趨勢」『三田学会雑誌』六一の二所収)。

(15) 高橋梵仙、前掲書、附表盛岡藩人口調査人口より。ただしこれにも疑問の余地がある。時として出生性比が大きく上下するのはおそらく資料の誤記によるものと思われるが、長期間性比が一定のまま推移することはどう解釈すればよいのか。たとえば安永六(一七七七)年から寛政二(一七九〇)年に至る一四年間は資料が連続して得られるのであるが、総人口の性比は安永九(一七八〇)年一ヵ年を除いて一一二・八に一定している(全体を一〇〇とした場合、男五三対女四七の割合とおきかえてもよい)。この期間は、そのなかに天明の大災害を含み、盛岡藩の人口構造にも大きな変化があったと考えられるにもかかわらず、性比は全く一定である。しかも総人口にも大きな変化はない。高橋氏は性比については触れていないが、総数の変化がほとんどない点については人口減少の発覚を怖れた藩が虚偽の報告をしたのであろうとされている。とすればこういった各藩の調査を集計した全国人口数の持つ意味は大きく減殺されざるをえない。もちろん「Famine doesn't kill」(M・M・ポスタンの第四回国際経済史学会における発言)という言葉のごとく、単なる凶作では餓死者が意外に少ないのは経験史料の物語るところである。文献史料はしばしば災害を誇張して伝えるから、われわれの先入観として天明期の災害の大きかったこと、多数の餓死者を出したことがあるだけで、実際には餓死者は少なかったか、極端にはなかったという可能性もある。とすればこの記録は少なくとも人口総数の上では正しいということもありうることになる。いずれにせよ、今後の経済史料に基づく地域的な研究が俟たれるのである。

第2章　幕末・明治期日本の人口趨勢——空白の四半世紀

人口史研究における空白の期間

江戸時代の全国人口に関しては、享保六（一七二一）年―弘化三（一八四六）年の間に行われた幕府の全国人口調査――そのうち一一年度分については、国別の数値が得られる――、いくつかの藩領人口調査がある。それらの数字は、町や村を単位とする宗門人別改帳、人別改帳等を基礎としており、前近代的社会の史料としては信頼度の高いものである。これらの、全国、あるいは個別の史料を利用して、人口の長期趨勢、出生、死亡、結婚、そして移動といった人口学的指標について、かなり精緻な数字が得られているにもかかわらず、こと明治前期の人口については、意外に研究が少ない。また明治期に関しては、明治二〇年代前半の地方行政制度の確立、三〇年代における信頼度の高い人口統計の出現によって、人口の史的研究は、明治後期に関する限り、良好な統計史料が全国レベルでも、地方レベルでも利用可能であり、いくつかの研究がなされてきた。

ところが、この二つの時期にはさまれる明治初期、また全国レベルでは、幕府調査の最終年次以降を加えた数十年間については、人口史の研究は大きな空白の期間となっているのである。その決定的な原因は、信頼するにたる統計史料が欠如しているという点に帰されている。事実、明治政府が実施した戸籍制度に基づいて集計された明治五（一八七二）年の全国人口は、三三一一万人であるが、これは後に内閣統計局により、戸籍に登録漏れであったと考えられる人数を加算し、上方に修正され、三四八〇万人となっている。[1] だがこの修正には疑問があり、その後いくつかの推計が行われた。かくして明治八（一八七五）年の全国人口に関しては、統計局の三五三二万人、赤坂敬子氏による三四七六万人、岡崎陽一氏による三七二〇万人というように、いく通りかの推計値を持つことになる。それぞれの推計結果の差は、絶対値としてはそれほど大きくないようにみえるけれども、人口の増加率を計算する際には、見逃しえない違いとなってくる。この点に関しては梅村又次氏により、各推計の持つ意味の違いが論じ尽されており、筆者がこれにつけ加えるべきものは何もない[2]。ただ、明治初期の人口統計が、近代的統計としては、かなり問題を含むものであること、また、それゆえにこそ、一九六〇年代半ば、前記の明治初年の人口を最も大きく、したがってその後の増加率を最も低くみることになる岡崎陽一氏と、「一つの先行的仮説として」と断りながらも、人口成長先行説（近代経済成長の開始における経済成長先行説との対比において）の立場から、それに反論された梅村又次氏との論争[3]が成り立ち得たことを指摘するに留めよう。

江戸時代の人口を全国レベルでみる場合、依拠する幕府調査は、統計史料として、いくつかの欠点を持つものであることはあまねく知られている。いわく武家人口が含まれていない、いわくいくつかの藩領――結果的には国別になる――人口には、幼少人口が含まれていない、いわく調査方法は本籍地主義と現住地主義が混在している等々、およそ近代的統計からは遠く離れた、信頼度の低い数量史料とされてしまいがちである。当然のことながら、幕府の調査数字は現実の人口を下回っているわけなのだが、我々は果してそれがどの程度であったのか、また調査全期間を通じて、除外人口が数または率の上で、不変と考えてよいのか否かについても、確固たる証拠を持っているわけではない[4]。

しかし、それにもかかわらず、多くの研究者はこれを利用し、またこれに依拠しながら江戸時代の人口趨勢を述べ、その社会や経済を示す指標として用いてきた[5]。実際この調査は、当時の全国レベルで、しかも国毎の内容がわかるほとんど唯一の数量史料なのであり、もしこの史料がなかったならば、我々が描き得る江戸時代の日本の経済・社会は、極めて限定されたものになってしまうことは、この種の史料を全く欠く、中世の場合と比較するならば明白であろう。

したがって、近代的な意味では不完全と考えられ、特に人口統計学者からは見放された感さえある江戸時代や、明治初期の人口統計も、近世史研究者の立場からすれば、なぜもっと積極的利用法の開発が行われてこなかったのか、という疑問さえ生ずる。あたかも、そこには、見忘れられた宝島があるかのように印象づけられるのである。

本稿は、利用可能な統計を整理しながら、①江戸時代後半の人口趨勢と明治期のそれとは、連続的ととらえられるべきか否か、転換点がいつあったのか、②明治前期の人口変化の持つ内容はどのようなものであったのか。この二つの問題を中心として論じていきたいと思う。

観察の意味と史料

明治初年の人口について観察・分析を行うことには、二重、三重の意味がある。第一には、日本の近代化・工業化に際してこの時期の持つ重要性のゆえである。工業化直前の、局部的にはそれがまさに開始された時点で、人口は一体どのような構造を持ち、変動しつつあったのかを知ることは、先の梅村・岡崎論争とも直接かかわる重要な研究課題である。第二に、江戸時代の方から接近すると、幕府調査や、いくつかの藩単位の調査――それらは多くの場合、人口数、男女別を示す程度のものである――を除けば、多少なりとも詳細な人口学的数値の得られるのは、町や村を単位とする小さな人口集団である。全国にあった六万とも七万ともいわれる町村をしらみつぶしに調査することは、史料があったとしても気の遠くなるような話であり、第一、筆者の経験では、史料の作成、残存状況には大きな地域差があって、サンプリングを行うとしても、困難な問題がいくつかある。解決可能な方法としては、良質の史料が豊富に残存しているいくつかの地域を選んで、地域別の歴史人口学的研究を積み重ねていくより仕方がない。

そのような作業は、莫大な研究費用と、史料の発掘から始まる長期にわたる忍耐強い努力を必要とする。地域別研究の持つ意味は、そこにあったに違いない、出生率や死亡率にせよ、あるいは平均余命や平均結婚年齢にせよ、人口学的な指標における地域的特徴を明らかにし得ることにある。そういった地域間の格差が解消されていく過程こそが、近代化のもつ一つの局面でもある。

次に、明治初年の人口統計は、江戸時代末期の状況を、かなりよく反映しているに違いない。本格的な工業化、近代化は未だ起らず、したがってそれに伴う人口面での変化は、最小限のものであった。もちろん、幕末開港以後、急速に進んだ開港都市の発展、生糸を中心とする輸出産業地帯の形成、維新変革に伴う政治的、軍事的変化、いち早く導入された近代交通手段等に伴う人口配置の変化があったことは十分認めなくてはならないとしても、明治二〇年代初頭の行政制度の確立や鉄道網の本格的建設開始以前、経済的には、明治一四（一八八一）年に始まる松方デフレ以前については、人口配置や構成に変化があったとしても、それは江戸時代以来の連続的な性格をもつものであった。もちろんここで、たとえば種痘や伝染病予防、公衆衛生の普及といった、明治初期に実施された政府の施策を無視し得ないことは事実である。だが、それらは人口構成を短期間のうちに劇的に変えたわけではなく、あるものは幕末期に部分的に採り入れられたり、幕末期から連続して生じていた変化であった。

というわけで、明治初期の人口統計の持つ意味は、一面で江戸時代の人口構造や内容を色濃く反映したものであり、少なくとも、幕末期のそれとの間に大差ないものとして受けとることができるだろう。

第三に、明治初期の人口統計は、当時の行政単位であった郡および区を単位としているものが多い。これらの単位の上に府県が設定されていた。区は大都市と考えてよく、全国でもその数はそれほど多くはない。この時期は、版籍奉還、廃藩置県から始まり、府県藩という大行政単位の区域はしばしば変動して、同一地域での連続した統計シリーズが得難く、研究者を悩ませる時期である。最終的に府県の範囲が確定するのは、明治二〇年代の初期であった。このことは、人口を府県単位でとらえてトレンドを観察したり、他の統計数値とつき合せて観察・分析することを著しく妨げている。しかし、郡区を単位とする場合、その統合・分割はあったとしても、郡境の変動は極めて少なかった。一郡がそっくりある県から他の県へ管轄が移るといった変化が多かったのである。したがって、観察を郡区単位で行うことによって生ずる利点は、大行政区画の変動（郡の下の町村についての変動はもっと激しい）にもかかわらず、この時期を通じて同一地域のシリーズ観察ができること、また、府県単位ではやや きめが粗すぎ、町村単位では細かすぎてしまう全国的鳥瞰を、適当な単位で可能としてくれるという点にある。

ところで、このように明治初年の人口統計を安心して利用することが可能になったのは、この時期の統計書に関するすぐれた書誌が刊行されたことによっている。前・一橋大学日本経済統計文献センター教授細谷新治氏による『明治前期日本経済統計解題書誌』（一九七四―八〇年）がそれで、初期統計作成の法的根拠、系列、そして個々の統計の内容等が全面的に明らかとなるに至った。また、総理府統計局も『総理府統計局百年史資料集成』において、関係法令・規則・建議等を編纂中であり、幸い初期の人口統計に関しては刊行済（『総理府統計局百年史資料集成第二巻　人口』上、一九七六年）である。これらの発刊によって、我々は統計資料を行き当りばったりではなく、組織的に、また全体の中での位置を十分に知った上で、利用できるようになった。

本稿で用いる統計は以下のごとくである。

一　江戸時代

幕府の全国人口調査：享保六（一七二一）年―弘化三（一八四六）年――関山直太郎『近世日本の人口構造』所収。国別人口は、享保六（一七二一）、寛延三（一七五〇）、宝暦六（一七五六）、天明六（一七八六）、寛政一〇（一七九八）、文政一一（一八二八）、天保五（一八三四）、弘化三（一八四六）が同書一三七―一四〇頁に表示されている。また、天保一一（一八四〇）年の数字が最近発見され、文政五（一八二二）年以降、六年毎に連続した数値が得られるようになった（南和男『幕末江戸社会の研究』吉川弘文館、一九七八年、一六四―一八五頁)。

二　明治前期(明治二〇年以前とする)

『共武政表』[6] 陸軍参謀部編、明治八(一八七五)年、参謀本部編、明治一一(一八七九)年

『日本全国戸籍表』[7] 内務省編、明治五(一八七二)年―明治九(一八七六)年

『日本全国戸口表』[8] 同編、明治一〇(一八七七)年・一一(一八七八)年

『日本全国郡区分人口表』[9](明治一二年一月一日調)内務省戸籍局

『日本全国人口表』[10](明治一三年―一八年、毎年一月一日調)内務省戸籍局

また本編では部分的にしかつき合せをなし得なかったが、勧農局もしくは農務局編の『全国農産表』『農産表』[11](明治九年―一五年)を利用した。この他、『共武政表』の系列で編纂された『徴発物件一覧表』[12](陸軍省編)、特に都市人口については『都府名邑戸口表』[13](内務省編、明治一七年)がこの時期の資料として、貴重な情報を提供してくれる。本来ならば、人口史料を同時期の他の統計資料と組み合せ、変動要因や構造の分析を行うべきところであるが、一つは本稿の目的が、この時期の人口統計を通じて、江戸時代末期の人口に関する全国的鳥瞰図を描きたいという点にあるために、また二つには、時間的余裕の欠如のため、十分それを果し得なかった。しかし作業の結果、いくつかの今まで気づかなかった新しい事実が見出されている。それらのうち、あるものは現在有する情報や知識から説明可能であるが、あるものは、さらに説明のための変数を増やさなければならない。本稿は、そういった将来へ向っての問題の提示として受けとっていただきたい。

ところで、観察結果の説明に入る前に、最低限知っておかねばならない前提がいくつかある。まず、江戸時代や明治前期の数量史料に出てくる人口とは何か、という問題である。前述のように、幕府の人口調査には、統計数値として多くの欠陥があり、絶対値としての信頼性は高いとは言えない。武家人口をはじめとする除外人口があり、

また、同一の方法で調査が実施されたのではなく、各藩が行っている調査結果を報告させたものであるから、除外人口の内容も一定していないし、場合によっては重複人口さえあったかもしれない。本稿ではこういった点を考慮して、国別の人口を国毎に一つの指標として考え、各年の国別人口から、それぞれの期間の変化率を求めるという方法を利用した。この方法ならば、国毎の調査方法に変化がなかったと仮定すれば、調査結果の統計的処理は可能となる。

明治期の人口については、壬申戸籍（明治五年）の編成後は、戸籍登録人口が基準となり、それ以後明治三〇（一八九七）年までは異動を加除する方法をとっている。異動のうち、出生・死亡、就籍、除籍等を加減したものが「本籍人口」であるが、これに寄留（本籍地を九〇日以上離れて一定地点に居住する時、本人の申し出により入寄留の手続きをすることになっていた）出入を加除して、「現住人口」と呼ばれている。したがって、「現住人口」といっても、大正九（一九二〇）年の第一回国勢調査以降のように、調査員の実地調査によるものではなく、いわば机上の計算によるものであった。しかし、それでもこれらの数字は、江戸時代の数字に比較すれば、はるかに実際に近いものである。しかし注目すべきは、戸籍に基づく調査が、人口統計に次第に「累積的な歪みをもたら[14]」しているという点である。逆に言えば、戸籍に基づく人口統計は、次第に現実との差を広げたのであり、当初の方が、もちろん脱漏はあったとしても、実際により近かったことになる。

ただ、留意しなければならない問題の一つに寄留人口がある。元来、出寄留人口と入寄留人口は、全国合計値を求めれば、同一のはずであるが、ほとんどの場合、入寄留人口が出寄留人口を上回っている。これは寄留を止めたり、再寄留した者がその届けをしなかったからであろうが、都市化や人口移動率の上昇に伴って、当然、寄留人口も増え、「現住人口」は不正確になっていったと思われる。明治四一（一九〇八）年末において、その差は二四二万人に達し、全人口の約五％にもなっている。一方、全国規模で初期の寄留人口をみると明治一七（一八八四）年初の数値では、その差は二三万人で、しかも出寄留者の方が多い。全国人口に対する比率は約〇・七％である。

江戸後期の人口——人口趨勢の地域差

一般に、江戸時代後半の全国人口は停滞していたというのが常識であり、はなはだしきは「マルサスのわな」の好事例として論議の対象となっている場合もある。しかし、このことは、いくつかの点で再検討されなければならないことが、近年明らかにされつつある。

第一には、主として幕府の全国人口調査に基づくこの「停滞」が、人口の全国合計値の上で認められるとしても、人口を地域別にみた場合、大きな差異があって、ある地域ではかなりの増大が続いているのに、他の地域では減少があり、それらが相殺されて、みかけの上で「停滞」しているということである。このことについては、前述のように梅村又次氏により詳細な検討がなされているので、ここでは簡単に触れるに留めたい。大まかに言って、関東・東北という東日本では減少、中国・四国・九州という西日本では増大し、中央部では、近畿地方がやや減少し、北陸地方が増大している。その結果、全国の人口重心は琵琶湖を東から西へ横断した（図2―1）。

一方、江戸期の日本では、教科書的に言われるほど、農民は土地にしばりつけられていたわけではなく、個人としてはかなり自由に移動し、とくに農村部から都市部への出稼移動は殊のほか多かった[15]。しかし、その移動先は、ほとんどは近隣の都市であり、江戸には関東およびその周辺、京都・大坂には、畿内およびその周辺から、というように、そこを中心とする半径一五〇キロ程度の移動圏があったとみてよい[16]。とするならば、全国的にみて、東日本の減少と、西日本の増大は、たまたま同時的に生じた現象であって、たとえばヤマムラ氏が提示した徳川日本の地域的二モデル[17]におけるように、国民経済の成立を前提とした、経済的誘因による労働移動の結果とみることはで

図2-1　人口重心の移動

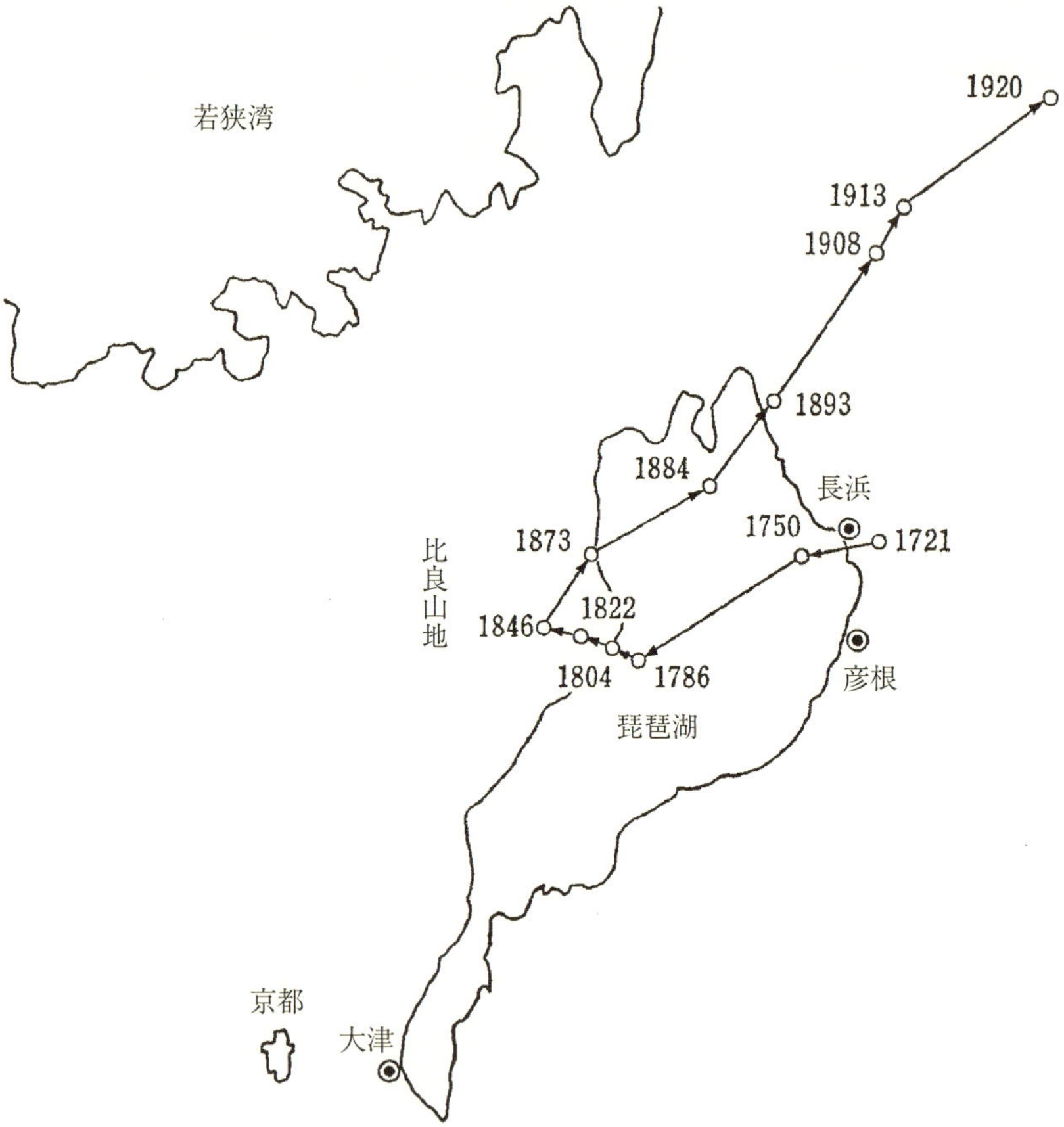

（出典）『日本列島における人口分布の長期時系列分析』社会工学研究所,1974年,p.125より。

きないように思われる。

これに対して、同じ時期の西日本における人口増大は、たとえそれが年率〇・二ないし〇・三％程度であったとしても、農業生産や、とくに農民の副業として成長してきた手工業生産の発展と結びつけて考えざるをえない。まとまった一つの藩領経済である長州藩の研究は、この地域の人口増大を説明する有力な論拠を提供してくれる[18]。これらのことから、徳川後半の全国人口に「停滞」の二文字のレッテルを貼ってしまうことは、いかにその内実を隠してしまうかが判るだろう。

第二の問題は、幕府の調査結果が、弘化三（一八四六）年までしか判っていないということである。もし調査が維新までつづけられていたとすれば、嘉永五（一八五二）年、安政五（一八五八）年、元治元（一八六四）年の三回について情報が得られたはずであるが、嘉永五（一八五二）年はともかく、あとの二回については調査自身行われなかった可能性もある。次に知りうる全国人口数は、明治五（一八七二）年の新しい戸籍に基づく数値であるから、その間に二六年間の空白が存在することになる。ところが、一九世紀中の全国人口を考える場合、この二六年間を単純に弘化三（一八四六）年以前の人口の延長としてとらえることができないいくつかの理由が存在する。以下、この問題について検討を加えてみよう。

まず、人口重心の移動を示した**図2―1**にみるように、重心点が最も西に位置しているのは、弘化三（一八四六）年であるが、次の明治六（一八七三）年ではかなり遠く東北の方角に動いている。もちろん江戸時代の数字と明治の数字とは異質のものであるから、両者を結びつけてしまうことには問題があるかもしれない。ただし、弘化三（一八四六）年直前の時期には重心点の西方への移動速度は相当鈍化しており、また明治期になってからの東北方への移動速度が速いことを考えるならば、人口重心の移動方向が西から東へUターンした時点は、明治維新になってからではなく、幕末期であった、と考えることができないだろうか。もしそうだとすると、人口分布の上で重要な局面の変化が幕末期にあったことになる。

天保期と幕末期の「危機」――疫病の流行

そこで焦点をさらに絞って、一九世紀前半の国別人口の変化を検討してみよう。幸い最近になって、従来所在が不明であった天保一一（一八四〇）年の全国人口の国別調査結果が発見され、公刊されている[19]。すでに、文政五（一八二二）年、文政一一（一八二八）年、天保五（一八三四）年の数値が利用可能なので、われわれは、文政五（一八二二）年から弘化三（一八四六）年に至る二四年間については、六年間隔で全国の国別人口の推移をみることができる。もっとも、これらの中には、どう考えても数字が誤っているとしか考えられないものもある。そもそも全国人口の集計数値は、史料の原本ではなく、勝海舟の「吹塵録」など伝写によるものであって、写本のどこかの段階で間違ったという可能性を多く持ったものである。しかし、現在のわれわれには、原史料にあった数値を知る手段はないので、疑問の部分については利用しないという方法をとらざるをえない。そのことと、もう一つ、実は、日本はこの期間に大きな全国的な高死亡率期（mortality crisis）を再度経験した。その原因は天保八・九（一八三七・三八）年、全国に蔓延した流行病である。この病気が現在の病名でいえば何にあたるのか、正確には判っていないが、紀州尾鷲地方の事例では、高熱と下痢を伴う病気だったことが知られている[20]。また、飛騨高山に近い農村では、天保八（一八三七）年だけで餓死（七六例）と記されるものの他、小児病（四九例）、老人病（一三例）、急性伝染病の死亡者が最も多くなっている[21]。これらのことから、天保の「危機」は単なる凶作による饑饉ではなく、むしろ急性の伝染病（消化器系の病気かはしか）によるものではないか、と思われる。凶作によって食事の摂取量が減って栄養状態が悪化し、伝染病への抵抗力が弱くなったことによって多数の死者を出したのか、あるいは逆に、毒性の強いウイルス、バクテリアによって多数の人々が流行病にかかり、その結果、農作業が困難になって凶作になったのかは、病名とともに今後の解明をまたねばならない。いずれにしても、この「危機」による死亡の高さは、記録に残る限り天明饑饉に匹敵するものであったと言えるだろう。幕府調査によって、天保五—一一（一八三四—四〇）年間の人口の変化率をみると、この間で人口が増加したのは全六八ヵ国中八ヵ国にすぎず、二七ヵ国では五%以上の減少を示している。特に減少の甚だしかったのは東北から日本海側にかけての地域であった。

この「危機」は、年齢別構成の判明する明治の人口統計にもその痕跡を明瞭に残している。まず、明治一七（一八八四）年初、府県別の五歳きざみ年齢階層別構成において、「危機」の年を含む五年間（天保七—一一年、一八三六—一八四〇）に生れた四五—四九歳層の数と、その一期前の五年間（天保二—六年、一八三一—一八三五）に生れた者の数（本籍人口）の比率を比較してみると、四三府県中一五府県で前者の方が後者より少ない。つまり天保の高死亡率期の五年間に生れた者の数が、その前の五年間に生れた者の数よりも少ない地域が、東北から日本海側にかけて一五の府県でみられるのである。さらに細かく、各歳ごとの年齢構成の判明する明治四一（一九〇八）年末の本籍人口において高死亡率期の天保八（一八三七）年生れの者（当時七一歳）とその前年の出生者の数を比較してみると、四五府県中五県で前者が後者を上回っているにすぎない。

通例、一定地域の人口に大きな域外との移動がないかぎり、年齢が高くなれば、死亡によってその数が減少するから、これに反する上記の事実は、「危機」の年生れの者が少なかったか、または出生直後の死亡率が異常に高かったかを意味している。明治期のデータは「危機」期からかなり後年のものであり、この間における移動や、成人死亡率の地域差を考慮しなければならないとしても、地域別にみた場合、江戸時代の調査史料による観察結果と、明治期の統計による結果とは、（国別・府県別の違いはあっても）見事に一致しているのである。

もう一つの短期的変動として、幕末開港直後に生じたコレラの流行による死亡を考慮しなければならない。一九世紀には数回にわたり、コレラの世界的大流行（パンデミック）が発生したが、あたかも開国を迎えた日本は、その第三次パンデミックに見舞われることになる。一八五八（安政五）年長崎に上陸した後三年間、全国的に猛威をふるった。罹病者数や死亡者数の正確な測定はできないが、明治期の統計をみると、やはりその痕跡は明確で、天保「危機」の年の場合と同様、著しくこの期間、とくに文久元（一八六一）年の出生者数が少ない。まず、明治一七（一八八四）年初の五歳きざみ年齢別構成から、この年生れの者を含む二〇―二四歳層と、その前期、二五―二九歳層の比率を求めると、四三府県中、実に四一府県で前者が後者より少なく、全国平均では九三・二%となっている。明治四一（一九〇八）年末の各歳別構成でみると、文久元（一八六一）年出生者と万延元（一八六〇）年出生者の比率は、八八・一%と、かなり低くなっている。これを地域別にみると、とくに東海、近畿、中国、四国で猛威を振ったことがわかる。最もひどい減少は、愛知、岐阜、三重、奈良、和歌山の中央日本五県で、ここでは文久元（一八六一）年出生者は、その前年の出生者の八〇%以下に落ち込んでいるのである。

これらの、天保期と幕末期の高死亡率は、その規模が全国的であり、人口に少なからざる影響を与えたものとしてよい。いま全国値でこれをみるべく、図2―2および図2―3は、明治一七年初と、同四一年末の年齢（階層）別構成を男女別に示し、生年を逆算してその変化を示したものである。このうち江戸時代に関する限り、天保「危機」の年、弘化三（一八四六）年（丙午年で女子のみ）、嘉永四（一八五一）年、安政六年―文久二（一八五九―一八六二）年の落ちこみがみられ、これらの年には出生率がかなり低いか、出生直後の死亡率が高かったことが十分考えられる。

図2-2　年齢別本籍人口（5歳きざみ、明治17年初）

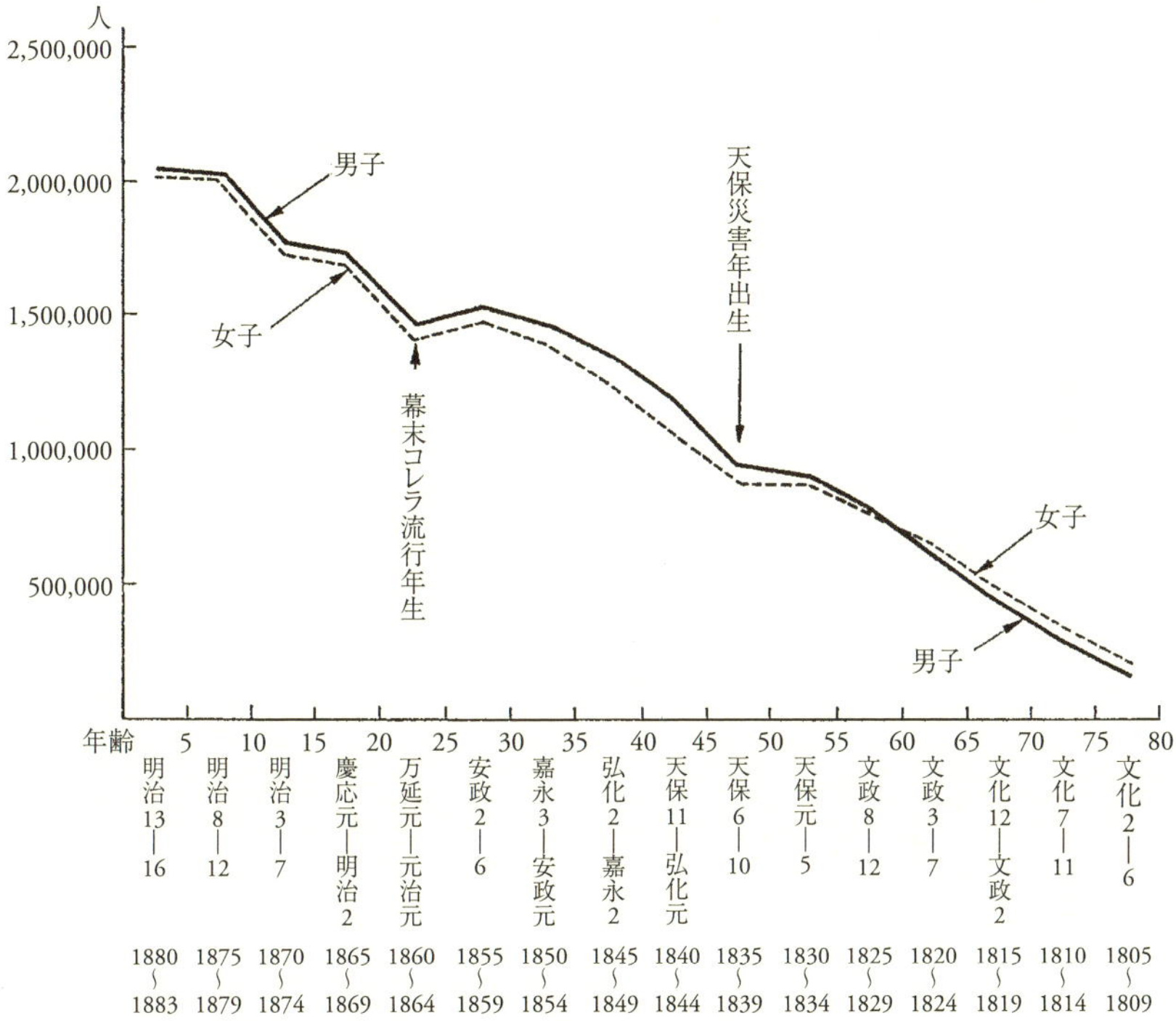

（出典）『日本全国戸口表』内務省戸籍局

図2-3　年齢別本籍人口（明治41年末）

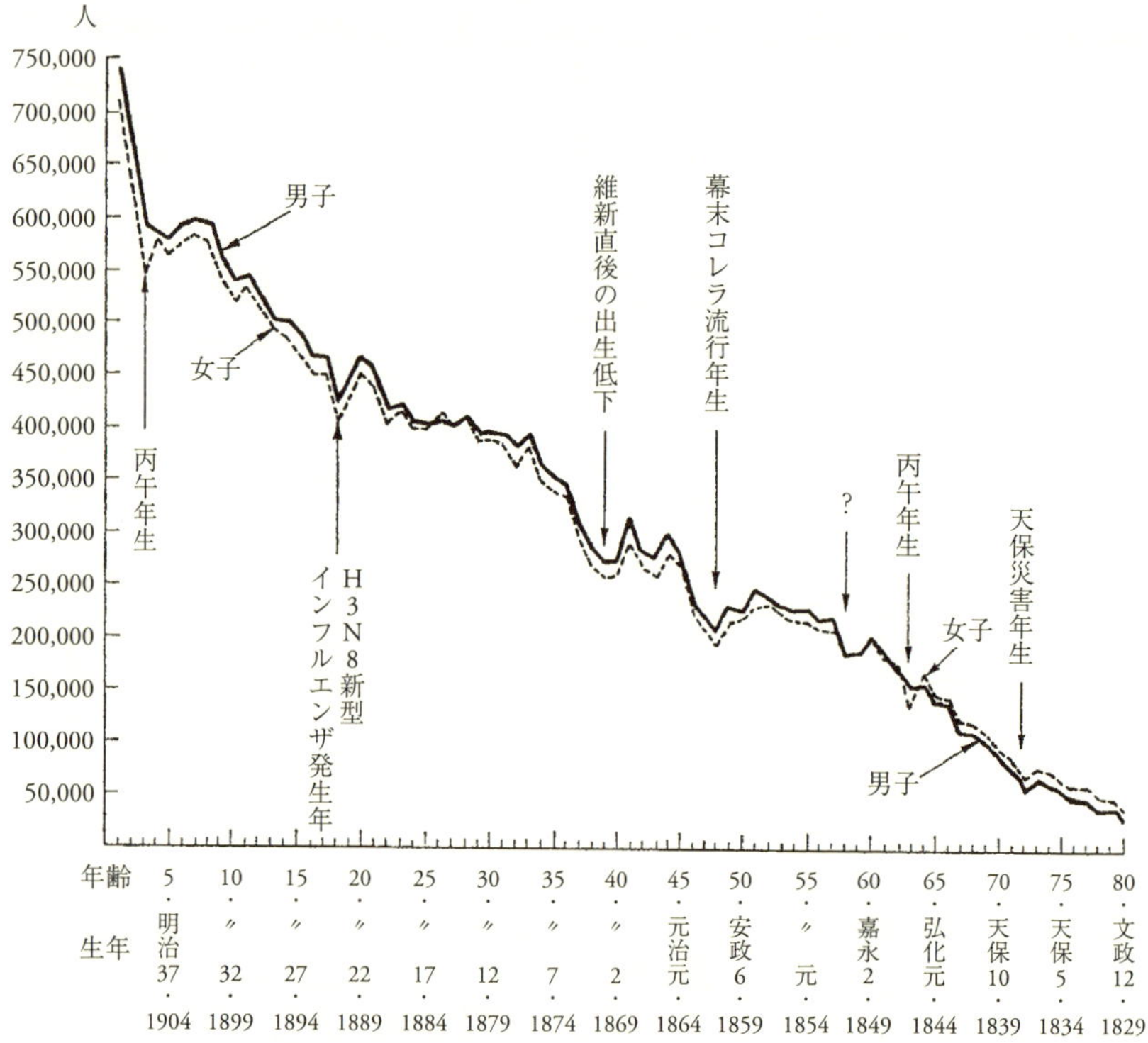

（出典）『日本全国人口静態統計』内閣統計局, 1911年。

経済発展と人口趨勢——前工業化期大都市の高死亡率

ここで留意したいのは、以上で観察した異常状態は、主として流行病による短期的なもので、経済的環境とは直接には関連がうすい、ということである。つまり、以上の諸理由によって、一九世紀前半から維新期にかけて、短期的に人口増大を抑止する外生的要因が何度か働いたということであり、しかもそれには無視しえない地域差があった。天保の流行病、幕末期のコレラ流行は、東北地方を除けば、むしろ人口増加地帯で生じた現象であり、とくに後者は、むしろ経済的には発展した地域で激しかったと言うことができる。

それゆえ、もしわれわれが経済発展と人口の関連を見ようとするならば、人口成長先行説をとるにしても、経済成長先行説をとるにしても、そのような流行病による短期的な人口変動をひとまず除去して考えてみることが必要となる。このうち、幕末期のコレラ流行の人口トレンドに対して与えた影響については、この時期の国別人口調査データがないことから直接ここで観察することはできない。しかし、天保期の「危機」の影響については、前述したように文政五（一八二二）年以降の六年間を一期とする四期の人口変化のうち、「危機」の年を含む天保五—一一（一八三四—一八四〇）年期の変化を除いた、残りの期間の変化をみることによって、一九世紀前半の平常年の人口変化を国別に観察することができる。結果は、全国平均では、五・二％という低い増加率ではあるが、六七ヵ国（下総は数値に疑問があるので除外）中、一一ヵ国以外で人口は増えており、この時期には人口は増加が基調となっていたことが判る。また、この三つの時期すべてについて、それぞれ一期に二％以上の増加を示した地域として、越後、伯耆、出雲、備後、安芸、讃岐があり、三期のすべてで増加している国として（数値に疑問のある伊豆、対馬を除く）三五ヵ国を数えることができる。つまり、一九世紀前半には、日本の半ば以上の国で、平常年の人口は安定的に増加していた。地域的にみるならば、中国、四国、北九州という瀬戸内海圏はコンスタントに人口の成長軌道にのり、この他東北や北陸、東山にも同様な国がいくつかあった。逆に関東、畿内という二つの地域――幕藩制の中核ともいうべき地域――ではそうではなかったわけで、前者との間で興味深い対照を示している。

以上の観察の含意するところは、以下の如くであろう。一九世紀前半、日本は、西日本をはじめ、多くの地域で着実に人口成長を開始していた。とくに、瀬戸内海圏が顕著であるが、それ以外の地域でも、あの東北ですら、増加基調を示す国がみられる。この増加は、天保の高死亡率の「危機」によって、一時的に中断されることはあったが、その後の回復からみても、増加は幕末期にかけて続いたに相違ない。ただ、この増加にみられる特徴として、江戸や京都・大坂という幕藩制機構の最重要拠点とその周辺部では必ずしも基調はそれ以外の地域と同一ではなかった。その理由を、人口構造の内部に求めるならば、おそらく前工業化期の大都市の持つ高死亡率に帰することができるかもしれない。しかし、問題は、人口構造の外部に、とくに経済発展との関連づけを考える必要がありはしないか、ということである。というのは、人口の成長軌道に載った地域、とくに瀬戸内海圏は、この時期に顕著な農村工業ないしは農民副業の発達をみた地域であった。人口変化の持つ違いは、いわゆる「プロト工業化（proto-industrialization）」期に特徴的な現象を的確にあらわしているというべきであろう。ただ現在、われわれは、人口と経済の結びつきについて、地域的な、あるいは村レベルの、具体的な研究事例を十分には持っていない。したがってこの問題の解明は、今後に残された課題というべきであろう。

明治初期の人口――東高西低型への逆転

明治維新以降、新しい戸籍編成に基づき最初の全国人口数が得られるのは明治五（一八七二）年であるが、それ以降、史料の上で、人口は一年の例外もなく増加を続けている。対象とする時期の年平均増加率は、一％以下であるが、ともかく全国数値ではコンスタントな増加がみられる。江戸時代に、大量の死亡者を出した天然痘やコレラ等に対する予防手段、医療手段も次第に浸透して、出生率の短期的変動の幅もせまくなった。このことは、図2―2、図2―3にみる年齢構成にもよくあらわれている。明治のごく初期を除いて、短期変動は、H3N8新型インフルエンザ流行により明治二四（一八九一）年出生者が異常に少なくなっていることを除けば、勾配はなだらかになっている。

ところが、増加傾向や変動理由を地域別にみると、その内容は、江戸時代のそれとはかなり異なったものになっている。最も人口増大の激しかったのは、東北地方南部、北関東、甲信、東京、大阪で、これらの地域は、そのほとんどが、江戸時代後半、あるいは一九世紀前半には、まぎれもなく人口成長軌道から外れていた地域なのである。明治前期には、これらの地域以外の地域でも、人口増大は続いていたことは事実だが、増大をリードしたのは、まさにそのような、江戸時代の成長軌道からは「落ちこぼれ」てしまっていた地域なのである。文政五（一八二二）年から弘化三（一八四六）年のうち、平常年の人口変化と、明治六―二三（一八七三―一八九〇）年の間の人口変化との相関をとると、係数はそれほど高くはないが、符号はネガティヴであり、両者の相対位置は逆転していることがわかる。とくに印象的なのは、江戸時代後半、どの数値をとっても人口増加力を有していなかった北関東が、この期間、最も高い三〇％以上の増加（年率一％以上）を示していることである。東北地方南部および甲信地方も、二五％以上の増加率を示していて、人口増加率の上で、相対的には東高西低型に逆転したといっても過言ではない。つまり、明治初期の日本は、全国的には人口成長軌道に載ったけれども、地域的には一九世紀前半にみられるのとは、逆の内容をもっていた。そこで問題は、いつ、いかにして、このような逆転がみられたのか、ということになる。

城下町の衰退と在郷町の発展

人口が全国的に着実な成長軌道に載ったのは、天保「危機」期以後のいつかであったに違いない。しかしすでに述べたように一九世紀前半の状況は、天保の災害年を除けば、半ば以上の国で人口は増加していた。幕末期にはコレラの大流行が中央日本を中心に人口を一時的に減少させた可能性は大いにあるが、おそらく、幕末開港に伴う輸出産業（生糸、絹織物、製茶等）の発展は、これらの産業の発達した地域に雇用機会をもたらし、それまでの様相を一変させたものと考えられる。しかし、このような変化は開港以前から始まっていた。一方、幕末期に、次第に弛緩してきた幕藩制的な政治権力が、城下町人口の維持を支えてきた年貢徴集力を失い、同時に進行するインフレーションは、それがなくても購買力増大手段を持ち合わせていなかった武士層の家計に決定的な打撃を与え、彼らの購買力に依存していた城下町商人や職人層もまた経済活動の範囲を著しくせばめられたであろう。このことは、すでに一九世紀前半にもその徴候がみられ、T・C・スミス氏によって分析され、経済的に発達していた西日本における都市人口の停滞ないしは減少が、日本の近代化の特徴であったとさえ論じられている。(22) だが、もう一つ重要なことは、そういった城下町における経済活動の低落は、単に城下町人口を減少させた、というばかりでなく、城下町に人口を供給していた周辺農村の人口を農村部に滞留させたということである。幕末期に、全国的に展開する農村工業や、それらの拠点としての在郷町の発展は、そのような城下町の経済活動の衰退という状況と組み合わせて考えなければならない。

さて、このような城下町の衰退は、人口学的には以下のごとき結果を生んだのではなかろうか。すなわち城下町では、一般庶民は、その生活空間が制限され、ひどい密集状態で生活しており、死亡率も高かった。しかし、在郷町や農村ではそのような制約はないから、死亡率は城下町より低かったに違いない。それゆえ、農村や在郷町人口の増大は、城下町人口の減少を相殺したばかりか、地域全体の人口増加力を高めたという可能性がある。現在のところ、農村に関する研究は、幕末期に人口が増大している事例を多く有している[23]。在郷町の歴史人口学的研究事例はないが（最近、陸奥国郡山の研究が刊行された）、幕末期の状況は、このように増大する在郷町や農村人口と、それと結びついた農村工業・農民副業の発展（どちらが原因であるかの問題は今後の検討課題としても）によって特徴づけられており、おそらくこのことが、全国人口を成長軌道に載せる重要な要因となったのではなかろうか。

疫病対策と人口増加

しかし、短期的には、人口の増加傾向にネガティヴな影響を与える要因もいくつかあったことを考慮しなければならない。一八六〇年代のコレラ流行についてはすでに述べたが、図2―3にみるように、明治二―五（一八六九―一八七二）年の出生者数にも顕著な落ちこみがある。維新直後の混乱から生じたものと思われるこの低落は、登録の脱漏の可能性もあるけれども、やはり社会的、政治的混乱に原因を求めた方がいいかもしれない。さきのコレラ流行と合わせて一〇年の間に二度の大きな出生数の低下をみたことになるので、幕末維新期には一時的に全国人口は減少した可能性が強い。こういった短期的減少要因が解消し、連続的増加が実際に開始されたのは明治五―六（一八七一―一八七二）年頃からだった可能性も十分ある。ただし、その増加の潜在力は、すでに幕末期に準備されていたとみるべきであろう。

西南戦争（明治一〇年、一八七七年）は、局地的には人口変動に影響したかもしれないが、死亡者はそれほど多かったわけではない。むしろ、明治一二（一八七九）年、一九（一八八六）年に再度流行したコレラは、ともに一〇万以上の死者を出している。しかし、コレラをはじめ消化器系の伝染病、天然痘、性病といった大量死亡につながる病気への対策は、明治一〇年代に入ると急速に進んだ。この時期の政府による衛生行政の強化は、とかく「富国強兵」の陰にかくれて目立たないし、また、その犠牲になってひどく遅れたという解釈さえある。[24]だが、政府は決して何もしなかったわけではなかった。コレラの予防は警察も動員して強行され、実効はどの程度であったかは十分数量的に明らかにしえないが、種痘も義務となり、病院の建設――明治七年から一五年の間（一八七四―一八八二）に一〇倍以上となる[25]――や医師養成のための機関の設置も積極的におし進められた。これらが実を結んで、平年時の死亡率を引き下げるのにはなお時間を要したけれども、江戸時代に大量死亡の原因となった流行病や天然痘は次第に姿を消し、死亡者が一〇万をこえるような流行病の発生は、明治二〇年以前に限って言えば上述の二つのケースを除けば存在しなくなったことにもっと注目する必要がある。

こういった衛生や医療の改善は、江戸時代には高い死亡率を持っていた都市の人口再生産能力をプラスの方向に逆転させ、どこかの時点で都市化と人口増大の間のネガティヴなフィードバック作用に影響を与えた。残念ながら、明治前期の出生・死亡統計の信頼度は著しく低いので、それがどこでどのようにいつ生じたのかについて、今のところ明らかにすることはできないのであるが。

人口増加における地理的パターンの逆転

以上、維新以降、全国的に人口を増加させたいくつかの要因について素描してきたが、もう一つの面、つまりその地域差、とくに一九世紀前半との人口増加における地理的パターンの逆転について考えてみよう。明治前期に、最も高い人口増加率を示したのは、上述のごとく、東北地方の南部、北関東、甲信地方という、養蚕、製糸業の発達をみた地域と、東京、神奈川、大阪といった行政・産業・軍事面で新しい近代的発展要因を持った地方である。前者では、農村部、後者では都市部がその人口増大をリードした。

いま比較のため、農村部の人口に関し、最も増大が大きかった地域として、群馬、栃木の両県、また、最も少なかった地域として徳島、高知の両県をえらんでみよう。この二つの地域は、江戸時代にはそれぞれ上野と下野、阿波と土佐に相当している。江戸時代後半（享保六年―弘化三年、一七二一―一八四六）における両地域の人口変化は、前者で二八・六％減、後者では三一％増で、文政五―弘化三（一八二二―一八四六）年に限っても、それぞれ五・三％減、八・九％増となっており、顕著なコントラストを示している。享保六（一八二二）年には、前者は後者の一・六倍の人口を有していたのが、弘化三（一八四六）年には逆に後者が前者の一・二倍の人口を有するように、人口規模においても逆転してしまった。

ところが、明治期に入ると、前者における人口増大は、後者をはるかに上廻り、明治五年―四一年の間（一八七二―一九〇八）に九三％増（後者では三九・二％増）で、明治一七（一八八四）年までに限ってもそれぞれ二三・九％増、八・二％増であり、人口規模も明治一四（一八八一）年には再び前者が後者に追いついているのである（以上現住人口）。図2―4は両地域の人口トレンドを江戸時代と明治期について示したものだが、両地域の変化は対照的であるのが興味深い。上野・下野地域の人口は、一八三〇年代に最低点に達した後、回復に向かったが、本格的な増大は維新前後から始まったようにみえる。

このことを、年齢構造の相違から確かめようとしたのが図2―5および図2―6である。明治一七（一八八四）年の五歳きざみ年齢構成図をみると、一―五歳層と六―一〇歳層の占める割合は、群馬・栃木両県の方が、徳島・高知両県を大きく上廻り、三六―四〇歳層以上ではこの構成比は逆転している。その中間は凹凸があって不安定であるが、少なくともいえることは、明治一七（一八八四）年より六―一〇年以前、すなわち明治七―一一（一八七

図2-4　群馬・栃木と徳島・高知の人口趨勢

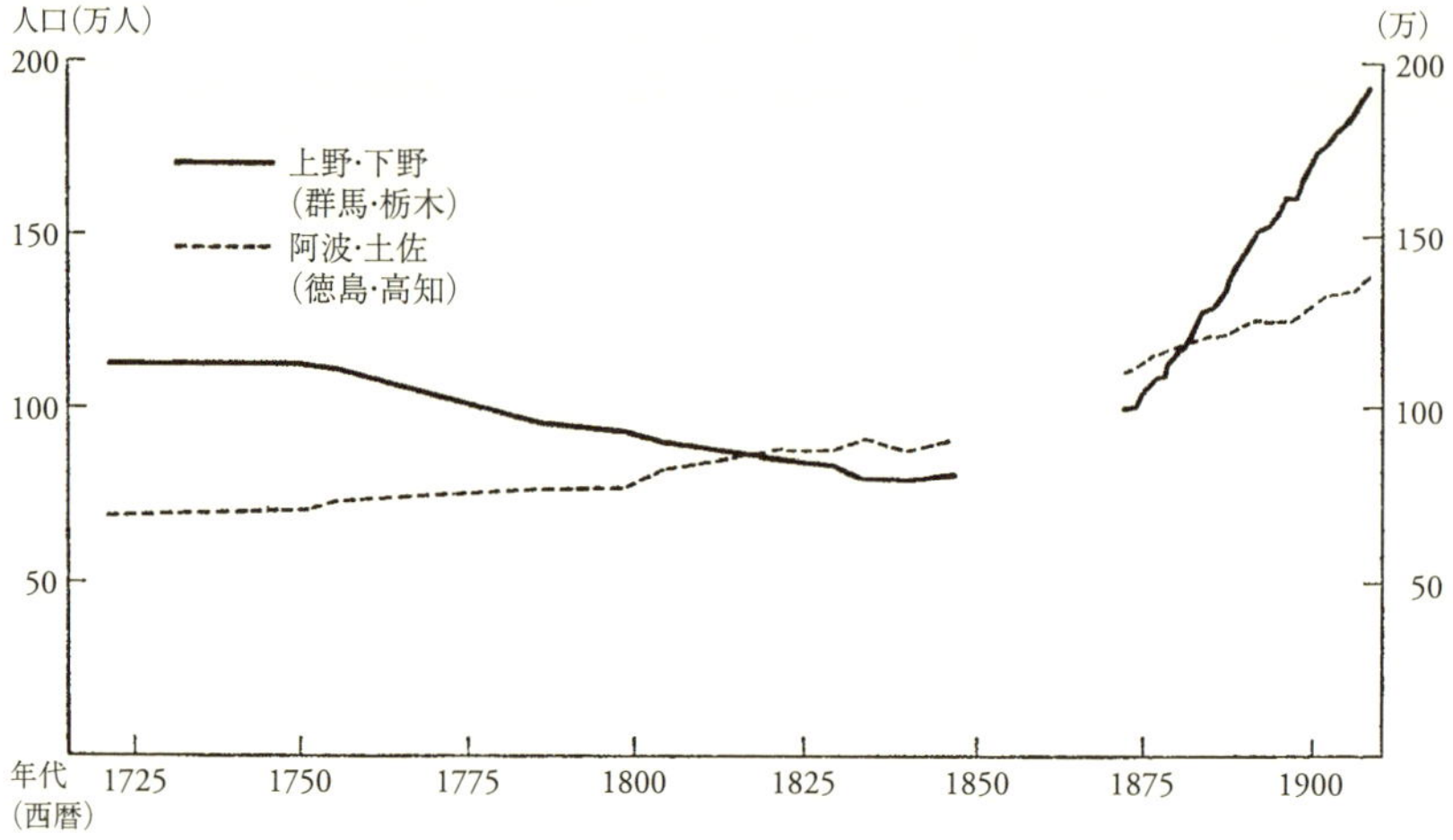

四—一八七八）年頃から、両者の間で出生数に大きな隔りが生じてきたこと（年齢別死亡率に差がないということを仮定する必要があるけれども）、そして明治三六—四〇（一九〇三—一九〇七）年以前、つまり弘化二—嘉永二（一八四五—一八四九）年以前に一つの折れ目があり、上野・下野で出生率が上昇したと言えそうである。明治四一（一九〇八）年末の各歳ごとの構成では、三五歳以下で例外なく群馬・栃木両県の方が、その構成比率が高い。つまり、明治六（一八七三）年以降、この地域で出生率がかなり高くなったことを示している。二つの線が交錯するのは三五歳—四五歳のところで、これは文久三—明治六（一八六三—一八七三）年に出生した階層である。

明治一七（一八八四）年のデータから逆算した結果と比較して、弘化・嘉永期の折れ目がはっきりと出ていないという違いはあるが、明治初期における転換点は一致しており、やはりこの時期に大きな変動があったものとみられる。

このように、明らかに出生数の増大という自然要因が

図2-5　群馬・栃木と徳島・高知の年齢構成比較（5歳きざみ）

（明治17年初　本籍人口）

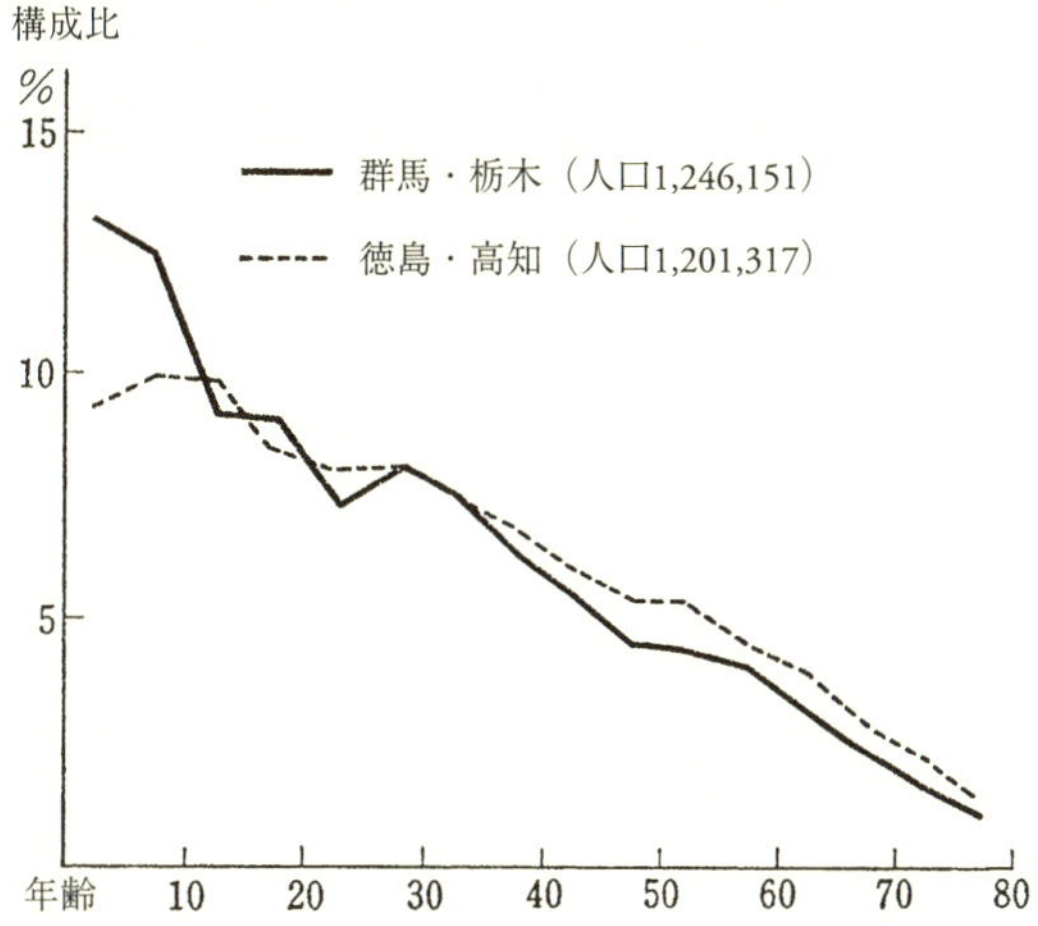

図2-6　群馬・栃木と徳島・高知の年齢構成比較（各歳）

（明治41年末　本籍人口）

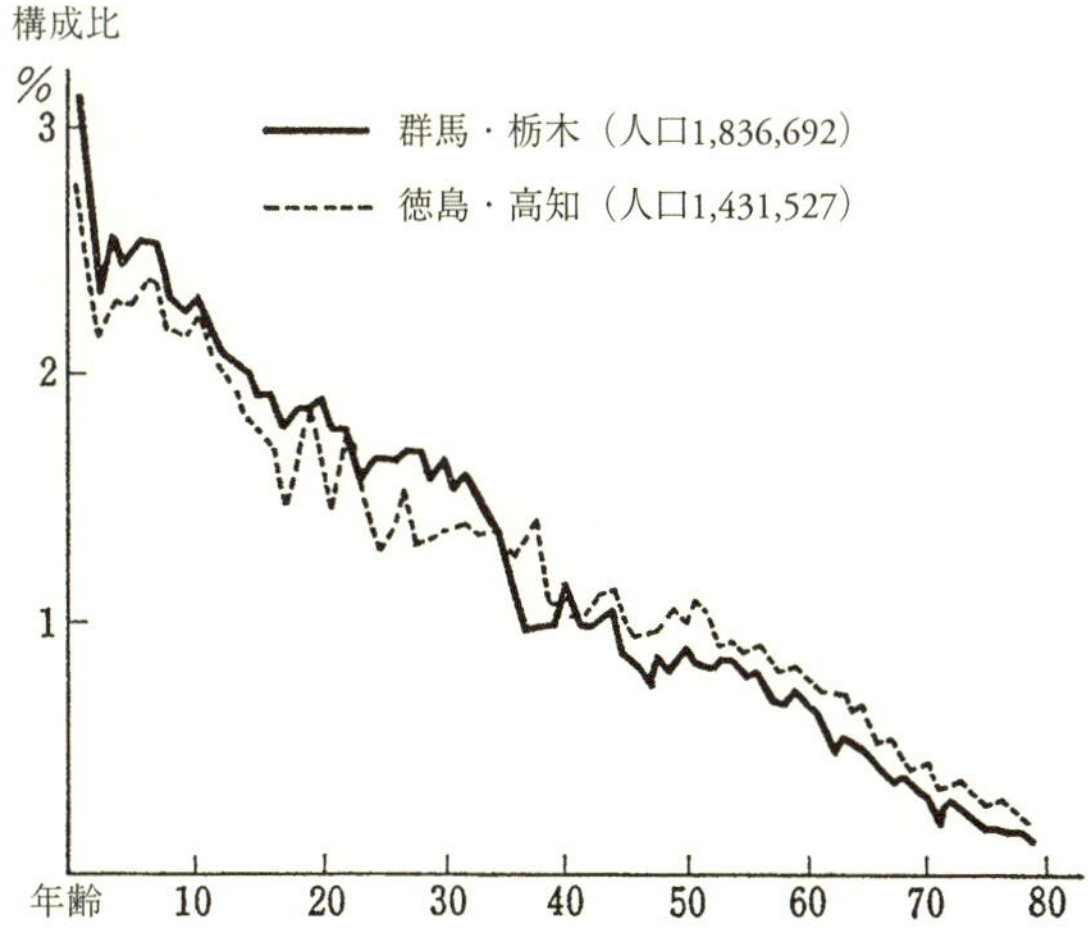

表 2-1　群馬・栃木と徳島・高知の人口指標の比較（1880-1885 年）

年代（史料の年、数値の前年）	群馬・栃木				徳島・高知			
	出生率	死亡率	自然増減率	一般出産率	出生率	死亡率	自然増減率	一般出産率
明治 13 年	28.8（‰）	16.7（‰）	+12.1（‰）	—（‰）	17.5（‰）	19.6（‰）	-2.1（‰）	—（‰）
14	31.8	17.2	+14.7	—	18.5	15.9	+2.6	—
15	32.0	19.8	+12.2	—	23.2	19.1	+4.1	—
16	31.2	21.5	+9.7	—	20.7	17.3	+4.4	—
17	31.3	18.5	+12.8	272	21.7	18.6	+3.1	191
18	30.7	18.7	+12.0	253	22.6	20.7	+1.9	182
平均	31.0	18.7	+12.3	263	20.7	18.5	+2.2	187

（注）本籍人口による。

働き、群馬・栃木両県の人口は急速に増大した。明治五（一八七二）年から同四一（一九〇八）年までの三六年間における、一・九三倍という増加率は、年平均二％の増加を意味している。明治一三年から一八年までの六年間（一八八〇―一八八五）をとっても、八・六％増大であり、増加率は年一・四％となる。このような増加は、自然増加だけで実現できるものだろうか。再々繰り返すように、この時期の出生・死亡の統計は決して信頼度の高いものではないが、この六年間について、この地域の出生率、死亡率、自然増減率を測定してみると**表2―1**のごとくである。また比較のため、同じ期間に総人口が二・三％増加を示した、徳島・高知両県の数値を挙げておこう。

群馬・栃木の出生率以外の数値は、実際よりはるかに低かったとしか、考えられない。もし安定人口モデルを考えるならば、この程度の死亡率では、平均寿命は五〇歳をこえてしまうことになる。出生率に関しても、徳島・高知の場合は、おそらく脱漏が多かったのではなかろうか。その一つの証拠として、『日本全国戸口表（明治一七年、一八八四年）』の巻末に附されている人口変動の理由別一覧で、脱漏人口の戸籍への登録を意味する「就籍」人口が、群馬・栃木では一〇三六人であるのに対して、徳島・高知では三六三四人もあり、同一八（一八八五）年の数値でも一一七〇：二九七五と、後者では戸籍脱漏者がかなり多かったことを示している。しかし、もしこれがすべて出生の登録漏れで、数年経ってから就籍したものだとしても、出生率は一割前後高くなるにすぎない。

しかし、さらに、出産力について、より精度の高い数値を求めるべく、出生数と、女子の最も多産な年齢層（二一歳—三五歳）人口の比率をとり、近似的な総出産率を求めても（表2—1）、群馬・栃木と徳島・高知の間では比率は約一〇：七となるから（明治一七・一八年、一八八四・一八八五年）、やはり両地域の間には、出産率にかなりの差があったとみるべきであろう。そして、この差がもたらす自然増加率の違いが、少なくとも明治一〇年代においては、両地域の人口増加率の違いの大部分を構成していたと考えることはできそうである。

人口変動に関するもう一つの要因、社会的要因については、戸籍を移動させる入籍・送籍と、寄留の制度による入寄留・出寄留の数値を利用して観察することができる。言うまでもなく、入籍・入寄留が送籍・出寄留より多ければ、その場所は人口を他より吸いこんでいたことになる。しかし、本来、全国合計では一致すべき入寄留と出寄留の人数は一致していない（たとえば明治一七年一月一日現在で入寄留は約五二万人、出寄留は二九万人である。これに対して、入籍と送籍の間にはそれほど大きな差異はなく、ともに約一一万人である）。そういった事情を考慮にいれる必要があるが、二つの地域について人口変化の社会的要因を表2—2に示しておいた。ここにおいても、群馬・栃木地域では、本籍を県内に移したり、入寄留の手続をする者の方が、県外へ出る者の数を上回っていたことがわかる。これに対して、徳島・高知地域では逆で、流出人口の方が多い。もっとも、流出入人口の差はそれほど大きくはなく、自然要因による増減の差の方がはるかに大きかった。したがって、本籍人口と現住人口との差も、明治一〇年代ではそれほど大きくならない。要するに、明治期の農村における人口増大は社会移動ではなく、出生と死亡の差、とくに高くなった出生率に求むべきであろう。

表2-2　群馬・栃木と徳島・高知の人口比較（1883年）

項目（備考）	群馬・栃木	徳島・高知
本籍人口（17年初）	1,246,151人	1,201,317人
出生数	39,043	26,112
入籍数	5,338	2,738
死亡数	23,088	22,315
送籍数	4,411	3,072
出生・入籍・その他増加小計	45,417	32,444
死亡・送籍・その他減少小計	27,830	25,990
増減の差	+17,587	+6,454
入寄留（累積）	27,338	4,514
出寄留（累積）	9,966	7,745
寄留出入の差	+17,372	-3,231
現住人口（17年初）	1,263,523	1,198,086

（注）明治17年1月1日調『日本全国戸口表』による。

これに対して、都市では様相を異にする。明治一七（一八八四）年初の都市人口のデータとしてしばしば利用される『都府名邑戸口表』は、各都市の本籍人口、入寄留、出寄留を加除した現住人口をのせている。ただ、府県によって、「都府名邑」の範囲が一定せず、ある県では人口三〇〇〇人以上に限り、他の県では一〇〇〇人以下でもその中に含めている。本稿では、この統計資料に示されている都市のうち、現住人口五〇〇〇人以上の都市を観察の対象とした。

これに該当する都市は、全国（北海道、沖縄県を除く）に二九八ある。それらを現住本籍人口比率で分類したのが**表2－3**である。この値が高いほどその都市は、人口を他から吸いこむ力が強く作用していたことになる。最も高いのが浦和（一・七七）というのは、やや意外の感を与えるが、この地に県庁が置かれたことによって、行政都市として急速に五〇〇〇人台にのったのである。これについては、横須賀（一・六一）が高く、係数が一・二をこえる都市として、東京、横浜、八王子、熊谷、千葉、津、

表 2-3　都市別の現住／本籍人口比

現住／本籍人口比%	都市数	都市名(現住人口)			
150 以上	2	浦和　(5,125)	横須賀　(7,765)		
149-120	9	熊谷　(8,370)	甲府　(15,528)	横浜　(70,019)	東京　(902,837)
		千葉　(6,905)	八王子　(15,314)	大分　(13,126)	津　(13,540)
		豊橋　(10,440)			
119-110	9	大阪　(353,970)	長崎　(39,016)	品川　(13,718)	前橋　(14,282)
		足利　(13,191)	本庄　(5,621)	福島　(9,908)	岡崎　(12,724)
		高崎　(16,976)			
109-105	28	土浦　(8,907)	栃木　(5,311)	小松　(11,508)	山鹿　(5,322)
		飯田　(9,578)	松坂　(11,783)	磯浜　(8,322)	平　(5,952)
		一ノ関　(5,182)	神戸　(17,365)	岐阜　(15,189)	四日市　(9,697)
		長野　(12,952)	新潟　(41,454)	宇都宮　(17,450)	長浜　(6,794)
		三春　(6,247)	板橋　(6,731)	天王寺　(11,701)	高知　(28,720)
		鹿沼　(6,797)	神奈川　(11,609)	兵庫　(40,618)	岡山　(31,789)
		多度津　(5,146)	京都　(255,403)	三島　(6,615)	堺　(43,989)
104-100	105	《省略》			
99-95	116				
94-90	19	小浜　(9,254)	相川　(11,176)	竹田　(7,588)	谷地　(7,492)
		鯖江　(5,955)	洲本　(7,823)	村松　(7,130)	大聖寺　(9,445)
		杵築　(5,398)	鶴崎　(5,095)	館林　(8,095)	宇和島　(13,942)
		長岡　(15,794)	弘前　(30,361)	津和野　(5,246)	黒石　(5,818)
		高田　(24,173)	浜松　(10,826)	萩　(36,762)	
89 以下	7	関宿　(5,125)	日田　(8,608)	村上　(6,766)	出石　(5,325)
		静岡　(33,798)	盛岡　(26,110)	沼津　(11,660)	
不明	3				
計	298				

(注)明治 17 年 1 月 1 日調『都府名邑戸口表』より。

豊橋、甲府、大分を数えることができる。これらのうち、最後の三つを除いては、旧城下町は含まれず、新しい行政や産業中心の都市がすでに発展を開始していることがうかがわれる。逆に、城下町、とくに新しい行政や、近代的セクターの中心になることがなかったところでは、係数は低く、一以下の場合が少なくない。係数が〇・九以下の都市として、出石、村上、静岡、沼津、盛岡があるが、いずれも城下町で、この時期には人口を減少させつつあったものとみられる。全体として係数の低いものには、西日本の中小城下町が多い。

新しい要因に基づく都市化

以上のように、都市においては、人口の流出入が激しかったから、移動を無視して人口を論ずるわけにはいかない。東京（一五区）の場合、明治一七（一八八四）年一月一日現在、上記資料による本籍人口は、七一万四〇八四人であるが、入寄留二〇万〇一七五人、出寄留一万一四二二人を加除すると、現住人口は九〇万二八三七人にもはね上ってしまう。明治一五（一八八二）年一年間、本籍出生数は、一万八五八九人、同死亡数は二万二九八九人であるから、いかに寄留の人口が多いかがわかる。東京府の本籍人口は、その約七〇％が東京一五区によって占められていたが、明治一七（一八八四）年初と同一八（一八八五）年初との間に**表2―4**のような変動があった。自然要因による変動は、出生が死亡を二二八〇人上回ってはいるが、社会要因による変動は、就籍、除籍を無視しても、入籍と送籍の差一万五二五人と、入寄留と出寄留の増分の差三二九六人を加えた一万三八二一人の方がはるかに大きいのである。もちろん、これは、東京府の一五区が有していた人口吸引力によるものである。

『日本全国戸口表』によれば、明治一三（一八八〇）年から一六（一八八三）年までの間に東京一五区の本籍人口は、六七・二万人から六九・九万人へと約四％増大した。この間の（本籍）出生総数は七万二七一九、死亡数は七

表 2-4　東京府の人口変動（1884-1885 年）

項目	人数
明治 17 年 初本籍人口	1,020,437
明治 17 年 中の出生	30,365
〃 就籍	1,259
〃 入籍	23,971
〃 増加小計	55,599
〃 死亡	28,085
〃 除籍	2
〃 送籍	13,446
〃 減少小計	41,553
明治 18 年 初本籍人口	1,040,405
明治 17 年 初入寄留者	210,823
〃 出寄留者	13,692
明治 18 年 初入寄留者	214,453
〃 出寄留者	14,026
明治 17 年 初現住人口	1,217,568
明治 18 年 初現住人口	1,240,832

（注）明治 17・18 年『日本全国戸口表』より。

万二六二六とほぼ均衡している。したがって、この増加は全く流入によるものである。また、直接にその死亡数を知ることはできないが、明治一二（一八七九）年というコレラの大流行年の人口への影響をみると、東京一五区の明治一二（一八七九）年の人口は、六七・一万人であって、翌年まで一年間ほとんど変っていない。しかし、区域に変化がなかったとすれば、一五区のうち、九区で人口が減少している。平常年はともかく、いったん流行病に襲われると、死亡数が出生数を上回ってしまうという前近代期の都市人口の特徴が依然としてみられるのである。明治一五（一八八二）年のコレラの小流行年も同様であることは上述の通りである。

結局のところ、この時期に人口を急速に増大させていった都市は、自然的要因よりも社会的要因がより大きく作用したとみるべきである。もちろん、明治一〇年代、まだ日本全国の都市人口比率はそれほど高くはなかった。明治一七（一八八四）年初における全国の都市人口は、現住人口ベースで一四・六％であり、都市の本籍人口に対し、入寄留人口と出寄留人口の差は約六％の入超にすぎない。都市人口の本格的な増大が始まるのは、明治三〇年代の工業化以降のことであったと考えるべきであろう（明治四一年末の数値では、北海道・沖縄を除く全国の現住人口四九七八万人のうち、五〇〇〇人以上を有する行政単位に住む人口は、二一二八万人、四三％、一万人以上の行政単位に限っても一一九七万人、二四％に達している）。そういう意味で、明治一〇年代の都市については、江戸時代には都市の大部分を占めていた城下町で人口が相対的に低下を始め、新しい要因に基づく都市の人口増大が始まりかける転換点にあったと言えはしないだろうか。

結　論――人口趨勢の全国的要因と地域的要因

以上の観察から、われわれは何を引き出すことができるだろうか。観察自身不十分であり、とくに郡区別の人口統計と物産統計とのつき合わせを行うことができなかった現状では、一切の結論は差し控えるべきかもしれない。ただ、以下のごとき一応の展望は得られたのではないか、と考える。

幕末維新期、日本の人口は持続的な成長軌道にのった、ということは否定できない事実のようにみえる。地域的に限るならば、西日本は一九世紀前半においてすでに増加し続けており、平常年の増加率は、高いところでは三‰にも達している。この増加傾向は記録を遡れば、一八世紀から続いていたともいえるが、一方、東北、北関東といった、一八・一九世紀初めに人口の減少をみせた地域も、一八二〇年代以降になると、減少はいわば底をつき、漸次回復に転じていった。そして、一九世紀の後半には、この地域においても人口は確実に増加傾向を辿るようになり、幕末維新期には、増加率は西日本を抜いて急速に上昇し、明治前期につながっている。

一般に、一国の人口の趨勢は、諸々の異なった地域的な変化の合成という面と、全国に共通する変動要因が、各地域に同様な結果をもたらす、という面に分けて考える必要がある。たとえば、現在の近代化・工業化が高度に進んでいる時期の人口趨勢は、人口の地域的増大と減少が共通の要因からもたらされている。しかし、これは、国民経済が成立し、人口の移動に障害がなく、自然現象の変化と人間生活とが直接には結びつかなくなった時代の特徴であって、前工業化期にもあてはまるものではない。

前工業化期の一国の人口趨勢には、全国に共通する要因が作用する部分もあるだろうが、資源賦与、自然変化からの影響など異なった理由によって各地各様の地域的変化があり、それらが合算されて一つの結果をもたらす、ということを十分考慮する必要がある。筆者の考えでは、江戸時代日本の全国人口は、その最も典型的な例であって、諸要因が合成され、たまたま全国人口は「停滞」していた、とすべきである。

プロト工業化の時代は、まさにそういった前工業化期の人口変化と、近代化・工業化開始後の変化との転換期であった。国民経済の形成が進み、人口の移動に課せられていた制度的、技術的制約が稀薄になると、一国の人口変化には全国的な共通要因と、前工業化期の地域的人口変化の合成という二要素をあわせ有するようになる。

一八二〇年代から一八八〇年代にかけての全国人口趨勢は、こういった内容を持つものであった。幕末開港のインパクトの大きさは否定すべくもなく、人口変化の上では、その影響を直接受けて、人口の急上昇が東日本では顕著にみられた。しかし、そういった地域でも、人口はすでにその前から増勢に転じており、西日本において達成されていた経済発展に対応するような地域分業や輸送の改善が、前近代的レベルにおいてではあるにせよ、すでに始まっていたとみられる。だからこそ、開港の影響が、輸出向き地域産業の発展、その地域の人口増大というスパイラルを生じさせたのだ、と考えることはできないだろうか。

人口は、このように、どの場合でも決して全国が一律に変化するわけではなかった、ということも本稿から得られた教訓の一つと言えるかもしれない。江戸時代後半、日本はかなりはっきりと、人口の増加地域と減少地域に分けられていた。人口増大は西日本で顕著であり、それによってかろうじて日本の全国人口は停滞にとどまっていたとさえ言える。明治期の変化は逆で、江戸時代の増加地域では増加率は低く、それに対して減少地域、もしくは停滞していた大都市で高い。明治期の人口増大をリードしたのは、まさにこのようなかつての人口減少地域における、年率二％近い急激な増加であった。つまり人口増大の主役がかわったのである。これは、農村部では高い出生率、都市部では高い流入率によって特徴づけられているが、同時に、江戸時代には全国的に大災害をもたらしたような凶作や流行病が、明治一〇年代以降、次第に克服されていったことと合わせて考えなければならない。

残された問題はあまりにも多い。各地域の人口変動と経済指標とをつき合わせる作業は未だほとんど行われていない。また、プロト工業化との関連においても、たとえば、養蚕、製糸、および織物業の発展と人口変化との関係は、当該地域の精密な観察を通じてはじめて解明されるのであって、今のところ、言いうることは、漠然と、そういった産業の発展した地域で人口増大が著しかったという事実の指摘にとどまっている。つまり、両者の因果関係や、他地域との分業関係、また人口増大の内容等、一九七〇年代初頭から欧米の学界を賑わせてきたプロト工業化仮説の日本への適用の可否にかかわるような議論は将来の課題なのである。本稿において、人口変動と経済発展の因果関連についての論議を避けたのは、この種の議論は、そういった具体的な実証研究の蓄積を踏まえた後にすべきであるという筆者の考えによる。

〔補記〕　本章は、『数量経済史論集3　プロト工業化期の経済と社会』に掲載されている伊藤繁氏の明治期都市人口に関する業績（一三章）、斎藤修氏のプロト工業化に関する業績（一一章）、ならびに西川俊作氏の長州藩のプロト工業化に係る業績（八章）の発表以前に書かれたものである。三氏の業績を検討すれば、本稿で疑問としたいくつかの問題点が解明されるだろう。

注

（1）内閣統計局『明治五年以降我国の人口』一九三〇年。
（2）梅村又次「明治期の人口成長」社会経済史学会編『経済史における人口』慶応通信、一九六九年、所収をみよ。
（3）梅村又次、前掲論文、ならびに岡崎陽一「明治時代の人口――とくに出生率と死亡率――について」『経済研究』一六の三、一九六五年、所収。梅村又次「明治時代の人口について――コメント」および岡崎陽一「梅村又次氏のコメントに対する解答」同誌一六の四、一九六五年、所収。
（4）おそらく、この調査資料について最も詳細に検討を加えられたのは、関山直太郎氏である――それゆえ、この資料は外国ではSEKIYAMA DATAと呼ばれている――が、同氏は、除外人口数について確定的とは言えないまでも、四五〇〇万ないし五〇〇〇万人程度とされている（関山直太郎『近世日本の人口構造』吉川弘文館、一九六九年、一七七頁）。しかし、この統計値は、幕府調査による弘化三（一八四六）年の全国人口数を、明治初年の政府統計に、「合理的に連結」すべくなされた試算であり、明治初年の数値自身確定的でないことや、江戸時代後半における幕府諸藩の行政能力の相対的な低下や諸々の社会的経済的変動を考えると、その絶対水準およびそれを一定不変の常数として考えてよいかどうかには、なお疑問の余地がある。
（5）たとえば、梅村又次「徳川時代の人口と経済」梅村又次他編『日本の経済発展』（数量経済史論集1）日本経済新聞社、一九七六年、三―一八頁。速水融「徳川後期人口変動の地域的特性」『三田学会雑誌』六四の三、一九七一年（本書第1章）。
（6）明治八（一八七五）年は、青史社、一九七六年、同十二年（上、下）は柳原書店、一九七八年の覆刻版による。
（7）、（8）ともに日本統計協会、統計古書シリーズ第四輯（一九六五年）の覆刻版による。
（9）一橋大学経済研究所日本経済統計文献センター（以下文献センターと略記）所蔵の複写本による。
（10）明治十五・十七・十八（一八八二・一八八四・一八八五）年は文献センター所蔵の複写本、明治十六（一八八三）年は国立公文書館所蔵本による。
（11）すべて『明治前期産業発達史資料』（明治文献刊行会）に覆刻刊行されている。
（12）明治十六（一八八三）年、二十（一八八七）年の二年度分が柳原書店より覆刻刊行されている。
（13）国立公文書館所蔵。

（14）梅村又次「明治期の人口成長」社会経済史学会編『経済史における人口』慶応通信、一九六九年、一二〇頁。
（15）たとえば、美濃国西条村の事例について、速水融、内田宣子「近世農民の行動追跡調査」徳川林政史研究所『研究紀要』昭和四十六（一九七一）年度、所収。
（16）西濃地方の農村側からみた事例としては上掲論文をみよ。また、都市側からの観察事例としては、京都四条中立売町の奉公人出身地について、速水融「京都町方の宗門帳」徳川林政史研究所『研究紀要』昭和五五（一九八〇）年度所収（本書第6章）がある。
　さらに江戸については、南和男氏による幕末期の研究があるが、出生地は全体として関東が最も多く、東山、北陸、近畿に及んでおり、江戸はかなり広い範囲から人口を吸収していたことがわかる。南和男『幕末江戸社会の研究』吉川弘文館、一九七八年。
（17）Susan B. Hanley and Kozo Yamamura, *Economic and Demographic Change in Preindustrial Japan, 1600—1868*, Princeton, 1977, p. 28. 以下。（『前工業化期日本の経済と人口』速水融・穐本洋哉訳、ミネルヴァ書房、一九八二年。二七頁以下。）
（18）西川俊作、穐本洋哉およびT・C・スミス（T. C. Smith）による数多くの業績をみよ。なお、幕府調査によると、一七二一—一八四六年の防長両国の人口増加率は、一〇年率で三％であり、全国随一であった。
（19）南和男『幕末江戸社会の研究』吉川弘文館、一九七八年、一六四頁。
（20）速水融「紀州尾鷲組の人口趨勢」徳川林政史研究所『研究紀要』昭和四十三（一九六八）年度、所収をみよ。
（21）須田圭三『飛騨O寺院過去帳の研究』（非売品）一九七三年、一五四—一五五頁より。
（22）T. C. Smith, "Pre-modern Economic Growth: Japan and the West", *Past and Present*, No. 60, 1973. 社会経済史学会編『新しい江戸時代史像を求めて』東洋経済新報社、一九七七年に邦訳「前近代の経済成長」として所収。
（23）筆者自身による村レベルでの歴史人口学的研究でも、信州や西濃地方の農村で、天保期の「危機」以降、人口は急速に回復したばかりか、そのまま維新期まで増大を続けた事例が多いが、そのような村では例外なく都市への出稼が減少している。速水融『近世農村の歴史人口学的研究』東洋経済新報社、一九七三年。「近世西濃農民の移動について」徳川林政史研究所『研究紀要』昭和五二（一九七七）年度、所収。
（24）、（25）立川昭二『病気の社会史』NHKブックス、一九七一年、一八〇—二二三頁。

第3章　人口統計史から見た明治維新

日本史上における人口調査――古代・「暗黒時代」・戦国時代

日本の人口統計は、すでに古代籍帳の作成時に、編纂されていた可能性がある。近時、茨城県鹿ノ子C遺跡から発見された漆紙文書のなかに、延暦四（七八五）年の常陸国の人口集計を記した記録があり、戸籍に登録された人口が、少なくとも国府において合計されていたことが明らかとなった。[1] その結果はおそらく中央政府に伝達され、全国人口数が計算されていたものと思われる。

しかし、律令政権の行政能力が衰退し、戸籍編成も行われなくなると、中央・地方行政機関による人口調査は絶えてしまい、ついで成立した荘園制、そして鎌倉・室町両幕府のもとでは、人口調査は全く行われなかった。その必要もなく、実行しようにもできなかったのである。したがって、日本の人口統計史上、八世紀以降、一六世紀末に至る間は、まさに「暗黒時代」の名にふさわしい。

しかし、一六世紀末、排他的領主権を持った戦国大名が出現し、所領形成が進むと、領内の人口把握が可能となる条件が整った。また、戦国大名たちは、遠距離で行われる戦争や領内の水利灌漑・土木建築工事のため、大量の労働力を必要としたので、人口調査を行い、徴発可能な領民の数を測定する必要も生じた。かくして、不十分な形態ではあるが、家数改めや人別改めが実施され、人口調査が復活した。

これを引き継いだのが、江戸時代に入ってから行われた幕府や各大名による家数改め、人別改めである。当初は人口調査として不完全であったものが、次第に整備され、たとえば『肥後国人畜改帳』にみるように精密な調査となって、[2] 後世の研究者に大きな利便を与えている。当時の天下人、あるいは領主にとって、領主権確立の第一は、検地を通じて、年貢徴収可能量を把握することであったが、同時に、夫役徴収可能量を把握する必要もあったわけで、この調査には、検地にたいして「検人」という名称を与えてもいいだろう。[3]

世界史的に希有な住民記録——宗門改帳

さらに、人口調査に関し、全く別個の必要が生じた。それはキリシタン宗門改めで、いうまでもなく幕府のとったキリスト教厳禁政策の産物である。幕府は、数次にわたりいわゆる「鎖国令」を出し、キリスト教の布教を厳しく禁止し、宣教師の入国、日本人の海外渡航を禁じてきたが、同時に寛永一五（一六三八）年から、直轄地においては宗門改帳の作成を始めている。[4]この調査の目的は、当初は人口調査ではなく、信仰調査であったが、全住民を対象としたことから、いつでも人口調査となり得るものであった。事実、江戸時代当時から、宗門改の結果は人口数として報告されている。また、史料の名前も、「宗門人別改帳」というように、人別改と結合した表題を持つようになったところもある。

宗門改は、武士層を含め、あまねく行われた。ここでは、もっぱら庶民の場合に限るが、宗門改帳は、毎年一定の月に、居住する町や村ごとに作成され、各世帯構成員の属する寺院名、宗派、個々の名前、続柄、年齢等を記し、領主に提出された。しかし、江戸時代の常として、調査や書式は全国的に同一の規格を持っていたわけではない。ある藩では六年に一回しか実施されず、ある藩では幼少年齢の者を対象から外している。極端な場合には年齢の記載のないものもある。

また、重要なことは、宗門改帳作成の原理が複数あったことである。第一は、「本籍地主義」とでも称すべきもので、その地に生まれた者は、婚姻や養子縁組によって他所へ移動した場合を除き、死亡が確認されるまで記載され続けられた。実際には他所へ奉公に出て、そこに移り住んでしまっていても、非常に長寿まで生存し続けたことになってしまう。しかし、一方で、その世帯に住む奉公人は記載しているので、今日の戸籍とも異なっている。この方式は、多くの大名領に見られる。

第二は、「現住地主義」とでも言うべきもので、他所へ移った者は理由の如何を問わず記載から外し、実際に居住している者を記載している。中には、外へ出た者の動静まで追い、現在どこにいるかということまで記しているものもある。この方式は天領に多い。歴史人口学の研究者からすれば、この方式で作成された宗門改帳の方が遥かに有用である。

また、宗門改帳には、個々の世帯構成員に関する情報以外に、世帯の情報、例えば保有する土地の持高、家畜、家屋の状況、土地の賃借等に関し記録している場合もあり、これらの情報を豊富に備えた宗門改帳が、ある町や村について長期間にわたって連続して利用可能な場合、われわれは、庶民生活の状態について、これ以上ない貴重な数量史料を持つことになる。

だいたい、近代国勢調査以前、あるいは近代国家成立以前に、個人の名前が書かれている住民記録（nominative list）が存在していること自身が世界でも稀で、しかもそれが、上述のように豊富な内容をもって毎年作成されている事例は、世界でも江戸時代の日本以外には、ごく限られているのである。もちろん、記載内容には制約があり、それらを無前提的に信頼してしまうことはできないし、残存の程度は決して高くはないが、これを組織的に利用し、明らかにされる庶民の生活誌は、歴史人口学の分野であれ、家族社会学の分野であれ、他では得られない高い評価を与えられている。

幕府の国別全国人口調査

ところで、この調査は、人口統計としてすでに江戸時代から利用されていた。それは、享保六（一七二一）年に始まる江戸幕府の国別全国人口調査で、将軍吉宗による享保改革の一環をなすものである。その意図がどこにあったのかは推測するしかないが、吉宗は、全国大名に命じて諸国物産調査も行っており、調査を通じて日本の国勢を知ろうという強い願望を持っていたことは事実である。

幕府の人口調査は、弘化三（一八四六）年まで続けられたことは確実で、その後も、藩によっては幕府に報告した形跡があるが、幕末諸事多端の折、日本全体にわたる国別集計はなされなかった可能性が高い。したがって、現時点では、弘化三（一八四六）年の調査結果が、判明する江戸時代最後のものとなる。

幕府の国別人口調査には、人口統計としては不完全なところが多い。江戸時代は、いかにその中に近代が準備されていようと、前近代社会であり、身分制社会であった。支配階級である武士と、被支配階級である一般庶民とを、足して合計人口を求めることは、少なくとも建前の上ではできなかった。したがって、幕府の調査には武士人口は含まれていない。ところが、この武士人口を定義しようとすると厄介で、ごく下層の武士、足軽や中間(ちゅうげん)は、身分の上で庶民とほとんど連続的であり、どちらにも入れることができる。いずれにしても、幕府や各藩の武士数は、一種の軍事機密であり、ごく一部の例外を除いて明らかにされていない。

加えて、この調査は、幕府が代官や諸藩に命じて、それまで行ってきたそれぞれの方法で人口を数えて報告せよ、というものであったから、金沢藩のように一五歳以下の人口は含まれていなかったり、和歌山藩のように八歳未満の人口はカウントされていない、といった幼少年齢者の記載が不十分な場合が多く見られる。また、大隅、薩摩といった鹿児島藩領の人口はどうみても少なめで、明治初年の人口数との間にギャップがあり、過少報告がされていた。対馬藩の人口も同様である。問題は、こういった不完全な——多くは過少な——報告が、全国でどのようにされていたのかについて、組織的には何も分かっていない、ということである。

しかし、幕府の国別人口調査も貴重で、世界的に見て、一八世紀の初めから、一国の人口を地域ごとにとらえようとした例は他にない。利用の方法によっては、地域ごとの趨勢を見たり、比較したりすることは十分に可能である。(5)

明治前期の統計調査

今まで、あまり言われて来なかったことだが、明治政府は、成立当初から、異常と思われるほどの強い意欲をもって、諸統計の編纂を進めた。物産統計、貿易統計、教育統計等、人口統計以外にも多様な統計を編纂している。明治九（一八七六）年には「表記学社」（後のスタチスチック社）ができ、また、大蔵省統計寮から『統計雑誌』が発刊されるようになった。民間でも、明治一三（一八七〇）年には『統計集誌』の刊行が始まっている。英語の statistics の訳語をどうするかという議論があり、これを「政表」とし、demography は「民勢学」と訳されたが、最終的には、政表は「統計」、民勢学は「人口」と言われるようになった。いずれにしても、新しい国家を出発させるに際して、全国の状況を数字で摑んでおこうとする意図が伝わってくる。

このように、明治前期は、一種の「統計熱の時代」とでも称すべき時代だった。数値によって状態を知ろうとする意図は、実証的追究の方法と通じるものがあるが、なぜ、当時の日本でこのような状況が生じたのかは、今後明らかにすべき課題である。

しかし、あらゆる統計に共通して言えることだが、統計数字を利用する前処理として、その書誌情報をなるべく詳細に求める必要がある。関連する法令、表頭や内容の規定、例外規定等はもちろん、統計表自身に付された正誤表に至るまで、情報を多く収集し、数字の性格や限界を明らかにしておくことは、数量史料を利用するものにとって、当然なすべき作業である。ところが、こと人口統計に関しては、書誌情報は今までなかったほど整備されている。

第一は、一橋大学経済研究所、日本経済統計文献センターによって進められた業績、『明治前期日本経済統計解題書誌』で、細谷新治氏による「富国強兵篇」（全四冊、一九七四—七八年）には、明治一七（一八八四）年以前に編纂された人口諸統計の詳細な書誌情報が盛られている。

第二は、総理府統計局が設立百周年を記念して編纂した『総理府統計局百年史料集成』で、その「第二巻　上」（一九七六年）が、本集成に含まれる国勢調査以前の人口統計について、関連法令、書式等を掲げる大冊である。

これらの血の滲むような基礎作業のお蔭で、われわれは、安心して人口統計を利用することができるのであり、書誌情報に関するかぎり筆者が付け加えるものは何もない。ここに示す**表3—1**は、上記の両著作を基本とし、他の先行研究や、筆者の知見を加え、明治前期を中心に、人口調査に関連する事項を年代記として綴ったものである。年表の事項を一つ一つ解説する必要はないと思われるので、ここでは、特筆すべき事柄について、いくつか述べることにしたい。

長州藩における戸籍編成

表3—1が、維新政府の成立にはるかに先立って始まっていることには意味がある。それは、維新政府によって

表 3-1　幕末・明治期人口統計・戸籍編成関係年表

年　代			事　項	形	出典・備考
文政 8 年	(1825)		長州藩戸籍(とじゃく)改正〔明治壬申戸籍編成まで用いられる〕		新見：(1959) p.111-113.
天保 9 年	(1838)		大阪に適塾設立(1853 〜 1856 入門数最高)		
弘化 3 年	(1846)		ヒノエウマ年		
嘉永 6 年	(1853)	6. 3	ペリー浦賀に来航		
嘉永 7 年	(1854)	3. 3	日米和親条約(神奈川条約)		
安政 2 年	(1855)	頃	杉亨二(1827-1917)バイエルンの教育統計書を読む(人口調査の必要性を知る)		杉：(1902) p.18 ,22 ,24.
安政 3 年	(1856)	2.11	幕府蕃書調所開校		
			杉亨二(1827-1917)留学の必要を説く		
安政 5 年	(1858)	6.19	日米修好通商条約		
			コレラ流行		
安政 6 年	(1859)	5.28	神奈川、函館開港		
万延元年	(1860)	11	万国政表〔ヨング著〕翻訳出版(最初の統計書)		
文久元年	(1861)	頃	杉亨二オランダの統計書に接する		杉：(1902) p.18, 19, 24.
文久 2 年	(1862)	5	蕃書調所を洋書調所に改編		
		9	最初の海外留学生オランダに向かう		
文久 3 年	(1863)	7	薩英戦争		
		8	幕府洋書調所を開成所に改編		
元治元年	(1864)	8	4 国連合艦隊長州を攻撃		
慶應元年	(1865)	12.28	西周、津田真道、オランダ留学より帰国		
慶應 3 年	(1867)	10.15	大政奉還		
慶應 4 年	(1868)	1	戊辰戦争(明治 2 年 5 月終結)		
		4.11	官軍江戸入城		
		7	旧徳川将軍家、静岡藩主となる		
明治元年	(1868)	9. 8	年号を明治に改元		
		9.10	長州藩出身の槙村正直、議政官史官試補として京都府に出仕		
		10.13	維新政府東京を都と定める		
		10.25	太政官布告によりキリシタン宗門改の続行を命ず		法令全書　明治元 p.336.
		10.28	京都府戸籍仕法書〔京都府知事は槙村正直〕	r	福島：(1959)［法令集］p.8-22
		10.	会計局より関東諸県に村鑑帳提出を命ず		法令全書　明治元 p.327.
明治 2 年	(1869)	2.23	会計局より関東諸県に村鑑帳提出を命ず(範囲不明)		法令全書　明治 2 p.95.

	5.	杉亨二「駿河沼津政表」を作成〔静岡奉行中台伸太郎との話し合い〕	r	杉：(1902) 附録 p.1-15.
	6. 4	民部官より京都府において編成の戸籍書式を府県藩に通達		法令全書　明治 2 p.202-203.
	6.17	版籍奉還		
	6.25	行政官より各藩に対し租税、戸口の調査を命ず		法令全書　明治 2 p.238-239.
	6.	杉亨二「駿河原政表」を作成	r	杉：(1902) 附録 p.15-25.
	12.	戸籍諸規則案(民部省)		細谷：(1978) p.268-269.
		品川県戸籍編成を命ず	r	石井：(1981) p.299-305.
明治3年 (1870)	4. 7	太政官より旧幕領に対し村鑑帳提出を命ず		法令全書　明治 3 p.63-64.
	5.	民部省より府県藩宛に戸籍編成の件を命ず		法令全書　明治 3 p.86.
	7.	杉亨二民部省出仕(～9月帰国)		
	7-9.	2年6月の通達に基づき和歌山県民政役所、戸籍帳作成		速水：(1955) p.69.
	12.	2年6月の通達に基づき品川県、甲府県で戸籍作成		細谷：(1978) p.267.
		2年6月の通達に基づき徳島藩、高田藩で戸籍作成		細谷：(1978) p.287n.
明治4年 (1871)	1.	杉亨二政表(スタチスチック)作成の必要を回答		
	4. 4	太政官布告により明治5年(壬申)2月1日を期して戸籍編成を命ず	r	新見：(1959) p.549-567.
	10. 3	大蔵省より宗門改帳廃止の件を通達		法令全書　明治 4 p.560.
	12.	杉亨二政府再出仕		
	12.	太政官正院に政表課開設「辛未政表」作成(明治5年4月刊)	rp	統計古書シリーズ第一輯 (1961)
		2年6月の通達に基づき堺県、日光県で戸籍編成		細谷：(1978) p.267.
明治5年 (1872)	2. 1	壬申戸籍編成		
	2.	文部省に医務課設置		細谷：(1978) p.276.
		杉亨二「壬申政表」作成(明治6年5月刊行)	r	統計古書シリーズ第二輯 (1962)
	12. 3	改暦→明治6年1月1日となる		
明治6年 (1873)	1.10	徴兵令を定める		
	2.21	キリシタン禁制の高札撤去		
	7.28	地租改正条例布告		
		衛生局設置		
		杉亨二太政官政表課長		
		太政官布告により、私生児が認められるようになった		細谷：(1978) p.315.
		「日本全国戸口統計表」(明治6.1.1 調)〔太政官〕ms	RP	
		文部省に衛生局設置		
明治7年 (1874)	2.	明六社発足〔会員は下級武士出身、幕府に雇われた蘭学者多し〕		
	2.	『日本全国戸籍表』(明治5年調)〔戸籍寮〕		
	3.24	太政官達により、戸籍寮において全国戸籍表編製を令達		総理府統計局：(1976) p.73.

	4.	明六雑誌発刊(明治8年11月終刊)	rp	
		「日本全国戸口統計表(国分)」(明治7.1.1調)〔太政官〕ms		
		「日本全国県分戸口統計表」(明治7.1.1調)〔太政官〕ms		
明治8年　(1875)	3.	「明治6年府県物産表」〔勧業寮〕	rp	明治前期産業発達史資料別冊6.7.(1965)
	6.	『日本全国戸籍表』(明治6年調)〔戸籍寮〕	RP	
	8.12	「明治7年府県物産表」〔勧業寮〕	rp	明治前期産業発達史資料1(1959)
	12.　2	太政官達により、戸籍寮において明治6年1月1日全国戸籍表編製を令達		総理府統計局：(1976) p.73.
		「日本全国戸口統計表」〔太政官〕ms		
		「明治8年全国男女年齢職業区別」〔太政官〕ms		
		「明治8年共武政表」〔陸軍参謀本部〕	rp	復刻　青史社(1976)
明治9年　(1876)	2.　8	陸軍省より府県に共武政表作成に際しては人口等を取調べ提出を令達		総理府統計局：(1976) p.73-74.
	12.	『日本全国戸籍表』(明治7年1月1日調)〔内務省〕	RP	
		表記学社結成　杉亨二社長となる		
		「戸籍局〔第1回年報〕」(明治7・8)		
		「明治9年1月1日調日本全国国分県分戸籍表」ms		
		「明治9年全国男女年齢職業区別」〔太政官〕ms		
		文部省の衛生行政、内務省に移管		
明治10年　(1877)		西南戦争(1.30〜9.24)		
	4.	『日本全国戸籍表』(明治8年1月1日調)〔内務省〕	RP	
	7.20	内務省より使府県に明治7年1月1日現在の全国戸籍表編製を令達		総理府統計局：(1976) p.74.
	10.11	内務省より使府県に明治8年1月1日現在の全国戸籍表編製を令達		総理府統計局：(1976) p.74.
	12.	「衛生局第1報告」刊行	rp	復刻　原書房(1991)
		「戸籍局年報」(明治9.7〜10.6)		
		「衛生局第1第2報告」(明治8.7〜10.6)内務省衛生局	rp	
明治11年　(1878)	2.	「明治9年全国農産表」(勧農局)	rp	明治前期産業発達史資料別冊1.(1964)
	3.	『日本全国戸籍表』(明治9年1月1日調)〔内務省〕	RP	
	7.22	郡区町村編制成法		
	8.24	内務省より使府県に明治9年1月1日現在の全国戸籍表編製を令達		総理府統計局：(1976) p.75.
		表記学社→スタチスチック社に改名		
		「明治10年1月1日現在ト見做ス可キ人員及□年中生死員数一覧表」ms		
		「明治11年1月1日現在ト見做ス可キ人員及□年中生死員数一覧表」ms		
		「明治11年共武政表」〔参謀本部〕	mf	
明治12年　(1879)	2.	「明治10年全国農産表」(勧農局)	rp	明治前期産業発達史資料別冊2.(1965)
	12.31	杉亨二甲斐国人口調査実施〔明治15年刊行〕		甲斐国現在人別調《復刻芳文閣1968)

	12.12	戸籍局より地方長官へ13年1月1日現在の戸籍表を所定表式により提出を命ず		細谷：(1978) p.305.
		「明治12年共武政表」〔参謀本部〕	rp	復刻　柳原書店 (1978)
明治13年 (1880)	3.	『明治12年1月1日調日本全国郡区戸口表』	RP	
	4.	「全国民事慣例類集」刊行(司法省)	rp	復刻　青史社 (1976)
	11.	「明治11年全国農産表」(勧農局)	rp	明治前期産業発達史資料別冊3. (1965)
	12.	「東北諸港報告書」(開拓使)	rp	明治前期産業発達史資料2. (1959)
		統計集誌創刊(東京統計協会)〔現在の『統計』の前身〕		
		「戸籍局第4回年報」(明治11.7～12.6)		
		「明治13年共武政表」〔参謀本部〕	rp	
明治14年 (1881)	3.	『明治13年1月1日調日本全国人口表』	RP	
	5.	「明治12年全国農産表」(勧農局)	rp	明治前期産業発達史資料別冊4. (1965)
	10.	明治14年政変(薩長藩閥政府成立、大隈重信政府を去る、松方財政)		
		「戸籍局第5回年報」(明治12.7～13.6)		
		「衛生局第3次年報」(明治10.7～11.6)内務省衛生局	rp	
明治15年 (1882)	2.	『明治14年1月1日調日本全国人口表』	RP	
	2.	「西南諸港報告書」(開拓使)	rp	明治前期産業発達史資料3. (1959)
	6.	「明治13年農産表附牛馬頭数」(農務局)	mf	明治前期産業発達史資料別冊5. (1965)
		「日本帝国統計年鑑(第1)」刊行開始(統計局)〔以後毎年〕	mf	
		「戸籍局第6回年報」(明治13.7～14.6)		
		「衛生局第4次年報」(明治11.7～12.6)内務省衛生局	rp	
		「明治13年都市生死婚姻統計表」内務省衛生局		
明治16年 (1883)	1.	『明治15年1月1日調日本全国戸口表』	RP	
	春	杉亨二東京九段に統計学校設立(～18年)		
	4.	「明治14年農産表」(農務局)	rp	
	11. 7.	内務省より戸籍表の表式改定表を通達		細谷：(1978) p.305.
		「戸籍局第7回年報」(明治14.7～15.6)		
		「衛生局第5次年報」(明治12.7～13.6)内務省衛生局	rp	
		「明治14年都市生死婚姻統計表」内務省衛生局		
		「明治16年徴発物件一覧表」〔陸軍省〕	rp	復刻　柳原書店 (1979)
		この頃より府県統計書編纂始まる	mf	
明治17年 (1884)	1.	『明治16年1月1日調日本全国戸口表』	RP	
	12.26	「興業意見」(前田正名編)允可		
		「戸籍局第8回年報」(明治15.7～16.6)		
		「都府名邑戸口表」(明治17.1.1調)	RP	

		「衛生局第 6 次年報」(明治 13.7 ～ 14.6)内務省衛生局	rp	
		「明治 15 年都市生死婚姻統計表」内務省衛生局		
		「明治 15 年農産表」(農務局)	rp	
		「明治 17 年徴発物件一覧表」〔陸軍省〕	mf	
明治 18 年 (1885)	3	『明治 17 年 1 月 1 日調日本全国戸口表』	RP	
		「明治 16 年自 1 月至 6 月都市生死婚姻統計表」内務省衛生局		
		「衛生局第 7 次年報」(明治 14.7 ～ 15.6)内務省衛生局	rp	
		「明治 18 年徴発物件一覧表」〔陸軍省〕	mf	
		翌年にかけコレラ流行		
明治 19 年 (1886)	6.	「農商務統計表」〔第 1 回〕(農商務省総務局報告課)	rp	復刻　農業書誌研究会 (1960)
	10.16	内務省令により戸籍取扱手続制定(現在の戸籍の前身)		総理府統計局：(1976) p.32-35.
		スタチスチック雑誌創刊		
		『明治 18 年 1 月 1 日調日本全国戸口表』	RP	
		『明治 19 年 1 月 1 日調日本全国民籍戸口表』(内務省総務局戸籍課)	RP	
		『明治 19 年 12 月 31 日調日本帝国民籍戸口表』(内務省総務局戸籍課)	RP	
		「明治 19 年徴発物件一覧表」〔陸軍省〕	mf	
		「衛生局第 8 次年報」(明治 15.7 ～ 16.6)内務省衛生局		
明治 20 年 (1887)		『明治 20 年 12 月 31 日調日本帝国民籍戸口表』(内務省総務局戸籍課)	RP	
		「明治 20 年徴発物件一覧表」〔陸軍省〕		復刻　柳原書店 (1979)
		「衛生局第 9 次年報」(明治 16.7 ～ 17.6)内務省衛生局		
明治 21 年 (1888)	4.25	市制・町村制公布(実施は翌年より)		
		『明治 21 年 12 月 31 日調日本帝国民籍戸口表』(内務省総務局戸籍課)	RP	
		「明治 21 年徴発物件一覧表」〔陸軍省〕	mf	
明治 22 年 (1889)	2.11	大日本帝国憲法発布		
		『明治 22 年 12 月 31 日調日本帝国民籍戸口表』(内務省図書局戸籍課)	RP	
		戸籍脱漏者の就籍数激減		森田：(1944) p.372.
		民法人事編公布		
		「明治 22 年徴発物件一覧表」〔陸軍省〕	mf	
明治 23 年 (1890)	11.25	第 1 回通常議会招集		
		『明治 23 年 12 月 31 日調日本帝国民籍戸口表』(内務省庶務局戸籍課)	RP	
		「明治 23 年徴発物件一覧表」〔陸軍省〕	mf	
明治 24 年 (1891)		『明治 24 年 12 月 31 日調日本帝国民籍戸口表』(内務省庶務局戸籍課)	RP	
		「明治 24 年徴発物件一覧表」〔陸軍省〕	mf	
		「衛生局年報」(明治 17.7 ～ 20.6)内務省衛生局		

明治 25 年（1892）		スタチスチック雑誌→統計学雑誌に改名		
		『明治 25 年 12 月 31 日調日本帝国民籍戸口表』	RP	
明治 26 年（1893）		『明治 26 年 12 月 31 日調日本帝国民籍戸口表』（内務省警保局戸籍課）	RP	
	2.	「衛生局年報 11(明治 21.1 ～ 22.12)」内務省衛生局		
		「衛生局年報 12(明治 23.1 ～ 23.12)」内務省衛生局		
明治 27 年（1894）	8. 1	日清戦争勃発		
		『明治 27 年 12 月 31 日調日本帝国民籍戸口表』（内務省警保局戸籍課）	RP	
明治 28 年（1895）	2.	「衛生局年報(明治 25.1 ～ 25.12)」内務省衛生局		
	4.17	日清講和条約締結		
	5.10	遼東半島還付		
	9.21	万国統計協会より、1900 年に各国一斉に国勢調査を実施すべき旨慫慂		総理府統計局：(1976) p.201.
		『明治 28 年 12 月 31 日調日本帝国民籍戸口表』（内務省警保局戸籍課）	RP	
明治 29 年（1896）	3.	東京統計協会会長花房義質より政府に 1900 年の国勢調査実行を建議		総理府統計局：(1976) p.208-209.
		「衛生局年報(明治 26.1 ～ 27.12)」内務省衛生局		
		『明治 29 年 12 月 31 日調日本帝国民籍戸口表』（内務大臣官房文書課）	RP	
明治 30 年（1897）		花房直三郎(1857-1921)花房義質の弟〕内閣統計課長に就任		
		『明治 30 年 12 月 31 日調日本帝国民籍戸口表』（内務大臣官房文書課）	EP	
明治 31 年（1898）	3.	「衛生局年報(明治 28.1 ～ 28.12)」内務省衛生局(以後毎年)		
	6.15	新戸籍法制定　戸籍事務は司法省へ、人口統計事務は内閣統計局の所管に		細谷：(1978) p.305
	7.13	司法省訓令により戸籍法取扱手続制定		総理府統計局：(1976) p.62-67.
	11. 7	内閣訓令により調査方式改正(加除式から調査時の戸籍人口に)		細谷：(1978) p.305
	11.16	内閣訓令第 1 号乙号により、人口動態調査が、地方分査が中央集計方式に		細谷：(1978) p.305
		花房直三郎内閣統計局長に就任(～大正 5 年)		
		日本帝国人口統計編纂　静態統計を主とし若干の動態統計を加える		
		花房直三郎、矢野恒太に死亡数の調査を命ず		「日本人ノ生命ニ関スル研究　緒言」
明治 32 年（1899）		日本帝国人口動態統計編纂始まる(以下現在まで毎年)		
明治 33 年（1900）		第 19 日本帝国統計年鑑に乙種現住人口の規定を説明		総理府統計局：(1976) p.420.
明治 34 年（1901）		『明治 31 年日本帝国人口統計』（内閣統計局）		
明治 35 年（1902）	2-3.	国勢調査実施を貴族院・衆議院において可決(年次は勅令)		総理府統計局：(1976) p.454-465.
	2.	国勢調査実施時期について、明治 38 年実施は国難の旨、政府委員の答弁	RP	総理府統計局：(1976) p.455.
	8.	国勢調査実施の際、調査員約 30 万人、一切の経費 190 万～ 536 万円と報告		総理府統計局：(1976) p.468.
	9.15	第一生命保険設立(専務矢野恒太、保険業法による最初の相互会社)		
		『明治 32 年日本帝国人口動態統計』（内閣統計局）〔フランス語の対訳付〕	RP	
		死亡表作成(局第 1 表)	CD	厚生統計協会：(2009)

明治 36 年 （1903）	12. 1	第 1 回国勢調査実施を財政上の必要により明治 43 年に延期		総理府統計局：（1976） p.552.
		『日本帝国人口静態統計』 編纂（以下大正 7 年まで、5 年ごと）	RP	
明治 37 年 （1904）	2.10	日露戦争勃発		
明治 38 年 （1905）	5.29	臨時台湾戸口調査部設置		
	9. 5	日露講和条約		
		臨時台湾戸口調査実施		
明治 39 年 （1906）		ヒノエウマ年		
明治 42 年 （1909）	3.23	国勢調査実施の時期不確定の旨桂首相の答弁		総理府統計局：（1976） p.594.
明治 44 年 （1910）	春	死亡表作成（局第 2 表）	CD	厚生統計協会：（2009）
明治 45 年 （1912）	3.20	「日本人ノ生命ニ関スル研究一名日本国民新死亡表」 刊行（内閣統計局）	RP	
大正 9 年 （1920）	10. 1	第1回国勢調査実施		

形：RP：『国勢調査以前日本人口統計集成』に収録。rp: 何らかの形で復刻本出版済。r：著作に引用。mf: マイクロフィルムで発行済。CD: CD-Rom。

文献：杉（1902） 世良太一編『杉先生講演集』明治35年。

細谷：（1978） 細谷新治『明治前期日本経済統計解題書誌』〔――富国強兵篇（上の1）――〕1978.3　一橋大学経済研究所日本経済統計文献センター。

速水：（1955）「宗門改帳より壬申戸籍へ――維新期の人口調査とその一例――」三田学会雑誌　1: 47-12. 1954, 2: 48-9. 1955.

総理府統計局：（1976） 総理府統計局編『総理府統計局百年史資料集成』第2巻　人口　上。

森田：（1944）森田優三『人口増加の分析』日本評論社。

石井：（1981） 石井良助『家と戸籍の歴史』創文社。

福島：（1959） 福島正夫『「家」制度の研究　資料篇1』東京大学出版会。

新見：（1959）新見吉治『壬申戸籍成立に関する研究』日本学術振興会。

開始された戸籍も、その淵源をたどれば、長州藩の戸籍に行き着くからである。このことは、つとに、多くの研究者によって言われてきた(6)。現在、発見されている長州藩の戸籍の書式を見ると、明治初期の戸籍と類似していることは明らかで、宗門改帳の書式とは異なっている。また、長州藩においては、戸籍成立以後、宗門改帳が仕立られた形跡がないから、宗門改帳が明治戸籍の原型であったとするのは間違いで、両者の間には、むしろ断絶があったとすべきであろう(7)。

長州藩では、すでに安永八（一七七九）年に改革があり、宗門改帳に替って戸籍が作成されるようになった、と言われている。さらに、『防長歴史用語辞典』によれば(8)、戸口調査は、元文四（一七三九）年に始められていたが、安永八（一七七九）年の改革で、戸籍仕法が制定され、毎年三月、庄屋年寄の手元で資料が作成された、とある。この資料についてては未見ではあるが、『辞典』の編者は、「書式は宗旨人別帳に似ている……二、三年ごとに書きかえた」としている(9)。しかし、この時の仕法は徹底せず、最終的には文政八（一八二五）年の改革を待たねばならなかった。新しい文政の改革では、戸籍は畔頭元で作成されることになり、戸籍帳の大きさ、紙質まで規定され、渋紙を台紙として、その上に半紙をはり、片面に一軒分を充て、「門役・宗旨・旦那寺・田畠畝石・牛馬・回船漁船・商売体」のほか「戸主以下家族構成員の名前・出生・死亡・婚姻・別家等の異動」を記載するようになった(10)。そして、本人がいなくなった後も、その紙はそのままにして、新しい紙を上に貼って次の男女についての記載をする方式となった。宗門改帳が、原則として、毎年新しく作成されるのに対し、長州藩戸籍は、台帳を頑丈な紙で作っておいて、変化を半紙に書き、貼り重ねるという方式をとったのである。

実際、今日に伝えられている戸籍は、記載内容、書式ともこの方式によっている。そのため、この戸籍を利用するに際し、宗門改帳の場合とは異なって、特別の留意が必要となる。それは、半紙に書かれた部分がすべて残っているのか否かという問題で、経年のうちに、脱落してしまったものもあるに違いない。また、貼紙が固く糊付けされているため、下に書かれた内容が読めない、という障害も出てくるのである。

しかし、こういった利用上の問題点はあるにせよ、この長州藩戸籍は、明治維新が薩長連合の勢力によって達成されたことから、その後の戸籍編成のプロトタイプとなり、非常に重要な意味を持つようになった。

このような戸籍編成は、いかなる原理をもって進められたのであろうか。また、誰がその推進に携わったのだろうか。こういった問題の解明は、なお将来の課題であるが、判明する限りのことを挙げておけば、以下の通りである。まず、文政八（一八二五）年の戸籍仕法改正についての法令であるが、新戸籍編成に当たっての原理は特に明記されていない。わずかに「人別を明らかに持成候儀、諸事の枢要万物生育の基ニて[11]」と、その重要性を訴えるのみである。また、推進した人物についても、誰がその役に当たったのか、特定し難い。文政八（一八二五）年当時、藩主は毛利斉元であったが、藩主自身がこの種の改革に乗り出したとは考え難い。藩政の筆頭格は、堅田就正（宇右衛門）であり、四代にわたって地方の行政を担当したから、何らかの役割を果したかもしれない。

しかし、興味を引くのは、後に長州藩の藩政改革に手腕をふるった村田清風（天明三年―安政二年、一七八三―一八五五）が、文政七（一八二四）年に当職手元役、翌年に郡奉行となっていることである。[12]確証はないが、村田ならば、新しい戸籍仕法を考える能力は十分備えていたと考えられる。村田の思想を今日に伝えるものは、彼の作と言われている「某氏意見書」のみであるが、その一節に「人民に五人与を定むること古法にて……是を以て人民を土にありつけ、郡県の戸数を与立て、戸籍に録上して敢て混乱せしめず、他所に転移せざらしむること、是建国最初の大制度にして人民を治むる大本なれば、則ち軍法の起本なり[13]」とある。この書は、そもそも村田の作であるか否か確証を欠いているし、もしそうだとしても、書かれた年代は分からない。しかし、もし村田の著作だとすると、古代中国を理想社会とし、二〇〇年の安逸に弛緩した武家社会を激しく糾弾した彼が、農民をそれこそ「土地に縛り付ける」べく戸籍を編成しようとしたことは十分考えられる。

もう一つ、この書から興味を引く箇所を挙げると、村田は、いざという時には、武士が一族郎党を率いて馳せ参ずるべきであるが、譜代の者を持たない場合には、百姓を招集すればよく、また、年貢を免除して百姓を兵として用いるほうが、藩にとっては財政上よいと述べている。もし、この考え方が、戸籍編成に反映されているのだとすると、明治戸籍と徴兵令の関連の原形がすでにあったことになる。

また、この戸籍が、住民の本貫の地、本籍地を明らかにするのを目的とするものであったとするならば、明治初期の戸籍、さらには現在の日本において実際に用いられている戸籍と、編成の原理において通底するものがある、と言えるだろう。

維新政府の戸籍編成

長州藩は薩摩藩と連合して維新の勝者となった。慶応四（一八六八）年一月、鳥羽・伏見の戦いで幕軍が敗れ、四月には江戸が官軍の手に落ち、実際に維新政府が政権の座に着くと、九月には長州藩士槇村正直が京都府に議政官史官補として入り、民政を担当した。槇村は京都において、宗門改の続行を命ずる一方、一〇月二八日付けで「京都府戸籍仕法書」を発令している。[14] まだ戊辰戦争の砲声が会津で止むか止まないうちにである。この仕法書に掲げられている戸籍の書式・記載内容を見ると、長州藩が実施していた「戸籍」とほとんど同一である。それぞれの家族の持つ不動産、船舶、家畜のほか、職業、宗派、旦那寺等を記録するように示され、家族構成員については、年齢が記録時点で何歳か、また、詳細に婚姻関係を記すようになっている。すでに他家に嫁した者も、何年何月に、どこの誰のところに移ったのかを記し、本人の名前の上に、カギ印を記して、不在であることを示すようになっている。また、奉公人については、記載すべき事例がなく、その家に生まれたか、婚姻や養子縁組で入ってきた家族員のみを記載するようになっている。したがって、これは、まさに「戸籍」であって、住民台帳ではない。

人口調査資料としては、現住地主義による宗門改帳の方が、はるかに現住人口を反映していると言えるが、京都府戸籍と同様の書式は、維新政府が東京に移り、東京付近の府県に通達した戸籍雛形にも見られ、さらに族籍（華族・士族・平民といった族称）を明記することが加わっている。[15]

表3―2は、明治三（一八七〇）年一二月、武蔵国多摩郡地方で作成された戸籍の一家族であるが、[16]前述のように、人口調査というより、人々の族籍を明らかにし、婚姻関係を明示し、本籍を確定することを通じて、この国の構成員たることを認めようとする政府の意図に沿った戸籍登録簿であることが示されている。

明治三（一八七〇）年から四（一八七一）年にかけて、各地でこのタイプの戸籍帳が作成された。重要なことは、それと同時に、なお宗門改帳の作成も続けられていたことである。場所によっては、二つの資料が残され、比較可能なところもある。このことは、明治戸籍が、決して宗門改帳を継ぐものではなかった力強い証拠である。宗門改帳が終焉を迎えたのは、維新政府が列国の要求に屈し、信仰の自由を認め、宗門改の廃止を命じた明治四（一八七一）年一〇月のことであった。

政府は試行錯誤の末、明治四（一八七一）年四月、翌五（一八七二）年二月一日現在で、全国に同一書式による戸籍編成を命じた。世にいう壬申戸籍である。この戸籍については、研究も多く、付け加えるものはない。[17]徴兵令の発布はさらに次の明治六（一八七三）年一月のことなので、徴兵忌避のため、この時点で戸籍から脱漏している者が多かったとは成し難い。

表 3-2
武蔵国多摩郡石田村戸籍（明治3年）

農業　当村之内

田壱町六反弐畝五歩　此高拾八石壱斗四合

畑壱反弐拾弐歩　此高七斗九升八合

外

畑六反七畝拾歩　当村新田　此高弐石弐斗

田壱町七反八畝廿弐歩　出作地　此高拾八石三斗七合六夕

畑六反八畝拾三歩　此高弐石四斗五升六合四夕

続柄	名前	年齢	記事
伍長	土方　隼介	午二十六歳	
母	なか	午四十五歳	天保十一年子八月当村伊三郎娘ヲ先代隼人娶ル
従伯母	ちか（消す）	午六十九歳	文政二年卯十二月同国同郡谷保村孫三郎方へ嫁ス
同	まさ（消す）	午六十三歳	文政九年戌四月同国同郡日野宿半次郎方へ嫁ス
伯父	為次郎	午五十五歳	天保四年巳より眼病ニ而廃疾
伯父	良循（消す）	午四十二歳	安政元年寅八月同国同郡下津屋村徳兵衛方へ養子ニ遣ス
伯母	のふ（消す）	午四十歳	弘化二年巳十一月同国同郡日野宿彦右衛門方へ嫁ス
妹	ぬい	午二十八歳	
弟	竹次郎	午二十三歳	万延元年申十一月東京山下町□屋伝蔵方へ拾年季奉公ニ遣ス
同	安次郎	午二十歳	
同	力三郎	午十七歳	文久三年亥三月東京四ツ谷塩町三町目伊勢屋森蔵方へ拾年季奉公ニ遣ス
同	丈吉（消す）	午十五歳	万延元年申十一月同国同郡本宿村友八方へ養子ニ遣ス
	徳四郎	午十三歳	
妻	たい	午二十五歳	文久四年子十一月同国同郡日野宿久兵衛娘ヲ娶ル
娘	てい	午五歳	
同	ひな	午二歳	

明治初期の人口調査

新戸籍法の制定に先立ち、維新政府は、明治三（一八七〇）年五月に「在来ノ人別帳ヲ以」て、戸数人員を報告すべきことを命じている。ただし廃藩置県以前だったので、報告は旧府県藩単位であり、しかも全国集計値は残されていない。現存する最後の弘化三（一八四六）年幕府全国人口調査のあと、人口統計史上の「空白の四半世紀」を経て、本格的な全国人口調査は、明治五（一八七二）年の、いわゆる壬申戸籍成立以降に再開される。

ともかく、壬申戸籍に登録された日本全国の人口は、三三一〇万人であった。これは昭和五（一九三〇）年に、未登録人口を推定して求めた三四八〇万人より五％少ない[18]。しかし政府が行った最初の戸籍編成の結果であることを考慮するならば、この数字は決して事実から遠いとは言えず、むしろ登録率はかなり高かったとすべきであろう。この点では、江戸時代に行われていた宗門改、人別改が、人々の戸籍登録への忌避を和らげる作用を演じていた、とすることもできよう。しかし、その後、大正九（一九二〇）年第一回国勢調査以前の「人口統計」は、特別の場合を除き、本籍人口を基準とし、寄留人口を加除して「現住人口」を机上で求める、という方式をとることになった。

明治一二（一八七九）年の試行的編纂の後、明治一三（一八八〇）年から、内務省戸籍担当部局によって、毎年の『日本全国戸口表』が印刷刊行されるようになった[19]。初期統計の常として、表式が一定せず、数年ごとに変わってしまい、さらに、この時期における行政区画の目まぐるしい変動が重なり、この統計を用いる観察には制約が加わるが、当時、全国で合計八〇〇以上あった郡、区（都市）別の人口統計のごときは、この時期の社会経済史研究にとって、貴重な情報源となる。明治一九（一八八六）年から三〇（一八九七）年にかけては、標題が『日本帝国民籍戸口表』と変わり、形式がやや簡略化されたが、なぜか明治一九（一八八六）年一二月三一日調べのものに限り、当時の道府県別に男女別、各歳別、配偶別の数値が記載されており、人口学や家族社会学的分析の絶好の材料となるものも含まれている。初期統計の気紛れの恩恵とでも言うべきであろう。[20]

明治三一（一八九八）年以降、人口統計は新設の内閣統計局の手によって編纂されることとなり、初代局長の花房直三郎は、従来の統計に変えてかなりの改良を行った。人口統計を静態統計と動態統計の二つに分け、静態統計は明治三一（一八九八）年以降、五年に一度、動態統計は明治三二（一八九九）年以降、毎年刊行するようになった。動態統計は、現在も引き続いて刊行されている。また、花房以降の人口統計は、横組でアラビア数字を用い、明治三一（一八九八）年の統計を除いて、表頭をフランス語併記とし、国際的に利用可能な形をとるようになった。

しかし、繰り返すように、これらの統計に出てくる「人口」は、戸籍に登録された人口であった。それが抹消される手続きがなされない限りは、いつまでも登録され続けたから、一方で、前記の明治一九（一八八六）年末の各歳別の人口分布を見ると、実際には考えられないような高齢者が存在することになっている。他方、明治二一（一八八八）年以前においては、戸籍脱漏者の数も多く、統計書に出生数が掲載されていても、それを用いて出生率を求めるのは冒険に等しい。脱漏者や出生の届け出漏れが激減するのは、全国的には明治二二（一八八九）年以降とされている。[21] 逆にいえば、それ以前の出生や死亡の数字は信頼性が低いので、人口転換の理論を、この統計をそのまま用いて、立証あるいは反証することは危険である。

加えて、本籍人口と現住人口の問題がある。明治統計に出てくる「現住人口」とは、本籍人口に寄留人口を加除して計算したものであった。これは、移動する人が、寄留の手続きを完全に行うことを前提として求められるものである。しかし、実際には人々は手続きをしないで移動していた。最も多いのは、いったん寄留手続きをして都市へ出た人が、その寄留の解除届けをしないで、都市の中で移動し、新しい移動先に寄留手続きをしてしまう例で、これによって、本来ならば出寄留と入寄留が全国合計では同一になるべきなのに、入寄留が出寄留を上回るという結果を生んだ。その数は、明治三二（一八九九）年で、すでに一六九万人、全国人口の約四％に達している。

この差を無視しえないとして、花房は、明治三三（一九〇〇）年以降、「現住人口」を「甲種現住人口」と「乙種現住人口」に分け、出寄留・入寄留の差を道府県で按分比例し、その差をゼロとするような操作を加えた「現住人口」を「乙種現住人口」、加えない人口を「甲種現住人口」と呼ぶことにしている。さらに、明治四一（一九〇八）年以降は、静態統計に警察による独自の人口調査を大都市について掲載している。戸籍による人口調査が、実数を示していないことを自ら認めた結果である。

このように、国勢調査以前の日本の「人口統計」には、いろいろな欠陥があり、そのことが人口学者をして、この時代の人口分析を躊躇させてきた。しかし、欠陥がどういう性格のものであり、それが結果にどのように反映するかを見極めれば、これらの統計は十分に利用可能である。とくに、本格的な工業化、都市化の開始以前、つまり明治前期については、「本籍人口」、あるいは当時の「現住人口」は、現実の人口とそれほどかけ離れてはいなかった、と見ることもできるだろう。

遠かった国勢調査への道――杉亨二と花房直三郎

以上のように、大正九（一九二〇）年の第一回国勢調査の実施以前においても、政府は詳細な人口調査を行い、統計を編纂発行していた。しかし、それは近代の国勢調査を通じての人口調査ではなく、別個の目的をもった戸籍編成を通じてであった。極論すれば、この時期の人口統計は、戸籍編成の副産物として、便宜的に求められたものなのである。

しかし、すでに早くから、戸籍編成と人口調査は別個であり、国勢調査の必要を説いていた見識者がいたことを見落としてはならない。

それは、杉亨二（こうじ）（文政一〇―大正六年、一八二七―一九一七）である。杉の生涯については他に譲るとして、[22] ここで強調しておきたいことは、まず第一に、彼が維新前から洋学に接し、ヨーロッパの統計学や国勢調査についての知識を持っていたことである。長崎に生を受けた彼が、蘭学を自然に身に着けたことは十分理解できる。成長の過程で、一時、適塾の書生となったこともあったが、杉が本格的にヨーロッパの学問と出会ったのは、江戸に出てきてからのことである。杉は、江戸で蘭学を磨いたばかりでなく、ドイツ語にも熟達し、地理書や教育統計書に接したことが、やがて統計作成、国勢調査の必要を説く下地になった。武士出身でもない杉が、幕府の洋書取調所に出仕するようになったのは、その能力を買われたからであろう。おそらく文久二（一八六二）年に、そこでオランダの統計書に接し、また、幕府の留学生、津田真道、西周らがオランダから帰国するに及んで、統計学を知る機会を持ったことが、杉の国勢調査実施への執念を燃やす口火となったものと思われる。

だが、幕末の政治変動は、幕府を瓦解に導き、慶應四（一八六八）年、旧将軍家は、一大名として静岡の藩主となった。幕府の禄を食んでいた杉は、一行とともに静岡に移ったが、ここから先が杉の非凡なところで、中央を放逐されながら、逆にそのことを利用して、限定された範囲ではあるが、宗門改とも戸籍編成とも違う、近代的国勢調査の先駆とでもいうべき人口調査を行うのである。それには、無謀とも思われる杉の計画実現を支持した旧幕臣達の英断、また調査対象となった駿河が、徳川家ゆかりの地であったこと等を加えなければならないとしても、戊辰戦争がまだ北辺で戦われている最中に、このような調査が企てられ、実施されたこと自体、驚嘆に値する。

杉の行った調査は、静岡、江尻（清水）、原、沼津の諸都市であったと言われているが、今日、調査結果が得られるのは、明治二（一八六九）年五月調査の「駿河沼津政表」と、同年六月調査の「駿河原政表」の二つである。[23]

双方とも、調査結果の書式は同一で、人口総数、男女年齢別（一〇歳未満は各歳、以上は五歳刻み）、配偶の有無、出生地、詳細な職業、出稼、入稼についての統計表を含んでおり、国勢調査と同様の調査を考慮していたことが窺われる。注意すべきは、この調査には、一切の族籍別、身分別の集計のないことで、これは、士農工商の別を強く否定していた杉の思想の反映と言っていいだろう。

こういった杉の静岡県時代の活動は、直ちに中央政界の聞くところとなり、明治三（一八七〇）年七月、杉は請われて政府に出仕する。杉の回顧によれば、これは渋沢栄一の推挙によるもので、政府としては、杉に差し迫った戸籍編成の仕事を担当させたかったとのことである。しかし、維新政府の戸籍編成は、依然として族籍を引きずり、国勢調査には程遠く、杉の目指すものとは異なっていた。杉は程なく席を蹴って静岡に帰ってしまう。しかし、静岡にあっても、杉は政府に政表編成の必要を説き、明治四（一八七一）年一〇月、政府に再出仕する。と同時に政府に太政官直属の政表課が置かれ、杉は早速「辛未政表」（明治四年）、「壬申政表」（明治五年）の編成に没頭した。壬申戸籍の編成は、民部省の管轄であったから、杉とは関係のない部局で進められていた。

しかし、杉は、太政官政表課長として単に政表を作成することでは満足できなかった。明治七（一八七四）年二月に発足した当時の知識人の団体である明六社の同人として入社し、啓蒙的思想家の持ち主と交流を持つようになる。と同時に、維新政府が壬申戸籍の調査結果に基づいて、「人口統計」を発表するようになると、そもそも戸籍編成は人口調査とは異なるものである、という考えの持ち主の杉は、独自に全国人口調査の必要を考えるようになる。一挙に全国調査を行うことはできないので、パイロット調査として、山梨県（甲斐国）をえらび、調査票も駿河の調査に加えて、センサス個表とでもいうべき家別表を案出し、調査員を訓練して、明治一二（一八七九）年一二月三一日時点での『甲斐国現在人別調』を実施した(24)。

杉は、調査の対象となった山梨県に随員とともに調査の前後二度赴いているが、その中には、後に日本の人口統計学の祖の一人となった、呉文聰も含まれている。杉がいかに統計家として強い職業意識をもっていたかは、以下のことで分かる。まず彼は、この調査にかけた費用計算をした。総費用は、約五七六〇円であったが、これを山梨県の人口で割ると、一人当たり一銭四厘四毛四糸になる。さらにこれを全国人口に掛ければ五二万円余になる、としている。ちなみに、当時の日本の政府予算は、約六三〇〇万円であった。

また、準備と後の編集のための時間は、それぞれ四年ずつ必要だから、全国調査は一〇年に一回が適当である、と説いている。杉自身は、この調査が、内務省戸籍局系列の「人口調査」とは違って、欧米の国勢調査に優るとも劣らないものであることを、自信をもって述べている。

そこから先は杉の独壇場で、彼は、維新政府による日本の人口調査が、壬申戸籍を基準にして、寄留や増減を加除して机上で求めていることを批判し、人口調査には訓練を受けた専門家が必要であること、戸籍簿調には、毎年一二～一三万円が必要だが、一〇年間ではその一〇倍が消費される。杉の唱えた全国人口調査の費用は、その半額で済むから、長期的にはこの方が安くなる、とさえ言っている。[25]

『甲斐国現在人別調』が完成し、刊行をみたのは、明治一五（一八八二）年六月のことであったが、すでにその直前から杉の前途には暗雲が立ちこめていた。それは明治一四（一八八一）年の政変で、この年の一〇月、大隈重信が罷免され、政府の薩長藩閥的性格がますます強化され、また、紙幣整理を目的とする松方財政への転換によって、一挙に緊縮が求められるようになった。その結果、杉は、彼をかっていた庇護者を失い、また、国勢調査を行う財政的支援も失うに至った。明治一八（一八八五）年には杉の仕事場であった統計院自身も廃止され、杉も官界から身を引かざるを得なくなり、最初の国勢調査の機会は潰えてしまった。

第二の機会は、一九〇〇（明治三三）年を期して、列国が共通して国勢調査を行うべし、とする意向がベルギーで開かれた万国統計協会から打診され（明治二九年）、日本政府においても回答をする必要が生じた時である。すでに国会開設以後のことであり、貴族院、衆議院から実施について法律案も提出されている。この時、案をめぐって議論が重ねられたが、誰も国勢調査実施に積極的に反対する者はいなかった。ただ、花房は、いかにそれが調査技術の上で困難であるか、また膨大な費用を要するかを述べている(26)。結局、明治三三（一九〇〇）年の実施は、軍備強化に狂奔していた当時、予算が付かず、見送られ、明治三八（一九〇五）年実施を期することになった。

そして、明治三〇（一八九七）年、内閣統計局が設立され、初代局長に花房直三郎が就任していた。内閣統計局設置から国勢調査の実施までにはもう二〇年余を要したけれども、内閣統計局の設置以降、人口調査の方法、内容、統計の編纂、出版の方法、内容は大きく変わっていき、明治三一（一八九八）年の『日本帝国人口統計』、明治三二（一八九九）年以降の『日本帝国人口動態統計』、明治三六（一九〇三）年以降の『日本帝国人口静態統計』、さらには、生命表の作成へとつながってゆく。こういう点を考慮するならば、花房の名前は、日本の近代人口統計史上、杉とともに特筆すべき人物として記録されるべきであろう。

国勢調査自体は、明治三五（一九〇二）年に法令が出され、明治三八（一九〇五）年に第一回の調査が行われることになったが、明治三七・三八（一九〇四・五）年の日露戦争によって実施は順延となり、さらに大正三（一九一四）年には第一次世界大戦が勃発し、さらに延びてしまった。第一回調査の実現を見たのは、漸く大正九（一九二〇）年のことで、欧米列国に比べて遥かに遅く、アジアのなかでも最も遅い方である。しかし、準備万端整ってからの実施であったため、初回から信頼性の高いものとなった。

多彩な人口統計群像

国勢調査以前の人口調査については、ざっと概観しただけでも、以上のような、苦難の歴史があった。国勢調査の結果と比較して、それらの統計の信頼度を云々することは易しいけれども、そのゆえにこれを利用しないのでは何の意味もない。むしろ、われわれに課された課題は、これらの貴重な統計資料を、その性格を考慮しつつ、いかに積極的に活用してゆくかである。

また、ここで採り上げた統計以外にも、人口を知り得る統計が存在することを付け加えて置こう。一つは、軍部の調査による『共武政表』および『徴発物件一覧表』で、明治八（一八七五）年以降、編纂発行されており、マイクロフィルムおよび復刊本で容易に見ることができるようになった。[27]人口は、戸籍局系列の数値を用いたとされているが、都市人口に関しては、早くから別掲されており、また、明治二四（一八九一）年版では、江戸時代の村に相当する、市町村内の大字別人口等を知ることができ、本格的なデータベース化が望まれる。

また、もう一つのソースは、衛生統計である。これは内務省衛生局によって作成され、明治八（一八七五）年以降発行された。最近、『明治期衛生局年報』として復刻されはじめている。[28]そのなかには、人口に関する諸指標が含まれており、死亡について、高次の分析結果が期待される。

さらに、『日本帝国人口動態統計』の詳細版とでも言うべき、『日本帝国死因統計』がある。これは動態統計のうち、単に死亡原因別を詳細に表示したのみならず、職業別死因統計を示していることによって、『静態統計』では得られない、職業別の人口構成を推計し得る貴重な統計となっている。[29]これは今日、アクセス困難であり、何らかの形で復刊が望まれる。

明治期の統計を取り扱う際、頭痛の種になるのは、転々とする行政区域の変化である。これが一応落ち着くのは、明治二二（一八八九）年の地方制度の確立をもってであるが、その後ですら、現在の東京都の西部多摩郡地方は、明治二四（一八九一）年三月末日まで神奈川県であった。連続した統計的観察を行うためには、領域を同一に確定する必要がある。そのためには、府県の境域一覧が必要になるが、たとえば、内閣統計局編『府県及北海道境域沿革一覧』(明治四三年)が最近復刻され、容易に見ることができるようになった[30]。

ところで、明治三八(一九〇五)年、日本内地では国勢調査は行われずに終わったが、一種の国勢調査が、同年一〇月、台湾総督府臨時台湾戸口調査部によって実施された。『臨時台湾戸口調査』がそれで、調査内容からいって完全に国勢調査である。実施された明治三八年は、日露戦争がなければ、日本内地において最初の国勢調査が行われていたはずの一九〇五年に当たり、戦争直後のこの時に、このような調査が行われたこと自体、驚くべきことである。当時の台湾総督は、児玉源太郎で、日露戦争時の満州軍総参謀長でもあった。実際には、総督府の民政的な仕事は、彼を補佐した民政局長後藤新平が行ったが、この国勢調査の実施を指揮したのは、杉の設立した共立統計学校の出身で、当時総督府統計課長だった水科七三郎であった[31]。内地においては実施しえなかった調査が、杉の指導を受けた者によって植民地台湾において行われたのである。

以上のように、国勢調査以前にも、日本は豊富な人口統計を持っている。今までそれらがあまり利用されなかったのは、何と言っても国勢調査以降の数値と比べて、信頼度が低く、近代人口学の分析に耐えられないという怖れからであった。また、資料が一ヵ所に揃っておらず、収集に費用と時間がかかり過ぎる、ということも大きく影響していた。しかし、復刊書の刊行によって、第二の障害は消滅している。また、第一の理由も、いささか食わず嫌いな点もあるが、利用が簡単にできるようになれば、少なくとも部分的には克服されるであろう。

『甲斐国現在人別調』と『日本全国人口表』の比較

以下、明治前期人口統計を用い、いくつか観察実例を示しておこう。**表3―3―A**および**表3―3―B**は、明治一二(一八七九)年末の『甲斐国現在人別調』の人口数と、戸籍を材料とした明治一三(一八八〇)年初調べの

表 3-3-A 『甲斐国現在人別調』と『日本全国人口表』の比較①

山梨県	男子人口		女子人口		総人口		比率（人口表／現在） %		
郡名	現在人別	人口表	現在人別	人口表	現在人別	人口表	男子	女子	合計
西山梨郡	17738	16316	18001	16316	35739	32632	92.0	90.6	91.3
東山梨郡	24118	24160	23918	23550	48036	47710	100.2	98.5	99.3
東八代郡	21067	21173	21141	20853	42208	42026	100.5	98.6	99.6
西八代郡	17137	16960	17302	17297	34439	34257	99.0	100.0	99.5
南巨摩郡	20916	21428	20894	21431	41810	42859	102.4	102.6	102.5
中巨摩郡	30935	31356	32074	32382	63009	63738	101.4	101.0	101.2
北巨摩郡	28967	29308	28954	29258	57921	58566	101.2	101.0	101.1
南都留郡	19849	19747	20517	20382	40366	40129	99.5	99.3	99.4
北都留郡	16935	16892	16949	16887	33884	33779	99.7	99.6	99.7
合計	197662	197340	199750	198356	397412	395696	99.8	99.3	99.6

表 3-3-B 『甲斐国現在人別調』と『日本全国人口表』の比較②

男子人口	7 年未満		7 年以上		20 年以上		50 年以上		80 年以上	
郡名	現在人別	人口表	現在人別	人口表	現在人別	人口表	現在人別	人口表	現在人別	人口表
西山梨郡	3347	3138	4109	3911	7784	6631	2476	2330	23	17
東山梨郡	4302	4527	5978	5414	9990	10176	3773	3978	74	65
東八代郡	3951	4070	5174	4929	8685	8417	3197	3691	60	66
西八代郡	3170	3031	4071	4021	7000	6981	2846	2861	50	66
南巨摩郡	3624	3620	5091	5585	8724	8585	3412	3553	65	79
中巨摩郡	6037	6180	7613	8532	12843	12116	4360	4443	81	85
北巨摩郡	5300	5235	7048	7089	12056	12278	4459	4627	103	76
南都留郡	3512	3715	4705	4664	8155	7924	3373	3343	103	101
北都留郡	2871	2950	3839	3763	7071	6815	3071	3280	83	84
合計	36114	36466	47628	47908	82308	79923	30967	32106	642	639

女子人口	7 年未満		7 年以上		20 年以上		50 年以上		80 年以上	
郡名	現在人別	人口表	現在人別	人口表	現在人別	人口表	現在人別	人口表	現在人別	人口表
西山梨郡	3340	3262	4096	3563	7688	6799	2825	2647	54	45
東山梨郡	4335	3949	5925	5712	9494	9333	4049	4464	114	92
東八代郡	3740	3973	5089	4698	8564	8365	3646	3695	102	122
西八代郡	3084	2956	3944	4146	6863	6732	3266	3320	143	143
南巨摩郡	3516	3535	4866	5481	8479	8355	3931	3938	101	122
中巨摩郡	5688	6091	7859	8238	12980	12588	5388	5310	159	155
北巨摩郡	5303	5361	6878	6970	11586	11630	5045	5184	142	113
南都留郡	3565	3699	4771	4911	8195	7824	3826	3809	160	143
北都留郡	2848	2922	3993	3977	6785	6612	3190	3242	133	134
合計	35419	35748	47421	47696	80634	78238	35166	35609	1108	1069

『日本全国人口表』の人口を比較したものである。郡毎の人口、および『日本全国人口表』の年齢区分に従い、年齢別人口を比較した。甲斐一国としては、両者の差は一％以下であるが、西山梨郡においては、『現在人別調』の人口が『人口表』のそれをかなり上回っている。西山梨郡には、県庁所在地の都市、甲府があり、明治一二（一八七九）年の『共武政表』（数値は明治一三（一八八〇）年一月一日時点の調査とあるが、それが人口表の数字とは一致せず、むしろ『現在人別調』の人口と近いことは注目すべきである）によれば、甲府の人口は一万八三九四人で、西山梨郡人口の約五〇％に相当する。『現在人別調』の人口数を実際に居住していた人口と考えると、西山梨郡における差は、甲府の人口が大きく影響していたものと考えざるを得ない。すなわち、都市甲府には、本籍人口以外に、かなりの流入人口があり、それが二つの統計における人口数の差となって反映されているのである。

もっとも、他の郡部の人口についていは、二つの統計に現れる差は、それほど大きなものではない。南巨摩郡が二・五％とやや高いが、他は、すべて一％台、もしくはそれ以下で、都市部以外では、この時期の戸籍に基づく『人口表』の人口数は、十分信頼できることを物語っている。

年齢階層別人口の比較では、二〇歳以上五〇歳未満の人口では、『現在人別調』における数値は、『人口表』のそれを上回り、一方、五〇歳以上八〇歳未満の人口では、逆転している。前者は、生産年齢人口と置きかえることもできるので、他県からの流入人口があったのだろう。他方、高年齢層では、本籍人口の過大登録があったのではなかろうか。とくに、農村部ほど『人口表』の高齢人口が『現在人別調』の高齢人口を上回っていることが、それを物語るように思われる。

明治一九（一八八六）年一二月三一日調査の『日本帝国民籍戸口表』による観察結果は次章において論述する。

このように、人口統計からだけでも、今まで知られていなかった明治前期の日本の状況を明らかにし得る局面は多い[33]。さらに、当時の他の統計、例えば物産統計等と組み合わせることによって、明治期日本において数量史的分析が対象にし得る世界は、大きく広がっていると言えるだろう。

最後に附篇として江戸幕府の行った国別全国人口調査を表3―4にまとめておこう。ただし、これは原資料に遡ったものではなく、関山直太郎氏によって作成された「国別人口表」[34]に、南和男氏が新しく発見され、発表された数値を加え[35]、筆者自身のコメントを付したものに過ぎない。もっとも、原資料といっても、調査時点の史料原本はなく、現在明らかになっているのは、いずれも後年の写本であるから、写す過程ですでに間違った可能性を含んでいる。

〔補記〕本稿は、一九九二（平成四）年一一月、国際日本文化研究センター共同研究「近代化過程における人口と家族」（研究代表者、速水融）における報告、および『国勢調査以前日本人口統計集成』（原書房、一九九二年）の解題を基に起稿したものである。共同研究参加者からのコメントに感謝したい。

注

（1）茨城県立歴史館『茨城県関係古代金石文資料集成』一九八五年、一二五頁。この情報は、同館の佐藤正好氏のご好意による。

（2）『大日本近世史料　肥後国人畜改帳』全五巻、東京大学出版会、一九五五年。

（3）速水融「近世初期の家数人数改と検地について」『経済学年報』慶應義塾経済学会、一九五八年、一―五九頁。

（4）初見の宗門改帳は、寛永一五（一六三八）年の美濃国安八郡楡俣村のものがある。『岐阜県史　史料編　近世九』一九七三年、五〇四―五一〇頁所収。原本は、岐阜県歴史資料館寄託の棚橋家文書。

（5）これまで明らかにされている調査結果は以下の通りである。関山直太郎『近世日本の人口構造』吉川弘文館、一九五八年、一三七―一三九頁所収の「国別人口表」。南和男「寛政四年の諸国人口について」『日本歴史』四三二号、一九八四年、四二―四七頁所収の寛政四（一七九二）年人口、同『幕末江戸社会の研究』吉川弘文館、一九七八年、一六六―一七八頁所収の天保一一年（一八四〇）人口をまとめたもの。

（6）例えば、新見吉治『壬申戸籍成立に関する研究』日本学術振興会、一九五九年。

（7）筆者もかつて「宗門改帳から壬申戸籍へ（一）（二）」『三田学会雑誌』四七巻一二号および四八巻九号、一九五四・五五年、

表 3-4　幕府調査国別人口表①（1721-1786 年）

国名	享保 6 年（1721）a	寛延 3 年（1750）a			宝暦 6 年（1756）a	天明 6 年（1786）b		
		合計	男子	女子		合計	男子	女子
6 陸奥	1962839	1836104	1019138	816966	1806192	1563719	826775	736944
9 出羽	877650	846275	479223	367052	838446	804922	434400	370522
10 上野	569550	576075	315609	260456	579987	522869	280492	242377
11 下野	560020	554261	309011	245250	533743	434791	240354	194437
12 常陸	712387	655507	361246	294261	641580	514519	278462	236057
13 小計	1841957	1785843	985866	799967	1755310	1472185	799308	672871
14 武蔵	1903316	1771214	1006694	764520	1774064	1626968	906182	720786
15 相模	312638	310796	167781	123005	305569	279427	148887	130540
16 上総	407552	453460	237695	215765	438788	388542	200442	188100
17 下総	542661	567603	307441	260162	565614	483526	257761	225765
18 安房	115579	158440	83021	75409	137565	125052	66720	58332
19 小計	3281746	3261513	1802632	1438861	3221600	2903515	1579992	1323523
20 佐渡	95748	90476	46867	43609	90511	91097	46355	44742
21 越後	932461	970185	518703	451482	1013331	954524	492488	462036
22 越中	314158	313562	165793	147769	313710	317265	166671	150594
23 能登	152113	157765	79073	77792	212048④	137427	69484	67943
24 加賀	206933	202429	108027	94402	160778⑤	196732	107924	83808
25 越前	367652	348052	178316	169736	344830	332019	170629	161390
26 若狭	86598	78072	38601	39471	77729	79323	39340	39983
27 小計	2155663	2160541	1135380	1024261	2212937	2108387	1092891	1010496
28 甲斐	291168	311193	158878	156315	317349	305934	154848	151086
29 信濃	693947	686651	360490	326161	706974	723295	377960	345335
30 飛騨	67032	72323	37914	34409	74907	77939	40920	37019
31 小計	1052147	1070167	557282	516885	1099230	1107168	573728	533440
32 伊豆	96650	105120	53806	51314	105272	120629	62729	57900
33 駿河	245834	313819⑪	161388	151431	250582	242165	126085	116080
34 遠江	342663	333744	186857	166887	341724	332100	167368	164733
35 三河	416204	419283	208406	218077	425745	419349	207832	211517
36 尾張	554561	553340	279810	273350	576363	595264	301592	293672
37 美濃	545919	533095	272630	260461	543510	556165	287934	268231
38 小計	2201831	2258401	1162897	1121520	2243196	2265672	1153540	1112133
39 山城	564994	522626	276640	245686	527334	507488	266123	241365
40 大和	413331	374041	189258	184783	367724	336254	173848	162406
41 河内	243820	231266	114651	116315	206568	205585	104084	101401
42 和泉	218405	207952	104723	103229	226480	190762	96855	93907
43 摂津	809242	803595	426756	376839	841981	801220	416238	384982
44 小計	2249792	2139480	1112028	1026852	2170087	2041309	1057148	984061
45 近江	602367	575216	290500	284716	573797	583940	298619	285321
46 伊賀	95978	91392	47149	44243	88526	82352	42434	39918
47 伊勢	543737	523037	259363	263674	519187	478906	240016	238890
48 志摩	31856	34068	16236	17832	34261	37184	18053	19131

49 紀伊	519022	508174	282475	225699	512898	500621	260110	240461
50 淡路	105226	107113	54792	52321	107120	106161	54683	51478
51 播磨	633725	551393	314490	284911	627943	607758	319764	287994
52 丹波	284893	276336	143620	132705	282018	281356	150927	130429
53 小計	*2816804*	*2666729*	*1408625*	*1306101*	*2745750*	*2678278*	*1384606*	*1293622*
54 丹後	125276	134476	68698	65778	135392	141191	71668	69523
55 但馬	149732	156613	83367	75246	154980	158455	82525	75930
56 因幡	122030	125085	66907	58176	125091	123622	66155	57467
57 伯耆	132981	140719	75362	65357	144552	155289	82710	72579
58 隠岐	18133	18931	9529	9402	19548	20707	10382	10325
59 出雲	222330	234896	120354	114542	220094	258916	135108	123808
60 石見	207965	219512	112583	107529	259202	229113	122431	106682
61 小計	*978447*	*1030232*	*536800*	*496030*	*1058859*	*1087293*	*570979*	*516314*
62 美作	194226	175168	99079	76089	172431	157747	86061	71616
63 備前	338523	322982	170445	152537	325550	321627	172861	148766
64 備中	333731	319410	192396	173014	325531	316904	167707	140997
65 備後	321008	306818	158102	148716	310989	303731	157664	146067
66 安芸	361431	396878	202040	194938	414209	454112	237132	216980
67 周防	262927	289392	152660	136732	291334	344800	178718	166082
68 長門	212124	226934	122274	104660	233307	241037	126200	114837
69 小計	*2023970*	*2037582*	*1096996*	*986686*	*2073351*	*2139958*	*1126343*	*1005345*
70 阿波	342386	336905	185881	177024	363254	369280	190212	179068
71 讃岐	334153	357326	189960	167366	362874	384851	205050	179801
72 伊予	504045	499860	265834	234026	508592	514773	273838	240935
73 土佐	351547	368192	196577	171615	372766	392597	211517	181080
74 小計	*1532131*	*1562283*	*838252*	*750031*	*1607486*	*1661501*	*880617*	*780884*
75 筑前	302160	307439	171876	135561	306173	307778	170917	136861
76 筑後	266426	260875	156546	104329	263176	270448	159002	111446
77 肥前	609926	632923	341887	291036	647831	662342	337612	309175
78 壱岐	19993	23200	12305	10895	23404	23391	12429	10962
79 対馬	16467	14800	7640	7160	11973⑭	14136	7518	6618
80 豊前	248187	242653	129086	113567	254195	237537	126926	110611
81 豊後	524394	511880	273145	238735	521706	469687	247870	221817
82 小計	*1987553*	*1993770*	*1092485*	*901283*	*2028458*	*1985319*	*1062274*	*907490*
83 肥後	614007	620244	329275	290969	621294	646892	337612	309280
84 日向	211614	225421	126409	99900	225713	230133	125820	104313
85 大隅	112616	131623	74052	57571	132787	126022	69448	56574
86 薩摩	149039	194312	106960	87352	205385	237889	125912	111977
87 小計	*1087276*	*1171600*	*636696*	*535792*	*1185179*	*1240936*	*658792*	*582144*
88 以上計	*26049806*	*25820530*	*13864300*	*12088287*	*26046081*	*25060162*	*13201393*	*11769934*
89 蝦夷地	*15615*	*21807*	*12466*	*9341*	*22631*	*26310*	*13559*	*12751*
90 以上計	*26065421*	*25842337*	*13876766*	*12097628*	*26068712*	*25086472*	*13214952*	*11782685*
91 史料値	26065425	25917830	13818654	12099176	26070712	25086466	13230656	11855810
92 不一致	+4	+75493			+2000	-6		

表 3-4　幕府調査国別人口表②（1792-1804 年）

国名	寛政 4 年（1792）c			寛政 10 年（1798）b			文化元年（1804）b		
	合計	男子	女子	合計	男子	女子	合計	男子	女子
6 陸奥	*1568218*	*827433*	*740785*	*1589108*	*837908*	*751270*	*1602948*	*846758*	*756190*
9 出羽	*816770*	*439142*	*377627*	*852959*	*458364*	*394595*	*870149*	*467307*	*402842*
10 上野	513915	278133	235782	514172	277759	236413	497034	266207	230827
11 下野	404818	222256	182562	413337	223160	190177	404495	218163	186332
12 常陸	495083	266326	228757	492619	264270	228349	485445	259502	225943
13 小計	*1413816*	*766715*	*647101*	*1420128*	*765189*	*654939*	*1386974*	*743872*	*643102*
14 武蔵	1634048	899569	734479	1666131	908341	757190	1654368	898864	755504
15 相模	277699	147775	129924	277211	147466	129745	278068	147927	130141
16 上総	376441	194699	181742	368831	189813	179013	364560	187435	177125
17 下総	468413	250254	218159	484641	255915	228726	478721	252512	226209
18 安房	130836	68105	62731	133513	68592	64921	132993	68404	64589
19 小計	*2887437*	*1560402*	*1327035*	*2930327*	*1570127*	*1359595*	*2908710*	*1555142*	*1353568*
20 佐渡	90561	46249	44312	91430	46477	44953	92410	46917	45493
21 越後	1011067	526169	484898	1053674	567681	511605	1072904	553477	519427
22 越中	327327	173429	153898	337229	178083	159041	345419	181222	164197
23 能登	159436	81319	78117	165188	83966	81222	167534	85054	82480
24 加賀	189682	99117	90565	192738	100992	91746	196725	102606	94119
25 越前	335813	175286	160527	350833	181543	169290	354038	183171	170867
26 若狭	76124	38209	37915	78356	39409	38947	78715	39706	39009
27 小計	*2190010*	*1139778*	*1050232*	*2269448*	*1198151*	*1096804*	*2307745*	*1192153*	*1115592*
28 甲斐	284474	148865	135609	309604	156696	152909	297903	150272	147631
29 信濃	714199	372290	341909	742791	386583	356208	748142	388859	359283
30 飛騨	76401	39881	36520	79393	41279	38114	81768	42540	39228
31 小計	*1075074*	*561036*	*514038*	*1131788*	*584558*	*547231*	*1127813*	*581671*	*546142*
32 伊豆	98226⑦	50345	47881	102551⑧	53200	49351	125505⑧	63930	61575
33 駿河	242457	125522	116935	248127	128887	119240	252072	131130	120942
34 遠江	334246	168738	165508	352033	178087	173946	342398	173548	168850
35 三河	360795⑫	178891	181904	423893	209587	214306	420697	207466	213231
36 尾張	582183	293715	288468	605084	305224	299860	605686	305196	300490
37 美濃	536904	275170	261734	563863	288504	274359	566355	291403	274952
38 小計	*2154811*	*1092381*	*1062430*	*2295551*	*1163489*	*1131062*	*2312713*	*1172673*	*1140040*
39 山城	506324	265124	241200	480993	250343	230650	469519	242920	226597
40 大和	329286	170149	159137	344043	176983	167060	340706	174767	165940
41 河内	209296	106545	102751	218102	110811	107291	214945	109009	105936
42 和泉	190466	96501	93965	199083	100089	97994	202283	103193	99090
43 摂津	791962	393784	398178	806578	418644	387934	789857	410966	375891
44 小計	*2027334*	*1032103*	*995231*	*2048799*	*1056870*	*990929*	*2017310*	*1040855*	*973454*
45 近江	573617	284270	289347	538412	253717	264725	532968	271298	261670
46 伊賀	79648	41003	38645	80647	41363	39284	80196	40697	39499
47 伊勢	462682	241169	221513	477899	239059	238840	476500	237183	239317
48 志摩	36888	17960	18928	38617	18916	19701	37875	18544	19331

49 紀伊	478499	247145	231354	473609	244903	228703	477361	245624	231737
50 淡路	104352	53679	50673	104269	53731	50538	112449	58926	53523
51 播磨	602410	315773	286637	608890	318881	290009	599401	314490	284911
52 丹波	275038	142740	132298	281234	145949	135285	282493	146708	135785
53 小計	*2613134*	*1343739*	*1269395*	*2603577*	*1316519*	*1267085*	*2599243*	*1333470*	*1265773*
54 丹後	141364	71628	69736	146762	74680	72082	147403	74805	72598
55 但馬	160030	83387	76643	164764	86103	78661	167549	87252	80297
56 因幡	123532	65173	58359	126695	67023	59672	128643	68329	60314
57 伯耆	155532	83843	71689	166449	89056	77393	169570	90442	79128
58 隠岐	21072	10538	10534	21963	11003	10960	21660	10882	10778
59 出雲	260189	135373	124816	271667	141891	129776	279177	146122	133055
60 石見	225783	117191	108592	248076	129234	118842	245203	128163	117040
61 小計	*1087502*	*567133*	*520369*	*1146376*	*598990*	*547386*	*1159205*	*605995*	*553210*
62 美作	132445⑬	73154	59291	157066	87680	69386	153397	85188	68209
63 備前	316881	170292	146589	321221	173230	147991	318273	152200	146073
64 備中	316735	? 128030	? 188705	327100	173527	153573	328408	174097	154211
65 備後	307029	159069	147960	315363	163579	151784	318577	165096	153481
66 安芸	466261	242159	224102	491278	256216	235062	499081	260312	238769
67 周防	351110	181845	169265	357507	181586	171921	358761	158573	170188
68 長門	240921	127213	113708	245020	128680	116340	247012	130337	116675
69 小計	*2131382*	*1081762*	*1049620*	*2214555*	*1164498*	*1046057*	*2223509*	*1125803*	*1047606*
70 阿波	368536	189218	179318	375358	192615	182743	425304	220157	205147
71 讃岐	386062	213177	172885	396122	210777	185345	395980	210187	185793
72 伊予	516186	273586	242600	531378	281120	250258	529829	279687	250142
73 土佐	387040	208070	178970	399702	215564	184138	409413	221049	188364
74 小計	*1657824*	*884051*	*773773*	*1702560*	*900076*	*802484*	*1760526*	*931080*	*829446*
75 筑前	304199	168428	135771	307982	169420	138562	313420	170832	142588
76 筑後	273293	140504	132789	272239	159433	112806	277579	167331	110248
77 肥前	678029	364258	313771	674272	354636	319636	712654	373681	338973
78 壱岐	24771	13205	11566	24968	13211	11757	25368	13478	11890
79 対馬	14013	7502	6511	13786	7275	6511	13862	8134	5728
80 豊前	236331	126288	110043	234342	124898	109444	235950	125702	110248
81 豊後	468200	246561	221639	464722	244033	220689	466106	244023	222083
82 小計	*1998836*	*1066746*	*932090*	*1992311*	*1072906*	*919405*	*2044939*	*1103181*	*941758*
83 肥後	656035	341027	315008	663414	343068	320346	671316	346507	324809
84 日向	228691	124840	103851	229624	125570	104054	230783	125856	104927
85 大隅	121031	66422	54609	116167	63114	53053	114166	61721	52445
86 薩摩	236127	125356	110771	235630	125121	110509	238493	125647	112846
87 小計	*1241884*	*657645*	*584239*	*1244835*	*656873*	*587962*	*1254758*	*659731*	*595027*
88 以上計	*24864032*	*13020066*	*11843955*	*25442322*	*13344518*	*12096804*	*25576542*	*13359691*	*12163750*
89 蝦夷地	*27409*	*14454*	*12955*	*28711*	*15002*	*13709*	*45417*	*23383*	*22034*
90 以上計	*24891441*	*13034520*	*11856910*	*25471033*	*13359520*	*12110513*	*25621959*	*13383074*	*12185784*
91 史料値	24891441	13034521	11856920	25471033	13360520	12110513	25621957	13427249	12194708
92 不一致	0			0			-2		

表 3-4　幕府調査国別人口表③（1822-1834 年）

国名	文政 5 年（1822）b			文政 11 年（1828）b			天保 5 年（1834）b		
	合計	男子	女子	合計	男子	女子	合計	男子	女子
6 陸奥	*1650629*	*865599*	*785030*	*1680102*	*880806*	*799296*	*1690509*	*886029*	*804480*
9 出羽	*909212*	*483341*	*425871*	*945919*	*500773*	*445146*	*940929*	*491406*	*449523*
10 上野	456950	241385	215565	464226	247765	216461	451830	236087	215743
11 下野	395045	213472	181577	375957	198056	177901	342260	179155	163105
12 常陸	495575	260800	234775	495859	259649	236210	457321	238709	218612
13 小計	*1347570*	*715657*	*631917*	*1336042*	*705470*	*630572*	*1251411*	*653951*	*597460*
14 武蔵	1694255	907216	787039	1717455	912028	805427	1714054	907101	806953
15 相模	269839	141195	128644	289376	151202	138174	294009	153766	140243
16 上総	372347	190506	181841	362411	185535	176876	364240	185501	178739
17 下総	419106①	217838	201268	497758②	257594	240164	402093③	207830	194263
18 安房	139662	70977	68685	140830	71463	69370	144581	73320	71261
19 小計	*2895209*	*1527732*	*1367477*	*3007830*	*1577822*	*1430011*	*2918977*	*1527518*	*1391459*
20 佐渡	101872	51765	50107	103269	52804	50765	103132	52279	50853
21 越後	1154052	592757	561295	1191935	610670	581265	1224947	620607	604340
22 越中	383265	197487	185778	413888	222688	191200	402411	206085	196326
23 能登	193569	98299	95270	198111	99546	98666	197704	98816	98888
24 加賀	220004	112915	107089	220267	112739	107528	230461	118070	112391
25 越前	375572	194665	180907	386071	199362	186709	397823	203879	193944
26 若狭	83056	41872	41184	84678	42591	42087	84366	42494	41872
27 小計	*2511390*	*1289760*	*1221630*	*2598219*	*1340400*	*1258220*	*2640844*	*1342230*	*1298614*
28 甲斐	291675⑥	148500	143075	391499⑥	197062	194437	318474	160667	157807
29 信濃	778025	400284	377741	797099	409026	388073	808073	413009	395064
30 飛騨	89818	46777	43041	91382	47528	43854	93765	48760	45005
31 小計	*1159518*	*595561*	*563857*	*1279960*	*653616*	*626364*	*1220312*	*622436*	*597876*
32 伊豆	134724	68471	66253	130796	69354	67422	144595	74213	70382
33 駿河	288824	150602	138222	270763	143544	134219	253848	131403	122445
34 遠江	386581	196979	189602	361236	184000	177236	360818	183150	177668
35 三河	437019	217422	219597	439635	218510	221115	440264	219314	220950
36 尾張	631809	318803	313006	646555	327027	319528	643977	326305	317672
37 美濃	598580	308732	289848	609459	314458	295001	607269	312793	294476
38 小計	*2477537*	*1261009*	*1216528*	*2458444*	*1256893*	*1214521*	*2450771*	*1247178*	*1203593*
39 山城	478652	249319	229333	498296	250500	247096	488726	251522	237204
40 大和	346319	177604	168715	356627	182873	173754	360071	184694	175377
41 河内	244816	124703	120113	223747	113010	110737	224822	113402	111420
42 和泉	205545	104440	101105	208884	106073	102811	207211	104938	102273
43 摂津	790635	417032	382603	812090	421309	390791	796439	411938	385073
44 小計	*2065967*	*1073098*	*1001869*	*2099644*	*1073765*	*1025189*	*2077269*	*1066494*	*1011347*
45 近江	557491	285027	272466	547724	278025	269699	511948	278984	232964
46 伊賀	85636	43622	42014	87949	44696	43253	89243	45370	43873
47 伊勢	494640	248985	245652	498171	250407	247764	499958	251392	248566
48 志摩	40401	19824	20577	40919	20095	20824	41888	20542	21346

49 紀伊	508112	267916	240196	516478	267072	249406	520902	269129	251773
50 淡路	119327	62028	57299	123748	64328	59420	123500	64036	59464
51 播磨	609246	318786	290460	613534	320794	292740	600731	314174	286557
52 丹波	290243	150694	139549	291869	151002	140967	292808	151230	141578
53 小計	*2705096*	*1396882*	*1308213*	*2720392*	*1396419*	*1324073*	*2680978*	*1394857*	*1286121*
54 丹後	154763	78793	75970	157401	79956	77445	159211	80868	78343
55 但馬	179408	93876	85533	181052	94438	86614	184323	95881	88442
56 因幡	132670	70183	62487	135969	71740	64299	136204	71348	64856
57 伯耆	180730	95997	84733	186813	98684	88119	191175	100518	90657
58 隠岐	24437	12219	12218	25234	12600	12634	25712	12840	12872
59 出雲	299708	157728	141980	308346	162387	145959	315270	160593	149677
60 石見	257508	134917	121917	257349	136110	121239	264948	140086	124862
61 小計	*1229224*	*643713*	*584838*	*1252164*	*655915*	*596309*	*1276843*	*662134*	*609709*
62 美作	159007	87016	71991	159850	86910	72940	164018	88586	75432
63 備前	318203	171933	146270	318771	171845	146926	318647	171184	147463
64 備中	337155	180043	157112	343792	182970	160822	347415	184735	162680
65 備後	342184	177374	164810	351597	181854	169743	360659	186924	173732
66 安芸	547296	285648	261648	564271	294329	269942	578516	301475	277041
67 周防	397836	208244	189592	429329	222639	206691	436198	226672	209526
68 長門	250063	131568	118495	257607	135640	121967	259171	136508	122663
69 小計	*2351744*	*1241826*	*1109918*	*2425217*	*1276187*	*1149031*	*2464624*	*1296084*	*1168537*
70 阿波	446291	230555	215736	454120	233821	220289	459244	235998	223246
71 讃岐	409815	217460	192355	422508	223599	198909	432648	227256	205392
72 伊予	563669	297541	266128	574847	302476	272371	585651	306754	278897
73 土佐	443478	240261	203217	445473	240900	204573	455306	245621	209685
74 小計	*1863253*	*985817*	*877436*	*1896948*	*1000796*	*896142*	*1932849*	*1015629*	*917220*
75 筑前	321857	170952	150905	329886	173644	156242	335803	175868	159935
76 筑後	284169	164806	119363	292913	168568	124345	307206	175574	131632
77 肥前	683536	359080	324455	701527	364690	336837	699154	361249	337905
78 壱岐	26532	10129	12405	27624	14705	12919	27215	14468	12747
79 対馬	16963	8785	8178	14478⑮	7585	6893	16713	8626	8087
80 豊前	239269	127759	111510	243949	129094	114854	247176	130454	116722
81 豊後	474016	247257	226759	474540	247169	227357	475985	246856	229129
82 小計	*2046342*	*1088768*	*953575*	*2084917*	*1105455*	*979447*	*2109252*	*1113095*	*996157*
83 肥後	720216	370407	349809	738078	378197	359881	743544	379617	363927
84 日向	241310	130162	111148	243412	130858	112554	245476	130812	114664
85 大隅	107603	57882	49721	104218	55901	48318	103096	55383	47713
86 薩摩	250831	131199	119632	251649	130752	120897	248364	129264	119100
87 小計	*1319960*	*689650*	*630310*	*1337357*	*695708*	*641650*	*1340480*	*695076*	*645404*
88 以上計	*26532649*	*13858413*	*12678469*	*27123155*	*14120025*	*13015991*	*26996048*	*14014117*	*12977500*
89 蝦夷地	*61948*	*? 15002*	*? 13709*	*65022*	*33902*	*31121*	*67862*	*34910*	*32952*
90 以上計	*26594597*	*13873415*	*12692178*	*27188177*	*14153927*	*13047112*	*27063910*	*14049027*	*13010452*
91 史料値	26602110	13894436	12707674	27201400	14160736	13040064	27063907	14053450	13010457
92 不一致	7513			-13223			-3		

表 3-4　幕府調査国別人口表④（1840-1872 年）

国名	天保 11 年（1840）c			弘化 3 年（1846）a			明治 5 年（1872）e		
	合計	男子	女子	合計	男子	女子	合計 z	男子 z	女子 z
6 陸奥	1506193	778867	727326	1603881	830090	773791	2294915x	1180269	1114646
9 出羽	832649	433227	399422	912452	475714	436738	1191020x	613563	577457
10 上野	426073	221417	224656	428092	220975	207117	507235	256025	251210
11 下野	367654	190110	177544	378665	195124	183541	498520x	251634	246886
12 常陸	499761	258358	241403	521777	269082	252695	648674x	329077	319597
13 小計	1293488	669885	643603	1328534	685181	643353	1654429	836736	817693
14 武蔵	1721359	903167	818192	1777371	927444	849927	1943211	976490	966721
15 相模	285196	148199	136997	303271	157684	145587	356638	182666	173972
16 上総	358714	182735	175979	360760	184361	176399	419969x	214695	205274
17 下総	499507	256068	243439	525041	268252	256789	645029x	326569	318460
18 安房	139442	70612	68830	143500	72776	70724	154683	77301	77382
19 小計	3004218	1560781	1443437	3109943	1610517	1499426	3519530	1777721	1741809
20 佐渡	102701	51778	50923	102265	51231	51034	103098	51217	51881
21 越後	1099980	557701	542279	1172973	592037	580936	1368428	682996	685432
22 越中	383593	195486	188107	403121	205178	197943	615663x	315927	299736
23 能登	179431	89114	90317	186970	92817	94153	262486x	131310	131176
24 加賀	223338	113776	109562	238291	122468	115823	403357x	202093	201264
25 越前	328217	167848	160369	353674	179994	173680	461032x	230262	230770
26 若狭	83956	42497	41459	77183	38367	38816	85487	42600	42887
27 小計	2401216	1218200	1183016	2534477	1282092	1252385	3299551	1656405	1643146
28 甲斐	300152	150449	149703	310273	156689	153584	360068	179630	180438
29 信濃	775313	394066	381247	794698	403868	390830	919115x	464124	454991
30 飛騨	82967	42992	39975	86338	44512	41826	98378	50795	47583
31 小計	1158432	587507	570925	1191309	605069	586240	1377561	694549	683012
32 伊豆	110523⑨	56450	54073	115197	59001	56196	149749x	75345	74404
33 駿河	274705	140735	133970	286290	146854	139436	368505x	186830	181675
34 遠江	350967	177870	173090	363959	184703	179256	414928	209941	204987
35 三河	421432	209435	211997	431800	214730	217070	482931	239235	243696
36 尾張	622539	315187	307352	653678	328353	325335	727437	361025	366412
37 美濃	570807	292489	278318	583137	299262	283875	660896	335389	325507
38 小計	2350973	1192166	1158800	2434061	1232903	1201168	2804446	1407765	1396681
39 山城	445432	216214	219218	452140	229280	222860	429030	212814	216216
40 大和	338571	171777	166794	361157	183325	177862	418326	210185	208141
41 河内	211559	105761	105798	224055	112660	111395	237678	118805	118873
42 和泉	189786	95522	94264	197656	99279	98377	209174	103781	105393
43 摂津	749953	386170	363783	763729	389864	373864	729444	363974	365470
44 小計	1935301	975444	949857	1998737	1014408	984358	2023652	1009559	1014093
45 近江	527412	265702	261710	541732	272934	268798	576564	286181	290383
46 伊賀	88616	45030	43586	91774	46728	45046	97164	48968	48196
47 伊勢	480032	240599	239433	499874	250895	248979	585988	292109	293879
48 志摩	39210	19074	20136	40693	19836	20857	37439	18122	19317

49 紀伊	489036	250029	239007	499826	256751	243075	613925x	310284	303641
50 淡路	119147	62075	57072	122773	63641	59132	164939x	84439	80500
51 播磨	581713	301723	279990	594560	307518	287042	635791	324338	311453
52 丹波	276117	141524	134593	280947	143891	137056	295359	150247	145112
53 小計	*2601283*	*1325756*	*1275527*	*2672179*	*1362194*	*1309985*	*3007169*	*1514688*	*1492481*
54 丹後	149063	75183	73880	154308	78201	76107	160932	80585	80347
55 但馬	162243	83059	79184	173573	89081	84492	187086	95904	91182
56 因幡	120879	62353	59526	127797	65914	61883	162842x	83201	79641
57 伯耆	168310	86793	81517	177420	91742	85678	194158	99765	94393
58 隠岐	25772	12922	12850	26208	13261	12947	28531	14442	14089
59 出雲	302837	157156	145681	309606	161179	148727	340042	175381	164661
60 石見	225657	116302	109355	239963	122878	114085	259611	133168	126443
61 小計	*1154761*	*593768*	*561993*	*1208875*	*622256*	*583919*	*1333202*	*682446*	*650756*
62 美作	156196	83010	73186	165468	87690	77778	215602x	112439	103163
63 備前	304229	162697	141532	310576	165738	144838	331878	174482	157396
64 備中	335494	176783	158711	346927	183031	163896	396880	206267	190613
65 備後	344919	177401	167518	360832	185285	175547	456461x	231770	224691
66 安芸	527849	273665	254184	553708	286422	267286	667717x	341480	326237
67 周防	413630	214215	199415	435188	227300	207888	497034	255033	242001
68 長門	251779	132347	119432	261100	137291	123809	330502x	169631	160871
69 小計	*2334096*	*1220118*	*1113978*	*2433799*	*1272757*	*1161042*	*2896074*	*1491102*	*1404972*
70 阿波	431050	220544	210506	448287	229444	218843	586046x	296700	289346
71 讃岐	419969	218913	201056	433880	228494	205386	559712x	286917	272795
72 伊予	580589	302597	277992	599948	312844	287104	775974x	398813	377161
73 土佐	451871	243919	207952	461031	248586	212445	524511	279629	244882
74 小計	*1883479*	*985973*	*897506*	*1943146*	*1019368*	*923778*	*2446243*	*1262059*	*1184184*
75 筑前	339434	175896	163538	346942	177978	168964	441175x	224238	216937
76 筑後	295678	169386	126292	299041	170367	128674	391535x	199924	191611
77 肥前	692334	356811	335523	713593	366982	346611	1074460x	545662	528798
78 壱岐	27210	14439	12771	27005	14277	12728	33010x	17142	15868
79 対馬	16553	8446	8107	16904	8648	8256	29684x	15270	14414
80 豊前	240798	126338	114460	249274	129404	119870	304574x	154845	149729
81 豊後	457229	235573	221656	470875	242381	228494	562318	285392	276926
82 小計	*2069236*	*1086889*	*982347*	*2123634*	*1110037*	*1013597*	*2836756*	*1442473*	*1394283*
83 肥後	741677	378514	363063	755781	384396	371385	953037x	476211	476826
84 日向	249955	132811	117144	247621	131608	116013	376527x	194379	182148
85 大隅	97228	59923	45305	99212	53170	46042	256816x	133626	123190
86 薩摩	239891	124304	115587	241797	125553	116244	549440x	276483	272957
87 小計	*1328751*	*695552*	*641099*	*1344411*	*694727*	*649684*	*2135820*	*1080699*	*1055121*
88 以上計	*25854066*	*13324133*	*12548836*	*26843439*	*13817313*	*13019464*	*32820368*	*16650034*	*16170334*
89 蝦夷地	*64346*	*33261*	*31085*	*70887*	*36739*	*34148*	*123668*	*63031*	*60637*
90 以上計	*25918412*	*13357394*	*12579921*	*26914326*	*13854052*	*13053612*	*32944036*	*16713065*	*16230971*
91 史料値	25918412	13359384	12559028	26907625	13854043	13053582	32944036y	16713065	16230971
92 不一致	0			-6701			0		

資料：a＝関山直太郎『近世日本の人口構造』吉川弘文館、1958年、pp.137-139. b＝高橋梵仙『日本人口史研究』日本学術振興会、1971年、pp. 107-149. c＝南和男『幕末江戸社会の研究』吉川弘文館、1978年、pp. 166-178. d＝南和男「寛政四年の諸国人口について」『日本歴史』432号、1984年、pp.42-47. e＝「日本全国戸籍表」速水 融監修『国勢調査以前日本人口統計集成Ⅰ』原書房、1992年、所収。

補注

原資料は、古代に定められた、畿内・六道の順に従い記録されているが、この表では、筆者の考えに従い、東北日本から西南日本の方向に配列した。イタリックで示した欄は、筆者による地域区分を示している。06は東奥羽、09は西奥羽、13は北関東、19は南関東、27は北陸、31は東山、38は東海、44は近畿、53は近畿周辺、61は山陰、69は山陽、74は四国、82は北九州、87は南九州である。いうまでもなく、このような地域分類は、原資料にはない。また、各年の人口の合計と男女別人口は一致しない場合が少なからず見られる。これについては、確かめる術を持たないので、そのまま掲げてあるが、その差が異常に大きい場合には、合計欄の前に？を付した。その他、問題と思われる点は、以下に記した。

①②③　下総のこの3年度の数値は非連続的で、文政5年と天保5年の数値が低すぎる。しかし、補正すべき数値の根拠はない。

④⑤　関山氏の「国別人口表」の数値をそのまま掲載したが、加賀と能登の数値が入れ替わっている可能性が高い。

⑥　この数値はどうみても高すぎる。おそらく291499だろう。

⑦⑧　この両年度の数字は低過ぎる。明治13年の統計で約2万人を数えた伊豆七島の人口が含まれていなかったのではなかろうか。

⑨⑩　上記同様、伊豆七島の人口が含まれていなかったのではなかろうか。

⑪　この数値は過大である。関山氏のデータの全国合計値と、実際の合計値との間にある差、約7万人は、駿河の人口が過大に記載されているかも知れない。

⑫　前後の年の数値から、この年の三河の人口は過小に記録されていると考えられる。

⑬　三河同様、この年の美作の人口は過小に記録されていると考えられる。

⑭　三河・美作同様、この年の対馬の人口は過小に記録されていると考えられる。

⑮　三河・美作同様、この年の対馬の人口は過小に記録されていると考えられる。

x　弘化3年の数値と比べて20%以上多い国で、当時の人口増加率から考えて、江戸時代の数値が過小であったことがほぼ確実な国。これらの国を領地とする金沢藩、和歌山藩、徳島藩、広島藩、福岡藩、対馬藩、鹿児島藩は明らかに、人口調査、もしくはその結果の幕府への報告が、実際の人口より過小であった。こういう過小報告が、奥羽、北陸、山陽、四国、九州に多く見られることに注意する必要がある。

y　原資料には、琉球を含めて、33110825人と記されている。

z　明治5年の資料では、旧陸奥が、陸奥、陸中、陸前、岩代、磐城の5国に、旧出羽が、羽前、羽後の2国に分載されている。また旧蝦夷地は、石狩、後志、膽振、渡島、日高、十勝、釧路、根室、千島、北見、天塩、樺太に分載されている。

本書第18章）においてそのように考えたが、これは訂正しなければならない。また最近では、『国史大辞典』の「宗門人別改帳」の項目に、この二つの資料の連続的性格を示唆するような表現がある。『国史大辞典』第七巻、吉川弘文館、一九八六年、三一一―三一二頁。なお記載については、新見吉治、前掲書、一一一―一一三頁に、周防国佐波郡三田尻宰判下仁井令晒石の事例が掲載されている。

（8）石川卓美『防長歴史用語辞典』マツノ書店、一九八六年、一五四―一五五頁。なお、長州藩の戸籍関係文献については、大阪大学経済学部、友部謙一教授の教示によるところが大きい。

（9）同書、「戸籍帳」の箇所、一五四頁所収。

（10）同書、同頁。

（11）『山口県史料　近世編　法制下』（山口県文書館、一九七七年）五五九頁所収の文政八（一八二五）年一一月、当職毛利内匠より赤川九郎左衛門宛文書「覚」より。

（12）『国史大辞典』所収の「村田清風」の項目、同書第一三巻、吉川弘文館、一九九二年、六八一頁。石川卓美『山口県近世史研究要覧』マツノ書店、一九七六年、二二二頁。

（13）「某氏意見書」瀧本誠一編『日本経済大典　第四七巻』一九三〇年、一四二頁。

（14）京都町触研究会編『京都町触集成　第一三巻』岩波書店、一九八七年、二六五―二六六頁。

（15）石井良助『家と戸籍の歴史』創文社、一九八一年、三〇二―三〇三頁に書式雛形が掲載されている。

（16）原資料は、国立史料館所蔵、武蔵国多摩郡連光寺村富沢家文書。なお、ここに掲げた例は、多摩郡石田村の明治三年戸籍で、この家族は、新撰組副長、土方歳三の生家である。歳三の死は、この戸籍編成の前年のことであった。

（17）新見吉治、前掲書は最も包括的な研究である。

（18）内閣統計局編『明治五年以降我国の人口』東京統計協会、一九三〇年。

（19）この統計を含め、国勢調査以前の人口統計は、『国勢調査以前日本人口統計集成』（原書房、一九九二年）として刊行されている。

（20）この資料を利用した研究事例として、速水融「明治前期統計にみる有配偶率と平均結婚年齢――もうひとつのフォッサ・マグナ」『三田学会雑誌』七九巻三号、一九八六年、一一―一三頁（本書第3章）。Griffith Feeney and Hamano Kiyoshi, "Rice Price Fluctuations and Fertility in Late Tokugawa Japan." *Journal of Japanese Studies*, Vol. 16, No. 1, 1990. pp. 1-30. 黒須里美「弘化三年ヒノエウマ」『日本研究』（国際日本文化研究センター紀要）第六集、一九九二年、三五―五五頁。

(21) 森田優三『人口増加の分析』日本評論社、一九四四年、三七二頁。
(22) 古くは、世良太一編『杉先生講演集　全』(一九〇二年)から、最近の出版としては、日本統計協会創立百周年記念事業計画委員会復刻企画『㣺㝍㪫復刻版　別冊』(日本統計協会、一九八〇年)に、解題、杉先生小伝、著作目録、研究文献目録、略年譜を書かれた、細谷新治氏の業績に至るまでいくつかある。さらに、最近、杉の業績が再評価され、墓碑等の建設も行われた(三潴信邦「杉亨二の墓所に記念碑」『統計』四三巻五号、一九九二年、七八―八〇頁)。
(23) 前掲『杉先生講演集　全』の末尾に掲載されている。
(24) 『甲斐国現在人別調』は、復刻版が出版されている(芳文閣、一九六八年)。なお、村に残された調査個表を用いた研究として、斎藤修「明治初期農家世帯の就業構造――山梨県下四カ村『人別調』の分析」(一)『三田学会雑誌』七八巻一号、一九八五年、一四―三二頁、同(二)『三田学会雑誌』七八巻二号、一九八五年、一〇九―一二二頁がある。
(25) 前掲『杉先生講演集　全』五二頁。
(26) 花房は、岡山藩士の家に生まれ、明治前期に活躍した外交官、花房義質を兄に持ち、自らも国際的感覚を備えた官僚であり、初代の統計局長であったが、その地位にあること二〇年の長きに及んだ。人口統計に関し、花房の考え方を語る資料として、「人口統計調査方法変更ニ関スル審査報告書」(総理府統計局編『総理府統計局百年史資料集成　第二巻　人口　上』総理府統計局、一九七六年、二一八―二二五頁所収)がある。
(27) マイクロフィルム版には、共武政表および徴発物件一覧表のすべてが撮影されている(洞富雄監修『共武政表・徴発物件一覧表』雄松堂フィルム出版、一九八九年)。冊子体復刻本は、『明治八年　共武政表』青史社、一九八〇年、『共武政表(明治一二年)上・下』柳原書店、一九七八年、『徴発物件一覧表　明治一六年　上・下』柳原書店、一九七九年、『徴発物件一覧表　明治二十年』柳原書店、一九七九年がある。
(28) 松田武監修『明治期衛生局年報』原書房、一九九二年。
(29) これを利用して職業別人口統計を作成した結果が、梅村又次他編『労働力　長期経済統計　第二巻』東洋経済新報社、一九八八年、第八表「男女・産業別内地人有業者数(年央現在)一九〇六―一九二〇年」である。(同書、二〇四―二〇七頁所収)。
(30) 大久保利謙監修『明治大正日本国勢沿革資料総覧』全六巻、柏書房、一九八三―一九八五年。
(31) 前掲『㣺㝍㪫復刻版　別冊』杉先生小伝(細谷新治著)八二頁。
(32) この作業は、国際日本文化研究センター、情報管理施設情報課、吉崎幸二氏の協力によった。

（33）本籍人口をベースにした研究事例として、高橋真一「明治期日本の出生力について――本籍人口と生命表の生残率による推計」『国民経済雑誌』一四八巻五号、一九八三年、二一―三九頁。同「本籍人口を利用した明治期人口推計の試み」『国民経済雑誌』一六三巻五号、一九九一年、三九―五八頁がある。

（34）・（35）注（５）参照。

第4章　結婚年齢から見た複数の「日本」

――明治前期における地域的特性――

「結婚年齢」という指標のもつ意味

平均結婚年齢は、歴史人口学の上でも、家族史研究の上でも、探究しなければならない重要な課題である。歴史人口学の上では、平均結婚年齢、とくに女子の平均初婚年齢は、人口制限が行われないならば、出産数を通じて人口規模を決定する要因として作用する。もちろん、人為的出生制限によって、この作用は直接的ではなくなる場合が少なくはなかったとはいえ、それでも晩婚は子供数を少なくさせる要素には違いない。

結婚年齢はまた、家族史研究の上でも重要な要素となる。（相続や継承に関する）他の条件が等しければ、早婚は家族周期の波長を短くさせるか、多世代世帯の率を高めることになる。

日本の場合、平均結婚年齢の変化や分布に関する長期的な、かつ包括的な研究はなされてこなかった。いわんやその人口変動や、相続、継承の慣習との関連は、無視されてきたといっていいだろう。これは、一つには、人為的人口制限が、比較的安易に行われ、早婚が必ずしも出産数の増大をストレートに意味せず、二番目には、子供が結婚しても、少なくともその家を継承する場合には、親と同居することが、二〇世紀の半ばまで普通であったからであろう。

さらに、結婚年齢に関する統計が、第一回の国勢調査（一九二〇年）以前には不十分であった、という資料上の制約も考慮しなければならない。江戸時代（一六〇三—一八六八年）の宗門改帳・人別改帳は、町や村を単位とする小人口集団について、結婚年齢やその他の人口学的指標を与えてくれるし、また家族史研究の史料としても非常に価値の高いものである。しかし、欠点として、利用可能な史料に含まれる人口規模が数百、あるいはせいぜい数千という、小さな人口についての数値しか得られない問題があり、果して研究の対象とする地理的範囲が、どの程度、日本全国を、あるいはその地域を代表するか、という疑問にいつも悩まされるのである。

本稿は、筆者が今まで主に取り扱ってきた江戸時代の宗門改帳から離れて、明治政府が行った一九世紀後半の統計調査を利用することにより、工業化直前期の、そして江戸時代の特徴をなお色濃く残していたと思われる時期の、結婚年齢の全国的観察を行うのが目的である。そして、この観察結果に基づいて、今後、本格的に進められる江戸時代の宗門改帳を利用する研究の方向を得ようとするものである。

江戸後期における結婚年齢の地域差

このような観察を行うに至ったきっかけは、宗門改帳を用いた村を単位とする歴史人口学的研究を通じて、江戸時代の日本が、時間的にも、空間的にも、多彩な結婚年齢を有する社会であることが明らかになったことにある。

筆者の研究による宗門改帳を用いた研究に基づくと、信濃国諏訪郡横内村においては、女子の平均初婚年齢は、一八世紀の初期に数え齢一七歳であったものが、次第に上昇して、一九世紀の半ばには二二歳となっている。(1) この間、この村の人口は、一七七〇年頃を境として、増大から停滞に転じているから、人口変動と女子の初婚年齢の推移の間には関連のあった可能性が考えられる。実際、妻の一七世紀後半出生コーホート（同時期に出生した集団）をとると、一組の完全家族（妻が出産可能期間の最終年齢、ここでは五〇歳まで結婚が継続した夫婦）における平均子供数は六・四人であったのが、一九世紀第1四半世紀のコーホートでは三・八人と減少している。(2)

また、同じく筆者の行った、美濃国安八（あんぱち）郡西條村の研究（一七七三―一八六九年の史料を対象とするが、ここでは、一七七三―一八三五年出生コーホートをとっている）によると、女子の平均初婚年齢は、出身階層によって差があり、上層の農民では二一・六歳、下層では二四・七歳である。これは、もっぱら出稼ぎの有無によって決定されていることが明らかとなっている。(3) 上層では、一一歳に達した女子のうち、出稼ぎの経験者は三三％であるが、下層では七四％もの高さに達しており、出稼ぎ経験者は、平均して一二歳で出て、一二年間都市や他の農村で働き、二四歳で戻ってくるので、結婚はそれだけ遅れたのである。

この三年間の差異の持つ意味は大きい。なぜなら、この村の農民の人口学的な観察によると、純再生産率が一をこえる、すなわちポジティヴになるには、夫婦の子供数は四・四以上であることが必要で、そのためには女子の結婚年齢が二四歳以下でなくてはならず、平均結婚年齢二四歳という数字は、何組かの夫婦において、必要な継承者を見出し得なかったことを物語るからである。

実際、この村の場合、上層農民の家族では、継承者がいないために家系が絶えてしまう例は観察期間中一つもないが、下層農民の家族では、戸主が死亡したとき、三五％ものケースで、継承者がなく、家系は絶えてしまっている。(4) これには、もちろん人口学的な要素ばかりでなく、上層農民は、土地財産を持ち、家系を何としても維持しようとする力が働き、養子を迎えてでも家系を存続させようとしたのに対し、下層では土地財産もなく、家系の断絶に対する抑止力が弱かったことも考慮しなくてはならない。しかし、二一―二五歳の女子は、最も出産力が高く、この期間内で結婚するかしないかは、出産数に最も大きな影響を与えたことも事実である。

さらに第三の事例として、最近出版された、東北地方――一八世紀以来顕著な人口減少に見舞われた地方――農村の人別改帳を利用した研究(5)によると、予想に反して、女子の平均初婚年齢は、驚くべきほど低い。一八世紀の初めには、それは一一・二歳という低さであった。人口減少を続けたこの村において、一九世紀の半ばには、平均初婚年齢一八・七歳になってはいるが、それでも上記の中央日本に位置する二つの村の場合と比較すると、なお四年以上の差があったことになる。

このように、結婚年齢には、顕著な地域的・時期的差異があった。これを、一九世紀第4四半期に政府の手によって編纂された統計を用いて全国的に鳥瞰してみると、どのような分布が見られるのだろうか。

第一回国勢調査（一九二〇）以前の統計資料

本論に入る前に、利用する資料について概観しておく必要がある。日本で本格的な国勢調査が実施されたのは一九二〇年であり、これは工業国としてはかなり遅い。人口学者は、信頼性が低いという理由で、この国勢調査以前の人口研究をほとんど関心の外においてしまった。しかし、一九二〇年以前に何の人口統計もないのか、というと決してそうではない。

一八七二年、政府は新しい戸籍制度を確立し、その時点で各行政単位に長期にわたって住む人々をその単位ごとに登録し、「戸籍」を作成した。その後、結婚や引越しによって移動する場合、この戸籍簿に加除を行い、「本籍人口」の画定を行っている。問題となるのは、「寄留人口」と呼ばれた一時的な移動の処理である。法律上は、本籍地を九〇日以上離れて移動する場合、「寄留」の手続をし、各行政単位では、この「寄留人口」を「本籍人口」に加除して「現住人口」を机上で算定した。しかし、この寄留の届出は厳密に守られず、また、行政単位の末端における制度の非統一的解釈が、多くの重複や脱漏を生じさせてしまったので、正確な現住人口の測定はできず、統計上、「現住人口」と称されていても、実際にその地に住む人々とはかけ離れた数値になっていること、とくに都市部ではその傾向の著しいことが指摘できる。本格的な工業化、都市化が始まった一八九〇年代以降、この問題は深刻になり、二〇世紀に入ると、地方行政単位の発表する数値に信用のおけなくなった政府は、警察による人口調査も併せ発表するようになっている(6)。

しかし、このことは逆に、本格的な工業化・都市化が始まる以前、すなわち、寄留人口数が小規模であった時期には、政府の行った「本籍人口」調査は、実際の人口に近く、信頼性も高いのではないか、と言えるし、とくにこれらの資料にみる府県単位の人口、ないしは農村部での人口は、実際とそれほどかけ離れてはいなかったものと考えられないだろうか。

近年、この時期の政府編纂の諸統計に関する書誌情報の整備が進み、関連する法例、他の調査との関係、統計の系列等が明らかになり、その利用は一段と便利になった(7)。

本稿では、この時期の人口統計の中で、最も重要でありながら、なぜかほとんど利用されずにきた明治一九（一八八六）年に始まる『日本帝国民籍戸口表(8)』を主な材料として観察を進めたい。

この統計は、同年一二月三一日時点での調査であるが、府県別（ただし、当時の行政区画なので、現在の奈良県は全県大阪府に含まれ、香川県も全県愛媛県に含まれている。また東京の三多摩地区は神奈川県に含まれている）に各歳ごとの人口、その有配偶、無配偶の別を記録しているのが注目される。というのは、一歳きざみで全国の人口の年齢別構成が判明するのは、この年が最初であり、かつまた、それが府県別、しかも配偶の有無についても明らかなのである。一九二〇（大正九）年以降の国勢調査でさえ、諸統計は五歳きざみ年齢階層で示されており、各歳別の統計は得難いことを考えるならば、一八八六（明治一九）年のこの統計は、非常に貴重であると言えよう。

この貴重な統計が、今までほとんど利用されてこなかったことは驚くべきことだが、これは、一八九八（明治三一）年以降、第一回国勢調査まで、五年ごとに編纂されるようになった。『日本帝国人口統計(9)』とは系列を異にし、シリーズ利用が困難であるという理由も働いているのかもしれない。

この統計に加えて、一八八四（明治一七）年に編纂された『都府名邑戸口表(10)』は、当時の都市人口についての信頼すべき情報を与えてくれる。また、上述の一八九八（明治三一）年の『日本帝国人口統計』および一八九九（明治三二）年の『日本帝国人口動態統計(11)』は、主題の有配偶率と結婚年齢の関係を測定する材料として補足的に利用した。

有配偶率と結婚年齢

結婚年齢に関する情報が得られなくても、年齢別の有配偶率から結婚年齢を推計する方法は、ジョン・ヘイナル（John Hajnal）によって、一九五三（昭和二八）年に発表されている。[12] これは、第二次大戦直後の結婚数・結婚率の急速な増大を背景に、独身者率に関する数値から結婚年齢の変化を測定しようとするものであった。この場合、利用可能な資料はすべて五歳きざみ年齢階層別人口であり、それが、異なる二時点間に存在しているとき、結婚年齢がいかに変化したかを求めるので、計算式は決して単純ではない。また、この方法を、日本の上述の、単年度の資料に当てはめることもできない。

筆者はかつて、有配偶率が五〇％をこえる時点に対応する年齢を結婚年齢とみなして、長期にわたる結婚年齢の推移を観察したことがあったが、これは、有配偶率が最高一〇〇％に到達すること、結婚年齢が、左右に等しい分布をしていることが前提となっている。[13] しかしこれは、双方とも現実的ではない。日本は、比較的有配偶率のピークが高いとはいえ、決して一〇〇％に達することはなく、また、結婚年齢の分布も左右対称ではなく、とくに女子の場合、右側（高年齢）に長くひろがっていたことは容易に想像できる。

ここでは、『日本帝国民籍戸口表』に記載されている各歳ごとの配偶の有無から、有配偶率を求め、平均結婚年齢を推計し、府県別にその分布を観察することが目的である。ヘイナルの方法の適用も困難であり、単純に有配偶率が五〇％に到達する年齢を結婚年齢とみなしてしまうこともできない。

そこで、まず最初に、有配偶率と、結婚の年齢別分布の双方が判明する資料を求め、両者の対応を見てから『日本帝国民籍戸口表』に戻ることにしよう。

残念ながら、明治期の同一の調査では、両者を示している統計は存在しない。しかし、『日本帝国人口統計』には、一八九八（明治三一）年末の全国人口について、各歳別の有配偶、無配偶別の数値が示されており、『日本帝国人口動態統計』には、明治三二（一八九九）年に生じた婚姻の年齢各歳別分布を府県別に記録している。ここでは、数値の検証が目的なので、全国合計値のみを見ることにする。

二つの統計をつき合わせ、次の結果を得た。有配偶率は、男女とも最高でも八〇％に達せず、男子では七八・八％（四四歳）、女子では七九・四％（三七歳）である。また結婚年齢の分布は、図4－1に示すように、男子では二三歳、女子では二〇歳にピークがある。男子がいく分、台形状を示し、二一歳から二五歳の間に全体のほぼ三八％が集中している。一方、女子ではピークの年齢を中心にやや尖った形状を示し、一八歳から二二歳の間に四八％が集中している。ただし、ここに示されている年齢は再婚を含むので、初婚をとれば集中度はもっと高いと思われる。

平均結婚年齢は、何歳までの結婚を対象とするかによって多少異なってくる。しかし、ある年齢をこえると、結婚数が極端に少なくなるため、変化は無視しうる範囲内にとどまる。江戸時代の史料の分析では、再婚は三五歳をこえると急速に減少することが知られている[14]。そこで本稿では、三五歳までに結婚した者をとり出し、考察の対象とする。この年齢時点における平均結婚年齢は、男子で二五・七歳、女子では二二・四歳であり、この年齢に対応する有配偶率は、男子では二六歳で四五％、女子では二二歳で四四％となっている。小数点以下の数値を無視するならば、これらの値は、ほぼ最高の有配偶率の半ばの数値とみることができる。ただし、女子の場合、有配偶率の最高値の半分の数値は平均結婚年齢よりやや下回り、二一・六歳程度であるが、これは、結婚年齢の分布の形状が影響しているものとみられる。

以上の観察の結果は、平均結婚年齢が、直接に統計から求められない場合でも、年齢別有配偶率の最高値が判明

図4-1　1899(明治32)年における結婚年齢の分布（全国）

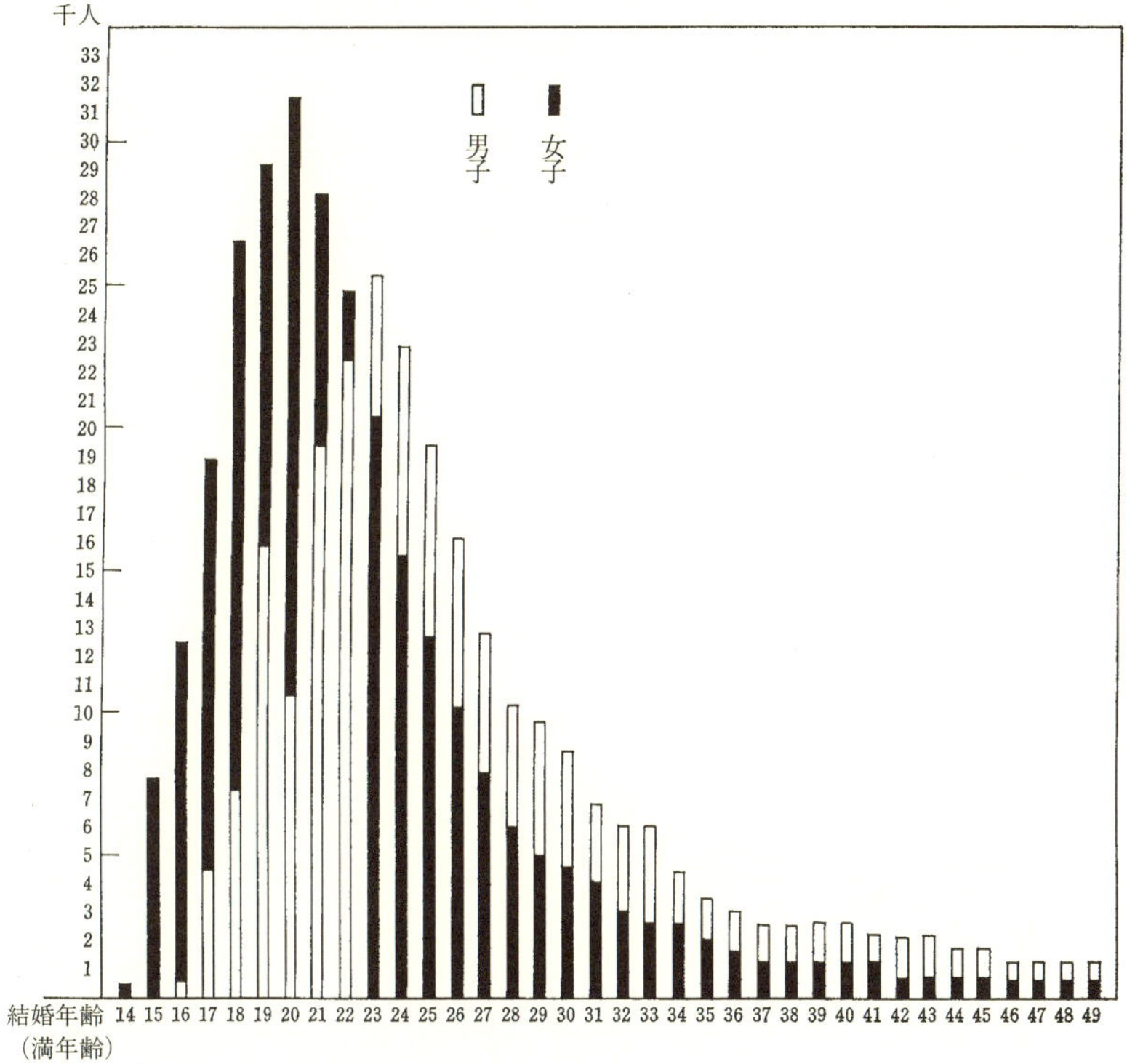

（注）『日本帝国人口動態統計』を元に作成。

すれば、その最高値の半分の数値に対応する年齢が平均結婚年齢の近似値となることを意味している。

この結果を一八八六（明治一九）年の『日本帝国民籍戸口表』に適用し、府県別に特定年齢の有配偶率とともに平均結婚年齢を観察してみよう。

結婚年齢と配偶率の地域差——東日本型／西日本型と都市型／農村型

『日本帝国民籍戸口表』は、府県別に各歳ごとの配偶の有無による本籍人口数を記載している。これからまず男子二八歳、女子二三歳時点における有配偶率を計算し、府県別に示したのが表4－1である。観察の結果を概略すれば、ほぼ以下のごとくになる。まず男女とも、最高値と最低値との間には三〇ポイント前後の差があって、顕著な違いをみせている。高い県は東北、関東（東京・神奈川を除く）、富山、長野、静岡より東の地域で、男子の富山、女子の山梨を除いて、いずれも五五％以上を示している。これに対し、それより西に位置する府県は、ほとんどのところで、五五％以下である。

このように、特定年齢の有配偶率に関して、明瞭に地域間の差異のあることが判明した。この差異を、有配偶率から推計した平均結婚年齢に置きかえた府県別分布図は、図4－2－A・Bのごとくである。分布のパターンは、有配偶率の分布とほとんど一致している。男子では、富山—長野—静岡から西はすべての府県で二五・〇歳以上、東では東京を除いて二五・九歳以下である。女子では富山—長野—静岡から西では、高知を除いて、すべての府県で二一・〇歳以上、東では東京を除いてすべての県で二一・九歳以下となっている。

両性とも、東北地方では、著しく早婚で、この地方に含まれる六つの県すべてで、男子の平均結婚年齢は二三・九歳以下、女子では一九・九歳以下となっている。他方、近畿地方、西日本の大部分では相対的に晩婚で、これら

表 4-1　府県別特定年齢の有配偶率（1886 年末）

府県別	男子（28 歳）*			女子（23 歳）*		
	人口	有配偶者	有配偶率	人口	有配偶者	有配偶率
北海道	1,604	715	44.6 %	1,932	856	44.3 %
青森	4,299	2,985	69.4	4,396	3,217	73.2
岩手	4,763	3,394	71.3	5,159	3,759	72.9
宮城	5,533	3,493	63.1	5,820	3,903	67.1
秋田	5,889	3,967	67.4	5,886	4,096	69.6
山形	5,333	3,326	62.4	6,130	3,857	62.9
福島	6,191	4,187	67.6	7,664	5,248	68.5
茨城	7,355	4,566	62.1	8,196	4,781	58.3
栃木	4,562	3,018	66.2	5,742	3,349	58.3
群馬	4,413	3,028	68.6	5,544	3,715	67.0
埼玉	7,531	5,137	68.2	9,034	5,317	58.9
千葉	8,550	5,788	67.7	9,367	6,175	65.9
東京	8,624	3,881	45.0	9,882	4,474	45.3
神奈川	5,746	3,197	55.6	7,585	3,700	48.8
新潟	11,788	6,826	57.9	12,242	6,935	56.6
富山	4,520	2,400	53.1	5,953	3,923	65.9
石川	5,057	2,260	44.7	6,076	3,204	52.7
福井	4,093	1,899	46.4	4,882	2,578	52.8
山梨	2,993	1,778	59.4	4,044	2,104	52.0
長野	7,685	4,656	60.6	9,558	5,816	60.8
岐阜	6,552	2,956	45.1	7,215	3,709	51.4
静岡	7,209	4,600	63.8	8,421	5,531	65.7
愛知	10,294	5,193	50.4	11,117	6,026	54.2
三重	6,493	3,675	56.6	7,507	3,707	49.4
滋賀	4,579	2,130	46.5	5,217	2,262	43.4
京都	6,616	3,046	46.1	6,978	3,316	47.5
大阪	12,220	5,454	44.6	15,376	5,593	36.4
兵庫	11,807	5,308	45.0	12,375	5,526	44.7
和歌山	4,897	1,993	40.7	5,415	1,877	34.7
鳥取	3,190	1,681	52.7	3,152	1,684	53.4
島根	5,067	2,410	47.6	5,433	2,818	51.9
岡山	8,564	4,051	47.3	8,654	4,186	48.4
広島	10,201	4,958	48.6	10,322	5,027	48.7
山口	6,924	2,964	42.8	8,138	3,749	46.1
徳島	5,530	2,737	49.5	5,660	2,516	44.5
愛媛	12,652	5,777	45.7	13,341	5,925	44.4
高知	4,508	2,570	57.0	4,573	3,062	67.0
福岡	8,427	4,042	48.0	11,198	5,127	45.8
佐賀	4,304	1,842	42.8	4,278	2,001	46.8
長崎	5,328	2,494	46.8	6,617	2,721	41.1
熊本	7,846	3,973	50.6	9,022	4,169	46.2
大分	5,756	3,110	54.0	6,748	3,605	53.4
宮崎	2,737	1,519	55.5	3,592	1,901	52.9
鹿児島	6,446	3,088	47.9	8,934	3,563	39.9
沖縄	3,069	1,798	58.6	3,378	1,488	44.0
全国	287,745	153,870	53.5	327,753	172,096	52.5

*数え歳年齢

図4-2-A　1886(明治19)年末における地域別男子平均結婚年齢

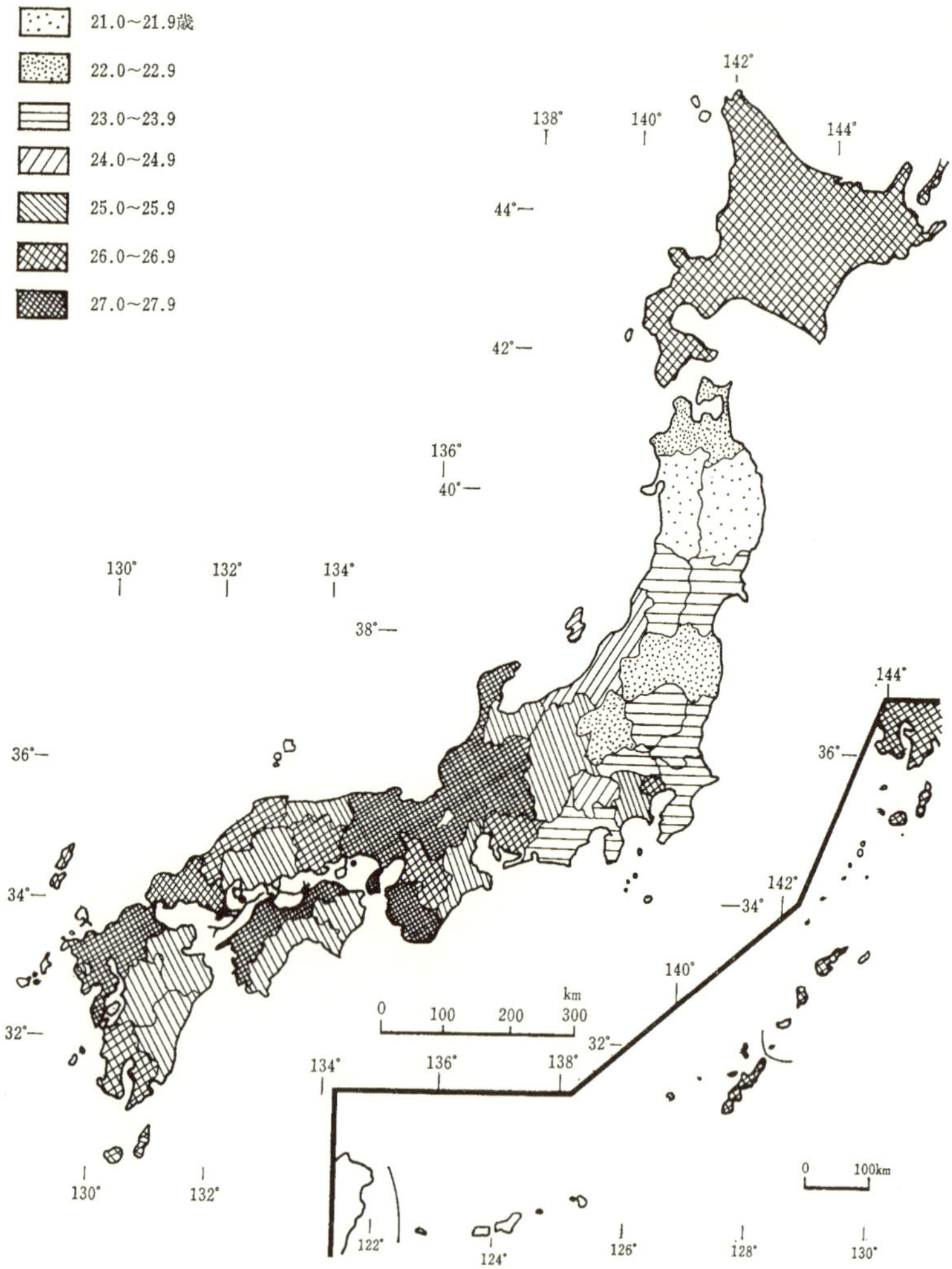

図4-2-B　1886(明治19)年末における地域別女子平均結婚年齢

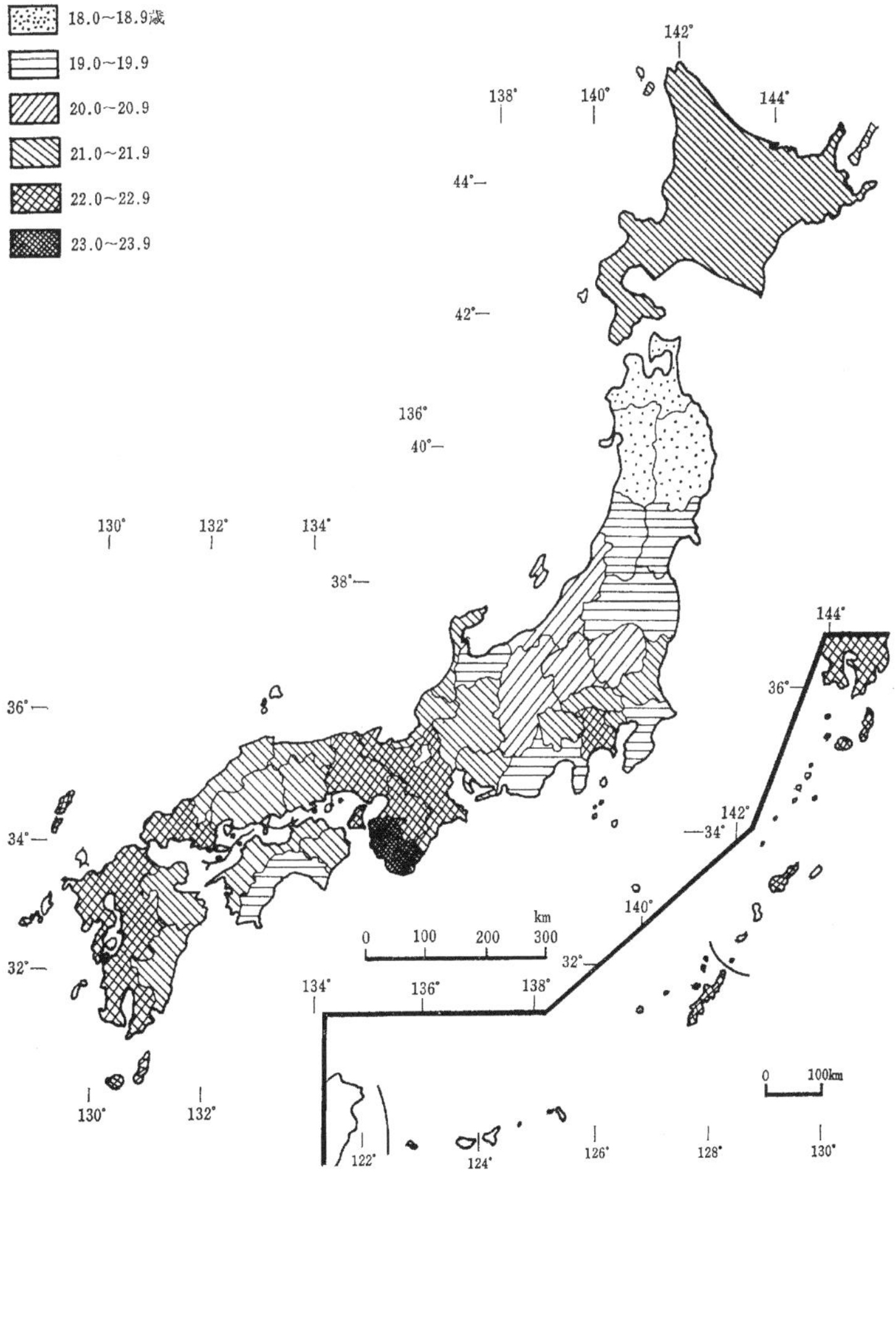

図4-3　岩手県と和歌山県の年齢別有配偶率（1886年末）

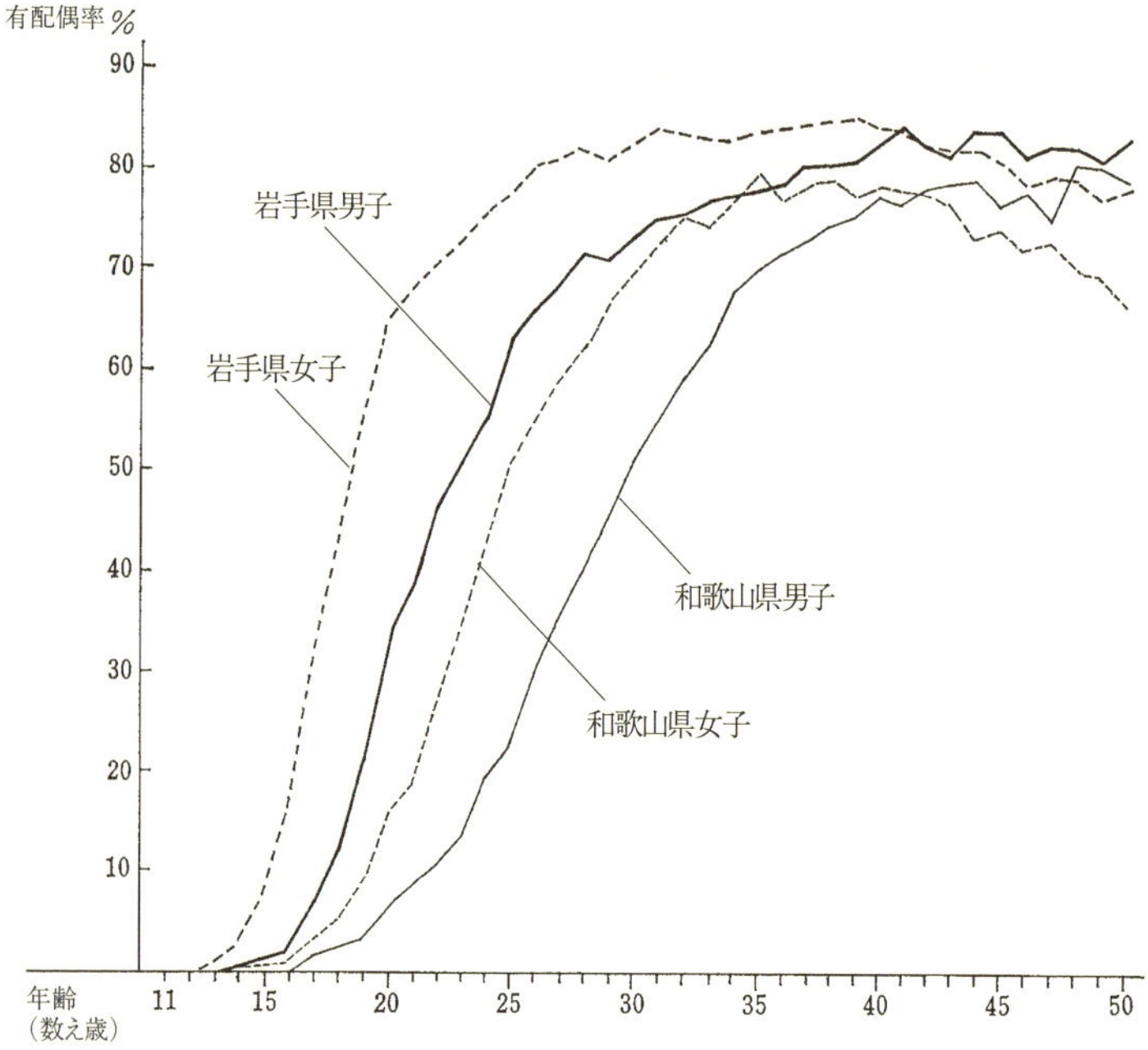

の地方に含まれる二一府県のうち、男子では一三の府県で二六・〇歳以上、女子では一四の府県で二二・〇歳以上となっている。

ここで我々は、結婚年齢に関して、境界を富山―長野―静岡とする早婚の東日本型と、晩婚の西日本型の二つのパターンを検出し得た。これをより詳細に見るべく、それぞれの特徴を最も強く有している二つの県――東日本では岩手県と、西日本では和歌山県――における、年齢別の有配偶率を比較したのが、**図4―3**である。有配偶率の線は男女とも四〇歳前後で逆転するが、男女とも両県の間では相当大きな差のあることが明瞭である。たとえば、二〇歳における女子の有配偶率は岩手県では七〇％であるが、和歌山県では三五％にすぎない。二五歳における男子の場合は、岩手では五〇％、和歌山県では二五％となっている。それぞれ、岩手県における有配偶率は、和歌山県の二倍の値を示しているのである。

図4-4-A　東京府・福島県・佐賀県の年齢別男子有配偶率（1886年末）

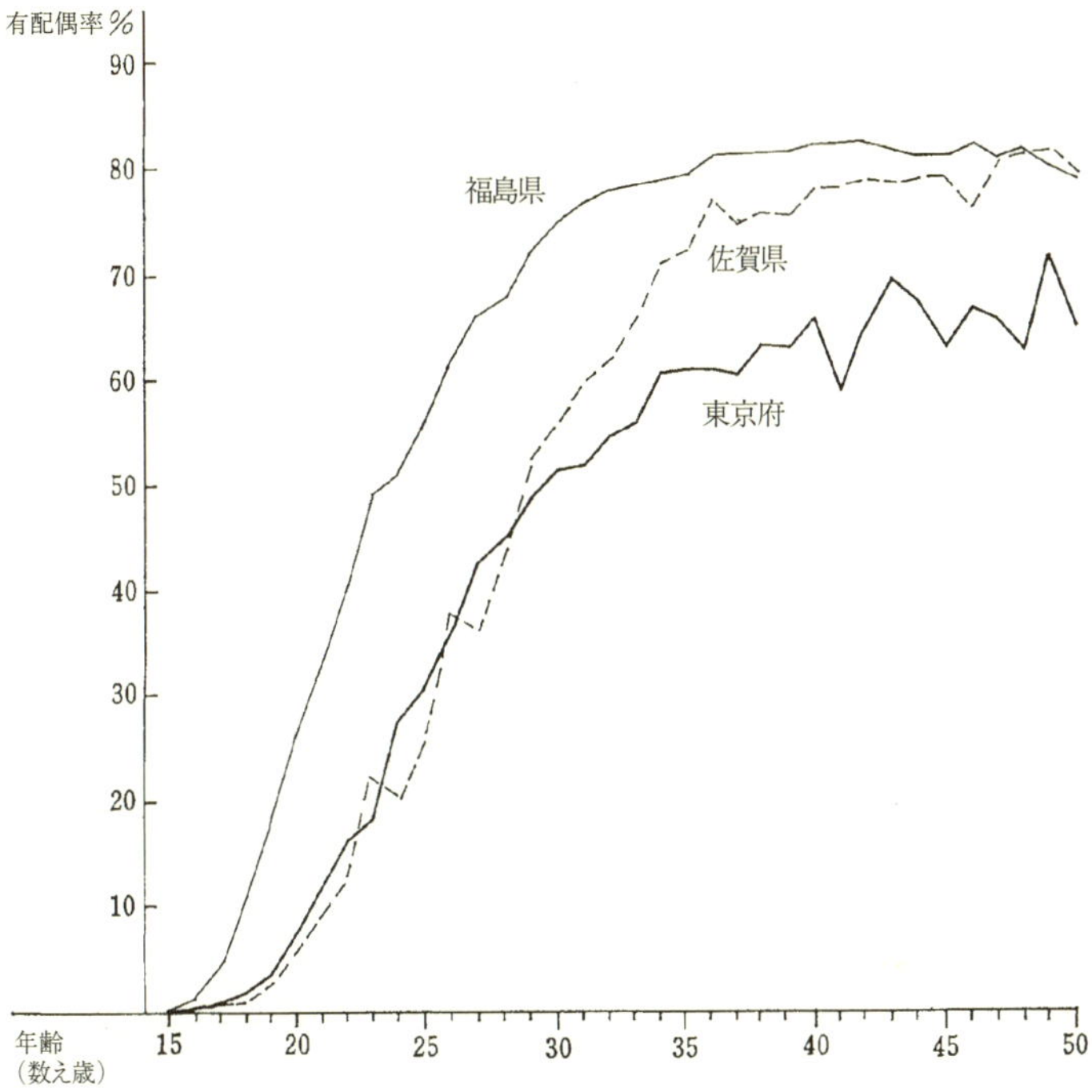

　また、都市と農村の数値、形状を比較するため、府県内で最も都市人口比率の高い東京府、農村県として、東日本から福島県、西日本から佐賀県をえらんで、一五－五〇歳の年齢別有配偶率を図4－4－A・Bに示した。東京府の平均結婚年齢は、佐賀県より低いが、結婚していない者の率は高く、おそらく独身率も最も高かったものと見られる。いわば、都市型ともいうべき形状である。一方、福島県と佐賀県とでは、年齢別有配偶率に年齢ラグはあるものの、双方ともピークの年齢では、八〇%が結婚しており、結婚していない者の率は東京に比べ遥かに低い。これを農村型の形状と呼ぶことができるだろう。これは、平均結婚年齢には現われない重要な差異であり、こういった形状について十分留意しなければならないことを物語っている。

　このような事例を通して、我々は、一九

図4-4-B　東京府・福島県・佐賀県の年齢別女子有配偶率（1886年末）

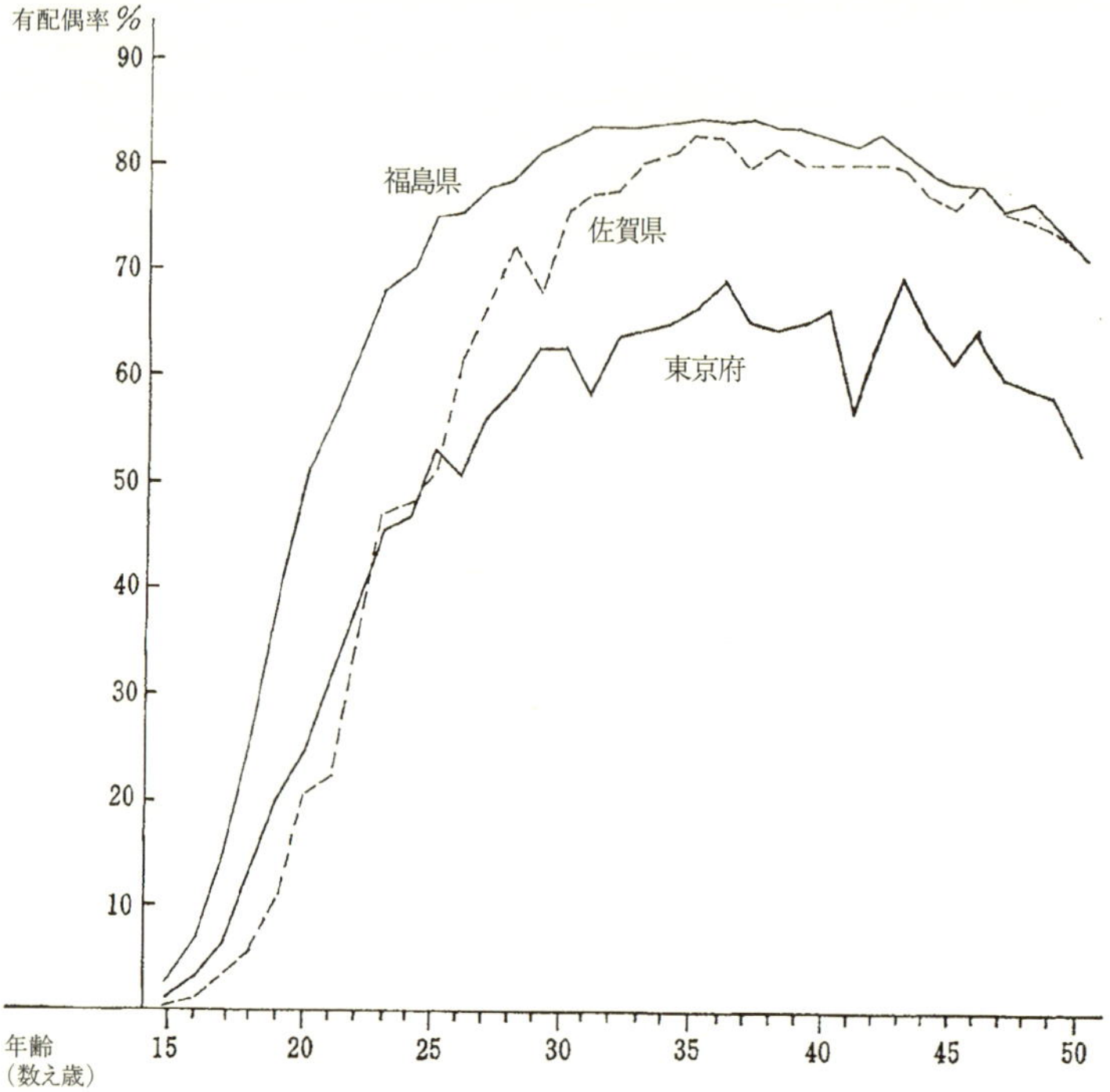

世紀末以前の日本について、平均結婚年齢や年齢別有配偶率に関し、全国平均値ではなく、それぞれの地域ごとに観察を詳細に進めていかなければならないという教訓を得た。

結　論――「大断層（フォッサ・マグナ）」

このような有配偶率、結婚年齢に関する明瞭な差は、何に基づくものであろうか。もし結婚年齢が、経済的環境の従属変数であるとするなら、日本におけるこのような事実は全く説明ができない。なぜなら、我々は、一九世紀末以前においては、西日本の方が、あらゆる面で東日本より経済的に富裕で、発展していたことを知っているからである。

この時期における経済的指標、たとえば生産量や所得の水準を、府県ごとに求めることは困難であるが、都市化の状況については都市人口比率を求めることができる。都市人口比率（『都府名邑戸口表』から得た数値で、人口五千以上の行政単位に住む人口が当該地域に住む全人口のうちに占める割合）によると、一八八四（明治一七）年の東日本でも、その七三％の人口が都市部に住む東京府は有配偶率が低く[15]、結婚年齢も相対的に高かった[16]。都市化の度合と、結婚年齢との間に関連があるかもしれないと考え、都市人口比率と平均結婚年齢との間の相関を求めたが、年齢別有配偶率とは異なり、統計的に有意な関係は見出すことができなかった。ただ東京、大阪、京都のように、大都市の存在する府県では明瞭に結婚年齢は高い。しかし東北地方は、都市人口比率が西日本よりむしろ高い。中小規模の都市の存在は、結婚年齢に影響を与えていないように見える。むしろ高い経済的条件は、晩婚であることによって水準を維持し得た可能性が高い。晩婚によって、人口圧力はより低くなり、家族周期はより長くなったからである。

だとすれば、一体何が決定要因となったのだろうか。それには考察の範囲をもっと拡げ、相続や継承の慣習、人口制限の程度等を綜合して考慮しなければならないが、これらは、将来の課題である。本稿の観察結果では、明治前期の日本――そしておそらくは江戸時代の日本――に存在した結婚年齢に関する異なった二つの地域パターン――富山・長野・静岡三県を境とする――の指摘にとどめたい。偶然にも、この境界線は、地史学上のフォッサ・マグナと重なっている。もちろん、結婚年齢の相違の原因を直接に地質学的な断層に求めるわけにはいかないが、東西日本における差の大きさ、意味を考えるならば、その差はまさに「大断層（フォッサ・マグナ）」と呼ぶにふさわしいのである。観察をさらに境界県の内部にまで深め、地理的・人文的意味を探り出す必要があるが、このことを含め、将来における宗門改帳を用いた研究の課題としたい。

＊本稿は、一九八五年一一月アメリカ、マサチューセッツ州、クラーク大学で開催された、「家族史セミナー」および同年一二月、

QEHコンファレンスにおいて、結婚年齢と有配偶率の関係を論じたペイパーに加除訂正を行ったものである。

注

（1）速水融『近世農村の歴史人口学的研究』東洋経済新報社、一九七三年、第一一―二図、一八八頁。
（2）速水融、同上書、第一二―一六表、二二〇頁より計算。
（3）速水融「人口学的指標における階層間の較差」『研究紀要』（徳川林政史研究所）昭和四八（一九七三）年度、第一表、一八〇頁。
（4）Akira Hayami, "The Myth of Primogeniture and Impartible Inheritance in Tokugawa Japan." *Journal of Family History.* Spring, 1983. p. 3-29, Table 7, p. 27.
（5）成松佐恵子『近世東北農村の人々』ミネルヴァ書房、一九八五年、八三―八四頁。
（6）たとえば、明治四一（一九〇八）年末調査の内閣統計局編纂『日本帝国人口静態統計』は、本編の他に附録として、「警察署調査現住人口」を巻末に掲載している。東京府の人口を例にとると、内閣統計局調査では、三〇五万三四〇二人であるが、警察署調査では、二三二万八七九一人と大きく違っている。この不一致の最大の理由は、寄留者が手続きをせず、府内の他の場所に移動した結果、内閣統計局調査では、実際より過大に算定してしまったからであろう。
（7）細谷新治『明治前期日本経済統計解題書誌』富国強兵篇（上の二）一橋大学経済研究所・日本経済統計文献センター、一九七八年。ならびに、総理府統計局編『総理府統計局百年史資料集成第二巻、人口』上、総理府統計局、一九七六年。
（8）内務省総務局戸籍課が、明治一九（一八八六）年一二月三一日時点で調査刊行したもので、二五五頁よりなる。
（9）内閣統計局編。明治三一（一八九八）年一二月三一日時点の調査で、以後五年ごとに国勢調査が開始されるまで続けられた。
（10）内務省地理局編。
（11）内閣統計局編。
（12）John Hajnal, "Age at Marriage and Proportions Marrying." *Population Studies.* Vol. 7, No. 2, 1953, p. 111-136.
（13）速水融『近世農村の歴史人口学的研究』一二三―一二七頁。
（14）信濃国横内村の事例は、速水融、同上書、二一二―二一三頁を見よ。
（15）有配偶率は、男子の二六―三〇歳層で、東京四五・二、全国五三・四、女子の二一―二五歳層で、東京三三・九、全国五〇・五%であった。

(16) 平均結婚年齢は、男子：東京二六・〇、全国二五・三、女子：東京二一・四、全国二一・三である。

第II部　都市の歴史人口学

――経済発展と都市人口の関係

第5章　人口移動と都市人口
——近世後期都市の地域的特性

都市の人口と農村の人口の関係

さきに筆者は、美濃国安八郡西条村（みののくにあんぱちぐんにしじょうむら）の近世後期約一〇〇年間にわたる宗門改帳の分析を通じて、多数の農民が村外へ出稼奉公を行なっていたことを見出した[(1)]。これは、江戸時代における労働移動の典型的な形態であると一般には考えられるだろう。出稼・奉公という言葉には、永久的な移動ではなく、一時的な移動、すなわち、ある時期を過ぎれば、出身地へ戻って来ることが予想されるような移動という意味が含まれている。明治以降、ごく最近に至る日本の工業化過程においても、「出稼型労働移動」がその特質であると言われているのである。

しかるに、連年の宗門改帳に、個人の行動追跡調査を実施して得た結果では、出稼奉公に出た農民の帰村率は決して高くはない。この率の測定には様々な困難が伴い、正確な数値を得ることは難しいのであるが[(2)]、とりあえずのところ、帰村率（ここでは、出稼奉公に出た男女のうち、農村部へ戻る者の比率とする）は、約五〇％というのが観察の結果得られた水準である[(3)]。帰村しなかった者は、出稼奉公先、その大部分は都市あるいは町場へ永住し、そこで死亡した。

それゆえ、史料に記述されている出稼奉公という表現を、字義通りとって、この時期の移動を「出稼型」というように規定してしまうことは当を得ていない。移動にたいする制度上の制限が、「移動理由」として「永久的な移動」、「引越」という字句を許さなかったか、制限したのであって、事実は異なっていた。もちろん、一時的な移動の予定が永久的なものになってしまった例もあるだろうから、この種の区別は、移動に際しての申告によるのではなく、事後における経過から判断すべきであろう。

ともかく、美濃平坦部農村の事例では、大量の移動が確認されるところであり、また、筆者の行なった信州諏訪

図5-1　美濃西条村の人口趨勢と出稼奉公

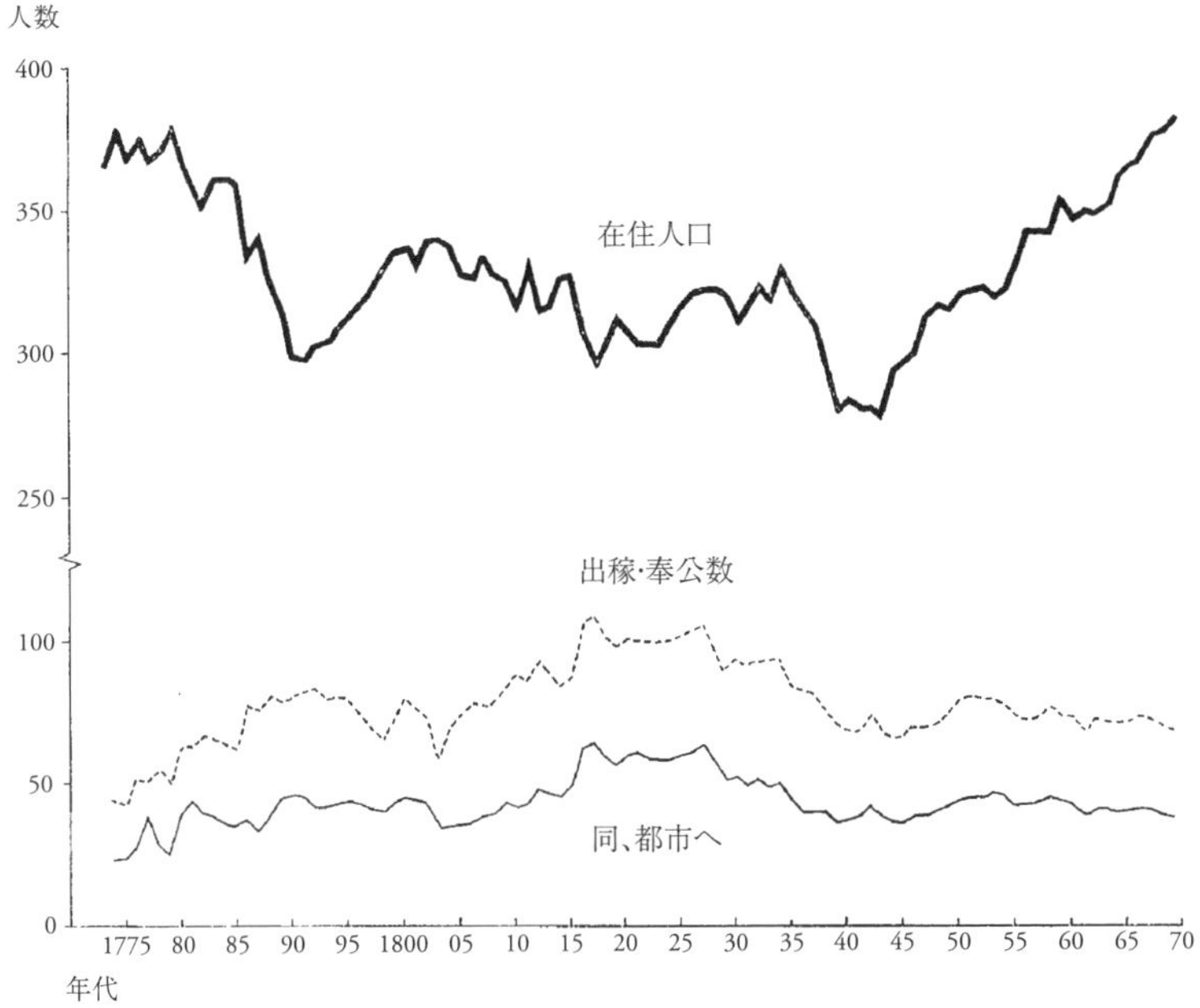

地方の宗門改帳分析でも、最盛時（文化・文政年間）には、男子の生産年齢人口の約三割が江戸出稼を行なっているという状況であった。

人口学的にみて、このような人口の農村から都市への移動は、農村における人口の制限要因として機能したことは明らかである。美濃西条村の事例でも、一七七三（安永二）年から一八六九（明治二）年に至る間に出生数九九〇、平均の出生率三一・五‰、死亡数七二四、平均の死亡率二三・一‰、自然増加率年八・四‰に達していながら、人口総数は三六六人から三八一人へとわずかな増加にとどまっていたのは、人口の村外流出によるのである。もし全く流出がなく、しかも自然増加率が前記の通りであったならば、この期間に人口は二・二五倍になっていたはずである。

図5―1は、この期間における在村の人口趨勢と、出稼奉公という記載のある者の合計数

を比較したのであるが、在村人口と都市への出稼奉公人数が補完的な関係にあることが明瞭である。これは、最も顕著には天保年間以降において示されている。この村の人口は一八三九年を最低点とし、その後、史料の最終年次である一八六九年までの三〇年間に三六・七％、年率にして約一％の増加をみせているのであるが、この時期は同時に、村外への出稼奉公、とくに都市へのそれが図5―1にも明らかなごとく減少した時期でもあった。この人口増大は、移動の減少以外に、幼児死亡率の減少[5]も考慮に入れる必要があるが、ともかく、人口停滞期には出稼奉公人数が多く、人口増加期には少ないという関係は否定すべくもない。

このように、都市への出稼奉公は、農村人口の増大をチェックする作用を演じたのであるが、この機能には二つの局面があった。一つは移動自身のもたらす成人人口の減少であり、もう一つは出稼奉公によって生じる結婚年齢の遅延と出生数の減少である。後者は、とくに女子においてその影響が大きい。出稼経験の有無によって、女子の平均結婚年齢には二六・三歳と、二〇・七歳という相違があることが計測されている[6]。この差は、家族復元法（Family reconstitution）を適用して得た結婚年齢別の出産回数によれば、出産数一・四三の減少を意味している。これは、結婚年齢二〇・七歳の女子の平均出産回数の二九％にあたる。出稼奉公へ出なかった女子に比べれば三割近くも出産回数が少なくなるのであって、この影響は、意外なほどに大きいと言わねばならない。

さらにまた、この出稼奉公の頻度には、出身の階層によって較差のあることが明らかであり、上層から下層に移るにしたがって出稼奉公の頻度は高くなっている[7]。このことは、階層間に人口の再生産率の差をもたらす。とくに小作層では、継嗣の欠如から絶家が多くなり、観察結果によれば、前戸主の死亡による相続機会に、実にその三分の一が絶家となっているのである。他方、地主層には、分家は多いが、絶家の事例は皆無である。このように地主層では新しい分家が多く、小作層では絶家が多いにもかかわらず、この村の階層構成が比較的安定していたのは、分家や養子縁組を通じて、上層から下層へという階層間移動があったからに他ならない。地理的移動によって村落

表5-1　近世日本における都市と農村の出生率・死亡率の関係

都市の出生率（BRu）<農村の出生率（BRr）
∧　　　　　　　　　　∨
都市の死亡率（DRu）>農村の死亡率（DRr）

外へ流出する人口の多い小作層を、このような階層間移動が補塡する形で、この二つの種類の移動が結合していたのである。このような社会的機能の意味も考慮するならば、人口移動は、非常に広い範囲に影響を与えているのである。

前工業化社会における経済発展の負のフィードバック作用

ところで、人口学的な考慮に戻って、今度は農村から大量の人口を吸収した都市の側を考えてみよう。都市の歴史人口学的研究は、取扱う人口の大きさや移動の激しさ等から、資料整理、統計化に多大の時間と労力を要し、未だ詳細な内容は発表されていない[8]。現在利用しうるのは、断片的なもしくは簡単な指標でしかない。しかし、それらのいずれをとっても、江戸時代の出生率と死亡率の間には、都市と農村を比較して**表5－1**に示したような関係を設定することができる。すなわち、都市においては、出生率（BRu）は、死亡率（DRu）より低く、農村の出生率（BRr）より低く、（死亡率DRu）は、農村の死亡率（DRr）より高いのである。したがって、都市人口が維持または増大するためには、その死亡率と出生率の差以上の率で人口の流入がなくてはならない。これが、前工業社会にみられる農村→都市への大量の人口移動の人口学的説明である。都市におけるこのような人口学的特徴は、近代科学技術が都市生活に適用されるようになって次第に消滅していった[9]。たとえば、直接に死亡を減少させた要因としては、予防医学、公衆衛生の発達が最も大きいだろうし、一般医療技術や設備の改善も影響するところが大きかった。また間接的には、生活維持のための諸施設、上下水道、電力等の供給、輸送通信手段の改良等は、疫病と飢饉の恐怖を、それ以前と比較すればはるかに縮小させ、都市生活が農村生活より劣っている前工業社会の特徴をむしろ逆転さえしているのである。こういった近代的都市生活の一般的な成立は、日本においては明治後半以降のことであり、江戸時代のそれは、このような条件を欠いた不安定なものであったと言えるだろう。疫病と飢饉に対する抵抗力は、消極的なものでしかなかったのである。

以上の観察から次のことが導き出される。農村から都市への人口移動は、農村人口をチェックする機能を演じたが、それに伴って都市人口は必ずしも増加しない。都市人口の維持だけでもこのような移動は必要であり、いわんや増大するにはさらに多数の移動を必要とした。また、ある地域で、経済的または他の理由によって都市への人口集中が生じたり、新しい都市の成立がみられたりすると、この移動量は大きくなり、地域全体としての人口の増大はチェックされるようになる。多くの場合、経済的発展は、このような都市の発展、都市人口比率の増大を伴うので、前工業社会においては、地域の人口と、経済的発展との間には負のフィードバック作用[10]が働き、経済的発展がある点まで進むと、地域の人口趨勢が停滞に転じ、人口の面から地域の経済的発展をチェックしてしまう可能性が出てくる。本稿の目的は、江戸時代の日本におけるこのような作用について検討することにある。

地域別人口変動と都市人口比率

江戸時代後半の人口趨勢は、一七二一（享保六）年に始まる幕府の人口調査を資料として観察することができる。周知のごとく、この資料には多くの欠陥があり、資料に掲げられた数値を人口の絶対数と考えることは到底できない。しかし、相対的に、地域間のトレンドを比較するというような場合にはなお有用である。従来、この資料は、一つは、その信頼性の低さから、他の一つは、全国合計をみると、調査の結果が判明する一七二一（享保六）―一八四六（弘化三）年の間、数値上、ほとんど停滞していることから、あまり利用されてこなかった。しかし、一九六五（昭和四〇）年に発表された梅村又次氏の論稿[11]は、この資料の価値を再認識させるものであった。すなわち氏は、人口趨勢を地方別に分解し、これを利用しうる他の経済資料（たとえば新田開発の状況など）の系列とつき合わせるという手法を通じて、経済的発展と人口との関連を分析したのである。

人口に関する資料、それも、全国人口の調査資料が利用可能であるという状況は、実は大変大きな意味を持っている。歴史の各時代において、人口はしばしば調査の対象とされてきた。日本においても、古代籍帳の作成された当時、全国人口の集計が行なわれた可能性がある。しかし、古代籍帳もそうであるように、調査結果が現在も利用可能な事例は極めて少ない。したがってたとえそこに欠陥があっても、全国的数量資料の乏しい時代の研究材料として、この調査資料は大いに活用されるべきである。とにもかくにも、全国を対象とし、しかも一定の間隔で行なわれた調査であり、しかも、そのうちの何年分かについては、国別・性別の数値まで判っているのである。

そこで、筆者は、**表5―2**でこの国別人口の判明する年度の資料を利用し、全国を一四の地域に分け、それぞれの地域における人口変化を、平常年と災害年に分けて求めてみた。江戸時代の三大災害といわれる享保・天明・天保の飢饉・疫病は、人口に大きな影響を与えたに違いないので、この災害をはさむ前後の最も近い年度の数値をとって、それを合算したのが災害年における変化である。全期間の変化から、この災害年の変化を除去した残りが平常年の変化である。また変化率は、変化量を、この調査の期首人口、すなわち一七二一（享保六）年の人口で除した数値である。[12]

このように人口の変動を、災害年と平常年に分けたのは、前近代社会における人口変動を考える際、疫病や飢饉によって生じる短期的変動と、そうでない長期的変動とを、区別してみる必要があるからに他ならない。近代社会

表 5-2　全国の地域別人口変化（平常年と災害年）

地　域	享保6年人口	弘化3年人口	全期間の変化	平常年の変化	災害年の変化	全期間変化率	平常年変化率	災害年変化率
1 東奥羽	1962839人	1607881人	-354958人	+96848人	-451806人	-18.1％	+4.9％	-23.0％
2 西奥羽	877650	912452	+34802	+128198	-93396	+4.0	+14.6	-10.6
3 北関東	1841957	1328534	-513423	-251307	-262116	-27.9	-13.6	-14.2
4 南関東	3281746	3109944	-171802	-24451	-147351	-5.2	-0.7	-4.5
5 北　陸	2155663	2534477	+378814	+584853	-206039	+17.6	+27.1	-9.6
6 東　山	1052147	1191309	+139162	+142207	-3045	+13.2	+13.5	-0.3
7 東　海	2201831	2434061	+232230	+109894	+122336	+10.5	+5.0	+5.6
8 畿　内	2249792	1998737	-251055	+66567	-317622	-11.2	+3.0	-14.1
9 畿内周辺	2816804	2672179	-144625	+81721	-226346	-5.1	+2.9	-8.0
10 山　陰	978447	1208875	+230428	+218177	+12251	+23.6	+22.3	+1.3
11 山　陽	2023970	2433799	+409829	+360435	+49394	+20.3	+17.8	+2.4
12 四　国	1532131	1943146	+411015	+316551	+94464	+26.8	+20.7	+6.2
13 北九州	1987553	2123634	+136081	+158621	-22540	+6.8	+8.0	-1.1
14 南九州	1087276	1344411	+257135	+113123	+144012	+23.6	+10.4	+13.2
計	26049806	26843439	+793633	+2101437	-1307804	+3.0	+8.0	-5.0

地域に含まれる国名

東奥羽　：　陸奥
西奥羽　：　出羽
北関東　：　上野、下野、常陸
南関東　：　武蔵、相模、上総、下総、安房
北　陸　：　佐渡、越後、越中、能登、加賀、越前、若狭
東　山　：　甲斐、信濃、飛騨
東　海　：　伊豆、駿河、遠江、三河、尾張、美濃
畿　内　：　山城、大和、和泉、河内、摂津
畿内周辺：　近江、伊賀、伊勢、志摩、紀伊、淡路、播磨、丹波
山　陰　：　丹後、但馬、因幡、伯耆、出雲、隠岐、石見
山　陽　：　美作、備前、備中、備後、安芸、周防、長門
四　国　：　阿波、讃岐、伊予、土佐
北九州　：　筑前、筑後、肥前、壱岐、対馬、豊前、豊後
南九州　：　肥後、日向、大隅、薩摩

においては、短期的要因による変動は次第に減少していると言ってよいだろうが、前近代社会では人口は短期と長期の二つの要因によって変動している。しかも、両者はほとんど相互に独立的であるから、変動を二つの局面に分解することが望ましいのである。

しかし、本稿で行なったような区分が、はたしてこの人口変動を短期と長期に分けたことになるかどうかについては疑問の余地はある。それは、災害年をはさむ期間が長いため[13]、正確に災害時の人口変化を示しているわけではないからである。しかし、やはり災害年には、多くの地域で人口の減少がみられたことが判る。全国合計値でも、災害年は五％の減少をみせ、平常年の増加率八％と対照的である。**表5―2**をみると、一般に「停滞」というイメージで語られているこの時期の人口が、実は大きな地域差を持っていること、また、平常年には、ほとんどの地域で増大を示していることが明瞭である。全期間を通じて言えば、人口は東北から関東にかけての東日本で減少、中央日本では北陸から東山・東海で増大、近畿で減少、西南日本では増大という区分ができる。

災害年では、多くの地域で減少が顕著であるが、西南日本は、北九州を除いて災害年であるにもかかわらず増大していることが注目される。災害年にもっとも減少の激しかったのは、東奥羽・北関東・畿内・西奥羽・北陸・畿内周辺という順で、近畿以東では東海を除くすべての地域でかなりの減少であった。災害は、東北日本から中央日本にかけての地域の人口に大きな影響を与えているのである。

本稿の主題に照らして言うならば、最も重要なのは、平常年における人口変化の地域差である。人口変動を短期的要因と長期的要因に分けた場合、地域の社会経済構造と関連するのは後者であり、これは平常年の変化を通じて観察しうるものだからである。**表5―2**の平常年における人口変化をみると、北および南関東の二地域を除くすべての地域で人口は増大している。全期間を通じては、最も減少の激しかった東奥羽でさえ増加しており、その率は近畿地方より高い。西奥羽から北陸山陰にかけての日本海沿岸は、いずれも高い増加率を示しており、西奥羽・北陸・山陰の三地域は増加率の上で上位の五地域に含まれているのである。東山・東海および西南日本も、これにつぐ増加地域となっている。これに反して、近畿地方の増加率は最も低く、減少地域である関東とともに、平常年でも人口の停滞地域をなしていたことが判る。

通説の上で、南関東や近畿地方は、江戸時代における経済の先進地域とされている。すなわち、農村では商品作物の栽培、手工業の発展があり、貨幣商品経済の浸透も最も進んでいた。また都市も、三都を始めとしてその地域に最も多かったのである。ところが、人口という局面でみる限り、他の地域の増大にたいして、停滞ないしは減少という一見して逆の関係が見られるのはなぜなのだろうか。単純に、人口を経済の従属変数とみるならば、経済的発展のあるところに人口増大があって然るべきであろう。しかし、近世後期の日本では、これとは全く逆の現象がみられるのである。

そこで、このような現象を、先に述べた都市と農村との間にみられる人口指標の相違から考えてみよう。もし、人口の移動が地域内に制限されているとするならば、一地域の人口変動は、域内の自然増減に依存するから、都市人口比率の高い地域では増加力は低く、逆に低い地域では増加力は高くなるであろう。江戸時代全国各地域の都市人口比率については、残念ながら知ることができない。そこで、求めうる最古の資料として、明治八（一八七五）年の数値を示している『共武政表』を用いて、人口五〇〇〇人以上の都邑に住む人口が、それぞれの地域の人口全体のうちに占める割合を**表5－3**に掲げた。[14]明治初年の数値を江戸時代後半にあてることについては、もちろん疑問の余地はある。特に幕末開港に伴い、横浜・兵庫等の港湾都市が新たに成立したこと、幕藩制に基づく都市の存立条件の喪失（たとえば参覲交替による江戸での集中的な領主層の財政支出の誘因が江戸への人口集中の条件であったが、これが消滅したこと）などの要因を無視することになる。こういった変動は、各地の都市人口比率に若干の変化をもたらしたに相違ない。しかし、明治初年には人口構造に大きな影響を与えるような工業化は未だ始まっ

表 5-3　明治初期における各地域の都市人口

地域	総人口	人口5千以上の都市	同左の人口	同左人口の比率
1 東奥羽	2347507 人	14	202960	8.6 %
2 西奥羽	1195120	11	173302	14.5
3 北関東	1549276	9	97511	6.3
4 南関東	5123553	17	1032731	20.2
5 北陸	3360285	37	538706	16.0
6 東山	1391740	7	72541	5.2
7 東海	2803578	20	301606	10.8
8 畿内	2093500	15	684362	32.7
9 畿内周辺	3032366	24	311419	10.3
10 山陰	1341044	9	130472	9.7
11 山陽	2880989	19	280959	9.8
12 四国	2459214	14	217531	8.8
13 北九州	2815219	19	215374	7.7
14 南九州	2028402	7	171630	8.5
合計	34421793	222	4431104	12.9

（注）『共武政表』（明治8年12月）による。

ていなかったし、移動を容易にした鉄道も局部的に開通していたにすぎない。とするならば、近代化に伴う都市人口の急激な変化は、未だ将来のことであったとしてよいだろう。いずれにしても、ここでは、各地域の都市人口比率と、平常年の人口変化率の関係について、大摑みな傾向を求めればよいのであって、精密な分析が目的ではないのである。

図5―2は、縦軸に都市人口比率、横軸に平常年の人口変化率をとって、両者の相関を示したものである。**表5―2**、**表5―3**の一四の地域区分は、人口の移動圏の単位としては適当でないと思われるので、これを適宜くくり、東西奥羽・北南関東・東山東海・畿内畿内周辺・山陰山陽・北南九州を一つの地域としよう。これに、北陸と四国を加え全国を八地域とする。そして**図5―1**中、ワクで囲った位置にドットする。五は北陸であるが、この地域のみ未知の理由から都市人口比率の高いことと、平常年の人口増加率の高いことが両立しており、例外的存在となっている。北陸を除いて求めた人口変化率と都

図5-2　都市人口比率と人口変化率の逆相関関係

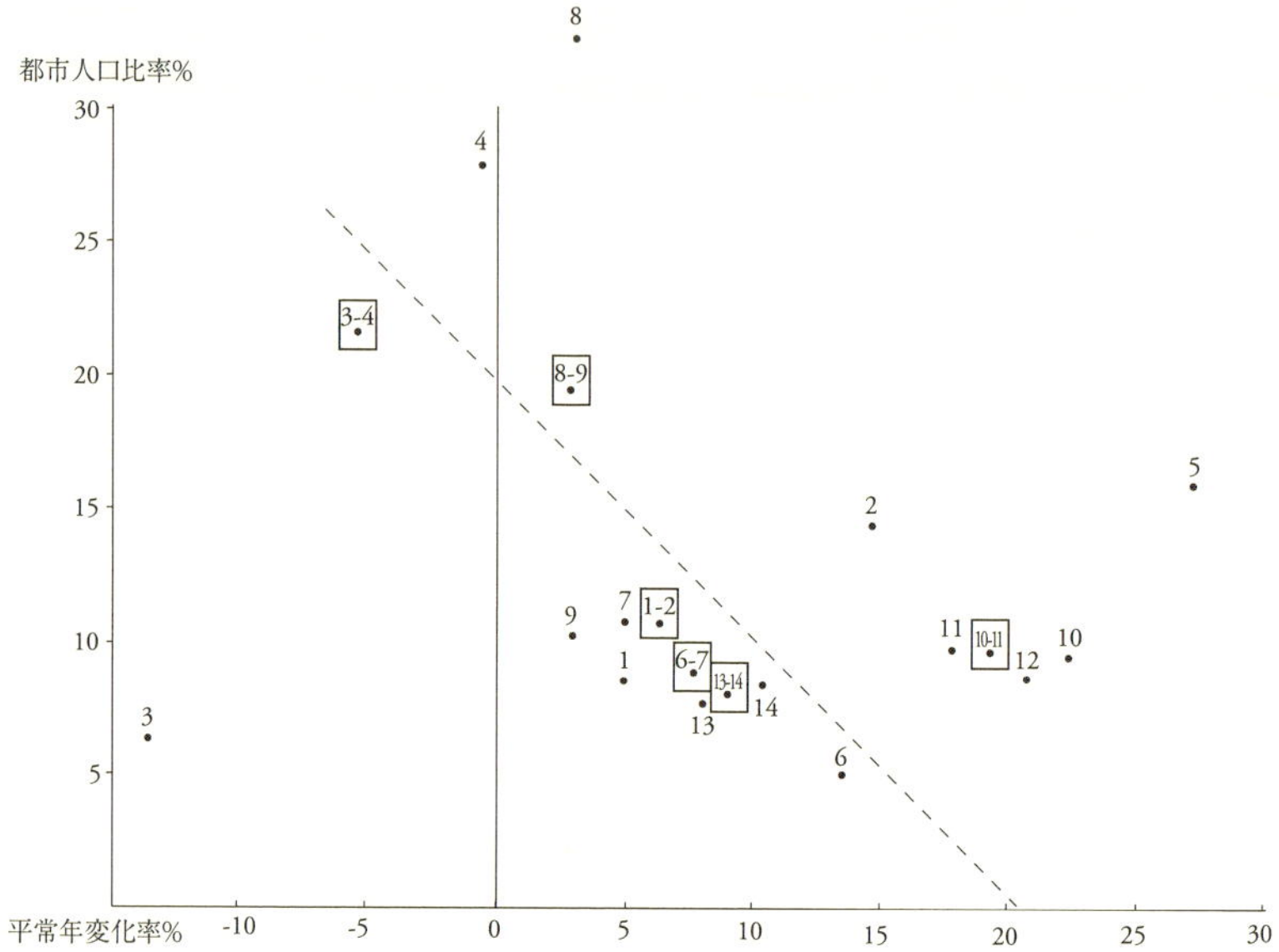

市人口比率の相関係数はマイナス〇・七七であり、ほぼ有意の範囲内にあると認めてよいだろう。

このことから、都市人口比率の大きさは、その地域人口の変化と逆相関の関係にあること、すなわち、前者が高ければ後者は低く、前者が低ければ後者は高くなることが検証されたと言えるだろう。

ただ、ここでは、一つの前提をおいた。それは、人口の移動がある地域内で完結するということである。もし、全国的な移動に何らの制限もなく、すなわち制度上、あるいは技術上、全く自由であるとするならば、地域相互間の移動が生じ、地域人口の変化は、その都市人口比率と相関しなくなるだろう。しかし、江戸時代を考えるに際して、このような移動の無制限的な自由は想定しえない。制度の上での移動の制限については事実上無視しうるとしても、輸送技術の低位性にもとづく移動の困難、費用の大きさは移動をある限られた範囲にとどめることとなった。筆者の調査した美濃西条村の場合でも移動の範囲は、東は知多半島、および名古屋、西は大坂・堺に限られ、江戸は例外的にあったにすぎない。殊に女子の場合には、さらに限定されていた。信州諏訪地方の例でも、男子の移動先は附近の農村か江戸であって、その他、隣国の甲州が散見されるのみである。これに対して女子の出稼先は、附近農村に限られていた[15]。九州の農民が京都や大坂へ出て来たり、東北北部の農民が江戸へ奉公に来ることはまずなかった、と言えるだろう。こうった移動の技術的制限のもとにおいてこそ、前記の地域人口と都市人口比率の間にある逆相関が存在しうるのである。

図５―２から計算上求めた平常年の変化率がゼロの地域の都市人口比率は、約二〇％である（**図５―２**に斜に引かれた回帰線が平常年変化率ゼロの線と交わる点をみると、都市人口比率は約二〇％となる）。つまり、都市人口比率が二〇％以内の地域では人口は増大し、以上ならば減少に向う。これは、都市農村の人口が比率、数量ともに、一定していることを前提としているが、この場合、**表５―１**に当てはめると、都市における出生率と死亡率の差（**表５―１**よりこれはマイナスに出ることが判る）は、農村における差（プラス）の四倍であるということを意味する。もし、農村における出生率が三五‰、死亡率が三〇‰であるとするならば、その差五‰の四倍の差、すなわち二〇‰の差が都市にはあったことになる（たとえば出生率を二〇‰とするならば、死亡率は、四〇‰であろう）。そしてこの場合には、年々農村人口の五‰が純流入として都市に対して向けられるであろう。しかし事実は決してこのように単純ではない。農村部の人口増加率は、もし人為的制限がなく、女子の平均結婚年齢が二〇歳とすれば、年間一〇‰に達するとみてよい[16]。これが実現している状態では、都市への人口流入は率の上でもっと多く、都市人口は増大し、しかも地域全体の人口が増大するという結果を生むだろう。近世初期の一世紀間は、全国的にこのような状況にあったものとみられる。しかし、後期に至れば、例外を除いて、農村人口の自然増加率が一〇‰を越え

ることは稀となった。これは、一部は結婚年齢の上昇によってもたらされたとしても、やはり多くの場合、人為的な出生制限を考慮しなければならないことを意味している。もっともその数量的把握については、測定は甚しく困難であるが。東奥羽や北関東の人口変化が、低い都市人口比率にもかかわらず、低い、あるいはマイナスでさえあるのは、人為的制限を抜いては考えられないのである。もちろん、ここで見出された両者の逆相関で、近世日本のすべての人口変化を説明し尽せるわけではないが、中央日本の、人口変動があまり大きくなかった地帯については、ほぼこのような説明が近世後半については妥当するのではないだろうか。

若干の限定——都市化と経済発展の関係

ところで、本稿では通説に随い、近畿地方や南関東を、経済的先進地帯とし、特にその都市人口比率の高さから、これらの地域における経済発展と人口変化の間にある逆相関を論じてきた。しかし、以下の反論が予想される。それは第一に、経済的発展がなくても、一地域の都市人口比率は高くなりうるし、また、第二に、経済的発展が、常に都市人口比率を高めるとは限らないという点である。第一の疑問について言えば、たしかに都市形成の要因は、その地域の経済的発展とは無関係であるというケースは少なくない。たとえば、江戸という都市を考えた場合、この都市の形成要因は政治力であって、地域の経済発展の結果でないことは誰の眼にも明らかなことである。しかし、逆に一度、都市形成が進むと、江戸時代の日本のように経済社会がすでに成立している場合[17]には、地域の経済発展を刺戟することになることもまた事実である。その影響の大きさを決定するのは、結局はその都市の消費力であり、これは都市人口の大きさと、一人当りの所得に比例する。後者については直ちに計り得ないのであるが、たとえ大部分の都市住民が生存水準ギリギリの状態で生活していたとしても、その生活必需品物資を市場を通じて獲得しているならば、その需要は附近の農村に大きなインパクトを与え、地域の経済的発展を促すことになる。江戸が、経済的に未発展の関東平野の一隅に立地した当初はともかく、いま問題となっている近世後期という時期について言えば、やはり地域経済と全く独立した存在ではありえなくなっていることは認められるであろう。

問題はむしろ第二の点にある。T・C・スミス氏はある論文[18]で、日本の前近代的経済発展の特徴として、都市化を伴わない点を指摘し、この点にこそ、西ヨーロッパのそれとの間に鋭い対照があると述べている。氏の論拠は、江戸時代における日本の都市人口の推移で、長期にまたがり人口変動の推移を追える合計三八の都市のうち、その過半数が減少傾向にあること、特にそれが、近畿から瀬戸内海沿岸の経済的先進地帯と言われる地域の城下町で著しいことにある。たしかに、資料の残存率の高いこれらの都市においては、人口はむしろ減少し（スミス氏が避けられた江戸や大坂を含めて）、その限り、前近代日本の経済発展を非都市型とすることは可能である。しかし本稿で利用した『共武政表』の都邑も、人口五〇〇〇以上に限っているのであるが、人口規模のより小さい中小の都市、町場まで含めて考えればどうなるのだろうか。これらの人口変動は、高かったのだろうか、低かったのだろうか。これらは、依然として未知の分野に属する。地域の経済発展との関連を考える場合、当然のことながらこれらの在郷町・在町の存在を無視して、「城下町都市と農村」という設定を行なうことは危険でさえある。したがって、たとえば**表５―３**にみるように、都市人口比率の欄において、西南日本の数値が低いということは、直ちにこの地域の経済的発展が低位であるというように読むべきではない。厳密には、この地域の経済は、人口五〇〇〇以上の都市を発展させるような性格の成長タイプではなかったとみるべきであろう。

これらの都市もしくは地方の在郷町・在郷都市の歴史人口学的研究が少数にとどまっている現時点では、早急な結論を出すことは差し控えるべきであろう。こうした研究の開拓のためにも、これらの人口の内容を詳細に知ることのできる、都市や町場における連年の宗門改帳の発見と分析が強く望まれているのである。

注

（1）速水融・内田宣子「近世農民の行動追跡調査——濃州西条村の奉公人」（徳川林政史研究所『研究紀要』昭和四六（一九七一）年度所収）以下第Ⅰ論文と称する。速水融「濃州西条村の人口資料——安永二年〜明治二年」（同上、昭和四七（一九七二）年度所収）以下第Ⅱ論文と称する。同「人口学的指標における階層間の較差——濃州西条村の農民」（同上、昭和四八（一九七三）年度所収）以下第Ⅲ論文と称する。

（2）出稼奉公人が帰村しなかったことを検証するためには、長期にわたって史料が連続していることが必要である。また、とくに女子の場合、出稼先から、史料の上では出身地に帰らずに、付近の村へ嫁入りするというような場合も多い。これは「帰村」の範疇に入れるべきであろう。

（3）西条村の場合、出稼奉公人三二九人のうち、この村へ戻った者は九二人（二八％）にすぎないが、これに出稼奉公先から農村部への結婚・養子等の理由による移動を含めると、その率は男子四九・三％、女子五一・九％となる。第Ⅰ論文、二四八頁所収、一六表より。なお、穐本洋哉「近世農民の行動観察——西濃、浅草中村、根古地新田の宗門人別改帳を素材として」（『三田学会雑誌』六六巻八号、一九七三年）では、西条村に近い農村の奉公人の帰村率を、男子八・八％、女子二二・七％と測定している。これは、出身の村への帰村率であって、農村部への帰村率ではない。

（4）毎度ながら、この出生率および死亡率は、現在のそれと同じものではない。宗門改帳を資料とする限り、出生から宗門改帳作成時点までの間に死亡した子供については、出生も死亡も原則としてカウントされないのである。実際には、これにいくらかの率を加算しなくてはならない。

（5）第Ⅱ論文、一七七—一七八頁。

（6）第Ⅰ論文、二五〇頁所収の一七表より。

（7）詳しくは第Ⅲ論文参照のこと。

（8）近くコンピューターを利用した飛驒高山の一〇〇年間にわたる連年の宗門改帳の整理分析結果が発表される。佐々木陽一郎「電子計算機利用による人口史研究の一方法（life history を中心として）」ＱＥＨ研究会コンファレンス資料（一九七四年）。

（9）たとえば、明治一四（一八八一）年一月の調査、内務省戸籍局編『日本全国人口表』によれば、その前年一年間の出生数・死亡数から求めた自然増減率は、都市がプラス三‰、農村が八‰、全国平均が七・七‰である。ただし、この資料における都市とは、当時の行政区画の上で「区」という名称で呼ばれているところで、全国で一八（東京・京都・大阪はそれぞれ複数の「区」から成っているが、これを一つの都市と考える）を数える。維新後、種痘等の予防医学の導入によって、死亡率の改善がかなりなされたとみられる。計算をしてみると京都の出生率＝二二・七‰、死亡率＝一九・八‰。農村の出生率＝二四・四‰、死亡率＝一六・四‰、都市の自然増加率はプラスになっているが、その他では表5－1と相互の位置関係は変っていない。なお、この資料の出生・死亡とも過小評価されていることは確実であり、絶対数には疑問が残る。

(10) E・A・リグリィ『人口と歴史』（速水訳、筑摩書房、一九八二年）第三―四章に詳しい。

(11) 梅村又次「徳川時代の人口趨勢とその規制要因」（『経済研究』一六巻二号、一九六五年）

(12) 詳細については、速水融「徳川後期人口変動の地域的特性」（『三田学会雑誌』六四巻八号、一九七一年、本書第1章）をみよ。

(13) 享保六年（一七二一）―寛延三年（一七五〇）、宝暦六年（一七五六）―天明六年（一七八六）、天保五（一八三四）―弘化三年（一八四六）の三期間である。

(14) 「徳川後期人口変動の地域的特性」所収第二表（本書第1章）と、南関東の数値が異なっているが、これは『共武政表』の武蔵国の合計欄の数字に誤りがあったためである。したがって全国合計の欄にも誤差が生じた。

(15) 第I論文所収の一四表をみよ。

(16) 速水融『近世農村の歴史人口学的研究』（東洋経済新報社、一九七三年）にみる一七二〇年以前諏訪地方の人口増加、および同「近世後期尾張一農村の人口統計」における一九世紀の新田開発地帯の増加は、いずれも長期にわたって年間増加率一〇‰を観測しえた。

(17) 経済社会については、速水融『日本における経済社会の展開』（慶応通信、一九七三年）をみよ。

(18) Thomas C. Smith, "Pre-Modern Economic Growth: Japan and the West," *Past & Present*, No. 60, 1973.

第6章　近世京都の歴史人口学

――家と奉公人の高い流動性（四條立売中之町）――

稀有な京都の初期宗門改帳

筆者は年来、濃尾地方、とくに西濃農村の宗門改帳の歴史人口学的な分析を行ってきた。そして、一つの発見として、多数の男女が都市へ奉公に出ており、そのうち、かなりの者が出稼地で死亡するか、その地に居ついてしまうことを見出した。こういった状況の中で、濃尾地方の農村にとって京都は、近世中・後期には多数の男女をひきつける一大需要地であった。そこで、これらの男女を追いかけて、京都の宗門改帳に、どのような形で彼らが記載されているか、その記載を通じて、出稼奉公人達がどのような生活をしていたのかをとらえられれば、という願望を抱くようになった。最近、浜野潔氏により『近世京都の歴史人口学的研究』（慶應義塾大学出版会、二〇〇七年）が刊行され、その内容がかなり明らかになったことをまず述べておきたい。

筆者は、西濃地方の宗門改帳を調査している間に、京都町方の宗門改帳を収蔵されている方にめぐり逢い、その利用の途が開けてきた。ただ、後にみるように、筆者の収集した濃尾地方の村々からの奉公人と同一の男女が史料に見られるわけではない。またその宗門改帳自身、連続したものではなく、年齢の記載も幕末近くまでされていないし、その点、歴史人口学的分析を進めるにはいささか不備である。しかし、管見の限り、京都町方の宗門改帳を利用した研究は浜野氏の研究以外にはなく[1]、とくに元禄―享保期のそれは無きに等しい。そもそも京都では、宗門改帳自身、度重なる大火のためか発見された事例が乏しいのである。このような点を考慮するならば、たとえ不備な点はいくつかあるとしても、史料を通じて、奉公人を含めた都市住民の生活が少しでも明らかになれば、何らかの貢献ができるのではないか、と考え、この小文を草することとなった。

主として対象とするのは、四条立売中之町（しじょうたちうりなかのまち）の史料で、この町は、南艮組新町、四条立売組に属し、下京の繁華街

図6-1　元禄後期における京都町方図

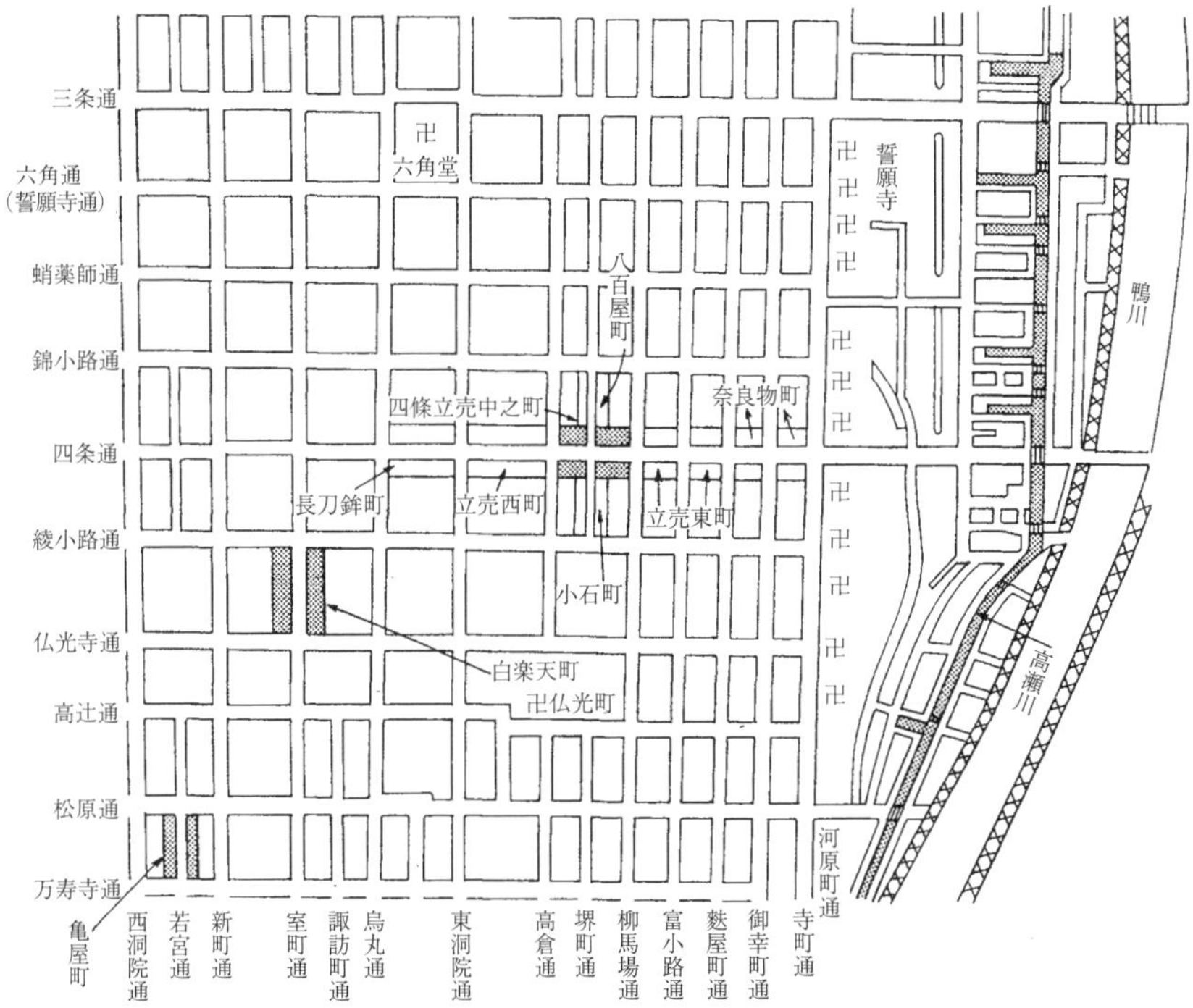

四條通りの一部、南北に通ずる堺町通りを中心に、東は柳馬場通り、西は高倉通りに至る間を指している。また、維新期にそれぞれ一年分を有するにすぎないが、白楽天町および亀屋町の宗門改帳も利用した。白楽天町は、同じ下京の室町通り（南北方向）の綾小路通りから仏光寺通りまでの間、亀屋町は、同じく下京の若宮通り（南北方向）の松原通りから万寿寺通りまでの間である。三つの町とも、四條から五條にかけて、烏丸通りをはさんで比較的近距離にあり、下京の中心的な部分である。図6―1に慶應義塾大学図書館所蔵の元禄後期の地図をもとに、それぞれの位置を示しておいた。

四條立売中之町の宗門改帳は、貞享二（一六八五）年から文久三（一八六三）年までの間に二四年分を数えるが、このうち、元禄七（一六九四）年以前の一〇冊は、町内の家数人数を合計した数字を記載する寄せ帳であり、個々の男女の宗派や檀那寺を記した通常の形をとるようになるのは、元禄一〇（一六九七）年以降である。表6―1は、本稿で利用した他の二つの町を加えた史料の表題と年代である。これにより、町名には元文以降、「高倉東入ル」という呼称が入ったこと、また改帳が八月末―九月に作成されたことがわかる。

四條立売中之町の宗門改帳の記載例は、初期には次のようであった（元禄一〇年の史料から）。

表6―2は、この年、最多数の手代・下人・下女を有する八文字屋与左衛門家の場合（一部）である。この家には上記の他に下人二人・下女一〇人がおり、合計二三人という大世帯であった。これは、全期間を通じてもこの町の史料に現われる最大の世帯である。

記載の様式は、宗派と檀那寺、戸主との続柄（戸主は屋号）、名前が記され、年齢や出身については記されていない。また世帯毎に区切りや段落、構成人数の小計欄がなく、世帯は戸主の屋号で判別するより仕方がない。このような書式は文化五（一八〇八）年まで続いているが、弘化二（一八四五）年の史料では、表6―3のように、生国として国名が入り、また各人の年齢が書かれ、情報量は格段に豊富になった。しかし世帯間の区切りは、特記事項（たとえば宗旨の異なる下人がいる場合等）がない限り相変らずない。記載様式の変化は、文化五（一八〇八）年から弘化二（一八四五）年の間に生じたことになるが、これは天保改革に際し、天保一四（一八四三）年以後の京都の宗門改帳に各人の年齢が記載されるようになったからである。

これをすでに刊行されている大坂菊屋町の宗門改帳(2)と比較すると、菊屋町の場合には、世帯毎の区切りが当初からあり、京都のそれが個人を単位としているのに対し、世帯を単位として作成されているようにみえる。檀那寺も、宗派を記すのみで所在地は記されていない。ただ両者に共通しているのは、年齢記載のないことである。菊屋町の宗門改帳に年齢が書かれるようになるのは、明治元（一八六八）年のことであり、それ以前の史料、慶応二（一八

表6-1　京都四條立売中之町関連史料の一覧

	表題	年代	町名表示
1	町中人数宗門改帳	貞享2乙丑年8月25日	
2	切死丹宗門相改候覚帳	貞享3丙寅年8月	四條立売中之町
3	（同上）	（留書）貞享4丁卯8月	（同上）
4	切死丹宗門改町中借家共判形帳	貞享5戊辰年8月	（同上）
5	切死丹宗門相改候覚帳	元禄2己巳年8月	（同上）
6	切死丹宗門改町中借家共判形帳	元禄3年庚午8月19日	（同上）
7	切死丹宗門相改候覚帳	元禄4年辛未8月	（同上）
8	元禄5年申年宗旨改		
9	酉年宗旨改	元禄6年酉ノ8月20日	
10	切死丹宗門相改候覚帳	元禄7年甲戌8月25日	四條立売中之町
11	宗門人別改帳	元禄10丁丑年8月	（同上）
12	（同上）	元禄15壬午年8月24日	四條立売中之町
13	（同上）	元禄16癸未年8月24日	（同上）
14	（同上）	宝永7庚寅年8月24日	（同上）
15	（同上）	正徳元辛卯8月24日	（同上）
16	（同上）	正徳5乙未年8月24日	（同上）
17	（同上）	元文2丁巳年9月	四條通高倉東江入立売中之町
18	（同上）	元文4己未年9月	（同上）
19	（同上）	寛保3癸亥年9月	（同上）
20	（同上）	延享4丁卯年9月	（同上）
21	（袋入）宗門改帳　都合4冊	文化5年辰9月	四條通高倉東入立売中之町
22	浄土・門徒・日蓮・天台・禅・時宗門人別改之帳	弘化2巳年9月	（同上）
23	浄土・門徒・日蓮・真言・天台・禅・時宗門人別改之帳	文久元酉年9月	（同上）
24	（同上）	文久3亥年9月	（同上）
25	浄土・門徒・日蓮・禅・真言・時宗門人別改之帳	明治元辰年10月	下京壱拾番組　室町通綾小路下ル白楽天町
26	浄土・門徒・日蓮・禅・時宗門人別改之帳	明治元辰年9月	下京弐拾壱番組　若宮通松原下ル亀屋町

表 6-2　京都四條立売中之町の宗門改帳の記載例（1697 年）

一代々浄土宗	寺町通仏光寺下ル町 空也寺旦那	八文字屋 与左衛門
一同断	同寺	母 智清
一同断	同寺	妻 ちよ
（改丁）		
一代々浄土宗	寺町通仏光寺下ル町 空也寺旦那	弟 万三郎
一同断	同寺	妹 こまん
一同断	同寺	手代 九郎兵衛
一代々浄土宗	江州江部村 常念寺旦那	同 平兵衛
一代々東本願寺宗	江州坂田郡 利覚寺旦那	同 正左兵衛
一代々禅宗	江州彦根 長松院旦那	同 久左兵衛
一代々日蓮宗	堀川通松原下ル町 本圀寺内大輪院旦那	同 平吉
一代々浄土宗	裏寺町 正念寺旦那	同 吉三郎

六六）年のものまでには書かれていない。

　このように、年齢記載のない都市の宗門改帳の事例は、奈良の場合にもみられる。奈良東向北町（ひがしむききたまち）の宗門改帳[3]は、寛政五（一七九三）年以降、明治四（一八七一）年まで、途中四年間を除いて続くのであるが、最初の三年間のものには年齢記載がなく、寛政八（一七九六）年以降になって書かれるようになった。もっとも、これらは、いずれも町役人または町会所の控書であるという点に留意しなければならないが、幕府直轄のこの三都市の宗門改帳に、年齢記載が遅くまでなされなかったことには何らかの共通した理由があるのだろうか。

　しかし、年齢の記載はないが、文化以前でも、京都の宗門改帳には、見落すことのできない利点もある。それは、檀那寺の所在地に関する記載である。これについては後に検討するが、要するに、それらを通じて出身地の分布を知ることができるのである。

表 6-3　京都四條立売中之町の宗門改帳の記載例（1845 年）

一　代々浄土宗
生国山城
知恩院末
寺町仏光寺下ル
空也寺旦那
八文字屋　与兵衛㊞
巳五十六才

一　同宗
同断
妻　けん
巳五十才

このように、年齢記載を遅くまで欠くという欠点のため、人口学的分析は極めて制約されたものとならざるを得ないが、京都住民の出身地に関する観察は十分できるし、また町がどのような住民によって構成されていたのかというスタティックな観察は、当然可能である。以下この二つの問題を中心として考察を進めるが、本論に入る前に、対象とした三つの町について予備的に記しておこう。

四條立売中之町界隈

現在、四條立売中之町という地名は、公式には用いられていない。現在、京都で「中立売」と言えば、むしろ上京の西陣から御所に通ずる街区を指している。だが、本稿で取り扱う立売中之町は、まぎれもなく四條通りの一部であり、現在、京都市中でも最も繁華な、百貨店や銀行、証券会社の立ち並ぶ一画である。『京都市の地名』（日本歴史地名大系27、平凡社、一九七九年）等によれば、四條立売中之町には古くから店舗商業の存在が確認され、寛永期に「中立売町」、寛文後期には「立売中ノ町」という町名が絵図にみられるという。ともに四條通りの一部を構成する立売東町は、麩屋町通りから柳馬場通りまで、立売西町は、高倉通から東洞院通りまでを言い、中之町はその間にあった。四條通りは、商業街であったが、寛文年間、鴨川の護岸工事が完成し、先斗町や鴨川以東に祇園を始めとする歓楽地が発展するに及んで、殷賑を極める町になっていった。それだけに、この町に住む人々は多彩である。商家以外にも、職人・医師・儒者・画家などが住んだが、その中でも、最も著名なのは、現在、その住居址の碑のある円山応挙であろう。『京都市の地名』によれば、明和五（一七六八）年刊の『平安人物志』には、当時、応挙は奈良物町（四條通りのさらに東寄り）に住んでいたとあり、それ以降、立売中之町に移ったとされている。また、応挙とも関連して、その門弟や、呉春に始まる「四條派」の画家達も住んでいた可能性も高い。残念ながら利用できる宗門人別帳は、延享四（一七四七）年から文化五（一八〇八）年までの間を欠いているので、応挙はもちろん、四條派の画家達もその所在を確認できない。ただ、文化五（一八〇八）年の史料に絵師として奥順蔵とその一家が記載されている。これが応門十哲の一人、奥文鳴かその子孫であろうことは、宗門改帳に押された印形が貞章と読め、文鳴が画号、貞章が本名であることから十分推定できる。文鳴の没年が文化一〇（一八一三）年であることを考えると、本人の可能性が強い。また、その居住地が判っている四條派の画家では、この町に森義章、百々広年（とど ひろとし）がいたことが想定されるが、史料では確認できない。

また、時代は逆になるが、京都の町案内書とでも言うべき『京羽二重』（貞享二年刊）には、楊弓師の荒井孫左衛門・田村八郎四郎がこの町に居住していたとある。全居住者名の明らかな最初の宗門改帳は、元禄一〇（一六九七）年と、『京羽二重』刊行から十数年を経ているが、同年の史料に、楊弓屋孫左衛門とその一家が記録されている。なお、田村八郎四郎についてはそれらしき名前は見当らないが、楊弓屋として宇兵衛の名がみられるし、一五年の史料ではさらに作右衛門が加わる。

以上は、四條立売中之町に関する著名な居住者であるが、補完的に用いた明治元（一八六八）年亀屋町の改帳にも、この時期に有名であった銀箔師、井筒屋三郎助の名がみえる。

これらは、京都の歴史にとって著名な人々であり、すでに居住地が判明している者であるが、四條立売中之町で、当初から最終の史料に至るまで居住し、とくに当初においては多数の手代・下人を有していた八文字屋与左衛門は、いわゆる八文字屋本で著名な、書肆八文字屋八左衛門と何らかの関係があったのかもしれない。八文字屋八左衛門は、その店舗を、慶安の頃六角通（誓願寺通）大黒町、万治の頃、麩屋町通誓願寺下ル町西側南寄り、宝永の頃には、同町東側北寄りにおいた[4]。誓願寺通りは、四條通りの北、すなわち錦小路通り、蛸薬師通りの北であり、わずか数ブロックしか離れていない。

以上のように、四條立売中之町の住民は、判明するだけでも商家・職人の他、画家や医師・儒者という知識階層も住み、多彩な顔触れから成り立っていた。元禄一〇（一六九七）年・同一五（一七〇二）年・同一六（一七〇三）年の史料には知識人として絵師の源左衛門、宝永七（一七一〇）年の史料には医師立元、元文二（一七三七）年には同じく医師の坂上富五郎、および信田安隆、灸医師の信原孫兵衛の名がみえ、この年には医師の町の様相を呈している。この状況は、元文四（一七三九）年にも続き、前記の坂上富五郎の他、田辺玄順、灸医師信原孫兵衛と並び、また儒者、藤野東圃も住んでいた。

寛保二（一七四二）年の史料では、医師坂上元秀・岡立卓、灸医師信原孫兵衛・儒者藤野東圃の他、茶道指南として松尾宗二が登場している。延享四（一七四七）年には、医師は岡立卓に代って清瀬道庵の名がみえるが、儒者・茶道指南は姿を消してしまった。

文化五（一八〇八）年になると、医師として大西享二、および安村官次・吉田栄祐、それに前述の絵師奥順蔵が加わり、弘化二（一八四五）年の史料には、医師仲尾窮斎・安村官次が、文久元（一八六一）年および三（一八六三）年には画工として中嶋東章の名が掲げられている。以上が史料ではっきり確認できる四條立売中之町の知識人である。

これらを通じて、この町は商家の中にまざって、工芸家や医者・学者の混住する町であったことが判る。史料の残る期間において、四條通りの東端が歓楽街として発展した初期には、楊弓という当時の庶民の最大の娯楽のひとつに係わる芸人達が住む町であり、ついで、中期には京都画壇を構成する人々と、医師達が、そして末期には知識人達は去り、もっぱら商業の町へ変遷していった過程を読みとることができる。

この他、知識人とは言えないが、後に述べる商人・職人でもない人々も時には住んでいた。たとえば文化五（一八〇八）年の史料に登場する喜多長兵衛は、金座役人とあり、京都における金座が後藤庄三郎の屋敷であったとするならば、姉小路車屋町、また両替町通りにあったとしても、ともに一キロ以内であり、至近距離にあったと言えるだろう。その他に、武士も時々まぎれ込んで来た。延享四（一七四七）年の史料には、稲葉民部様家来として玉井真性、加藤豊後守様家来として大村半蔵の名がみえる。

住民構成の変化

前記のように、四條立売中之町は、時として知識人も住む多彩さを持ってはいたが、やはり住民の大部分を占めるのは商人・職人であった。残念ながら、人別帳では、その商売や仕事の種類を明らかにすることはできない。さきに示した八文字屋が何を商っていたのかは判らないのである。

ほぼ五〇年ごとに、四つの時期の史料に記載された住民の世帯別屋号・戸主名、借屋の場合、家主名・世帯の構成人員等を、**表6―4―A・B・C・D**に示した。当初の元禄一〇（一六九七）年には、この町に四三世帯が住んでいたが、屋号から、筆・香具・絵師・蒔絵・書籍・能道具師・蠟燭・楊弓・屏風・印判等、京都の町方らしい職人や商いを営んでいた者が少なからずいたことに気付く。また、全体の約二割、九世帯が自分の屋敷に住んでいた家主（家番号を〇印で囲んだもの）で、他の八割は借屋住いであった。屋敷持の者は、例外なく奉公人（手代・下人・下女からなる）を有しているから、ある程度豊かで商いの規模も大きかったものと推察される。とくに前記の八文字屋与左衛門は、一八人の奉公人をかかえ、最大の規模で営んでいる。一方、借家住いの者も三四世帯のうち二三世帯は奉公人を持っており、なかには成嶋屋素運のように、六人もの奉公人を抱える者もいるから、一概に借屋住いは貧困な小売商人とすることはできない。職人と目される者は全員借屋住いであり、『京羽二重』に登場する楊弓屋孫左衛門も、奉公人一人を抱えてはいるが、借屋人の一人であった。このように、住民の大部分は借屋住

表 6-4-A　京都四條立売中之町の住民（1697 年）

屋号	戸主名	備考	家族員数	非家族員数（手代数）	計
① 袋屋	佐太夫	年寄	7	1	8
② 八文字屋	与左衛門		5	18 (6)	23
③ 桑名屋	柳軒		1	1	2
④ 万屋	清寿		1	1	2
⑤ 敦賀屋	太郎右衛門		4	9 (3)	13
⑥ 西村屋	忠兵衛	五人組頭	3	2	5
⑦ 小田原屋	浄徹		3	7 (3)	10
⑧ 鳥子屋	宗冶	五人組頭	2	4	6
⑨ 川崎屋	長兵衛		5	5	10
10 筆屋	七右衛門	会所借家	4	0	4
11 玉屋	又三郎	同上	4	0	4
12 しんきく屋	左兵衛	同上	1	3	4
13 香具屋	嘉平次	井筒屋六右衛門借家	2	4 (2)	6
14 絵師	源右衛門	同上	4	0	4
15 橘屋	八郎兵衛	同上	3	0	3
16 境屋	松斎	同上	2	1	3
17 富士屋	善右衛門	同上	2	1 (1)	3
18 玉屋	伊兵衛	敦賀屋太郎右衛門借家	2	1	3
19 万屋	七郎兵衛	同上	4	1	5
20 伊勢屋	勘兵衛	同上	4	2	6
21 松村屋	半三郎	同上	2	1 (1)	3
22 蒔絵屋	清兵衛	鳥子屋宗冶借家	4	2	6
23 鳫金屋	三左兵衛	同上	5	0	5
24 御本屋	吉兵衛	川崎屋長兵衛借家	3	2	5
25 亀屋	甚左衛門	同上	3	0	3
26 香具屋	次郎右衛門	袋屋左太夫借家	9	1	10
27 近江屋	久兵衛	銭屋与三右衛門借家	6	3 (2)	9
28 御能道具屋	武兵衛	八文字屋与左衛門借家	3	1	4
29 針貫屋	七郎兵衛	伊勢屋長兵衛借家	4	0	4
30 蝋燭屋	八郎兵衛	同上	3	2	5
31 成嶋屋	素運	桑名屋養見借家	2	6	8
32 岩木屋	平兵衛	同上	5	1	6
33 楊弓屋	宇兵衛	同上	3	0	3
34 糸屋	半四郎	同上	2	1	3
35 天満屋	善兵衛	同上	4	0	4
36 渋屋	源四郎	本多飛騨守様御妹子菊姫様留主居	2	1	3
37 楊弓屋	孫左衛門	同上　借家	5	1	6
38 万屋	治兵衛	同上	3	1	4
39 屛風屋	庄兵衛	同上	7	1	8
40 六文字屋	市兵衛	同上	2	0	2
41 皿山屋	平兵衛	同上	3	3 (2)	6
42 印判屋	勘兵衛	万屋清寿借家	3	0	3
43	長兵衛	役人・五人組頭	4	2	6
計			150	90 (20)	240

表 6-4-B　京都四條立売中之町の住民（1743 年）

屋号	戸主名	備考	家族員数	非家族員数（手代数）	計
① 千切屋	与一右衛門	年寄	2	3 (1)	5
② 奈良屋	勘兵衛		4	3	7
③	坂上元秀	医師	3	5	8
④ 小田原屋	角兵衛	五人組頭	5	12 (4)	17
⑤ 増田屋	弥兵衛		2	6 (3)	8
⑥ 八文字屋	与左衛門	五人組頭	4	4	8
⑦	玉井眞性	稲葉万次郎様家来	3	5	8
8 海老屋	与兵衛	平野屋むめ家守　同人借家	3	0	3
9 丸屋	伝次郎	検非違使役姉小路筑前守家守　同人借家	4	0	4
10 六文字屋	市兵衛	越後屋次郎兵衛家守　同人借家	2	0	2
11 越前屋	八左衛門	万屋とら家守　同人借家、五人組頭	4	1	5
12 松葉屋	太兵衛	伊勢屋庄七家守　同人借家	3	0	3
13 玉屋	五兵衛	松屋貞固家守　同人借家	3	3	6
14 奈良屋	甚兵衛	伊勢屋伊兵衛家守　同人借家	4	4 (1)	8
15 鳥子屋	治兵衛	鳥子屋三右衛門家守　同人借家	4	0	4
16 近江屋	太郎兵衛	玉井眞性家守　同人借家	3	3 (2)	6
17 朝妻屋	藤兵衛	奈良屋勘兵衛借家	2	0	2
18 万屋	庄兵衛	同上	6	4 (1)	10
19 伊勢屋	藤介	坂上元秀借家	2	2	4
20 松葉屋	七郎右衛門	同上	5	1	6
21 富山屋	伊右衛門	鳥子屋与三右衛門借家	1	3 (1)	4
22 和久屋	久兵衛	伊勢屋伊兵衛借家	4	2	6
23	松尾宗二	茶道指南、同上	5	4	9
24 美濃屋	善右衛門	伊勢屋伊兵衛借家	4	1	5
25 若狭屋	藤兵衛	同上	3	0	3
26	舟木主膳	駕輿丁役、松屋貞固借家	2	0	2
27 万屋	源兵衛	松屋貞固借家	3	0	3
28	岡立卓	医師、同上	1	1	2
29 綿屋	吉兵衛	松屋貞固借家	3	1	4
30 尾張屋	与兵衛	同上	4	1	5
31 亀屋	清介	伊勢屋庄七借家	4	0	4
32 皿山屋	利兵衛	万屋とら借家	3	0	3
33 二文字屋	次郎右衛門	越後屋次郎兵衛借家	5	0	5
34 鞠屋	兵助	小田原屋角兵衛借家	3	0	3
35 丸屋	平兵衛	同上	3	2 (1)	5
36	藤野東圃	儒者、同上	3	4	7
37 筆屋	九兵衛	小田原屋角兵衛借家	2	1	3
38 和泉屋	新平	同上	4	0	4
39 松屋	嘉兵衛	検非違使役姉小路筑前守家守借家	5	2	7
40 御牧屋	溝兵衛	同上	3	0	3
41 河内屋	源兵衛	平野屋むめ借家	3	0	3
42 松屋	喜右衛門	八文字屋与三右衛門借家	4	1	5
43	大和	時計師、同上	3	2	5
44 枡屋	勝□	八文字屋与三右衛門借家	4	3 (2)	7
45	信原孫兵衛	灸医師、同上	2	2 (内弟子 1)	4
46 海老屋	市兵衛	八文字屋与三右衛門借家	7	1	8
47 鍋屋	庄兵衛	千切屋与一右衛門借家	1	2	3
48	久兵衛	会所家、町用人	4	2 (弟子)	6
計			161	91 (16)	252

表 6-4-C　京都四條立売中之町の住民（1808 年）

屋号	戸主名	備考	家族員数	非家族員数（手代数）	計
① 八文字屋	与左衛門		4	2	6
2 玉屋	久次郎	八文字屋与左衛門借家	3	3	6
3 蝋燭屋	十兵衛	帯家永吟借家	3	0	3
4 菊屋	庄兵衛	同上	4	0	4
5 山崎屋	徳雲	同上	3	0	3
6 伊勢屋	和七	同上	1	0	1
7 紙屋	幸助	宇治屋吉右衛門（宇治）借家	2	0	2
8 高嶋屋	佐兵衛	同上	1	0	1
9 近江屋	佐兵衛	同上	2	0	2
10 近江屋	金十郎	丸屋源助（江州）借家	4	0	4
11 山形屋	武右衛門	同上	5	1 (1)	6
12 近江屋	弥兵衛	丸屋孫市借家	4	0	4
13	大西亨二	医師、同上	1	0	1
14 近江屋	長右衛門	丸屋孫市借家	2	4 (2)	6
15	林兵衛	支配人、摂州神戸村俵屋出店	1	0	1
16 竹之屋	兵　助	俵屋しつ（摂州）借家	2	1	3
17 八幡屋	宗兵衛	大黒屋久兵衛（江州）借家	3	1	4
18 日野屋	ちよ	松屋作十郎借家	2	0	2
19 江口屋	小三郎	木屋卯蔵（大津）借家	3	1	4
20 経具屋	伊助	同上	1	3	4
21 藤屋	孫兵衛	同上	4	2 (1)	6
22 皿山屋	利兵衛	嶋屋利右衛門（大坂）借家、五人組頭	2	0	2
23 福嶋屋	喜兵衛	同上	1	1	2
24 京屋	周助	同上	1	0	1
25 夏目屋	五兵衛	同上	3	0	3
26 柏屋	伊兵衛	同上	1	0	1
27 綿屋	佐七	同上	1	0	1
28	奥順蔵	絵師、帯屋富之助借家	4	1	5
29 伊勢屋	甚兵衛	帯屋富之助借家	5	1	6
30 近江屋	とめ	同上	4	1	5
31 時計屋	東吉郎	同上	1	0	1
32 木屋	勘兵衛	松屋平兵衛借家	3	2 (1)	5
33 舛屋	卯八	同上	3	0	3
34 山崎屋	さき	同上	1	0	1
35 大黒屋	かう	同上	2	0	2
36	久兵衛	四条立売会所家、町用人	1	2（弟子）	3
37 山形屋	浅右衛門	年寄	4	0	4
38 近江屋	宗七	山形屋浅右衛門借家	3	2	5
39 中嶋屋	弥兵衛	松屋作十郎借家	1	0	1
40 福嶋屋	ふし	同上	1	0	1
41 三文字屋	又七	同上	3	0	3
42 桔梗屋	弁之助	木屋卯兵衛（大津）借家	2	0	2
43 六文字屋	市兵衛	嶋屋利右衛門（大坂）借家	7	1	8
44 筆屋	貞助	同上	2	0	2
45 伊勢屋	庄兵衛	同上	3	0	3
46 炭屋	幸助	帯屋富之助借家	4	2	6

47 山田屋	みち	同上	1	1	2
48 開眼屋	正蔵	松屋平兵衛借家	3	0	3
49 伊勢屋	林助	木屋嘉兵衛（大津）借家	6	2	8
50 柏屋	儀兵衛	同上	5	1	6
51 亀屋	伊兵衛	奈良屋久兵衛借家	3	0	3
52 近江屋	五兵衛	同上	7	0	7
53 伊勢屋	十兵衛	宇治屋曽右衛門（宇治）借家	4	2	6
54 棉屋	伝兵衛	同上	1	0	1
55 丸屋	平蔵	三文字屋利兵衛借家	3	4 (1)	7
56	安村官次	医師、丸屋孫市借家	4	3 (1)	7
57 近江屋	次兵衛	丸屋孫市借家	7	1	8
58 松前屋	理助	同上	5	0	5
59 守口屋	清七	大黒屋久兵衛（江州）借家	5	0	5
60 尾張屋	久兵衛	同上	3	1	4
61	喜多長兵衛	金座役人、奈良屋久兵衛借家	3	1	4
62	吉田栄祐	医師、同上	2	0	2
63 唐物屋	寅之助	宇治屋吉右衛門（宇治）借家	5	0	5
64 津国屋	亀三郎	同上	3 (+?)	0 (+?)	3 (+?)
計			(188)	(47) (7)	(235)

いであったが、後年の記録と比較して、その場合の家主の多くが同じ立売中之町の住人であったことが注目される。敦賀屋太郎右衛門以下六人の家主が同じ町内に住んでおり、町外の家主は、井筒屋六右衛門他三人にすぎない。また、筆屋七右衛門他二人は、会所借屋に住み、おそらくこれは町会所が有していた家屋に居住していたものとみられる。役人長兵衛は、町の役務を司る役人であったものと思われるが、五人組頭を務めているので、後年の町用人とは、性格を異にするものかもしれない。

約半世紀を経た寛保三（一七四三）年の史料に移ろう。ここでは、元禄一〇（一六九七）年に比べて、世帯数・人数ともやや増えてはいるが、家持の数は減り、全体の一五%、七軒になってしまった。しかもこの七軒の中には、医師と武家が一軒ずつ含まれるから、商人・職人はわずか五軒である。ただこの七軒はすべて奉公人を抱え、小田原屋角兵衛のように、一二人の奉公人を擁する家もあった。残り四一軒のうち、会所家に住む町用人久兵衛を除く四〇軒は、すべて借家住みである。そのうち二五軒には下人がいるから、その率はわずかに減少した程度で、なお半数以上の家が奉公人を有していた。ただ借屋人のうち、九軒は何某家守同人借家とあり、家持と借屋人の中間的な存在となっている。

表 6-4-D　京都四條立売中之町の住民（1863 年）

屋号	戸主名	備考	家族員数	非家族員数（手代数）	計
① 敦賀屋	彦三郎	年寄	4	0	4
② 平野屋	甚兵衛	五人組頭	5	1	6
③ 山田屋	安兵衛		4	3	7
④ 八文字屋	与左衛門		6	3	9
⑤ 八文字屋	与太郎		7	0	7
6 玉屋	定次郎	紐屋こと（江州）借家	5	1	6
7 丹波屋	長兵衛	井筒屋長八郎借家	3	0	3
8 鶴屋	菊三郎	同上	2	0	2
9 近江屋	卯□□	同上	5	0	5
10 和泉屋	九兵衛	同上	3	0	3
11 近江屋	源次郎	深江屋みつ借家	3	2	5
12	中嶋東章	画工、同上	5	1	6
13 升屋	市兵衛	深江屋みつ借家	1	0	1
14 丸屋	直之助	山田屋安兵衛借家	1	0	1
15 深江屋	平八	大黒屋又兵衛（江州）借家	3	0	3
16 近江屋	市之助	山形屋てる借家	3	0	3
17 升屋	正次郎	大黒屋又兵衛（江州）借家	3	1	4
18 八文字屋	次郎	八文字屋与太郎借家	2	1	3
19 敦賀屋	新兵衛	万屋伊助借家	5	0	5
20 亀屋	ふで	坂本屋理助借家	3	0	3
21 菱屋	宗助	同上	2	0	2
22 吉文字屋	たか	石津きく借家	1	1	2
23 嶋ノ屋	吉兵衛	同上	1	0	1
24 尾張屋	喜助	伊勢屋てる借家	4	0	4
25 岩枡屋	栄次郎	同上	3	1	4
26 柏屋	仁兵衛	五人組頭	5	0	5
27 近江屋	平次郎	五人組頭	4	9 (3)	13
28 鳥子屋	伊助		5	4	9
29 柴屋	太助	八文字屋与太郎借家	4	1	5
30 山形屋	九起	井筒屋長八郎借家	2	0	2
31 木村屋	梁舟	同上	3	0	3
32 松屋	平次郎	平野屋甚兵衛借家	3	2	5
33 京坂屋	唯　蔵	同上	6	0	6
34 錫屋	延次郎	三文字屋利兵衛借家	5	1	6
35 丸屋	宇蔵	同上	5	2	7
36 柳屋	与吉	深江屋みつ借家	4	0	4
37 大升屋	伝右衛門	同上	3	6	9
38 中村屋	平助	同上	3	0	3
39 近江屋	長兵衛	同上	6	0	6
40 鳥子屋	清次郎	敦賀屋彦三郎借家	2	0	2
41 近江屋	久兵衛	大黒屋又兵衛（江州）借家	2	0	2
42 中村屋	藤兵衛	山形屋てる借家	5	0	5
43 帯屋	新次郎	柏屋仁兵衛借家	4	0	4
44 丹波屋	伝吉	同上	1	0	1
45 中屋	源兵衛	万屋伊助借家	2	4	6
46 美濃屋	利助	坂本屋利助借家	4	0	4

47 木村屋	みち	同上	1	0	1
48 丹後屋	茂兵衛	同上	4	0	4
49 近江屋	次兵衛	石津きく借家	2	0	2
50 近江屋	ゑい	同上	2	0	2
51 香具屋	喜兵衛	同上	2	0	2
52 伊勢屋	仙蔵	同上	3	2	5
53 美濃屋	庄七	同上	2	0	2
54 改元屋	庄兵衛	伊勢屋てる借家	5	0	5
55 備前屋	治兵衛	同上	4	2 (1)	6
56 嶋屋	吉兵衛	同上	3	0	3
57	伊八	町用人、坂本屋利助借家	5	0	5
58 井筒屋	長八郎		4	0	4
59 升屋	弥助	紐屋こと（江州）借家	2	1	3
60 田中屋	勇助	八文字屋与左衛門借家	2	0	2
61 井筒屋	善助	深江屋みつ借家	2	1	3
62 中村屋	素門	同上	2	0	2
63 山形屋	伊三郎	石津きく借家	3	0	3
64 北野屋	五律	鳥子屋伊助借家	1	0	1
65 松嶋屋	栄助	井筒屋長八郎借家	3	0	3
66 笹屋	つな	伊勢屋てる借家	1	0	1
67 富田屋	宗七	石津きく借家	7	0	7
68 伏見屋	宗七	山形屋てる借家	4	3	7
69 藤屋	つき	平野屋甚兵衛借家	1	0	1
計			227	53 (4)	280

この年の家主名をみると、一五人を数えるが、そのうち同一町内に住む者は六人で、残りの九人は町外居住者であった。町内の家主は合計一六軒の借家を持ち、町外の家主は二四軒の借家を有していたことになる。

　この年になると、屋号に商品名を冠したものも少なくなり、もはや屋号からその取扱う商品を窺うことはできない。また、屋号や戸主名によって明らかに続いていると思われる家主も、八文字屋与左衛門と小田原屋角兵衛の二軒にすぎず、この半世紀間に居住者は大きく変動したらしいことを窺わせる。元禄一〇（一六九七）年に年寄役を勤めていた袋屋佐太夫の影はなく、代わって年寄には千切屋与一右衛門が登場している。この家は、京都の古商千切屋一門[5]の構成員であろうと思われる。

　また、この年の史料には、茶道指南・時計師・灸医師といった新しい職業人が登場し、近世社会の進展を示している。

　表6―4―Cの文化五（一八〇八）年に移ろう。実はこの年の史料は、筆者の不注意で最後の部分を写し損っており、完全なものではない。しかし、ここに掲げただ

けでも、家数・人数とも顕著な増大をみせている。ところが、ここに掲げた限り、家持はわずか二軒であり、町用人で会所家に住む久兵衛を除くと、残り六一軒はすべて借屋住いである。しかも、その借屋の家主をみると、合計一八人のうち、九人は京都以外の住人となっている。彼らは、近江の大津・山城の宇治・摂津大坂・神戸等の住人であった。借屋数合計六一軒のうち、二九軒は彼らによって所有されており、最大の借屋数（九軒）を持つ家主は、大坂上町釣鐘町に住む嶋屋利右衛門なのである。この逆のケース、すなわち京都商人が京都外でどれだけの家作（かさく）を有していたかを考慮しなくては正確には言えないとしても、こういった状況は明らかに京都住民の相対的困窮を物語っており、少なくとも四條立売中之町に関する限りそうであったに違いない。

一般的に、京都の有する経済力は一七世紀には最も強大であったが、それ以降、徐々に下降したと言われている。そういった背景とともに、ここで思い出されるのは、近世の京都で最大規模の災害とされる天明の大火（天明八年、一七八八年）である。この時、四條立売中之町は火元にも近く完全に焼亡したものと思われる。そのあと、洛外の人々がこの地の家作を持ったとしても不思議ではない。おそらく人々は、土地を売るか、抵当に入れて家並を再建したのではなかろうか。

それはともかく、この年の史料の示す特徴として、奉公人を置く家数、そして奉公人の絶対数が著しく減少したことを挙げることができる。奉公人（弟子を含む）を置く家は二七軒で、全体の四割強となり、奉公人の数も減った。史料の不完全さを補うべく、家族人数と奉公人数の比をみると、寛保三（一七四三）年では、家族人数を一〇〇とした場合、奉公人の数は五七・五であったのが、文化五（一八〇八）年では二五と激減した。にもかかわらず世帯数が増えているのは、家族のみで営む零細規模の商家が増えたことを意味する。

しかしこの年の住民の中には、医師が三人、それに絵師の奥順蔵、金座役人、摂州神戸村の俵屋の出店といった顔触れもみられ、多彩さはなお続いていた。また戸主に女子の名が附せられている家が六軒見出される。

表6―4―Dの文久三（一八六三）年に至ると、そういった多彩な住民構成は史料の上ではみられなくなってしまう。職人としてはわずかに画工の中嶋東章一人を数えるのみである。だが文化五（一八〇八）年には、家並の半分近くが洛外の人々によって所有されていた状況は再び元に戻り、わずか二人の江州の大黒屋又兵衛（高嶋郡霜降村）と紐屋こと（八幡町）が五軒の家作を持つにすぎなくなっている。また自身の屋敷に住む者も九軒に増え、文化五（一八〇八）年が異常な状態であったことを示している。

奉公人を置く家は、二三軒で全体のちょうど三分の一に当る。家主の家ではやはり奉公人を置く率が高く、九軒のうち五軒、とくに近江屋平次郎の場合には九人もの奉公人を置いて手広く商っていたことが窺われる。しかし、文化五（一八〇八）年にみられた、家族員のみで小商いを営む家が三分の二に達しており、奉公人の比率も家族一〇〇に対して二三と文化五（一八〇八）年をさらに下廻っている。

このように、四つの時期について住民の構成をみると、その間にかなりの変化があった。また、明らかに一七〇年間続いた家は、八文字屋与左衛門一軒のみである。このような流動性の高さは、農村と比べると著しいコントラストを示している。そこで次に、家や住民の移動について観察してみることにしよう。

住民の移動

すでに京都衣之棚町の宗門改帳を用いた研究によって、その住民の流動性の高さが明らかにされている。[6] 本稿の対象とする四條立売中之町では、どのような状況だったのだろうか。表6―5は、各年度の史料に初めて登場する家が、その後の史料からどれだけ消滅し、残存しているかを示したものである。これによると、最初の史料、すなわち元禄一〇（一六九七）年の史料に登場する四三の家族のうち、最後の文久三（一八六三）年まで存続するのは、

表 6-5　京都四條立売中之町における家の初出と消滅

初出の年代	消滅時代 家数	元禄 10	元禄 15	元禄 16	宝永 7	正徳元	正徳 5	元文 2	元文 4	寛保 3	延享 4	文化 5	弘化 2	文久元	文久 3
元禄 10	43	14/29	1/28	14/14	0/14	2/12	5/7	1/6	1/5	5	1/4	3/1	1	1	1
15	16		2/14	9/5	1/4	2/2	2/0	-	-	-	-	-	-	-	-
16	4			4/0	-	-	-	-	-	-	-	-	-	-	-
宝永 7	27				2/25	10/15	11/4	4	2/2	4	2/0	-	-	-	-
正徳元	1					1	1/0	-	-	-	-	-	-	-	-
5	12						9/3	1/2	2	1/1	1/0	-	-	-	-
元文 2	35							14/21	8/13	3/10	9/1	1	1/0	-	-
4	15								9/6	2/4	4/0	-	-	-	-
寛保 3	20									15/5	5/0	-	-	-	-
延享 4	19										19/19	-	-	-	-
文化 5	59											54/5	4/1	1	1
弘化 2	71												52/19	1/18	18
文久元	43													6/37	27
3	12														12
消滅家数計			14	3	27	3	14	28	16	20	21	41	57	57	7
差引			+2	+1	±0	-2	-2	+7	-1	±0	-2	+18	+14	-14	+5
現存家数		43	45	46	46	44	42	49	48	48	46	64	78	64	69

わずか一戸にすぎないことがわかる。これは八文字屋与左衛門であるが、文化五（一八〇八）年の史料でもその年まで存続した家は四戸にすぎない（前記の八文字屋の他、六文字屋市兵衛、皿山屋平兵衛→善五郎→利兵衛、町役人七兵衛→久兵衛）。逆に、最後の文久三（一八六三）年の史料には六九の家族が記されているが、それらが、何年の史料からその存在を確認しうるかについてみると、元禄一〇（一六九七）年—一・文化五（一八〇八）年—一、弘化二（一八四五）年—一八、文久元（一八六一）年—三七となっており、一二戸は文久元（一八六一）年にもいなかった。史料が連続していないため、流動の高さを精密に測定することは困難であるが、家を単位とした場合でも、いかに近世京都の住民達が高い流動性を持っていたかが明瞭である。

以上の各年度のうち、連年、または中一年を欠いた事例は、合計四回ある。すなわち、①元禄一五（一七〇二）・一六（一七〇三）年、②宝永七（一七一〇）・正徳元（一七一一）年、③元文二（一七三七）・四（一七三九）年、④文久元（一八六一）・三（一八六三）年である。これら四つの時期における家の移動についてまとめてみたのが**表6―6**である。移動率を求める際に、当初年度の家数を共通の分母とし、期間内の家の消滅数を分子としたものを移動率Ⅰ、新規出現の家数を分子としたものを移動率Ⅱとした。また、史料が一年とんでいる場合には、変化率の平方根から移動率の年率を求めた。全体の趨勢を結論づけるには事例数が少なすぎるし、また、バラツキも著しく、最高一五・二％、最低二・二％となっている。平均すれば八・五％であるが、これは毎年、一二軒に一軒の割合で移動があったことを意味している。

再び**表6―5**にもどろう。この表から、最も著しい住民の変動が、延享四（一七四七）年から文化五（一八〇八）年の間に生じていることが知られる。すなわち、延享四（一七四七）年の家数四六軒のうち、文化五（一八〇八）年に引き続いて居住する家は五軒にすぎず、五四軒が新しい参入者であった。もっとも、この間には六一年間という長い史料の中断があり、さらに前述の天明大火があって、このような大きな変化をもたらしたとみられる。

表 6-6　京都四條立売中之町における家の短期的移動

時期	元禄 15 同 16	宝永 7 正徳元	元文 2 同 4	文久元 同　3
a.　当初年度の家数	45	46	49	64
b.　消滅家族	3	3	16	7
c.　新規登場家数	4	1	15	12
d.　差引	+1	-2	-1	+5
e.　終年度の家数	46	44	48	69
f.　移動率 I (b/a) %	6.7	6.5	32.7	10.9
g.　同上年率	6.7	6.5	15.2	5.3
h.　移動率 (c/a) %	8.9	2.2	30.6	18.8
i.　同上年率	8.9	2.2	14.3	9.0

表 6-7　京都四條立売中之町における住民の移動

年代	元禄 15	元禄 16	宝永 7	正徳元	元文 2	元文 4	文久元	文久 3
家数	45	46	46	44	49	48	64	69
内 両年に記載	42		43		33		43	
家族員数	151	152	142	149	116	117	150	152
内 両年に記載	146		135		109		135	
手代	20	17	34	33	17	15	3	1
内 両年に記載	14		28		11		0	
下男	27	31	31	30	23	24	19	22
内 両年に記載	18		16		10		10	
下女	40	32	47	50	25	27	12	13
内 両年に記載	16		17		4		4	

さらに次の弘化二（一八四五）年にかけては三七年間の中断があるが、七軒が存続したのみであり、弘化二（一八四五）年の七八軒の居住者のうち、わずか九％を占めるにすぎない。

間隔をほぼ同一にして他の期間と比較してみると、元禄一〇（一六九七）年から延享四（一七四七）年の五〇年間では、当初の四三軒中、三八軒が消滅し、残存するのは五軒、残存率は一二％、延享四（一七四七）年から文化五（一八〇八）年の六一年間では、四六軒中四一軒が消滅、残存率一一％、文化五（一八〇八）年から文久元（一八六一）年の五三年間では六四軒中六二軒が消滅、残存率三％となり、いかに家の交替が激しかったかが明らかであろう。

こういった流動性の高さについては、衣ノ棚町の天明六（一七八六）年から慶応三（一八六七）年に至る八二年間の宗門改帳を通じて、年平均一三％の移動があったことが知られている[7]。これは、史料的に不完全な四条立売中之町の数値と比較して、それほど懸隔はないことを考えるならば、本稿で見出した流動性の高さは、決して例外ではなかったと言えよう。

以上の観察は、家の移動についてである。これを個々の男女についてみるとどうなるだろうか。家族員と奉公人の移動にはどの程度の差があったのだろうか。残念ながら、四条立売中之町の史料は、この問題を全面的に解くには不十分なものであるが、ともかく、連続または近接する四つの時期について、家族員や各奉公人がどの程度移動したかを示してみると表6-7のごとくである。この表のうち、家族員および各奉公人とも、属する家が両年度の間に移動しなかった場合に限っている。

この表の語るところは、まず家族員についてみると、移動（出生・死亡も含まれているので、異動というべきだろうが）は年率にして一〇％以内であり、とくに正徳元（一七一一）年に新たに登場する一四というケースを除けば、異動の年率は五％以下という範囲にとどまる。一方、奉公人においては、手代・下男・下女の順に移動率が高くなっている。手代では、その絶対数も激減してしまった最終の年代を除くならば、移動率は三〇%台で、ほぼ固定し、下男では当初三三%であったものが五〇%台に上昇、下女では年率換算六〇%台でほぼ推移した。とくに下女にあっては、一年間の奉公が半ば以上を占めていたことになる。

観察期間を拡げ、史料が完全には連続していないが、比較的まとまっている元禄一〇（一六九七）年—正徳五（一七一五）年（一五年間）と、元文二（一七三七）年—延享四（一七四七）年（一〇年間）の二つの時期について、奉公人の存在を追ってみると、全期間にわたって記録されている者はごくわずかしかなく、大部分は短期間のみ居住していたことが明確になる。**表6—8—A・B**は、二つの時期の初年度に登場した奉公人が、その後何年の史料まで記録されているかを追跡してみたものである。この表からは、元禄一〇（一六九七）年に初出する奉公人三五人のうち、元禄一五（一七〇二）年以降の史料にも登場するのはわずか六人にすぎないこと、元禄一五（一七〇二）年の場合でも同じく初出の二四人のうち、宝永七（一七一〇）年以降まで続くのは三人、元禄一六（一七〇三）年初出の八人に至っては、すべてがその年の史料で記載が終ってしまったことがわかる。第II期についても傾向は同様で、手代を除けば、下男・下女の過半は、その年度の史料のみで消滅してしまっているのである。

このように、家を単位としても、あるいはまた奉公人男女個人をとっても、同一の町内にとどまる年限は短く、始終多くの人々が京の町の中で動き廻り、また京都外から入って来ていた。今のところ、宗門改帳だけでは、なぜこのような高い移動性がみられたのか、十分説明することはできない。家持が少なく、借屋が多かったことは説明理由として不十分であるようにみえる。なぜなら家持自身が移動し、その数も変動しているからである。またこのような移動率の高さは、町の「自治」に影響したに違いないが、この問題の解明も後考を俟たねばならない。

表 6-8-A　京都四條立売中之町における奉公人の移動（1697-1715 年）

最終登録史料の年代						
第Ⅰ期	元禄 10	元禄 15	元禄 16	宝永 7	正徳元	正徳 5
(1) 元禄 10 年初出						
手代	10				1	
下男	6		2			
下女	13	1	2			
(2) 元禄 15 年初出						
手代	／	1	5		1	1
下男	／	1	4			
下女	／	7	3	1		
(3) 元禄 16 年初出						
手代	／	／	2			
下男	／	／	2			
下女	／	／	4			

表 6-8-B　京都四條立売中之町における奉公人の移動（1737-1747 年）

最終登録史料の年代				
第Ⅱ期	元文 2	元文 4	寛保 3	延享 4
(1) 元文 2 年初出				
手代	2	3 *, **		2 *
下男	7	2	3	
下女	11	2		
(2) 元文 4 年初出				
手代	／			
下男	／	5	1	
下女	／	11	2	

＊　1人元文4年より戸主となる。
＊＊　1人元文4年に弟子となる。

住民の出身地

史料によれば、弘化二（一八四五）年以降、各人の「生国」が記されるようになった。したがって、この年以降は、住民――家族・非家族を問わず――の出身地を史料から直接知りうるのであるが、それ以前であっても、奉公人に関しては所属する檀那寺の所在地記載から、その出身地を推定することができる。具体的な作業に入る前に、このことを確認すべく弘化二（一八四五）年の史料について、それぞれの「生国」と、檀那寺の所在地が一致するか否かをつき合わせておこう。結論から言えば、この年の史料に記載された三二五人（うち家族員数二二五人）の全員について、その「生国」と檀那寺の所在国名の一致がみられた。ただし、家族員が他国生れの者は、檀那寺を全員京都市内の寺院に移しており、そのことが注記されている。たとえば、烏子屋伊助一家についての記載をみると、**表6―9**のごとくである。

表6―9は家族や奉公人に他国出身の者を多く含む好例であるが、家族については、元何々と、その出身地での檀那寺と、当時何々と、京都に移り住んでからの寺院名を併記している。生国と出身地の檀那寺の所在国名は、このようにこの年の他国生れの家族員二九名のすべてについて一致しているのである。

また、奉公人については、京都に居住していても、所属寺院はすべて生国のそれであり、檀那寺を変更していない。京都へ奉公人を出している農村側の記録をみると、美濃国安八郡西条村の場合（安永二年）[8]、以下のごとくである。

表 6-9　京都四條立売中之町の宗門改帳の記載例（1845 年）

一　代々本願寺門徒 生国近江	元同門徒東末江州 栗太郡阿村宝善寺 当時同末葭屋町 下立売上ル真教寺旦那	板原新村西入町 堺屋つね借屋 鳥子屋　伊助　㊞ 巳三十四才
一　同門徒 生国丹波	元浄土宗両山末 丹州桑田郡河原尻村 超越寺当時右 真教寺旦那	妻　その 巳弐十八才
一　同門徒 生国山城	右真教寺旦那	娘　たま 巳三才
一　同門徒 同断	右同寺旦那	甥　松之助 巳十四才
一　同門徒 同断	東末 釜座丸太町上ル 等覚寺旦那	下人　彦次郎 巳十三才

…………

一　代々禅宗 生国丹波	越前永平寺派 丹州天田郡福知山 久平寺旦那	下人　弥助 巳弐十六才
一　同宗 生国山城	無本寺 出水七本松東入 光清寺旦那	下人　定次郎 巳十六才
一　浄土宗 生国近江	知恩院末江州 栗太郡矢倉村 光伝寺旦那	下女　きく 巳弐十九才

（注）右の例示において点線以降は、宗派が異るため実際には別の箇所に記されている。

娘
る　よ
年廿五歳

是ハ京都堀川通中立売下町嶋屋小兵衛方へ奉公ニ遣シ、宗門之儀ハ其所ニ而御改ニ付判形除之

右の記載の文面に拠る限り、奉公人については、檀那寺の変更をしなかったようであり、京都の宗門改帳の記載の仕方と一致している。奉公は形式的には一時的な移動であり、かなりの部分は出稼であったから、家族員の異動とは異なった取り扱いを受けたのであろう。かくして、生国の記載のない弘化二（一八四五）年以前の宗門改帳を用いても、奉公人についてはその出身地を探ることは十分可能である。一方、家族員については、ある程度の者は後年の例からしても、他国出生であったろうが、明確にすることはできない。

そこで、まず、家族員、奉公人双方の出身地が判明する弘化二（一八四五）年について、「生国」別にその出身地を探り、また、所属する檀那寺が京都の市内である場合には、出身を市内とし、住民の出生が京都市内か市外かをみよう。結果は**表6−10**のごとく、家族員では約一六％、下人では五五％、住民の合計では二三％が、京都の町以外を生国としていることがわかる。この率は、下女において最も高く、実にその七三％が市外の出身であった。出身地の国別では、近江、山城（京都を含まない）、丹波が他を抜いており、比較的近距離から人口を吸収していたと言えるだろう。また家族員と奉公人では、前者の方が拡散的で、信濃や周防といった遠距離を含んでいるのに対し、奉公人は相対的に近隣諸国に集中している。

この市内出生者の比率は、幕末期の江戸の例と比較するとほとんど変らず、やや低い程度である。江戸では、天保期以降、数回の調査で、住民の二二ないし三〇％が江戸の外で出生していることが明らかになっている。(9) 当時、

表6-10　京都四條立売中之町の住民の出身地（1845年）

生国	家族員			手代	下人			合計		
	男	女	計	男	男	女	計	男	女	計
京都市内	110	114	224	3	15	9	24	128	123	251
山城	3	12	15		3	4	7	6	16	22
近江	6	4	10		4	11	15	10	15	25
美濃		2	2						2	2
尾張	1		1					1		1
信濃	1		1					1		1
越前						1	1		1	1
若狭	1		1			2	2	1	2	3
丹波	2	6	8		1	2	3	3	8	11
丹後	1	1	2					1	1	2
大和		3	3						3	3
和泉						1	1		1	1
摂津				1				1		1
周防	1		1					1		1
計	126	142	268	4	23	30	53	153	172	325
京都出身者の比率	87.3	80.3	83.6	75.0	65.2	26.7	45.3	83.7	71.5	77.2

人口総数においておそらく京都の三倍程度はあったと思われる江戸の人口規模、参観交代を通じて全国から人を集める条件を有していたことなどが複合してこのような高い他所出生者の比率を構成していたのであろう。それはともかく、幕末期京都においても、住民のうち他所出生者が江戸に匹敵する率を占めていたのである。とすれば当時の都市人口の維持能力の低さの結果を考慮しなければなるまい[10]。

ところで、先にも述べたように、直接に「生国」を示していない文化五（一八〇八）年以前について奉公人の出身地を探ってみよう。もっとも、厳密に言えば、奉公人の出身村に、檀那寺があるとは限らない。しかし今まで筆者自身が取り扱ってきた百ヵ村以上にもわたる農村の宗門改帳を通じても、農村住民の檀那寺は、居住村か、その近隣であることは明らかである[11]。したがって、奉公人檀那寺の所在の分布は、奉公人の出身地の分布とほぼ一致するものとみてよいだろう。

そこで、史料に登場する奉公人全員（延べ七四九

図6-2　1808(文化5)年以前の京都奉公人の出身地(国名)

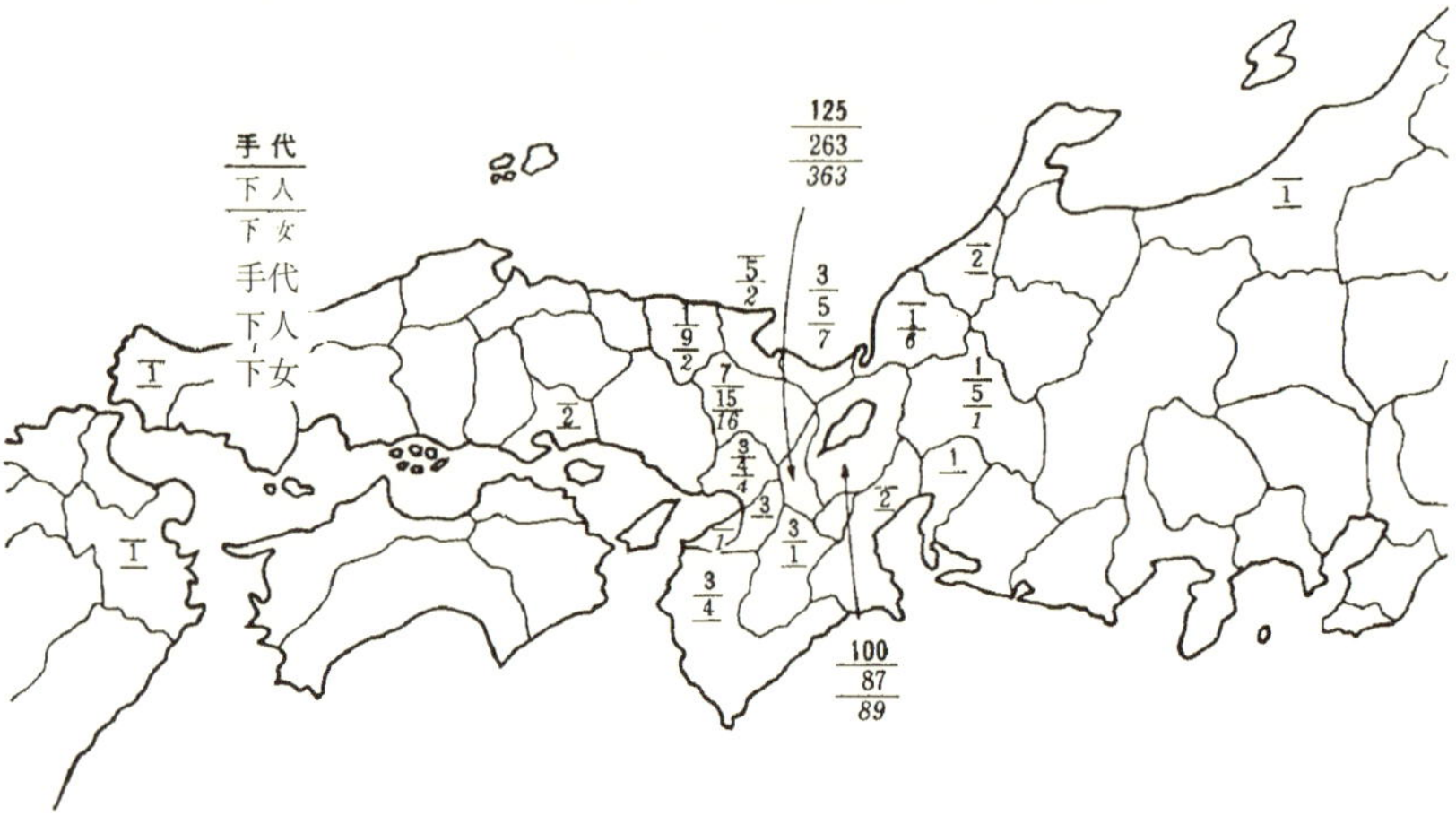

人であり、同一の男女が反復して記されている場合も含んでいる）について、その出身地を地図の上に示してみよう。まず図6―2はその全国的な分布である。これにより、奉公人の出身地は近畿地方およびその周辺にほとんど集中していたことが判明する。遠国としては、越後、備前、長門、豊後に散在するのみであり、この例外的な数人を除くと、残りは、半径一二〇キロの圏内から来ていた。つまり近世京都への労働移動圏は、東は加賀・美濃・尾張、西は但馬・丹波・摂津を含む範囲内であったということになる。筆者が今まで検討してきた濃尾地方は、まさにこの移動圏の東の限界であり、それだけに、この地域から京都への奉公出稼量の多寡は、京都における労働需要を反映する恰好の指標であると考えられよう(12)。

図6―3―A・Bは、美濃西条村から、京都・大坂・名古屋への奉公出稼中の人数（少数の寺、職人・医師への弟子が含まれている）の変遷を男女別に示したものだが、これによると、男女とも京都奉公は逓減の傾向にあったことが窺われる。とくに男子は、天明大火後、急速にその数を減少させ、一時的にはゼロにまで落ちこんでいる。大坂・名古屋への奉公はとくに減少したわけではないから、京都の男子労働に対する需要は、やはり天明大火を期

図6-3-A　美濃西条村民の大都市出稼数の変遷(男子)

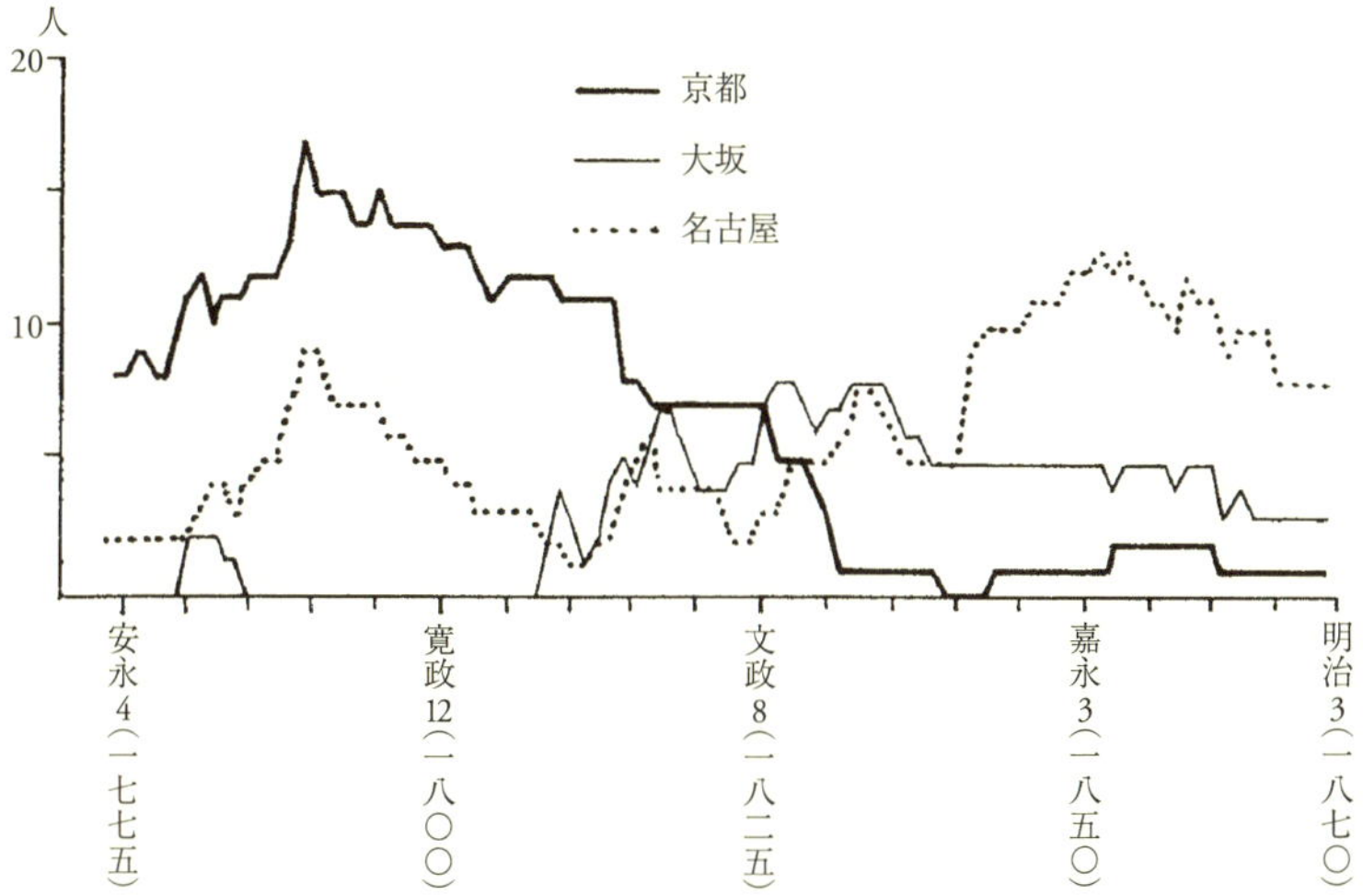

図6-3-B　美濃西条村民の大都市出稼数の変遷(女子)

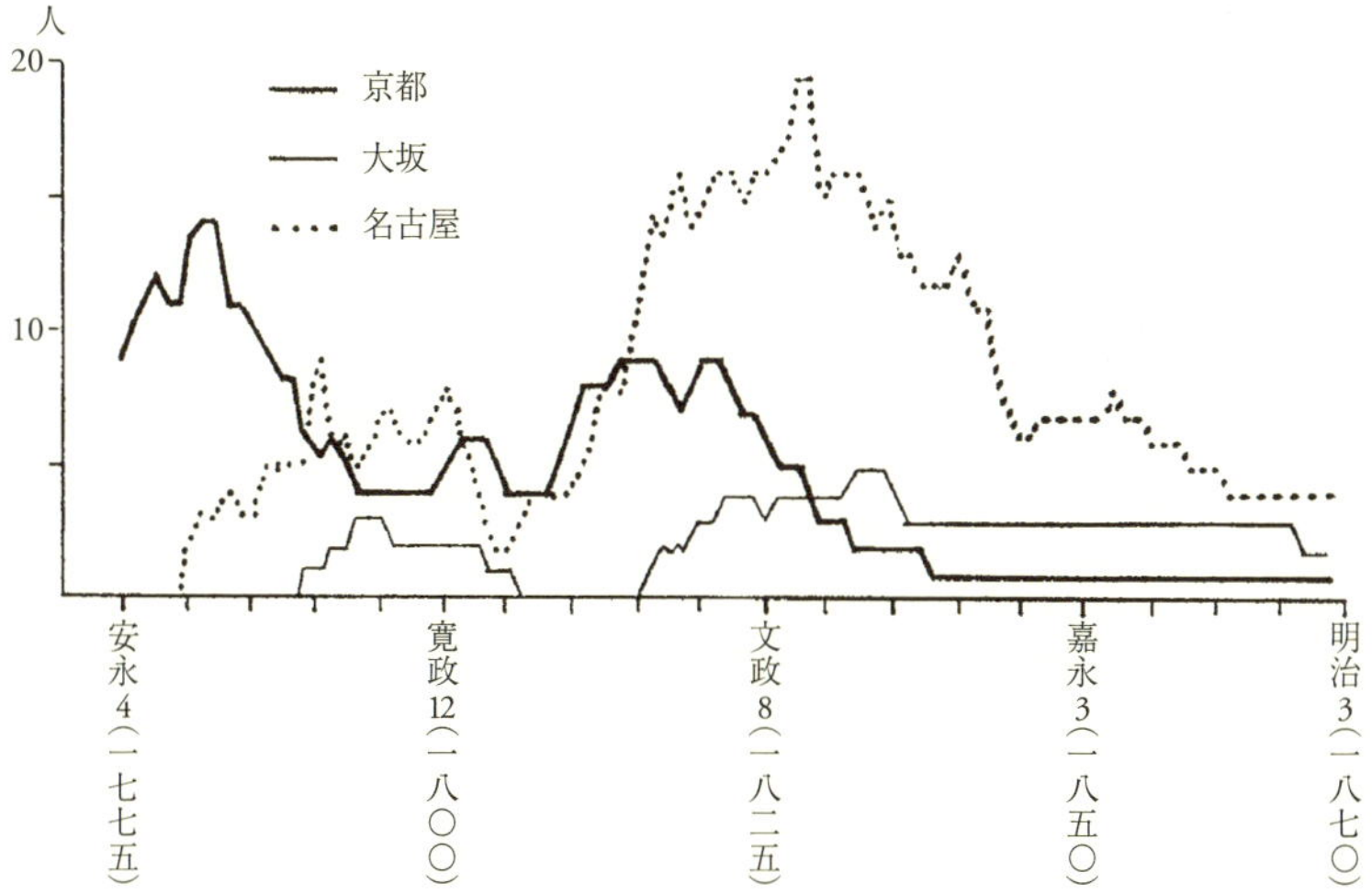

として衰退に向ったと言えるだろう。一方、女子の方は天明期から低下したが、文化・文政期に一時的に再興し、その後、決定的な低落をみせている。他都市への出稼は必ずしも同一の軌跡を描いていないから、やはり京都の女子に対する労働需要は、男子とほぼ同様の経過をたどったと言える。

美濃の一農村の京都奉公に関するこの傾向は、後に示す**表6—12**の四條立売中之町の奉公人の絶対数および比率の変化と明確に一致する。これが最も高かったのは、宝永~正徳期で、比率で示せば、世帯構成員中四五%にも達していたのが、元文~延享期には三五~三八%、文化五（一八〇八）年以降は二〇%台に減少しているのである。

次に**図6—4**には、最も奉公人を多く送りこんでいる山城・近江の両国について、その檀那寺の所在分布を郡別に図示した。京都の市内、および大津は別に数字で示してある。京都の市内と、市外、いわゆる洛中・洛外の区別は史料に城州某郡某村とある場合をすべて洛外とし、町や通の名で表示されている場合を市内とした。この図から、奉公人を出した郡は山城では、ほぼ全郡にわたり、また、近江では京都に近い高島郡・滋賀郡・栗太郡・野洲郡・蒲生郡にかなりの集中がみられ、湖東の坂田・犬上両郡も給源となっていたことがわかる。とくに多いのは近江の滋賀、栗太の二郡で、大津を含めると、男女合計延べ一五一人の奉公人を送りこんでいたことになる。注目すべきことは、とくに栗太郡からの場合、手代が最も多いことである。そもそも近江一国についても図6—2でみるごとく手代の数が、下人・下女を上廻っている。近江からの奉公人は、丁稚から少なくとも手代までは勤めあげるという長期間の奉公をした特別の理由があったのだろうか。

そのような観点から二つの地図に書かれた人数を再検討してみると、京都市内、山城国からは下女の雇入れが最も多く、また、近江を除く各国では下人が多いことがわかる。女子の労働移動圏が男子よりも狭かったことは、農村側の史料からも確認されている[13]から、このことは当然と言えば当然である。

ところで、京都の有していたこのような労働力の供給源を大坂の場合と比較してみよう。もっとも入手しうる大

図6-4　山城・近江から京都への地域別奉公人数

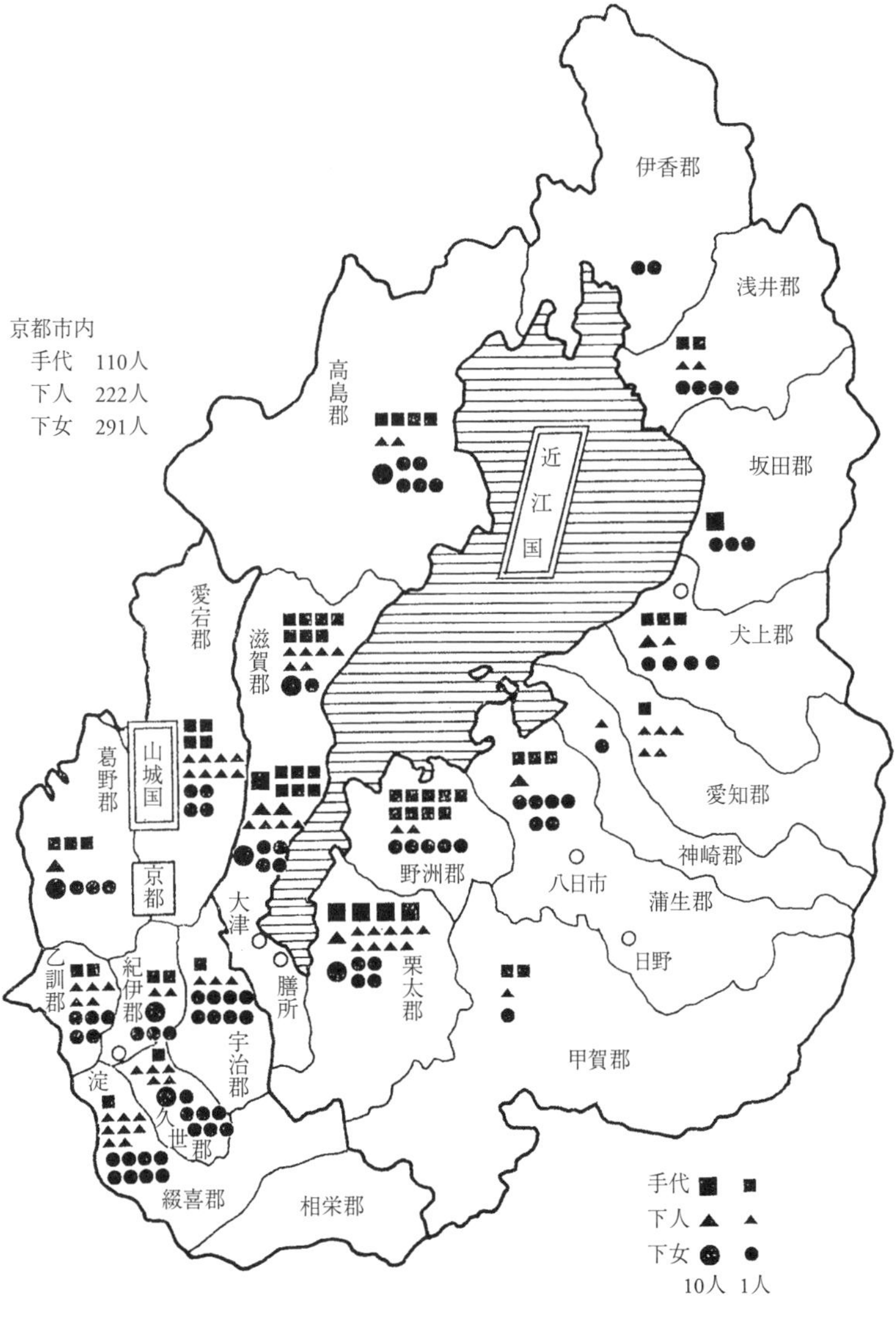

表 6-11　京都・大坂の奉公人出身地

檀那寺所在地	京都 立売中町・白楽天町・亀屋町			大坂 菊屋町		
	男	女	計	男	女	計
京都市内	46	12	58	1		1
大坂市内		1	1	32	3	35
山城	6	5	11		4	4
摂津				7		7
河内					3	3
和泉				8	1	9
近江	9	5	14	4	1	5
美濃		1	1			
伊勢	1		1	1		1
若狭	2	2	4			
越前	1		1			
加賀	1		1	1		1
舟波	1	1	2			
丹後	1		1			
但馬		1	1			
播磨				1		1
讃岐				1		1
阿波				1		1
計	68	28	96	57	12	69

坂の史料は、明治元（一八六八）年の菊屋町の宗門改帳[14]である。この史料に記載されている六九人の男女奉公人の出身地と、京都四條立売中之町（文久三年―五三人）、白楽天町（明治元年―一七人）、亀屋町（明治元年―二六人）の合算九六人の出身を比較したのが**表6―11**である。ただし、この年代は、京都・大坂とも維新の動乱の渦中にあり、総人口も減少し、当然奉公人の数も減っていた時期であるが、それでも二つの都市が、主としてどの地域から奉公人の供給を受けていたかを窺い知ることはできる。両都市とも、それぞれの市内から五割ないし六割を供給されていたが、それ以外では、都市の周辺に集中している。とくに京都の場合は近江から美濃・北陸・山陰に集中し、摂津・河内・和泉や西日本はゼ

口である。これに対して大坂の場合は、摂津・河内・和泉の三国と播磨から四国にかけて西側に伸び、一方、近江や東側にも散見する。双方が重なるのは近江で、そこからは、この時期においてもなお、相当大量の労働力が京都・大坂に流れていたことが判る。近世後期の幕府による全国人口調査の数字をみても、近江国は、享保六（一七二一）年以降、弘化三（一八四六）年に至る間、約一〇％の減少をみせている[15]のは、こういった両都市への大量の人口移動によるのかもしれない。

戸口数・男女別の推移

人口統計のうち、最も基本となる世帯数と人口の男女別、家族員・非家族員別の推移を表6―12にまとめた。表にみる限り、四条立売中之町の人口には、時として増減はあるものの、長期的なトレンドとして大きな変化はなかった。このことは、とくにこの町が都市の中心地に位置することを考えるならば、必ずしも町としての発展がなかったことを意味するものではない。なぜなら、住居面積が一定である場合、高層化がなければ、町の人口増大は、住居面積当りの人口の密度を押し上げ、このことは生活水準の低下、あるいは生活環境の悪化を招くからである。逆に言えば、町に住む人々は、自らの生活を維持し、向上させるためには、町内の人口を増加させぬよう努めたはずであり、人口増大のあり方には、都市の中心部から郊外へとスプロール現象がみられたに違いないからである。江戸時代の都市人口を取り扱う際、このことには十分留意する必要がある。すなわち、行政区画としての都市、またとくに拡大する余地のないような市内の町の人口は、もし経済的に繁栄し、人々がより豊かな生活を享受しうるようになった場合、むしろ減少する可能性さえ秘めているのである。四条立売中之町の人口が、当該期間、大きな変化をみせなかったのは、この町に人口を増やす余地が空間的になかったことによるのではあるまいか。

表 6-12　京都四條立売中之町の戸口数の推移

年代	世帯数	総人数	男	女	家族員数			非家族員数＊			性比（女子＝100）		
					計	男	女	計	男	女	総人口	家族員	非家族員
貞享 2		250	133	117							113.7		
3		243	136	107							127.1		
4		230	134	96							139.6		
5		242	141	101							139.6		
元禄 2		231	132	99							133.3		
3		229	128	101							126.7		
4		241	135	106							127.4		
5		231	128	103							124.3		
6		251	131	120							109.2		
7		252	134	118							113.6		
10	43	240	135	105	149	81	68	91	54	37	128.6	119.1	145.9
15	45	249	131	118	159	83	76	90	48	42	111.0	109.2	114.3
16	46	247	133	114	167	86	81	90	57	33	116.7	106.2	172.7
宝永 7	46	279	156	123	154	82	72	125	74	51	126.8	113.9	145.1
正徳元	44	267	150	117	151	83	68	116	66	50	128.2	122.1	132.0
5	42	225	126	99	124	69	55	101	57	44	127.3	125.5	129.5
元文 2	49	256	146	110	159	88	71	97	58	39	132.7	123.9	148.7
4	48	252	142	110	163	86	77	89	56	33	129.1	111.7	169.7
寛保 3	48	252	139	113	161	86	75	91	53	38	123.0	114.7	139.5
延享 4	46	245	137	108	153	82	71	92	55	37	126.9	115.5	148.6
文化 5	64	235	112	123	188	88	100	47	24	23	91.1	88.0	104.3
弘化 2	78	325	153	172	268	126	142	57	27	30	89.0	88.7	90.0
文久元	64	261	131	130	216	101	115	45	30	15	100.8	87.8	200.0
3	69	280	140	140	227	106	121	53	34	19	100.0	87.6	178.9
白楽天町明治元	22	102	52	50	80	34	46	22	18	4	104.0	73.9	450.0
亀屋町明治元	37	152	81	71	126	60	66	26	21	5	114.1	90.9	420.0

＊非家族員には、手代、下人、下女、弟子、小者を含む。

しかし、それでは、戸口に何の変化もなかったのかと言えば決してそうではない。まず第一に世帯数が増え、約一・五倍になった。次に、家族員はかなり増え、同じく約一・五倍になっているのに、非家族員――そのほとんどが奉公人である――は半減している。そして最後に、男女の比率も変化している。世帯や奉公人については、別のところで述べているので、ここでは男女の比率について触れておこう。表6―12にみるように、町全体の人口についてみると、明らかに一つの長期的な傾向――性比の低下――を挙げることができる。延享四（一七四七）年以前においては、一時的な変化はあるが、性比はほぼ一三〇――すなわち、男子一三〇人、女子一〇〇人という割合――前後であったのが、文化五（一八〇八）年以降は、一〇〇以下もしくは一〇〇をわずかに上廻る程度になっている。男子の数がやや減少気味なのに対し、女子は明らかに増えている。

性比を、家族員と非家族員に分けてみると、どの年代をとっても家族員の方が低い――つまり、相対的に女子の数が多い――が、これは、奉公人における男女の比率が、圧倒的に男子が多いことから来るのである。家族員のみの性比は延享四（一七四七）年までは平均して一一五前後で推移していたが、文化五（一八〇八）年以降は八〇台に下り、女子の方が多いという逆転現象を示している。これは、他の二つの町の例からみても、男女の比率を定める要素に何らかの構造的変化があったことを意味している。人口学的分析を欠く今、それが何であったのかを推断することはできないが、近世の日本全体としても同様の傾向がみられるので、後考を俟ちたい。非家族員の性比は、かなり大きな振幅を示している。概して、延享四（一七四七）年以前は平均一四〇程度であったものが、文化・弘化期には同数程度となった後、維新期には女子の奉公人が激減した結果、数値は非常に高くなった。この最終期の数値は、維新動乱期に入ってからのものなのでこれを除くと、結局、総人口にみられる性比の漸減傾向は、一つには、家族員内部における性比の低下と、元来性比の高い奉公人の絶対数の減少の二つが重なって生じているのである。

図6-5　年齢ピラミッド

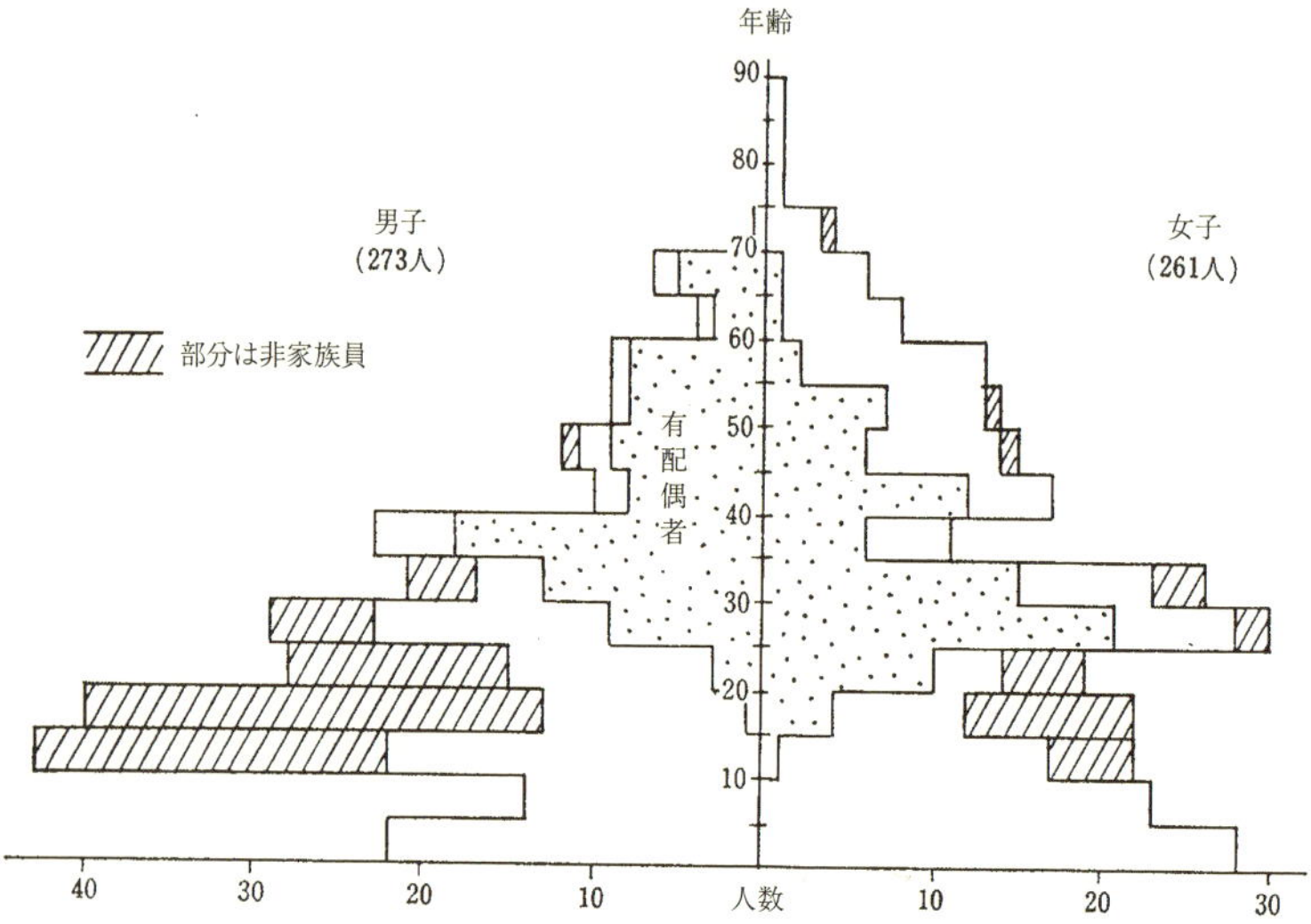

年齢ピラミッド

図6―5は、年齢の記載のある文久三（一八六三）年の四條立売中之町、明治元（一八六八）年の白楽天町、亀屋町の三冊の史料を合算して作成した五歳きざみの年齢別構成である。一つの町では人口が過少にすぎるので、五年間の違いはあるが、あえて合算を行なった。それでも統計観察上、十分な数字を得られないため、年齢ピラミッドには凸凹ができてしまったが、男子の一一歳から二〇歳までの異常な突出は、大量の奉公人によることが読みとれる。この年齢階層においては、家族員三五人に対し、非家族員は三八人で、むしろこの方が多いのである。この時期には女子の奉公人数は著しく減っているのであるが、男女とも一一歳―三五歳の間、つまり最も労働効率の高い年齢層の奉公人を多数抱えていたことになる。彼らのうち、約六割

は京都市内の出身であり、市内の出身者同士で相殺される可能性があるとしても、なお四割は市外から流入した人口である。逆に、農村では、奉公出稼人の年齢構成は明らかにこの層で、くびれる形状をとっている。京都町方のものは、維新期とはいえ、なお都市型の形状を保ち続けていたというべきであろう。

世帯構成と世帯・家族規模

ここでは世帯とは、血縁家族と非血縁家族を含めた構成を指すことにする。世帯を奉公人の有無によって分類したのが**表6―13**である。延享四（一七四七）年までは、多少の変動はあるものの、六割以上の世帯が奉公人を持っていた。ところが、文化五（一八〇八）年になるとその率は、四割台に落ち、さらに弘化二（一八四五）年以降には三割台にまで下っている。

また、同じ奉公人の中でも、十年以上の奉公経験を積んだと思われる手代をおく商家の比率をみると、宝永七（一七一〇）・正徳元（一七一一）年をピークとして低下し、とくに文化五（一八〇八）年以降は一割に満たない。これは大規模な営業を行ういわば豪商の数が減少して行ったことを物語っているようにみえる。

次に家族形態について、四つの年代（元禄一〇年・寛保三年・文化五年・文久三年、一六九七年、一七四三年、一八〇八年、一八六三年）をえらんでその構成をみよう。**表6―14**にさまざまな家族の形態別にその分布を示したが、これをみて明らかなのは、戸主が結婚している世帯の数は比較的安定的であるのに対して、結婚していない世帯の数が時代とともに増えていることである。その結果、前者の占める比率はかなり減少した。換言すれば、この期間における世帯数の増加は、もっぱら、戸主が結婚していない世帯の増加に負うのである。このことは、一概には言えないとしても、奉公人の絶対数や、奉公人を抱える世帯の減少と相まって、やはりこの町の商人のあり方の

表 6-13　京都四條立売中之町の世帯の分類

年代	世帯数	非家族員ヲ有スル世帯	同比率(%)	家族員ノミノ世帯	手代ヲ有スル世帯
元禄 10	43	32	74.4	11	8
15	45	30	66.7	15	9
16	46	26	56.5	20	6
宝永 7	46	30	65.2	16	16
正徳元	44	30	68.2	14	16
5	42	27	64.3	15	10
元文 2	49	34	69.4	15	13
4	48	30	62.5	18	9
寛保 3	48	32	66.7	16	9
延享 4	46	33	71.7	13	12
文化 5	64	27	42.2	37	6
弘化 2	78	30	38.5	48	4
文久元	64	21	32.8	43	4
3	69	23	33.3	46	2
白楽天町明治元	22	8	36.4	14	3
亀屋町明治元	39	8	20.5	31	0

表 6-14　京都四條立売中之町の家族形態別分布

年代	元禄 10	寛保 3	文化 5	文久 3
1. 総世帯数	43	48	64	69
2. 戸主が結婚している世帯	34	33	36	38
3. 同上の比率（%）	79.1	68.8	56.3	55.1
4. 戸主夫婦のみからなる世帯	6	3	7	9
5. 戸主夫婦および子供からなる世帯	20	20	20	15
6. 以上の他、直系親族のみからなる世帯	5	5	6	7
7. 戸主夫婦、その直系親族の他、傍系親族を含む世帯	3	5	3	7
8. 戸主夫婦の他、結婚している直系親族を含む世帯（6 の内数）		2	1	5
9. 戸主が結婚していない世帯	9	15	28	31
10. 単身者世帯	4	3	16	9
11. 結婚している親族を含む世帯		3		4
12. 結婚している親族のいない世帯	5	9	12	18

変化を物語っている。つまり、当初においては、ほとんどの商家が奉公人を抱え、自らは家族形成をする形態をとっていたし、なかには多数の奉公人を置き、大規模な営業をしている商家もあった。それが次第に変化して、奉公人の数や率が減ると同時に、家族を形成しえないような零細規模の商家が増えてきたことが反映されているのであろう。戸主一人という世帯数の増加も目立っている。独身の戸主以外で、ともかく結婚している夫婦を有している世帯（**表6―14**の11項）を除いたとしても、結婚している者のいない世帯の比率は当初の二〇％台から、四〇％台へと、約二倍になった。このような状況は、農村における家族形態のあり方と大いに異なるものである。

非血縁者を除いた家族の規模別分布を、前記の四つの年代について示したのが**表6―15**である。農村に比較して概して規模は小さいが、とくに文化五（一八〇八）年は平均規模が三人以下となる異常な低さである。前述の家族構成の変化が規模にもあらわれている。全体として、農村に比べて規模は一段と小さく、これは都市における人口の再生産力、結婚年齢や家族形成のあり方を反映するものであろう。

一方、一世帯にかかえられた非家族員の規模別分布をみたのが**表6―16**である。一人をかかえる世帯が最も多いが、当初一八人もの奉公人を置く商家があったのが、次の年代では一二人（家は異なっている）が最大となり、文化五（一八〇八）年には最大でも四人を置くにすぎなくなっている。最終年次ではやや回復しているものの、やはりこれはこの町に住む商家の経営規模の縮小を示すものだろう。もっとも、奉公人を置いている世帯に限って平均奉公人数を求めれば、極端に大きな変化はない。しかし、全世帯を分母とすると、前半約二人であったものが、後半には〇・七人台と低落している。

結局、家族員、非家族員全員を合わせた世帯規模（**表6―17**）の分布をみると、バラッキ（標準偏差の値）が次第に収斂するとともに、規模も少なくなっていった過程がうかがわれよう。ここでも文化五（一八〇八）年の状態がいかに異常であったか――すなわち一人世帯が最も多く、二人、三人で全体の半分以上を占めている――が示さ

表 6-15　京都四條立売中之町の家族員規模別分布

年代	元禄 10	延享 4	文化 5	文久 3
1 人	4	3	16	9
2	9	13	10	15
3	11	10	17	16
4	10	10	11	12
5	5	6	6	12
6	1	4	1	3
7	2		3	2
9	1			
人数計	149	153	188	227
世帯数	43	46	64	69
平均	3.47	3.33	2.94	3.29
標準偏差（S）	1.71	1.42	1.62	1.55

表 6-16　京都四條立売中之町の非家族員規模別分布

年代	元禄 10	延享 4	文化 5	文久 3
0人	11	13	37	46
1	16	12	14	11
2	6	8	8	5
3	3	5	3	3
4	2	4	2	2
5	1	2		
6	1			1
7	1			
8		1		
9	1			1
15		1		
18	1			
人数計	90	92	47	53
世帯数（0 を除く）	32	33	27	23
平均　（0 を除く世帯）	2.81	2.79	1.74	2.30
平均　（全世帯）	2.09	2.00	0.73	0.77
標準偏差（S）	3.18	2.62	1.06	1.56

表 6-17　京都四條立売中之町の世帯規模別分布

年代	元禄 10	延享 4	文化 5	文久 3
1			12	8
2	3	5	10	12
3	10	8	11	13
4	8	9	9	9
5	5	7	7	10
6	8	5	9	8
7		5	3	5
8	3	2	3	
9	1	3		3
10	3			
12		1		
13	1			1
20		1		
23	1			
人数計	240	245	235	280
世帯数	43	46	64	69
平均	5.58	5.33	3.67	4.06
標準偏差（S）	3.70	3.15	2.07	2.35

れている。

結　論――高い流動性

以上、近世京都の四條立売中之町を中心に、そこに住んだ人々の動静をみてきた。ここで、何らかの結論を抽き出すとは、事例数の上から言っても、史料が断片的であることからも差し控えねばならない。しかし、ともかくも、一七世紀末期以降、この町が、商人町として発展していく中でも、当初は歓楽街的要素を、ついで美術や医学といった知識人も住む町として、そして最終的には小規模な自営商人の多い町へと変化していった状況は描き得たと考える。またその特徴として以下のことが挙げられよう。

まず、この町に住む人々が、家を単位としても、個人を単位としても、予想をはるかに上廻る高い流動性を持っていたことである。家をとると、年率にしてその一割前後が移動してしまうので、当該期間を通じて、この町に居住した家はたった一軒にすぎないほどである。

また、京都の町に流れこんできた奉公人達の出身についても、主としてごく周辺と、北方および東方に位置する国々からなる一つの労働供給圏を有していたことが明らかとなった。

そしてこれらの奉公人数やそれを雇い入れる世帯の比率からみて、四條立売中之町が最も繁栄したのは、史料の残存する期間内では一八世紀の初期ではなかったか、と考えられる。史料を欠く一八世紀後半には大きな変動があり、延享四（一七四七）年と文化五（一八〇八）年の史料を比べると多くの点で不連続的な様相が窺われるのである。

四條立売中之町が、近世京都をどの程度代表するのかは、他の町の研究成果と比較しないことには何とも言えないが、下京の中心というこの町の位置を考えるならば、この地区の事例として十分な条件を持っている。

もちろん、史料の観察結果は以上に尽きるわけではない。郡レベルでみた奉公人の出身地を村レベルまで精密化すること、属する宗派や檀那寺についてのいっそう立ち入った観察[16]は、時間の関係上、本稿では果しえなかった作業である。また、江戸時代に刊行された京都の諸案内記や人名録を丹念に繰って、史料に登場する商家や職人、知識人の名前とつなげることは将来の課題である。さらに、家族構成に関する考察もとりあえずのものでしかない。

このように、本稿は観察としても未完であり、なお多くのものを今後に残しているのである。

注

〔附記〕　本稿で利用した史料の内、四條立売中之町の宗門改帳は、岐阜県関ヶ原町、故不破幹雄氏蒐蔵のものである。筆者にそのマイクロフィルム撮影を許された同氏に深く感謝したい。また史料整理、統計作成に関しては、成松佐恵子、宇野澤俊子の二人に負うところ大きい。

（1）三條通りの衣棚町等の史料（天明六年以降）を用いた観察として、秋山國三・仲村研著『京都「町」の研究』（法政大学出版局、一九七五年）二九二―二九九頁がある。
（2）阪本平一郎・宮本又次編『大坂菊屋町宗旨人別帳』全七巻、吉川弘文館、一九七一―一九七七年。
（3）奈良市教育委員会保管。
（4）『京都の歴史　第五巻　近世の展開』学芸書林、一九七二年、四〇六、四〇七頁。
（5）千切屋については、『京都の歴史　第六巻　伝統の定着』京都市史編纂所、一九七三年、二一六頁以下に詳しい。
（6）前掲注（1）参照。
（7）『京都「町」の研究』二九三頁、二九四頁をみよ。
（8）立教大学図書館所蔵、美濃国西松家文書。
（9）関山直太郎『近世日本の人口構造』吉川弘文館、一九六九年、二二一頁所収の表をみよ。
（10）なお、都市の人口維持能力については、飛騨国高山の例が検討されている。佐々木陽一郎「江戸時代都市人口維持能力について」社会経済史学会編『新しい江戸時代史像を求めて――その社会経済史的接近』（東洋経済新報社、一九七七年）所収。ここでは、高山における九九年間の史料から得た指標を用い、もし他から人口の流入がなかったと仮定した場合、人口はどのように変化するかについて一つのシュミレーションを行っているが、それによれば、百年後、人口総数は三分の一近くにまで減少してしまうのである。
（11）たとえば、筆者が取り扱ってきた各村のうち、信州横内村の例では、村民全員が近隣の一寺院の檀家であり、また美濃西条村では村民は約八割が村内にある二つの寺院の、残りは近隣の三つの寺院を檀那寺としていた（安永二年）。
（12）この問題については、速水融・内田宣子「近世農民の行動追跡調査」徳川林政史研究所『研究紀要』昭和四六（一九七一）年度所収、および、速水融「近世西濃農民の移動について」同上、昭和五二（一九七七）年度所収を参照。
（13）速水・内田前掲論文をみよ。
（14）『大坂菊屋町宗旨人別帳』第七巻、四八八―四九五頁所収。
（15）関山直太郎、前掲書一三七頁所収の国別人口表によれば、この間近江一国の人口は、六〇万二三六七人から五四万一七三二人へ減少した。
（16）元禄一〇（一六九七）年に史料に登場する二四〇人の檀那寺をみると、所属宗派と寺院数は、一四一人が浄土宗で六〇の寺院に、六六人が真宗本願寺派で三五の寺院に、四人が仏光寺派で四つの寺院に、二三人が日蓮宗で八つの寺院に、五人が禅宗で五つの寺院に、一人が天台宗で一寺院に属するといった状況である。合計すると、一一三の寺院が住民の檀那寺であった。これでは、洛中の寺院に限ったとしても、農村の宗門改帳にみられるように寺判を請けることは不可能であっただろう。またそれらの寺院の、洛中における所在地の分布を確かめることから、何かを抽き出し得るかもしれないが、本稿では果しえなかった。

第7章　近世における「死」の歴史人口学

――都市と農村の比較（奈良東向北町と美濃西条村）――

都市史研究の動向

最近における都市史研究の一つの動向として、都市の演じた機能的役割の検討という問題がある。一九八五（昭和六〇）年、欧米において期を一にしたように、三冊の都市史研究の大著が刊行された。(1) Paul Bairoch, *De Jericho a Mexico : Ville et economie dans l'histoire.* Paris. (2) Paul M. Hohenberg and Lynn Hollen Lees, *The Making of Urban Europe 1000-1950.* Cambridge, Massachusetts. (3) Jan de Vries, *European Urbanization 1500-1800.* London. は、いずれもそれぞれ特徴をもった新しい研究の達成であるが、共通して都市の機能についての検討が中心課題となっている。また、一九八六（昭和六一）年、東京において開かれた国際セミナー"Urbanization and Population Dynamics in History"に提出されたペイパーの多くも論集として、刊行された。(1)

日本の伝統的な都市史研究においては、西欧市民社会を近代化の原点に据える立場から、「市民」概念、封建領主権力との対立抗争といった、社会構成史的接近が主流を占めてきただけに、こういった最近の研究動向は、受け入れるのに困難が伴い、ある場合には拒絶反応さえ起すだろう。しかし、欧米において、こういった新しい研究が出されてきた背景には、一つには、欧米における近代化認識の相対化という研究視角の変革があり、また、それと同時に、機能分析の手法として有効な数量的分析法の発達がある。

一九五〇年代末にフランスで誕生した歴史人口学の急速な展開を、そういった背景において考えてみると、それが、以上の二条件を満たす研究方法であったことが大きく作用していることが理解できる。都市史、あるいは都市化の歴史研究に、歴史人口学の手法を適応することには、しかしながら、いくつかの困難があった。まず都市という居住空間は、村落に比べて人口規模が大きく、かつ戦火や災害によって大きな被害を受けやすい。歴史人口学の基本史料である、人口調査簿、住民台帳、教区簿冊類の残存率が低くなり、とくに大都市になればなるほど、その全域をカヴァーする史料の残存は期待できなくなる。そのなかでも、前工業化期に限ってみても、スペインのクウェンカ（Cuenca）[2]、イングランドのリーズ（Leeds）[3]、ブラジルのサン・パウロ（Sao Paulo）[4]の研究は、それぞれの都市の歴史人口学的様相を明らかにし、精緻な個別研究事例が着実に蓄積されつつある。

一方、こういった個別都市の精密な事例研究と、ある場合には関連し、ある場合には独立に、都市化の全体像を描く研究も進んでいる。最初に提示した三著書の目標も、むしろ後者にあった。この方向の研究においては、人口の集計史料に依拠して、人口総数、世帯数、人口変動の内容、すなわち出生・死亡・結婚・移動等の数値を検討し、一国あるいは一地域の都市の成長なり、都市化の進展を考察しようとするものである。このタイプに属する業績として、三著書以外に、日本を含む、非西欧地域の都市化の比較研究として、ギルバート・ロズマン（Gilbert Rozman）による一連の研究が注目される[5]。都市化の進展を、単なる都市数や都市人口比率の増大に求めるのではなく、後背地との関係や、都市の性格と規模を組み合わせた都市の階層関係（urban hierarchy）、たとえば、首都、地域的中心、地方中心、地方市場町といった各種の構成がどうなっているかといった観察を織り込むことによって、より有機的な考察を行なっている。

最後に、大都市の研究を挙げることができるだろう。近代工業化以前の都市は、そこに住む住民の日常生活の維持を困難にさせる多くの要素があった。人々が密集して住む都市は、適当な衛生設備がないと、疫病の流行に対する防御力も弱かったし、しばしば戦略上の目標となって戦火を浴びた。飢饉に際して行政当局が有効な手を打てない場合には、大量の死亡者や流浪者を生じた。そして、都市住民の構成は、多くの場合、男性の比重が高く、また独身者の数が多かったり、結婚年齢が農村に比べて遅かったりして、長期的に出生率が死亡率を下回るのが常であった。そのため、この時期の都市は、その人口を維持するだけでも、大量の人口を、いかなる形にせよ都市外から受け入れなければならず、いわんや人口増大を実現させるには、膨大な量の流入人口を必要とする。論理的に付近農村がそれを供給する役割を担うことになるので、都市とその周辺部は、人口学的には一つの単位となって機能していた。したがって、経済的発展があり、都市化が進み、都市人口が増えると、その都市を含む地域人口は停滞する、という興味深い現象が生ずる。

前近代都市の「墓場説」（graveyard theory）または、「蟻地獄説」は、こういった都市の持つ人口学的局面、とくに高死亡率と低出生率の組み合わせからくる人口減少作用を強調した考え方である(6)。最近、この考え方に修正意見が出されるようになったが、それは、都市の人口学的特徴は、高死亡率ではなく、都市住民の性比のアンバランス、有配偶率の低さ、結婚年齢の高さに起因するもので、「墓場」という表現は正確さを欠く、というものである(7)。ここでいきなり事の真否を問うことは早計に過ぎるだろうが、こういった問題が都市史研究の重要な課題となっていることを指摘しておこう。

対象を日本に移すと、都市史研究は隆盛であるとはいえ、その機能的分析、歴史人口学的分析はまだまだ少数で、とうてい全国的俯瞰が可能になるまでには至っていない。日本の都市史研究の視角として、社会構成史的方法が不要だとは決して言うべきではないけれども、同時に機能的分析が無用だとは決して考えられない。むしろ、機能的分析を押し進めることによって、社会構成史的方法による接近の結果が補強される場合もあるだろう。

江戸時代の日本には、歴史人口学研究の基本史料として、世界に例を見ない毎年作成の宗門改帳・人別改帳があるが、長期間にわたって連続して残存する事例も決して少なくはなく、将来の研究成果は大いに期待される。しかし、その整理・統計作成には膨大な人力、時間、費用の投入が必要で、現在まで刊行されている個別研究としては、京都・飛騨高山・陸奥郡山の事例があるにすぎない(8)。やはり、当面は個別事例の集積を行なうべきであろう。本稿もそういった意味を持った一事例研究で、これをもって日本全国の代表とする意図は毛頭ないし、すぐ後に述べるように、対象となった町の人口規模から言っても、この町の属する奈良を代表するか否かさえ問題となるほどである。

奈良東向北町の宗門改帳の史料的意義

ここに利用する史料は、大和国奈良東向北町（ひがしむききたまち）の宗門改帳で、寛政五（一七九三）年から、明治四（一八七一）年までの七九年間、文化一二（一八一五）・一三（一八一六）年、天保九（一八三八）・一一（一八四〇）年の四年分の欠本を除いて連続して残存している。(9) 宗門改帳は毎年四月に編纂されている。宗門改帳に、作成の原則として「本籍地主義」と「現住地主義」の二つがあることは、折に触れて述べてきた。(10) 特に都市のように一時的寄留者の多いことが予想されるところでは、史料がどちらの原則によって作成されているのか、の画定は決定的に重要であることは言うまでもない。この町の場合、奈良自身が天領であり、また記載の仕方からしてある時点までは、現住地主義で作成された、「住民台帳」型の史料であることは明瞭である。したがって、その期間、この史料を歴史人口学の史料として用いるのに、「本籍地主義」で作成された史料を用いる場合と比べて、障害は遥かに少ない、というべきであろう。ただし、天領の大都市の宗門改帳には、しばしば年齢の記載を欠いている場合がある。宗門改帳に各人の年齢が記載されるようになったのは、たとえば、京都では、天保一四（一八四三）年以降であり、大坂では、実に明治元（一八六八）年になってからであった。(11) 年齢記載の有無は、宗門改帳を歴史人口学の材料として使う場合、その価値を大きく左右させる。けだし年齢は人口学的分析においてほとんど欠くことのできないパラメータだからである。

東向北町の宗門改帳は、幸い最初の三年間を除いて、すべての期間に年齢記載があり、京都や大坂の現存する宗門改帳のように、それを前にして研究者を歎かせるものではなかった。なぜ都市の宗門改帳に年齢記載がないのか、また、時代の進むにつれて記載されるようになるのかは、依然として未解決の史料学上の問題である。

ただ、この町の宗門改帳の記載内容に関し、奉公人については、天保一四（一八四三）年以降、急に記録されなくなってしまった。その年を境に、奉公人が全くいなくなってしまうことは考えられないから、これは宗門改帳作成に際して、記載の基準が変更されたからに違いない。このことは、研究者にとって大きな障害となる。奉公人に関する観察は、それ以前の五〇年間に限らざるを得ないのである。なぜこのようなことが起ったのだろうか。直接の証拠はないが、時あたかも天保改革の年であり、その一つである、人別改例の改正施行と時期的に一致する。この法令では、在方からの江戸入りを禁止し、店借人を帰国させ、出稼、奉公稼を、手続きを煩雑化することを通じて事実上制限しようとするものであった。江戸への人口流入を制限し、農村人口を確保すべく発せられたこの法令は、天保一四（一八四三）年三月に出されているが、江戸のみならず、大坂・西宮・兵庫津でも実施された[12]。出稼人は、別に帳面を仕立てるべきことが命ぜられている。このことから、天領奈良奉行直轄の都市において、天保一四（一八四三）年四月の宗門改帳から、奉公人の記載が消えてしまうことは、十分あり得るのである。つまり、奉公人は、いなくなったのではなく、宗門改帳に記載されなくなったか、別個の宗門改帳に記載されるようになったのである[13]。

数量史料を取り扱って分析を行なう場合、まずなすべきは、その史料の記載値が統計的にどの程度信頼できるかの検定である。人口統計の場合、通常は数え齢一歳または二歳で初めて史料に出現する者を出生と見るのであるが、出生の記載に不備があり、数え齢三歳以上で初めて史料に出現する者の数が多いと、出生率の推計結果は実際よりも低くなってしまうであろう。同時に、理由不明で史料から姿を消す者の数が多いと、そのなかに含まれ得る死亡数が計算されず、死亡率の推計結果は実際よりも低く出ることになる。さらに、年齢の誤記が多いと、ある程度の

表 7-1　奈良東向北町宗門改帳の信頼度

項目／時期	1796～1800年	1801～1825年	1826～1850年	1851～1872年	計
a.　年数	5	25	25	22	77
b.　史料欠年数		2	2		4
c.　史料残存率（%）	100.0	92.0	92.0	100.0	95.0
d.　全出生数	12	75	60	58	205
e.　補正出生数＊	2	5	2		9
f.　補正出生の率（%）	16.7	6.7	3.3	0	4.4
g.　増加人数合計	67	303	250	186	806
h.　内理由不明	5	5			10
i.　増加理由不明の率（%）	7.5	1.7	0	0	1.2
j.　減少人数合計	67	288	286	153	794
k.　内理由不明	15	17	3		35
l.　減少理由不明の率（%）	22.4	5.9	1.0	0	4.4
m.　年齢追跡可能数	427	2317	2079	1658	6481
n.　年齢の誤記数	3	15	39	11	68
o.　年齢誤記率（%）	0.7	0.6	1.9	0.7	1.0

＊補正出生数：　3歳以上5歳までに初めて史料に出現し、理由が明記されていない者。

補正はできるとしても、平均結婚年齢や、死亡年齢の推計に不安が残る。

これらの数値の正確度は、作成された人口の動態統計の信頼度を決定することになる。歴史統計の場合、原データの性格を検討したり、正確度を測る手続きを欠いたまま、統計を作成し、観察を行なうことは非常に危険である。**表7―1**は、史料の残存、出生数、死亡数、人口増加や減少のうち、理由不明の者の数、年齢誤記数について、どの程度正確であるかを示したものである。

一瞥して明らかなように、この町の宗門改帳の記載は、一〇〇％とは言えないまでも、極めて正確であること、つまり、作成される統計は、信頼性の高いものであることが分かる。全体的には、年とともに正確度は高くなり、最終の時期には、欠年もなく、人口の増加、減少の理由すべてが分かり、年齢誤記率も極めて低い。他の時期についても、最初の五年間を除いて、作成する諸統計に著しい影響を与えるような、不正確な記載がいかに少ないかが明瞭だろう。

このように、全く問題がないわけではないが、東向北町の宗門改帳は、都市の歴史人口学研究にとっても貴重なものであることは明らかである。問題は、いかにもその人口規模が小さいことであり、後述するように人口総数が最大でも一二六人なので、とうてい各年の出生率・死亡率等人口学的指標を算出しても無意味だということである。移動平均法を用いることによって、中長期的観察は可能であるが、場合によっては重要になる単年度、あるいは短期的観察には不向きである。こういった点に注意を払いつつ、この史料を取り扱う必要がある。

史料整理の方法は、筆者が農村の宗門改帳を整理する際にとった方法と全く同様で、ここに繰り返す必要はないと考える。[14] 簡単に言えば、まず原史料から、基礎整理シート（BDS）へ記載内容のすべてを転写し、世帯ごとに、横断面的および時系列的に、世帯やその構成員の構造や変化を追うことができるようにする。このBDSをもとに、諸統計を作成したり、高次のシート（FRF）類、ここではさし当り家族復元シートを作成する、という方法である。

奈良東向北町の特徴——門前町としての変遷

さて、対象とする奈良東向北町は、江戸時代、どのような町だったのだろうか。幸い、東向北町には『万大帳』と称せられる町会所の記録が残されており、ほとんどの部分が印刷刊行もされ、それを用いた先行研究も発表されている。[15] 『万大帳』の記述内容は、その史料の性格上、町の祝い事、町で負担する普請、土地の売買、町奉行からの通達等が主で、直接宗門改帳に関連する記事は多くはない。しかし、中には職業構成のように、宗門改帳と付き合わせることの可能な記述もあり、本稿でも可能な限り利用した。

さて、地名の由来が、奈良興福寺の築地が東側にあるところから付されたように、東向北町の位置は近世奈良の中心に近く、興福寺の門前町でもあった。『奈良県の地名』によれば、寛永一九（一六四二）年と宝永元（一七〇四）年の大火で全焼、宝暦一二（一七六二）年にも一二軒が焼けたとある。[16]逆に、宗門改帳の残る期間には災害はなかったようである。享保一五（一七三〇）年の史料によると、その町並は、南北六八間余（約一二〇メートル）、通りから東側一三間強（約二三メートル）、西側一二間弱（約二一メートル）が最大であったという。計算すれば、面積約五〇〇〇平方メートルということになる。『万大帳』所収の享保一五（一七三〇）年『家之覚』に依拠して、鎌田道隆氏は、当時の町並を復元されている。[17]宗門改帳で取り扱う時期より早いが、屋号には連続するものも多い。

東向北町の住民の職業、商業の種別を示す史料は、寛文一〇（一六七〇）年の『奈良町北方弐拾五町家職御改帳』、『万大帳』所収の寛政一一（一七九九）年『家数竈数并諸商売人御改帳写』、文政二（一八一九）年『職業取調べ帳』の三種があって、それらを総合した表がすでに発表されている。[18]かつて筆者が京都四條立売中之町の例で見たように、[19]町の住民の職種は、この間にかなり変動し、当初は布商、米商、鍛冶職等が多く、奈良中心らしい家が軒を揃えていた。しかし、後になると、多様な小売商や職人が庇を並べる町になっている。奈良の町全体の性格も変化したし、そのなかで東向北町の町並も変っていったのである。

人口の趨勢と年齢別構造――都市と農村の比較

前述のように、東向北町の人口規模は小さく、一年限りの人口統計を出しても、有意な観察はできない。また、人口統計すべてをここに並べることは、本稿の目的とするところではない。都市の歴史人口学上の問題として、まず何よりも、先に述べたように、前工業化期の中心課題である「都市墓場説」、あるいは「都市蟻地獄説」の検討

図7-1　奈良東向北町の人口趨勢

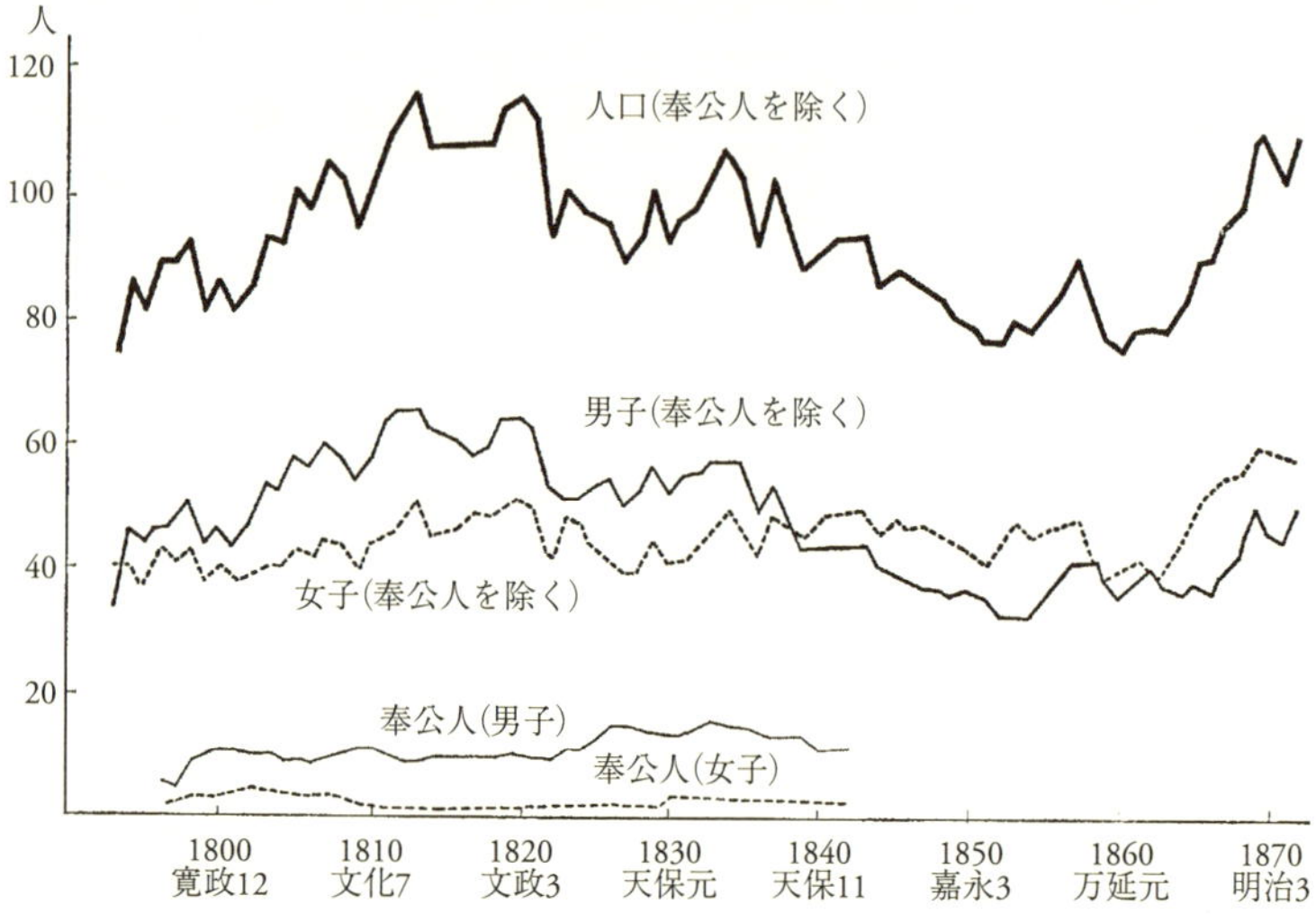

について考察の対象を絞りたい。しかし、そうはいっても、基本的な人口趨勢、人口統計について、全く無視していいことにはならない。それを本稿では、本格的分析を行なう前の、必要な準備作業として、その範囲をいくつかの統計的事実の検出に限定したい。

東向北町の人口系列に関し、史料に記載してある人口を、そのまま加算して示すわけにはいかない。なぜなら、前述のように、天保一四（一八四三）年以降、奉公人の記載がなくなってしまったからである。そこで、図7—1では、奉公人を含まない人口の系列と、奉公人の系列とを両記した。奉公人数は、観察期間中最大一九人、最小五人であったが、天保期には一〇—一五人の間で推移していた。これは、同時期の奉公人を除いた人口の一二—一七%に相当する。諸書にある都市人口の集計数は、幕末期における人口の減少を示しているが、基礎となる数値が奉公人を含めたものなのか否かによってこのように大きく違ってくるので、史料の吟味はいっそう必要になり、慎重に取り扱うべきである。

奉公人を含まない人口の推移を見ると、一八一〇—一八

図7-2　奈良東向北町の人口趨勢（11カ年移動平均）

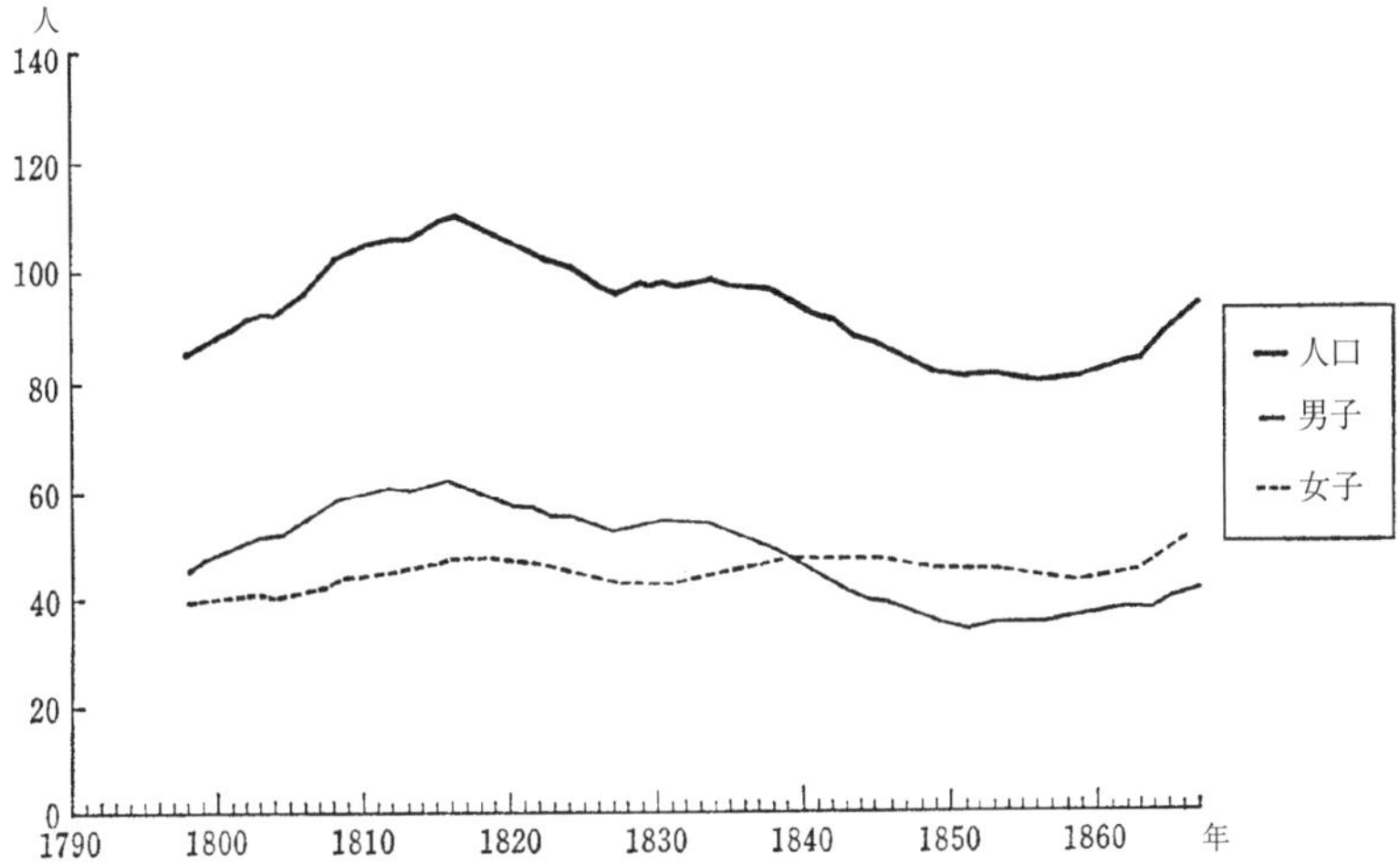

（注）下人人口を除く

二〇年頃に一つのピークがあって、一八五〇年代のトラフに向って緩やかに減少したのち、かなり急速な増大に反転している。規模が小さいので、毎年の凹凸はかなり激しい。これをならして一一ヵ年移動平均により、長期のトレンドを男女別に検出したのが図7−2である。この図から、はっきり言えることは、一八三〇年代後半から四〇年代へかけての人口減少は顕著であるが、それはもっぱら男子人口の減少によって生じ、女子人口は、観察期間を通じてほとんど不変であった、ということである。実際、女子人口は、最大六〇人、最小三九人の幅のなかで変動したに過ぎず、かつ変化に一定の方向はなかった。一方、男子人口について言えば、最大七四人、最小三二人と変動幅は大きく、かつ大きくうねりながら減少した。

その結果、奉公人を含まない人口の性比は、最初の年を除いて、前半は男子が女子を上回っていたのが、一八三九（天保一〇）年を境に女子の数が男子を上回るという状態になっている。奉公人は、男子が圧倒的に多かったので、彼等が宗門改帳から姿を消す直前期でも、これを含めればなお男子が若干女子を上回っていたとはいえ、早晩性比の逆転が見られたに違いない。男子人口と女子人口の推移の間に、なぜこのような顕著な相違があったのだろうか。江戸時代の奈良町全体の人口構成について、信頼すべき数値はないに等しく、明治初年の『共武政表』をまたなければならないが、やや女子が多いとはいえ、格別特徴をもっていたわけではない[20]。人口規模の小さな一つの町なので、いったん男女の数に差が生ずると、なかなか縮まらなかった、としか説明できそうにない。**図7―2**でも、男子の人口は、振幅が四〇年前後で、大きく波状に変動したのを読み取ることができる。

ところで、性比の大きな変化の生じた一八三九（天保一〇）年前後二〇年間の性別出生数と死亡数を見ると、**表7―2**のごとくである。まず、男子においては、この期間において、死亡が出生を大きく上回り、二〇人の減少を見せた。これは、期首人口六五人（奉公人を含めなければ五二人）の約三割にもなる。一方、女子は、二人の減少で、期首人口四三人（同じく四一人）を維持したと言っていいだろう。その結果、期末の一八四九（嘉永二）年の人口は、男子三五人、女子四五人となったのである。出生・死亡の差と合わないのは、この他に移動があり、また奉公人記載の消滅がこの間にあったからである。この時期、とくに一八四〇年代になぜ男子の死亡が集中的に生じたのか、今のところよく分かっていない。一八三八（天保九）年前後の年は、いわゆる「天保危機」の時期で、都市に多くの死亡者が出たとしても説明可能であるが、一八四〇年代は、むしろ人口回復の過程であったから[21]、何らかの特別な理由があったのかもしれない。死亡の年齢別分布を見ると、三・四の幼児および、二〇歳代三〇歳代の死亡が他の時期に比べて多いことが分かる。**表7―3**は、この時期の死亡者の五歳刻み年齢別分布を、全期間のうち、この二〇年間を除いた分布と比較したものである。念のために女子の場合も示したが、女子では二〇歳代前半でやや多いが、男子ほど強いコントラストは見られない。おそらくは、幼児は別として、働き盛りの男子に死をもたらすような、何らかの流行病が蔓延したのであろうか。

表 7-2　奈良東向北町における男女別出生と死亡（1830-1849 年）

性別 / 年代・理由	男子			女子			合計		
	出生	死亡	差引	出生	死亡	差引	出生	死亡	差引
1830 ～ 1839 年	8	13	-5	12	11	+1	20	24	-4
1840 ～ 1849 年	11	26	-15	16	19	-3	27	45	-18
計	19	39	-20	28	30	-2	47	69	-22

表 7-3　奈良東向北町における年齢別死亡数（1830-1849 年）

性別	男子			女子		
年齢階層	全期間	1830 ～ 49 年	他期間	全期間	1830 ～ 49 年	他期間
1 歳	1	1	0	4	1	3
2	9	1	8	8	0	8
3	6	4	2	6	2	4
4	4	1	3	3	0	3
5	2	0	2	4	3	1
6 ～ 10	4	0	4	6	0	6
11 ～ 15	2	1	1	5	2	3
16 ～ 20	5	2	3	6	3	3
21 ～ 25	5	1	4	7	4	3
26 ～ 30	6	5	1	6	2	4
31 ～ 35	6	2	4	5	1	4
36 ～ 40	3	2	1	3	0	3
41 ～ 45	8	4	4	6	0	6
46 ～ 50	3	0	3	4	1	3
51 ～ 55	10	4	6	3	2	1
56 ～ 60	2	1	1	3	1	2
61 ～ 65	10	4	6	9	2	7
66 ～ 70	4	2	2	2	2	0
71 ～ 75	3	3	0	5	3	2
76 ～ 80	1	1	0	4	1	3
81 ～ 85	0	0	0	1	0	1
不明	1	0	1	3	0	3
合計	95	39	56	103	30	73

差は死亡ばかりではなかった。出生についても、男子と女子との間には、数の上では同じ差があった。この時期は、出生率は他の時期と比較して格別低かったわけではない。出生率のトラフはもう一〇年前にあり、この時期は回復期であった。しかし、出生性比にかなりの差があるのは、出生の性別選択が行われていた証拠なのだろうか。再びここでも人口サイズの小さいことが結論づける上での壁になる。ここでは性急な結論は回避した方が賢明であろう。

このように、人口変動の理由を直接探し出すことはできなかったが、人口変動が決して単純な過程ではないことは明瞭である。一八一〇―一八二〇年代のピーク期は、文化・文政期に当り、江戸時代最後の都市文化の繁栄した時代であった。奉公人を除いた人口数が頂点に達したことも、そういった一般的理由から説明できるかもしれない。しかし、その後の人口減少を、単純にこの町の「衰退」とすることには問題がある。[22]都市の場合、とくに東向北町のように、人口一万人以上の規模の都市の中心に位置する一つの町は、経済的繁栄が、かえって人口の減少を招く場合もあった。経済的繁栄の結果、より高い生活水準を求めて、人口密度を低くするような移動が、都市の中心部から周辺部へ、さらには郊外へと拡がる可能性があった。都市中心の場合、居住空間が限られているから、垂直方向への拡大がなければ、すなわち、建築物の高層化が生じなければ、人口の増大は、過密化か水平方向への拡大を伴わざるを得なかった。経済状態によっては、この水平方向への拡大、すなわち都市周辺部の郊外化（suburban-ization）があり得たので、中心部の町の人口の趨勢を、経済状態の指標とすることはできないのである。

性比とともに、人口構造を見るのに基本となる指標は、その人口の年齢別構造である。一つは、人口のうち、年齢的に広い意味の生産に最も寄与する生産年齢人口の割合がどうであったのかは、その地が住民に収入の機会を与えるような性格の所であったか否かを決定する要素である。また、それは同時に、結果として、その地に所得をもたらすことになるか否かの決定要因ともなる。一般的に、雇用機会や収入を得る機会の多い都市には人が集まり、

図7-3　奈良東向北町と美濃西条村の年齢別構造

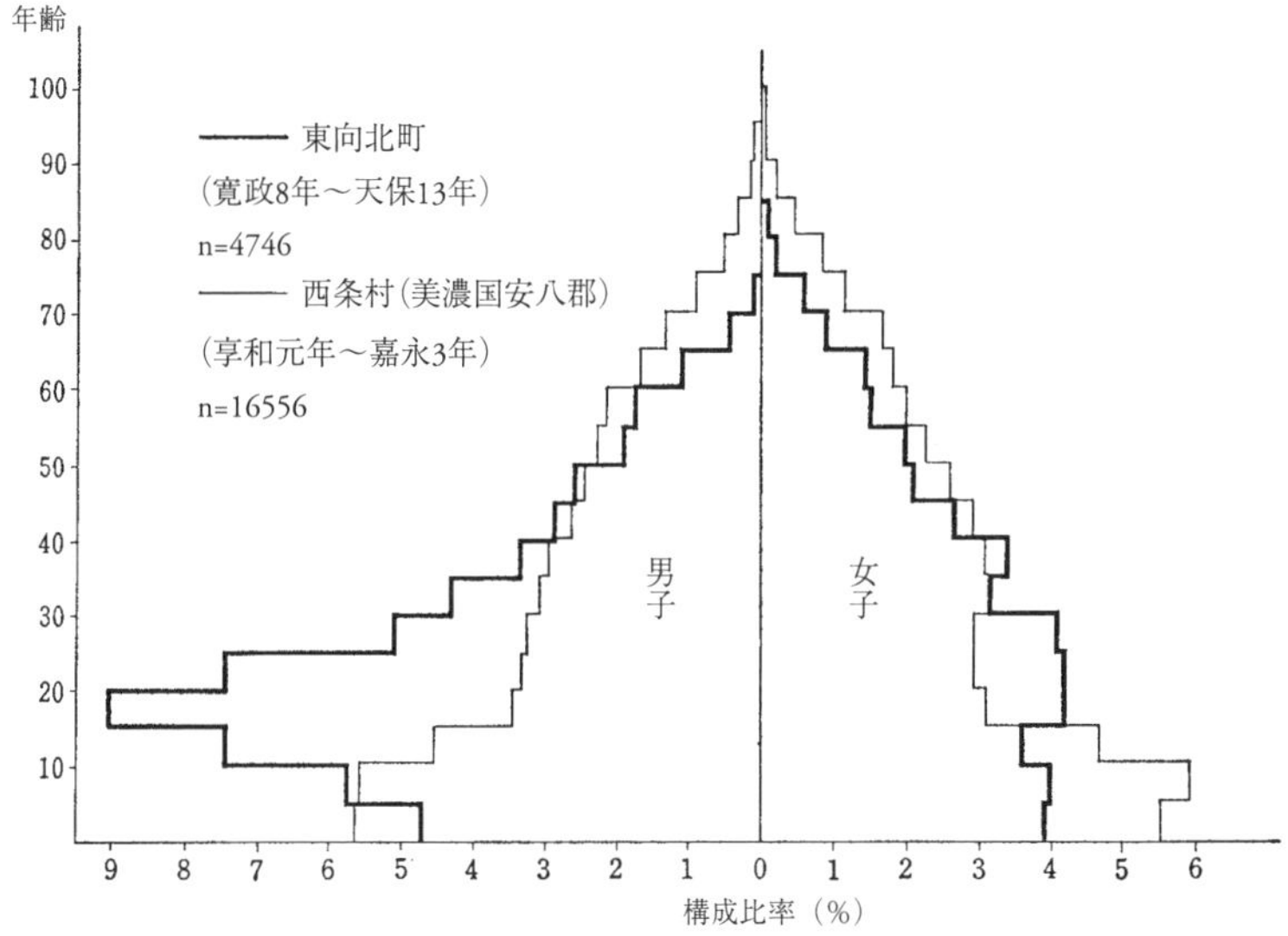

生産年齢人口の構成比率が高い、と考えられる。江戸時代の生産年齢人口を何歳から何歳までとすればいいのか、現在とは異なるのは当然であるが、ここでは一一歳から五五歳までとしよう。これは、奉公人の年齢がこの範囲にほとんど集中しているからである。

図7—3に、東向北町の住民の年齢階層別構造を示したが、注記した期間、ほぼ五〇年間の値を合算し、男女比率を加味して各年齢階層の全人口に対する構成比率を求めた。これは、人口規模があまりに小さいので、単年度では凹凸が激しく、町としての特徴が隠蔽されてしまうからである。その代り、あり得るこの時期内の変化は観察できない。また、農村との比較のため、同じようにして求めた美濃国安八郡西条村の事例を示しておいた。この村を例としたのは、西条村の歴史人口学的研究が進んでいることと、この村は都市に大量の奉公人を送り込んでおり、いわばその受け手としての都市と対比することによって、両者の特徴を明確に比較対照できることを期待したからである[23]。

この図から、東向北町の年齢構造では、いかに生産年齢人口において男子層が数の上で突出しているかが分かる。この層だけで、全人口の九％、前後の階層を含めると、二四％にも達する。これはまた、男子人口のそれぞれ一五・六および四一・二％であった。その大部分は奉公人として町の外部から入って来た人口で、商家の場合、いわゆる丁稚として住込み奉公をした農村からの流入者であった。

年齢構造の特徴の第二は、とくに男子の場合、年齢が高くなるにつれて、急速に構成比率が低くなり、やがて西条村の比率と交錯し、七一―七五歳層で消滅している。

一方、女子の場合は、男子ほど顕著ではないが、一六―三〇歳層が、それ以下の年齢階層より構成比率が高く、やはりこの年齢が他からの流入者を多く含んでいたことを物語っている。構成比率は、二九・八％となっている。そして高年齢に行くにつれて比率が減少する度合は急速で、男子同様やがて西条村の場合と交錯し、より早く消滅している。

一方、西条村の場合では、同じ年齢階層のそれぞれの人口に占める割合は、男子で一一・四％、女子で九・一％であり、東向北町と相当の較差があった。

この二つのケースだけで結論付けるのはいささか早計に過ぎるかもしれないが、やはり東向北町の場合と、西条村の場合は、それぞれ江戸時代社会の人口の年齢別構造の「都市型」と「農村型」を示すものと言えないだろうか。「都市型」の年齢構造では、生産年齢人口、とくに青年の構成比率が高く、高年齢者の比率は低かった。「農村型」では、青年層の比率が低く、高年齢層の比率は高かった。その理由は、青年層の就業機会が都市部で高く、農村から多数の男女を吸引したこと、都市では成年層の死亡率が高く、より短命であったことによる。この死亡パターンの差については、次に検討する。

都市と農村における出生と死亡の比較

東向北町の宗門改帳には、人口変動の理由が記載されている。すでに述べたように、理由が不明の増減は非常に少なく、全期間を通じて、理由のわからない増加が一〇件、減少が三五件あるに過ぎない（ただし、奉公人の消滅を除く）。また補正出生（三―五歳で史料に出現する者）数も、九四件を数えるのみである。この間の増加人数合計が八〇六人、減少人数が七九四人、出生数が二〇五人、死亡数が一九八人であることを考慮するならば、理由不明の増減が、出生率や死亡率に対して与える影響は、少なくとも出生率に関しては微々たるものである、と言うことができる。[24] ただし、死亡については、もしこの理由不明による減少が全員死亡によるものだとすると、ある程度の影響は免れることはできない。つまり、ここで死亡として数えられる数値は実際より少ないという可能性がある。それゆえ、ここで算出される死亡率もあり得る最低のレヴェルである。

こういったことを念頭に置いて出生率・死亡率を見ると、図7―4のごとくである。ただし、人口規模が小さいので、一一カ年移動平均値で示してある。また、奉公人の記載が中断するので、連続性を持たせるため、出生数と死亡数を、奉公人を除いた人口数で除した。奉公人に関しては、死亡の記載はない。これは、実際に死亡例がなかったのか、あるいは、史料の作成に際し、奉公人が死亡しても記録しなかったのか、二つの可能性を残している。しかし、もし後者の場合でも、その絶対数が少ないこと、奉公人が一軒の家に留まる年数は短いこと、奉公人が年齢別死亡率の低い層から成り立っていること等を考え合わせると、死亡数はわずかであったろうことは推測できる。

奉公人を加えた人口で除すと、当然のことながら、出生率・死亡率はいくらか低くなり、この方が都市人口の特徴がより明確に出ている。奉公人を加えないで求めた出生率と死亡率の全期間（寛政九年以降）平均は、男女それ

図7-4　奈良東向北町の出生率・死亡率

（注）11カ年移動平均による。

ぞれ二九・三、二九・四‰であるが、奉公人のカウントができる期間に限り、奉公人を加えた人口で除した率は、それぞれ二七・七および二三・九‰である。これは、同じ時期の、奉公人を含めない人口で除した率、三一・五および二七・一‰より三―四ポイント低い。

このように、出生率・死亡率とも、奉公人を考慮するか否かで約一〇％の差を生ずることが分かった。都市人口の「蟻地獄」説を検討するに際して、これは決して無視することのできない差である。

図7―4に戻ると、観察期間の前半、出生率は大きく死亡率を上回っているが、その推移の形状は見事に逆相関していた。文化八（一八一一）年を境に増加と減少の局面が入れ替り、文政年間から天保初期にかけて両者はもつれあった後、天保末期の大量死亡期を迎える。この死亡率の高騰は、「天保の高死亡率の危機」(mortality crisis) と呼べるほどに高かった。

天保一一（一八四〇）年から嘉永三（一八五〇）年までの一〇年間、死亡率は四九・五‰に達している。また、すでに述べたように、この時期の死亡が男子に多く、しかも通常ならば年齢別死亡率の低い成年層で異常に高かった。その結果、この高死亡率期を境に、人口規模は約四分の三に減少したのと同時に、性比の逆転も生じたのである。その後、死亡率は急速に低下し、出生率の上昇と交錯し、再び出生率が上位のまま維新期を迎える。

このように出生率・死亡率とも大きなうねりを伴いながら推移しているが、死亡率の方が落差が激しい。これは前工業化社会の人口学的特徴の一つであるが、このような推移をみせる社会では、たとえば史料の残存が、高死亡率期を含むのか否かで、人口変動の理解に大きな違いが出てしまうことに留意しなければならない。

全期間を通じて、やはり死亡率は出生率を若干上回っていた、というべきであろう。直接史料に現れた数値の差はわずかに過ぎないが、理由不明の消滅のなかにあり得べき奉公人の死亡、減少人口が含まれていたと考えられるから、死亡数はある程度、出生数を上回っていたに相違ないのである。ただし、平常年に限って言えば、出生率が死亡率を上回り、何十年かの間に訪れる高死亡率期で相殺されるという世界共通のパターンをとった[25]。しかし、「蟻地獄」説の検証材料としては、あまりに人口規模が小さいことは否めない。また、その検証のためには、高死亡率期を含む長期の観察が必要なことが教訓として得られた。

出生と死亡にわたる観察として、その季節別の分布を見ることができる。この町の史料には、出生や死亡の月を記載している。**表7―4**にこれを示した。判明する事例数は、総出生件数二〇五のうち一八一、総死亡件数一九八のうち一八一例なので、双方とも全体の九割については発生した月別を知ることができる。この種の統計を作成する際閏月の処理が問題である。全く無視するのも一つの方法だろうが、一二月には閏月がなく、長期の統計では無視できなくなる。この観察期間、一二月は七二回であるが、最も多い閏月は四月と八月で、四回ずつあった。閏月補正は以下のごとく行った。まず閏月を無視して月別の出生・死亡数を求め、これを閏月のない一二月の回数に補

表 7-4　奈良東向北町における出生と死亡の月別分布

月別	出生数	構成比	死亡数	構成比	季節別	出生構成比	死亡構成比
1月	12.4	7.1 %	12.5	7.1 %			
2月	17.5	10.0	20.4	11.6	春 2, 3, 4 月	22.2 %	25.4 %
3月	8.8	5.0	11.7	6.7			
4月	11.4	6.5	14.2	8.1			
5月	13.4	7.7	16.3	9.3	夏 5, 6, 7 月	24.7	22.9
6月	18.5	10.6	9.7	5.5			
7月	9.7	5.5	22.4	12.7			
8月	10.4	5.9	13.3	7.6	秋 8, 9, 10 月	18.2	29.9
9月	11.8	6.7	16.8	9.6			
10月	20.7	11.8	19.7	11.2			
11月	26.3	15.0	9.7	4.5	冬 11, 12, 1 月	34.9	21.9
12月	14.0	8.0	7.0	5.1			

（注）閏年補正済み。

正して求めた。ここでも、規模の小さいことが、この表の信頼性に疑問を与えるのであるが、この種の統計を蓄積すべく、ここでは資料として示しておくにとどめる。

死亡についてはその年齢別分布が分かるが、すでに**表7―3**で示した。農村と比較して言えることは、この町の住民の死亡年齢が低かったこと、すなわち短命であったことである。男子の死亡最高年齢が七六歳、女子は八三歳であり、西条村の男子九四歳、女子一〇一歳に比較するとかなり低い。これは、母集団の規模の差ではなく、やはり都市においては、早死がその特徴であったことを示している。

死亡年齢別分布を、年齢の低い方から数えて、死亡数の累計が五〇%を越える年齢は、男子で三三歳、女子では二六歳である。また、壮年期の死亡も多く、六〇歳以上の年齢に達する者は稀である。死亡年齢の分布から見て、七〇歳を迎えることができた者は、男子では四%、女子では八%に過ぎず、七〇歳は文字通り「古稀」であった。

これに対して当時の農村でははるかに長命であった。筆者の検討した美濃国安八郡西条村の事例で同じような指標を求めると、死亡数の五〇%を越える年齢は、男子五一歳、

図7-5　奈良東向北町と美濃西条村の死亡年齢別分布の構成比率

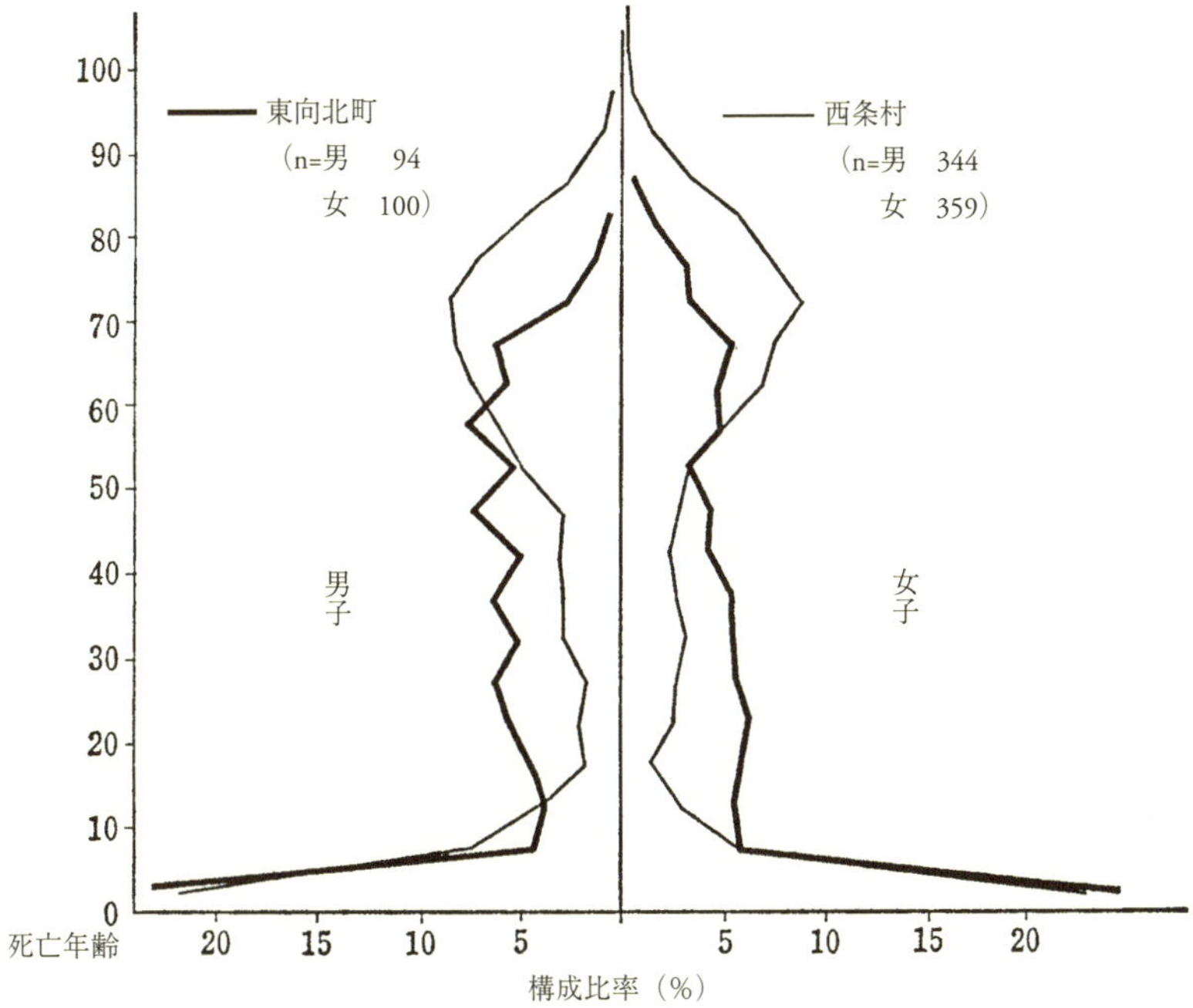

女子四六歳とかなりの較差がある。男子の四〇％、女子の四四％は六〇歳に到達し、男子の二四％、女子の二八％が七〇歳を迎えることができた。約四分の一ではあるが、「古稀」の経験は、それほど稀有のことではなかった[26]。

都市と農村の死亡パターンの違いは、両者の死亡年齢分布の比較によっていっそう明瞭になる。**図７−５**で、東向北町と西条村の死亡者の年齢階層別分布を、重ね合わせて示した。各年齢階層の数値は、最若年の二つでは実数、それ以降は、三年齢階層の移動平均をとった。両者の間で、人口規模は約三・五倍の差があり、かつ西条村の史料がカヴァーする時代は、安永二（一七七三）年から始まり、東向北町より二三年間長い。しかし、この村は、大量の出稼奉公人を都市に出しているので、奉公人を吸収する都市との比較には絶好の事例となる。

図を見ると、まず一〇歳以下の低年齢層では、両者ともほぼ同じ構成比率で、この層の死亡が最も多かったことは共通している。近代技術の生活への導入以前には、どこでも見られる現象であるが、とくに五歳以下（数え齢で、一歳を含まない）の幼児の死亡数が、全体の死亡数に占める割合が、二二ないし二四%と、都市・農村、男女の別を問わず一定の幅に入っていることは注目される。もっともこのように、長期にわたる統計的数値を合算することは、その間に生じたかもしれない年齢別死亡率の変化を隠してしまうことになるけれども。

両者の差異が明瞭になってくるのは、一六―二〇歳層以上のところである。形状として、東向北町の場合は、六六―七〇歳層まで、ほとんど変化なく、各年齢階層とも五ないし八%の間に収まっている。凹凸は、事例数が少ないことからきているに過ぎない。つまり、死亡年齢の分布は、成年層で差がなく、どの年齢でも死亡数は変わらないのである。つまり、都市の住民にとって、死はいつ訪れるのか分からないものであった。

これに対して、西条村の場合は、一六―二〇歳から四六―五〇歳層までの間は、構成比率は二ないし三%と低く、五〇歳台に入ってから徐々に増加し始め、男女とも七一―七五歳層で最大になる（男子八・二、女子八・七%）。その後は徐々に低下するが、最大の値をとる年齢階層を中心として前後四〇歳の幅を持つ死亡者の団塊があった、と言える。この団塊で、死亡者の構成比率は、男子で四九・九、女子では五〇・二%と、これまた共に死亡の半ばが、この団塊に含まれている。つまり、農村では、危険な幼年期を過ぎてしまえば、しばらく死の訪問は少なく、五〇歳台までは、死を恐れる度合は遥かに少なかったことになる。こういった死亡年齢パターンの相違により、都市と農村の住民の間で、「死」に対する態度の相違をもたらす可能性が十分あったことを示唆してくれる。

この死亡年齢別分布の顕著な相違は、それぞれの有する住民の年齢階層別構成から幾分かは説明可能である。図7―3の年齢階層別構成を見ると、東向北町の男子の一一―二五歳層が突出しているように、都市人口の年齢構成

図7-6-A　奈良東向北町と美濃西条村の年齢別死亡率（男子）

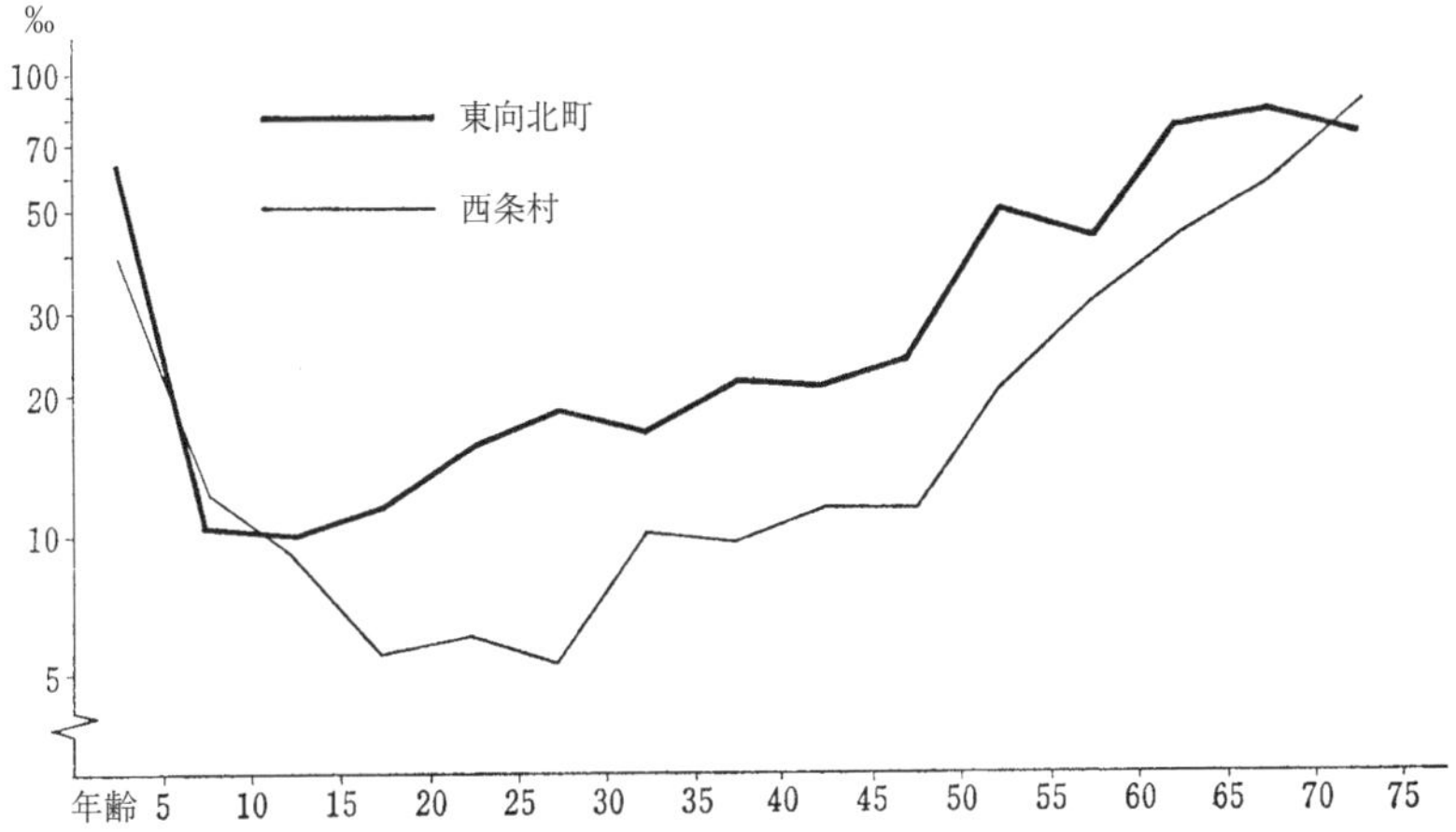

は、生産年齢人口が相対的に多かったから、その年齢の死亡者数も多かったに違いない。しかし、双方の年齢階層別死亡率を比較すれば、説明はより明瞭になる。

図７－６－Ａ・Ｂは、東向北町と西条村の年齢別死亡率を対比した図である。ただし、死亡例が少ないので、図７－６と同様、年齢階層別死亡数は、五歳きざみ階層三つの平均をとってある。一見して明らかなように、両者のその相違は男子とも歴然たるものがあって、ほとんどのところで、東向北町の方が高い。低いのはわずか二つの年齢層にすぎないが、男子の七一―七五歳層の場合は、事例数が少ないために生じた見かけ上のことに過ぎない可能性が高い。つまり、都市人口と農村人口を比較すると、都市においては、成人の死亡率が断然高く、男子においては、一一―一五歳層を底に上昇を続け、女子においては、二〇‰前後というかなりの高さで幼年期から壮年期まで推移している。

このように、死亡に関していえば、そのレヴェルとパターンにおいて、都市と農村との間には大きな違いがあった。

図7-6-B　奈良東向北町と美濃西条村の年齢別死亡率（女子）

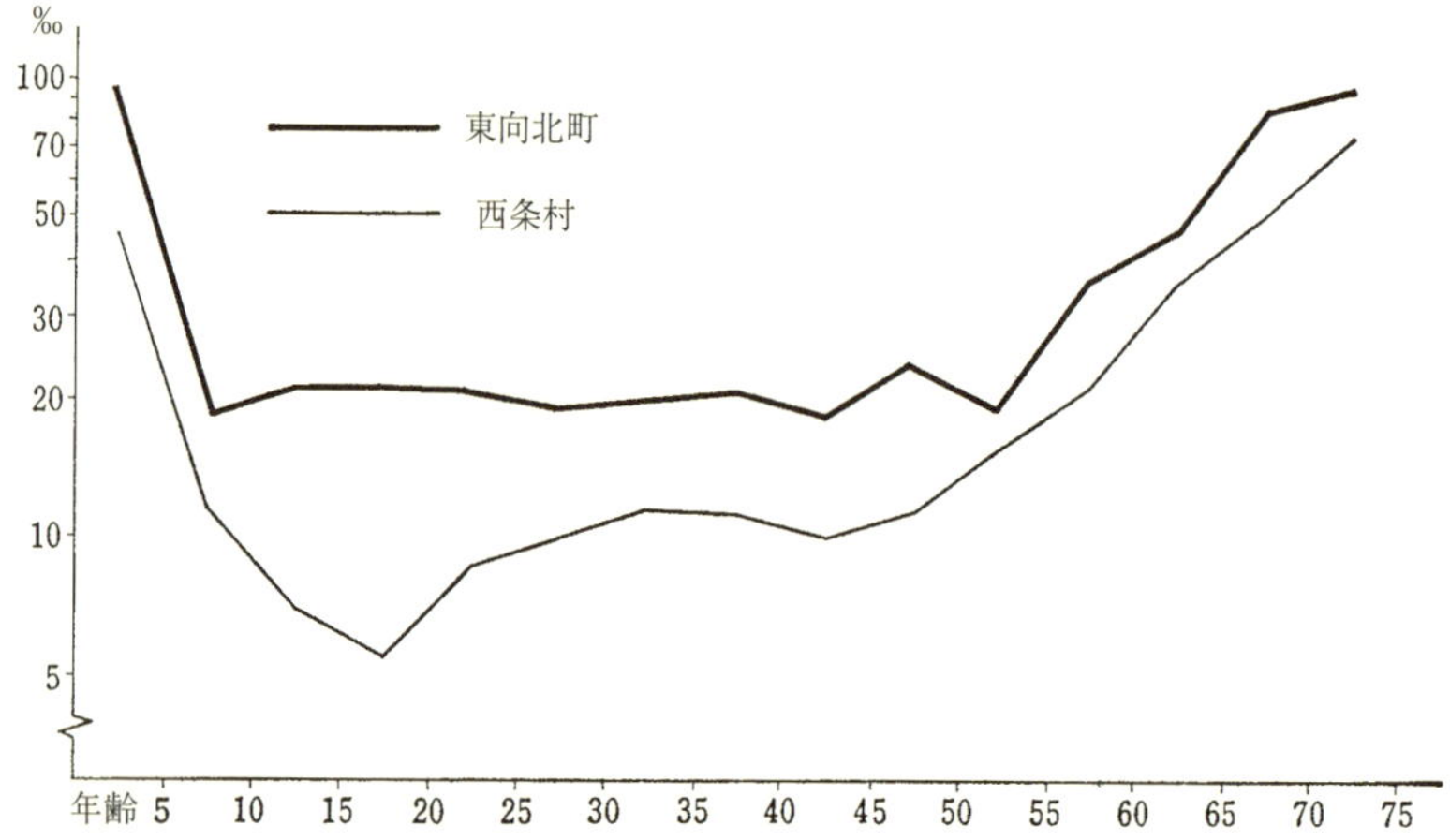

職業構成と奉公人

繰り返し述べてきたように、江戸時代の都市人口を特徴付けるのは、多数の奉公人の存在である。主として商業であるが、江戸時代の都市には奉公人を必要とする多くの職種があり、雇用の機会があった。奈良の場合も例外ではなく、東向北町の史料にも相当数の奉公人が登場する。文政二（一八一九）年の『職業取調べ帳』を、この年の宗門改帳と付き合せ、前者に記載された職業や、副業に関する記述と、宗門改帳に記載されている世帯構成員の内容について観察したのが、**表7―5**である。ただし、家番号は、宗門改帳整理のため便宜的に付したものである。また、渡世商売の表記は、必ずしも史料の通りではない。たとえば、「多葉粉屋」は「煙草屋」と記した。

双方の史料に見当らない世帯もあるが、宗門改帳が四月に編成されたのに対し、『職業取調べ帳』は八月であったこと、『職業取調べ帳』の調査単位は、「東側南より一軒目」というように、町のなかの家屋の位置順に調査され、「明家（空

表 7-5　奈良東向北町における奉公人の分布と職業

家番号	戸主	屋号	『職業取調べ帳』		宗門改帳							備考
			戸主商売渡世	家内人手稼	人数	男 p	女 p	男 c	女 c	奉 m	奉 f	
1	源兵衛	山城屋	菓子商売	無之	7	1	2	3		1		
3A	喜七郎	百足屋	足袋職	足袋縫稼	4	1	2	1				(1)
4	善六	うす屋	煙草商売	無之	6	1	2	1	2			
5	平助	米屋	両替屋質屋渡世	無之	6	2	1			3		
6	庄兵衛	八尾屋	碁盤職	無之	4	1	1	1	1			(2)
7	利兵衛	新身屋	味噌醤油商売	無之	7	2	2	2	1			
8	清次郎	萬屋	髪結職	苧績	6	2	3		1			
11	庄次郎	和泉屋	石屋職油蝋燭商売	無之	7	2	1	3		1		(3)
12	与兵衛	菊屋	塗師職	無之	4	1	1	1	1			
13	太兵衛	大黒屋	瀬戸物商売	足袋縫稼	6	3	1		2			
15	孫四郎	伊勢屋	畳職	畳糸職	10	2	2		3	3		
16	治兵衛	墨形屋	墨形職	苧績	3	1	2					
19	吉兵衛	五器屋	生布仲買商売	無之	3	1	1	1				
29	茂兵衛	菊屋	数珠眼鏡商売	無之	2	1			1			
35	佐兵衛	茶碗屋	道具商売質屋渡世		4	2		1			1	(4)
40	吉太郎	藤村屋	表具職	苧績	8	4	1	1	2			(5)
49	弥三兵衛	石川屋	干物商売	洗張職	4	2	1	1				
55	元治郎	表具屋	表具提灯職	苧績	6	3	2	1				(6)
58	平兵衛	伊賀屋	日雇稼	無之	2	1	1					(7)
59	金兵衛	木綿屋	木綿商売	糸績	4	2	2					(8)
62	嘉兵衛	板木屋	板木職	板木刷	9	5	1	1	2			(9)
64	卯兵衛	綛屋	傘職	無之	5	1	1	1	2			(10)
65	儀兵衛	町番人			7	2	3	1	1			(11)
3	重次郎	壺屋			1	1						
3AA	喜右衛門	百足屋			2		1	1				
6A	栄治郎	八百屋			2	1				1		(12)
20	熊吉	大和屋			1	1						
38	まさ	煙草屋			1		1					
	町中所持		（空家）									
	西坊友甫		一乗院宮様御号所									(13)
	周蔵	茶碗屋	小間物商売	無之								(14)
	庄五郎	伊賀屋	興福寺中院屋（留守）									(15)

宗門改帳：人数＝世帯人数、男 p ＝男子家族員の内生産年齢（11 ～ 55 歳）の者、女 p ＝女子家族員の内生産年齢の者、男 c ＝男子家族員の内非生産年齢の者、女 c ＝女子家族員の内非生産年齢の者、奉 m ＝男子奉公人、奉 f ＝女子奉公人。

備考　(1)『職業取調べ帳』におよびとして「合薬商売、家内人無之　同人出店」とあり。(2)『職業取調べ帳』には、「八尾屋弥三兵衛」とあり。(3)『職業取調べ帳』におよびとして「石屋職、家内人無之　同人出店」とあり。(4) 戸主商売渡世の項に、引続き「三宝院御門主様御入峯御手当銀貸付支配渡世」、およびとして「新物道具商売、家内人無之　同人出店」とあり。(5) 借家。(6) 菊屋平兵衛借家。(7) 中筋町大工佐兵衛借家。(8) 中筋町大工佐兵衛妻さく借家。(9) 壺屋重次郎借家。(10) 文政２年の宗門改帳には記載がないので、同３年の記載による。煙草屋長八後家借家。(11) 文政２年の宗門改帳には記載がないので同３年の記載による。(12)『職業取調べ帳』には、「八尾屋栄次郎所持空家」とあり。(13) 一乗院宮御家来。(14) 興福寺専当号所。(15) 興福寺専当号所。

家）」といった記載もあることから、建物としての家屋であった。一方、宗門改帳は、必ずしも家屋が単位となって調査されたわけではなく、世帯単位であったとしていいだろう。また、毎年の調査であるため、変動があっても記録が遅れる場合もあった。こういったことから、表7－5に見られるように、二つの史料に登場するのは二三軒、宗門改帳のみが五軒、『職業取調べ帳』のみが四軒である。

以上の内訳をみると、『職業取調べ帳』にしか出てこない四軒のうち、一軒は町中所持の家屋であり、二軒は、興福寺関係の家（しかも、そのうち一軒は留守）なので、宗門改帳に記載されなかったとしても不思議ではない。問題となるのは、茶碗屋周蔵一軒のみである。宗門改帳にしか出てこない五軒の家を見ると、いずれも世帯の構成人数が少なく一人または二人である。このうち家番号三の壺屋重次郎は、文政三（一八二〇）年には和泉屋清助に屋敷を売り、家番号三Aの百足屋喜七郎方に同居し、同五年には高市町へ出てしまう。家番号三AAの百足屋喜右衛門は、二年前に分家したばかりだが、この年の四月には戸主を喪い、遺された未亡人は再び本家に戻っているから、『職業取調べ帳』には出てこない方が当然である。家番号六Aの八百屋栄治郎は、前年に分家したが、この年に奉公人が、翌年には本人自身が家番号三五の茶碗屋佐兵衛方に移ってしまった。家番号二〇の大和屋熊吉の家は七年前までは奉公人も置く世帯だったが、父親が死亡した後、母親は実家へ戻り、史料の上では子供ながら一人住いをしていることになっているが、文化一四（一八一七）年の記載に「幼少ニ付、主家西城戸町大和屋庄兵衛方へ引取養育仕居り候」とあり、実際にはこの町に住んでいなかった可能性が強い。直後の文政四（一八二一）年には、上記のところに引越している。家番号三八の煙草屋まさは、文政一一（一八二八）年、この町から引越すまでいたが、文化一四（一八一七）年以降ずっと一人暮しであった。このように、個々に見て行くと、この分類に入る世帯は、いずれも家族形成をしていない、不完全な世帯で、遠からず宗門改帳から姿を消してしまうことが分かる。おそらく、彼らはどこかの世帯に同居していたものと思われる。

以上のように、片方の史料にしか現れない世帯・家は、いずれも説明可能であるので、以下の考察ではこれを無視することにしよう。

二三軒のうち、史料の最初の年からこの町に住んでいた世帯は一二軒である。逆に、寛政五（一七九三）年に住んでいた二一軒のうち、二六年後には、約四割が消えている。このなかには絶家もあったが、多くは他の町への引越しであった。この間に出現した新しい世帯も、分家した一軒を除いてすべて他からの引越しであり、住民の流動性の高さを示している。

『職業取調べ帳』に記載されている貴重な情報は、戸主以外の家族員の就業の有無と、その内容である。「家内人手稼」の欄に書かれている記載では「苧績」四、「足袋縫家」二、「糸績」、「畳糸職」、「洗張職」、「板木刷」が、それぞれ一で、一一軒は「之無」で就業がなかったことを示し、二軒については記載がない。一見して職人の世界に内職の多かったことが分かる。職人は計一〇軒を数えるが、そのうち七軒までが内職をしている。一方、商家は、一一軒であるが、就業をしているのは三軒にすぎない。戸主以外の家族構成員が就業することは、その世帯が貧困だったからだろうか。就業者を出している職人の世帯でも、三軒は、戸主の職種と同じ職に携わっており、そこでは家族ぐるみの仕事がされていたことが分かる。なかには、家番号一五の伊勢屋孫四郎のように、家族員の他、奉公人も置いて、かなりの規模で営業している者もいた。

しかし、残りの職人は、戸主の職種如何を問わず、いずれも「苧績」という作業であり、木皮繊維の糸を紡ぐという都市奈良らしい仕事であった。ただ、これがどの程度の経験を必要とする作業なのかは明らかでない。就業の状況から判断すると、高い熟練度は要求されていなかったように見受けられる。宗門改帳によって、世帯構成を見ると、もちろんこの四軒では、奉公人を雇ってはいない。注意すべきは、生産年齢人口が比較的多いという事実である。家族員就業者を出していない職人の世帯の生産年齢人口は、いずれも二人である。つまり、戸主とその妻であるのに対し、この四軒の生産年齢人口はいずれも三人以上であり、戸主の職種では消化し切れない労働力を、「苧績」という作業に振り向け、一家の所得を最大限にしようとしていた行動の結果とみることが可能である。時系列分析に耐え得る史料が是非とも望まれるところであるが、職人世帯における家族員の就業の有無が、もしその世帯に含まれる生産年齢人口の多寡によって決まるものだとすれば、少なくも職人に関する限り、内職を単純にその世帯の貧困から説明することはできない。

一方、商人世帯の場合はどうだろうか。一口に商人とはいっても、小売商と問屋とでは規模も性格も異なるが、この町には三都の大商人のような存在はなかった。最も大きい商人は、家番号五の米屋平助であったように見える。**表7―5**でも、三人の男子奉公人を置き、「両替屋質屋渡世」を営む金融業者であった。また、家番号三五の茶碗屋佐兵衛も「道具商売質屋渡世」であるのと同時に醍醐寺子院の三宝院の金融活動も行なっていたようであるが、女子奉公人を一人置いていた。この二軒は、小売商とは異なり、旦那衆であったように見受けられる。いずれも、金融業に関係していたことが注目される。残りの商家は、小売商で、都市奈良の住民や次第に増加してきた観光客相手の商売をしていたものと見られる。内職は三軒の商家に見られるが、いずれもこの小売商人層である。「木綿商売」の木綿屋金兵衛の家に「糸績」の内職が見られるのは、戸主の家業との関連から見て理解できる。しかし、「瀬戸物商売」の大黒屋太兵衛の家から「足袋縫」、干物商売の石川屋弥三兵衛の家から「洗張職」を出しているのは、家業と関係のない、家族員の就業であったと見てよい。それらの家の家族構成を見ると、世帯主とその妻以外に、生産年齢に属する構成員がいたことが分かる。このようなタイプに含まれる世帯が、その構成員を就業させていたのである。

結　論——都市と農村における死亡パターンの違い

以上はきわめて限られた範囲の観察の結果でしかない。宗門改帳の語る人々の生活は、さらに多彩である。本稿の主題としたかった「都市墓場説」の検討にしても、出生や結婚についての観察は可能であり、分析を十分行わなければ、結論を導くことはできない。ここでは紙数の関係上、それらの問題は取り扱うことができなかった。近い将来稿を改めて検討し、総合的判断を加えたい。

本稿で得た、この問題への寄与といえば、都市と農村の年齢別構造の違い、また、死亡パターンの違いを検出できたことであろう。しかし、何としても人口規模が小さすぎる。その結果、江戸時代後期のなかで生じたかもしれない、都市の人口学上の変化を無視する結果となってしまった。これについては、目下筆者の手もとに集められつつある全国の都市の宗門改帳・人別改帳の整理・分析を通じて明らかにされるだろう。本稿は、そういった江戸時代都市の歴史人口学的研究の第一歩である。

〔附記〕　本稿の執筆にあたっては多くの方々の協力を得た。この史料の所在を教示された故永島福太郎氏、史料撮影に便宜を図っていただいた現地の豊住謹一氏、史料整理を進めて下さった長崎俊子、細谷美枝子、竹内康哲の三氏に深く感謝したい。
なお本稿は、文部省科学研究員特別推進研究「近世日本の歴史人口学的研究」、三菱財団人文科学助成「近世都市住民の行動と意識」による成果の一部である。

注

（1）Ad van der Woude, Akira Hayami and Jan de Vries (ed.), *Urbanization in History. A Process of Dynamic Interactions.* Clarendon Press, 1995, Oxford.

（2）デヴィッド・レア（David Reher）による一連の研究。たとえば、"Urban Growth and Population Development in Spain, 1787-1930." in W. R. Lee and R. Lawton (eds.), *Comparative Urban Population Development in Western Europe, c. 1750-1920*. 1985.

（3）安元稔『イギリスの人口と経済発展――歴史人口学的接近』ミネルヴァ書房、一九八一年。

（4）Maria Luiza Marcilio, *La Ville de Sao Paulo : Peuplement et Population*. Paris, 1968.

（5）Gilbert Rozman, *Urban Networks in Ch'ing China and Tokugawa Japan*. Princeton, 1973, Urban *Networks in Russia 1750-1800 and Premodern Periodization*, Princeton. 1976.

（6）E. A. Wrigley, *Population and History*. London. 1969.（速水融訳、E・A・リグリィ『人口と歴史』（筑摩書房、一九八二年）また、日本については、速水融「徳川後期人口変動の地域的特性」（『三田学会雑誌』六四―八、一九七一年、本書第1章）で指摘がなされている。

（7）この指摘は最初にアラン・シャーリン（Allan Sharlin）によってなされた。"Natural decrease in early modern cities : a reconsideration." *Past and Present* 79. 1978. その後、この考え方は、ヤン・デ・フリース（Jan de Vries）やアド・ファン・デル・ワウデ（Ad van der Woude）によって支持されるようになった。日本では、斎藤修「都市蟻地獄説の再検討――西欧の場合と日本の事例」、速水融、斎藤修、杉山伸也共編『徳川社会からの展望』（同文館、一九八九年）が問題を投げかけている。

（8）浜野潔『近世京都の歴史人口学的研究』慶應義塾大学出版会、二〇〇七年。佐々木陽一郎「飛騨国高山の人口研究――人口推移と自然的要因」社会経済史学会編『経済史における人口』慶應通信、一九六九年。同「江戸時代都市人口維持能力について――飛騨高山の経験値にもとづく実験の結果」社会経済史学会編『新しい江戸時代史像を求めて――その社会経済史的接近』東洋経済新報社、一九七五年。高橋美由紀『在郷町の歴史人口学』ミネルヴァ書房、二〇〇五年。また、斎藤修『江戸と大阪』NTT出版、二〇〇二年、は単なる歴史人口学の枠組みを越えた問題提起の書である。

（9）東向北町有文書。

（10）たとえば、ローレル・L・コーネル、速水融「宗門改帳――日本の人口記録」速水融・斎藤修・杉山伸也編『徳川社会からの展望』同文館、一九八九年、一〇二―一二五頁。

（11）京都については、三条衣之棚町宗門改帳より。大坂については『大坂菊屋町宗旨改帳　七』吉川弘文館、一九七七年より。

（12）南和男『幕末江戸社会の研究』吉川弘文館、一九七八年、一四八頁。

(13) 同書、一四九頁。
(14) 速水融『江戸の農民生活史――宗門改帳にみる濃尾の一農村』日本放送出版協会、一九八八年、第二章。
(15)『日本都市生活史料集成　第九巻　門前町編』三一書房、一九七八年所収。広吉寿彦・安彦勘吾氏による解題（同書三二頁）に整理された表がある。また、鎌田道隆「奈良・東向北町の町内構造――『万大帳』の分析」『奈良大学紀要』第一四号、一九八五年、七八―九八頁は、表題通りこの史料を検討されたものである。
(16)『奈良県の地名』（日本歴史地名大系三〇）平凡社、一九八一年、五三八頁。
(17) 鎌田道隆、前掲論文八二頁。
(18) 鎌田道隆、前掲論文九一頁。
(19) 速水融「京都町方の宗門改帳――四条立売中之町」『研究紀要』（徳川林政史研究所、昭和五五（一九八〇）年度所収（本書第6章）。
(20)『共武政表　明治十二年　上』（柳原書店版、一九七八年）四五頁所収の数字では、奈良の人口は、男子一万一〇六三、女子一万一六三二、戸数五五六八であった。
(21) 速水融「幕末明治期の人口趨勢」安場保吉・斎藤修編『プロト工業化の経済と社会』（数量経済史論集　3）日本経済新聞社、一九八三年、二八一―三〇四頁。
(22) 前掲、広吉寿彦・安彦勘吾両氏による解題では、宗門改帳に見られる人口の減少は、「天保の飢饉以降、急速に町勢が衰退した」傾向を物語るものとされている（前掲書三二頁）。
(23) 西条村については、速水融『江戸の農民生活史――宗門改帳にみる濃尾の一農村』を見よ。
(24) ただし、ここでいう「出生率」「死亡率」は、近代人口統計学の用語と同じものではない。なぜなら、宗門改帳には、生れてから初めての宗門改帳作成時までの間に死んでしまったものは記載されないからである。その数は決して少なくはなかったろうことは、数え齢二歳児の死亡数が多いことからも容易に想像できるし、他の資料からの推定では、死亡率はもう二五%は高かった。しかし、ここではその数を無視して、宗門改帳で出生、死亡が確認または十分に想定される者を基準にして「出生率」「死亡率」を求めた。実際には二つの率とももっと高かったのである。
(25) ヨーロッパの前工業化期におけるこのような状況については、簡潔な説明がE・A・リグリィによってなされている。リグリィ『人口と歴史』速水融訳、筑摩書房、一九八二年、一〇五頁以下。
(26) この問題については、筆者は、美濃西条村の資料から得られた数値に基づき、江戸時代の人々の生命は、「短かったばかりでなく、不確かなものであった」(『時間　東と西の対話』河出書房新社、一九八八年、一七二頁)としたが、これは現在と比較してのことであり、同じ江戸時代のなかでも、都市と農村の間では、本稿で検出したように大きな相違があった。都市の住民の方こそ、その人生は遥かに「短かったばかりでなく、不確」かであった。

第8章　近世奈良の歴史人口学——都市人口の流動性（東向北町）

東向北町の戸口概観

筆者は、別稿において（本書第7章）、奈良東向北町に残る寛政五（一七九三）年―明治五（一八七二）年の宗門改帳を用い、その住民について、基礎となる歴史人口学的指標を検出し、職業構成と奉公人等について検討を行った[1]。本稿は、そこで見出された問題や、紙数の関係上、論じきれなかった課題について、同じ史料を用いて考察するものであり、前稿の姉妹編とでも言うべき性格を持つものである。重複を避けなければならないのは当然であるが、まず、前稿で見出されたこの町の歴史人口学的特徴を概観しておこう。

最初にこの町の人口趨勢であるが、史料となる宗門改帳が、途中（天保一四年）で、記載内容を変え、奉公人を記載しなくなってしまった。おそらくは、都市出稼人口の帰農を命じた天保改革令と関連するものと考えられる。町方の人口を検討する場合、奉公人の多寡は非常に重要で、家族員の規模以上に、その町の経済活動を反映する指標ともなる。この町の場合、奉公人の記載がなくなる直前には、一〇人から一五人、全人口の一〇ないし一五％であるが、男子の生産年齢人口（一一歳―五五歳）に限れば、その二〇％前後を占めていた。したがってこの町の人口趨勢や人口構造を見る場合に、奉公人が記載されなくなったことを無視して検討することはできない。天保一四（一八四三）年以前の奉公人を含んだ人口を対象とするか、全期間については奉公人を含まない人口を対象とする他はない。

奉公人については、本稿でもさらに検討するので、まず、奉公人を含まない人口の趨勢を見よう。史料の残存する最初の年、寛政五（一七九三）年には七三人であったのが、文政三（一八二〇）年まで着実に増大を続け、一一五人へと五七・五％、年率一・八％という高率で増加した。

人口はその後、減少局面に入り、文政五（一八二二）年には九八人と一〇〇人を割り、一時的に一〇〇人を越える年もあったが、安政七（一八六〇）年には七五人にまで低落する。三四・八％、年率にして〇・九％の減少である。しかし、人口は、その後は顕著な回復を見せ、史料の最終年次には、一〇九人へと、安政七（一八六〇）年以降四五・三％、年率三％というハイレヴェルで回復した。

このように、人口の趨勢は、増加局面と減少局面が数十年の波長で交替しているので、ある短期間をとって、そこに見られる増加あるいは減少傾向を、長期の趨勢の一部として議論すべきではない。たまたま史料がいずれかの局面しか利用可能でない場合、そこに見出される特徴が、長期の趨勢とは異なる様相を呈することはいくらでもあり得る。

さらに、ここに述べた人口の波動は、男女を加えた全人口である。これを男女別に見ると、前稿で示したように、女子人口が比較的安定的であったのに対し、男子人口はその変動幅が大きくなっている。男子では、最大が文化九、文化一〇（一八一二、一三）年の六五人、最小が嘉永五—嘉永七（一八五二—五四）年の三二人であったのが、女子では、最大が明治二、明治三（一八六九、七〇）年の六〇人、最小が寛政七（一七九五）年の三七人であった。女子人口は、年代とともにその比率を増加させている。

何ぶん対象とする人口集団の規模が小さいので、男女の比率の変化が、意味のあるものか否か、いったんいずれかが大きくなると、しばらくは続いてしまう統計上の事柄なのか、判断に苦しむところである。

このように、わずか一〇〇人を越えるか越えないかの人口であるが、長中期的な波動や、男女比率の変化など、解明を要する点をかかえているのである。

家数については、人口ほどの大きな波動は見せず、最大が明治二、明治三（一八六九、七〇）年の三三、最小が当初、および天保元、天保二（一八三〇、三一）年の二一の間を、長期的には増加傾向を伴いつつ変動した。

この町は、奈良興福寺が東の方角にあったことからその名が付けられたように、また、奈良奉行所も隣接しており、近世奈良の中心近くに位置していた。しかし、京都や大坂と異なり、全国的規模での大商人は少なくとも史料の利用可能期間内には見当らず、小売商と職人、少数の小規模な金融業者、寺社関係者からなる町であった。したがって、性格的には江戸や大坂の、大商人が軒を連ねる町とは言えない。しかし、宗門改帳の他、町の公的な歳時記とでも言うべき『万大帳』が利用可能であり[2]、それに収録されている町の住民の職業構成は、この種の史料の不在に悩む現在の研究者には、貴重な情報源である。その詳細は前稿で示したので、ここでは繰り返さない。

前近代社会の都市人口を取り扱うに際して、歴史人口学上の最大の課題は、都市人口が持つ人口減少要因としての性格が、いかに機能していたか、という問題であろう。「都市人口と地域経済とのネガティヴ・フィードバック・ファンクション[3]」、すなわち、地域の経済発展が、都市化、あるいは都市への人口集中をもたらすような性格を備えているような場合、都市では人口の内部的増加力がネガティヴなため、地域全体として、経済的発展にもかかわらず、人口は増加しない、という現象が見られる。事実、他の地方（ただし東北地方を除く）では増加が見られたにもかかわらず、江戸時代の、江戸を中心とする関東地方、京都・大坂を中心とする近畿地方および周辺では、人口は減少傾向にあった。そして、この時期、都市人口比率の最も高かったのは、他ならぬこの二つの地方であった[4]。

奈良が含まれる大和の国別人口の幕府による調査をとっても、判明する最初の年、享保六（一七二一）年に、四一万三千人であったのが、最終の弘化三（一八四六）年には、三六万一千人へと、約一三％の減少を見せた（なお、明治三年の維新政府による最初の調査でも、四一万八千人と、除外人口の多かった享保六（一七二一）年の人口と大差ない）。この間、人口が享保六（一七二一）年の数字を上回ることはなく、最低は、天明六（一七八六）年の三三万六千人となっている。このことから、大和国の人口は、長期的にはむしろ確実に減少傾向にあった、と言えるだろう。同様な趨勢は、幕府の調査による限り、五畿内を構成する、山城、摂津、河内、和泉の各国でも見られるので、これらの、都市人口比率の最も高かった近畿地方に含まれる国々の人口趨勢には、共通する要因が作用していた、と言える。

　このことからも、江戸時代の日本において、都市は歴史人口学上、他の前工業化社会におけると同様の機能を演じていたことは疑う余地もないが、問題は果してそれが、いかに、どの程度の影響を与えていたかである。筆者は、かつてこのような現象を、「都市の蟻地獄」的性格と呼んだ。[5] ヨーロッパにおいても、このような現象を論ずるに際して、「都市の墓場説」(graveyard theory)という名が付けられた。[6] しかし、このような表現は、あたかも、都市では人口を減らす要因、つまり死亡率が高いということをもっぱら語るかのように受け取られがちである。また実際、これらの説が唱えられ出した当初においては、人々の注意が都市における死亡率の高さに注がれた。しかし、その後、個別研究が進むにつれて、都市の持つ歴史人口学的特徴のもう一つの面、すなわち人口を増やす要因が弱かったことに注目が集まるようになった。[7] すなわち、都市における出生率、出産力、性比、有配偶率、結婚年齢等の特性が論じられるようになった。多くの個別観察を通じて、都市では、性比がアンバランスで男子が多く、有配偶率が低く、独身者が多い。結婚年齢も高く、また定住性も低く、総じて家族形成力が弱いので出生率は低くなる、というのである。

　たしかに、「墓場」説にせよ、「蟻地獄」説にせよ、人口変動要因の一面、すなわち減少要因、あるいは死亡率のみを考慮していたのだとすれば、議論として十分であったとは言えない。問題はある事象の比喩的表現が適切かどうかではなく、どのような表現であれ、検討内容が十分であるか否かであろう。前稿および本稿で取り扱う町は、人口わずか一〇〇人あまりの集団であるが、江戸時代の日本においては、紛れもなく都市を構成するこの町の人口変動要因を検討して、増加要因と減少要因が、農村と比べて異なっていたか否かを明らかにしようとするものである。そして、都市人口の低出生率、高死亡率という仮説が、諸人口学的指標によって、どのように支えられているのかを追究することを通じて、「墓場」説、「蟻地獄」説を、できるだけ精密に再検討してみようとするものである。

人口と世帯数変動

先に述べたように、この町の人口は、奉公人を除いたとしても、かなり激しく変動した。変動の外的要因については、史料が宗門改帳と『万大帳』に限られているので、説明することは困難である。しかし、変動の内容を明らかにすることを通じて、なし得る限りその要因に迫ることはできるし、しなければならない。

表8—1は、史料の利用可能期間内の人口変動の理由別一覧である。ただし、ここに示したのは、奉公人を含まない家族員のみである。これは、再三述べるように、史料の途中で、奉公人に関する記載が消滅し、連続して同質の統計が得られないためである。数字は、五年ごと（ただし、最後は二年）に括って示してある。出生と死亡は、男女ともほとんど同数で、この点に限り、この町は、人口の自然増減についてはほとんどバランスを保っていたと言えるだろう。

変動の項目で、「結婚」は、史料の上で移動の理由が結婚と明記されていたり、事実がそうであると認定できる場合である。これに対して「養子」とは、結婚と明記されていない養子・養女であるが、この中には、結婚を伴う場合もあったし、そうでないものも含まれていたであろう。しかし、その判別はできないので、「結婚」と「養子」とは一応合算して取り扱うことにする。そうすると、男子においては増加と減少は拮抗しているが、女子では結婚による流入が、同じ理由による流出を大きく上回り、引越しによる流入を加えると、六二人の「入超」となる。にもかかわらず、人口が大きくは変化しなかったのは、「その他」の理由による「出超」が大きく、「入超」分を相殺してしまっているからである。

表 8-1　奈良東向北町の原因別人口変動

増加	男子						女子						合計					
年代＼理由	出生・死亡	結婚	養子	引越	他	計	出生・死亡	結婚	養子	引越	他	計	出生・死亡	結婚	養子	引越	他	計
1796-1800	7		4	11	4	26	5	4	1	15	1	26	12	4	5	26	5	52
1801-1805	10	2	2	18	6	38	3	8		13	2	26	13	10	2	31	8	64
1806-1810	11	1	1	12	3	28	10	1		7		18	21	2	1	19	3	46
1811-1815	9	1	1	4	2	17	6	8		7		21	15	9	1	11	2	38
1816-1820	6		1	20	1	28	10	3	1	18		32	16	3	2	38	1	60
1821-1825	7		1	6	2	16	5	1	1	11	1	19	12	1	2	17	3	35
1826-1830	7	1	3	6	2	19	7	1	2	4		14	14	2	5	10	2	33
1831-1835	2		1	16	1	20	6	4		15		25	8	4	1	31	1	45
1836-1840	5			22	1	28	6	6		21	1	34	11	6		43	2	62
1841-1845	6	1	1	8	3	19	11	5	2	6	1	25	17	6	3	14	4	44
1846-1850	4	1	1	17	2	25	4	3	2	16		25	8	4	3	33	2	50
1851-1855	4		1	8		13	4	2	1	13		20	8	2	2	21		33
1856-1860	6	2	3	11		22	7	2		13	1	23	13	4	3	24	1	45
1861-1865	4	2	6	5	1	18	8	3	3	9	1	24	12	5	9	14	2	42
1866-1870	9	2	3	13	2	29	11	4	2	7		24	20	6	5	20	2	53
1871-1872	4	1		3		8	1	1		3		5	5	2		6		13
減少	男子						女子						合計					
1796-1800	4		1	15	9	29	6	1		15	9	31	10	1	1	30	18	60
1801-1805	6		4	13	2	25	5			9	8	22	11		4	22	10	47
1806-1810	7			12	2	21	2	1		10	2	15	9	1		22	4	36
1811-1815	3		4	14	5	26	4		3	9	5	21	7		7	23	10	47
1816-1820	6		1	12	1	20	10	2	1	11	3	27	16	2	2	23	4	47
1821-1825	3		4	16	1	24	10	1	2	13	2	28	13	1	6	29	3	52
1826-1830	5		4	6	3	18	5	3	2	5		15	10	3	6	11	3	33
1831-1835	6		4	13	3	26	4	3		15	1	23	10	3	4	28	4	49
1836-1840	11		2	16	5	34	7	5	2	13		27	18	5	4	29	5	61
1841-1845	12		3	9		24	9	4	1	11	2	27	21	4	4	20	2	51
1846-1850	11		2	12	3	28	12	2	2	12	3	31	23	2	4	24	6	59
1851-1855	4			6	1	11	4			8	2	14	8			14	3	25
1856-1860	7		1	11	3	22	8	3	2	12	3	28	15	3	3	23	6	50
1861-1865	5		6	6	2	19	6			6		12	11		6	12	2	31
1866-1870	4		4	9	4	21	9	2		6	3	20	13	2	4	15	7	41
1871-1872	1			1		2	2			2		4	3			3		6
増加合計	101	14	29	180	30	354	104	56	15	178	8	361	205	70	44	358	38	715
減少合計	95		40	171	44	350	103	27	15	157	43	345	198	27	55	328	87	695
差引	+6	+14	-11	+9	-14	+4	+1	+29	0	+21	-35	+16	+7	+43	-11	+30	-49	+20

男子の「養子」には、結婚を伴う場合が入っていることが考えられる。

「他」の項目には、結婚・養子の解消、連れ子、不明等が含まれる。

図8-1-A　奈良東向北町の年齢別人口構成（除奉公人／1796-1872年）

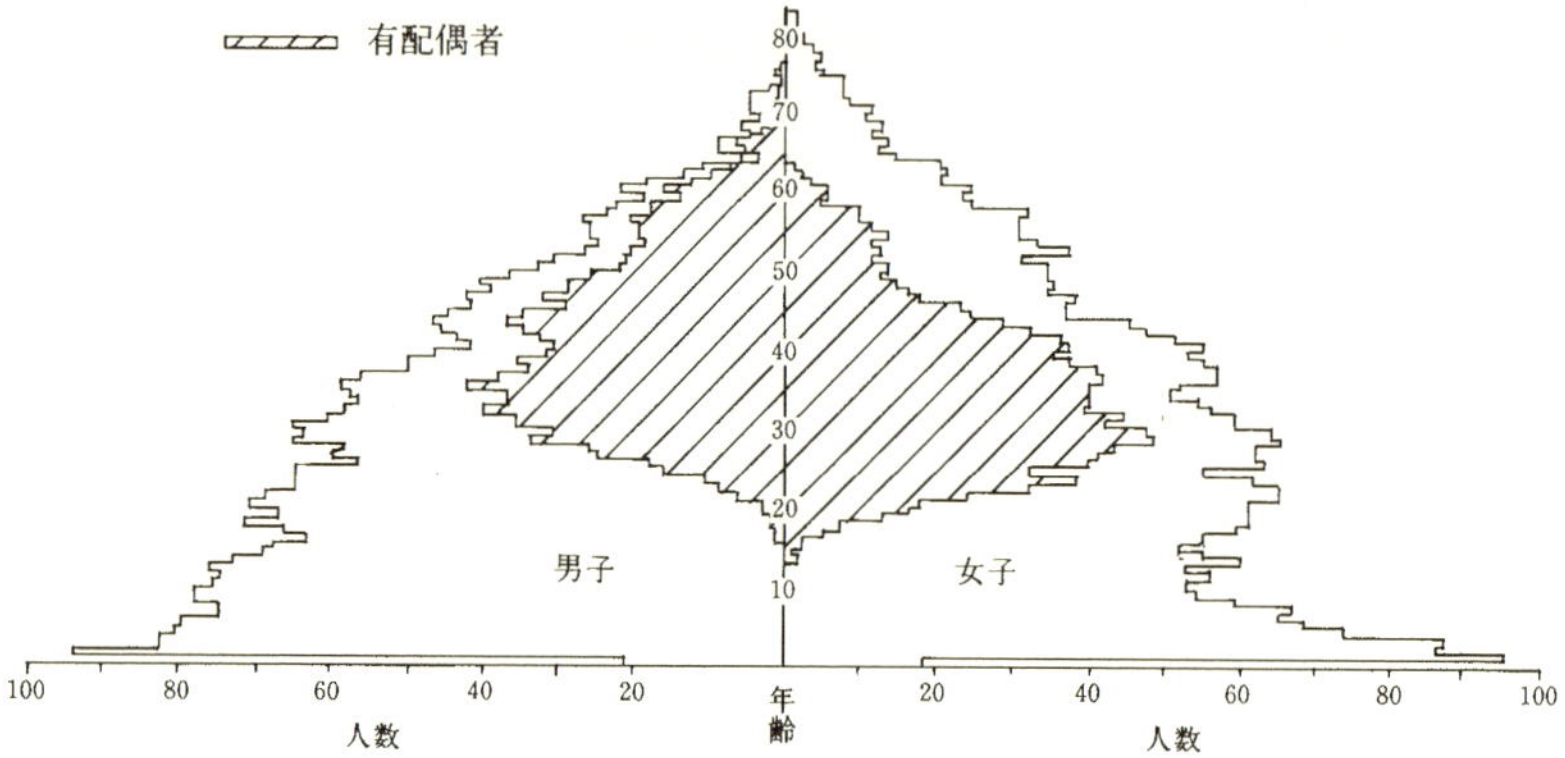

年齢別構成

この町の年齢別構成については、前稿で五歳きざみの階層別構成を比率で示したが、ここでは、全期間にわたる各歳ごとの構成を、有配偶者を含めて図8―1―Aに示した。さらに、図8―1―Bは、奉公人の記載のある期間、すなわち天保一三（一八四二）年以前の各齢別年齢構成を奉公人を加えて示したものである。

この二つの図から、この町の年齢別構成の形状は、男子と女子で若干異なり、男子の方が若いうち――三〇歳代の半ば――から減り方が急になり、六五歳を越す人口は稀になってしまうのに対し、女子の方は比較的長命で、その数が顕著な減少を示すのは、四〇歳を越えてからであり、古稀を迎える者も何人かいたことが示される。

また、男子に多い奉公人は、奉公人を含めた年齢別構成の図を特異なものにしている。一〇歳から始まり、三六歳で終るその年齢分布は、とくに一六歳から二一歳にかけての層に集中し、その年齢階層の四割にも達していた。そのため、この年齢階層が突出する形状となっている。奉公人の年齢が、このように比較的若い、最も生産的な層に集中していることは、彼らが従事した仕事が、商家や手工業者のもとでの肉体的労働であったことを想定させる。すなわち、

図8-1-B　奈良東向北町の年齢別人口構成（含奉公人／1796-1842年）

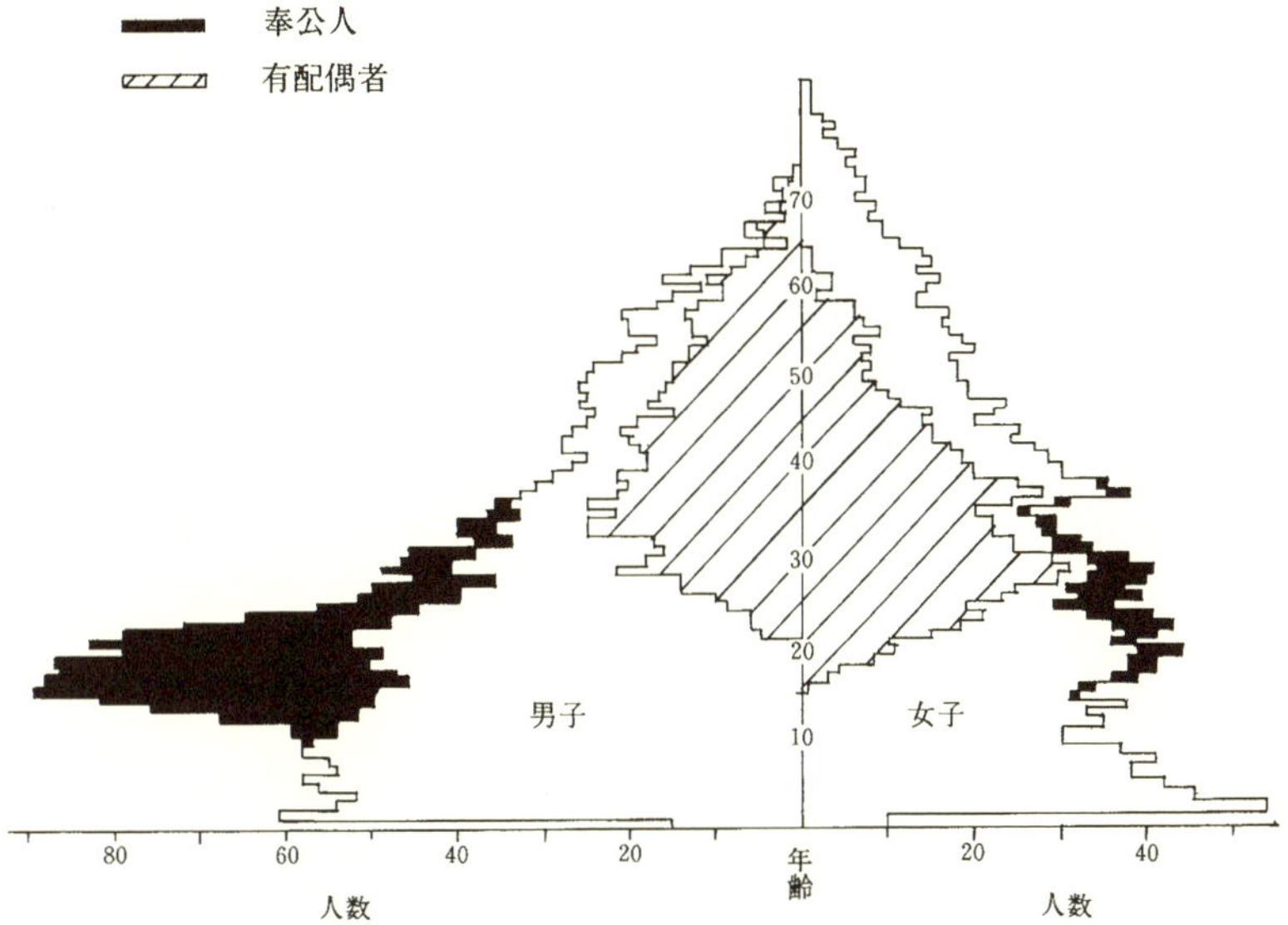

この町における奉公人は、家事奉公人ではなく、商工業で雇われている丁稚、徒弟であったと見られる。このことについては、すぐ後に検討する。

有配偶率

次に有配偶率を見よう。すでに年齢別構成の図に示したが、これを各歳の五歳移動平均で見ると、図8―1―Cのごとくである。男子は最高が四三歳で七二％、女子は、四五歳で七六％となっている。また、率が五〇％を越える年齢――筆者は、この年齢を、平均結婚年齢としたことがあった(8)――は、男子で三三歳、女子で三〇歳である。これは、後に計測した平均結婚年齢よりかなり高い。その理由は、この人口においては、結婚しない者、または結婚しても離死別してしまった者が多かったからと見ることができる。ともかくこの数値は、農村の事例と比べてかなり遅く、やはり都市型人口の特徴を明瞭に示している。すなわち、奉公人を除いてさえ、有配偶率は低く、結婚していない者が、比較的多くおり、

図8-1-C　奈良東向北町の年齢別有配偶率

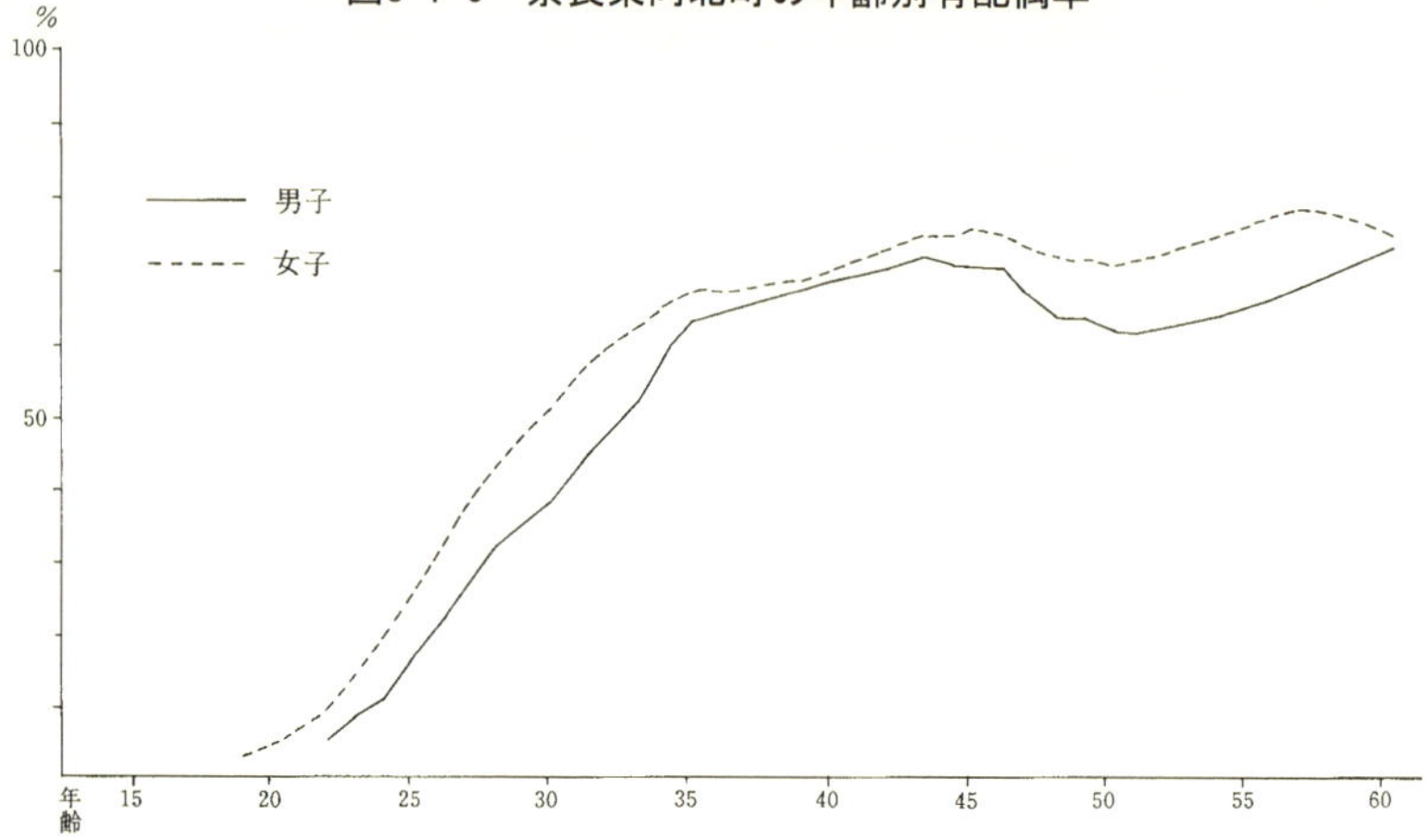

（注）5歳移動平均による。

また、男女とも晩婚であった。

世帯数変動

人口に比べ、この町の世帯数は、変動の幅が少なかった。しかし、このことは、この町において、同じ世帯が長く続いて居住していたことを直ちに示すものではない。逆に、世帯数の毎年の総数は安定していたけれども、内容は変化に富み、ある世帯が他所へ移動してしまった後に新しい世帯が入って来るという「入れ換え」(turn over）の程度は、相当に高かったのである。ここでは、この「入れ換え」現象を中心に観察する。

まず、**表8―2**は、史料に登場する全世帯の動静を示したものである。最初の年、世帯数は二一であったものが、最終的には三〇となっている。しかし、この間に史料に登場する世帯の数は延べ一五五に達する。そのなかには、明らかに同じ世帯がいったん他所に出て、再びこの町に戻ったという例が二つあるが、ここでは独立した世帯として取り扱った。表に見るように、史料の最初の年、寛政五（一七九三）年から、最後の年、明治五（一八七二）年まで、この町に居住し続けた世帯はわずか四戸に過ぎない。それはどのような世帯だったのだろうか。

表 8-2　奈良東向北町の世帯数の増加と減少

分類	増加	減少	差引
全期間居住			4
途中消滅			17
途中出現			26
出現・消滅			108
当初年居住			21
引越	111	98	
分家	23		
合家		5	
死滅		8	
結婚・養子		7	
家出・追放		2	
理由不明		5	
最終年居住			30
合計	134	125	+9

表 8-3　奈良東向北町における奉公人

年代	世帯数	奉公人をおく世帯	奉公人数別世帯数						奉公人総数
			1	2	3	4	5	6	
寛政５（1793）	21	4	3		1				6
享和３（1803）	27	7	2	4			1		15
文化 10（1813）	27	5	3	1	1				8
文政６（1823）	25	6	2	3			1		13
天保４（1833）	25	6	1	2	2			1	17
天保 14（1843）	27	4		2	1		1		12

表 8-4　奈良東向北町における移動世帯の逗留期間

期間（年）	世帯数	期間（年）	世帯数	期間（年）	世帯数
0	22	9	1	27	1
1	18	11	1	29	1
2	8	13	1	30	1
3	5	15	1		
4	3	17	1	合計	79 戸
5	5	19	2		
6	3	22	1	平均	4.6 年
7	3	26	1		

期間０年は、同一年に転入・転出があった世帯。

まず「米屋」は、奉公人を置く町内随一の商家で、寛政一一（一七九九）年の調査によれば、[9]「両替質物商売」、文政二（一八一九）年の『職業取調べ帳』[10]では、「両替屋、質物渡世」とあるから、金融業者であったに違いない。次の「荒身屋」は、それぞれの調査に、「味噌醤油商売」とあり、やはり奉公人を置く商家であった。第三の「和泉屋」は、寛政一一（一七九九）年の史料では、荒身屋の借家に住んでいたことが示されているが、同時に奉公人（下男）も抱えている。職業は「石職」、「石屋職」とあり、職人であった。最後の「伊勢屋」は、両年次の調査とも「畳職」とあり、やはり奉公人（下男）を置いている職人であった。つまり、商家、手工業者二軒ずつが、この町で江戸時代後期に住み続けていたことになる。なお、この町の住民全体の職業構成については、すでに研究成果が発表されているので、[11]ここでは繰り返さない。

以上の世帯は、いわば地付きの住民と言えるかもしれない。宗門改帳の初出年からさらに遡ってみると、享保一五（一七三〇）年のこの町の「屋敷割復元図」[12]に、「米屋」、「伊勢屋」は記載されているから、彼らの存在は享保期まで遡ることができる。

このような地付きの住民は、商人であれ、手工業者であれ、世帯構成から見て、奉公人を抱えていた点で共通している。奉公人を抱える世帯は、**表8—3**のように、全世帯の二割前後に過ぎないこと、その大部分を彼らが占めていたことを考慮するならば、この町で中心的存在として、事業をかなりの規模で行っていた、と言えるだろう。

他方、多くの世帯が史料の初年には存在していたにもかかわらず姿を消した。当初の史料には、二一軒の世帯があったが、一〇年後には五軒が姿を消し、三〇年後には、さらに六軒がいなくなって、当初の世帯の半数以上が他所へ引越してしまった。逆に、史料の最終年にこの町に住んでいた三〇軒の世帯のうち、八軒は直前の一〇年間にこの町に入って来た世帯で、三〇年前から続く世帯は、一七軒である。こういったことから、多くの世帯が短期間この町に留まっただけで流出してしまったことが分る。

このことをより明確にするために、以下のような観察を行った。この町に転入して来た世帯が、転出するまで何年間留ったか、という各世帯の逗留期間統計の作成で、**表８—４**に見るごとくである。ここでは、移動している世帯をとらえるため、観察対象とする世帯を、その移動理由が引越しとある世帯のみに限定した。実際には、新しい分家や、絶家、史料の最初の年に既存していた世帯、最終の年に残存していた世帯もある。しかし、それらは、実際の逗留期間がわからなかったり、出現や消滅の理由が、引越しとは異なり、逗留期間の測定を同じように行うことはできないと判断したためである。また、この表には、一度出て再度転入した世帯は、別個のものとして取り扱った（事例数は一）。そうすると、七九の世帯が対象となる。

表に見るように、圧倒的多数は、極めて短い期間しかこの町に逗留していない。全体の四分の一以上が、入って来たのと同じ年に他所へ出ている。半ば以上が一年以内に消え、五年間以上逗留したのは、全体の三割にも満たない。もっとも、前述のように、史料のある期間ずっと存続した世帯もあったわけで、表の平均四・六年という数値は、全世帯のものではないことを銘記しなければならないが、それにしても短期間である。なぜこれらの世帯が、短期間のうちに町を出入りしたのかを考える前に、彼らがどこから来て、どこへ去ったのかを見ることにしよう。

転出入先の地名が史料に記録されるようになったのは、文化七（一八一〇）年のことなので、不明が多いのはやむを得ないが、七九世帯のうち、五五世帯については転入元が、五三世帯については、転出先が確認できる。転入元のなかで、「村」と名のつくところから移って来た世帯が三軒ある。転入元の添上郡水間村は、奈良の中心から東約一〇キロの丘陵部にある村、添下郡平松村は、西約六キロの平坦部の村、山城国相楽郡南大河原村は、東北東約一六キロの丘陵部の村であった。また、「村」へ転出していった世帯は六軒あったが、法華寺村は、奈良の西にほとんど隣接し、藤原村は、南約三キロの近隣村、法蓮村は、西北の境に位置する「奈良廻り」の村、野田村は、事実上、奈良の東にある町続きの地であり、油倉村は、町方の枝郷、残りの一村は、水間村であった。このように、わずかな事例ではあるが、「村」からの転入は、ある程度距離のある農村部からの転入であったが、転出は奈良の町に隣接したり、実際には町の一部を構成していた「奈良廻り八ヵ村」への転出であった。

これに対して、「村」以外の場所としては、転入元として、伊勢の津が一軒、大坂が二軒あり、残りの四九軒は、奈良町内での移動であった。一方、転出については、大坂が一軒、南方約七キロにある櫟本町が一軒で、残りの四五軒は奈良市内である。

このように、移動する世帯のほとんどは、奈良の市内または隣接する地域内を移動していた。しかし、少数ではあるが、農村から直接入って来る世帯もあり、それらは数年この町に逗留したのち、別の町に移動していった。他の都市との間の交流も少数ながらあって、大坂との出入りがあったことを示している。

ロバート・スミス（Robert Smith）は、大坂に隣接する天王寺村の宗門改帳を用いて、史料に出てくる世帯の逗留期間が非常に短いことに着目し、その性格は、安定社会（stable community）というには程遠いことを論じている。その観察に従えば、天王寺村の堀越町と久保町の家族の平均逗留期間は、家持ち層で二〇・五年から二七・二年、店借層で、五・一年から九・九年であったが、店借層では逗留一年というのが最も多くなっている。[13] スミスは、こういった移動が頻繁に行われ得る条件として、彼らが小家族であったことを挙げている。奈良での事情はどうだったのだろうか。家族構成とともに、これらの世帯が、家持ち層であったのか借家層であったのか、前記の四九世帯のうち、転入、転出の地名が判明する三五の世帯についてみると**表8―5**のごとくである。

やはり奈良の場合も、これらの世帯の規模は小さく、最大でも七人であった。しかし、戸主が結婚しているか否かで分けると、約半数は結婚しており、単身者が移動していたわけではなく、世帯、しかもその半分は結婚した夫婦が家族単位で移動していた点に注目すべきであろう。

このような移動の激しさを、いくぶんか説明する要因として、奈良が、大坂への移動の中継ぎ地であった、とい

表8-5　奈良東向北町における移動世帯の構造

分類	世帯数	移入時	
		配偶世帯	非配偶世帯
家持	2		2
借家→家持	4	2	2
借家→同家	1		1
借家	24	13	11
同家	1		1
同居	1		1
不明	2	1	1
合計	35	16	19
世帯規模	3.2 人	3.8 人	2.6 人

配偶世帯とは、戸主が配偶者を有している世帯。

う事実を考慮しなくてはならない。つまり、奈良は、この町へ移動して来た人達にとって、最終の目的地ではなかった。彼らは、機会をみつけては、大坂への移動を窺っていたのである。こういった、大坂への人口の順送り的移動については、西の方からする事例がすでに発表されていることを付け加えておこう。(14)

家族復元分析からみた結婚

家族復元分析

家族復元（family reconstitution）については、折に触れ説明してきたので、ここに繰り返す必要はないだろう。歴史人口学誕生の技術的基礎となったこの研究法を通じて、近代センサス調査開始以前の時代の結婚や出産力に関する統計が、小人口集団を単位としてではあるが、正確に求められるようになった。(15)

東向北町は、人口規模が小さいとはいえ、八〇年間以上にわたってほとんど史料が連続して残されており、かつ、史料欠年数も少ないので、家族復元分析が可能である。今まで、都市の史料を用いた家族復元分析は事例も少ないので、観察結果を示し、近世都市の持つ人口学的特徴を明らかにしよう。

表 8-6　奈良東向北町の家族復元フォーム

分類1（完全家族か否）		分類2（妻の出生コーホート）		分類3（結婚コーホート）		分類4（結婚継続期間）	
完全家族（CF）	13	6（1750年以前）	1	8（1776-1800）	10	期間が判明	54
非完全家族	143	7（1751-75）	34	9（1801-25）	26	開始年のみ判明	25
		8（1776-1800）	43	10（1826-50）	22	終了年のみ判明	31
		9（1801-25）	42	11（1851年以降）	21	不明	46
		10（1826-50）	30	不明	77		
		不明	6				
合計	156	合計	156	合計	156	合計	156

まず、史料から得られた一五六枚の家族復元フォーム（FRF）、つまり史料に登場する一五六組の夫婦の人口学的行動を示すフォームについて、その内わけを示したのが表8—6である。完全家族（completed family）とは、結婚後、妻の出産可能期間の終了まで、その結婚が継続した夫婦を指し、ここでは、妻が五〇歳を過ぎるまで継続した夫婦とした。完全家族は、出産力の測定を行う場合、最も正確な情報を提供してくれるので、その数が多いほどよい。残念ながら、東向北町では、その数はあまりにも少なく、完全家族だけを取り出して統計を作ることは、むしろ避けるべきであろう。その数が少ない理由は、FRFの絶対数が少ないこと、移動が激しく、史料の残存期間である八〇年以内に結婚が完結する事例が少ないことなどにある。

分類の二、および三は、それぞれ妻の出生、および、その夫婦の結婚の年代別分類である。史料の残存期間を考慮するならば、表示した期間に適当に分布していることが分る。最後の分類は、結婚の開始と終了年代が判明するか否かによるものである。

以上を綜合すると、この町の家族復元分析は事例数が少ないため、細かい分類をして観察することは、統計的に不適当であり、全体を通して見ざるを得ないことが判明した。以下にこの家族復元分析の結果を検討するが、一般的な手法での観察結果も織りまぜて述べる。

結婚年齢

ある社会の人口が内部で維持されるためには、そこで結婚がいつ行われるかが一つの大きな決定要因となる。とくに、妻の初婚年齢は重要な要素である。都市は農村に比べて結婚年齢が遅かったのではないか、と考えられてきた。東向北町の場合、結論から言えばその通りで、そのことが、出生率を低く押さえたであろうことは否定できない。しかし、その測定が、農村の場合に比べて困難なことも事実である。なぜなら、都市の住民は移動率が高く、結婚年齢、とくに初婚年齢を正確に測定することが難しいからである。また、この町で得られたサンプルサイズが、あまりに少ないので、その結果を一般化するには時期尚早という見方も出よう。しかし、得られた結果は、予想と整合的であり、検討するのに十分値する。

表8―7には、男女別に、初再婚別の平均結婚年齢を示した。再婚数が男子に多いのは、離別・死別が少なからずあったこと、男子の多くは、その後再婚したことを示している。

また、**表8―8**には、男女とも、明らかに初婚と判断し得る者について、その年齢分布を示した。その数が少ないのは、他所から結婚で入った来た者の初婚であるか否かの判別がつかないこと、この町内出身の者でも、利用史料の最初の年に、一五歳以上の者は、すでに結婚していた可能性があるのでこれを除外したためである。**表8―7**の、「再婚」も、明らかに再婚したことが、史料で追える者のみをとっているので、初婚か再婚か不明の者がかなり含められてしまうことはやむを得ない。

このように、この町では、後に見るように出生率が低いにもかかわらず、結婚年齢は比較的高く、都市人口に特有の性格を備えており、大量の人口を都市外から引き付けなければ、人口増大はもとより、その維持すら困難であった。

表 8-7　奈良東向北町における平均結婚年齢

	男子		女子 (1)		女子 (2)	
	事例	年齢	事例	年齢	事例	年齢
全結婚	79	31.3	78 *	25.5	24	24.4
初婚のみ	20	26.4	12	22.8	13	22.7
再婚のみ	22	39.1	5	30.0	2	26.0

＊女子 1 名年齢不明のため、男子と合わない。
女子 (1) は、町内での結婚。
女子 (2) は、町外へ結婚で出た者。

表 8-8　奈良東向北町における初婚年齢の分布

性別	男子	女子	
種別	町内	町内	他出
14		1	
17	1		
18		1	2
19			3
20	2		1
21	1		
22	1	5	4
23	1	2	
24	1	1	
25	2		
26	2		1
27	7	1	
30	2		1
31	1		
32	1		
34		1	
36	1		
39	1		
40			1
計	24	12	13

夫婦の年齢差

この一五六組の夫婦について、その年齢差を観察しよう。表８―９にその結果を示したが、農村同様、夫の年齢の方が高く、平均は六・二歳上であった。全体の三分の二が、差がゼロから一〇歳までの間に集中している。やや、年齢が大きく開いている例が多く、夫の方が一五歳以上年長の事例が、全体の約一割を占めていた。

婚姻圏

婚姻の地理的範囲を知ることには、いろいろな意味がある。まず、それは、当時の人々の生活空間を知ることである。婚姻を通じて、人々は日常生活が営まれる地理的な拡がりをつくり出す。冠婚葬祭という、日本人の社会生活上、基礎的な社交の場において、集まった人々は情報を交換し合い、伝達し合ったに違いない。近代的通信交通手段の未発達な江戸時代においては、このことの持つ意味は、現在より遥かに大きかったことを考えるべきである。

次に、都市の場合、婚姻の相手が、もっぱら都市内部に求められたのか、都市外からだったのかという問題がある。「都市墓場説」に立つ限り、農村部から結婚の相手を迎える場合が多かったであろうことは十分想定される。しかし、それが、直接なのか、いったん奉公人として都市に入った者が対象なのか、いずれにしても、どの程度なのかということになると、十分に知られていない。

最後に、婚姻を理由に都市から出て行った者もいたはずである。それがどの程度で、どこへ行ったのか、行先は違う都市だったのか、より人口の大きい都市へだったのか、といった問題がある。もしそうだとすれば、この町は、大都市への人口の給源としての意味を有していたことになる。

こういったいくつかの問題に応えてくれる都市の史料としては、宗門改帳に、婚姻元、婚姻先の地名が明記されていなければならない。東向北町の場合、幸いにも史料の残存期間を通じて大部分の場合それが記されており、婚

表 8-9　奈良東向北町における夫婦の年齢差

年齢差	組数	年齢差	組数
-6	1	+9	3
-3	3	+10	10
-2	5	+11	7
-1	5	+12	7
0	9	+13	4
+1	9	+14	3
+2	13	+15	5
+3	9	+16	4
+4	13	+17	1
+5	7	+18	1
+6	10	+19	2
+7	7	+23	1
+8	8	不明	9
合計	156	平均 +6.2 年	

（注）夫の年齢－妻の年齢

表 8-10　奈良東向北町における婚姻の地理的範囲

地　名	転入元	転出先
町　内	5	5
奈　良	38	45
郡　山	0	4
添上郡	15	3
平群郡	1	0
広瀬郡	2	0
葛下郡	2	0
式上郡	1	1
宇陀郡	4	0
高市郡	3	1
山辺郡	4	0
京　都	6	2
伏　見	0	1
山城国	12	1
大　坂	2	14
摂津国	0	2
計	95	79

姻の地理的範囲の観察を行うことができる。**表8―10**は、婚姻（養子を含む）の地理的範囲を示した。

この表の物語るところは、およそ以下のごとくである。第一に、婚姻によって転入して来た者が、同じ理由で転出した者より多い。とくに、東向北町と奈良の市内を合算すると、転出者の方が七人多いにもかかわらずである。奈良市内を除くと、転入者は、大和の添上郡、山城国（実際には隣接する相楽郡）からが多く、また大和国各郡からの転入を加えると、四四人に達する。奈良市内を除いた五二人の転入者中、八五％が周辺農村の出身者であった。残りの八人は、京都および大坂からの転入であり、こういった点を考えると、婚姻による転入者の四割は農村部から、ということになり、「都市蟻地獄説」を大いに支持してくれるように見える。しかし、厳密に言えば、宗門改帳に記載されているのは、転入者の出身地と考えられるのであって、彼らがすでに奈良または他の都市で奉公していたのか否かについては記載されていない。例えば、文化九（一八一二）年申年の宗門改帳には、利兵衛（この家は、文政二（一八一九）年の職業調べでは、味噌醬油商売とある）が、息子の栄吉に嫁「もと」を迎えたことを記しているが、この時の記載の内容は以下のごとくである。「申二月添上郡美濃庄村より貰受」。この記載は、「もと」が美濃庄村の出身であった可能性をかなり濃く示すとしても、「もと」が、出身村から出て、すでに奈良またはどこかの都市で奉公していたことを全く否定するものではない。都市からの場合も、地名は書いてあるが、その町から直接入って来たのか否かについては問題を残している。しかし、これらの地名は、その者の出身地と考えるのが穏当であろう。

たった一つに過ぎないが、こういった移動を、移動元と、移動先の宗門改帳で確認することが出来る興味深い事例がある。それは、文化一五（一八一八）年、菊屋茂兵衛（文政二年の職業調べでは、珠数眼鏡商売とある）の弟の栄蔵（二九歳）が大坂に転出した場合で、東向北町の宗門改帳には、「大坂嶋之内菊屋町大和屋忠三郎へ養子出」とある。一方、行先となった大坂菊屋町の宗門改帳をみると、文化一四（一八一七）年（十月）の史料に貼紙で、

「弟栄蔵右ハ南都東向北之丁菊屋茂兵衛方ヨリ引取同家ニ加ル　寅九月[16]」とあって、翌文政元（一八一八）年の史料[17]には、「弟　栄蔵」が家族構成員として記載されているところから、栄蔵は、文化一五（一八一八）年の奈良における宗門改の時点（東向北町の宗門改帳の日付は四月である）から、大坂における同じ年（ただし、四月二二日に文政に改元）、十月までの間、おそらくは九月に移転したことを示している。奈良の転出元の屋号が、転出先の町名「菊屋」であったり、大坂の転出先の屋号が「大和屋」であることは、偶然にしてはうまくでき過ぎている感もあるが、双方の史料の記載において、出身や行先が整合することは、宗門改帳の記載が、こういった面では十分信頼できるものであることを示してくれる。

ただし、栄蔵に関しては、別個に一つの問題を投げかけてくれる。この栄蔵を大坂菊屋町の宗門改帳で追っていくと、文政二（一八一九）年の大和屋忠三郎の箇所に栄蔵は記録されているけれども、貼紙で「弟栄蔵右栄蔵屋号名改林田屋弥兵衛　堂嶋新地弐丁目塩屋伊兵衛支配借家え別宅仕候ニ付人別除く　卯八月」とあり、大和屋へ戸主の弟として「養子」に入ってわずか二年で、そこを出て堂嶋新地に借家を構えたことが記されている。もちろん大和屋の誰とも結婚したわけではなかった。このような事例は、宗門改帳に出てくる「養子」という移動の理由が、現在使われているような家督の相続を伴うようなものではなく、どちらかと言えば、便宜的に使われていたことを物語っている。そうなると、さきに、結婚と養子を同じカテゴリーに入れて、婚姻に伴う移動としたことには問題があることになる。しかし、「養子」のなかには、東向北町の宗門改帳の例に多く見られるように、結婚を伴う場合も含まれていたことも事実である。「養子」を理由に、入って来た者についてはともかく、出て行った者について、結婚を伴ったか否かを判別するのは、大坂菊屋町のように、たまたま転出先の宗門改帳が利用可能で、詳細な記載をしていてくれない限り不可能である。ここでは、「養子」という移動理由のなかに、縁組関係を伴わないものが含まれていたこと、むしろ、人口移動が、そのような名目で行われていたことを知っておくべきだと言うにとどめよう[18]。

本題に戻ろう。婚姻の理由でこの町に入って来た者は、結婚を伴おうと、養子であろうと、約四割は農村出身であった。その範囲は、吉野郡を除く大和国全域、つまり大和盆地全体に拡がり、低い丘陵が境となっている隣国の山城国相楽郡に及んだ。地形的に南北に細長い直径約二五キロの範囲（奈良はその中心より北寄りにあった）が、ほぼ出身地の範囲を構成していた。一方、少数ながら、大坂と京都からの流入者がいたが、世帯の流入と同様に、京都からの転入の多いのが目立っている。

一方、婚姻を理由にこの町から出て行った者について見ると、断然都市が多く、郡部へはわずか八人で、全体の一割に過ぎない。奈良市内についで大坂が多く、この町は大坂への人口流入の給源の一つとなっていた。奈良において都市生活の経験を積んだ者は、大坂という商業都市の構成要素として、積極的に迎えられた、と言えるのかもしれない[19]。

結婚の継続期間

結婚の継続期間が確定できる夫婦、すなわち、史料の残存期間内に結婚が始まり、終るケースは、合計五四である。その平均は一〇年で、最長でも四三年となっている。**表8―11**に見るごとく、五四例中、半分は六年以下であり、一〇年以上継続する例は、三分の一に過ぎず、結婚を長く続けることがいかに困難であったかを物語ってくれる。

結婚が長期にわたって継続する事例がいかに希少であるかは、表に見るように、二五年以上結婚が継続する夫婦、今日流に銀婚式を迎える夫婦が、全体のわずか一割にも達しないということからも読みとることができる。こういった結婚継続期間を農村の場合と比較するとどうだろうか。ほぼ同時期の西美濃平坦部農村の二三〇〇組の夫婦に

表 8-12　奈良東向北町における結婚終了の理由

終了理由	件数
死別　（夫の死亡）	39
死別　（妻の死亡）	16
離別	17
死別か離別（夫）	3
死別か離別（妻）	8
その他	2
計	85

（注）死別か離別（夫）とは、夫が死亡したか不縁で消滅した場合。死別か離別（妻）とは、同上妻の場合。

表 8-11　奈良東向北町における結婚継続期間

期間	件数
1 年	9
2	4
3	8
4	3
5	2
6	3
8	3
9	1
10	2
12	1
14	2
16	1
17	2
18	2
19	1
20	1
21	1
22	1
23	1
24	1
27	2
28	1
29	1
43	1
計	54
平均　10 年	

ついて求めた結果では、平均一九年、継続期間二五年以上が全体の約三分の一という状況であった。[20] この数値と比較して、いかにこの町の結婚生活が短かったかが分るだろう。

なぜ東向北町では、結婚継続期間がこれほど短かったのだろうか。一つには、先にも述べたように、住民のこの町への逗留期間自身が短かったことがある。結婚していても、他の町へ移動したり、結婚した夫婦がこの町へ入って来た場合には、結婚継続期間不明としてこの表から除外されてしまうので、表には継続期間の短い夫婦が多くカウントされていることは否めない。しかし、実際、都市では結婚の継続が短かった可能性も十分考えられる。一方で、江戸時代の都市生活が、想像以上に健康的であったという見方[21]もあるが、とくに妊娠や出産に伴う危険な時期の栄養や生活環境は、農村に比べて良好であったということはできないだろう。また、都市生活に伴い、夫婦のあり方も農村とは異なっていたに違いない。そこで、東向北町のＦＲＦから、結婚の終了理由の判明する事例を選び出して、理由別の一覧を**表8―12**に示した。

合計八五例のなかで、最高の割合を占めるのは、夫の死亡であるが、明らかな離別がそれについでいる。死別か離別のなかのいくつかは離別であろうから、離別の占める割合は、二〇％以上に達していたのである。これは、筆者がかつて計測した、美濃国の四六〇〇組のＦＲＦを使った分析で出した離別の率一六％と比べて、それほど差はないように見えるが、東向北町の数値が少なくとも二〇％、ということを考えれば、やはり、都市では農村に比べて離別は多かったと言えるだろう。

妻の死亡による事例は意外に少ない。しかし一六例のうち、一例を除いてその死亡年齢は、出産可能期間内であり、六例は二〇歳代である。やはり、こういったことが、都市人口の再生産率をネガティヴにする要因として作用していたのである。

家族復元分析からみた出生

年齢階層別婚姻出生率

　家族復元分析を通じて得られる人口統計のなかで、年齢階層別婚姻出生率は、出生に関する状態を最も正確に示してくれる数値である。通常、出生率と呼ばれているものは、人口学上は、粗出生率と称され、出生数を総人口で割れば求められるので、数値は得やすい反面、性比、年齢別構成、配偶率等の外的要因が含まれてしまい、統計的には漠然とし、出生を現わす指標として純粋なものとは言えない。これに対し、年齢階層別婚姻出生率は、結婚している夫婦の妻が、それぞれの年齢において、どれだけ出産するか、という明確な限定付きの数値であり、他の要素が入らないものである。ただ、家族復元を通じて求められた年齢階層別婚姻出生率は、両親が史料上確定できるものに限られ、婚姻外の出産については見落されてしまう。その数が多いと、出生の実際とかけ離れた結果しか出て来ないということになる。したがって、家族復元分析を通じて得られる年齢階層別出生率は、あくまで婚姻出生率である。

　この町の場合、史料利用可能期間中、総出生数は二〇五例あるが、そのうち二三（一一%）例は婚姻外の出産、より厳密に言えば史料上で両親の確定ができない出産であった。都市の場合、この率が高くなると当然考えられるが[22]、出生の状況を決定的に変える程に高い比率ではないから、家族復元を通じて求められた年齢階層別婚姻出生率は、この町における出生の状態をかなり正確に知らせてくれるはずである。

　表8―13は、五歳刻みの妻の年齢階層別出生率で、当該期間の、完全家族・非完全家族を合算して得た数値である。また、**図8―2**は、これをグラフで示したものであるが、比較のため、美濃国安八郡西条村の事例を重ねた。

西条村を選んだ理由は、前稿で述べたように、この村の史料の記載内容が豊富で、信頼度も高く、近世後半の農村の歴史人口学的指標の一つの基準として用いることができるからにほかならない。

東向北町の年齢階層別出生率を見ると、最高でも二一―二五歳層の〇・二五〇、すなわち一年間に〇・二五人、四年に一回の出産を経験したことになる。その後年齢の経過とともに出産率は低下し、四〇歳代になると急速に落ち込んでいる。一方、二〇歳以前の出生率は、その直後に比べるとやや低く、グラフに現れているように鍵状の推移を示している。

図8―2に示した東向北町と西条村の年齢階層別出生率曲線の形状は類似し、各年齢階層において二つの線は平行しているが、その差は歴然としている。東向北町の方がはるかに低いのである。その結果、完全家族（妻が五〇歳まで結婚が継続した夫婦）が持つ子供数は、西条村の場合と比べてかなり少なくなる。**表8―14**に、求められた二つの地点の年齢階層別出産率の数値に基づき、妻の結婚年齢に、完全家族が生涯持つ出生数を計算した。

この表からも明らかなように、どう見ても、東向北町の出生率は、同時期の西条村と比べて低いのである。その結果、もし東向北町において、二一歳で結婚した妻が、五〇歳までその結婚が継続したとしても、出生数は四・三にとどまり、この数は、高い幼児死亡率、妻の妊娠・出産時の高死亡率、配偶率等を組み合わせると、人口を維持するのにやっとという値である。同じ結婚年齢でも、西条村の場合には、出生回数五・九であり、この数は、人口を維持させるだけでなく、増大を可能にする高さである。逆に西条村の場合、出生回数四・三を実現するためには、結婚年齢が二六歳であってもよかったし、二一歳で結婚して、その結婚が三五歳で終了してもよかったのである。

この町の人口が内部で維持されるためには、その結婚が妻の出産可能年齢の終り（五〇歳）まで継続するとしても、二一歳で結婚しなければならなかった。然るに、**表8―7**に見るように、実際の結婚年齢はもっと高かったし、引越しやいずれかの死亡により、途中で結婚が終了してしまう場合が少なからずあったのである。

表 8-13　奈良東向北町における年齢別出産率

年齢階層	延年数	出生数	出産率
15 以下	4.0	1	0.250
16-20	53.0	12	0.226
21-25	160.0	40	0.250
26-30	231.5	51	0.220
31-35	221.0	41	0.186
36-40	212.5	30	0.141
41-45	165.0	6	0.036
46-50	85.5	2	0.023
16-50 計	1128.5	183	0.161

表 8-14　奈良東向北町における妻の結婚年齢別出生数

妻の年齢	結婚年齢＊					
	東向北町			西条村		
	16	21	26	16	21	26
20	1.1			1.4		
25	2.4	1.3		3.1	1.6	
30	3.5	2.4	1.1	4.5	3.1	1.4
35	4.4	3.3	2.0	5.7	4.3	2.7
40	5.1	4.0	2.7	6.7	5.3	3.7
45	5.3	4.2	2.9	7.2	5.8	4.2
50	5.4	4.3	3.0	7.3	5.9	4.3

＊各年齢の当初に結婚したものとする。

図8-2　奈良東向北町と美濃西条村の年齢階層別出産率

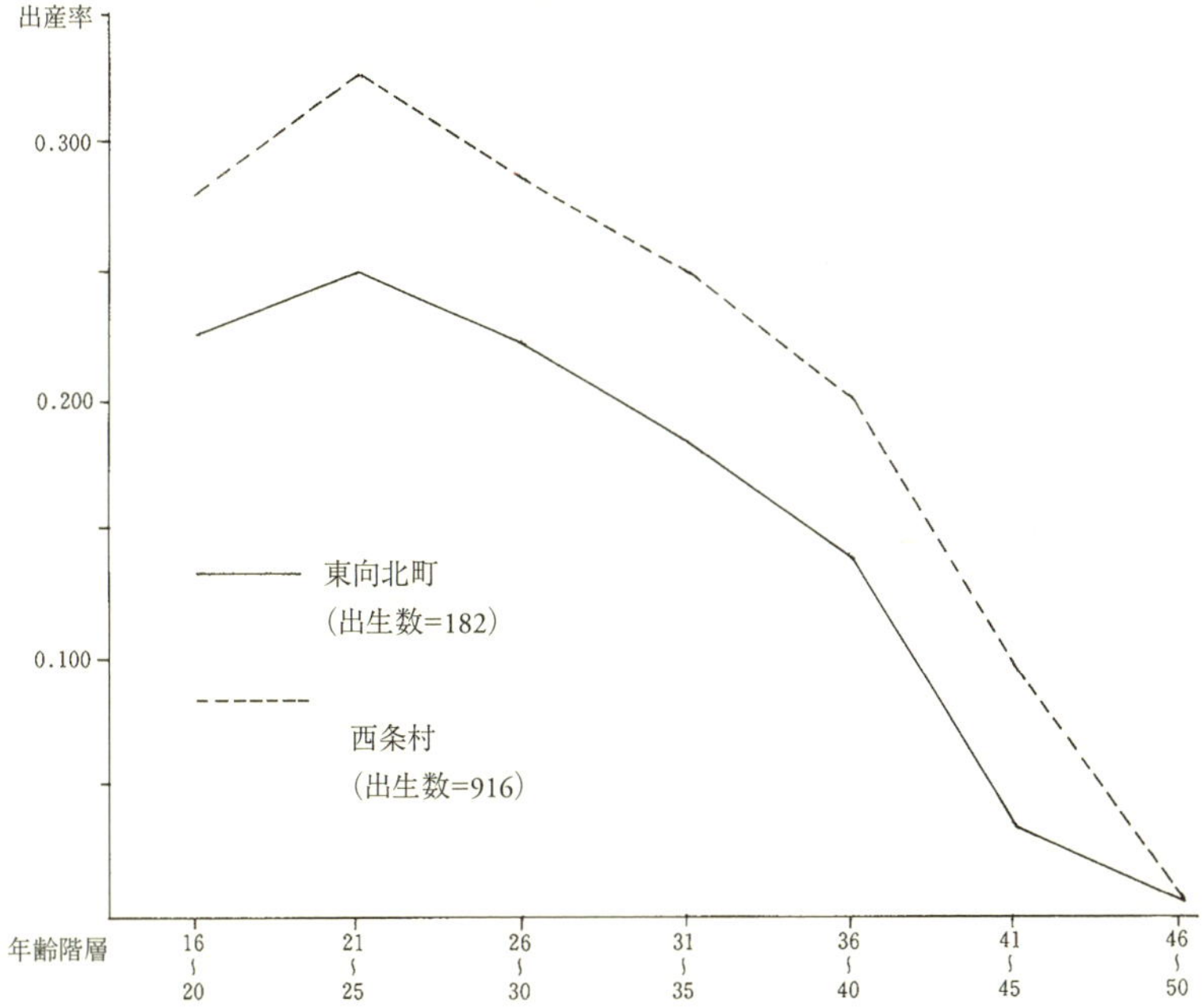

出産終了年齢

出産が妻の何歳のとき終了するかは、出生率の一つの決定要因である。出産の終了または停止は、人為的にも決定できるが、終了の仕方、つまり全員が、ある年齢で出産を止めてしまうのか、ある者は止め、ある者は続けるのか、といった差異も、その人口集団の性格を物語ってくれるのである。しかし、この測定のためには、結婚が妻の出産可能期間を越えるまで続く事例が多くあることが必要だが、予想されるように、東向北町の場合、そのような事例は極めて少なく、有意な統計を求めることはできなかった。ここでは、参考資料として、妻が四五歳を越えるまで結婚が継続し、かつ出産を一度でも経験した夫婦一四組を対象として、最終の出産年齢を見るに留める。

一四の例の平均は、三七・九歳で、すでに明らかになっている農村の事例と遠くかけ離れてはいない。ただ、年齢は最低が二四歳から最高五〇歳まで、とくに三五歳から四四歳まではほとんど各歳一人に拡がっており、若くして出産を止めた夫婦と、遅くまで継続した夫婦があったことを想定させる。それが何によって決定されたのかは、今後の研究課題である。

結論――「都市蟻地獄説」の真偽

以上、近世後期奈良東向北町に住んだ人々――なかには、逗留期間が一年にも満たなかった者もいたが――の人口学的行動をできるだけ明らかにした。

本論では触れなかったけれども、宗門改帳には、奉公人（下女）として記載されている者が、戸主と結婚する事例もあった。すなわち、足袋職の喜七郎は、寛政一一（一七九九）年に妻を亡くしたが、文化三（一八〇六）年には五五歳で、この家に享和二（一八〇二）年以来、奉公人として来ていた「るい」（三二歳）と結婚し、この結婚は喜七郎が文政二（一八一九）年、六八歳で死亡するまで続いた。この間に一女をもうけている。奉公人が一家の主人と結婚する例は、農村でも皆無とは言えないが、やはり都市における人々の行動のあり方を示すものであろう。

最初に提起した問題、つまり前近代都市の「蟻地獄説」ないしは「墓場説」をめぐる問題についてはどのような回答ができるのだろうか。この町の観察結果をもって都市の代表とし、比較に用いた美濃西条村の数値をもって農村を代表させるのは、勇気の要ることであるが、今後の比較の焦点を定める意味でも思い切って行ってみよう。

確かに、出生率と死亡率のみで見る限り、両者は均衡していて、都市は死亡率が高いから、人口を他から引きつける、と簡単にきめてしまうのは早計であることが判明した。これは、この町が、観察期間中たまたま大量死亡を伴うような流行病に襲われなかったからかもしれない。単年度で見る限り、死亡数の最も多かったのは、文政二

（一八一九）年、天保一〇（一八三九）年、弘化四（一八四七）年の七人であり、他の都市のように一挙に全人口の一割以上を失うような災厄には見舞われずに済んだ。連続した年代で見ても、一八四〇年代は確かに死亡数の多い年が続いたが、一八四〇（天保一一）年と一八五〇（弘化三）年の人口を比べると、奉公人を除いて一人かえって増えているほどである。奈良の町がそうだったか否かは分らないけれども、同時期の大坂が大きく人口を減らしたのに比べれば、異なっている。

しかし、農村と比較すれば、都市は明らかに出生率は低く、死亡率は高かった。高次の指標である、年齢階層別出生率にも歴然とした差があったし、死亡年齢の分布も、前稿で見たように、幼児期を過ぎると、都市では、特にピークとなる年齢のない、何歳で死んでも不思議ではない形状をなしている。これに対して、農村では、ほぼ五〇歳から七〇歳に死亡が集中し、逆に、それ以前には、比較的死亡の機会は少なかった。このような、都市住民の生死の特徴は、当然彼らの死生観に農村とは異なる特質を与えたに違いない。

結婚に関しては、都市では結婚年齢は遅く、有配偶率は低く、しかも結婚継続期間が短かった。奈良の町自身が、近くに大都市大坂（おそらく、ある時期には京都も含んでいたと思われる）を控えて、そこへの人口移動の中継点としての性格を持っていたので、人口の移動は、個人、夫婦、世帯の各レヴェルで非常に激しく、史料の残る八〇年間を通してこの町に住み続けた世帯は、わずか四軒という有様であった。こういった不安定性は、この町の、町を単位とした社会集団が持つべき意識に、やはり特質を与えたのであろう。

奈良を中心とした大坂、京都への近世後期の人口移動を図式化してみると、図8―3のごとくである。ただし、大坂・京都間の移動は分っていない。

こういった意識を含んだ問題への接近は容易に達成されそうにないが、これらの特質を備えた社会集団こそ「蟻地獄」の実相だったのである。

図8-3　奈良・京都・大坂間の人口移動

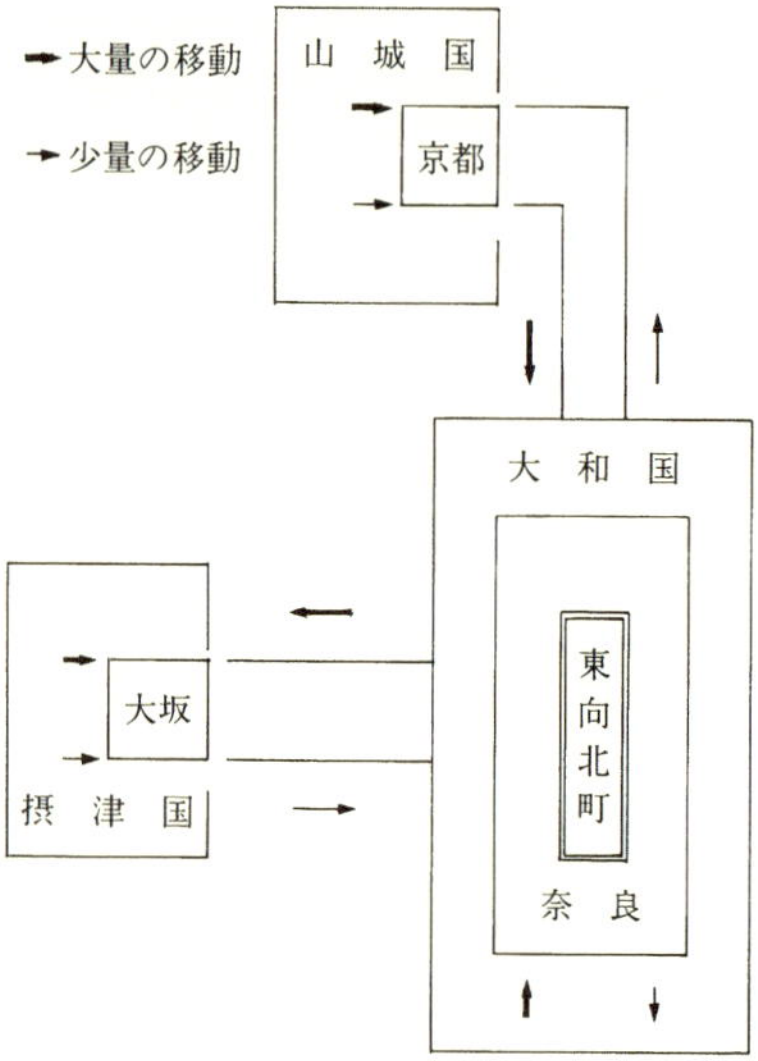

当初の設問に対しては、それが積極的に検証されたわけでもないが、同時に否定されたわけでもないので、筆者はなお「蟻地獄」説を保持し、さらに検討を進めるべく、観察例を増やし、十分議論に耐えられるだけの史実を明るみに出したい。

〔補記〕　本稿は、多くの方々のご協力の産物である。とくに、長崎俊子さん、細谷美枝子さんには、史料の整理、統計の作成過程で多大の協力をいただいた。深く感謝したい。また、近世の都市住民の研究に対しては、三菱財団より人文助成「近世都市住民の行動と意識」を交付されている。本稿は、その成果の一部である。

注

（1）速水融「近世都市の歴史人口学的観察――奈良東向北町・寛政五年―明治五年」『三田学会雑誌』八二巻、特別号一九九〇年三月、一六五―一七五頁（本書第7章）。

（2）『日本都市生活資料集成　第九巻　門前町編』三一書房、一九七七年、一九七―四四九頁所収。

（3）E. A. Wrigley, *Population and History*. London. 1969. E・A・リグリィ、速水融訳『人口と歴史』筑摩書房、一九八二年参照。

(4) 速水融「近世後期地域別人口変動と都市人口比率の関連」『研究紀要』（徳川林政史研究所）昭和四十九（一九七四）年度、二三〇—二四四頁（本書第5章）。

(5)「蟻地獄」という言葉を、このような意味で最初に用いたのは、速水融・内田宣子「近世農民の行動追跡調査——濃州西条村の奉公人」研究紀要（徳川林政史研究所）昭和四十六（一九七一）年度、二五一頁においてであった。

(6) ヨーロッパ都市史のみならず、大正期の日本でも、このことが唱えられていた。斎藤修「都市蟻地獄説の再検討」速水他編『徳川社会からの展望——発展・構造・国際関係』同文館、一九八九年、二三九—二六二頁所収を見よ。

(7) Allan Sharlin, "Natural decrease in early modern cities: a reconsideration." *Past and Present*, 79, 1978. その後この考え方は、ヤン・デ・フリースやA・ファン・デル・ワウデによって継承されている。日本では、斎藤修、前掲論文を見よ。

(8) 速水融『近世農村の歴史人口学的研究』東洋経済新報社、一九七三年、一一三頁。

(9)『万大帳』（所収本三五一、二頁）の寛政一一（一七九九）年二月二〇日付「家数竈数并諸商売人御改帳写」による。

(10) 同上（所収本三七一、二頁）の文政二（一八一九）年八月付の表題のない渡世調査による。

(11) 前掲『万大帳』の広吉寿彦・安彦勘吾両氏による解題（『日本都市生活資料集成　第九巻』二八—三二頁）および鎌田道隆・近世奈良町研究グループ「奈良・東向北町の町内構造——『万大帳』の分析」『奈良大学紀要』一四、一九八五年、七八—九八頁所収参照。

(12) 鎌田道隆・近世奈良町研究グループ、前掲論文、八二頁。

(13) Robert J. Smith, "Small families, small households, and residential instability: town and city in 'pre-modern' Japan." in Peter Laslett, (ed.) *Household and Family in Past Time*, Cambridge, 1972, p. 429-471.

(14) 現在では神戸市の繁華街となっている摂津国花熊村の、ほぼ同時期の宗門改帳を用いて、松浦昭氏は、この村への流入人口と流出人口の分析から、そこに見出された移動が、「一種の労働移動」として、ラヴェンシュタインのいう都市への「段階的移動」である、とされている。同氏「近世後期労働移動の一形態——摂津国花熊村の人口移動を中心として」『社会経済史学』三八巻六号、一九七三年所収。

(15) さしあたり、速水融『江戸の農民生活史——宗門改帳にみる濃尾の一農村』（ＮＨＫブックス）日本放送出版協会、一九八八年、五八—六六頁を見よ。

(16) 阪本平一郎・宮本又次編『大坂菊屋町宗旨人別帳　第五巻』吉川弘文館、一九七五年、三七八頁。

(17) 同書、四二七頁。

（18）全く同様の事例が、前掲の摂津国花熊村の場合にも見られる。松浦昭、前掲論文を参照。
（19）斎藤修『商家の世界・裏店の世界――江戸と大阪の比較都市史』リブロポート、一九八七年は、大坂の商家が、職業に熟練した雇い人を求めていた点で、日本橋を除く江戸の商家と異なった性格を持っていたのではないか、と指摘している。
（20）速水融「近世濃尾地方農民の人口学的観察――四六〇〇組の家族復元を通じて」『研究紀要』（徳川林政史研究）昭和五十四（一九七九）年度、一八六―三一七頁。
（21）スーザン・B・ハンレー、友部謙一訳「前工業化期日本の都市における公衆衛生」速水融他編『徳川社会からの展望――発展・構造・国際関係』同文館、一九八九年、二一五―二三七頁所収を見よ。
（22）日本の事例については、Akira Hayami, "Illegitimacy in Japan." in Peter Laslett et al (eds), *Bastardy and its Comparative History*, London, 1980, p. 397-402. を見よ。

第9章　近世大坂の人口動態と乳幼児死亡

——都市人口と人口史料（菊屋町）——

近世大坂の人口と史料および課題

江戸時代の大坂は、「天下の台所」として、単に近畿地方の中心都市であっただけではなく、全国市場の中心であり、各地から商品を集荷し、取引を行い、配荷する物流の中心であった。また堂島米市場では、幕府諸藩の年貢米や、商人の米が取引されていたが、取引価格は、あたかも今日の兜町における平均株価のように、物価の基準として、当時考えられる最も早い手段で、全国に伝えられた。また、先物取引という、近代的なヘッジング効果を持つ取引さえ行われていた。当然そこでは、活発な商取引に伴い、カネの動きも活発で、貨幣的な富を蓄積する者も多く出たし、本両替を始め、多くの金融業者が営業を行っていた。

また同時に、数十万の人口を擁し、モノやカネのみならず、多数のヒトが集散した大坂は、ヒトの立場から、近世日本の都市における人口の構造や状態、変動を見るのに絶好の対象となる。本稿は、この立場から、大坂を観察しようとするものである。

近世の大坂は、商取引、手工業が発展し、当時の日本で最も経済活動の活発な都市であった。その結果、大坂の商業、市場の研究は、枚挙に遑ないほど多く刊行されている。ところが、その人口規模や、内容については、研究は決して豊かとは言えず、宗門改帳（道修町、平野町、菊屋町、木挽町）を用いた町人相続の研究(1)以外では、ごく最近になって一つの論文が発表されたに過ぎない(2)。その理由は、一般的には日本の歴史学界において、人口に対する関心が薄かったことも挙げられようが、とくに大坂の場合、史料の内容に問題がある。

大坂の人口史料は、町方人口の総数（大坂の町奉行支配の天満組、北組、南組の三郷に住む人口）に関し、宝暦七（一七五七）年以後、安政三（一八五六）年に至る九〇年度分の数字が、宝暦一二（一七六三）年を除いて毎年

図9-1　摂津国(大坂・摂津郡部)の人口趨勢

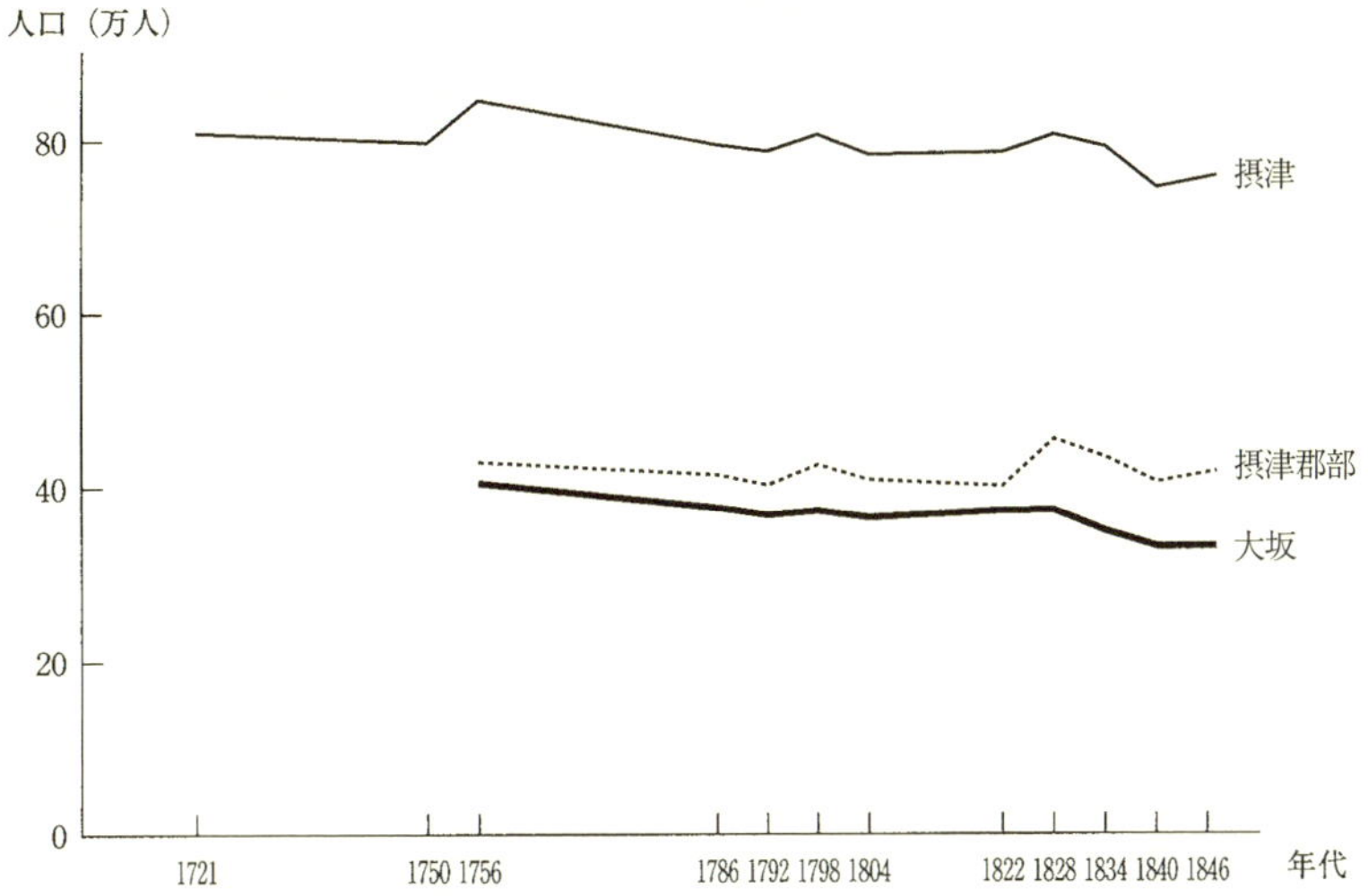

残されており、多くの研究者が引用している。[3] それ以前の同系列の数値としては、享保六（一七二一）年の数値（三八万二四七一人）[4] がある。また、これ以降では、明治八（一八七五）年の『共武政表』の数値（二七万一九九二人）があるが、図9－1に、（一）資料[5]に収録されている宝暦七（一七五七）年以降の「大坂」の欄に含まれる人口、（二）幕府の全国人口調査における摂津国の人口、（三）摂津国から大坂を引いた人口の趨勢を、それぞれ示した。（三）には、大坂に隣接したり、周辺に少なからず発達した小都市人口も含まれているが、大部分は農村人口と見ることができるだろう。

　この図から、近世後期大坂の人口は、一七六〇年代にピーク（一七六五年：四一万九八六三人）に達し、その後は減少に転じ、多少の凹凸を含みながら推移し、天保八（一八三七）年に大減少（約九％）[6]を迎え、その後回復はしたが、長期的にはなお減少傾向を続け、幕末に至ったことが分かる。明治八（一八七五）年の『共武政表』の数字は過小とも思われるが、近世の大坂が、幕府の本拠江戸との関係において「天下の台所」であったこと、明治期に入ると、その「江戸」を支えていた幕藩制が崩壊し、「東京」となり、中心が東に移動したこと、幕末期の趨勢の延長などを考慮すれば、過小でなく事実であった可能性もかなり高い。なお、明治前期大阪の人口は、同一七（一八八四）年末の『都市名邑戸口表』[7]においても、東京についで全国第二位ではあるが、本籍人口二九万八二一四人、寄留人口を加除した現在人口は三五万三九七〇人で、江戸のピーク期からほど遠く、本籍人口が四二万人を越えるのは市域の拡張があり、隣接町村を加えた明治三〇年代末のことであった[8]。「現在人口」でも越えるのは明治二〇年末であるから[9]、いかに江戸時代ピーク時の大坂の人口規模が大きかったかが分かる。

大坂の人口趨勢に対し、郡部の人口は比較的安定していた。この図でカヴァーする期間のうち、一八二〇年代まで、大坂と郡部の人口はほぼ平行して推移していたのが、その後次第に乖離してゆく状況を読み取ることができる。したがって、摂津一国の人口は、大坂の人口減少によって、末期には減少した、と言える。

ところで、大坂に限ったことではないが、江戸時代の都市人口の趨勢を、その都市の経済的盛衰と単純に結び付けてしまうことはできない。なぜなら、都市の経済的発展は、より効率的な企業の展開を内容とする場合、人口の増大を伴わなくても実現するだろう。また、一種のドーナツ化現象が起こり、都市中心部の人口が郊外に移り、行政単位としてのその都市の人口は減少する場合もある。さらに、いわゆる都市墓場説、都市蟻地獄説の説くように、都市に人口が集中しすぎると、死亡率が出生率を上回り、とくに人口密度の高い中心部では、自己調整作用が働いて人口を減少させることも生じる[10]。

こういった点に十分留意しながら、近世後期大坂の人口趨勢を見ると、以下のことが言えるだろう。まず、図9―1にみる人口趨勢は、大局的には、近世後期の日本における大坂の経済的地位を反映している。ただし、このことは、直ちに大坂の経済活動が、近世後期に衰退したことを意味するものではない。依然として活動は続いていたが、その相対的地位が低下したのではなかろうか。近世後期になると、全国各地に経済活動の拠点ができ、それまで、大坂を経由していた商品の流れが変化し、必ずしも大坂を経由しない流通が展開してくる。つまり大坂が独占していた地位が失われるのである。例えば、江戸周辺における「地回り経済」の発達により、繊維製品、加工食品など、江戸住民の需要は、大坂からの移入に大きく依存していたのが、周辺の生産地から供給されるようになった。また、地方の産地と消費地が大坂を経由しないで直結する傾向も出てきた[11]。

こういった大坂の地位の低下は、全国各地の経済発展の結果であった。しかし、大坂自身、あるいは近畿後背地の経済的発展を考慮するならば、その経済的繁栄は、なお続いていたと言うべきであろう。その没落を決定的にしたのは、幕末期に、幕府の政治力・財政基盤が低下し、江戸―大坂の依存関係が弱体化し、遂には断絶してしまったからである。そうなると、大坂の経済活動は限られた範囲のものになり、人口を集める吸引力は弱くなってしまった。したがって、明治前期の大坂の人口は、工業化が本格的に始まるまで回復しなかったのである。

しかし一方、近世後期から幕末にかけて、大坂は、文化的に重要な役割を演じた。懐徳堂や適塾は、一九世紀の日本にとって特筆すべき学塾であり、多くの人材を輩出した。これらは、政治的支配階層の援助を受けないで設立された民間の「高等教育機関」であり、もし大坂が、経済的沈滞の極にあったら、決して存在しなかったであろう。しかし、逆に商人や住民が、経済活動にその関心、エネルギーを集中させ過ぎていたなら、これまた存在しなかったかもしれない。大坂にとって、この時期は、まさに成熟した「近世の秋[12]」であり、人口趨勢はそれを表現する指標とみなせないだろうか。

このようなマクロデータからは、人口の変動が何によって生じたのかを知ることはできない。出生率と死亡率の差なのか、人口の流入・流出の差なのか、それらの組合わせなのか、これらを観察するためには、個々の町の、毎年の記名型ミクロ人口史料が必要である。大坂は、近世日本の大都市のなかで、ともかくこの種の記名型人口史料を有する貴重な都市である。それら町々の人口調査の調査結果の集計が、図9―1に示した人口趨勢となっている。

その調査とは、言うまでもなく、宗門改である。この大坂町方の宗門改の内容については、先行研究があり[13]、ここで詳細を繰り返す必要はないだろう。しかし、大坂町宗門改帳の作成については、独特と思われる仕法があり、そのことが、この論文にもかかわってくるので、必要なかぎり説明する。

大坂町方の宗門改帳は、幸い船場の中心にある四つの町[14]について残存しており、しかも、そのうち一つの町の宗門改帳は、『大坂菊屋町宗旨人別帳』（全七巻）として印刷刊行されている[15]。本稿は、もっぱらその印刷本に拠った。史料の書式は**表9―1**のごとくである。これを見て、何よりも先に気付くことは、記載されている個々の男女に、年齢の記載のないことである。宗門改帳には、各人の年齢が記載されているのが通例であるが、よく考えてみると、宗門改自身の目的から言えば、各人の年齢が記載されなければならないという必然性はない。他の地域の例をみても、初期に作成された宗門改帳には年齢は記載されていない[16]。また、後年になっても、年齢を記載しない宗門改帳を作成し続けた藩もあったし、幕府直轄の都市のなかにも、幕末近くまで、年齢を記載しないところも多かった[17]。

したがって、大坂菊屋町の宗門改帳に各人の年齢記載のないことは、例外とは言えないのであるが、これが、折角の全七巻にも及ぶ、日本で最大の単一行政単位における宗門改帳の印刷史料が、ほとんど使われてこなかった理由にもなっている。人口学上の分析においては、人間の基本的属性は、性と年齢であり、それらに関する記載を欠いた資料は、分析材料として、甚だしく制約を受けるのである。

しかし、大坂の町方宗門改帳の作成に関する中埜喜雄氏の検討結果[18]により、この宗門改帳が持つ情報の精密さを知ることができる。同氏によれば、大坂町方宗門改帳は、年に一度、十月に作成され、町奉行に提出されたのである。しかし、「大坂町方宗門人別帳はまた別名これを月次判形帳とも呼ばれるが、これは後記の如き人別異動発生の有無に関わりなく、また家持・借家人の別無く、当主が毎月毎月、人別帳面への判形捺印を義務として課せられて来た（中略＝筆者）事に起因する[19]」。菊屋町宗門改帳の印刷部分には略されているが、**表9―1**に示した、明和

表 9-1　大坂菊屋町の宗旨人別帳の記載例（1764 年）

東本願寺下順慶町弐丁目
一光圓寺旦那
㊞㊞㊞㊞㊞㊞㊞㊞㊞㊞㊞㊞
閏十二月女房浅病死
子亀三郎出生
九月　乳母くに五月十二日
下人源七暇遣ス　家出仕同十四日
下女とみ暇遣ス　御改奉申上候
同　すや暇遣ス　五月
乳母くれ暇遣ス　乳母その抱ル
九月　三月
乳母さき抱ル　乳母くに抱ル
閏十二月
乳母くの抱ル
三月
まき暇遣ス

和泉屋
吉兵衛 ㊞
女房　浅 ㊞
子　鶴松 ㊞
娘　まつ ㊞
下人　喜兵衛 ㊞
同　源七 ㊞
下女　すや ㊞
乳母　まき ㊞
同　つや ㊞
申七月つや暇遣ス
乳母まき抱ル
下女とみ抱ル
下人久兵衛抱ル

（注）阪本平一郎・宮本又次編『大坂菊屋町宗旨人別帳』第 2 巻 , 吉川弘文館 , 1972 年 , 582 頁。

元（一七六四）年一〇月付（表紙）の宗門改帳の写真版には、各世帯筆頭者の名前の上に、筆頭者の印が下から上に向かって押されている。[20] もしその世帯が、次の年の宗門改帳作成時までこの町にいる場合には、一一（閏年なら一二）個の印が押される。この年の場合は、明和元（一七六四）年の一一月から毎月、同年の閏一二月を含め、翌明和二（一七六五）年の九月まで、世帯内の異動の有無に関係なく押されている。これでみるかぎり、調査が毎月行われた証拠と一応考えられる。印を押す場所は決められていて、年度の途中でこの町から出ていった世帯は、下から然るべき位置まで、途中からこの町へ入ってきた世帯は、然るべき位置から上に向かって印が押されている。

重要なのは、生じた異動に関し、起こった月の印の横に、その内容が書かれていることである。この記載を通じ、起こった異動を、その月ごとに知ることができる。中埜氏は、異動の記載を、当時の言葉を用いて、「脇書」記載と名付け、これを「経常的人別異動――人別帳前書にいわゆる『出生死去縁組養子取遣名替人替』――を某内容とする脇書」と、それ以外の一切の人別異動に分け、異動理由について、前者を「通常記載事項」（一三種）、後者を「例外記載事項」（七種）とされている。[21] **表9―1**に、写真版から、「脇書」記載のある事例を示した。[22]

このように、個人の年齢記載を欠くことから、歴史人口学の史料として、あまり利用されてこなかった大坂町方宗門改帳、とくに印刷刊行され、利用が容易になっている『大坂菊屋町宗旨人別帳』であるが、イベントの月ごとの記載が詳細に書かれていること、大坂という、人口四〇万レヴェルの当時としては巨大都市の人口内容が分かることなどの理由から、この史料の価値を再認識し、活用して観察・分析すべきであることが理解できるだろう。たとえば、都市を対象とする歴史人口学の一つの重要な課題である、住民の居住期間について、月を単位とする観察ができ、実際、筆者が行った年を単位とする概算では、菊屋町の宗門改帳に記載されている住民世帯の平均滞在期間は、予想よりはるかに短く、史料（正徳三［一七一三］年から慶応二［一八六六］年に至る一五四年間）に登場する三二七五世帯のうち、最も多いのは〇年（転入年と転出年が同一、ただし、宗門改帳提出の時点である一〇月には存在していた世帯）で九八一世帯、これに流入して来たが、宗門改帳提出時にもう流出してしまった世帯四二三、宗門改帳提出時を二回経た世帯四六四を加えると、全体の六〇％弱となり、当時の都市住民の居住状況が、いかに不安定なものであったかを知ることができる。[23]

もう一つ『大坂菊屋町宗旨人別帳』の強みは、収録されている史料の期間が長く、断絶年数が少ないことである。最初の宗門改帳は、寛永一六（一六三九）年のもので、これは現在日本で存在が確認されている最古の宗門改帳の一つである。宗門改帳が、連続して残存するのは、正徳三（一七一三）年以降で、これ以後、慶応二（一八六六）年までの間に、史料の欠年は、一二年分である。そのうち、二年続けて欠けているのが一回で、あとはすべて一年である。[24]この間の残存率は、九二％強となる。

このように、『大坂菊屋町宗旨人別帳』は、年齢記載を欠くとはいえ、良質な史料であると言えよう。しかし、問題はいくつかある。乾宏巳氏も言及されているように、[25]脇書記載が始まるのは、宝暦四（一七五四）年のことで、それ以前には、変動理由は記載されていない。エントリーのうち、結婚は「誰女房」と書かれ、奉公人は「下人誰」、「下女誰」と新しい名前が始まるので、新たな結婚の開始や、奉公の開始は判別可能であるが、それ以外は、出生でエントリーしたのか、その他の理由なのか分からない。消滅についても、それが死亡によるものなのか、移出によるものなのか、判別できないのである。このあたりは、記載年齢を欠く宗門改帳の持つ限界と言えよう。

菊屋町の人口趨勢

菊屋町の人口は、図９−２に示すように、取り扱う最初の正徳三（一七一三）年が最も多く、七一〇人であったが、以後、寛政三（一七九一）年にかけて次第に減少し、四九九人になった。七八年間で、約三〇％減少したこと

図9-2　大坂菊屋町の人口趨勢

になる。寛政三（一七九一）年は、天明飢饉期の直後であるが、減少は長期的に続いており、直ちにその影響とみることはできない。しかしこの年までを、この町の人口変動の上で、前期、それ以後を後期とよぶことができる。後期に入ると、人口はいったん回復に向かい、文政八（一八二五）年には、六五六人にまでなった。あたかも、文化文政期の都市文化の発展期と軌を一にしている。しかし、この増加も急転して減少に向かい、とくに天保の危機年である同九（一八三八）年以降の減少は著しく、六二六人から、文久元（一八六一）年には、最低の四三九人にまで低下した。この間二三年間の減少は、約三〇％であり、短期間に前期と同率の減少を示している。

図9—2は、この町の人口趨勢の持つ一つの特質として、男女の違いがはっきりあったことを示している。女子人口は、男子人口よりも少ないが、変動の幅がはるかに狭い。史料の最初の年から天保危機年までを比べると、男子人口は、最高四一

七人（正徳六年）、最低二五七人（寛政三年）と、一六〇人の差の中で変動した。これに対し、女子人口は、最高三〇九人（正徳三年）、最低二三八人（宝暦一〇年）と、七一人の差の中で変動したに過ぎない。そして、男子人口の方が減少は著しく、当初の四〇一人が、寛政三（一七九一）年には二五七人へと減少率は三六％に達している。一方、女子人口は大きく変化することなく、同じ期間に、三〇九人から二四二人へと、二二％の減少であった。

このため、図に示されているように、男女人口の差は、次第に縮まり、寛政二（一七九〇）年前後には、一時的にほぼ同数となっている。もっとも、次の増大期には、再び男子人口が増え、女子人口はあまり変化しなかったから、男女人口の差は開いてくる。けれども、天保危機の時期を過ぎると、男女とも人口数は減少したが、男子の方が減少は顕著であった。幕末期にその差はかなり接近し、維新を迎えるのである。

こういった人口趨勢における男女の違いは、一口で言えば、増大期・減少期とも男子人口の変動が激しく、女子人口は比較的変動幅が狭かったことになり、人口趨勢に大きな影響を与えたのは、男子の人口であった、ということである。

もう一つ、人口の内容別に、その趨勢をみたのが図9―3である。これは、菊屋町の人口を、奉公人（下人・下女）人口と、それ以外の一般人口に分けた趨勢である。奉公人の数が末尾に記載されるようになるのは、享保一三（一七二八）年であるが、この年は、総人口六三七人、一般人口五三六人、奉公人人口一〇一人であった。その後奉公人人口は次第に増え、宝暦四（一七五四）年には一六三人に達している。この年の一般人口は、四九九人、総人口は六六二人であるから、奉公人人口の増大が一般人口の減少を上回り、総人口の増大に寄与したと言える。つまり、一般人口と奉公人人口は、それぞれ独立に変動していた。前期における奉公人数は、寛保三（一七四三）年から宝暦一二（一七六二）年にかけての二〇年間がピーク期で、菊屋町の商家が多くの奉公人を雇う繁栄の時代であった、と考えられる[26]。

図9-3　大坂菊屋町の人口趨勢（一般／奉公人別）

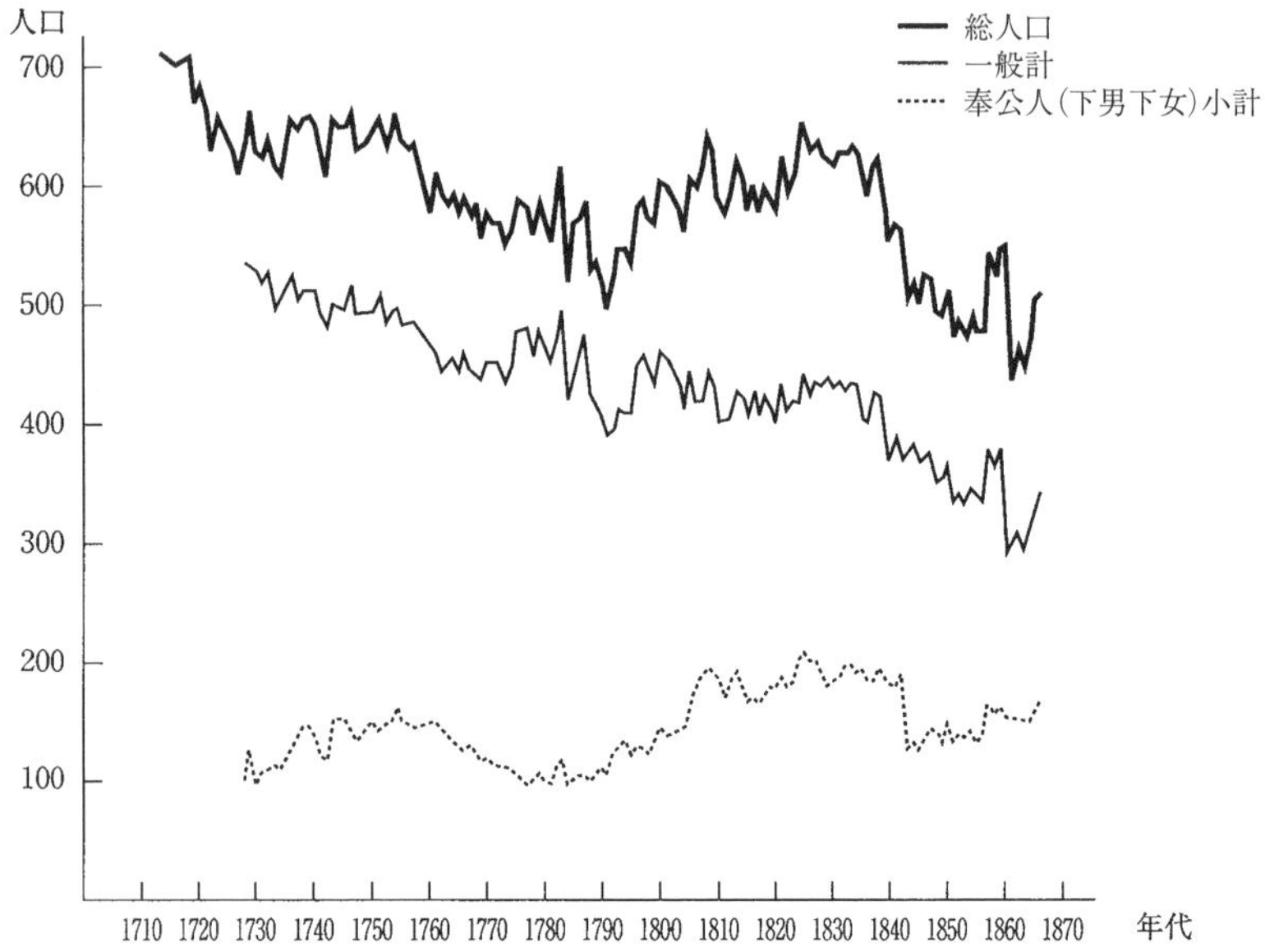

ピーク期を過ぎると、奉公人数は一時的に減少し、安永六（一七七七）年には、全期間を通じて最低の九八人にまで落ち込んでしまう。その後しばらく低位に留まった後、寛政一二（一八〇〇）年頃から再増大期に転じ、文化三（一八〇六）年から天保一三（一八四二）年にかけて第二のピーク期を迎える。その数は、最高で文政八（一八二五）年の二〇九人に達し、一七〇人以下となることはなかった[27]。前期の水準をはるかに上回ったのである。一方、同じ時期の一般人口は、前期を下回ったので、後期の菊屋町の人口に、奉公人の占める割合は、それだけ高くなった。しかし、この後期の奉公人数のピーク期は、天保一三（一八四二）年をもって、突然消えてしまう。天保一三年の奉公人数は一九四人であったのが、翌天保一四（一八四三）年には一三〇人と、三分の二になり、以後幕末にかけて漸増するものの、天保一三（一八四二）年の水準を超えることはなかった。

これは、実際に奉公人の数が減少したことを示すとはとうてい考えられない。減少があまりに唐突であり、一般人口は何ら減少していないこと、また、同様に奉公人の減少、あるいは宗門改帳上からの消滅が、他の天領、畿内都市にも見られる[28]ことから判断して、天保一三（一八四二）年と天保一四（一八四三）年の宗門改帳上における奉公人の減少は、史料への記載原理の変更から生じたものであり、人口学的な変動からではないと考えられる。

そこで、法令を繰ってみると、天保一二・一三・一四（一八四一—四三）年は、いわゆる天保改革の時期であり、その一環として、天保一四（一八四三）年三月には、「人返し令」が出された。その実効はともかく、この法令により、公式文書である宗門改帳に、奉公人の記載をすることは、何らかの制約を受けるようになったことは確かである。

『菊屋町宗門改帳』の編者の一人、阪本平一郎氏も、この年代の宗門改帳に収録されている第六巻の解説において、奉公人の減少を「天保の改革による影響」とされ、わざわざこの史料集を利用する者のためにとして、同一四（一八四三）年閏九月九日に布達された法令を挙げておられる[29]。この法令は、すでに同年三月、未だ老中水野忠邦が指揮をとって「天保改革」が進められていた時期に（水野忠邦は、天保一四年閏九月一三日いったん罷免）、江戸には発布されていた、いわゆる「人返し令」で、農村の者が都市に入ったり、出稼ぎに来る手続きを厳重にすることが盛られている。出稼ぎの者は、「人別帳えは書入れず、当分仮人別帳拵え置き」とあるから、実際に奉公人がいても、従来のように宗門改帳には記載されなくなったのである[30]。

このように、菊屋町宗門改帳に現れる奉公人の数は、この町の実際の経済活動を反映して増減したが、法令によって記載の原則が変わったので、一貫して取り扱うことのできる数値ではない。問題は、天保改革に際して出された法令がどこまで有効であったかである。天保改革の一つの中核的政策であった問屋仲間組合の禁止令があるが、それを否定して、再興令が出されたのは、大坂に関しては、かなり遅く安政四（一八五七）年のことであった[31]。

「人返し令」が取り消されたのか否かは分からないので、どの年から奉公人の数を、天保一三（一八四二）年までのものと同質の数字として取り扱ってよいか分からない。しかも、当の水野忠邦は、翌天保一五（一八四四）年六月には老中に短期間ながら再任、さらに、翌弘化二（一八四五）年二月には最終的に罷免されるという慌ただしい事情が重なり、法令の解除・復活の事実・時期ははっきりしない。そのうちに幕末多忙の時期に入り、幕府の関心は、外交、軍備といった緊急課題への対処に追われるようになり、幕末維新へと展開して行く。常識的には、天保改革に関連する法令は、なし崩し的に無効になった、と考えられる。奉公人の数も、天保一四（一八四三）年に、前年の一九四人から一三〇人へ落ち込んだのを底に、徐々に回復し、史料の最終年、慶応二（一八六六）年には、一七一人にまでなった。多分これは奉公人の実数であろうが、いつから実数を記録するようになったのか、断定に決め手を欠いている。

菊屋町にはどのような職業の人々が住んでいたのだろうか。例によって、この町の宗門改帳には、一切職業の記載はない。断片的に、著名な人々が住んでいた時期もあったことを窺い得るのみである。菊屋町が、歌舞伎や浄瑠璃芝居の興行地、道頓堀から戎橋を渡ったところに位置することから、芝居役者が居住していたこともあった。とくに享保期以前に見られる。しかし、それ以降は、医者と見られる名前は散見するが、商人町となったようである。「心斎橋を北に渡ると道修町ほか船場各町にいたるのであるが、これらの商業の中心と南の快楽街をむすぶのが心斎橋筋であり、その接点が菊屋町で『小売どころ』として栄えていた[32]」。

しかし、「小売どころ」だからといって、家族経営の小売商が並ぶ町であったわけではない。すでに見たように、この町には多数の奉公人がいて、かなり規模の大きい商家があったことが窺われる。たとえば、『菊屋町宗門改帳』の編纂者の一人である宮本又次氏によれば、「小大丸」と呼ばれた呉服店が、天明五（一七八五）年に店を開いたことが記されている[33]。菊屋町宗門改帳でその商家を探すと、大和屋がそれに相当し、当初（天明六年、一七八六年）ゼロ、最高二四人（安政五年、一八五八年）、最終の慶応二（一八六六）年には、一八人の奉公人を擁していた。このほか、丸亀屋呉服店、小倉屋ビンつけ店が有名商家として挙げられている。

このように、奉公人の多い菊屋町は、もしその年齢構成が分かれば、生産年齢人口の突出した形状を示していたに違いないのである。

出生と死亡

先に述べたように、宝暦四（一七五四）年以降、脇書や貼紙に、「通常記載事項」が記載されるようになり、各個人の出生、死亡、結婚、移動といった人口学上のイベントが、生じた月とともに記録されるようになった。この論文は、この記載から、乳幼児の死亡をとり出し、死亡率を測定するのが目的であるが、乳幼児死亡に焦点を絞る前に、菊屋町宗門改帳における出生と死亡の記録についてさらに述べておこう。

出生は、出生した世帯の箇所に、脇書または貼紙で記載されるが、明和元（一七六四）年の写真版をみると、紅粉屋宗兵衛の世師の、明和二（一七六五）年二月の印の左横に、「二月子吉蔵出生」という脇書のあることが確認される。引越し、別家等の移動、奉公人の新たな雇用、雇用の終了は、その月の判形の横に書かれている。定位置に書かれないのは、一家を挙げての引越しの場合のみである。

死亡も、和泉屋吉兵衛の妻、浅の死亡は、明和元（一七六四）年閏一二月の印の横に「閏十二月女房浅病死」と記され、記載されている箇所で、イベントが何年の何月だったかが判明する。ところが、宗門改帳はいつもこのようには記録してくれない。早くも明和三（一七六六）年になると、イベントはすべて貼紙に書かれるようになった。たとえば、中道屋六兵衛の子の出生は、「子治郎吉　亥二月出生」、塩飽屋長三郎の父の死亡は、「宗順事亥閏九月病死仕ル」というように、干支を付した月とともに貼紙に記録され、筆頭者の印を押してイベントを起こした者の上、もしくは世帯の末尾に貼られている。イベント発生の貼紙の位置も、毎月の判形の横ではなくなっている。

このような記録形態は、最後の年まで続いた。したがって、この論文で利用する宗門改帳の大部分は、貼紙にイベントが記載された書式のものである。ただし、イベントが発生した年と月が特定できるという利点を持つことには変りない。たとえば、出生についてみた場合、脇書記載により、月ごとの記録がされるようになった宝暦四（一七五四）年から、慶応二（一八六六）年の宗門改帳に記録されている総出生数は、九一二件あるが、そのうち、出生月不明は一件しかない。実に九九・九％は、出生の月が判明する。これに対し、死亡は一一七八件を数える。そのすべてについて、死亡月の記載を検討したわけではないが、全死亡数の約二〇％に相当する二四〇件——この町で生まれたことが確認できるもの——に関しては、すべて死亡した月が判明する。菊屋町では、住民の生死が注意深く記録されていたことが分かる。

それにしても、菊屋町の宗門改帳に出てくる出生数と死亡数の間にはかなりの差があって、死亡数が出生数を約三〇％上回り、「都市墓場説」を裏づけている。**表9―2**には、本稿で対象とする宝暦一二（一七六二）年から慶応二（一八六六）年の間に生まれた八七二人の男女別、生まれ月別の分布を示した。一〇月・一一月の出生数が多いが、史料作成が九月末日であったことを考慮するならば、この二カ月の出生は多くていいはずであり、これは出生の季節性によるものとは言えない。また、**表9―3**には、ほぼ一〇年刻みで、粗出生率と粗死亡率を示した。また、奉公人（宗門改帳には、下人・下女とあるもの）は、奉公中に出産する可能性がない、と仮定し、奉公人数を除いた人口（一般人口と呼ぶことにする）で割って出生率を求めた。

菊屋町に限らず、都市人口には、明瞭な家族員以外に、同家とか掛人、厄介といった、血族関係が不明で、しかも奉公人ではない人口が少なからずいる。例えば、宝暦四（一七五四）年菊屋町の宗門改帳の構成人員は、戸主に

表 9-2　大坂菊屋町における男女別・月別出生数（1762-1866 年）

出生月	m	f	計
1 月	40	32	72
2 月	34	32	66
3 月	42	34	76
4 月	21	43	64
5 月	30	26	56
6 月	37	31	68
7 月	33	29	62
8 月	43	31	74
9 月	35	32	67
10 月	66	50	116
11 月	54	56	110
12 月	23	17	40
不明	1		1
計	459	413	872

表 9-3　大坂菊屋町における出生と死亡（1762-1866 年）

年代	男子	女子	出生数	死亡数	出生率 a	死亡率 a	出生率 b	死亡率 b
	（10 年間の合算値）							
1760s	5240	4051	52	80	9.9 ‰	12.8 ‰	15.3 ‰	19.7 ‰
1770s	5735	4649	85	103	14.8	18.3	18.0	22.2
1780s	5600	4492	66	116	11.8	14.7	20.7	25.8
1790s	5580	4289	104	97	18.6	24.2	17.4	22.6
1800s	6037	4342	96	129	15.9	22.1	21.4	29.7
1810s	5948	4163	102	123	17.1	24.5	20.7	29.5
1820s	6261	4316	117	144	18.7	27.1	23.0	33.4
1830s	6107	4173	117	160	19.2	28.0	26.2	38.3
1840s	5228	3734	69	81	13.2	18.5	15.5	21.7
1850s	4965	3478	76	100	15.3	21.9	20.1	28.8
1860s	2849	1908	28	45	9.8	14.7	15.8	23.6
合計	59550	43595	912	1178	15.3	20.9	19.8	27.0

出生率・死亡率 a ＝出生数または死亡数／菊屋町総人口
出生率・死亡率 b ＝出生数または死亡数／菊屋町の奉公人を除く人口

対し、明瞭に家族関係を示す言葉で書かれた員数以外に、奉公人でもない、中間的な存在が男子二九人、女子ゼロ、計二九人あり、これは総人口の四・四％、男子人口の七・五％に達した。これらの中間的人口には、事実上、奉公人であった者もいたであろうし、逆に、ある年になると、その世帯を継いで、戸主になる「軒を貸して母屋を取」ってしまう者もいて、一概にその性格を規定し難い。都市住民の歴史という観点からすれば、これらの複雑な住民構成を解明することは興味深い課題となるだろうが、ここではこれ以上の言及は避けることにする。

乳幼児死亡

年齢記載のない宗門改帳から、年齢別死亡率を求めることは至難の業である。しかし、エントリーが出生による者は識別できるから、論理的には、彼らの生涯を追って行けば、その人口集団に限り、年齢別さらには出生後の月ごとの死亡率、および年齢別生存数が測定できるはずである。この二つの数値を得ることができれば、大まかではあるが、生命表、平均余命の計算は容易にできるだろう。ところが、菊屋町の宗門改帳には、厄介な問題がひそんでいて、この作業はほとんど不可能である。それは、都市住民――とくに江戸時代の――が、ある地点に居住する期間の著しく短いことで、居住の不安定性（residential instability）と呼ばれる現象である。折角菊屋町で生まれたことが確認できる者も、死亡まで追うことができるのはごく一部分に過ぎず、大部分は生後数年、長くても一〇年以内に他所へ転出してしまう。転出先の宗門改帳が利用可能であれば、そこまで彼らの生涯を追い、場合によっては、死を見届けることができるが、大坂の宗門改帳は、菊屋町以外に三カ町のものが残っているに過ぎず（近世の大坂には、六五〇から六七〇の町があったとされている[34]）、しかも、現時点で利用可能なのは、この菊屋町の史料に限られている。近い将来、追跡可能なフィールドが、広がることは期待されるとはいえ、ここでは、視野を菊屋町内に留めなければならず、菊屋町住民の生命表作成に必要な指標を求めることはできない。

表9―4は、宝暦一一（一七六一）年から、慶応二（一八六六）年の宗門改帳で、この町で生まれたことが確認できる八七二人を追って、彼らがどのような理由で、史料から消え去ったのかを期間別（五年未満は月ごと、それ以降は年ごと）、理由別・性別にまとめたものである。この表から分かるように、菊屋町宗門改帳で、出生から死亡までを追跡できる者は、男子一二八人、女子一一一人、合計二三九人で、これは出生数の二七％に過ぎない。残りの七三％は、他の理由で、史料から消え去った者である。ただし、最後の年（ここでは慶応二年をとっている）の史料に生存が確認される者は、もし宗門改帳がもっと続いていれば、死亡が確認できる者を含んでいるし、理由不明で史料から消えた者の中には、死亡も含まれている可能性もある。しかし、前者も後者も、それほど大きな数字ではない。

図9―4―A・Bは、以上のことを考慮に入れて、当初八七二人でスタートした人口集団が、年齢を重ねるにつれてどのように史料から消え去っていったのかを、男女別に図示したものである。ここには、死亡による消滅、死亡に理由不明による消滅を加えたものを示すと同時に、消滅全体から、最終年の史料に生存している者を除いた数値を示した。いうまでもなく、死亡に理由不明を加えた数値は、死亡の最大値である。

また、**図9―5―A・B**は、後に検討する乳幼児死亡率を考慮し、生存期間五年以内の者の消滅状況を月と単位として示した。

それでは、この図から、年齢別死亡率を測定できるのかと言えば、そうはいかない。第一に、図に見るように、この町で出生し、一〇歳以上まで生存している者は、極めて限られていることである。大部分は、死亡以外の理由で史料から立ち去っているので、これをどう処理するか、という問題が起こる。そこで、本稿においては、取り扱う対象を、五歳までに死亡した者のみに限定し、ある統計量を確保することにした。このことは、菊屋町宗門改帳

表 9-4　大坂菊屋町宗門改帳の出生者の生存期間別・理由別消滅一覧表

（1761-1866 年に出生）

女子							男子						
生存期間 年	生存期間 月	死亡	理由不明	最終残存	死亡以外小計	消滅合計値	生存期間 年	生存期間 月	死亡	理由不明	最終残存	死亡以外小計	消滅合計値
00	00	1			1	2	00	00				1	1
00	01	2			2	4	00	01	3			2	5
00	02	1			2	3	00	02	1			5	6
00	03				4	4	00	03	1				1
00	04	3	1		3	6	00	04				3	3
00	05	1			4	5	00	05	3			5	8
00	06				4	4	00	06	2			7	9
00	07	1			2	3	00	07	1	2		7	8
00	08	2			3	5	00	08	4	1		8	12
00	09	3			3	6	00	09	3				3
00	10	4			3	7	00	10	1			3	4
00	11	5	1		6	11	00	11	10	1		8	18
00	?						00	?			1	1	1
01	00	6			5	11	01	00	5			7	12
01	01	7		1	4	11	01	01	4			6	10
01	02	1			5	6	01	02	8	1		6	14
01	03	4	1		6	10	01	03	1			5	6
01	04	5			5	10	01	04	2			5	7
01	05	3			1	4	01	05	3			6	9
01	06	1			4	5	01	06	2			5	7
01	07	3			8	11	01	07	4			3	7
01	08	4			3	7	01	08	2			4	6
01	09	3			7	10	01	09	2			3	5
01	10	1			3	4	01	10	5			5	10
01	11	3			6	9	01	11	2			2	4
01	?						01	?			3	3	3
02	00	4			3	7	02	00	1			2	3
02	01	1		1	1	2	02	01	1			2	3
02	02	2		2	3	5	02	02	2			4	6
02	03	2		1	2	4	02	03				4	4
02	04	4	1		5	9	02	04	1			5	6
02	05	1			2	3	02	05	2			3	5
02	06	1			3	4	02	06	2			2	4
02	07				2	2	02	07	2			3	5
02	08			1	2	2	02	08	3			4	7
02	09	2			1	3	02	09	3			1	4
02	10	2			2	4	02	10				2	2

02	11	1			4	5	02	11	1			1	2
	?						02	?					
03	00				2	2	03	00	2	1		2	4
03	01				1	1	03	01	1			2	3
03	02	1			2	3	03	02				2	2
03	03	1			1	2	03	03				1	1
03	04	2			1	3	03	04	1			2	3
03	05	1			1	2	03	05	1			3	4
03	06				3	3	03	06	1			2	3
03	07	1	1		3	4	03	07	1			2	3
03	08						03	08				2	2
03	09	2				2	03	09	1			4	5
03	10				2	2	03	10				2	2
03	11			1	1	1	03	11				2	2
	?						03	?			2	2	2
04	00	1			3	4	04	00				3	3
04	01			2	4	4	04	01				1	1
04	02		1		2	2	04	02	2	1		3	5
04	03	1			1	2	04	03				1	1
04	04				1	1	04	04				4	4
04	05				1	1	04	05					
04	06						04	06				1	1
04	07		1		1	1	04	07		1		2	2
04	08				2	2	04	08		1		1	1
04	09				1	1	04	09		1		3	3
04	10				2	2	04	10					
04	11				2	2	04	11				1	1
	?						04	?					
05		2			15	17	05		5	1	1	10	15
06		2			12	14	06		1		2	10	11
07		2			10	12	07				1	16	16
08		3			2	5	08				2	9	9
09			1	2	7	7	09					5	5
10		1		1	7	8	10		3	2	1	9	12
11			1	1	4	4	11		1		2	9	10
12		1		1	7	8	12		1		1	7	8
13			2	3	13	13	13					6	6
14		2	1		7	9	14		1	1	1	9	10
15		2		1	9	11	15					6	6
16					4	4	16		2	3		9	11
17					5	5	17					5	5
18				1	5	5	18					1	1
19			1		6	6	19		1		1	5	6
20				1	3	3	20		1	1		2	3

21				1	7	7	21					1	1
22				1	1	1	22		1			3	4
23					1	1	23		2			1	3
24		1			1	2	24					1	1
25				1	2	2	25				1	2	2
26					3	3	26				1	2	2
27		1				1	27						
28				1	2	2	28		2			1	2
29							29		1		1		2
30					1	1	30						
31					1	1	31						
33							33		1				1
34							34				1	2	2
36					1	1	36					1	1
37				1	1	1	37		1			1	2
							38				1	1	1
39					1	1	39				1	1	1
40							40			1	1	2	2
41					1	1	41						
42							42						
45							45		1				1
46					1	1	46						
47			1		1	1	47						
52							52		1				1
53							53		1		1	1	2
55							55					1	1
56							56						
57							57		1				1
64							64			1		1	1
65							65		1				1
71							71		1				1
82							82		1				1
計		111	14	25	302	413	計		128	20	26	333	459

図9-4-A　大坂菊屋町における生存者の生存状況（男子）

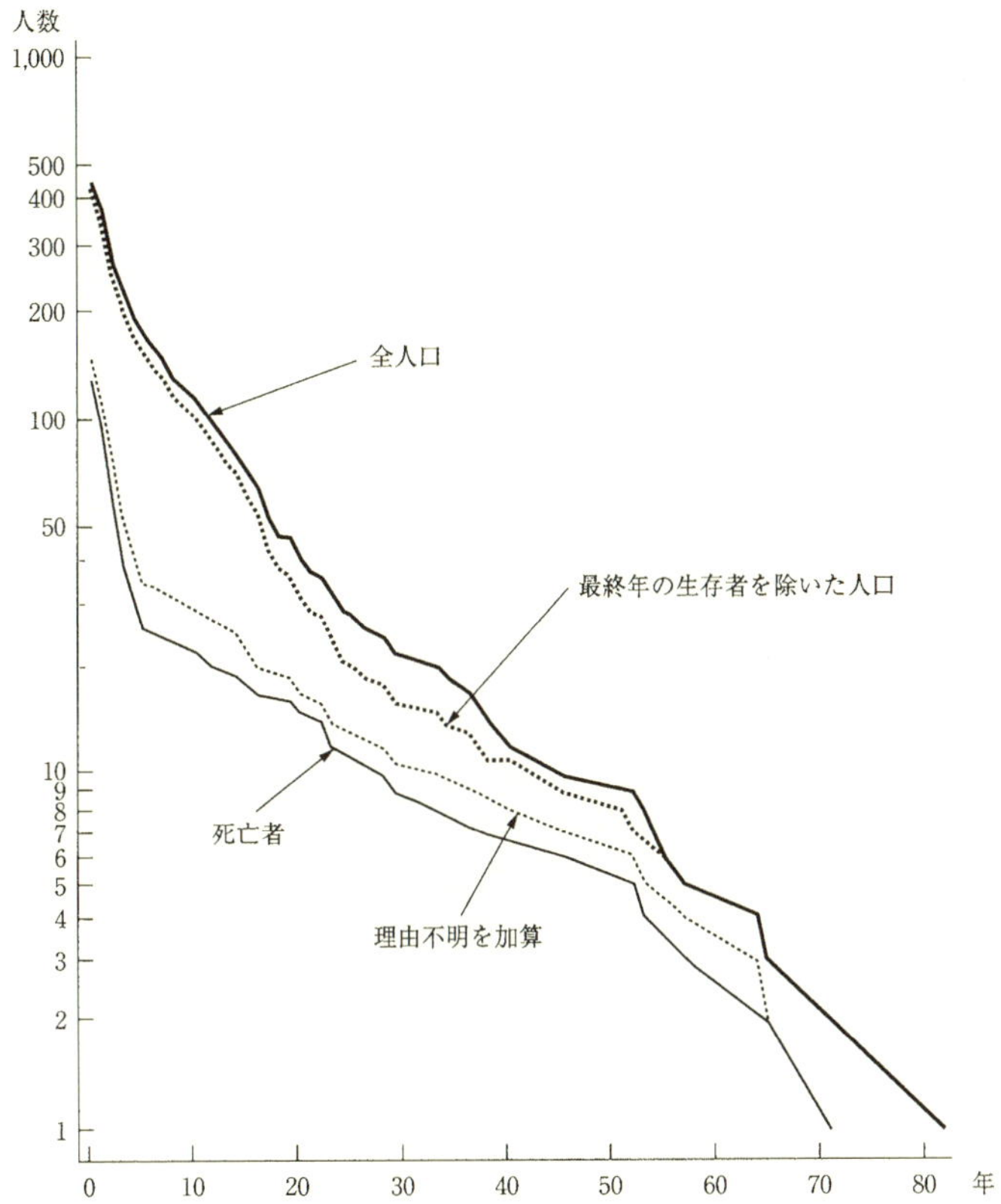

図9-4-B　大坂菊屋町における生存者の生存状況（女子）

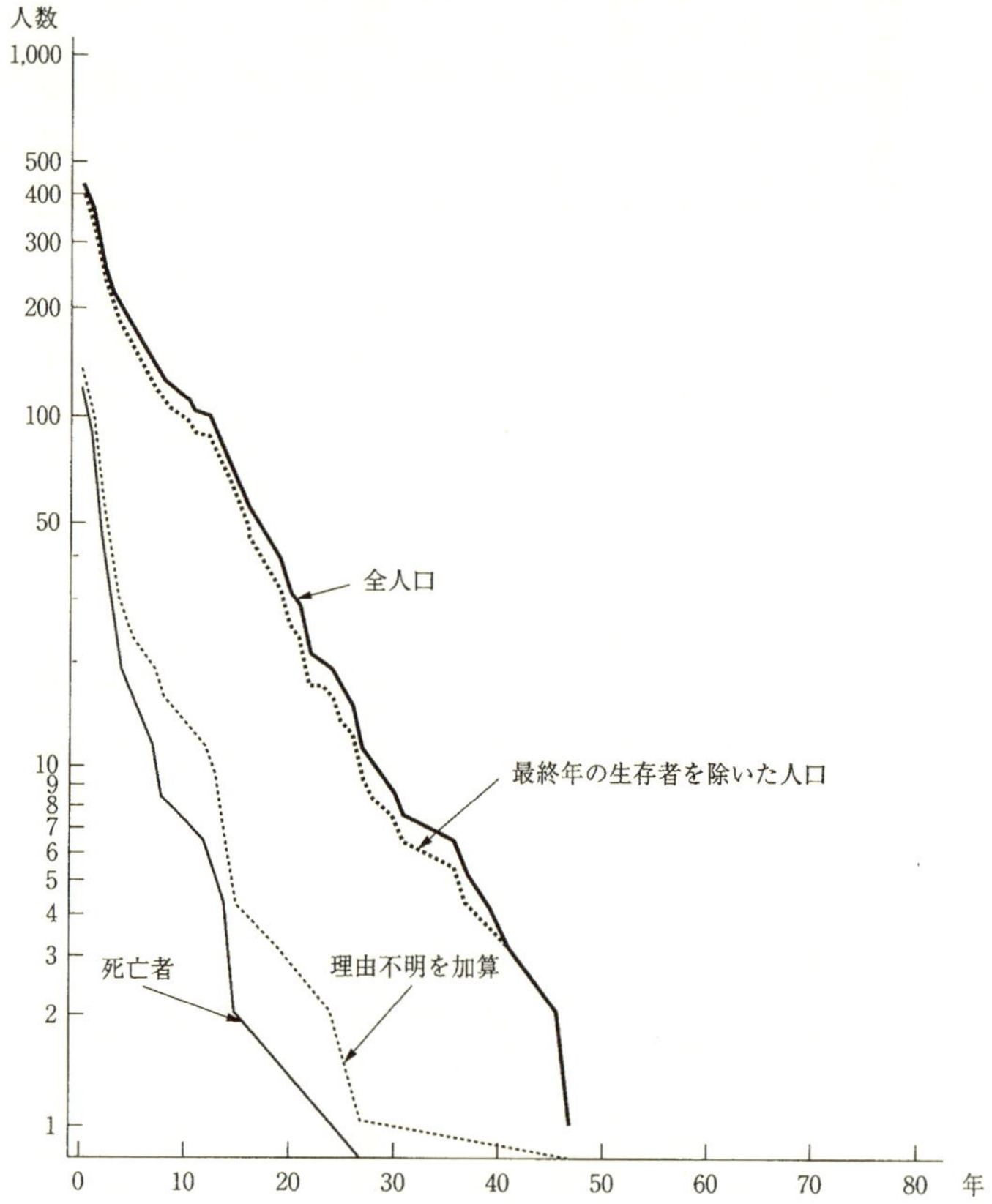

図9-5-A　大坂菊屋町における出生者の生存状況（男子／5年以内）

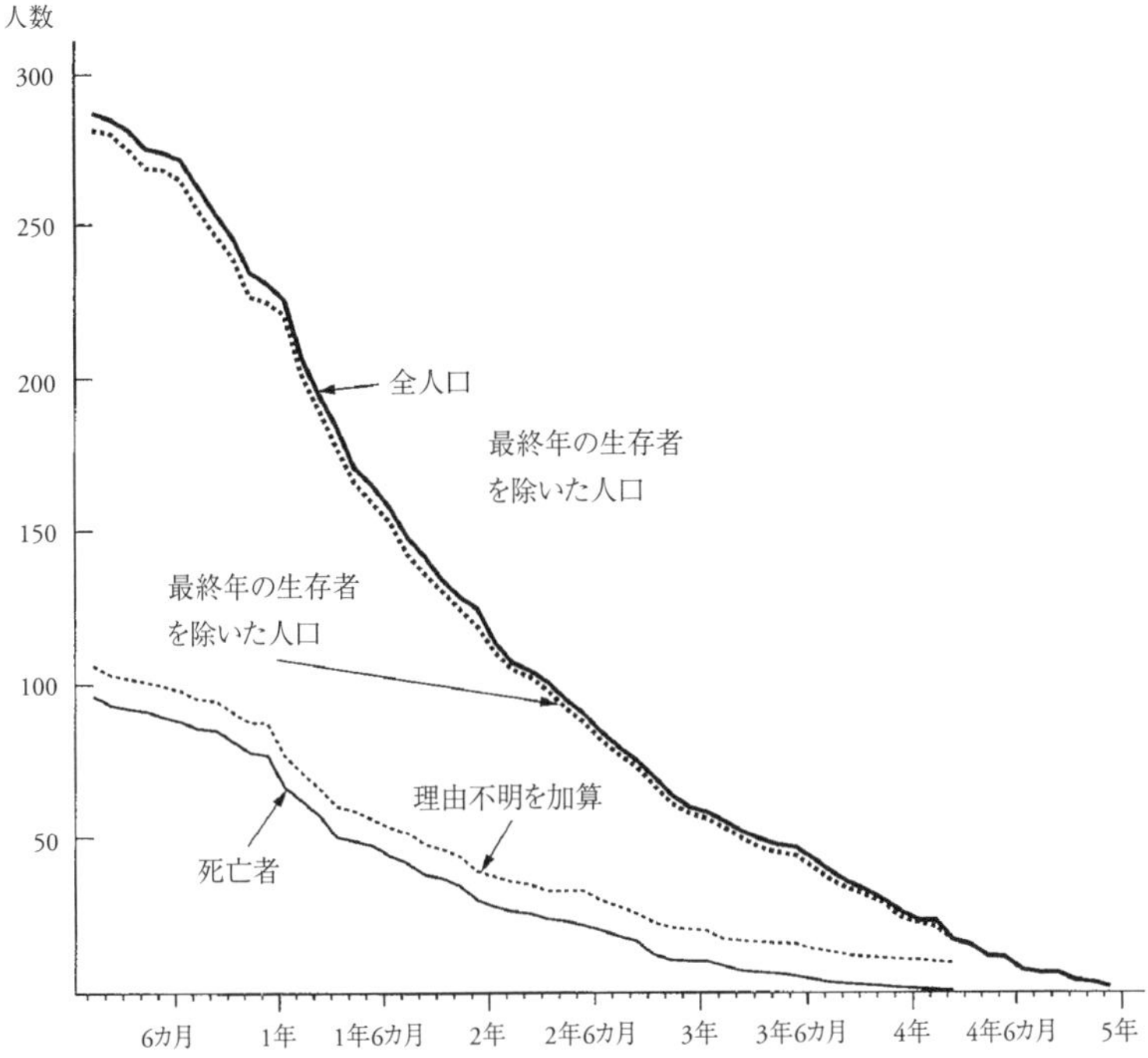

を使った死亡率の観察が、乳幼児死亡に限定されるということを意味するが、このような限定があるとはいえ、史料に出生や死亡の月の記載があるので、生存期間を、月で数えることが可能になる、というメリットは大きい。今までの宗門改帳を用いた死亡、死亡率の研究では、筆者自身も含め、史料に書かれている年齢が、数え年表示であることから、生存期間の測定に、月を用いることをしてこなかった。菊屋町宗門改帳には、この年齢記載がないため、従来の方式で生存期間や死亡率の測定を行うことはできず、逆に、より精密な、月を基準とした観察しかできないという結果を生んでいる。いわば「災い転じて福となす」の譬えで、出生後、月別に死亡や消滅を追い、精密な年齢別生存率を測定することが期待できそうである。つまり、データを、時点

図9-5-B　大坂菊屋町における出生者の生存状況（女子／5年以内）

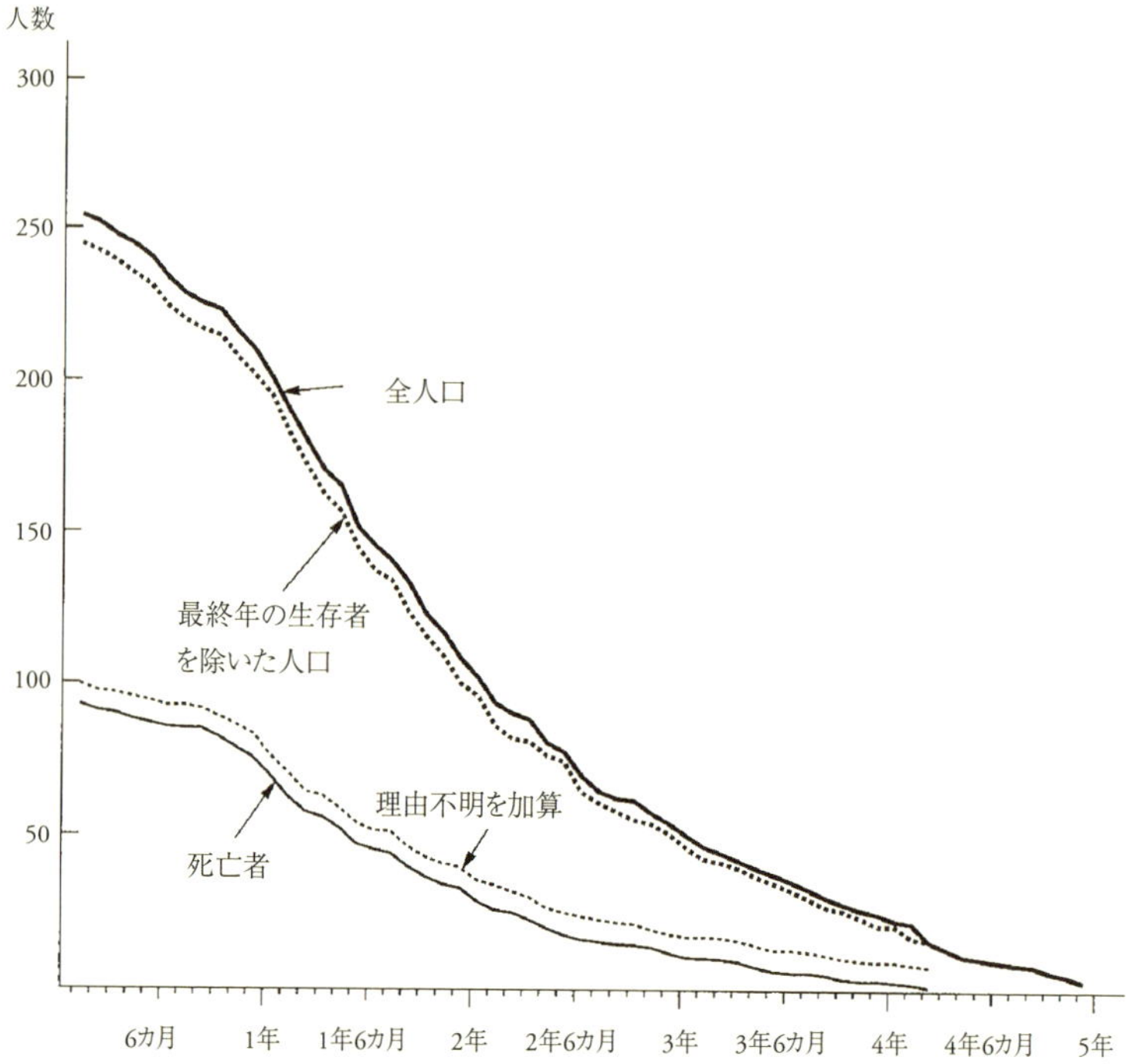

（time）と期間（period）に使い分けることにより、乳幼児死亡に関し、なるべく詳細な観察を行い、従来不可能視されてきた、出生後一年以内の死亡の詳細にでき得るかぎり接近しようとするものである。

菊屋町宗門改帳のイベントの記載は、すでに述べたように、出生・死亡の記録は決して完璧ではない。出生や死亡の月についての記載はあるが、やはり、他の宗門改帳と同じように、宗門改帳が作成される時点（菊屋町では毎年九月末付）と次の作成時点の間に生まれて死んでしまった者については、脇書も貼紙も作成されなかった。このことは、われわれが利用している宗門改帳が、少なくとも出生と死亡に関する限り、イベントがすべて記録される即時的（current）なものではなく、事後的に手を加えられたものであることを示している。想像すれば、出生は、町役人への届け出ないしは町役人の設定によってある年（菊屋町宗門改帳の表紙は、毎年一〇月付けであるが、本文末尾は九月末日の日付けが入っている）の宗門改帳に脇書または貼紙で記録されたが、翌年の宗門改帳作成時までに死亡した者は、消されるか、剝がされるかしてしまい、記録には残らなかったのではなかろうか。あるいは、下書きに一度イベントが書かれ、提出用の正本は別途作成されたのかもしれない。

本稿で利用する史料は、印刷資料なので、脇書の消された痕跡や貼紙の剝がされた跡を確認することはできない。また、利用している宗門改帳が、それらの処理を済ませたあとの清書本であれば、もともとそれらの痕跡はなかったことになる。イベントが、脇書から貼紙になったこととも関連しているのかも知れない。これらは、いずれも想像上の事柄で、おそらく、今後実証はできないことだが、こういうこともあり得るとして、菊屋町宗門改帳の分析に臨むことは必要であろう。

このような事実から、観察の範囲は大いに限定されてしまう。生まれて一ヵ月、二ヵ月等、早期に死亡した数が分からなければ、乳児死亡率の測定はできないことになる。それでは、菊屋町宗門改帳から、乳児死亡率を求めることは諦めなければならないのだろうか。われわれにできることは、宗門改帳の作成直前に生まれ、作成時点に生存し、史料に登録されている者を追って、月を単位とした生存期間を求めることである。最も極端な場合を考えると、毎年九月末日時点で調査が行われたとすれば、九月生まれの者は、その月のうちに死亡した場合を除いて、全員記録されるはずである。その中で一〇月に死亡した者は、最小二日、最大五九日、平均一ヵ月の生存期間があったことになる。八月生まれの者は、八月・九月中に生じた死亡は分からないが、九月末の調査時点を生き延び、平均一ヵ月半を経た一〇月以降については、死亡を含め、あらゆる動静を把握することができる。

ところで、観察を九月生まれの者だけに限ると、その総数は、一〇五年間の宗門改帳から、男女合計でもわずか六六人に過ぎず、これだけでは規模が小さすぎ、その生涯を追跡して得られる結果は、とうてい統計的に受け入れられるものではない。そこで、九月生まれに限らず、八月生まれの者を、一ヵ月目の死亡状況は分からないが、二ヵ月以降の死亡状況は分かる人口として、七月生まれの者を、一ヵ月、二ヵ月目の死亡状況は分からないが、三ヵ月以降の死亡状況は分かる人口として利用する。一〇月生まれの者は、一二ヵ月の死亡しか分からないが、ともかく一年以内の死亡の観察を行った。

このように、出生の月ごとに、菊屋町宗門改帳にどれだけ「出生」が記録され、彼らがどれだけ死亡し、どれだけ他の理由によって史料から消え去ったかを検討することが、まず必要となる。それでもいくつかの問題がある。順不同になるが列挙すれば、（一）イベントが閏月に発生した場合の処理である。これは、月別の記録しか得られない状況では、無視してその前月に含めた。最もその数は多くない。（二）最終の宗門改帳（慶応三年―一八六七）に生存している者の処理であるが、これは、出生後、慶応三（一八六七）年の宗門改帳作成のため、調査時点（慶応三年九月末）までは生存したのだから、その次の月に他の理由で史料から消滅した者とみなした。（三）理由不明の消滅。史料の欠年等の理由で、理由が分からないまま宗門改帳から消え去る者がいる。その中には、死亡者も入っている可能性もある。そこで、理由不明の消滅を含めた場合を、死亡の最大値（maximum）、含めない場合を最小値（minimum）として取り扱うことにした。（四）サンプルサイズの問題。菊屋町は人口数からいって、小さな町ではないし、その宗門改帳がカヴァーする期間も長い。しかし、住民の多くは奉公人で、家族形成を行わず出生者の数は多くない。このことから、以下に求める諸指標は、カヴァーする年代を通して求め、かつ男女合算した。このことは、あり得る年代による相違、性による差異を無視することになり、人口学的分析の原則からみて容認できる範囲を越えている。しかし、ここでは、あまりに小さいサンプルをさらに細分することから生ずるデメリットを考慮し、あえて合算した。この問題については、将来、大坂の他の町の宗門改帳を利用して研究を行う際に解決される可能性がある。

表9―4は、菊屋町宗門改帳で出生が確認できるものについて、生まれ月別に、一年以内の、消滅月から計算した生存月間の分布をみたものである。一ヵ月以内の出来事については、地理的移動以外は分からないが、死亡についていては、九月生まれの者についていては、一〇月に生じた死亡、つまり生存期間一ヵ月の者がどれだけいたかについて数値を得ることができる。同時に、死亡以外の消滅の数を求めることもできるから、月毎の期首人口（最初は九月の出生者で、次の月からは、八月、七月……の出生者が順次加わる）と期末人口（期首人口からその月に生じた死亡、その他の理由（多くは他出）で宗門改帳から消え去った人口を除いた人口）を求める。その月の死亡数を期首人口で除した値が、その月の（特殊）死亡率である。死亡率は、死亡（d）と、死亡に不明（u）を加えた数（d＋u）を、期首人口で除した数値を、死亡率1、死亡率2として求めた。なお不明のなかには他出で消滅した者は含まれていない。

このようにして、最初の一年については、月毎の死亡率を求めるが、先にも述べたように、理由不明の消滅を入れない場合が、死亡率の最小値、入れた場合が、最大値である。**表9―5**は、このようにして求めた月別死亡率である。一ヵ月目の死亡率が、九五‰という高さで、第二月目からみて異常と思われるほど高い。月別の死亡数、死亡率は、予想通り出生から月数を経るごとに低下している。もっとも死亡ゼロの月もあって、やはりサンプルサイズの小さいことが致命的である。

しかし、一年間をとると、月間の死亡率を積み上げた結果は、最小値二五三・七‰、最大値二七一・二‰となり、これは、宗門改帳から求めた、出生後満一年間の死亡率として、おそらく事実に最も近いものと思われる。実際には、平均一ヵ月目の死亡の状況が最もよく分かる九月生まれの者が、八月中に経験した死亡を加算しなければならないが。

表 9-5　大坂菊屋町における 1 年以内月別死亡表

（1761-1866 年の宗門改帳で出生が確認される者）

観察対象期間	生れ月	出生数	期首出生数累計	死亡 d	不明 u	d+u	他	計	期末出生数累計	死亡率 1 d ‰	死亡率 2 d +u ‰
1 カ月	9 月	67	67	19		19	13	32	35	283.6	283.6
2 カ月	8 月	74	109	10		10	6	16	93	91.7	91.7
3 カ月	7 月	62	155	10		10	6	16	139	64.5	64.5
4 カ月	6 月	68	207	8	1	9	8	17	190	38.6	43.5
5 カ月	5 月	56	246	8		8	9	17	229	32.5	32.5
6 カ月	4 月	64	293	8		8	4	12	281	27.3	27.3
7 カ月	3 月	76	357	6	2	8	8	16	341	16.8	22.4
8 カ月	2 月	66	407	7	1	8	4	12	395	17.2	19.7
9 カ月	1 月	72	467	4		4	4	8	459	8.6	8.6
10 カ月	前 12 月	40	499	0		0	4	4	195	0.0	0.0
11 カ月	前 11 月	110	605	7	2	9	9	18	587	11.6	14.9
12 カ月	前 10 月	116	703	0		0	6	6	697	0.0	0.0
計		871	342.9（平均値）	87	6	93	81	174		253.7	271.2

表 9-6　大坂菊屋町における 1 年以上生存者の 2 年目月別消滅表

（1761-1866 年の宗門改帳で出生が確認される者）

観察対象期間	期首出生数累計	死亡 d	不明 u	継続 y	d+u	他 o	計	期末出生数累計	死亡率 1 d ‰	死亡率 2 d +u ‰
1 年 + 1 カ月	711	11			11	9	20	691	15.7	15.7
1 年 + 2 カ月	691	9	1		10	10	20	671	13.2	14.7
1 年 + 3 カ月	671	5	1		6	10	16	655	7.5	9.0
1 年 + 4 カ月	655	7			7	10	17	638	10.8	10.8
1 年 + 5 カ月	638	6			6	7	13	625	9.5	9.5
1 年 + 6 カ月	625	3			3	9	12	613	4.8	4.8
1 年 + 7 カ月	613	7			7	11	18	595	11.6	11.6
1 年 + 8 カ月	595	6			6	7	13	582	10.2	10.2
1 年 + 9 カ月	582	5			5	10	15	567	8.7	8.7
1 年 + 10 カ月	567	6		2	6	8	16	551	10.7	10.7
1 年 + 11 カ月	551	5		1	5	8	14	537	9.2	9.2
1 年 + 12 カ月	537	5			5	5	10	527	9.4	9.4
計	619.7	75	2	3	77	104	184		121.0	124.3

表 9-7　大坂菊屋町における出生者 5 歳以下の生存率男女合計

観察対象期間	期首出生数累計	期末出生数累計	消滅理由					死亡率 ‰	生存数対 10 万
			死亡	不明	継続	他	計		
1 年	872	698	87	6		81	174	253.7	74630
2 年	698	514	75	2	3	104	184	121.0	65600
3 年	514	418	35	2	5	54	96	68.1	61233
4 年	418	357	15	1	1	44	61	35.9	61014
5 年	357	316	3	6	5	27	41	8.4	60502

継続は史料残存最終年に生存している者、他は引越等で史料から消滅した者。

しかし、満一歳時（ただし出生後一ヵ月以内の死亡を除く）の死亡率二五〇ないし二七〇‰前後という水準は、ひとまず受け入れることのできる数値である。僅少ではあるが、観察されて第一ヵ月目の死亡率が高いことも、通常考えられる死亡のパターンからいって矛盾していない。

おそらく、出生後、時間の経過とともに、死亡率は低下したに違いない。そこで、同じ月ごとの死亡率を求める作業を、出生後第一年を経過し、第二年目に入った者について試みた。その結果は、**表9―6**のごとくで、やはり最初の二ヵ月間がそれぞれ一五‰前後で、他の月より高く、第一年目の死亡パターンを引きずっている、と言えよう。年間を通算すると、最小値一二一‰、最大値一二四‰となる。第二年目は、第一年目のような凹凸は少なくなり、あるサンプルサイズが得られた場合の水準を示している。

もう一つの特徴は、第二年目の年間の（特殊）死亡率は、月間の死亡率を積み上げて求めた場合と、年間の期央人口で死亡数を除した数値と、ほとんど変わらない、という事実である。第一年目には、この二つには相当の差があった。これは月間死亡率が、かなりの偏り（第一ヵ月目が非常に高い）が効いているからであろう。第二年目に、その差が無視し得るほどになったことは、第三年目以降の幼児死亡率については、月毎の死亡率を求め、それを積み上げる方法をとらなくても、死亡数を、年期央人口で除した値で構わない、ということを物語っている。

そこで、**表9―7**には、菊屋町における出生後第一年目―第五年目の幼児死亡率をまとめて示した。再三繰り返すように、この表のうち、第一年目と第二年目の死亡率は、月毎の死亡率を積み上げた方法により、第三年目以降は、年間の死亡数を、年期央人口で除す、という方法をとった。死亡率は、それぞれ最小値の数値を示している。

また、生存数は、当初の出生数を一〇万人とした場合、それぞれの年齢別死亡率によって減耗し、その年齢の最後に至った生存人口を示している。これをみると、出生一〇万人に対し、第一年経過後の生存数は、七万四六三〇人、第二年経過後の生存数は六万五六〇〇人、第五年経過後の生存数は、六万五〇二人となる。少なくとも、一年目に、出生者の約二五%が、第二年目の終りまでに三五%が、第五年目の終りまでに、出生人口の四〇%近くが死亡するのである。そして、実際には、これに出生後一ヵ月以内の死亡を考慮しなければならない。

この死亡率は、同時期の農村の宗門改帳から求めた従来の研究結果と比べて、はるかに高いと言うべきであろう。ただし、従来の方法は、菊屋町宗門改帳で用いた方法とは異なっていることを考慮しなければならないが、最も厳しい算定を行った、美濃国安八郡西条村の場合、五歳時の生存数は、男子で六万七四六一、女子で六万五二二二であった[35]。西条村の場合は男女別に求めているが、生存率が五歳時の菊屋町の水準になるのは、ほぼ一七―一八歳なのである。

菊屋町宗門改帳から、五歳以上の数値を求める試みは、残念ながら放棄しなければならない。というのは、表9―4にあるように、この町で生まれ、五歳時を終えた人口は、わずか三二九人になってしまい、しかも、そのうち死亡が確認できる者は、四八人にとどまるからである。

結　論

以上の、年齢記載のない菊屋町宗門改帳であるが、イベントの生じた月の記載があることを利用して、出生した者を、その月別に、消滅理由を追うことから始め、毎月の死亡率を求め、それを積み上げることにより、乳児死亡率、および幼児死亡率を測定した。ただし、サンプルサイズの確保のため、時代別・性別の観察は犠牲にせざるを得なかった。

この小論で試みたことは、決して年齢記載のない宗門改帳でしかできないというものではない。むしろ、ここでは、年齢記載のないことを逆手にとって、年齢に頼ることを放棄し、月を単位とする生存期間によって観察を行わざるをえなかったのである。しかし、もし、ここで用いた方法が、徳川日本の乳幼児死亡率の測定に有効であるならば、宗門改帳・人別改帳に年齢記載があろうがなかろうが、イベントの生じた月、理想的には月日の記載さえあれば、適用することができる。この論文では、わずか一つの町にとどまった観察が、多数の町村について実行されるならば、年代別・性別、あるいは階層別の観察が可能となるであろうし、是非それを実現したいと考えている。また、本稿の計算は、手計算によったが、プログラムの開発によって、最初のデータさえ整えれば、計算は瞬時に行われるであろう。

〔補記〕　大坂菊屋町宗門改帳の整理に際しては、多くの方々の助力を得たことを先ず感謝したい。史料から基礎となるシート（BDS）を作成された、保崎真知子、秋葉直子、高田礼子の皆さんに、本稿の執筆については、基礎となるデータの整理について佐伯裕実子さんに、図表の作成・整理については秋山望さんの協力によるところ大きい。

本稿は文部省科学研究費創成的基礎研究「ユーラシア社会の人口・家族史比較研究」の一九九六年九月京都セミナーにおける発表をもとにして書かれたものである。ただし、その時の発表に用いた表には、少なからず過誤があり、今回訂正した。また、セミナー終了後、つくば大学教授木下太志氏より、コメントと氏自身による乳児死亡率の測定結果を頂いた。本論文は、氏のコメントの一部を取り入れて推計し直している。同氏のコメントと自身の推計の詳細については、木下太志「宗門改帳から乳児死亡率を算出する際の二つの課題」（ユーラシアプロジェクト一九九七年二月セミナー提出ペイパー）に詳しい。いずれにせよ木下氏のご好意に心から感謝申し上げたい。

近世日本の都市の歴史人口学研究は、農村に比べて研究事例も少なく、まだまだ不明の点が多い。その中で、佐々木陽一郎氏が取り組んでいる飛驒高山は、良質の史料に恵まれ、貴重な数多くの発見が期待される。

注

（1）中埜喜雄『大坂町人相続の研究』嵯峨野書院、一九七六年。

（2）乾宏巳「大坂菊屋町における結婚・出産・死亡――近世後期における」『大阪教育大学紀要　第二部門』第三九巻第一号、一九九〇年、三三―五八頁。

（3）西山松之助「大阪・兵庫・西宮・鹽飽嶋人口統計表一七五七（宝暦七）―一八五六（安政三）」『歴史学研究』第一五七号、一九五二年、二六―二八頁。
（4）関山直太郎『近世日本の人口構造』吉川弘文館、一九六九年（再版）、二三一頁。
（5）西山松之助、前掲論文。
（6）いわゆる天保飢饉の年であるが、凶作はあったとしても、むしろ流行病による災害により注意を払う必要がある。Ann Jannetta, *Epidemics and Mortality in Early Modern Japan*, Princeton, 1987, p. 184-185.
（7）『都市名邑戸口表』、速水融監修『国勢調査以前日本人口統計集成　別巻四』（復刻版）原書房、一九九二年所収。
（8）明治二九（一八九六）年末の大阪市の本籍人口は三四万〇二九三人、翌三〇年末は、五一万三九五〇人で、この間のジャンプは、合併による市境界の拡大以外には考えられない。内務大臣官房文書課『明治二十九年十二月三十一日調　日本帝国民籍戸口表』一〇二頁（ともに速水融監修『国勢調査以前日本人口統計集成　四』（復刻版）原書房、一九九二年所収）。
（9）明治一九（一八八六）年末の大阪（市街）の現住人口は三六万一六九四人であったのが、翌二〇年末には、四三万二〇〇五人で、判明している限りの江戸時代の最高を越えた。内務大臣官房文書課『明治十九年十二月三十一日調　日本帝国民籍戸口表』二七七頁、および、同『明治二十年十二月三十一日調　日本帝国民籍戸口表』一一八頁（ともに速水融監修『国勢調査以前日本人口統計集成　2』（復刻版）原書房、一九九二年所収）。
（10）ネガティヴ・フィードバック作用と称されるもので、リグリィ（E. A. Wrigley）がその著書において、簡潔に説明している。リグリィ『人口と歴史』速水融訳、筑摩書房、一九八二年、一〇五―一一〇頁、および一二〇―一二八頁。
（11）研究は多いが、宮本又郎『近世日本の市場経済』有斐閣、一九八八年参照。
（12）速水融編『歴史のなかの江戸時代』藤原書店、二〇一一年、二七一頁。
（13）中埜喜雄、前掲書、「二　大坂町方宗門人別帳『脇書』記載の研究」三五―八八頁。
（14）中埜喜雄、前掲書によれば、菊屋町、平野町二丁目、木挽町南之丁、道修町三丁目の四つの町である。三五頁。
（15）阪本平一郎・宮本又次編『大坂菊屋町宗旨人別帳』（全七巻）吉川弘文館、一九七一―一九七七年（以下『大坂菊屋町宗旨人別帳』（第X巻）として引用する）。
（16）例えば、寛永一五（一六三八）年の美濃国安八郡楡俣村宗門改帳（岐阜県立史料館所蔵）は、最古の宗門改帳の一つであるが、年齢の記載はない。『岐阜県史　史料編　近世九』五〇七―五〇八頁所収。

(17) 例えば、京都の宗門改帳は、天保一四（一八四三）年になって初めて、各人の年齢を記録するようになったし（三条衣之棚町）、奈良では、寛政八（一七九六）年以降である（東向北町）。堺は、何年からか現時点では不明であるが、宝永七（一七一〇）年には一切なかったのが、寛政二（一七九〇）年の宗門改帳には、一五歳以下の者に限って記載されている（慶應義塾大学図書館所蔵、堺善教町宗門改帳）。
(18) 中埜喜雄、前掲書、「二　大坂町方宗門人別帳『脇書』記載の研究」三五―八八頁。
(19) 同書、三五―三六頁。
(20) 『大坂菊屋町宗旨人別帳』（第二巻）五六一―七三二頁。
(21) 中埜喜雄、前掲書、三七頁。
(22) 『大坂菊屋町宗旨人別帳』（第二巻）五八二頁。
(23) 速水融『社会経済史学会第六二回大会報告資料』（一九九二年一〇月）。
(24) 宗門改帳の欠年は、正徳五（一七一五）年、享保二（一七一七）年、享保九（一七二四）年、享保一〇（一七二五）年、寛延元（一七四八）年、宝暦一三（一七六三）年、明和五（一七六八）年、安永五（一七七六）年、天明五（一七八五）年、寛政元（一七八九）年、弘化三（一八四六）年、文久元（一八六一）年である。
(25) 乾宏巳、前掲論文。
(26) 寛保三（一七四三）年から、宝暦一二（一七六二）年の間、奉公人は一年を除いて、一四四人から一六三人の間で推移し、これは菊屋町総人口の二〇％以上に当たる。
(27) 文化一二（一八一五）年が一七〇人で最低である。
(28) 例えば、奈良鶴福院町の宗門改帳では、この年以降、奉公人は記載されなくなってしまった（高木正朗氏の提供による）。
(29) 『大坂菊屋町宗旨人別帳』（第六巻）四九―五一頁。
(30) 奈良鶴福院町の宗門改帳の例は完全な消滅であり、大坂菊屋町の場合は部分的消滅である。
(31) 『大坂菊屋町宗旨人別帳』（第七巻）一〇〇―一〇一頁。
(32) 『大坂菊屋町宗旨人別帳』（第三巻）二九頁。
(33) 同書、同頁。
(34) 『大坂菊屋町宗旨人別帳』（第七巻）七頁。
(35) 速水融『近世濃尾地方の人口・経済・社会』創文社、一九九二年、二四九―二五〇頁。

第10章　近世日本の経済発展と都市人口——「都市」とは何か

近世日本の都市の特徴と研究課題

日本において、都市の歴史人口学ないし人口史研究は、農村のそれに較べてより事例が少なく、まだ全体像を描き出せる状況には至っていない。このことには、いくつかの理由がある。第一に、都市は、農村に較べて、人口規模が大きく、数千人を越えるから、一都市といえども対象とする人口は、農村の数倍、数十倍に達する。仮に最新の統計処理設備・方法を用いたとしても、これを入力し、分析するのは、労力・時間を要することであり、容易にはできない。

また、木造建築の密集する日本の都市は、災害に弱く、地震、洪水、火災、戦災によって、人口史料のみならず、多くの史料が失われた。たとえば、江戸時代の代表都市である「江戸」の人口史料は、集計値こそ残されているが、個別の宗門改帳や人別改帳になると、断片的な史料が利用可能であるに過ぎない。

このような事情が、近世都市の人口研究を著しく困難なものにしてきた。しかし、最近になって、地方都市の人口研究が始まり、本格的な、近世都市の歴史人口学研究の開始を迎えようとしている。江戸時代、もちろん初期と末期とでは異なるが、一八世紀以降は、都市人口は全人口の約一五％に達していたものと見られる。畿内のように、多くの都市の存在するところでは、都市人口比率は三〇％にも達し、南関東でも、江戸の存在によって、都市人口比率は二五％であった。この率は、工業化・都市化以前の社会としては、北西ヨーロッパに匹敵する高さであり、近世日本は、世界的にも、都市の異常に発達した社会であったと言えるだろう。

もちろん、ここでいう「都市」の中身が問題である。西欧中心史観からすれば、近世日本の都市は、近代社会の形成力をもたない「前期的」な存在というレッテルを貼られている。「封建都市」という言葉や、こうした題名の著作もあるほどである。すなわち、「市民革命」が、近代社会の成立にとって必須の前提であり、日本の都市は「城下町」に代表されるように、領主権力と密着した存在で、それと対抗し、やがて既存の社会体制を打倒するような力は持っていなかった、とされる。西欧の「市民」に対して、日本では「町人」が対置され、市民革命不在論が説かれた。

しかし、この解釈に対して、最近では疑問が提出されている。筆者の考えを含めて言えば、そのような見方は、(一) 西欧中心史観に立つものであり、(二) 前近代化期のヨーロッパ都市の住民は、決して自由・平等な「市民」層からなるのではなく、一部の上層市民の寡頭政治がむしろ常態であり、なかにはそれが世襲化して、一種の「領主」制な性格を備えていた。そして、(三) 日本の近世都市については、表向き住民は武士に従っていたが、武士層の経済的困窮とともに、商人層が次第に台頭し、事実上、武士を抑えて、その財政を取り仕切るようになっていた。もちろん、そのこと自身は、近世日本の都市が、「近代都市」であったことを意味するものではないが、従来の「近世都市像」の再検討を迫るものである。

このような都市の歴史的性格をめぐる議論は、しかしながら、有意義な結論を導き得るものだろうか。筆者は、このような接近には、明確な「解」はないと考え、むしろ違った角度から都市を取り扱うことにしたい。それは、一口に言えば、都市の有する機能を検討するものである。機能といっても、政治的機能、経済的機能、社会的機能が浮かんでくるが、ここではそれら三つにかかわりながら、独自の性格を持つ人口統計的機能を採り上げたい。

都市の定義は、容易なようで決してそうではない。都市とは何かという問題は、どのような立場をとるにしても応えるのに苦労する。都市と農村（実際には漁村・山村があるが、ここでは総称して農村と呼ぶ）は、明白に区別されているわけではなく、中間的な「町場」もあったし、連続的でさえあった[1]。強いて言えば、法制的に「都市」と「農村」が区別されている場合、たとえば江戸時代の幕府直轄領のように、都市には町奉行が置かれ、農村は郡奉行の支配下に置かれている場合、町奉行の支配地は都市に違いない。しかし、郡奉行の支配下にも、多数の地方都市があった。そのなかには、「町」への昇格運動によって、途中で「村」から「町」へ取り立てられたところもあった。

宿場町も、「都市」として取り扱うのに困難を伴う。「宿場」は、現在で言えば、各市区町村にある鉄道の駅のようなものであり、それ自身では都市でも農村でもない。しかし「宿場」の置かれた町や村には、人馬の継ぎたて場所、旅宿、飲食店、旅行用具店、土産物店、両替店などが立ち並び、その数が多く、非農村的要素が強くなれば、「都市」的性格がそれだけ強かったことになるが、逆もあったわけで、宿場＝直ちに都市とはしがたい。

とかく地方都市、中小都市、町場のなかには、農村的要素を含むものもあり、農業を職業とする者も少なくなかった。現在でも、世界きっての大都市東京のなかにも、ごく少数ながら「農業」従事者がいて、農業協同組合も存在する。しかし、誰も東京を農村的要素のある都市とは言わない。しかし、一方には、地方の都市のなかには、農村的性格のあるものも存在する。結局は程度の問題なのである。

本稿では、都市を、ある一定以上の人口を持ち、非農村的性格の強い、すなわち、住民の日常生活が自給し得ず、農村部からの供給によってまかなわれる人口集団、と考えることにする。このうち、第一の人口については、ある程度明確に線を引くことができる。「ある程度」、としたのは、江戸時代の都市人口について正確な数値は分らないからである。幕府は、享保六（一七二一）年から弘化三（一八四六）年の間、六年に一回全国の国別人口調査を行ったが、とくに都市を対象とした人口調査は行われなかった。

近世都市研究の史料の問題

そこで、今日、われわれが江戸時代の都市人口について知ろうとすれば、以下の二つの方法が考えられる。第一は、江戸時代の記録を渉猟して、なるべく多くの都市人口についての情報を集める。第二は、明治初期の都市人口調査の結果を利用する。以上の二つである。

ところが、この二つの方法とも短所を持っている。第一の方法は、たとえ多数の事例が集められたとしても、それは実際の人口数を示していない、という根本的な問題がある。なぜなら、江戸時代は確かに近代を準備した時代であったが、基本的には身分制社会であり、人口調査にしても、支配者である武士と被支配者である商人や農民を一緒にして加えることは、この時代の原理からいってできなかった。先の全国人口調査にしても、武士人口は含まれていないし、集計数値が知られる、江戸、大坂、京都の人口にしても、武士は含まれていないのである。

第二の方法は、明治政府によって、とにもかくにも都市人口を知ることはできるが、江戸時代から、幕末・維新期の政治的変動、開港にともなう経済的変動を挟んでいるので、正確な江戸時代の都市人口を復元することはできない。

したがって、筆者は多くの研究者が利用する斎藤誠治氏の研究報告(2)は、都市人口の定義等に問題が多いので、利用しなかった。

こういった難問に直面すると、江戸時代の都市人口を知ろうとする試み自身、不可能であり、意味のない作業でしかないのではないか、という悲観論に陥らざるを得ない。しかし、だからと言って何もしない、というのは問題が問題だけに避けたい。そこで筆者は、以下二つの方法により江戸時代の都市人口の全国的俯瞰を行ってみた。

表 10-1　全国 539 都市のうち人口規模の判明する都市数

年代	都市数
1601	18
1651	56
1701	110
1751	153
1801	103
1851	237

（注）宗門改帳、県史、市史、その他人口記載のある資料より。

まず第一の都市人口を記した史料の収集であるが、明治一七年末『都市名邑戸口表』[3]に記載されている現在人口三〇〇〇以上の人口集団の居住する行政単位を都市として、全国で五三九の都市人口を検討した。年代を遡り、一六〇一年から五〇年ごとに、それぞれの期間内で人口規模の判明する都市の数を求めると、**表10―1**のごとくである（家数のみ判明するものは除いた）。これによると、一六五〇年以前においては、都市人口の記録はほとんどなく、あってもこの時期にたまたま日本に来た外国人（たとえば、ドン・ロドリゴ）の見聞や、後年の記録であり、実際の調査に基づくものは皆無と言ってよい。

一七世紀も後半、一六七〇年以降になると、人口規模の判明する都市の数は、かなり増えてくる。寛文一一（一六七一）年に出された、各大名は宗門改を毎年行うべし、という法令の結果、宗門改が全国で実施され、結果的に各地の都市人口の計算が可能となった、と考えられる。その多くは、概数ではなく、端数を含んでいることも、調査に基づくものであったことを示している。しかし、それでも人口規模の判明する都市の数は、都市全体のうち、一握りに過ぎない。要するに、都市の数が増えたというより、その人口を記録する都市の数が増えた、とすべきであろう。一八世紀に入って次第にその数は増えているが、それとても判明するのは、たまたま地方史等に人口の記載のあるものだけで、悉皆調査ではない。

加えて、根本的な問題として、これら地方史等に記載されている「人口」を検討すると、武士数は含まれず、ある場合には戸数を示していたり、正確な年代の記載が欠落していたり、概数で示されていたり、市域の範囲が明確でないため、あり得ないような増大や減少が見られる。また、典拠が一定しておらず、このことも記録されている「人口」数の均質性を著しく低いものにしている。このような短所を考えると、地方史等に記載されている都市人口に依拠するのは、あまりに危険だ、ということになる。

そこで第二の方法として、明治初年の人口統計を利用する方法が浮かびあがってくる。もっとも、これだけでは、江戸時代内の人口変動については知ることはできない。むしろ、江戸時代の人口変化の到達点を知ることになる。しばしば利用されるのは『共武政表』、とくに明治五（一八七二）年以降の数字を集めた明治八（一八七五）年刊行の第一回の資料である。[4] これは、陸軍参謀部が、旧国ごとに、各郡の耕地、石高、人口および物産を報告させたものであるが、「人口一千名以上輻輳地及其戸数物産表」を別掲している。ところが、この年の『共武政表』の中味を検討すると、たしかに人口は一〇〇〇人以上とあるが、「輻輳地」の定義がなく（さしあたり現在のＤＩＤ〔Densely Inhabited District〕だろうが）――実際「輻輳地」を非数量的に定義することは困難である――、ある国では人口一〇〇〇以上の行政区画がすべて記録され、あるところは、「輻輳地」に限定されている。しかも、そこに記載されている人口の内容についての説明はない。さらに未だ「現住人口」の調査はなされていなかったから、記載人口は多分「本籍人口」と思われるが、そういったことから、このデータの利用にも慎重さを要求される。

ところで、本稿の目的は、以下に述べるような、都市人口分布の資料を求めることである。江戸時代の数値が得られないので、明治初期の統計を用いるわけだが、定義の曖昧なものより、調査目的が明確で、記録されている人口の内容がはっきりしているものの方が信頼性の高いことはもちろんである。この意味で、ここでは、明治一七（一八八四）年末の都市人口の調査である『都府名邑戸口表』を用いることにした。

明治一七（一八八四）年といえば、江戸時代からある程度隔たってはいるが、横浜、神戸といった新しい都市は別として、日本の本格的な工業化・都市化以前のことであり、江戸時代の都市人口の分布を色濃く残していた時代と言えるだろう。この調査は、内務省地理局の手によるものだが、明治一七（一八八四）年初の都市人口の悉皆調査であること、日本で初めて「本籍人口」に入寄留人口、出寄留人口を加除して、「現在人口」を記録している点など、研究者にとって見逃すことのできない重要な人口統計資料である。

ただ、何をもって「都府名邑」としたかについては、明確な定義はない。大は、現住人口九〇万二八三七人の東京から、小は、一九五人の苫小牧まで合計九二八の都市を含んでいる。

もっとも、「本籍人口」は population *de jure*（戸籍上の人口）だとすることはできても、「現在人口」を単純に population *de facto*（実際の人口）とすることはできない。なぜなら、明治期の寄留制度は、本籍地を六ヵ月以上離れる者に、出寄留の届を提出させ、転出先の役所に入寄留の手続きをさせたものであるが、転出者がさらに別の場所に移る場合、出寄留の扱いがそのままで、再転出先に入寄留の手続きがなされた。その結果、本来ならば、出寄留者と入寄留者の数は一致しなければならないのに、入寄留者の数は常に、出寄留者の数を上回っていた。日本全国の府県別人口統計で、入寄留・出寄留の合計数が初めて記載されているのは、『明治十九年一月一日調日本全国民籍戸口表』である。この年すでに出寄留人口の合計三〇万三八三四人に対し、入寄留人口は、五七万四九三一人を数え、ほとんど二倍近くになっている。この事実からすれば、『都府名邑戸口表』の現在人口といえども、現在われわれが用いる「現住人口」ではなく、実際よりやや多きに失するとせざるを得ない。とくに、入寄留人口の多い大都市、新興都市ほどそうであったに違いない。

戸籍に基づく人口が、正確な人口調査ではないことは、早くから指摘されていた[5]。明治五（一八七二）年の壬申戸籍編成以降一二年を経過し、寄留人口も増えてくると、とりあえず「現在人口」を調査し、都市の非「本籍人口」統計書の編集を実施したのであろう。

しかし、そういった欠点にもかかわらず、この『都府名邑戸口表』においては、人口を「本籍」、「出寄留」、「入寄留」、「差引現在」の四つの項目で示している。これだけでも、都市ごとに「本籍人口」と「現在人口」の比率を求めることができ、その都市が、人口を吸収する都市であったのか、排出する人口であったのかを知ることができる。ただ、ここでは、明治期の都市人口自体を検討するわけではないので、詳細は別の機会に譲り、本稿においては、この資料から「現在人口」の分布状況をみて、次に述べるC・A・スミス（Carol A. Smith）の仮説に添って、近代化以前の日本の都市人口分布形態について考察する。

C・A・スミスの都市分布論

都市人口の分布について、日本では大友篤氏の研究がある。[6] しかし、その業績は、場合によっては明治期にさかのぼっているが、比較的新しい時代に対象が絞られている。そこで本稿においては別の基準に拠った。それは、ある社会における都市化（urbanization）の進展とは、都市化のレヴェルや都市人口の比率では示されない、とするC・A・スミスの立場である。[7] スミスに従えば、経験的に、都市人口規模の分布の形状は、以下の三つのいずれかである。(a)規模第一位の都市人口が、規模第二位の都市の二倍より大きい。(b)規模第一位の都市人口は、規模第二位の都市の二倍でしかない。(c)規模第一位の都市の人口は、第二位の都市と近接している。これらの違いは、都市システム——筆者自身は都市成立の条件と考える——の違いの反映である。

スミスは、(b)を正常型（normal）とし、先進工業国や先進工業国に近付きつつある発展途上国でみられるパターンとする。これに対して、(a)の第一位の都市人口が突出する型（urban primacy）は、その都市の後背地が、国境を越えて伸びているところや、植民地にみられ、都市システムが正常な形態をとっていない証拠である。(c)は、都市人口の分布が未熟（immature）で、規模第一位の都市の人口は、国民経済の状態に対して小さすぎるとする。

以上の事柄を念頭に置くと、実際の都市人口の分布の形状にこの三つの形態がどう反映されるのだろうか。両対数グラフに、各都市人口をドットする。縦軸に都市の人口規模をとり、横軸にそれらの都市の人口規模別の順位をとる。多くの場合、人口の規模、たとえば五〇〇〇以上とか、三〇〇〇以上というように規模を決め、人口とその順位を図にドットする。次にこのドットの回帰線を引く。もしドットした点を結んだ線が直線に近ければ、都市人口の分布はスミスの定義した「正常型」となるだろう。「突出型」は、分布がL字型になり、一つもしくは小数の大都市があるが、それに続く都市の人口規模は小さい。「未熟型」では、そもそも都市の絶対数が少なく、また大都市、中都市、小都市といった分化もはっきりしていないので、分布の形状ははっきりした特徴を持たないだろう。

明治一七（一八八四）年の都市人口分布――「正常型」

このことを念頭において明治一七年の『都府名邑戸口表』に記載されている都市人口を検討する。

ただし、どの人口資料を用いても生ずる問題であるが、ここで取り扱う「都市」は、制度的に決められた行政単位であって、実際にはある都市と街続きで、同じ機能を持っている「都市」ではない。たとえば、江戸には、隣接する品川、内藤新宿、板橋、千住などの隣接町場があり、これらは実質的には江戸時代からその一部であった。また、注（1）で触れたように、隅田川の対岸の本所・深川も、代官支配（農村扱い）と、町奉行支配（江戸と同じ）とが原理的に混在するようになり、年貢・課役負担も単純な形態とは違った性格を持つに至った。明治一七（一八八四）年の史料においても、千住と品川は、現在人口一万四〇〇〇人弱と地方都市並みで、板橋七〇〇〇弱、内藤新宿五〇〇〇弱、となっている。計四万が東京と軒を接していた。このことから、しばしば語られる幕末期の大都市の人口減少も、こういった隣接都市の人口変動はどうだったのか、都心から人口が隣接地域に流出し、今日の言葉でドーナツ化現象が起きていた可能性を含めて考えなければならない。

ところで、『都府名邑戸口表』に戻ると、「本籍人口」は population *de jure* とすることはできても、「現在人口」を単純に現在 population *de facto* とすることはできないことはすでに述べた。しかし、明治一七（一八八四）年時点における全国都市人口の分布を見るに際し、この問題は無視しても構わない範囲内、つまり「現在人口」の過大とは考えないこととした。本格的な工業化・都市化は日清戦争後の現象であり、その一〇年前は、むしろ江戸時代以来の人口分布の伝統が色濃く残っていたと言えるだろう。この年、東京の「本籍人口」は七一万四〇八四であるのに対し、「現在人口」は九〇万二八三七であったが、第二位の都市大阪の「本籍人口」は二九万八二二四、「現在人口」は三五万三九七〇となっている。どちらをとってもスミスの定義では、(a)の「未熟型」になる。

しかしながら、この年の人口第三位の都市は、京都であった。その「本籍人口」は二四万二〇四〇、「現在人口」は二五万五四〇三で、現住人口と本籍人口の差は、東京・大阪に比べて少ない。そのことはさて置き、京都は地理的には、大阪に近接し、東京の二分の一の人口規模を持つ都市が二つあったことになる。さらにそれらの二分の一の人口規模を有する都市が四つあれば、人口規模のトップのところで「正常型」分布の形をとることになるが、実際にはそう行かず、現在人口一〇万以上の都市は、名古屋（一二万六八九八）と金沢（一〇万四三二〇）の二つに限られていた。

図10－1は、「現在人口」をとり、X軸に都市人口規模三〇〇〇人までの五三九の都市の順位、Y軸にそれぞれの人口を両対数目盛で示した明治一七（一八八四）年時点の人口分布である。分布は、人口三万、三〇位以下の都市はほぼ回帰線上に並び、相関係数（R^2）の高いことは、都市人口の分布が「正常型」に近いことを示している。

図10-1　明治初期における都市順位規模分布
（全国·現住人口3000人以上、N=539）

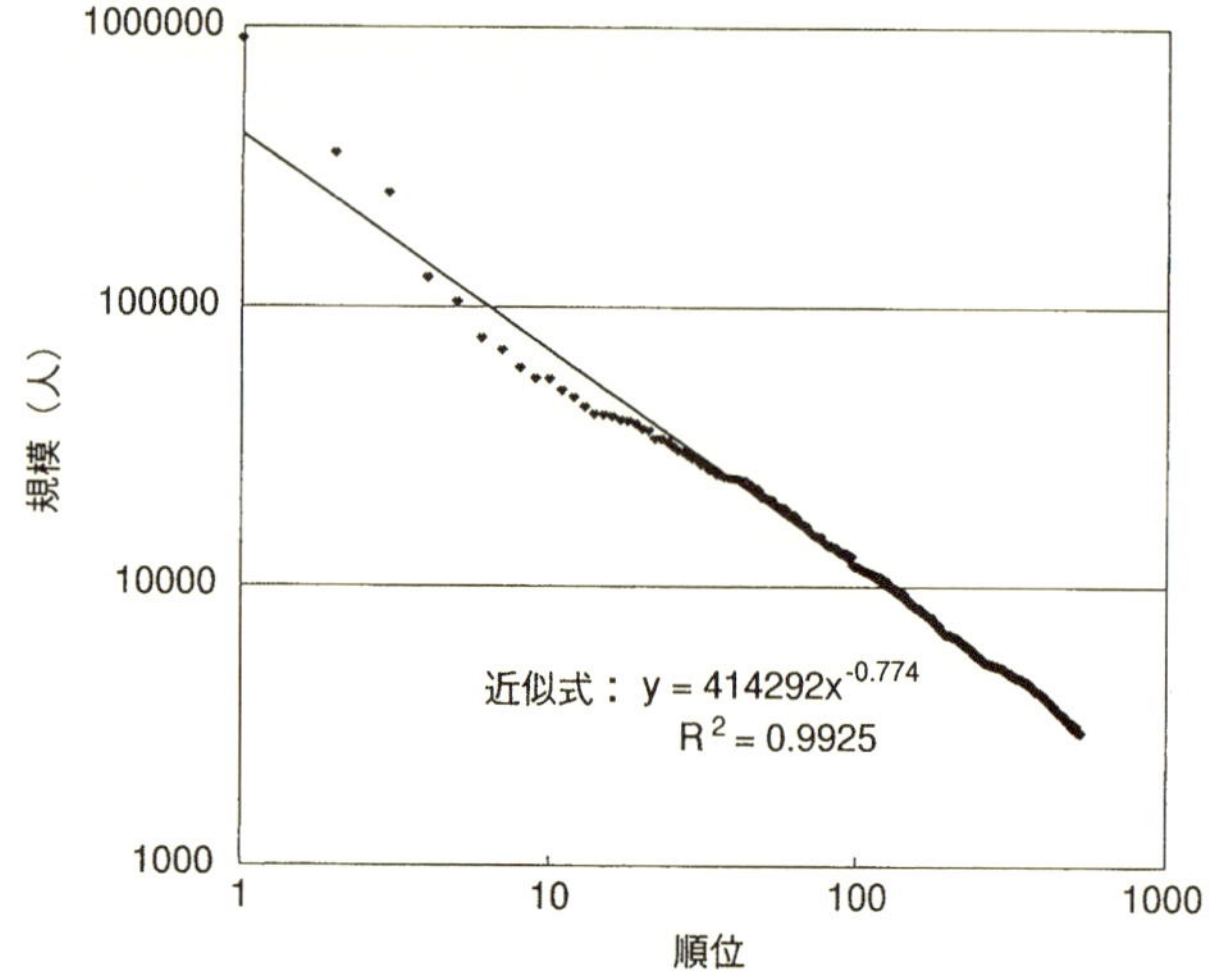

しかし詳細にみると、第一位の首都東京、二位の大阪、三位の京都は、わずかではあるが回帰線の上部に来ており、「突出型」の状況がみられる。江戸時代三都とよばれ、人口の上で、それ以下の都市とは隔絶した経済、行政、社会、文化上の優位性を保っていたことの余韻がなお残っていたと解すべきであろう。

これに対して、三都に続く約二〇の都市群は、回帰線の下にあり、これだけとれば、「突出型」の状態である。しかし、それらの都市の位置は、回帰線から著しく離れているわけではないこと、その上に三都が存在することを考えると、これをもって当時の都市人口分布が「突出型」であったとする証拠とはなし難い。むしろ、全体として多少の凹凸はあるものの、ほとんど「正常型」であった、と言える。とくに、人口三万以下の都市の人口分布は、見事に直線状に並び、回帰線との相関係数が高いことは、中小規模の地方都市の発達が着実であったことを如実に物語っている。

図10-2　1884年における旧城下町の人口と大名の天保期石高

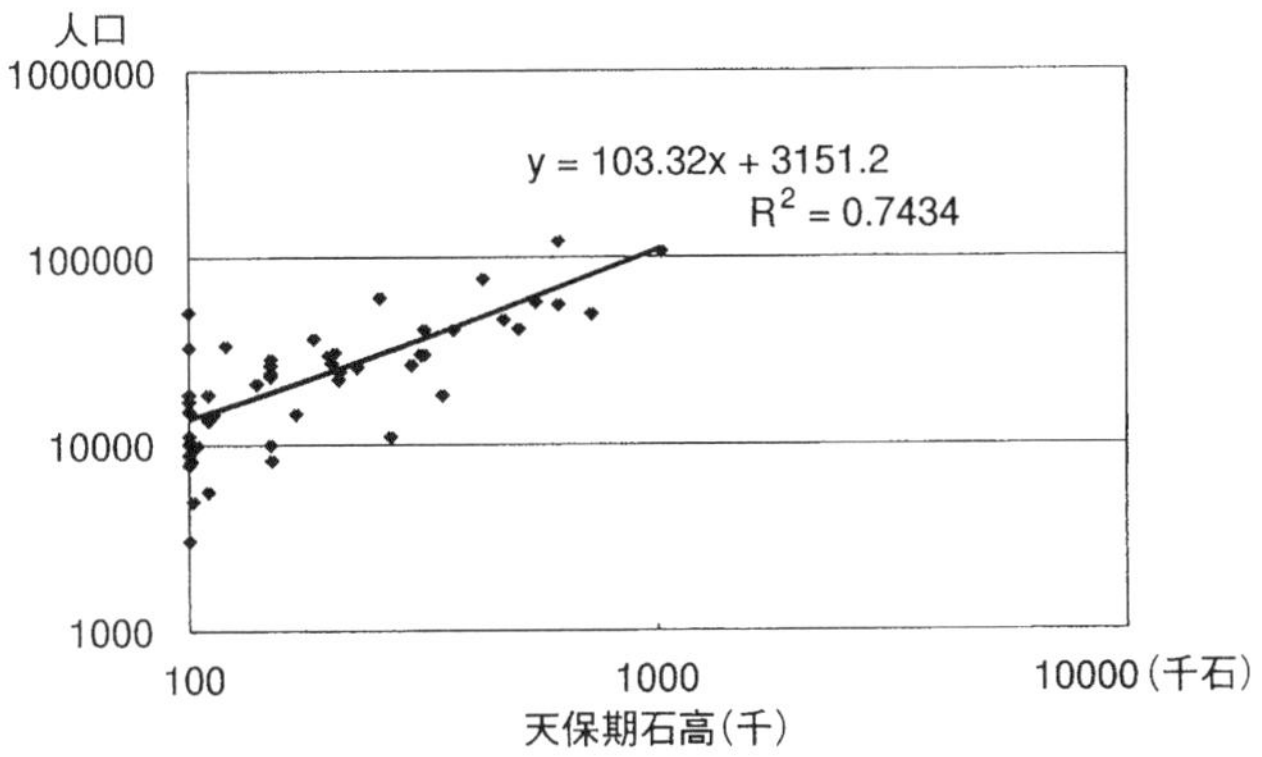

旧城下町の人口と石高

次に、城下町都市人口とその大名の石高との関係を検討する。大名の石高が多いことは、そこにより多数の家臣団が居住し、彼らの消費需要を満たすべく、商人や手工業者が居住し、さらにその需要を充足する者が必要であるから、人口規模は大きくなるのは当然である。そこで、天保年間（一八三〇—一八四四）の大名の石高と人口との関係をみる。[8]天保年間から、明治一七（一八八四）年まで、約五〇年離れているが、幕末維新期には大名の所替が多く、むしろ史料の得られる天保期をとった。

図10—2がその結果であるが、両辺を対数目盛で示し、明治一七（一八八四）年の現住人口を縦軸に、天保年間の大名の石高を横軸にとった。[9]分布は、回帰線に対してやや拡散しているようにみえるが、相関係数（R^2）は、高く、もちろん有意である。ただし、ここでは、都市を、純然たる城下町に限ったので、江戸、京都、大坂は含まれていない。

この図をみると、城下町の人口規模は、そこを本拠とする大名の石高一万石にたいして一〇〇〇、一〇万石ならば一万、一〇〇万石ならば一〇万前後である。城下町の人口規模は、当たり前と言えば当たり前だが、そこを本拠とする大名の石高が決定要因となっていることが分った。

結局二つのグラフから、明治初期の都市人口の分布は、スミスの分類に従えば「正常型」であり、城下町に限れば、大名の石高に比例していることが明確になった。逆に、明治一七（一八八四）年時点では、まだ旧城下町の人口規模は、江戸時代の大名の石高が、決定要因として機能していたのである。

江戸期における中小都市の健全な分布

ところで、先に掲げたのは、日本全国の都市人口の分布であった。これを地域別にみるとどうなるのだろうか。江戸時代において、都市人口比率が最も高かったのは、畿内五カ国（山城・大和・摂津・和泉・河内）であり、明治一七（一八八四）年の『都府名邑戸口表』においても、人口五〇〇〇以上の行政単位に住む人口（八六万一七六九人）は、明治一九（一八八六）年初の地域人口全体（二四一万九七二四）の三五・六％に達していた。[10] これに対して、比率の低かった九州（沖縄県を除く）における都市人口（六四万八二二〇人）は、地域人口（五四八七二六九人）に対し一一・八％であった。なお、幕府の全国人口調査に従えば、畿内では、享保六（一七二一）年から弘化三（一八四六）年の一二五年間に、人口は二二四万九七九二から一九九万八七三七へと一一・二％減り、九州では、三〇七万四八二九から三四六万八〇四五へと一二・八％の増大をみせている。年率にすれば、それぞれ一‰の範囲であるが、これが逆方向に継続した結果、差はかなり大きく開いている。

図10―3は、明治一七（一八八四）年の『都府名邑戸口表』において、畿内五国における、「現住人口」五〇〇〇以上の一九「都市」の順位別分布である。両対数でとると、全国の場合と同様、中位以下の都市人口は、直線状

図10-3　畿内の都市順位規模分布（現住人口5000人以上、N=30）

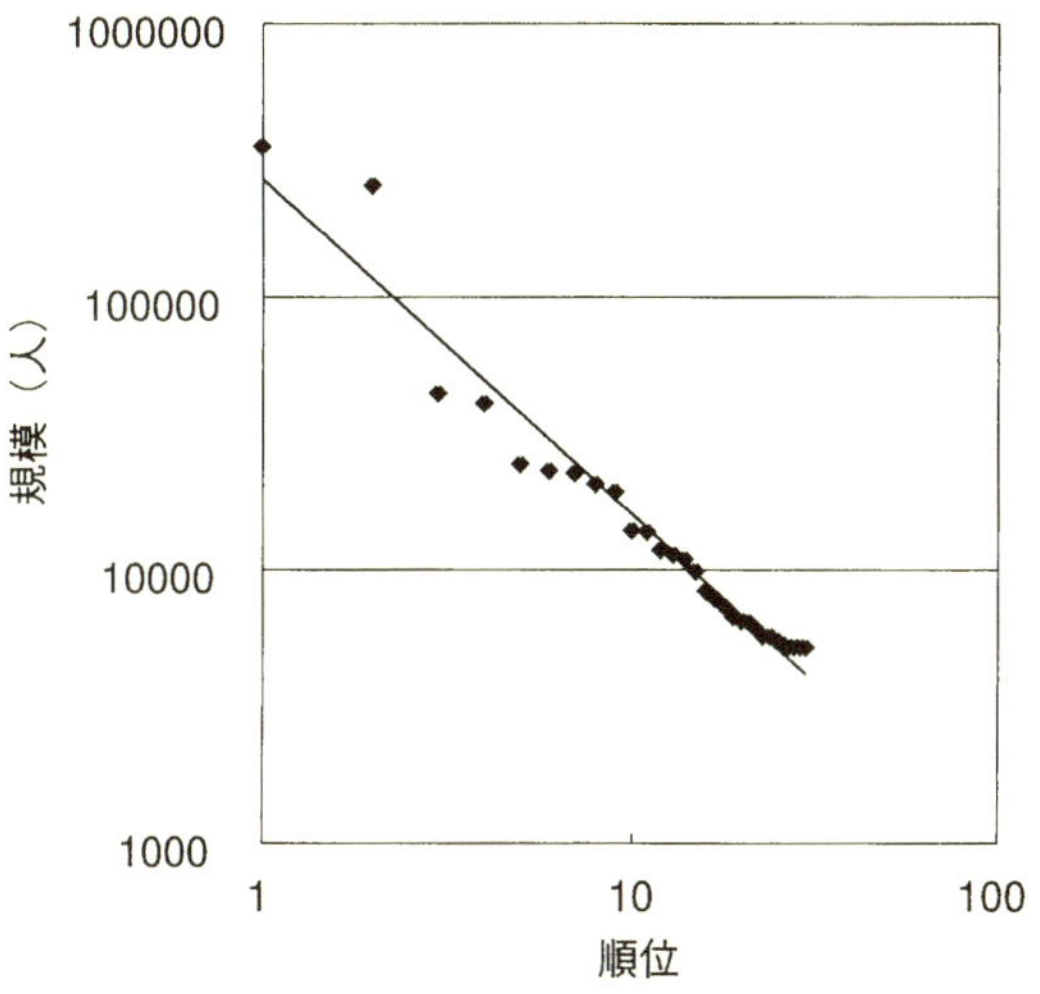

にならぶ。同様の観察を、九州全域（沖縄県を除く―五一都市）について行ったのが図10―4である。この場合も、中位以下の都市人口は、ほぼ直線状に並んでいる。このことから、二つの地域とも、回帰線に対する相関係数は高く、ほとんど「正常型」の形状を示しているかのようにみえる。

　しかし、二つの図を比べると、重要な違いのあることに気付く。畿内では、上位二つの都市（京都・大坂）は、回帰線よりかなり上にあり、第三位以下の都市（三位＝堺、四位＝兵庫）を大きく引き離している。これだけとると、「突出型」に近い。一方、九州の場合は、上位二つの都市（一位＝鹿児島〔現住人口四万七五八三〕、二位＝福岡〔同四万六五〇六〕）は、回帰線よりかなり下にあり、三位以下（三位＝熊本〔四万一三一七〕、四位＝長崎〔三万九〇一六〕）と近接している。これだけとると、「未熟型」に近い。しかし、九州は、経済的には瀬戸内海を通じて大阪市場とむすばれていたので、畿内と合わせて分布をみるべきなのかもしれない。

　明治一七（一八八四）年という年は、近代国家形成へ

図10-4　九州の都市順位規模分布（現住人口5000人以上、N=52）

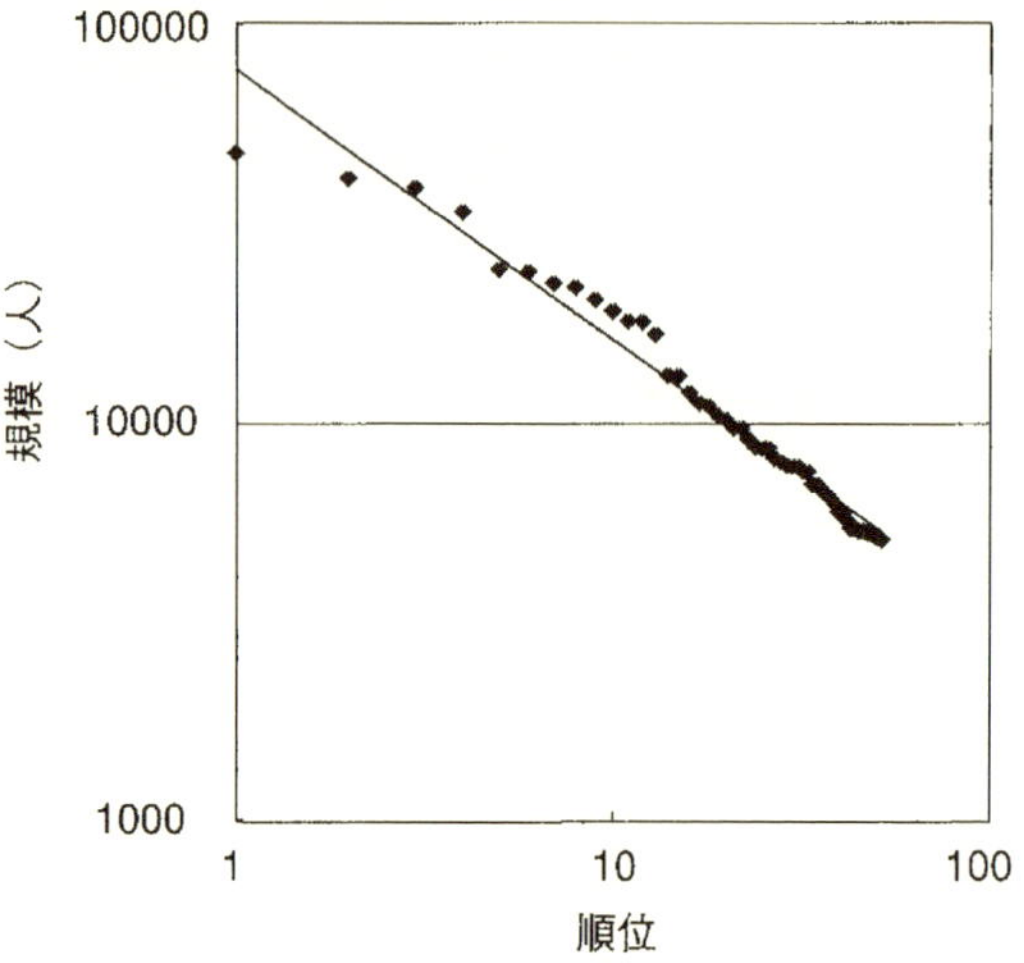

のまさに過渡期であり、都市人口の分布にも、近代的要素（正常型）と伝統的要素（突出型または未熟型をとり得る）の双方が混在していた。本格的な近代工業化は未だ進んでいなかったが、首都東京の人口は増加基調にあり、旧城下町のなかには、経済的基盤の喪失により、人口減少を見せているところも少なくなかった。一方では、横浜（神奈川を含む）、神戸（兵庫を含む）など、幕末開港により、貿易港として急速に都市化を進めるところもあり、大都市に関しては、江戸時代の都市人口分布の原理が、新しい原理にとって代わられつつあった。

しかし、注意しなければならないのは、そういった大都市の人口分布の変動に対し、中小都市の人口分布は、比較的安定的で、畿内、九州いずれをとっても、さらには**図10―2**のごとく全国をみても直線状に並び、正常型の分布を示していることである。

中小都市の場合は、その人口規模の決定要因は、もっぱら経済活動の中心地であるか、ないかにあった。市場、交通、金融などの地方の中心として、ヒト・モノ・カネ、それに情報が飛び交う、数千人規模の中小都市が全国的に成立していた。江戸時代におけるこの地方都市の展開こそ、明治一七（一八八四）年の『都府名邑戸口表』において、一万人以下の中小都市の人口規模別分布を正常型にさせた最大の理由である。

さらにもう一つ付け加えると、明治一七（一八八四）年は、都市人口分布のうえで行政的にも「過渡期」であった。その直後の明治二二（一八八九）年、地方制度の改革とともに市町村制が施行され、北海道および沖縄県を除き、新たに三八の「市」が誕生した。大部分は、「現住人口」二万五〇〇〇以上であるが、そのうち三二は県庁所在地である。それ以外で、旧城下町は三、交通都市が二、その他一となっている。もちろん、多くの県庁所在地が、旧城下町であったことは事実であるが、やはり江戸時代とは異なる「都市形成」の論理が回転し始めた、としていいだろう。逆に言えば、明治一七（一八八四）年の『都府名邑戸口表』は、そこに記載された人口の分析を通じて、江戸時代の原理による都市人口の分布を再構成し得る最後の調査だったとも言える。

結　論

以上のように、明治一七（一八八四）年『都府名邑戸口表』を用いて得た都市人口分布の形状は、ほぼ「正常型」であることが分かった。江戸時代以来の日本における都市の形成が、一つもしくは政治力によって形成されたごく少数の巨大都市の存在に象徴される「突出型」でもなく、都市形成力が未熟な「未熟型」でもなかったのは、江戸時代における全国的商品貨幣経済の発達を示すものと言えそうである。たしかに「三都」にこそ、政治権力によって人口が集中していたとはいえ、人口一〇万以下の中小規模の都市の展開も十分であり、「正常型」を生み出す結果となっている。

しかし、江戸を考えると、俗にいう武士五〇万、庶民五〇万、という人口規模がどこまで真実か――かなり近かったろうが——は分からないが、この人口規模も、そこに幕府が置かれ、参勤交替制によって多数の武士が居住しなければならなかったといった政治力抜きでは、有り得なかったであろう。こういった人口規模の大きい江戸に対して、物資を供給する拠点として、「天下の台所」大坂が人口四〇—五〇万の都市として発展し、古代以来の産業・金融・学芸の中心京都（人口四〇—五〇万）とともに、江戸に匹敵する大都市群を形成していた。京都はともかく、大坂は明らかに政治都市江戸との対において存在する都市であり、江戸がなければ、それほどの規模で存在したとは考えにくい。

さらに、全国二〇〇以上に及ぶ城下町もいくつかがそう呼ばれるように「小江戸」であり、地方領主の政治権力が、兵農分離、武士の城下町集住という条件のもとに成立したのである。おそらく、大大名の城下町の存在するようなところをとれば、江戸時代初期には、その地域には人口の突出性がみられたであろう。それが時代の進行とともに、地域の市場経済化が進み、中小都市の展開によって、その中に相対的な優位が埋もれ、直接視野に入って来なくなるほどだった。このことが、「江戸時代後期の城下町人口の衰退」の中身ではなかったか。

このように、前近代日本の都市人口の分布は、いわば「正常型」化が進んだのであり、当初においては都市形成に何らかの政治力の作用が顕著に見られたのが、その後、政治権力ではなく、産業、商業、交通を基盤とする多数の地方都市が生まれるようになり、そのことが、「正常型」分布の裾野をさらに広げ、強固なものにした、とみなせるだろう。

〔付記〕　本稿は、日本学術振興会科学研究費補助金（基盤研究B）「近世日本における地方都市の人口と経済」（平成一三年度—一六年度、研究代表者、麗澤大学国際経済学部教授、速水融）による研究結果の一部である。また、成稿に際し、立正大学経済学部准教授の高橋美由紀さんに協力いただいたことを感謝したい。もちろん、あり得る誤謬はすべて筆者の責任である。

注

（1）最近、江戸に隣接する本所・深川の支配をめぐる興味深い事例の研究が発表されている。高山慶子「本所・深川の町と年貢・公役の負担」『東京都江戸東京博物館研究報告』第一〇号（二〇〇四年一〇月）。ここでは、江戸の町方に組み込まれた本所・深川が、年貢については代官支配、つまり村落扱いをうけていたこと、こういった変化は流動的であったことが示されている。筆者もかつて、江戸に隣接する豊島郡角筈村（現在の新宿）の史料を用いた論考で、村内の武家屋敷が石高を持ち、名主を通じて年貢を負担する土地であったことを見出した（速水融「都市近郊村の諸問題」『三田学会雑誌』四七巻三号、一九五四年三月、一一三八頁）。城壁を持たず、実質的な境界を持たない近世日本の都市は、法制とは関係なく隣接部分を取り込んで機能的には都市の一部と化し、制度上の「都市化」は、はるかに遅れてやってきたり、そのまま明治期を迎える場合もあった。

（2）斎藤誠治「江戸時代の都市人口」『地域開発』（一九八四年、九）は、地方史書により、江戸時代の都市人口を求め、都市化の地域差等を明らかにしたものである。人口を一六五〇年、一七五〇年、一八五〇年にとり、対象とした都市数は六四であるから、その努力は傾聴に値する。しかし同時にいくつかの問題をかかえている。第一は地方史に記載されている「人口」数の信頼度である。筆者も同様の作業を行い、全国都市人口の推移を求めた経験があるが、結局「都市人口」の概念が統一されておらず、結果の発表を行うことを躊躇した。ある場合には家数しか書かれていなかったり、武士人口についての記述が曖昧だったり、最低限必要な統一がない。これは無理からぬところで、江戸時代が「前近代社会」であることの証拠でもあり、かつそこに、地方史編纂者の意図が加わっている。第二は、「都市」の境界の問題で、地方史には、多くの場合、当時の「都市」に含まれる人口しか挙げていない。江戸で言えば実質的な都市人口は隣接宿場町を加えるべきであろうし、大坂であれば、少なくとも町続きの難波、天王寺を加えるべきである。こういったことを無視して、幕末期の江戸や大坂の人口減少を見出し、論ずるのは危険でさえある。それならば、いっそのこと、全国統一の方法によって調査された明治初期の統計によった方がよい、というのが筆者の考えである。

（3）この統計資料の書誌情報については、細谷新治『明治前期日本経済統計解題書誌――富国強兵篇（上の二）』一橋大学経済研究所・日本経済統計文献センター、一九七八年三月、三一九頁。参照。

（4）復刻版として『陸軍参謀部編　共武政表　明治八年版』青史社、一九七六年。

（5）明治初年、戸籍に基づく人口統計の作成を命じられた人口統計学者の杉亨二が、戸籍は人口調査ではない、として席を立って去った話は有名である。Akira Hayami, “Koji Sugi and The Emergence of Modern Population Statistics in Japan:

The Influence of German Statistics." *Reitaku Journal of Interdisciplinary Studies.* Vol. 9, No. 2, 2001.

（6）大友篤『日本都市人口分布論』大明堂、一九七九年。

（7）Carol A. Smith, "Types of City-Size Distributions: A Comparative Analysis," in Ad Van der Woude, Jan de Vries and Akira Hayami (eds.),(1990), *op. cit.*, p. 20-42.

（8）小西四郎・児玉幸多・竹内理三編『日本史総覧』（机上版）新人物往来社、一九八八年、八六一―九九八頁所収の「各藩変遷表」より求めた。

（9）都市人口は「現在人口」をとったが、明治一七（一八八四）年の府県別（または国別）の「現在人口」は求められないので、明治一九（一八八六）年初の内務省総務局戸籍課『日本全国民籍戸口表』（複製『国勢調査以前日本人口統計集成　二』東洋書林、一九九二年所収）より求めた。この時期の人口変動は、まだそれほど大きくはなかったので、依拠した資料の年代の違いによる差異は、ミニマムなものと考える。

（10）上記と同じく、都市人口は明治一七（一八八四）年初、県別人口は明治一九（一八八六）年初と二年の違いがある。

第III部　地域の歴史人口学
——人口動態が明かす歴史と地域の諸相

第11章　幕末カラフトの人口構造

——幕府による先住民人口調査

幕末のカラフト

天下泰平の一八世紀も後半になると、日本の北辺はにわかに騒がしくなってきた。年表によれば、安永七（一七七八）年ロシア船が蝦夷地に来航し、松前藩に通商を求め、翌年も同様の事件が起ったが、もちろん松前藩は拒否している。世界史的には、一六世紀半ば、「タタールのくびき」を断ち切ったロシアが、重要な財源であった毛皮を求めてシベリアを驚くべき速さで東進し、わずか五〇年後、一七世紀中ごろには沿海州に到達する「東漸」運動の一環である。ロシアの東進はさらに東に向かい、ほとんど抵抗を受けることなくベーリング海峡を渡り、アラスカからアメリカ大陸の西海岸に沿って南下、カリフォルニア北部にまで到達したことはよく知られている。幸か不幸か日本本土は、直接その進路にならなかったが、蝦夷地に関してはロシアからすれば、交易をする対象となり、当時ゆっくりと進出しつつあった日本といつか衝突する運命にあった、と言えよう。実際、日本の難破船が、千島やカムチャッカ半島に流れ着き、日本人とロシアの接触も始まっていた（一七八三年、大黒屋光太夫のアリューシャン列島漂着）。こういった事態を受けて、徳川幕府は蝦夷地の調査を開始し、一七八五年にはカラフト南部へ、翌年には千島エトロフに調査隊が到達している。松前藩でも、一七九〇年に南カラフトに交易所を設け、藩士を派遣してカラフト先住民との間に直接交易が開始された。

最近、秋月俊幸氏は、その著書においてこの時期の日本の北辺の事情を、綿密に研究され、とくに地図作成について、非常に優れた著書を刊行されている。(1) 長年にわたる同氏のご努力の結果、幕末期の日露関係は非常に鮮明に知ることができるようになり、筆者として何も新たに付け加えることはない。ただ、本稿を叙するに当たって、必要最小限の背景を述べておこう。

一九世紀への変り目になると、幕府は蝦夷地の管轄・防備に敏感になり、盛んに調査隊を出し（最上徳内、近藤重蔵、伊能忠敬ら）、一七九八年には、エトロフ島に、一八〇一年には、ウルップ島に日本領土の標主が立てられ、また蝦夷地全域にわたって測量が行われ、地図が作成された。また一方ではロシアの艦船による襲撃も始まり、風雲急を告げてくる。幕府は、一八〇二年から蝦夷地の一部を直轄化し、一八〇四年には寺院をクシロ、アッケシなど、東蝦夷地に建立している。一八〇七年には、蝦夷地全域を直轄地化し、松前藩は一時的にこの地から離れた。

カラフトの所在は早くから分かっていたが、一八世紀末まで、松前藩は行政力を直接行使したわけではなかった。ようやく一七九〇年代に、クシュンコタン（日本領時代の大泊）他に交易所が設けられたが、一八〇九年になると、カラフトは北蝦夷地として、幕府の支配下に入ることになる。同年、幕府は松田伝十郎・間宮林蔵らを派遣してカラフト探検を実施し、ここが離島であることを実証した。蝦夷地は、ひとまず危機が去った一八二一年、松前藩に返されたが、国際関係が緊張する幕末の一八五五年、ふたたび幕府直轄領となる。

カラフトでは、しばらく小康状態が続いていたが、嘉永二（一八四九）年にアメリカの捕鯨船の乗組員が脱走してカラフトに上陸した事件があり、それが幕府の対外関係の記録である「通航一覧」に記録されていることから、幕府の権限が行使される地であったと見ることができる。嘉永六（一八五三）年には、日本によるカラフト経営の本拠、クシュンコタンにロシア軍が上陸するという事件が起り、幕府はカラフトへの関与を固め、奥地まで調査をおこなうとともに、蝦夷地全域を再直轄地化したのである。

幕府は、一八五六年に北緯五〇度線によって日露間の国境とする案をもって交渉したがなかなか妥結せず、ようやく一八六二年になって、ロシア政府との間に調印が行われた。しかし、幕末期、国内政治の統率力を失いつつあった幕府は、一八六七年、カラフトに領土としての主権を置かず、日本人とロシア人の雑居地とする条約に調印せざるを得なかった。秋月氏の著書には、クシュンコタンにおける、日本人とロシア人「雑居」の図も掲載されてお

り、その実情を観ることができる。(2)

先住民人口調査

カラフトには、南部にアイヌ、北部にギリヤーク、東北部にウルチャの諸先住民族が住んでいたが、狩猟・漁労を主たる生業とし、国家を形成せず、また文字を持つこともなかった。同一の年次にその人口が調査された証拠はないが、とにもかくにも、一八〇八年、九年に行われた間宮林蔵の探検の見聞を記した『北蝦夷図説』(3)によると、「東海岸チャシ（西ノトロ岬近くにチーシー岬がある）よりタライカに至る間……凡三一四屋……男女合わせ凡二〇四一人、西海岸シラヌシよりリヨナイ（西海岸の、タライカと同緯度付近にチョーナイという漁場があり、リヨナイと思われる）に至る間……凡一二四屋……男女合わせ凡八〇六人、通計家数四三八屋、人数二八四七人」となっている。間宮探検隊が、いかなる方法で家数や人口を調査したのか明らかでないが、後年の人別改の数値と大きく離れてはいない。

それから約九〇年後、一八九八年一月一日時点における帝政ロシアの調査によると、カラフトにはロシア人約三万二〇〇〇人（うち流刑民約二万二〇〇〇人）、先住民四一四九人（うち、アイヌ一二九六人、ギリヤーク一九一〇人、ウルチャ七三三人、ツングース一五七人、ヤクーツク一三人）が居住していた。(4)これはカラフト全島の数値であり、相対的にギリヤークの人口がアイヌより多かったのが目立っている。それに対しカラフト東北部にはウルチャの人口も見出される。

いずれにしても、南北一〇〇〇キロ近い広大なこの地に住む先住民人口が、土地面積に対していかに希薄であったかは明白である（図11―1）。近代になり、当初はロシアによる流刑・農業開拓を通じて数万人が移住し、日露戦

図11-1　カラフト全図

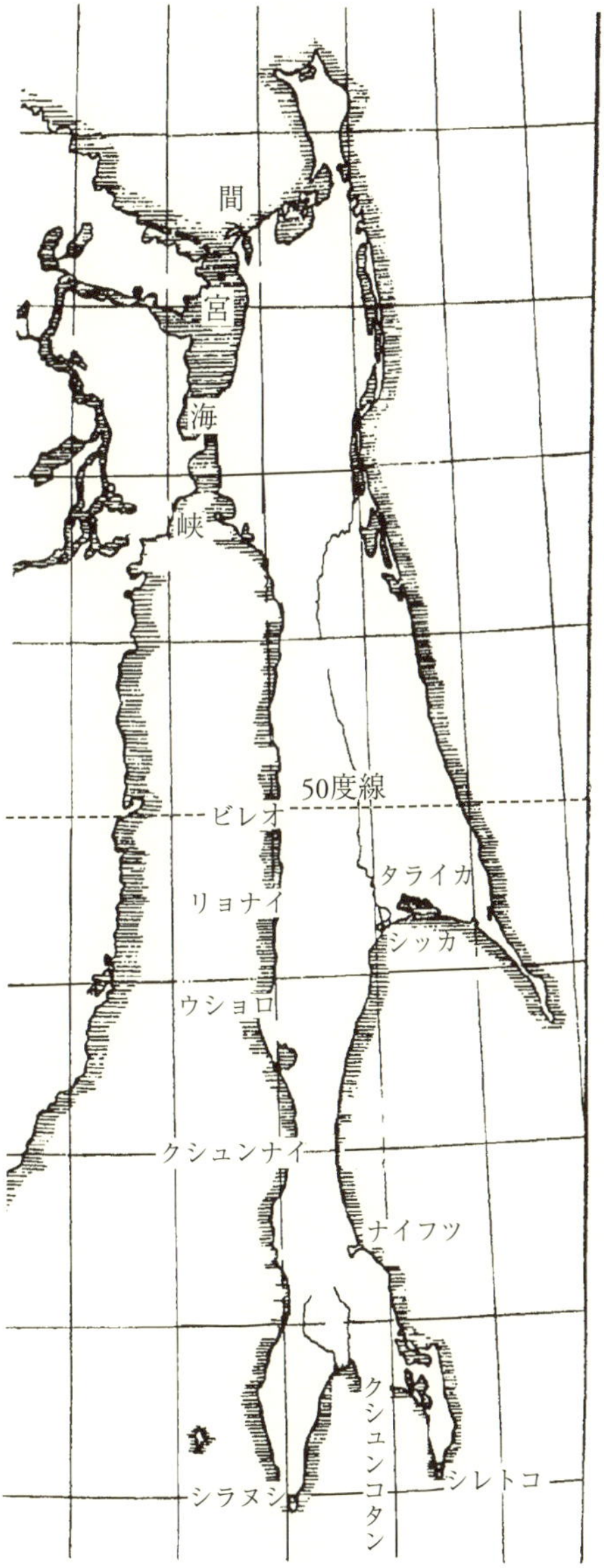
間
宮
海
峡
50度線
ビレオ
タライカ
リョナイ
シッカ
ウショロ
クシュンナイ
ナイフツ
クシュンコタン
シラヌシ
シレトコ

争後、南カラフトが日本領になってから、農業以外に、林業、石炭業、製紙業を中心とする近代産業が展開すると、その人口は数十万に達した。その陰で、先住民は、ある場合には強制移住さえさせられ、その人口は減りこそすれ、増えることはなかった。文字通り、かれらが占める人口は、全体の一%台のマイノリティとなったのである。

このように、狩猟・漁労に生計を依存する人口は、生存のため、広大な面積を必要としたが、農耕社会になれば、同一面積で、その一〇倍以上の人口が扶養可能になり、近代産業が加われば、さらにもう一〇倍の人口を擁することが可能になった。逆に、狩猟・漁労社会、特に国家形成をしていない社会に、農耕民が入り、さらに工業化が始まると、その先住民族は、極めて短時間のうちにマイノリティとなってしまうのである。

その意味で、カラフトの先住民マイノリティとなったアイヌに関し、受難・破壊の時代の前に行われた、幕府による先住民の人口調査は極めて重要な史料である。また、それは、単にこの地の人口調査としてだけではなく、狩猟・漁労を生業とし、国家形成をせず、したがって国制を持たず、普遍宗教に取り込まれていない民族の調査としても貴重なのである。

ある地の土地調査や人口調査は、それ自身、その地がそこを統括する政府の実効支配下におかれていることを証拠づけるものであり、この時期のカラフト先住民人口調査には、政治的な意味がこめられていた。ところが、調査が何年に始まったのか、いかに行われたのかについての史料は残されていない。われわれが有するのは、文政一一（一八二八）年「ショウニ　ヨリ　タラヱカ迄　北蝦夷地東西惣人別帳」と、嘉永六（一八五三）年「北蝦夷地人別」の二冊の史料に過ぎないが、今まで、この史料を用いた日本語による研究成果は発表されていない(5)（ただし前者は安政七〔一八六〇〕年の写本で「クシュンコタン元会所惣人別帳より書き取り」、後者は嘉永六〔一八五三〕年の調査であるが、史料の作成されたのは三年後の安政三〔一八五六〕年である）。

北蝦夷地は、史料の表題上、東西に分かれていたが、掲載されている地名が、南カラフトに限られており、間宮林蔵らの探検を除けば、北カラフトは幕府や松前藩の行政の範囲外にあったと思われるので、この論文では、観察を南カラフト（日露戦争以後の南カラフトよりやや南を境界とする）に限ることとする。一八二八年の史料では、「西」はごく一部西海岸の村を含むとはいえ、ほとんど対象とされず、大部分はアニワ湾沿岸の村を対象としている。他方、「東」は東海岸にそってかなり北のタライカ（日本領時代の敷香（しすか）近傍）に及んでいる。これに対して、一八五三年の史料では、「西」には、かなり北部の沿岸、ウショロまでが含まれ、逆にアニワ湾沿いの村は、東海岸の村とともにまとめて取り扱われている。ここでは便宜的に、これらの村々を一八五三年の史料における「東」として扱うことにする。

どちらの史料も、地名を地図と照合すると、調査されている村は、内陸部はごくわずかで、ほとんどは海岸沿いである。例外的に、「ナヱフッ川上、キキンニウシ村」（地図上の位置不明であるが、ナイフッ川を遡った内陸にあったものと思われる）のような場合があるが、調査はほとんど沿岸でしか行われなかったし、実際に集落は海岸沿いにしかなかった、とも見られる。

ところで、史料に掲載されている村名を、地図上に確定する作業は決して容易ではない。最も詳細な地図は、大日本帝国陸地測量部が、昭和三（一九二八）年から同一六（一九四一）年にかけて行った測量に基づく地図[6]であるが、これも完全ではなく、かつ元の地名はすべて漢字が充てられているので、村名を探し出すには適当ではない。そこで照合に用いた地図は、明治三八（一九〇五）年、日露戦争の終結期に、日本が講和条約を有利に導くべく、急遽占領した際に民間で作成された樺太全島の地図とした[7]。この地図（「薩哈嗹島漁場図」を含む）にしても、かなりの地名がロシア語の発音をカナ表記しており、先住民時代の地名をすべて遡ることはできなかった。ただ、この地図には、アイヌの集落を（ア）、ウルチャ（当時はオロチョンと呼ばれていた）を（オ）、ギリヤークを（ギ）というように記しており、その点で貴重な情報を提供してくれる。ちなみに、この地図によれば、北緯五〇度やや南の線から北、ロシア領ツイモフ郡・アレキサンドロフスキー郡に見られる先住民の集落数は、アイヌが〇、ウルチャが二、ギリヤークが六〇、合計六二である。また、その線以南のカルサアコフスキー郡では、アイヌが二九、ウルチャが六、ギリヤークが一となっており、北カラフトと南カラフトでは、居住する民族が異なっていた。

一八二八年の史料に記録されている村数八〇と、明治三九（一九〇六）年の地図で、村名が正確に一致するもの、近い発音をもつものは計四六カ村あるが、残りは一致しない。これは、文字を持たなかったカラフト・アイヌの人々から聞き取った地名の表記の問題、「人別帳」作成の時点と、地図作成の時点の間に八〇年近い歳月が流れ、流動性の高いカラフト・アイヌの人々が移動したり、村名が変わってしまったことからくる問題と考えられる。

一八二八年の人別帳に記録されている戸口数は、史料末尾の記載では、村数七九、家数二八七、人数二〇九五、うち男五九七、女八五五、うち男子供三五六、女子供三一一となっていて、人口数の内訳と合計数は合わない。実際に数えてみると、村数八〇、家数二八九、人口総数二〇九四となり、若干異なっている。そこで、この報告では、史料末尾記載の数値は無視して、個々の人別記載から計算した数値を用いることにする。

この人別帳は、北蝦夷地の村ごとに、その住民の名前、続柄、年齢を記し、各家ごとの人数を男女別に数え、さらに村ごとの合計数を記し、北蝦夷地を、東西に分けてそれぞれの合計数、男女子ども数を出している。村名、人名はカタカナ表記である（**表11—1**）。一見して明らかなことは、個人の年齢が「XX才位」として概数で書かれていることで、先住民が自分の正確な年齢を知らなかったことを窺わせる。また、家族内の続柄も、家主本人、妻（女房）、父、母、息子、娘、兄弟姉妹以外に、アイヌ語で同胞を意味する「ウタレ」が多く、はっきりした親族関係が記録されていない。

また、カラフト・アイヌは一夫多妻制であったとされているが、一家のなかで、「妻」が複数いる例はない。一夫多妻が制度的に認められているなら、一人の夫にたいして複数の「妻」が記録されていて然るべきであるが、その

表11-1　北蝦夷地東西惣人別帳（1828年）の記載例

「ウエンコタン村
男　ニタツカクシ　　四十才位
同夷　女房壱人　　三十八才位
倅　壱人　　十二才位
妹　壱人　　五才位
ウタレ女　ルシセクル　　四十才位
　　キンシュ井　　七十才位
　　アマコ　　二十才位
　　男三人
家内七人内
　　女三人
」

ような例は一件もない。その代わりに、「妻」と同居する「妾」という記載が三件ある。また、「ウタレ」として記録されている者のなかに同様の者が含まれていた可能性はある。調査した当時の幕府役人の判断では、一夫多妻制が理解できなかったか、日本の家族にみる続柄を基準として記録したのであろう。

一八二八年の人別帳に出てくる地名は、一口に言えば、「西」は西海岸の南端、西ノトロ岬に近いショウニ（当時、蝦夷地宗谷との連絡港であった）、シラヌシに始まり、アニワ湾沿岸を回って、ポトッサを経て、中シレトコ半島南端に近いヤンケナイに至る海岸にある村と、「東」は中シレトコ半島の北端、アエロフから北上して、タラヱカに至る沿岸が調査地域となっている。東海岸の調査地域にくらべ、西海岸の調査は調査対象地域がわずかで、むしろアニワ湾沿岸の調査が主になっている。東海岸に比べて、西海岸は地形が急峻で、海岸沿いに北上することが困難だったからであろう。

東海岸最北のタラヱカは、タラヱカ湖のオホーツク海への出口近くに位置し、付近にウルチャやギリヤーク族が多く住むところであった。間宮林蔵（北蝦夷図説）や松浦武四郎（北蝦夷余誌）は、わざわざアイヌとは区別してこの地に住む人々の民俗調査を行い、その図説を描いている。(8) ウルチャは、トナカイの飼育を主たる生業とし、定住の形式をとらない典型的な狩猟民族であった。一八二八年の人別帳が、タラヱカまで及んでいるので、史料からウルチャ家族の生存状況を窺い得るかと期待したが、世帯構成は、他の地域のアイヌの場合と同じで、調査対象となった人々が、ウルチャ族であったという証拠はない。

一八五三年の史料は、東西の各村ごとに、家数、人数、男女別の総数のみを記したものである（表11―2）。なかに、「去子年書上後」という文言があり、前年の嘉永五（一八五二）年にも調査が行われていたことが窺われる。この史料には、出生数や死亡数が書き上げられており、文政の史料では求められなかった動態統計を得ることができる。調査は「北蝦夷地運上屋」作成の東岸七五村、二六五世帯、一八四六人を含む部分と、「北蝦夷地　西トンナヱ出張所」作成の西岸二一村、一〇八世帯、七八四人からなる部分の二つからなっている。すでに地図に示したように、一八二八年の史料と、「東」「西」の区分は異なっているが、ここでもアニワ湾沿岸は「西」に入っている。

この史料に記録されているのは、村数九六、家数三七三、人数二六四八、うち男一三〇三、女一三四五である（史料の奥書との間に些細な違いがあるが、ここでは計算した値を用いる）。二五年前の調査に比べ、どの数値も増えているが、これは実際に村の数や人口が増えたのではなく、調査の対象となる地域が広がった結果であろう。判明する同一の村について、二つの年次の間に変化があったか否かを比べることはできるが、「村」の領域が確定していなかったためか、バラつきが激しく、増加したとも減少したとも言えない。

表 11-2　北蝦夷地人別帳（1853 年）の巻頭

「嘉永六発丑年六月
　ショウニ村ヨリフヌフ村マテ惣村家人数書上西浦マチランナ井
　村ヨリホロコタン村マテ惣村家人数綴込北蝦夷地東浦蛎崎伴茂控
　　　　　　　　覚
一ショニ村　　家数二軒　　人数十二人
　　　　　　　　　　　　　　　　　　男六人
　　　　　　　　　　　　　　　　　　女六人
一シラヌシ村　家数七軒　　人数七十三人
　　　　　　　　　　　　　　　　　　男三十七人
　　　　　　　　　　　　　　　　　　女三十六人
（以下略）」

村と世帯の規模

一八二八年の史料は、徳川時代の人別改帳形式のものであり、単年度であるが、人別改帳同様の観察を行うことができる。その前に、この史料に出てくる「村」や世帯について見ておきたい。史料に記録されている「村」は、「西」が四〇、「東」が四〇、世帯数計一五八、「東」が四〇、世帯数計一三一である。一つの「村」に含まれる世帯の数は、「西」が四・〇、「東」が三・三となり、同時代の日本内地の「村」に比べてはるかに小さい。「西」も「東」も、一村が一から四世帯が最も多く、六世帯以上は稀になり、最大の「村」でも一五世帯を擁するに過ぎない。この「村」は「東」のトンナエチャで、東海岸調査の二番目の村、トンナエチャ湖とオホーツク海にまたがるところである。日本によるカラフト経営の拠点クシュンコタンは、村名に出て来ないが、この地点にあったと思われる「村」は、ハツコトマリ（一〇世帯）、トマリヲロ（一二世帯）、ホロアン泊リ（五世帯）の三カ村（二七世帯）である。集落形成の原理が、農耕中心の日本内地とは大きく異なっていたと考えられる。

世帯の規模は、これに対して相対的に大きかった。「西」が一世帯当り平均七・七人、「東」が六・七人、全島平均では七・二人である。この数値には、後にみるような、年少者の記載漏れがあったから、実際にはもっと多かったに違いない。分布をみると、「西」では最も多いのが七人（二二世帯）、ついで五人（二〇世帯）、八人（一九世帯）となっており、また、一〇人以上の大所帯が四四世帯、世帯全体の二八％、全人口四四％を占めていた。最大は二二人世帯であるが、その内容については後述する。

一方「東」では、最も多いのが六人（二四世帯）、ついで五人（二一世帯）、八人（一六世帯）で、一〇人以上の世帯は一八、全体の一四％にとどまり、この世帯に住む人口も、全体の二五％となっている。最大の世帯でも一七人であり、「西」に比べればかなり小さい。このような「西」と「東」の違いは、実際を反映しているのか否かについてはにわかに決めがたい。カラフトは、かつて日露の国境だった緯度五〇度の地点から南端まで緯度にして四度、東京から盛岡、秋田にほぼ等しい距離がある。この長い海岸線の人口調査を一人あるいは一組の調査員が行ったとはとうてい考えられず、調査は複数の調査員によってなされた、とみるのが妥当である。とするならば、調査の細目について十分討議し、方式を決めて実施したのか、という疑問が出てくる。しかし、程度はともかく、このような、またこれから観察するような相違が、現実を全く反映してこない、という証拠もない。この論文では、求めた観察結果を取りあえずそのまま受けとめる以外にない。

一八五三年の史料から求め得るのは、村ごとの世帯数、世帯の規模である。「東」には七五カ村がふくまれるが、一村平均の世帯数は三・五であり、一八二八年同様、非常に小さい。「西」に含まれる二一カ村でも、一村平均の世帯数は五・一とやや多いとはいえ、日本内地の規模からみればはるかに少なかった。

「東」と「西」を合わせて、世帯数五以下の集落は四五、つまり全体（九六）のうち七八％を占めている。このうち、一村一世帯は一五、一村二世帯が二九あり、これら極小集落は、東西海岸に分布している。

世帯の規模別の分布については、一八二八年の史料から求めることしかできないが、結果は、「東」、「西」、「合計」の三つの分布図に示した（図11―2―A・B・C）。一人世帯は全域を通じて存在せず、最大はホラツヘウニ村（位置は地図上に確認できないが、アニワ湾沿い東側にあったと思われる）の戸主名コンスケ一家二二人である。その世帯構成は、戸主コンスケ（三六歳）［以下年齢はいずれも……「才位」となっている］、女房サシュンケマ（三二歳）、娘三人（九歳、六歳、三歳）、弟トツトヲツカヱ（二六歳）、姉テカラヱマ（二九歳）、娘［「姉」の娘?・］（四歳）、トツトヲツカヱ妹ワルシルケマ（二三歳）、続柄不明（女）ヘトマンテ（六〇歳）、コンスケ弟ウタレ男トヨツテホノ（五〇歳）、トヨツテホノ女房タクラリ（四〇歳）、娘三人（一三歳、一一歳、四歳）、ウタレ男

図11-2-A　1828年カラフトにおける世帯規模別分布（合計）

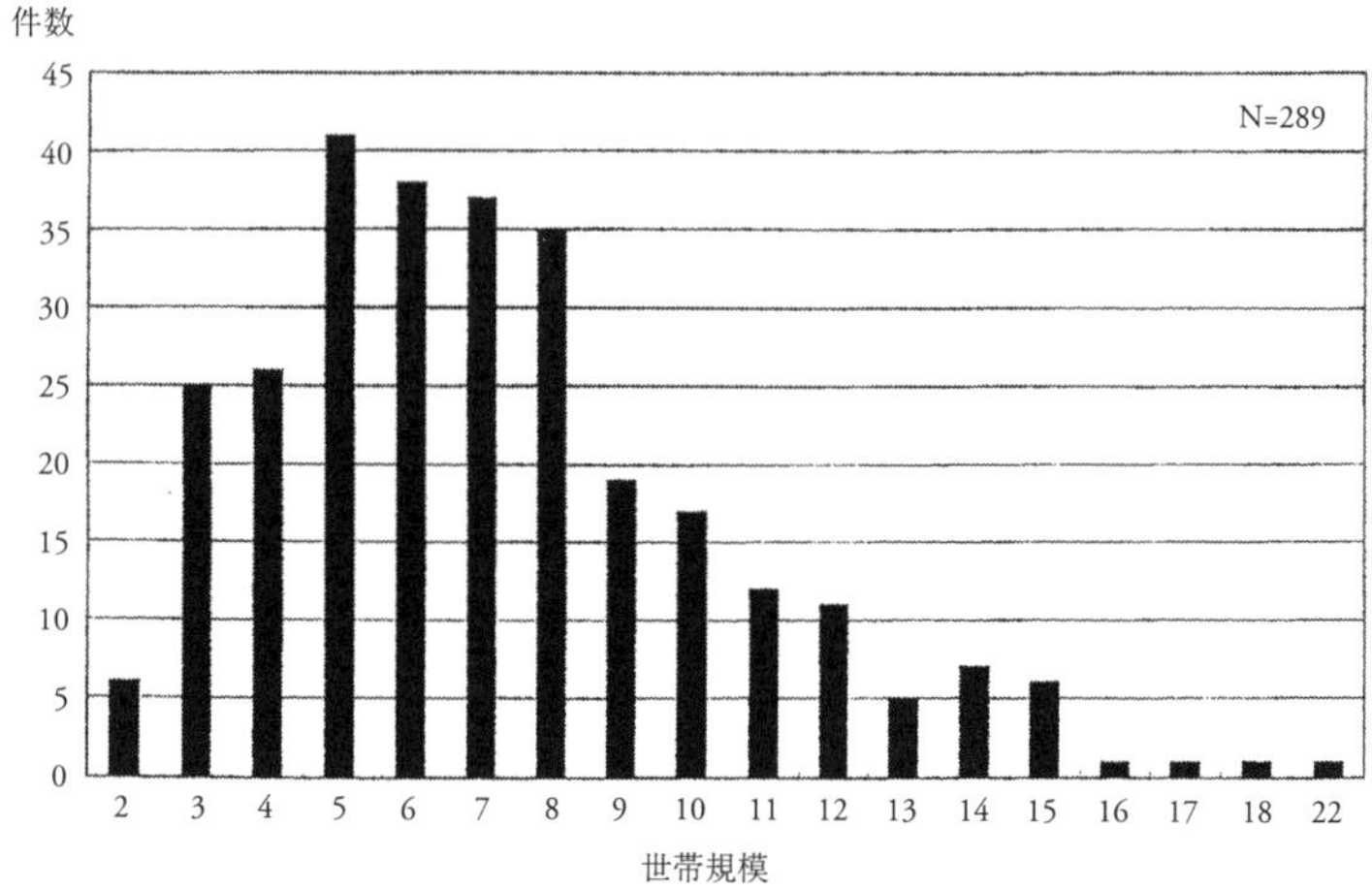

図11-2-B　1828年カラフトにおける世帯規模別分布（東）

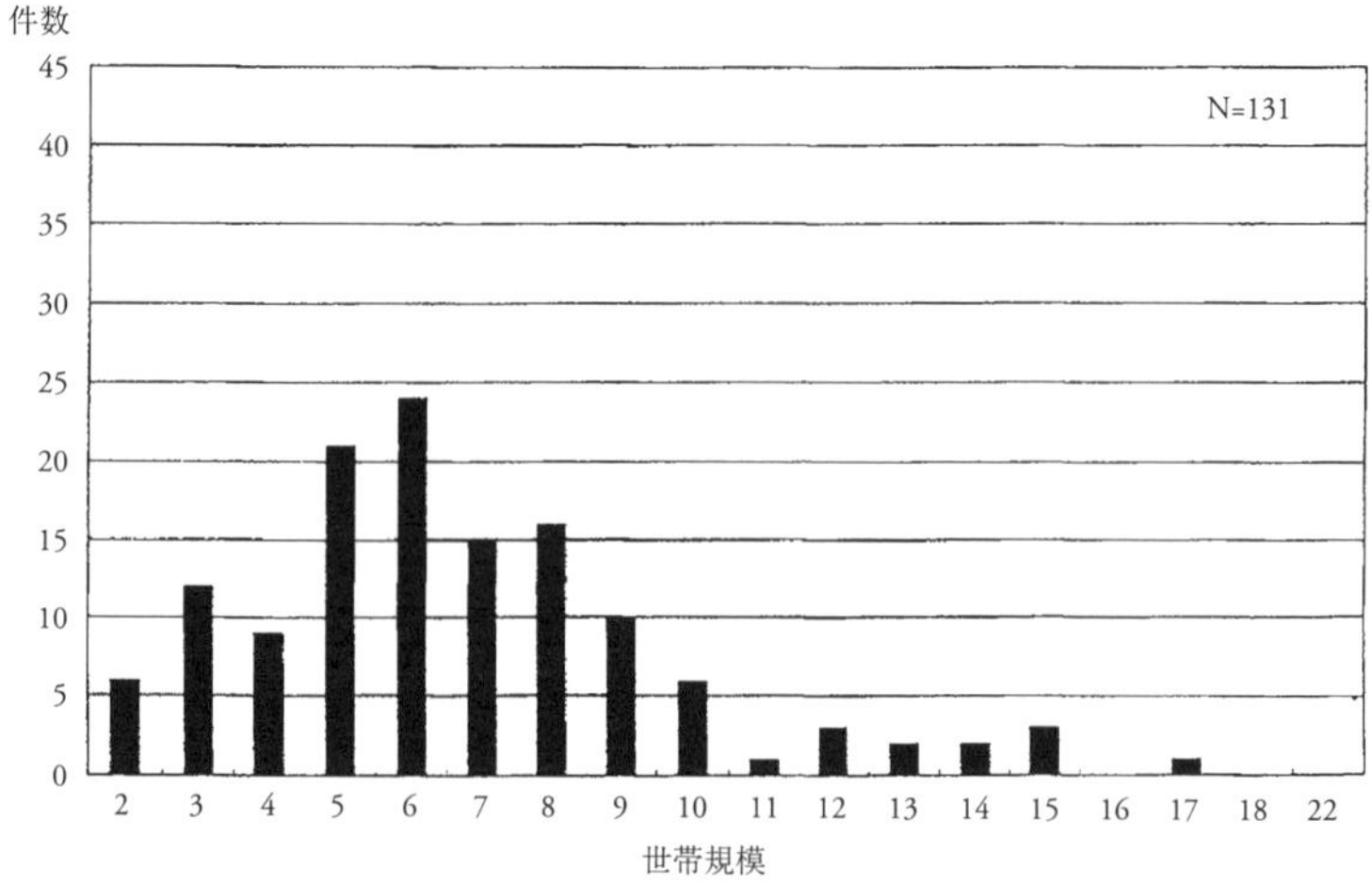

図11-2-C　1828年カラフトにおける世帯規模別分布（西）

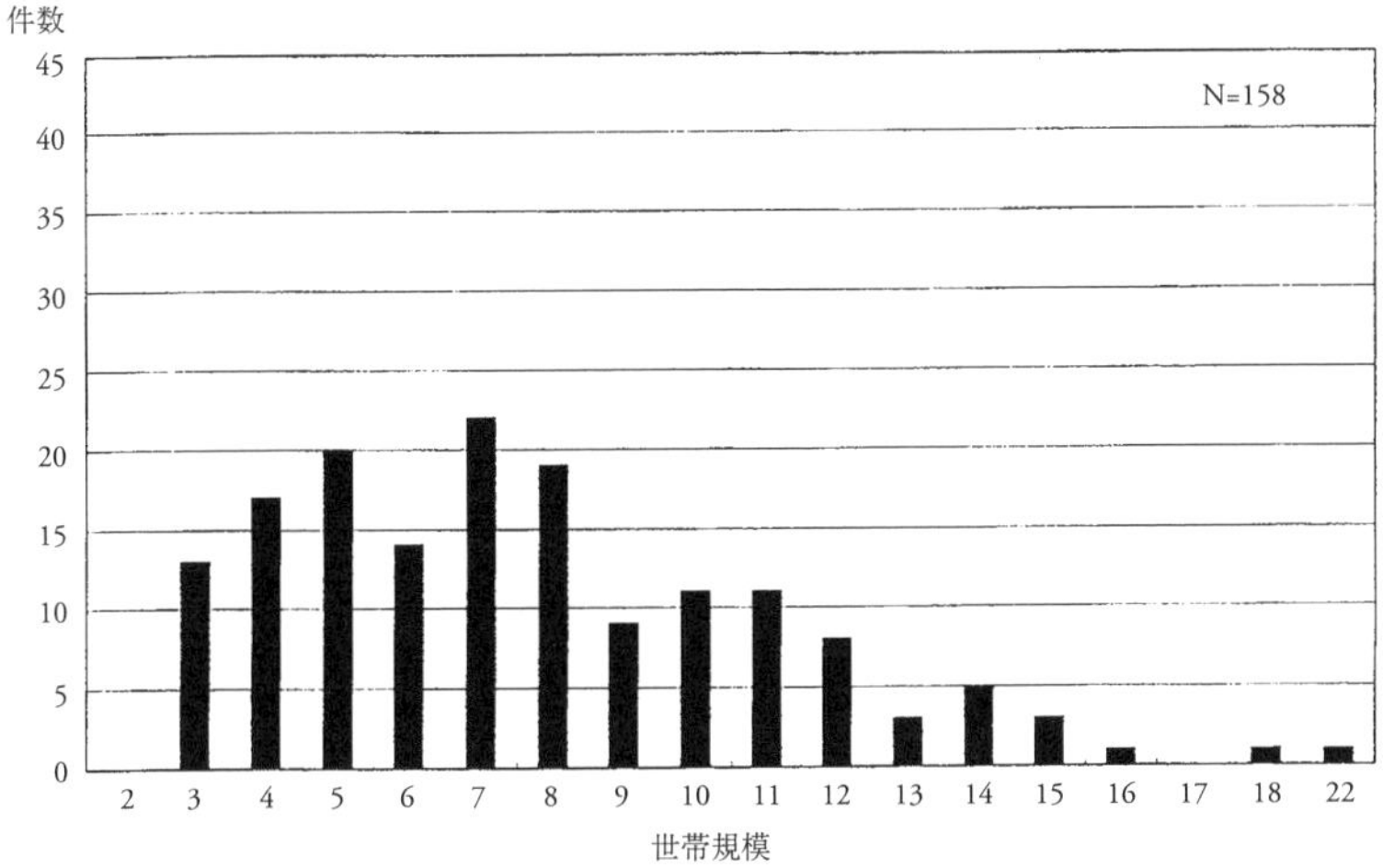

ミトコ（一六歳）、同モシルンカエ（五二歳）、女房アリインネ（四三歳）、娘ヱコテシラリ（一九歳）、弟一人（一三歳）、妹一人（一一歳）、ヱコテシラリ娘（当歳）である。

この世帯には、戸主夫婦、弟（ウタレとある）夫婦、ウタレ夫婦の計三組の夫婦がおり、かれらの子ども計九人、戸主の未婚のきょうだい三人、かれらの子ども一人、独身のウタレ男一人、ウタレ夫婦の子どもの子ども一人、続柄不明者一人という構成であった。家族分類から言えば、合同家族（joint family）世帯になる。このような三組の夫婦を持つ合同家族世帯（全域で二世帯）は例外的ではあったが、二組の夫婦を持つ世帯は、計三九世帯あり、全体の一三・五％を占めている。それらの構成をみると、夫婦は直系よりも、きょうだいか、ウタレの場合が多く、基本的には、規模は小さくても合同家族世帯であった。

しかし、数の上で最も多いのは、夫婦組数一組の世帯で、一七四世帯、全体の六〇・二％を占めている。標準的な、世帯規模七人、夫婦一組を有する世帯をとると、以下のような構成内容を有していた。

トンナヱチャ村（東海岸）

（戸主）	タメヨケ		三十才位
女房	ヲカニテハ		四十才位
悴	弐人		十才位
			五才位
ウタレ	女	ヲキトカヲ	三十才位
同		ヱネヒニ	二十才位
ウタレ	男	ソニハ	十二才位

家内七人　内男四人
　　　　　　女三人

　このような世帯内容の記述において、問題となるのは、「ウタレ　女　ヲキトカヲ　三十才位」と「同　ヱネヒニ　二十才位」の二人である。これを単純に同居する独身の親族としていいか、それともカラフト・アイヌが一夫多妻社会であったことを考慮し、この二人の「ウタレ」、あるいはどちらか一人が戸主の第二の妻であった可能性もある。カラフト・アイヌの妻妾同居については、当時の記録にも出て来る。幕末期に、カラフトを探検し、貴重な見聞記を残した松浦武四郎は、「北蝦夷余誌」で、東海岸北部の集落コタンケシについて以下のごとく記している。「コタンケシと云人家一軒（カニクサアイノ）妻と妾と老母と子供と十二人にて暮らしぬ(9)」。そうだとすると、史料に明白に「妾」と書かれていなくても、独身の女性の「ウタレ」で、とくに子どものいる場合には、戸主の妻であった可能性が出てくる。

しかし、一八二八年の史料では、第二・三の妻と、本当の「ウタレ」を識別する方法はない。ただ、二〇歳を越えると、性比が一〇〇を越え、女子の方が男子より多くなっているから、「ウタレ」のなかには、第二・三の妻であった者が含まれていた可能性は高い。

この史料には、合計二五八組の夫婦が記録されているが、そのうち、「ウタレ」を含む世帯を構成する夫婦は五〇組で、残りの二〇八組には「ウタレ」という呼称が附されている家族構成員はいない。もし、「ウタレ」のうちに実質的な第二、三の妻が含まれているなら、配偶率に差があるはずである。そこで、結婚している可能性の高い年齢層として、一五歳（位）から五〇歳（位）を対象とし、結婚していない者を選ぶと、「ウタレ」の呼称のない者は男子一七五、女子一六一、男女不明二三になる。「ウタレ」の呼称のある者について同じ作業をすると、男子一四七、女子一九二、不明一である。

男女合計すると、有配偶者と無配偶者の数は、「ウタレ」の呼称でない者で、四一六：三五九、無配偶者の率は有配偶者の八六・三％である。（「妾」三人は無配偶者に算入した）「ウタレ」では、一〇〇：三四〇、二九・四％に過ぎない。いかに「ウタレ」層において、実際であるにせよ、史料上であるにせよ、婚姻関係にあることが困難であるかを知ることができる。

年齢別男女比率

一八二八年の史料に記録されている人口は、総数二〇九四人であるが、性別不明の人口三六人を除いた二〇五八人を男女別に分けると、男一〇〇一人、女一〇五七人となり、性比は九四・七となる。この値は、正常値からかけ離れて低いわけではないが、狩猟社会では性比は高いのではないか、という漠然とした予想とは逆の数値である。

表 11-3　カラフトにおける年齢別性比（1828 年）

年齢階級	東	西
10 歳以下	95.61	111.76
11 ～ 20	136.21	117.05
21 ～ 30	75.58	103.64
31 ～ 40	82.56	74.73
41 ～ 50	93.33	84.38
51 ～ 60	92.59	62.22
61 ～ 70	70.00	62.50
71 ～ 80	400.00	12.50
81 ～ 90	—	—
91 ～ 100	—	—
計	94.38	95.32

（注）東は、男性数 403 人、女性数 427 人。西は、男性数 570 人、女性数 598 人。ともに、年齢または性別が不明の者は含んでいない。

あるいは、成人男子が、労役徴発を逃れるべく、「隠れて」しまったのかも知れない。このことを確かめるために、一〇歳刻みの年齢区分別に性比を見ることにしよう。その際、あり得べき地域差を考え、「西」と「東」に分けて見ることにする。

表11―3は、一〇歳刻みに区分した年齢階層別人口の性比（女子一〇〇に対する男子の数）を東西に分けて示したものである。「西」では、三〇歳以下で男子が多いが、そのあとは着実に低下している（男子の数が女子より少なくなっている）。一方「東」では、一定の傾向はないが、一一―二〇歳層では高くなり、それ以後は七一歳層以上になるまで一〇〇を上回ることはなかった。七一歳以上の層は男子が多いが、規模があまりに小さく、統計上の現象かも知れない。しかし、性比は、どちらかと言えば「西」の方が正常な数値に近くなっている。

東西の違いはあるとしても、なぜ、二〇歳ないし三〇歳までの人口では明らかに男子の数が女子を上回っているのに、次の年齢階層から逆転するのだろうか。表には示していないが、「西」に独自の特徴があることに気づく。それは、男子では、二一―三〇歳層と三一―四〇歳層との間で、人口が大きく減少しているが、女子ではあまり減少していない、という事実である。それ以上の年齢階層では男女同様に減少しているが、この年齢層における男子人口の減少が「西」の人口の性比を大きく変動させた。この年齢階層は、言うまでもなく、生産に最も寄与する年齢階層であり、もしこのような減少が事実の反映であるとするなら、その原因や結果について注目する必要がある。狩猟、とくに漁労は危険を伴う生業であり、これに携わる男子成人の死亡率が高かったこともあり得る。そして、このように男子の死亡が多かったことが、一夫多妻の背景となっていたのかも知れない。しかし一方では、逆に、そういった年齢層だったからこそ、進出しつつあった日本人の漁業操業に際しての労役徴発を逃れるべく、史料から「隠れて」しまったとする解釈の可能性を残しておく必要もあろう。

年齢認識と短命

年齢の末位による人口の分布は、その社会の性格を現す指標としてしばしば用いられる。末位の年齢がある数、とくに〇と五に多く集中する偏位（heaping）現象は、年齢に関する史料の信頼度と同時に、その社会に住む人々の識字水準を示す指標として、現在の人口統計にも用いられている。日本においても、徳川時代の初め、まだ連年の人口調査が実施される以前の史料には、対象人口の年齢に明瞭な偏位がみられ、当時の人々が自分の年齢を知らなかったことを示している。[10]

一八二八年の史料からは、このテストが可能である。まず人別帳に記載されている合計人口二〇九四人から年齢不明の者六九人（全体の三・三％）を引いた残り二〇二五人について、年齢の末位の数字による分布を「西」と「東」に分けて示そう（図11―3―A・B・C）。

このように末位の〇と五への集中は、かなり顕著であるが、「西」と「東」とでは、その差は明瞭である。「西」

図11-3-A　1828年カラフトにおける年齢末位の数字分布

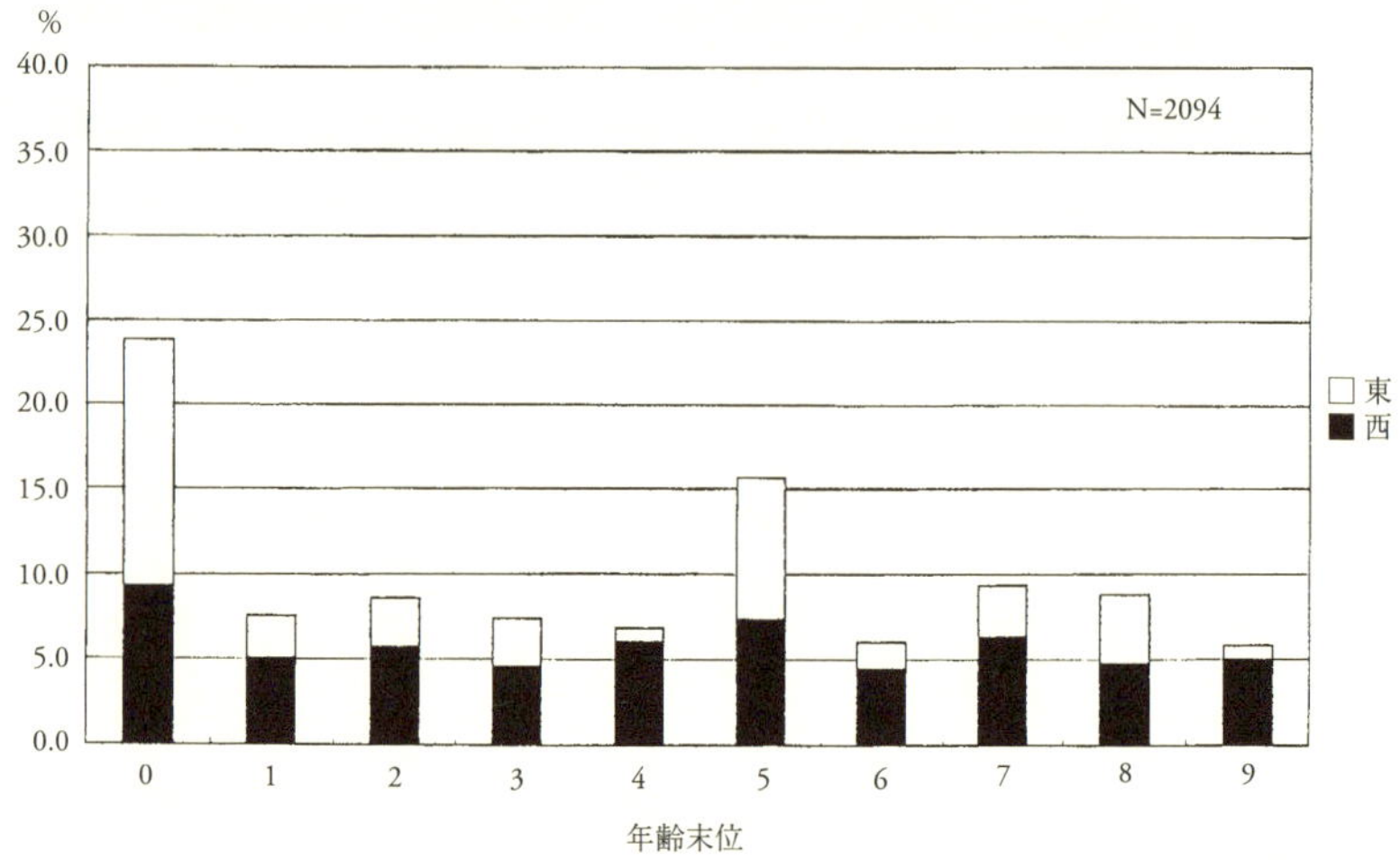

図11-3-B　1828年カラフトにおける年齢末位の数字分布（東）

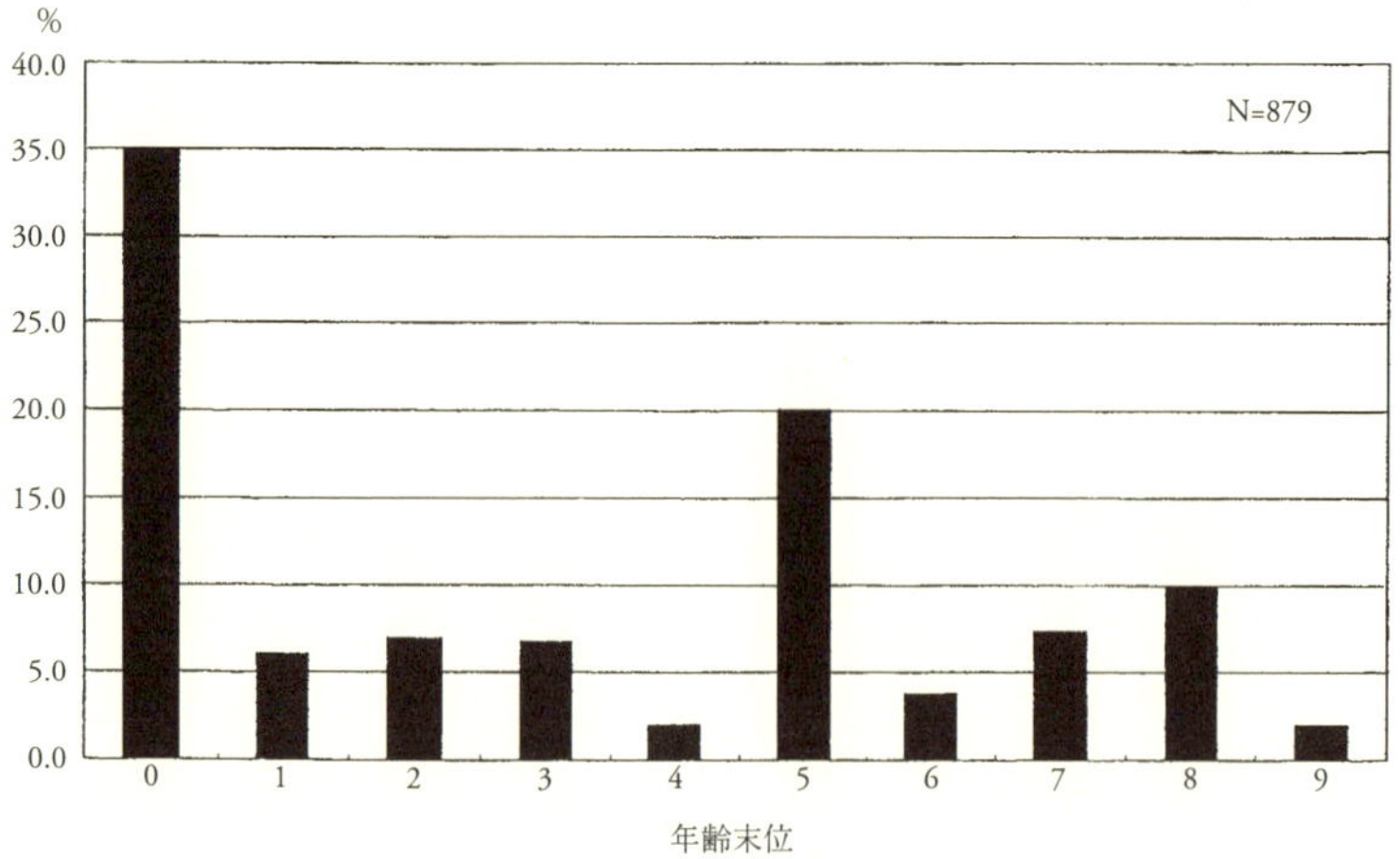

図11-3-C　1828年カラフトにおける年齢末位の数字分布（西）

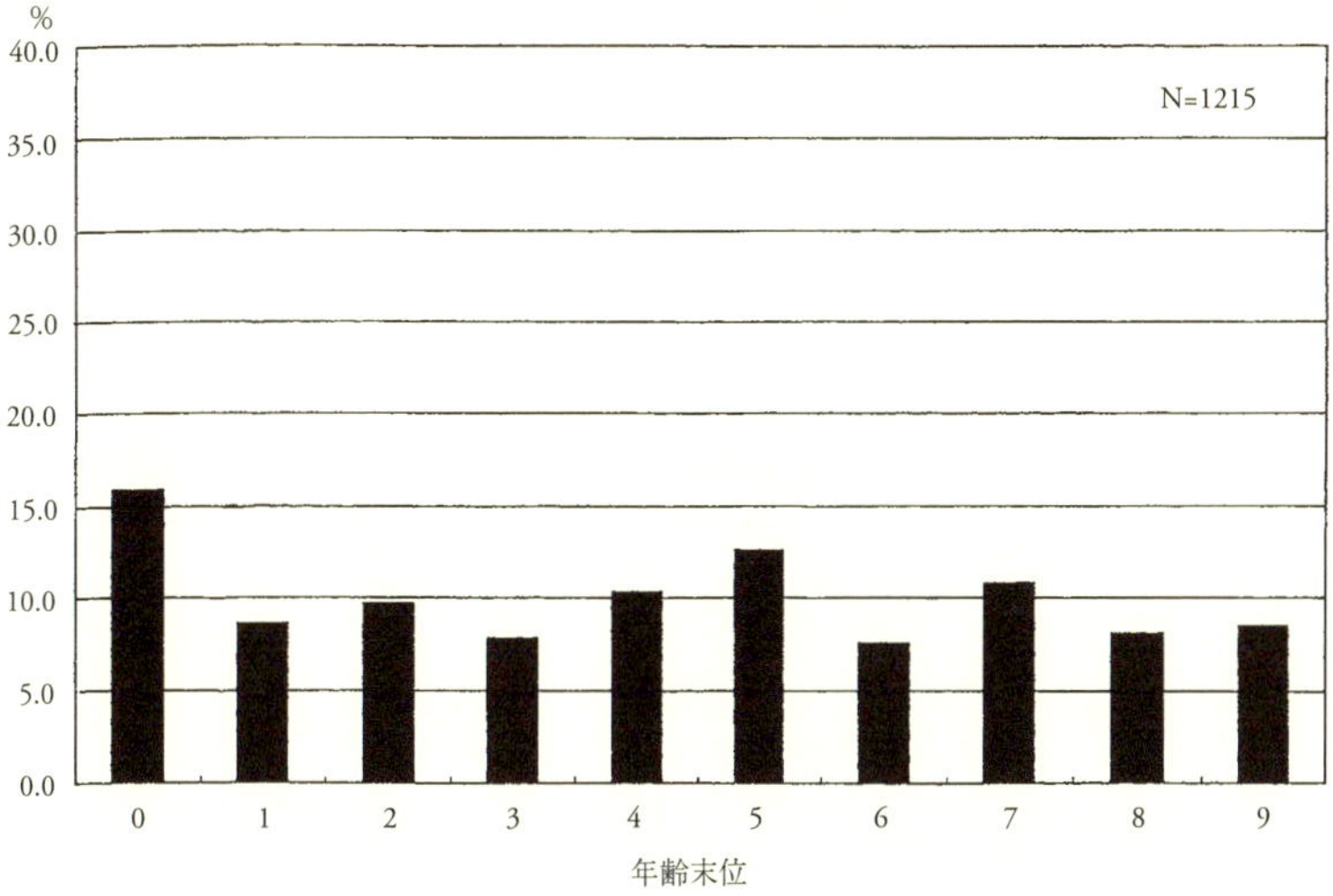

では、偏位はそれほど強くないが（末位〇と五への集中は二八％）、「東」では非常に強く、末位〇と五への集中は五五％に達する。他方、末位四と九は、それぞれ二％を占めるに過ぎない。しかし、だからといって、「西」の人々が、「東」の人々より、自分の年齢を知っていた、とするのは早計である。前述のように、人別帳には、年齢の箇所に全員が「ｘｘ才位」という記載があり、このことは、文字を持たず、連年の人口調査が行われたわけでもないカラフト・アイヌ全員が、自身の年齢を正確には知らなかった可能性を残している。年齢は、すべて調査を行った者の聞取りか判断によっている。そうすると、「西」における偏位の相対的な低さは何を意味するのだろうか。

次に年齢別構造を見よう。性別、年齢別不明の人口を除外すると、全体で九五人（四・六％）が対象から外れ、残りは一九九九人となる。偏位が強いので、一歳刻みの年齢別構造を求めることはできず、かつ末位〇への偏位が強いので、一〇歳刻みで見ざるを得ない。図11―4―A・B・Cの図から、当時のカラフト・アイヌ人口は、

図11-4-A　1828年カラフトにおける先住民年齢構成（合計）

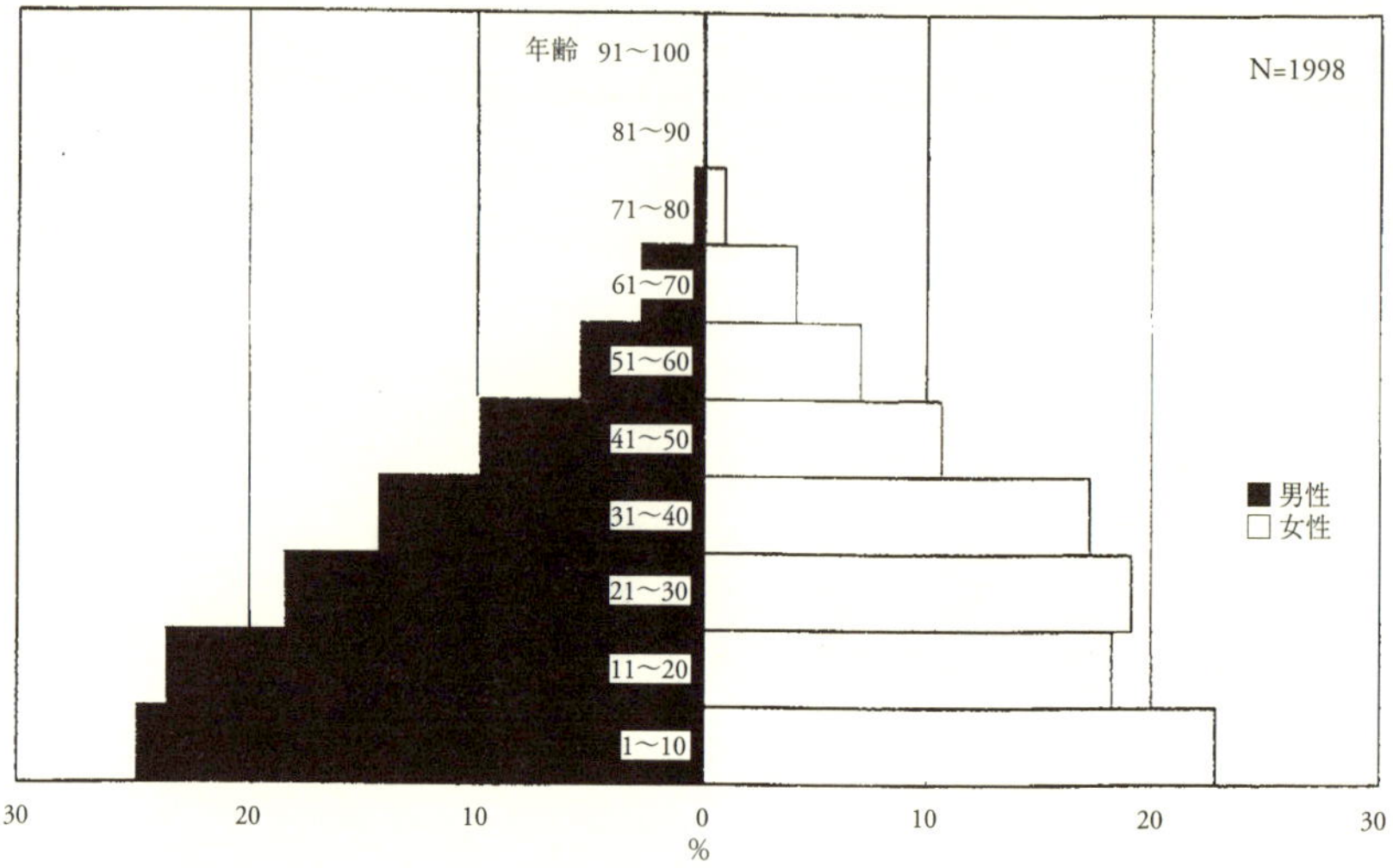

図11-4-B　1828年カラフトにおける先住民年齢構成（東）

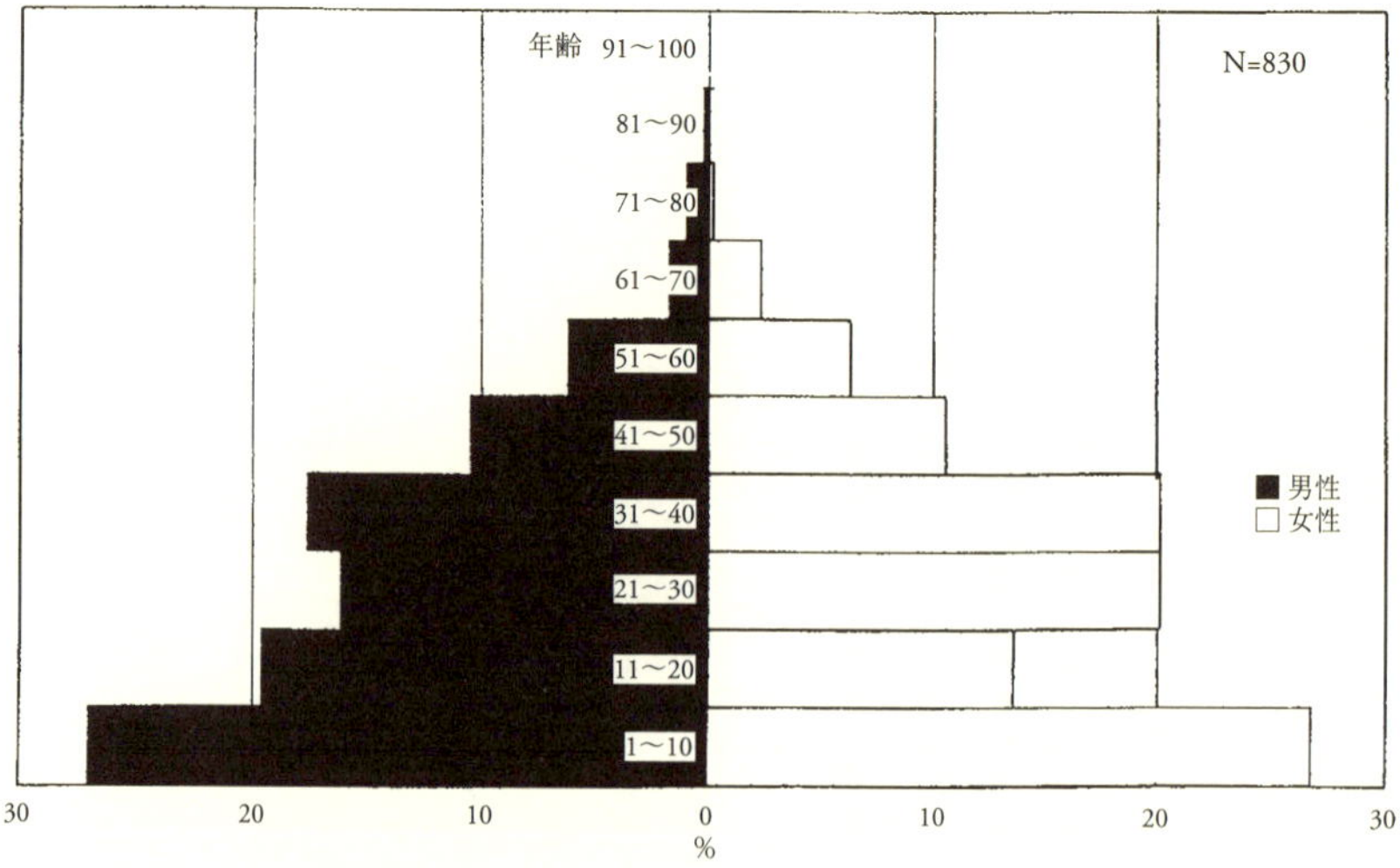

図11-4-C　1828年カラフトにおける先住民年齢構成（西）

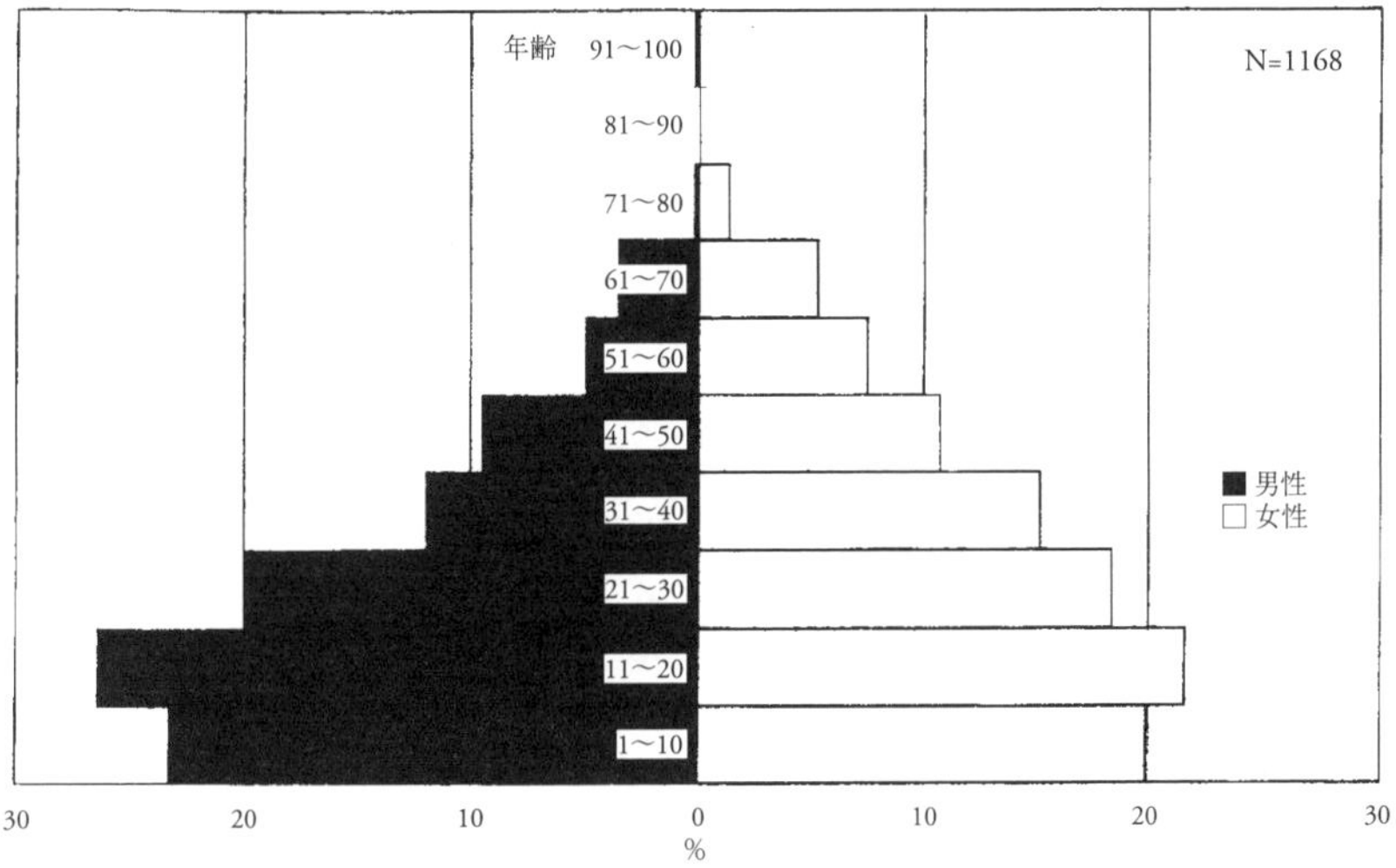

年齢四〇歳を越えると、急速に減少している状況が分かる。四〇歳（四〇才位を含む）以上の人口は、全体で二〇・八％、「東」では一九・五％、「西」では二一・六％であり、日本内地と比べてかなり低い。信州諏訪地方の一七一一年―一七四〇年の人口九一一五人の例では、この率は二八・九％であるから、八％以上低かった。さらに、カラフト・アイヌの人口調査における年少者人口の脱漏率の高さを考慮するならば、分母が増えるから、この率はさらに減少する。いずれにしても、この四〇歳以上人口の構成比率の低さは、当時のカラフト・アイヌ人口の短命を物語っている。なかんずく、「東」では非常に低く、生活条件は「西」より厳しかったと考えられる。

図にみるように、特に男子では二〇歳台、三〇歳台でも減少傾向が強く、数字を信ずれば、男子の生産年齢人口において、構成比率の減少率が高く、これは死亡以外の減少は考えられないので、ここに狩猟・漁労社会の特徴が現れていると言えないだろうか。

表 11-4　カラフト「東」部における出生数・死亡数およびその比率（1853 年）

	①出生数（人）	②死亡数（人）	③全人口（人）	④出生率（①／③，‰）	⑤出生率（②／③，‰）
男性	26	19	930	28.0	20.4
女性	20	30	937	21.3	32.0
計	46	49	1,867	24.6	26.2

（注）　全人口の値は、奥付値を用いている。

表 11-5　幕府のカラフト調査における「当才」の全人口に占める割合（1828 年）

		女性	男性	不明	計
東	当才（人）	15	7	0	22
	計（人）	447	420	12	879
	割合（‰）	33.6	16.7	0.0	25.0
西	当才（人）	15	14	0	29
	計（人）	610	580	25	1,215
	割合（‰）	24.6	24.1	0.0	23.9
計	当才（人）	30	21	0	51
	計（人）	1,057	1,000	37	2,094
	割合（‰）	28.4	21.0	0.0	24.4

（注）「年齢不詳」の者も「計」に加算してある。

出生・死亡の記録

出生・死亡について直接記録があるのは、一八五三年の史料の「東」の奥書のみである。家数人数合計の後に、男女別の出生数、死亡数が記されているが、いずれも「去子年書上後」となっていて、前年にも同様の調査がなされ、資料が作成されたことを示している。その数、および人口に対する比率を**表11―4**に示した。出生率（二四・六‰）・死亡率（二六・二‰）と、ともに低いが、これは出生・死亡ともに調査が不完全であったからに違いない。人口自身が過小評価(underestimate）されているので正確性は求むべくもなかった。

もう一つの情報は、一八二五年の史料に年齢「当才」または「当才位」と記述されている者の数である。字義通り解釈すれば、「当才」は、調査年に産まれた子どもを意味する。一八二五年の調査が、この年の何月に行われたのかについて、何ら記載はない。したがって「当才」のみをこの年に産まれた数としていいか否かに問題は残る。ともかく表11―5は、「東」、「西」、「合計」の「当才」の全人口に占める割合である（「東」二五・〇‰、「西」二二・二‰、「合計」二三・四‰）。この数値は、一八五三年の史料から得られる「出生率」とかけ離れてはいないから、「当才」は、その年生まれではなく、生まれて一年以内の者の可能性もある。

結論

結局、二つの史料から得られた幕末期カラフト・アイヌの人口統計は、信頼度も低く、範囲も限られたものでしかなかった。近代統計の時代から見れば、雲泥の差がある、と言うべきであろう。

しかし、今まで、全くと言ってよいほど知られていなかった狩猟・漁労を生業とする少数民族のカラフト・アイヌの世帯・人口に関する指標が、わずかながらも得られたことには意味がある、と考える。われわれは、工業化以前、温帯に住む農耕民族の持つ人口学的性格や世帯のパターンを人類に共通する尺度と考え勝ちであるが、カラフト・アイヌに見られる特徴は大きく違っていた。

短命であることは、環境から説明できるかもしれないが、年齢の偏位、一夫多妻、親族の同居は、一つの「文化」であり、そうではない「文化」の持ち主である日本人が、カラフト・アイヌの文化の水準を云々することはできない。カラフト・アイヌ達は、日本とロシア勢力の角逐の場にいたため、生活空間を奪われ、強制移住させられ、絶滅に瀕してしまった。つまり、一つの「文化」が地球上からほとんど姿を消してしまったのである。その直前の状態について、文字で書かれた史料が残されていたことは、せめてもの救いと言うべきだろうか。

〔補記〕　この論文は、一九九九年六月五日、北海道東海大学において開催された日本人口学会大会テーマセッション「マイノリティの人口」における報告を基礎としたものである。学会当日、貴重なコメントを頂いた方々に感謝したい。さらに、本稿のもととなった史料整理について、成松佐恵子、宇野澤正子、木村倫美、竹下智子の皆さんの助力に感謝したい。

注

（1）秋月俊幸『日本北辺の探検と地図の歴史』北海道大学出版会、一九九九年。

（2）同書、三七五頁、X—二四図。

（3）（安政二年）［一九七九年、名著刊行会］。

（4）樺太庁編『樺太沿革史』大正一四（一九二五）年、二一四—二一六頁。

（5）いずれも函館市立図書館所蔵。

（6）復刻版、『樺太五万分の一地図』図書刊行会、一九八三年。

（7）『樺太及勘察加全図』時事新報社、明治三八（一九〇五）年。

（8）松浦武四郎『蝦夷日誌』（日本古典全集版）第三、一九二八年、二七七頁。

（9）速水融『日本経済史への視角』東洋経済新報社、一九七〇年、一二五—一四〇頁所収。

（10）なお、近世の北海道アイヌについては、岩崎奈緒子「日本近世のアイヌ社会」校倉書房、一九九八年が刊行され、アッケシ・エトロフを中心とするアイヌ社会、和人との関係が明らかになった。また、本稿と同じ史料および北海道・千島アイヌの人口学的観察として、著名な人類学者、E・A・ハメル（E. A. Hammel, University of California, Berkeley）の“A Glimpse into the Demography of the Ainu.” *American Anthropologist*. 90. 1988. がある。

第12章　近世―明治期奥羽地方の人口趨勢

―農村における「近世」と「近代」―

「遅れた農村地域」という通念

近世の奥羽地方は、しばしばその経済的後進性のゆえに、遅れた農村地域の代表として取り扱われてきた。確かに、社会的には、古い起源を持つと思われる名子制度がなお残存し、経済的には、低収穫量の単作地帯で、かつ生産は不安定であり、商品生産は未発達で、しかも農民一揆は頻発し、といったような構図がいわば通念として出来上っているかにみえる。

とくにその場合、引き合いに出されるのが人口で、領主の重税にあえぐ農民は、堕胎間引という非常手段によって人口制限を行わざるを得なかったとか、宝暦・天明・天保の饑饉時には、数十万の飢死者を出したといった悲惨な状況が証拠としてあげられる。

本稿は、近世の奥羽地方の人口について、本格的な歴史人口学的分析を進める予備的作業として、主に既存の文献から、その人口趨勢を探ろうとするものである。近世の奥羽地方に関する人口の研究は、けっして少なくはないのであるが、それらの多くは、藩を単位とする人口変化や政策が上述の線に沿って書かれており[1]、近世奥羽地方全域の人口を統計的に観察した研究はほとんどないと言える。利用しうる史料の制約上、観察が藩単位、または村単位になってしまうことはやむを得ない。筆者がこれから進めようとしている歴史人口学的分析も、結局は、数ヵ村か、せいぜい数十の町村を単位とする観察になることは十分に予見されるのであるが、ともかく、まずは奥羽地方全体を対象とする観察から始めよう。

幕府調査による人口趨勢

周知のごとく、享保六（一七二一）年以降、幕府は全国の人口調査を開始し、享保一一（一七二六）年以降は、今日判明する最終調査年の弘化三（一八四六）年に至るまで、六年に一回、子午の年に全国の大名、代官から管轄下の人口数の報告を提出させている。したがって、前後二二回の調査が行われたことになるが、そのうち、国別の数値が判明するのは一一回、さらにその中で、男女別人口の記載があるのが九回である。[2] 本稿ではこれらの数値を用い、奥羽地方の人口趨勢の特徴を観察してみよう。

奥羽地方は、明治元（一八六八）年以前は、陸奥、出羽の二国から成っていたので、二つの国の人口趨勢を図示すれば**図12―1**のごとくである。この期間内の前半では、両国の人口はかなり減少し、とくに陸奥国では当初の享保六（一七二一）年に対し、天明六（一七八六）年の人口は二〇％の減少、出羽国でも八％強の減少をみせている。後に述べるように、一八世紀に入ると、奥羽地方では人口の減少が始まり、とくに宝暦饑饉（宝暦五年―一七五五年）、および天明饑饉（天明三年、五年、六年―一七八三、八五、八六年）といった凶作の連続で人口は大きく減少する。**図12―1**に見るように、とくに陸奥国の減少が著しいが、これは、凶作が夏期の気温低下、日照不足によるもので、冷たい湿った気流がオホーツク海方面から吹きこみ、太平洋側に大きな被害をもたらした結果である。

人口は天明六（一七八六）年を底にゆるやかに増大傾向に転ずるが、再度、天保年間に大幅な減少をみせている。これは、天保八、九年（一八三七、三八年）に全国を襲った流行病（今のところ病名の特定は困難だが、新型インフルエンザの可能性もある）と凶作によるもので、これによって陸奥国では人口は期間中の最低点にまで落ち込み、天保一一（一八四〇）年の人口は享保六（一七二一）年の人口の七七％になってしまった。しかし、次の六年間の

図12-1　幕府調査による陸奥・出羽国の人口推移

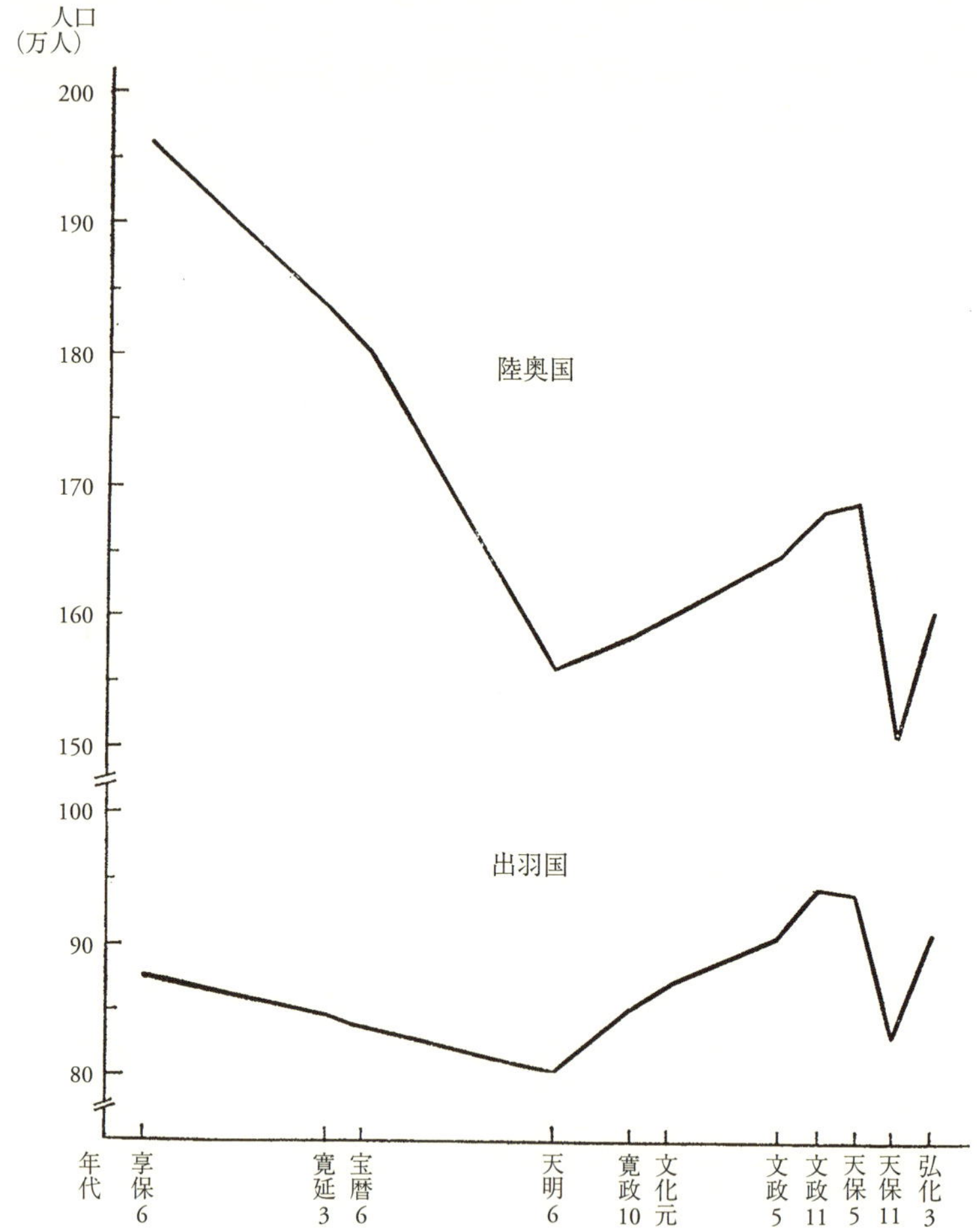

図12-2　奥羽・中国地方の人口推移の比較

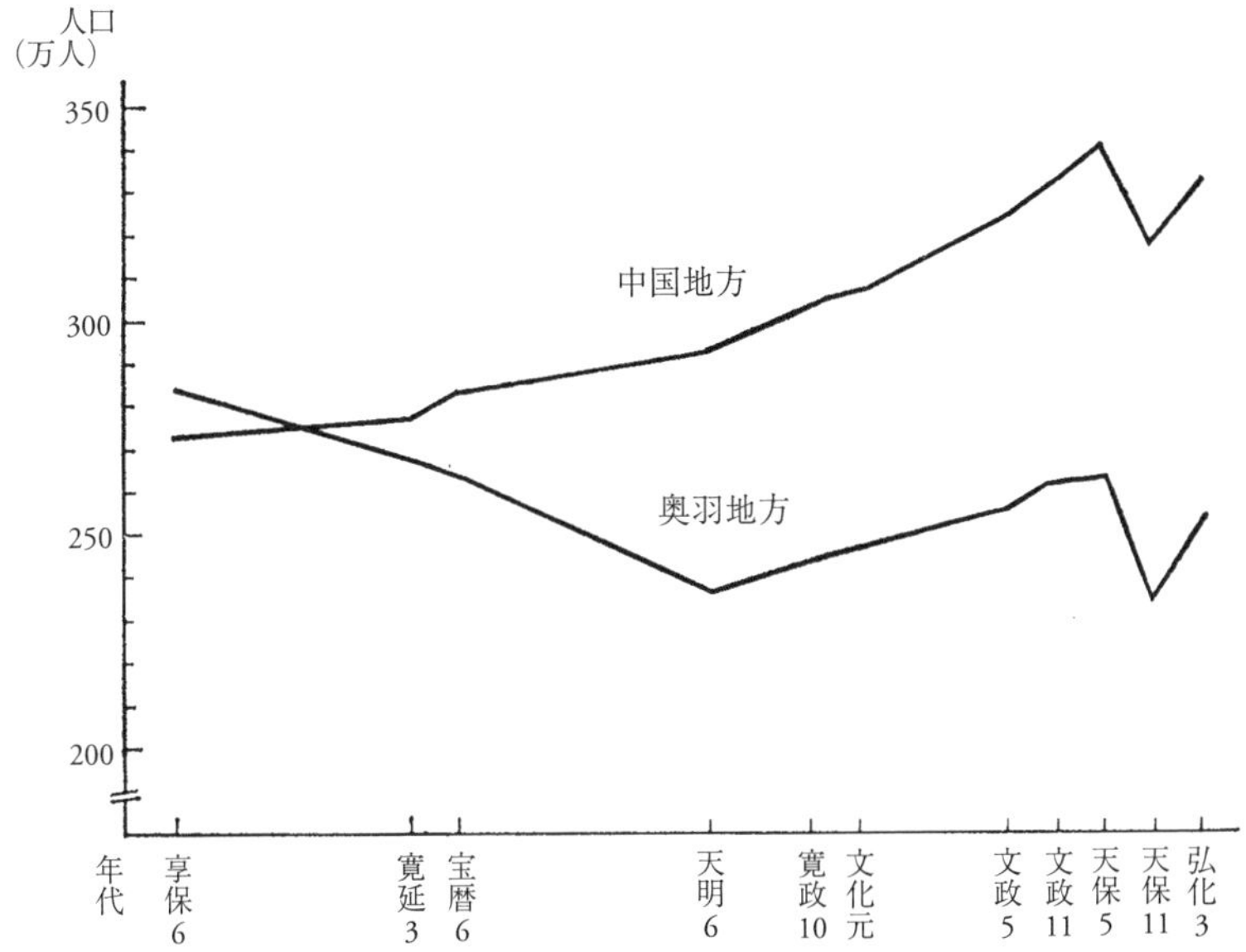

回復は急で、天明期からの回復よりテンポが早かったことがうかがわれる。概略すれば、奥羽地方の人口は、調査開始の時点以後、打ち続く凶作によって、一八世紀末まで減少を続けたが、一九世紀に入ると回復に向い、天保期の災害によって一時的に減少をみせたものの、全体としては、増大に向ったと言えるだろう。

奥羽地方における一八世紀の人口減少は、当時の日本の中でも、北関東とともに特徴的であり、西南日本では逆に増加している。いま、享保六（一七二一）年時点において、奥羽地方とほぼ同一の人口規模を有した中国（山陽および山陰）地方と（奥羽地方二四八万人、中国地方二七三万人）、その後の推移を比較すると、図12—2のごとくである。中国地方の人口は、天保の災害期を除いてすべての期間で増加しており、いわば人口成長軌道に乗っていたことがわかる。ちなみに、享保六（一七二一）年から天保五（一八三四）年の一一三年間の人口増加は二五％、年率〇・二％である。これに対し、奥羽地方では、最初の六五年間に人口は一六％減少、これは年率で〇・二％の減少となる。その後天保五（一八三四）年までの四八年間に、人口は一一％増加（年率約〇・二％）に転じたが、結局、最終年次では、奥羽地方二五二万人、中国地方三三一万人と、約八〇万人もの差がついてしまった。

幕府の人口調査は、調査対象がけっして全人口ではなく、少なくとも侍身分の者は家族を含めて除外されていたし、また藩によって幼少年齢者が除外され一定していない。そういった不備は、この数値を人口統計の絶対値として利用することを妨げるものであるが、一定地域内での趨勢や趨勢の比較のためには十分利用可能である。このことを念頭において**図12―2**をみると、この二つの地域の人口趨勢には、対象とする期間の前半において逆の傾向、後半においてはほぼ同様の傾向のあることが明らかである。天保期の一時的減少も全く並行的であり、後半においては、両地域に共通する人口増加要因が働いていた可能性がある。しかし、前半はどうみても趨勢は逆であり、二つの地方には、それぞれ独自の変動要因が働いていたとしか考えられない。

幕府の調査から求められるもう一つの重要な指標は、性比である。奥羽地方においては、性比は初めはひどくアンバランスで男子が多く、次第に女子が増えていった。したがって、人口の変化と組み合わせると、男子の人口が大幅に減少し、女子はそれほどでもなかった、ということになる。**図12―3**は、陸奥・出羽両国の男女数の推移を示したものである。この図から読みとり得る事実として、当該期間内に、男女数の較差は漸減する傾向にあったこと、**図12―1**に示した出羽国の人口趨勢では、享保六（一七二一）年から天明六（一七八六）年の間に人口は減少しているが、女子のみをとるならば、寛延三（一七五〇）年から天保五（一八三四）年にかけて増大が続いており、減少はもっぱら男子人口について生じた。陸奥国については、男女数の較差は当初最も著しかったのが、天明六（一七八六）年までにある程度接近し、最終時点ではノーマルな状態にまでなっている。

図12-3　陸奥・出羽の男女別人口推移

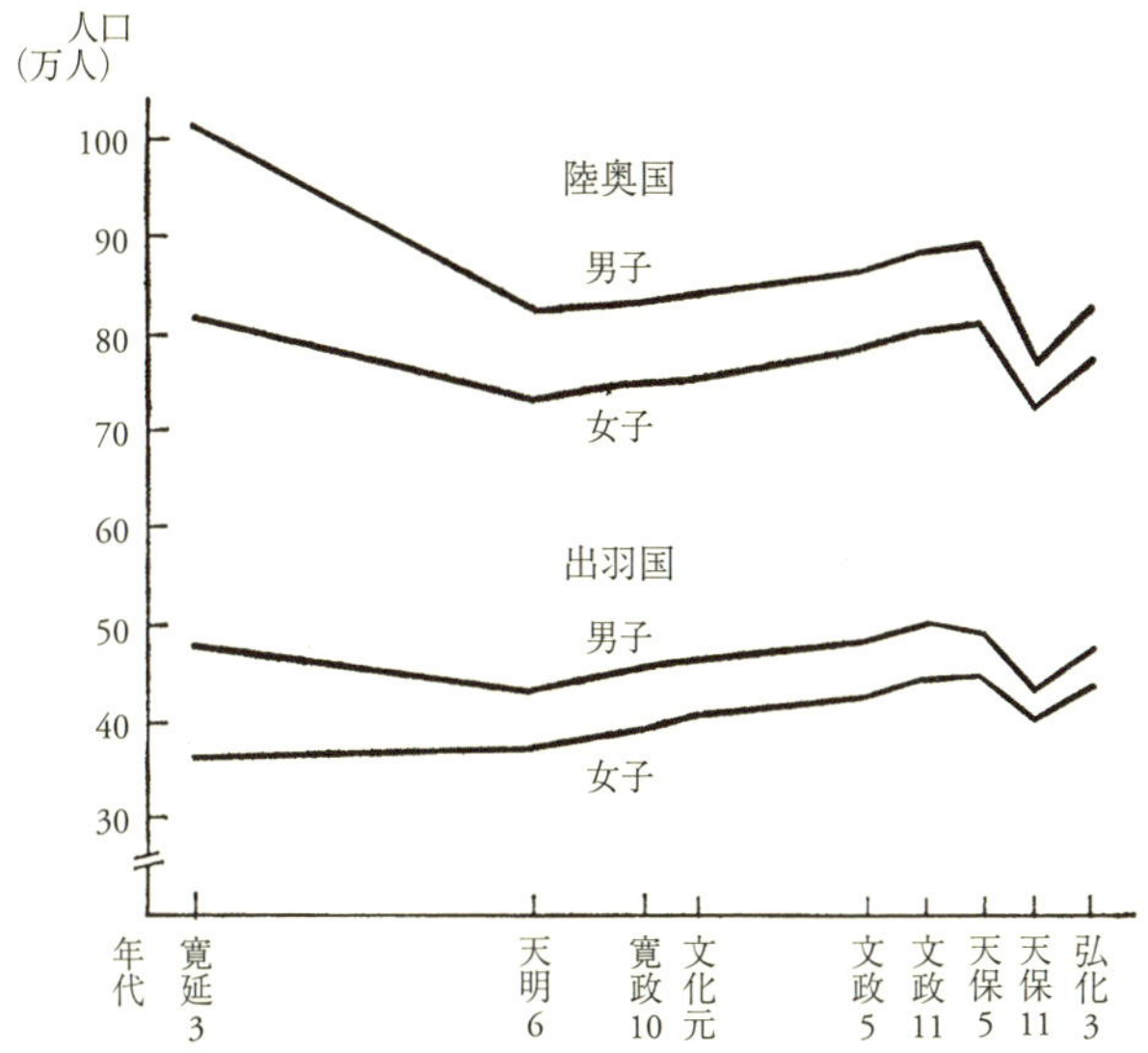

奥羽地方の性比を全国値、ならびに、性比が最も低い、すなわち男女数の較差が最も少なかった、畿内五ヵ国と比較したのが図12―4で、当初において、いかに奥羽地方が異常なほど高い性比、つまり男女数のアンバランスを有していたか、それが、天明期には全国平均値に近づき、それ以降は三つの数値はほぼ平行しながら、ゆっくりと下降している状況をはっきり読みとることができる。

このような性比の変化が、とくに一八世紀の奥羽地方における人口の減少期に生じたことをどう解釈すべきだろうか。多くの著書は、一八世紀に、この地方の人々が、貧困のゆえに人口制限を、堕胎・間引という方法で半ば慣習的に行っていたことを強調している。人口制限の慣習自身は事実であろうし、筆者もそれを否定するものではないが、ここで疑問となる点がいくつか出てくる。それは、もし人々が本当に生活苦のゆえに人口制限を欲していたのだとすれば、出生後の制限、すなわち間引は、もっぱら女子について行われたはずである。

図12-4　全国・奥羽・畿内における性比の推移

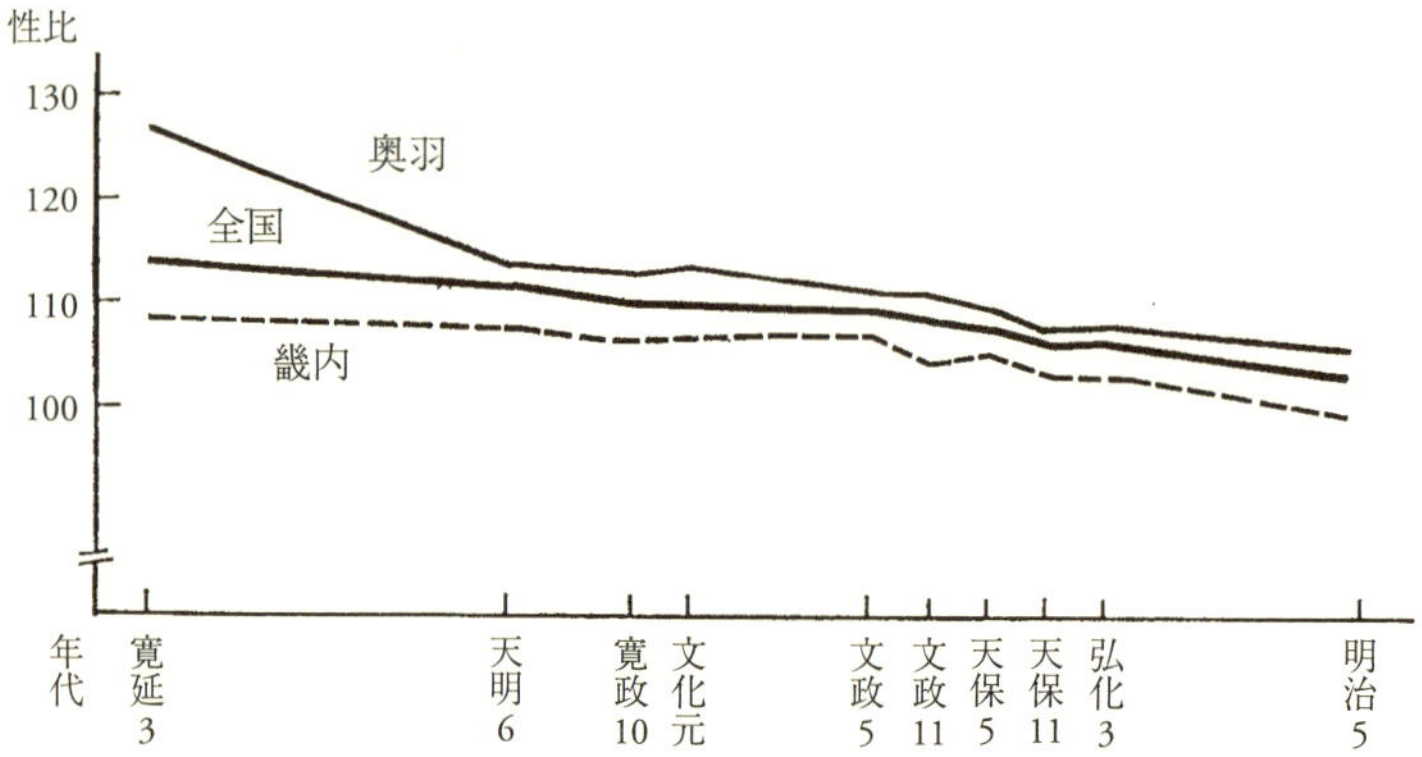

（注）女子＝100に対する男子の比率。

なぜなら、女子の数を減らすことは将来の出生数を減らすことでもあり、かつ、単純な意味で、男子は農業労働力に適し、かつ、賃金も高かったからだ。したがって、間引に際して男子か女子かということになれば、特別の事情がない限り女子が間引かれたはずである。寛延三（一七五〇）年の奥羽地方の異常に高い性比が、間引の結果であるのか、女子の平均寿命が短かったためなのか、これだけでは何とも言えないが、その後の急速な性比の標準化が、宝暦・天明の両饑饉期を含む年代に生じていることをどのように説明すればよいのだろうか。もちろん在住人口の性比は、間引によってのみ決定されるものではない。それは、出生性比、男女間における年齢別死亡率の相違や、移動率の相違等から合成されたものである。これらの詳細は、筆者がこれから進めようとしている奥羽地方の、宗門改帳・人別改帳を資料とする歴史人口学的分析の結果を俟たなければならないが、人口減少期に性比が標準化しているという一見矛盾する事実は、貧困による人口制限ということでは説明できないことを指摘しておこう。あえて説明を加えるならば、人口減少が外部要因――たとえば気候の長期的悪化

――から生じ、人口減少という危機に直面した人々が、むしろ人口を維持しようとして、将来人口の増大を考えて女子の間引という慣習をやめたのではなかろうか、ということである。いずれにしても、この問題の解決は、死亡パターンの変化を具体的にとらえる作業を経た後でなければならない。もう一つつけ加えるならば、検証は困難であるが女子の地位の相対的上昇もあったのかもしれない。

各藩領の人口

奥羽地方の各藩は、他地方に比較して、人口減少という問題に直面したからか、藩領を単位とした人口調査をしばしば行い、人口維持政策を実施し、幸い記録も多く残されている。すでにこれらの資料を用い、高橋梵仙氏は浩瀚な業績を公刊されており、数値自身について再掲する必要はないだろう。すなわち、南部藩、[3]一ノ関藩、[4]仙台藩、[5]中村（相馬）藩、[6]泉（磐城）藩、[7]会津藩、[8]秋田藩[9]の各例が明らかにされている。また、同氏の業績以外にも、二本松藩、[10]米沢藩について、かなり長期間にわたる数値系列が得られ、[11]津軽藩、[12]八戸藩[13]に関しても藩領人口を知ることができる。おそらく、一つの地方で、藩領人口をこれだけ知ることのできるところは他にはないだろう。さらに藩領以外にも、天領人口について、会津の南山御蔵入領[14]の事例も得ることができる。

ただ、これらの数値の内容は、決して一様なものではない。武士身分の人口が含まれる場合があったり、藩領域の変更によって、対象地域に変化が生じたり、さらには、南部藩のように、そのままではどうみても事実とは首肯し難いケースを含んでいる。また、カヴァーする年代や、密度もまちまちで、統一的な観察は著しく困難である。しかし、それらに目をつぶり、比較的長期の数値シリーズを得られる藩領人口の推移を図12―5にまとめた。ここで、今まで最も多く取り上げられてきた南部藩領の人口を掲げなかったのは、その数値に疑問が多いからである。

図12-5　奥羽諸藩の人口推移

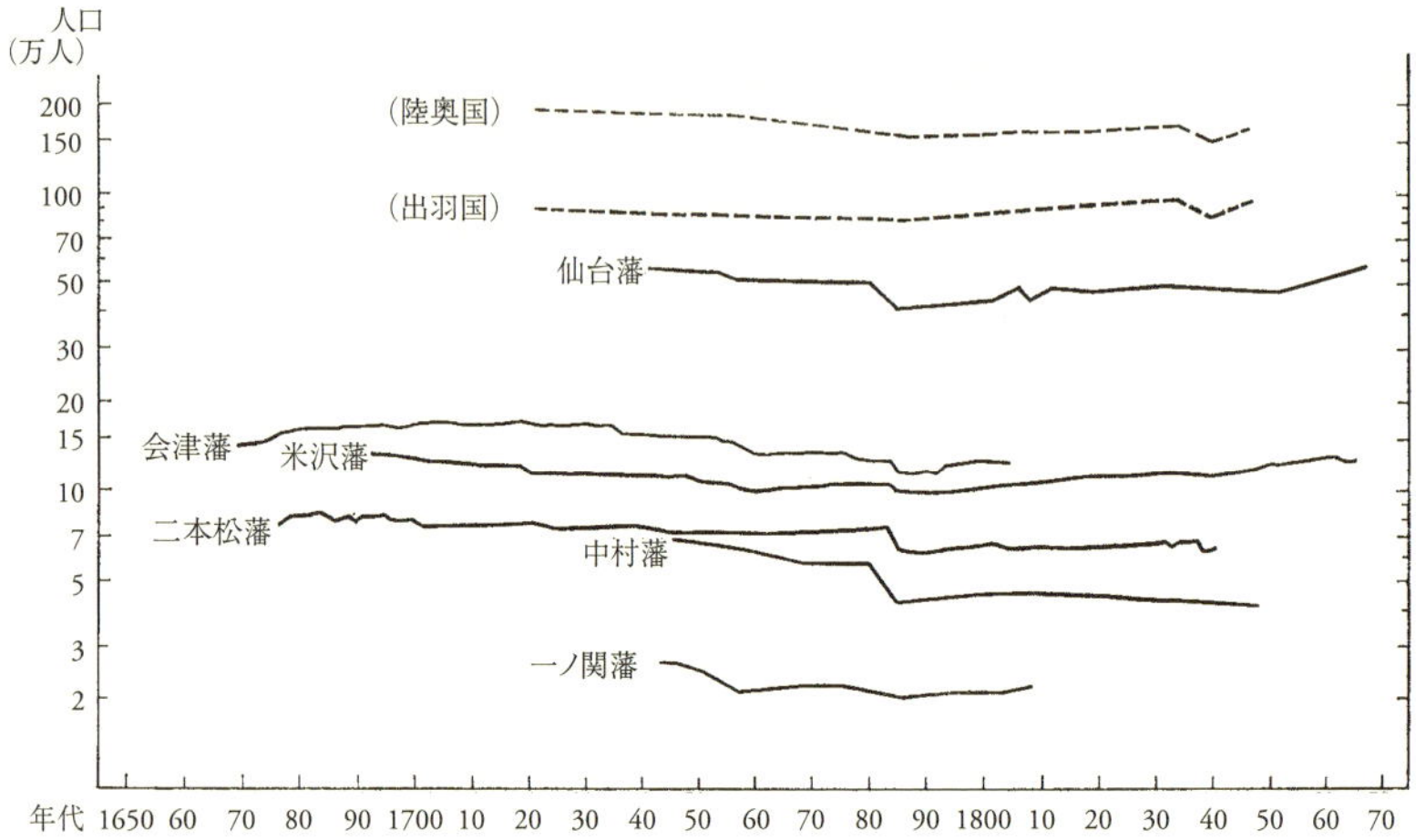

すなわち、南部藩領人口は『南部家雑書』（南部藩の日誌）から承応二（一六五三）年―天保一一（一八四〇）年の間、二〇〇年近くにわたって記録されているのであるが、宝暦二（一七五二）年以降は、記載人口数にあまりにも変動が少なすぎる。すなわち文化一三（一八一六）年を除いて三五万人台を維持し続けているのである。この間には宝暦・天明の饑饉があり、南部藩領は奥羽地方でも最も大きな被害を出した地方と考えられ、事実、宝暦五（一七五五）年の饑饉による餓死者は、約五万二〇〇〇人、天明三（一七八三）年の饑饉では餓死・病死約七万五〇〇〇人に達したという報告もある。[15] したがって、この間に人口は大きく落ちこみ、おそらく三〇％前後の減少をみたのではないかと想像される。しかし、藩の公式記録にはそのようには記述されていない。『盛岡市史』の著者、森嘉兵衛氏は、そこに「何か政治的意図があってこの減少を隠そうとしたのではないかと見られる」[16] とされている。南部藩人口の研究に力をそそがれた高橋梵仙氏の解釈は、宝暦饑饉による領内人口の減少を幕府の眼から隠すべく、従来人口数にカウントされて

いなかった水呑・名子を、それ以後加算することによって数字の辻つまを合わせたのではないか、とされている。[17]しかしこの解釈にはいささか無理があるのではなかろうか。というのは、天明饑饉の影響が全く出ていないことが説明できないし、記録上、人口数が固定化してしまったのは宝暦二（一七五二）年で、宝暦五（一七五五）年の饑饉前のことだからである。ここではやはり森嘉兵衛氏の解釈をとっておきたい。なお、宝暦・天明の饑饉による死者数を、公式人口数から差し引いた領内人口の推計（宝暦三―寛政一〇年、一七五三―一七九八）が行われている。[18]しかしこれも、元の数値に疑問があるし、また、寛政一〇（一七九八）年以降の人口をどう考えるか、問題が多い。

さらに、南部藩の公式人口記録に対する疑問は、その男女比率についてである。安永六（一七七七）年から寛政二（一七九〇）年に至る一四年間、一年を除いて性比は、一一二・九に固定されている。この間には天明饑饉もあり、男女数が全く変化しないまま推移したとはとうてい考えられない。やはり、折角高橋氏によって「白眉」とされた南部藩の公式人口記録も、信頼性の点では問題の多い資料なのである。ただし、このことは、この記録が全く利用するに値しないということを意味するものではない。武家人口や郡別人口の記載もあり、他に利用の方法はいくつか考えられる。また、逆にそれでは他藩の人口記録は信頼できるのか、ということになると、積極的な回答はできない。ただ今のところ、はっきりとした否定的な証拠はないので、本稿では南部藩の資料は用いないが、他藩のそれは利用した。また、利用可能な数値の少ない藩領・蔵入領人口の数値を図12―6に示した。

図12―5および12―6を観察して言えることは、どの藩もほぼ同様の人口変化のパターンを有していることである。すなわち、一八世紀に入ると、人口は減少傾向に入り、一九世紀への変り目までの一〇〇年間は、程度の差こそあれ、減少期であった。宝暦五（一七五五）年、天明三（一七八三）年の饑饉は史上名高いけれども、打ち続く人口減少の最中に生じた事件だっただけに、それだけ深刻なものであった。しかしよく見ると、人口の減少の幅は、同じ奥羽地方でも、たとえば米沢藩ではゆるやかで、天明期（一七八〇年代）の減少にしても、仙台藩、二本松藩、

図12-6　秋田藩・津軽藩・八戸藩・南山蔵入領の人口推移

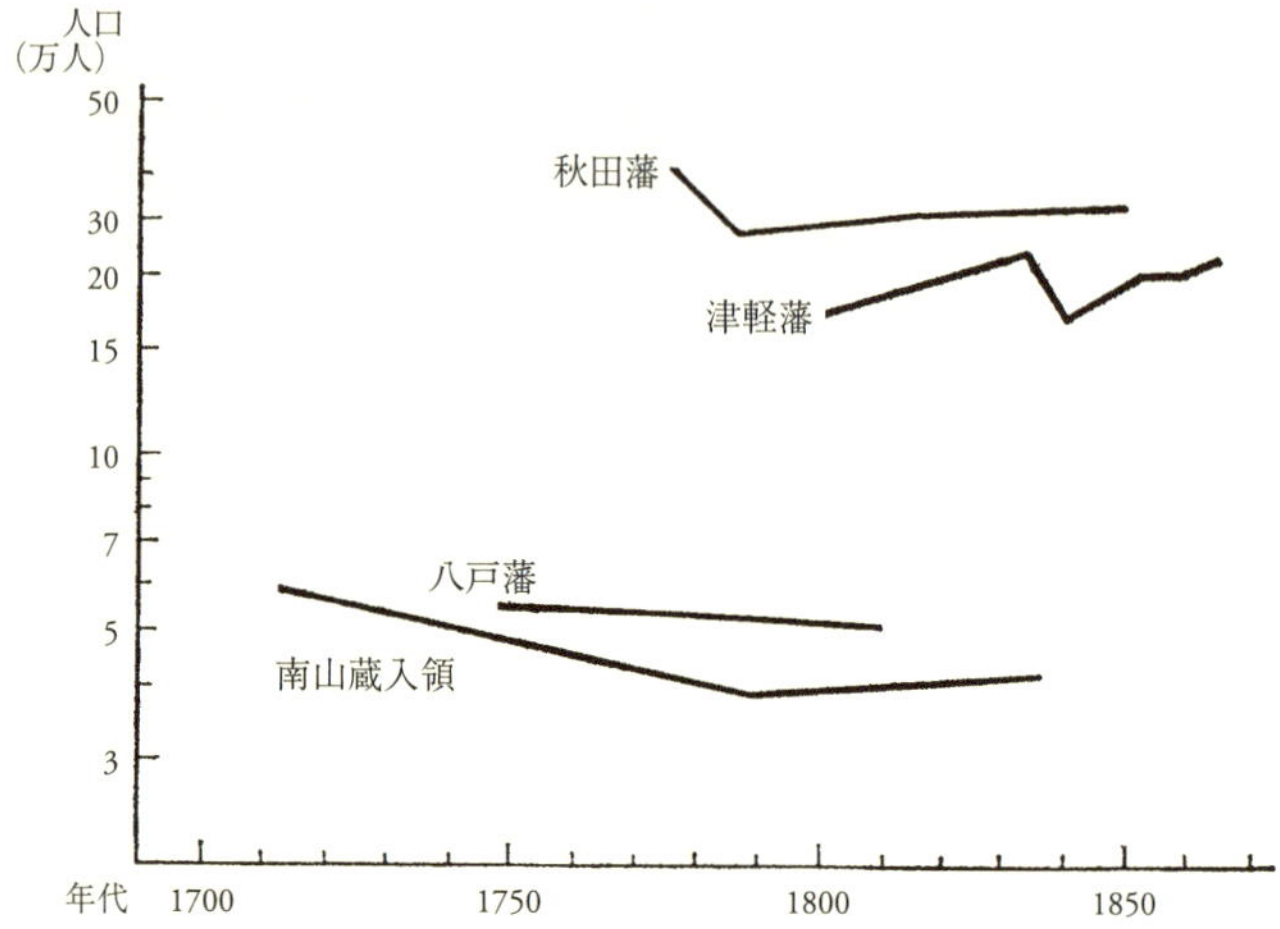

中村藩のような太平洋側、あるいは秋田藩のような急激な低落とは対照的である。

一九世紀に入ると、各藩領とも人口は回復に転じている。増加が一時的に中断するのは、天保八・九年（一八三七・三八年）の災害年である。しかし、この時には一八世紀のように人口を減少状態のまま長期間持続させたわけではなく、減少は一時的で直ちに回復に向うが、長期的にはほとんど影響を受けないで済んでいる。これは、凶作と流行病の併合であったとみられるこの災害も、長期的な人口増加期に生じた事件だったからであろう。

しかし、一九世紀におけるこの回復をもってしても、一八世紀の人口減少は、少なくとも維新までには取り戻すことはできなかった。維新近くまで記録を残している仙台藩、米沢藩の双方とも、江戸時代における人口のピーク時は一七世紀末から一八世紀初頭とみてよさそうである。

このように、近世奥羽地方の人口趨勢は、起伏や変化に富み、自然災害に領主の対策等を絡めると、研究対象として極めて興味深いものとなるのである。

時期別人口変化の内容

ここでは、時期を①一七世紀、②一八世紀、③一九世紀前半、④幕末維新期の四つに分け、それぞれの時期の人口変化の内容を観察する。

一七世紀

先にみたように、一七世紀末期になると、各藩の人口調査の結果を得ることができるが、近世初期については、利用しうる資料はごく限られている。ただ一七世紀は、人口増加の世紀であったことは確実であり、次の世紀との変り目あたりにピークに達したものと思われる。

一七世紀は、中世的な農民家族形態が近世的な小家族に変化し、その移行に伴って、それまでは家族形成を行い得なかった名子下人層がともかく自立して家族形成を行うことにより、有配偶率が上昇し、出生率が爆発的に増大し、一種のベビーブームが生じたことがうかがわれる。兵農分離、城下町形成、金米併納年貢制度の確立は、都市住民に貨幣需要を与えることになり、農村に市場生産の刺激を与えた。その結果、農民の生産活動に販売を目的とする生産がつけ加わることになり、このことは農民の生産に対する態度を一変させ、効率の高い生産の技術や形態が求められることになる。この時、置かれた条件からして、日本では、労働力の投入をより大量にする労働集約型の農業発展の方向が定まったと言ってよいだろう。

奥羽地方の状況も決して例外ではなかった。その詳細は、いくつかの個別研究にも示されている。かつて藤田五郎氏が「純粋封建制」下の生産単位としての「小農民経営」の一般的展開を検証されようとした会津地方において

図12-7　近世初期の奥羽諸藩の人口推移

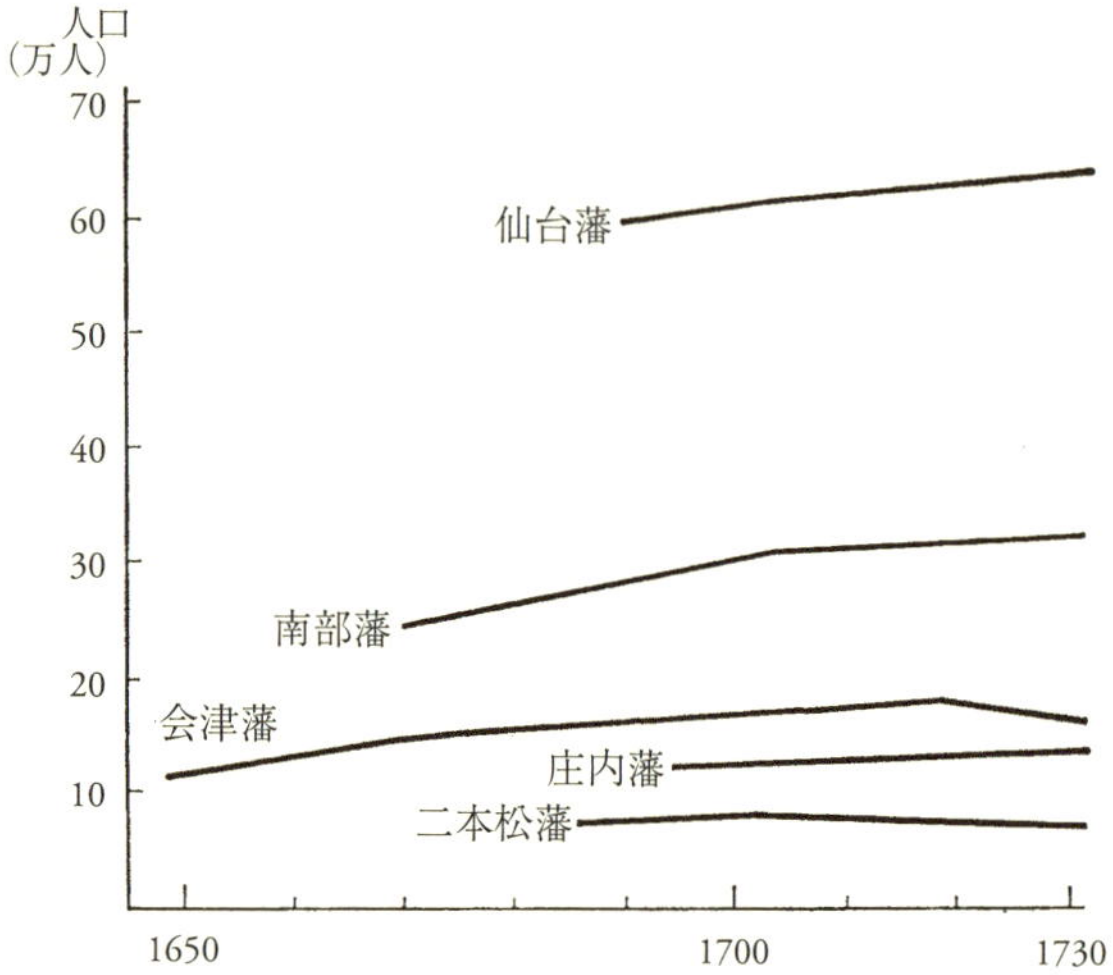

も、元禄期に一郡奉行は「慶安元年より元禄元年まで四十一ヵ年、民勢さし潮の如く盛時に御座候[19]」と書き残すほどであり、これは、この時期の会津藩の藩領人口が、図12―5にみるごとく増大期であったことと考え合わせると、領主当局も十分認識していたことがうかがわれる。この「さし潮」という表現は、当時の農村人口の増大を示すまさに当を得た言葉であり、もしこれが「会津家世実紀」に記録されている慶安元（一六四八）年の会津藩領人口一一万三〇〇〇人から元禄二（一六八九）年の一六万一九一二人への増大からとられているとすれば[20]、この間に四三％、年率にして〇・八％という、近代以前の社会としてはかなり高い増加を物語っているのである。

一七世紀におけるこのような急激な人口増大を示す資料として、享保一九（一七三四）年、幕府がいくつかの藩に対して過去にさかのぼって領内人口の報告を求めた資料がある。そのうち、奥羽地方の事例は、南部、仙台、二本松、庄内の四藩が含まれている[21]。これに会津藩を加え、一七世紀を含む人口の変化を図示すると図12―7のごとくである。会津藩の享保三（一七一八）年以降、および二本松藩の元禄一五（一七〇二）年以降を除けば、すべて右上りの趨勢、すなわち人口増大の続いていたことを知り得る。

増大の程度は、もし南部藩の数値が正しいとするなら、年率約〇・八％で、先に述べた会津藩の場合とほぼ等しい。しかし人口増大は、ロジスティック曲線状に推移するのが通例である。この増加率が、ロジスティック曲線のどの部分に当るのかを判断するためにはさらに長期の数値が必要となる。

近世初頭の人口を推計するのに、石高人口比率から接近する方法がある。筆者はかつて九州小倉藩の史料から、全国人口を推計したことがある。[22] この方法は設定しなければならない仮定が多く、推計というよりはむしろ冒険に近いものであるが、幸い奥羽地方には、近世初頭の村別の石高・人口を記す資料を残す地域があるので、以下その検討を行ってみたい。

史料の第一は、『福島県史』[23] 所収の旧上杉領時代の伊達郡・信夫郡邑鑑で、両郡が上杉氏の所領であった慶長三（一五九八）年から寛文四（一六六四）年までの間の調査であるが、『福島県史　三　近世二』の著者は、これを慶長年間の史料としている。[24] 各村ごとに村高、年貢率（物成り）、桑などの木数、家数、人数が記されている。初期のこの種の調査に共通する、農民の役負担可能量の測定という性格を反映して、家数には「役家」、人数には「男一五ョリ六〇（歳）迄ノ者」という項目が立てられている。この史料から、両郡の石高人口比率を求めてみると、**表12―1**のごとくである（信夫郡のうち、福島を除く）。

統計的には切片の値の差が大きすぎ、この関係が必ずしも安定的でないことを物語っているが、一石はほぼ〇・一一人に対応していること、逆数をとれば九石について一人という関係のあることがわかる。この数値は、小倉藩領で求めた石高人口比率に比べるとかなり高く、いささか過大であるように思われる。小倉藩領では、筆者が地域によって差はあるけれども、ほぼ三：一程度であった。そこで、史料にある石高や人数が、果して現実の（より正

表 12-1　伊達郡・信夫郡における人口と石高の関係

伊達郡：Y = 0.110X + 80.92	r = 0.380, n = 84
信夫郡：Y = 0.108X + 2.56	r = 0.643, n = 65

X＝人口、Y＝石高、r＝相関係数、n＝村数

確には、後の調査と比較しうる）数値であるか否かを吟味してみる必要がある。

まず石高については、信夫郡・伊達郡地方の上杉領の石高は、寛文一一（一六七一）年から延宝二（一六七四）年にかけての再検地の結果、それまでの二四・二万石から一九・八万石へ二二％低くなっており[25]、上杉領の時代の石高が異常なほど高かったことがわかる。つまりいささか過大評価があった。

一方、人数については、かなりの過小評価であることがわかる。たとえば、伊達郡の牛坂村や飯田村の例では、人数の方が家数より少ないという非現実的な記載がみられ、この資料の「人数」は、村の人口全体ではなく、ある身分以上のものを数えたのではないか、という疑問を抱かせる。伊達郡では人数／家数比率は二・九三、信夫郡では三・二一となり、世帯規模がこれほど小さいものであったとはとうてい考えられない。

近世初期の世帯規模は、信州諏訪地方の研究においても明らかにしたごとく[26]、一七世紀の最終四半期でも七人以上であり、より早い時期の奥羽地方では、さらに高かったことが予想される。名子、下人、譜代を多数かかえた大規模な世帯が多数存在したことが想定されるからである。実際、会津藩下の山間地になるが、承応二（一六五三）年の川沼郡落合村の事例では、家数一三、人数九六で一世帯当り七・四人の規模となっている。この村では直系血縁家族六人、名子家族九人、下人下女一六人からなる大規模世帯が一戸あり、その存在が平均世帯規模を大きくしているのであるが、もしこれを差し引いても、平均世帯規模はなお五・二人であり、信夫郡・伊達郡の数値とはかなりかけ離れている[27]。

次の事例も会津藩下の場合であるが、明暦三（一六五七）年の川沼郡八田野村の場合は、

それほど大規模な世帯はないが、四九戸のうち一六戸が名子または下人を有しており、平均世帯規模は七・二人となる[28]。

第三の例も会津藩下であるが、著名な『会津農書』の著者、佐瀬末盛の住んだ会津郡幕内村の場合である。この村は、会津盆地の平坦部に位置するが、元禄四（一六九一）年の史料によると、家数三六、血縁家族二〇五人、下人三九人で、下人を除いても平均世帯規模は五・七人、下人を含めれば六・八人となる[29]。

以上の三例は、いずれも会津藩領のケースで、これを直ちに信夫郡・伊達郡にあてはめることができるか否か問題はあるとしても、人別帳によって各世帯の構成内容が判明しているので、現実の数値であった。信夫郡・伊達郡の場合には、村ごとの集計数値であり、人数といった場合の内容がわからず、この点から名子・譜代・下人が脱落していた可能性があったということはできるだろう。

ところで、近世初頭の信夫郡の農村で、家族の構成内容がどうやら判る、利用可能な史料が一つだけある。慶長四（一五九九）年の水原・八丁目・手明根・金沢四ヵ村の家数人数帳で[30]、四ヵ村の家数、人数が名前とともに書き上げられているが、これをみると、「家」と「人」との関係は決して単純ではない。まず人数が「合わせ〇人」と一くくりに書かれている。水原村の場合、人数は二四くくりあるが、家五ツを有する場合四、三ツが二、二ツが一、一ツが七となっている。したがって家数は、合計五五（史料末尾の寄せでは五四）となる。この「くくり」は、おそらく同族集団か、小字ごとのものと思われるが、人数／家数比率は二・三となり、慶長期の邑鑑の数値に近い。ちなみに、邑鑑は、水原村は家数七五、人数一四七、石高一一九〇石余で、やや多くなっている。家数・人数帳に記録されている者の名前をみると、いずれも男子または男子と推定される名前で、名前を欠く下人は五人となっている。この「人口」とはほど遠いものであることは確かである。家数・人数帳と邑鑑との関係は不明であるが、いずれにしても、この時期の人数というとらえ方が、今の「人口」とはほど遠いものであることは確かである。

初期の石高・家族・人数調査は、米沢を中心とする出羽国置賜(おきたま)地方に関しても利用可能であり[31]、合計二一八ヵ町村について数値が得られる。吉田義信氏は、これを文禄四（一五九五）年の調査とされているが、先の信夫郡・伊達郡地方の史料と調査項目が一致しているところをみると、上杉氏時代のものかもしれない。ここでもやはり、人数／家族比率（米沢を除く）は四・五〇で、信夫郡・伊達郡よりやや高いが、それでも予想値よりも低い。なお石高／人数比は五・五六で、信夫郡・伊達郡の値より低いが、なお九州小倉藩領のうち、最も高かった湯布院地域より高い。

以上を総合すると、上杉氏の行った調査数値は、人口推計の目的からすれば、利用できない数値である。ただ、石高／人口比率は、たとえどんなに人数が過小評価されていたとしてもとうてい一：一の対応にはなく、より高かったとみるべきであり、その意味で、先の九州小倉藩の石高／人口比から導き出した、近世初期の全国人口一八〇〇万人は過大である、という筆者の考えを間接的ながら裏づけている。

慶長三（一五九八）年、太閤検地の最終段階における全国の国別石高によれば[32]、陸奥国は一六七万二八〇六石、出羽国は八一万八〇九五石である。一方、元禄期の数字では[33]、それぞれ一九二万一九四五石、一一二万六二四八石となる。一方、人口の方は享保六（一七二一）年で、陸奥国一九六万二八三九人、出羽国八七万七六五〇人であった[34]。元禄期の石高と、享保期の人口とをつき合わせると、石高／人口比は陸奥国で〇・九八、出羽国で一・二八となり、一対一の対応に近くなっている。本稿で観察した上杉領での石高／人口比との間に大きなギャップのあることがわかる。

結局のところ、近世初頭の奥羽地方の人口を推計する方法は、今のところなさそうである。今後、初期の信頼するに足る人口調査資料が各地で発見され、石高との対応が認められるならば、その石高／人口を用いて、推計することはできるかもしれない。しかし、信頼できる人口調査（宗門改帳・人別改帳）は、一七世紀の最後の四半世紀になってようやくあらわれる。その時点ではすでに人口増加はピークに達し、「さし潮」のごとくであった民勢も、「引き潮」に転ずる直前であった。また、皮肉にも、幕府が全国人口調査を開始した享保六（一七二一）年は、人口の長期低落傾向が始まった頃でもあった。かくして、近世初頭の奥羽地方の人口数は、依然として謎のまま残ることになる。

一八世紀

一七世紀に人口がどれだけ増大したかについて、確固たる数字を得ることはできないとしても、ともかくそこには増大があったことは、本稿に示した諸統計からも明らかである。しかし、一八世紀に入ると、地域により多少のズレはあるにせよ、奥羽地方ははっきり人口の減少期を迎えることになる。通例、これは二つの理由から説明されている。一つは、領主の苛斂誅求による農民の疲弊であり、もう一つは、饑饉、とくに天明饑饉である。

筆者は、伝統的なこの説明に対して、いくつかの限定を附ける必要があるのではないか、と考えている。第一の苛斂誅求説であるが、江戸時代の領主制が、前近代的な支配関係をその政治的基盤として持っていたことは否定すべくもないが、もし、一八世紀の奥羽地方における人口減少をそれで説明しようとすると、人口減少をみなかった他の地域や、奥羽地方でも人口増大期であった一七・一九世紀をどう理解すればよいのか、という問題にぶつかる。とくに人口減少の顕著な一八世紀の奥羽・北関東地方についてのみ、領主の誅求がひどかった、とする理由は見当らない。ただ、自然環境の悪化は、とくに農業が夏作単作地帯であるこの地方においては、他地域より農民生活に打撃を与えたであろうことは想像に難くないが、そういった状況を何ら考慮することなく領主の年貢徴収が続けられていた、とするならば、生産量に対し相対的には農民の負担は重くなることは、石高制、とくに定免制のもとでは当然である。しかし、では領主は打ち続く凶作について見て見ぬふりをしたのだろうか。

おそらく、藩により、あるいは同一藩内でも担当役人によって民政の根本方針は異なっていたであろうが、残された多くの記録は、一八世紀に年貢が半免されたり[35]、とうてい従来の年貢量を維持確保することはできなかったようである。

そして、注目すべきは、この時期に奥羽各藩で人口の維持政策がとられるようになったことである。磐城地方では最も直接的な、他領からの人口移入政策が実施[36]（ただし一九世紀）されていること、また、多くの藩で人口維持政策として出産に際しての育児助成政策が実施されていることが注目される。高橋梵仙氏の長年にわたる厖大な業績は、もっぱら後者の解明に投ぜられており、また、会津藩に関しては別個の研究[37]もあるので、詳細はそれらに譲りたい。藩や、開始の時期には異同があるが、何らかの育児助成政策を実施した藩として、現在明らかなところだけでも、仙台、中村、泉、二本松、三春、守山、白河、会津、秋田、新庄、米沢、庄内の各藩、越後高田藩領、南山蔵入領（天領）等がある[38]。

二本松藩の例で言えば、延享二（一七四五）年、堕胎・間引を道徳的見地から禁止する令達とともに、第三子出生に際しては一年に米一俵、第四子には三俵というように被下米を正米または年貢米差引で渡している[39]。同藩の育児助成政策は次第に規定も詳細をきわめるようになり、天明饑饉の最中、天明六（一七八六）年の達書では、自力で養育できない者に対し、第二子へ五斗入米一俵、三子・四子には丸二カ年半人扶持、五子以上には丸三カ年半人扶持（ただし出生後三〇日以上生存する場合で、一一歳以上に成人した子供はカウントしない）を与えている[40]。また、文化一一（一八一四）年の史料では、双子に対しては出生に際して五斗入米五俵、三カ月目五俵、翌年より三俵ずつ四カ年間、合計二二俵という多額の助成を行うべきという令達が出されている[41]。

二本松藩領では、早くから綿密な人別改が毎年、町村を単位として実施され、上述の政策に対応すべく、改帳には出生の順位が、一子、二子、三子（男女の区別なく）というように、あるいは双子の記載がされ、また、出生・

図12-8　郡山上町と下守屋村の人口推移

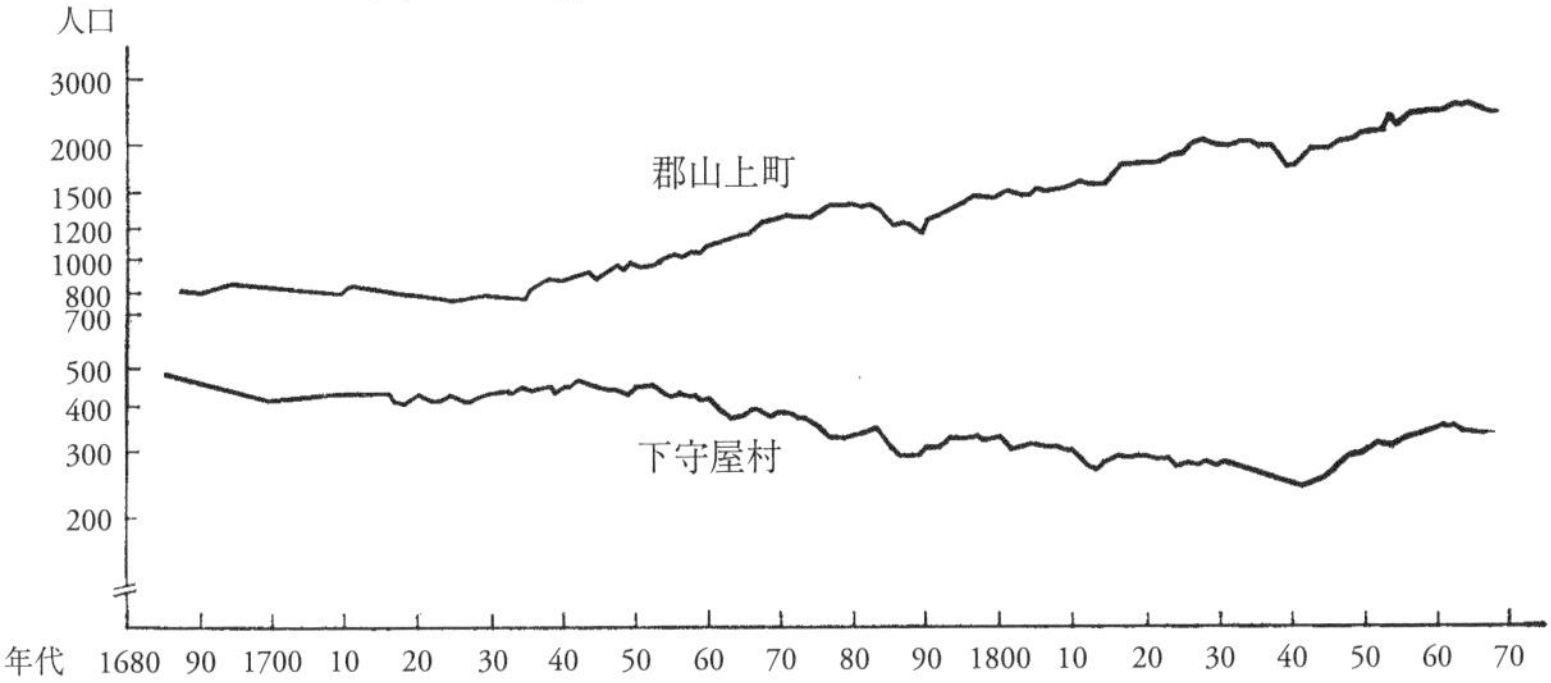

死亡に関する記述もその月まで記されている。同藩領、陸奥国安積郡郡山町や、同郡下守屋村の人別改帳(42)は、そのような記載がされており、歴史人口学的研究にとって現在望みうる最良質の史料となっている(43)。

要するに、一八世紀の奥羽地方は、人口減少に直面して、領主も農民も苦しみ、領主側は、最終目的が年貢確保であれ、人口維持のための政策、育児手当の支給という、世界史的にも稀な政策を実施するところまで追い詰められた時代であった。現在の研究状況では、これらの政策の実際の成果について判定を下すことはできないが、「人口」が、これほど強く意識されたことは、奥羽諸藩に共通する特徴であろう。

ところで、注目すべき事実として、一八世紀の奥羽地方全域にわたる人口減少にもかかわらず、顕著な増加を示したところがある。図12―8は、二本松藩領の安積郡郡山上町と附近の下守屋村の人別改帳(44)によって、ほぼ同時期にまたがる人口の推移を比較したものである。郡山上町は、当初、貞享四（一六八七）年、八〇二人の人口を有していたのが、最終の慶応四（一八六八）年には、二四六二人と三倍強になっている。一方、下守屋村は貞享二（一六八五）年、四五一人でスタートし、最終の慶応四（一八六八）年には、三三七人と約四分の三に減少している。この間、郡山上町は最低が享保九年（一七二四）の七七八人、最高が元治元年（一八六四）の二五四二人、下守屋村は、最低が天保一二（一八四一）

年の二四〇人、最高は当初年であった。ほぼ一七三〇年代の半ばから一〇〇年間、両者の人口趨勢は、長期的には全く対照的な動きを示している。下守屋村は、おそらくこの時期の奥羽地方農村の、あるいは地域全体の趨勢と同様に減少を続け、一七三〇（享保一五）年からの一〇〇年間に、人口は四二六人から二八一人へ、と約三分の二に落ちこんでいる。これに対して、郡山上町では同じ期間に、人口は七八五人から一九九五人へ、と二・五倍になっている。

一八世紀の、奥羽地方全体としての激しい人口減少にもかかわらず、郡山上町では年率約〇・八％もの高い増加率が続いているのである。天明期（一七八〇年代）、天保期（一八三〇年代）を除けば、この人口増大は恒常的といっても差支えなく、下守屋村との較差は拡がる一方であった。

このような郡山上町にみることのできる人口増加の原因は、何に求めればよいのだろうか。近代化以前の都市人口が自身で人口の維持能力を持たなかったという原則が適用されるとすれば、当然、この町の人口増大は農村部からの人口流入によるものであり、それが都市細民の増大を意味するものであったとしても、そこには人口を引きつける何らかの要素、つまり雇用機会の増大が考えられる。

郡山は城下町ではなく、形式上は郡奉行支配の「村」であった。それが「町方」への昇格運動の結果、文政七（一八二四）年には郡山上町・下町となっている。当然、その発展は奥州道の宿として、あるいはこの地方の中心都市としての発展であった。『郡山市史』は、この町の商業活動として、大きな商人は、「衣類・味噌・醤油・酒などの販売と質貸、廻米役などを行ない、旅籠屋を兼営しているものも存在した。上方から繰綿や古手などを仕入れて、生糸・繭・真綿・藍・紅花などを販売した(45)」としている。つまり、典型的な在郷町であったと言えるだろう。したがってこの町の人口増大は、附近農村の産業、とくに商品作物生産の発展と大いに関連があるものと考えられる。

一八世紀の奥羽地方と言えば、とかく経済的停滞や饑饉というイメージが強いのであるが、必ずしもそうは言えず、一見、饑饉には弱い都市人口を、かくも増大させるに足る発展があった。しかも、それが城下町ではなく在郷町で生じたことが注目される。もちろん、郡山一例をもって、すべてを論じるわけにはいかないが、同時に、一八世紀後半の南部藩領においても、在郷商人の活動が顕著になってきている事実[46]も考え合わせると、在郷町の人口と経済活動について分析した高橋美由紀の業績を参照されたい。

一九世紀

奥羽地方における一八世紀の人口減少は、天明饑饉によって、いわば最終的な打撃を与えられたことになり、一八世紀の末はほとんどの地域で人口は最低線にまで落ちこんだ。しかし世紀の変り目ごろになると、人口はようやく回復に向い、以後、天保期の一時的後退はあったが、人口は相当のハイペースで増大傾向に転じている。おそらく気候条件が最悪の事態を脱し、農村における商品作物栽培、手工業生産が発展したのであろう。また、諸藩の人口維持政策の効果も考えてよい一つの理由である。

ただ、すべての地域で同様の増大が見られたわけではなかった。**図12―1**に示した陸奥と出羽の人口推移を比較すると、天明六（一七八六）年から天保五（一八三四）年までの四八年間に、陸奥国では一五九万人から一六九万人へと八％、出羽国では八〇万人から九四万人へと一七％、増加率は二倍の差があった。

また、よりローカルな範囲でも、出羽国新庄藩領一〇〇ヵ村の寛政六（一七九四）年から文化九（一八一二）年に至る一八年間の人口変化をみると[47]、全体としては約六％増大となっているが、二九ヵ村では減少し、中には二割以上の減少をみせた村もあった。増減を地図にドットとしてみると、新庄の東側・北側の山間地域で減少村落が多く、新庄附近や最上川沿いの平坦部の多いところではほとんどの村で増加している。減少村の多い上・下小国郷および金山郷二九ヵ村では、合計人口は八〇一〇人から八〇二一人へとほとんど変らず、約半分の一五ヵ村で減少している。これに対して南部の上・下谷地郷一八ヵ村では、合計人口は一万一六二一人から一万二三五九人へと六・四％増加し、減少村はわずか一ヵ村であった。このように小地域の人口増減には、はっきりとした小地域ごとの特徴がみられ、立地条件や、それぞれにおける経済活動の違いと関連しているものと思われる。

商品作物の栽培と人口変化の関係を物語る一つの事例として、郡山近傍の二つの村の比較が可能である。ともに二本松藩領の日出山村と下守屋村の場合で、文政一一（一八二八）年、嘉永二（一八四九）年の作物別畑作面積の比率を示す資料[48]によれば、日出山村は、文政一一（一八二八）年には、桑三五％、大豆・小豆五〇％、大根・蕎麦一五％、嘉永二（一八四九）年には、それぞれ三五％、四〇％、一五％、その他一〇％であるのに対し、下守屋村は、文政一一（一八二八）年には、桑五％、大豆・小豆五〇％、大根・蕎麦四五％、嘉永二（一八四九）年には、それぞれ一〇％、五五％、二〇％、その他一五％となっており、桑の栽培面積の割合が大きく異なっている。一九世紀に入ると、この地方では養蚕業の発達が顕著になってくる。このような状況を考えると、下守屋村は、その発達の利益を、少なくとも直接的には享受しえなかったのに対し、日出山村では、かなりの桑栽培が行われていたことから、利益を得ていたものとみられる。そこで両村の人口変化であるが、下守屋村の場合は、前掲図12―8のように、一九世紀に入って天保一一（一八四〇）年までの三〇年間に人口は減少（二九六人から二八一人へ）している。これに対して日出山村では、寛政年間（一七八九―一八〇一）の二八〇―三一五人から文政年間（一八一八―一八三〇）の三〇七―三三〇人へと増大している[49]。このあと天保七・八（一八三六・一八三七）年に災害が起り、人口の一時的減少があるので、続けてみることはできないが、災害後の弘化年間（一八四四―四八）から慶応年間（一八六五―六八）では、下守屋村で二六六人から三三七人へ、日出山村で二七六―二八一人から三四一―三四五人へとほぼ同程度の増大を示し、この時期になってようやく下守屋村でも人口の回復に向った。現在のところ、人口とその村や町の経済活動とを関連づけて観察しうる事例は少ないのであるが、奥羽地方の場合、市場との結びつきの有無や程度には大きな地域差があり、小地域の中でも一様ではなく、人口推移との関連も細かくみていく必要があろう。

ともかく一九世紀に入ると、奥羽地方の人口は長期的減少傾向から増大傾向に転じ、天保災害による一時的中断はあったが、一八世紀のようにその回復に数十年を要することはなかった。たしかに天保期に人口は各地で大きくダウンしていることは、本稿に示した諸図にも刻まれている通りである。しかし、より重要なことは、その低下が一時的なもので、十分増加力を備えていた人口は、直ちに回復し、そのまま幕末維新期に向って増加し続けていることである。その意味で、天明の災害と天保の災害は、与えた影響に大きな違いがみられる。

幕末維新期

江戸時代の人口調査は、幕府調査であれ、藩単位の調査であれ、全人口を対象としたものではなかった。維新直後、明治政府が作成した戸籍調査に基づく人口統計は、数％の脱漏人口を含んではいたが、全人口を対象としているので、資料にあらわれた数値の内容は異質のものである。したがって、両期の人口を線で結ぶわけにはいかない。加えて、江戸時代の人口調査の対象は、藩によって異なっているため、修正を一義的に行うことも困難なのである。しかし、幕末維新期という、重要な時期について、連続した人口変化の系列を得る必要性は高く、間接的ながら接合は不可能ではないと考えるので、以下に試みよう。

まず、幕府の行った全国人口調査は、最近における天保一一（一八四〇）年の資料の発見によって、文政一〇（一八二七）年から弘化三（一八四六）年まで、六年ごとに五回の数値が得られるようになった。その結果は、すでに**図12―1**において陸奥・出羽両国について示したごとくである。一方、明治五（一八七二）年の壬申戸籍作成以降、政府は、戸籍登録人口を合算して、国別人口を発表している。明治元（一八六八）年以降、旧陸奥国は、陸

図12-9　陸奥国と出羽国の幕末維新期の人口推移

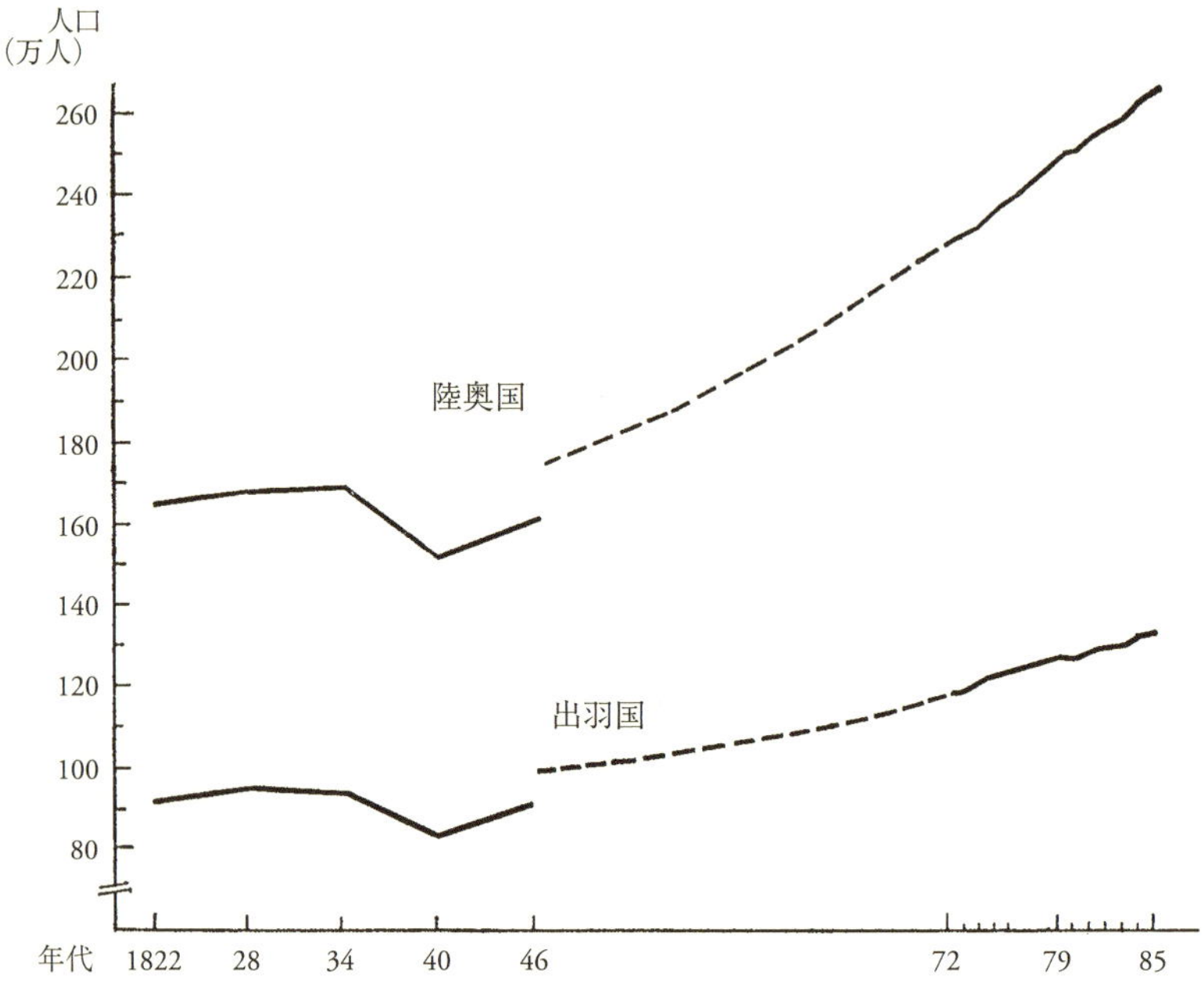

奥・陸中・陸前・岩代・磐城の五ヵ国、出羽は羽前・羽後の二ヵ国に分割され、国別統計も新しい分類によっているが、旧国別の数値と連結するためには、折角の国別数値を再び旧国別に合算する必要がある。図12―9は、文政一〇年―弘化三（一八二七―一八四六）年の幕府調査の結果と、明治五―明治一八（一八七二―一八八五）年の調査結果を両国について太い実線で図示したものである。[50]

明治に入ってからの、両国の人口の増加は著しく、明治五（一八七二）年から一八（一八八五）年の間に、陸奥国では一六%、出羽国では一一・五%の増大をみている。これを一年当りの増加率に換算すれば、それぞれ一%、〇・八%となり、この数値は同じ期間の全国人口の増加率とほぼ等しい。つまり奥羽地方は、全体として、明治期に入れば、人口に関しては全国と歩調を一にして成長軌道に乗っていたことが知られる。問題は、いつこのような増大が始まったかである。いま、仮に陸奥国において年率一%の増加が幕末期から続いていたとしよう。そして、図12―9の明治期の線を、弘化四（一八四七）年までその率で増加が続いたものとして引き伸してみると（図12―9に点線で示す）約一七五万人の点に落ちつく。この値と幕府調査結果一六一万人との間には、約一四万人の差があるが、これは、幕府調査から除外されていた人口と考えられ、その最大は武家人口であった。明治一四（一八八一）年の『日本全国人口表』によれば、陸奥国の華士族人口は約一二万人であるから、弘化三（一八四六）年時点での差は、ほぼこれで埋めることができる。とするならば、年率一%という増加率は、すでに一八四〇年代から続いていたという可能性が大いにある。図12―9の、一八四〇年代にいったん落ちこんだ人口が、四六年には急速に回復していること――実数で一五〇・六万人から一六〇・八万人へ、年率一%――をみても、このことは明らかであり、天保一一（一八四〇）年の落ちこみは、凶作と流行病が重なった短期的なものであったことが判る。図からも読みとられるように、すでに一八二〇年代からゆるやかな増加傾向（年率〇・二%）がみられ、それは天保七・八（一八三六・一八三七）年にいったん逆転して減少をみたけれども、直ちに反転して再増大に向い、そのまま明治期につながった。ただ、弘化三年―明治五（一八四六―一八七二）年の間には、維新の政治変革に際して、奥羽地方では戊辰戦争があり、また、全国的に猛威を振った安政五（一八五八）年から文久元（一八六一）年にかけてのコレラの流行から免れることはできなかったと思われる。[51]これらは人口の減少につながる要因であるが、それらを考慮に入れれば、なおさら増大の幅は大きかったことになる。

出羽国の場合も同様なことが言えよう。明治期の線を引き伸し、幕末期にさかのぼれば、弘化三（一八四六）年の人口は約九九万人、幕府調査の数字九一万人との間の差は八万人であるが、これは明治一四（一八八一）年の出羽国華士族人口九万人とほぼ一致する。やはり出羽国においても、明治初年の人口増大は、幕末から始まっていたとしてよさそうである。

以上は、奥羽地方を陸奥・出羽二国を単位としてみたごく大づかみな観察であるが、もう少し精密な観察をしてみよう。一つは、地域を細分してみる方法である。明治元（一八六八）年七月以降、奥羽地方は新しく陸奥・陸中・陸前・岩代・磐城・羽前・羽後の七ヵ国に分れることになる。これらは、ほぼ現在の青森・岩手・宮城・福島（岩代・磐城）・山形・秋田の六県域に相当するが、一二郡について出入りがあるので完全には一致していない。明治五（一八七二）年から一八（一八八五）年の二時点間で、以上七ヵ国別に、人口の変化をみると**表12－2**のごとくであり、かなり地域による差が大きい。最も人口増加の大きかったのは、磐城・岩代の両国であるが、この地方における養蚕製糸業の発達との関連が予想される。逆に陸中・陸前では増加率は低く、この地域が米の単作地帯であったことと考え合わせると、地域の産業構造と人口変化との間に関連がありそうに思われる。しかし、経済・産業と人口変化との関係は決して単純なものではなく、ある場合には経済発展や都市化と人口変化との間に負のフィードバック作用が働いたり、関係のモデルを作るとすれば、時期や地域によっていくつかのモデルが必要となるであろう[52]。本稿ではその分析を行う余裕もないので、ただ予想される関連の指摘にとどめたい。

ところで先に触れたように、幕末開港に伴い、日本はちょうどコレラのパンデミック（世界的大流行）にまきこまれる。安政五（一八五八）年から文久元（一八六一）年にかけて、近畿地方を中心に猛威を振い、多数の死者を出すのであるが、奥羽地方もそれから免れることはできなかった。地域全体として、どの程度影響を受けたのか、直接うかがい知ることはできないけれども、明治期の人口の年齢別構成統計によって、出生ないしは乳幼児死亡に与えた影響は知ることができる。

まず明治期の人口統計で、府県別の五歳きざみ年齢別人口（本籍）を記載する最初の資料、明治一七（一八八四）年一月一日調の『日本全国戸口表』（内務省戸籍局）から、東北六県および全国の二一―二五歳と二六―三〇

表 12-2　奥羽地方の国別人口（明治初期）

国名	明治 5 年	明治 18 年	増加率
陸奥	473,244	538,723	13.8 %
陸中	510,521	549,035	7.5
陸前	534,609	584,491	9.3
岩代	427,933	506,059	18.3
磐城	348,608	425,433	22.0
羽前	560,984	631,587	12.6
羽後	630,036	696,039	10.5
計	3,485,935	3,931,367	12.8

表 12-3　奥羽地方の年齢別人口（1884 年）

県名	21 ～ 25	26 ～ 30	21 ～ 25 ／ 26 ～ 30
青森	40,084	39,512	101.4 %
岩手	47,912	49,239	97.3
宮城	54,873	55,797	98.3
福島	67,707	67,129	100.9
山形	55,420	56,083	98.8
秋田	51,371	52,130	98.5
計	317,367	319,890	99.2
全国	2,920,077	3,004,582	97.2

表 12-4　奥羽地方における 1860 年生と 1861 年生の人口比較（1908 年）

県名	満 47 歳	満 48 歳	47 ／ 48 歳
青森	4,930	5,587	88.2 %
岩手	5,955	7,027	84.7
宮城	7,563	7,869	96.1
福島	9,547	10,676	89.4
山形	6,974	7,754	89.9
秋田	6,510	7,358	88.5
計	41,479	46,271	89.6
全国	392,832	446,512	88.0

歳の人口とその比率を抜き出してみると、表12—3のごとくである。通常ならば、二一—二五歳層の人口は二六—三〇歳の人口より多くなるはずであるが、表12—3は必ずしもそうでない県のあることを示している。すなわち、青森・福島両県を除けば、前者が後者より少なく、これは、明らかに明治一七年一月一日で二一—二五歳（数え歳）層、すなわち万延元（一八六〇）年から元治元（一八六四）年の間に出生した者が少なかったか、または出生直後の死亡数が多かったことを示している。

また、時代はやや降るが、各歳別人口構成の得られる、明治四一（一九〇八）年一二月三一日現在の『日本帝国人口静態統計』（内閣統計局）によると、当時満四七歳の人口と四八歳の人口の比率は、表12—4のごとく各県とも四八歳人口の方が多い。これは、明らかに四七歳人口、すなわち文久元（一八六一）年の出生数もしくは成人数が前年の万延元（一八六〇）年のそれより少なかったことを意味している。奥羽地方全体としては、四八歳人口との間に約一割の差があり、宮城県以外ではほぼ全国平均に近い数値となっている。人口移動の結果を考慮しなければならないとしても、この一年だけで奥羽地方全体として、約六万人のロスがあったことになる。

このように、幕末維新期の人口は、決してスムーズな推移、増大を続けたわけではないが、そういった短期的減少要因を十分カヴァーする増加力を備えていたと言ってよいだろう。

結　論

筆者は、これから奥羽地方の歴史人口学研究を開始しようとするものであり、本稿はその予備作業として、江戸時代におけるこの地方の人口趨勢をごく概括的にとらえてきた。利用した資料は、大部分が二次文献または印刷史料なので、引用や数表はなるべく避け、グラフで大要を示すという方法をとった。

観察の結果や解釈について、再度それを繰り返す必要はないだろう。ただ、従来とかく人口の減少をめぐり暗黒面しかとらえられていなかった近世奥羽地方が、全期間を通じてそうであったわけではなく、またいろいろな対策もとられたこと、そして、一九世紀に入ると、はっきりと回復に向い、幕末維新期には、すでに人口の成長軌道にのっていたことが見出されたと考える。

しかしその詳細な研究は、一つには、長期にわたる同一の町や村を単位とした宗門改帳・人別改帳の利用分析によらねばならないことも明らかである。奥羽地方では、出産養育制度が実施され、また二本松藩領のように、詳細な記載内容を盛りこんだ人別改帳が作成され、また同一の家系が代々庄屋を務めるといったケースも多かったので、良質の史料が大量に利用可能だ、というのが筆者の印象である。今後、地域を設定して史料の収集を組織的に行い、すでに明らかになっている他の地域と比較しながら、人口学的分析を進めていきたい。

また、人口変化の要因として考えられる自然条件や、社会経済条件の状態にも注意をはらわなければならない。とくに奥羽地方は、当時としては稲作の北限であり、ちょっとした気候の悪化が凶作をもたらし、人口に大きな影響を与える限界地帯であった。また、江戸や上方の中心市場へは最も遠く[53]、物価の動きもローカルな性格を残していた。たとえば最も基本的な米価でさえ、寛政年代頃までは、例えば米沢藩の米価は「まったく独自の動きを示し[54]」ており、ようやくそれ以降になって村山地方や庄内地方の動きと連動するようになった。このことは、江戸時代の中で、奥羽地方が全国経済の中でその位置を変化させたことを物語っており、人口変化の要因として経済的条件を考える際に無視できない特徴と言うことができるだろう。

最後に、奥羽地方を旅行した二人の旅行記から彼らの眼に映じたこの地方の情景を引用しよう。一つは高山彦九郎『北行日記』で、しばしば天明饑饉の悲惨さを物語る描写として引用されるものである。

高山彦九郎は、饑饉の直後すなわち寛政二（一七九〇）年、みちのくを旅し、九月二〇日南部領久慈地方に達し、飢年の時の事情を聞いている。「……小児をは生るを川へ流すもの多フし、人死すれば山の木立ある所へ棄て或は野外に棄て川へ流すもあり。猪鹿狗猫牛馬を食ひ又は人を食ふものも有り……。人にして鬼の如し。当村にても二十軒斗り死絶へたり、生るもの半はに過きぬ。十軒七八軒の村には壱人も残らす死失したる所も有り。……卯の年の八月頃より離散して仙台宮古の方へ行くもの多フし、子有り親ある類イは止りて九十月迄蕨を掘り食ふ、気力薄き人は九月頃より早や餓死す、十月に至りては子を縊りて棄或は川へ流して離散するものもあり。……其れ迄人の牛馬を奪取食ふものもあり、人の穀を奪ひ取るものもあり、奪はれざる用心すれは火を懸けて取り、谷間二三軒の所は悉く奪ひ取らる、家続きの所は用心厳しく奪はるゝも少なし、誠に混乱恐ろしき事也……(55)」。

いま一つは、それから約九〇年後、イギリスの女流旅行家として名高いイザベラ・バードの『日本奥地紀行』で、未だ江戸時代の様相を濃く残していた東北日本を旅して記したものである。バードは、明治一一（一八七八）年六月から九月にかけて北関東から越後、東北、北海道を廻っているが、七月のある日、宇津峠から米沢盆地に入った。彼女は語っている。「たいそう暑かったが快い夏の日であった。会津の雪の連峰も、日光に輝いていると、冷くは見えなかった。米沢平野は、南に繁栄する米沢の町があり、北には湯治客の多い温泉場の赤湯があり、まったくエデンの園である。〝鋤で耕したというより鉛筆で描いたように〟美しい。米、綿、とうもろこし、煙草、麻、藍、大豆、茄子、くるみ、水瓜、きゅうり、柿、杏、ざくろを豊富に栽培している。実り豊かに微笑する大地であり、アジアのアルカデヤ（桃源郷）である。自力で栄えるこの豊沃な大地は、すべてそれを耕作している人びとの所有するところのものである。彼らは、葡萄、いちじく、ざくろの木の下に住み、圧迫のない自由な暮しをしている。これは圧政に苦しむアジアでは珍しい現象である(56)。」

ここに示した二つの旅行記は、同じ奥羽地方でも、旧南部藩領と米沢藩領、そして時代も大災害直後と、維新以後と異なり、何よりも観察者が、片や憂国の士であり、片や栄光のヴィクトリア朝英国からやって来た旅行家である。当然、観察や記述の基準に相違はあるだろう。記述史料の持つ性格と言うべきかもしれない。しかし、奥羽地方の状況は、おそらくこの両極端の間で揺れ動いたと考えることはできないだろうか。本稿を通じて筆者の得た最大のものは、奥羽地方に、一律に「東北型」とか、後進性というレッテルを貼ったり、先入観を持つことを止めて、より詳しく、実証的な観察を行い、客観的な分析を行う必要がある、ということである。幸い個別的な資料も豊富であり、前途は決して悲観すべきものではない。

〔補記〕　本稿は、昭和五六年度文部省科学研究費および財団法人三菱財団よりの研究助成による研究の一部である。また、本稿作成に当っては、多くの方の助力を得たが、とくに宇野澤俊子さんには統計作成、原稿浄書等負うところ大きい。記して感謝したい。

注

（1）最も詳細な考察は、高橋梵仙氏によってなされており、同氏の『日本人口史之研究』（全三巻、日本学術振興会、一九五五―一九七一年）は、大部分の頁数が奥羽諸藩の人口と人口政策にあてられている。本稿も同氏の提示された統計資料に負うところが多い。

（2）享保六、寛延三、宝暦六、天明六、寛政一〇、文化元、文政五、文政一一、天保五、天保一一、弘化三年の一一回。そのうち、享保六、宝暦六の二年を除いては国別男女別の人口がわかる。高橋梵仙『日本人口史之研究　第一』、天保一一年については南和男『幕末江戸社会の研究』（吉川弘文館、一九七八年）にこれらの数値が所収されている。また、関山直太郎『近世日本の人口構造』（吉川弘文館、一九五八年）参照。

（3）高橋梵仙『日本人口史之研究　第三』一八七頁以下。

（4）同『日本人口史之研究　第二』一九―二〇頁。

（5）同書、一六・一七頁間の折込表、および一九―二〇頁。

（6）同書、三六一―三六二頁、および『福島県史　第二巻　近世一』福島県、一九七一年、巻末附表。

（7）同書、四〇〇―四〇一頁。

(8) 同『日本人口史之研究』三友社、一九四一年、二〇八―二一八頁。
(9) 同『日本人口史之研究　第二』一五三―一五五頁。
(10)『福島県史　第二巻　近世一』巻末附表。
(11) 吉田義信『置賜民衆生活史』国書刊行会、一九七三年、一一三―一一八頁。
(12) 宮崎道生『青森県の歴史』山川出版社、一九七〇年、一九二頁。天保五(一八三四)年以降は、文部省史料館蔵、津軽家文書の『御国人別調下帳入』による。なお、この文書の中に、弘化三(一八四六)年以降も幕府の命によって子午改が少なくとも元治元(一八六四)年まで続けられていたことを示す記載がある。
(13) 森嘉兵衛『日本僻地の史的研究　上巻』法政大学出版局、一九六九年、三六五頁。
(14)『福島県史　第二巻　近世一』八〇九頁。
(15)『盛岡市史　第三分冊二　近世期上二』盛岡市、一九六八年、一〇八―一〇九頁。
(16) 同書、一〇九頁。
(17) 高橋梵仙『日本人口史之研究　第三』三〇頁。
(18)『盛岡市史』一一〇頁、第二二表。
(19) 藤田五郎『近世農政史論』御茶の水書房、一九五〇年、一六七頁に引用の「新妻氏存寄書」。
(20) 高橋梵仙『日本人口史之研究』三友社、二〇八頁以下所収の表による。
(21) 関山直太郎『近世日本の人口構造』一二五頁所収の表による。
(22) 速水融『日本経済史への視角』東洋経済新報社、一九六八年、第五章。
(23)『福島県史　九　近世資料二』四一三―四四一頁。
(24) 同書、九三五頁。
(25)『福島県史　二　近世一』一四四頁。
(26) 速水融『近世農村の歴史人口学的研究』東洋経済新報社、一九七三年、第三章。
(27)『福島県史　二　近世一』一四五頁。なお史料は『福島県史　一〇(下)近世資料四』三四五―三四八頁。
(28) 同書、三四八―三五五頁所収の史料より。
(29) 小林清治・山田舜『福島県の歴史』山川出版社、一九七〇年、一一五―一一七頁所収の資料より計算。
(30)『福島県史　一〇(上)　近世資料三』一七一―一七六頁所収。

(31)吉田義信『置賜民衆生活史』国書刊行会、一九七三年、一七─三〇頁。
(32)『大日本租税志　中篇』二七〇─二七四頁。
(33)『総合地方史大年表』人物往来社、一九六七年、付録の村高比較表による。
(34)関山直太郎『近世日本の人口構造』一三七─一三九頁。
(35)会津藩では、一揆の要求によって、寛延三（一七五〇）年の年貢は半免となっている。小林清治・山田舜『福島県の歴史』山川出版社、一九七〇年、一三五頁。
(36)相馬（中村）藩には、文化七（一八一〇）年頃から、越後・越中・加賀・能登・因幡といった人口増加地域からの移住招致によって弘化二（一八四五）年までに一八〇〇戸が来住したとされている（『福島県史　三　近世二』二六七頁）。また泉藩でも、「人口豊かな越後方面から成人男女を移住せしめて各村々に分住させ」たとある（同書一〇六頁）。文化三（一八〇六）年の史料によれば、越後国蒲原郡各村から、「奉公人」として一六歳から四八歳の男女が召しかかえられている（『福島県史　八　近世資料一』二五七─二六〇頁）。さらに会津南山蔵入地でも、部分的に越後からの移住が図られている（松枝茂『会津藩の人口政策』山一書房、一九四三年、二一四─二一七頁）。
(37)松枝茂、同書。
(38)高橋梵仙氏の諸業績、および『郡山市史　三　近世（下）』郡山市、一九七一年、七〇─七三頁。
(39)『福島県史　三　近世二』八三九─八四〇頁。
(40)『福島県史　一〇（上）近世資料三』四三─四六頁所収の「赤子出生養育御達書」より。
(41)『二本松藩史』二本松藩史刊行会、一九二七年、五八四頁所収の史料による。
(42)いずれも、郡山市教育委員会所蔵。なおこれらの史料の利用については、同委員会の草野喜久氏の御好意による。この史料を用いた成松佐恵子『近世東北農村の人びと』（ミネルヴァ書房、一九八五年）をみよ。また、同著者による『江戸時代の東北農村』（同文館出版、一九九二年）は同じ二本松藩仁井田村人別改帳を主とする研究である。
(43)事例として、安達郡田沢村の慶応四（一八六八）年の人別改書上帳が、『福島県史　一〇（上）近世資料三』二〇六─二一七頁に掲載されている。なお、同書、三五七─三八三頁所収の正徳五（一七一五）年の郡山上町の人別改帳は、仕法成立以前のため書式が異なっている。
(44)郡山（上）町の人別改帳を用いた高橋美由紀『在郷町の歴史人口学』（ミネルヴァ書房、二〇〇五年）に詳細な分析がある。
(45)『郡山市史　三　近世（下）』五頁。

(46) Susan B. Hanley and Kozo Yamamura, *Economic and Demographic Change in Preindustrial Japan, 1600-1868,* Princeton 1977. Chap. 6, はこの事実に注目している。

(47) 『新庄領村鑑　郷土資料叢書　第八輯』山形県新庄図書館、一九七五年。

(48) 『郡山市史　三　近世（上）』九二頁所収の第三一表安積三組畑作割合。

(49) 同上書、九頁所収の第二表日出山・笹原村の戸口数の推移を示した表では、人口は年号ごとにくくられ、その間の最大値と最小値が掲げられている。

(50) 江戸時代の数値は、注（2）と同じ。明治期の数値は、明治五―九（一八七二―一八七六）年は内務省『日本全国戸籍表』（統計古書シリーズ第四輯、日本統計協会、昭和四〇年覆刻版による）。明治一二（一八七九）年は同編『日本全国郡区分人口表』、明治一三・一四（一八八〇・一八八一）年は同編『日本全国人口表』、明治一五・一六・一七・一八（一八八二―一八八五）年は同編『日本全国戸口表』による。

(51) たとえば、仙台領内では安政五（一八五八）年の夏から秋にかけてコロリ大流行という記事がある。『総合地方史大年表』人物往来社、一九六七年、四三頁。

(52) 最近刊行されたイングランド人口史に関する注目すべき著作 *The Population History of England, 1541-1871*. London, 1981. においても、著者E・A・リグリィとR・スコフィールドは、対象とした期間内のモデルを、一六世紀後期、一七世紀、一九世紀前期、一九世紀末期と四つ挙げている（同書、四六八―四七七頁）。労働需要、都市人口比率、その上昇の人口変化への負のフィードバック作用の有無等が異なったモデルを必要とさせているのである。

(53) 東廻り海運は危険度が高く、もし西廻り航路をとるとすれば、奥羽地方は中心市場から最も距離の長い地域だったことになる。

(54) 岩橋勝『近世日本物価史の研究』大原新生社、一九八一年、三三一頁。

(55) 『日本庶民生活史料集成　第三巻』三一書房、一九六九年、一七八―一七九頁。

(56) イザベラ・バード『日本奥地紀行』高梨健吉訳、平凡社東洋文庫、一九七三年、一五二―一五三頁。

第13章　近世信州諏訪の歴史人口学(1)

――家族復元法が明かす夫婦の行動軌跡――

史　料

徳川日本[2]は、人口研究に膨大な史料を遺してくれている。これらは、近代の科学的データに較べることはできないが、この時期の史料としては傑出したものである。徳川期の日本は、前近代国家の中で、良質な史料を提供してくれる稀な事例なのである。

この幸運は、二つの明確な理由によっている。第一に、日本が一六世紀末に統一されたとき、将軍や地方の大名が、その領地の状態を数量的に把握しようとして、土地や人口を測定するようになった[3]。日本では、ある種の人口調査は、早くには八・九世紀に実施されていたが、この種の調査は、それ以来のことであった。

第二に、徳川幕府によるキリスト教厳禁政策がある。これにより、日本に住むすべての個人が、毎年、自ら信仰する宗教を申告しなければならなくなり、この申告は、特別な帳簿に記録されることになった。そこで誰もが、仏教徒として、いかなる宗派に属するかを申告することが強制された。都市住民も、農村住民も、自らの檀那寺名を申告しなければならず、この申告は、全国調査の基礎単位たる、それぞれの町や村の記録に書き留められた。

この宗門改の制度は、一六七〇年頃に全国的に施行されるようになった。当初、この調査は、性質上、人口調査ではなかったが、次第にそのような性格を持つようになっていった。記録には、個々人の名前や檀那寺の他、性別、年齢、世帯主との関係、転入出の理由や時期などが加わる。記録の書式は各地各様ではあったが、全国各地で実施されたこと、また規則的に毎年実施されたことにより、この史料は、徳川時代の人口研究に極めて重要なものとなった。これら二つの性質〔規則性と網羅性〕をあわせ持つ史料の存在により、とりわけ日本は人口学的資料に恵まれた社会だと言えるのである。

本稿は、信濃国諏訪郡横内村の事例を用いた人口学的分析の研究成果である。この村の史料は、時系列的分析を行うにあたって、カヴァーする年代の長さから言って、これまでに見出された最良のものである。この史料を用いて、人口学研究の伝統的な方法と、さまざまな家族復元法を用いた夫婦の行動追跡を組み合わせることによって、この村の人口の歴史の諸局面を明らかにしたい。

先述した宗教に関する記録――宗門改帳――は、この村が属する諏訪藩では、一六七一年から一八七一年までの二〇一年間に、各村で毎年作成された。調査形式は、この間ほとんど変わっていない。横内村に関しては、ここで対象とする二〇一年間のうち、一四四年分が利用できる。

この史料に、どの程度信頼性を認め得るかについての一般的な測定法はない。しかし、大きく分ければ、前半の方が後半より史料の信頼性が高い。前半の方が、情報に継続性があり、出生や転入出も頻繁に記録されている。この点を考慮しつつ、ほぼ二五年毎に区切ってみると、時期Ⅱ（一七〇一―一七二五）があらゆる意味で信頼性が最も高いと言える。逆に、時期Ⅴ（一七七六―一八〇〇）以降は、史料に欠落が多くなり、時期Ⅶおよび時期Ⅷ（一八二六―七一）では、出生に関する記載にかなりの不備がある。

この記名型史料を分析する方法として、まず基礎作業として、（各家族、各年ごとの）シートに、家族の各構成員の名前、性別、年齢、戸主との続柄を書き込み、世帯内に生じた諸変化の原因や理由を記す。このシートを基礎に、それぞれの情報を突き合わせることで、当該の村全体の各年の人口の状態を再構成できるのである。今回の史料には四年を超える空白はなかったため、村の各家族について、垂直方向に時系列分析を行なうこともできる。そして次の段階として、各夫婦の人口学的行為を一つのシートに書き込み、結婚と出生関連の情報を拾い出す。これにより、M・フルュリ（M. Fleury）とL・アンリ（L. Henry）がフランスで開発した「家族復元法」(4)（family reconstitution）が容易に適用できるようになる。

この「家族復元法」は、研究方法として西ヨーロッパの歴史人口学研究で用いられ、これにより長期にわたる人口学的変化の追跡が可能になったが、この村の宗門改帳は、毎年のさまざまな家族構成員に関する情報を、唯一で同一のシートに集める方式であるので、「家族復元」を行うのは、洗礼証書、結婚証書、埋葬証書だけを頼りに家族を復元する困難に直面するヨーロッパのケースより遥かに容易なのである。

研究対象の横内村は、中央日本にある長野県の諏訪盆地の周縁に位置している（図13―1）。徳川時代の初期、この村は、領主の検地により、米の価値にして一八〇〇ブッシェル〔三五〇石〕相当の耕地を有していると評価された。高度は約八〇〇メートルあり、冬季には農作業は不可能であった。そして一九世紀後半には、諏訪盆地で養蚕業と蚕糸業が発展した。

人口学的分析

記録によると、この村の人口の歴史は、一六七一年、一八九人、二七戸から始まった。人口は、前半の一〇〇年間、増加し続け、一七七一年には五二四人に達している。この村の人口趨勢は、諏訪地方全体のものとともに、図13―2に示した。その数は、宗門改帳に記録されているデータをもとに算出されたものである。記録された人数から、出稼ぎに出ていた者を差し引き、この村に働きに来ている者を加えると、実際の人口が把握できる。人口は、一八四人から四九三人に増えたことになる。いずれにしても人口増加は急速であり、しかも約一〇〇年間続いた。年間の平均増加率は、〇・九％である。しかし諏訪地方、少なくとも同地方の東部（E地区）では、人口の急速な増加は、一七二〇年頃に止まっている（図13―2）。この時期以降は、約一〇〇年間、安定局面に入り、その後、人口再増加の新たな局面に入る。東地区と横内村の出生率と死亡率は、図13―3に示した。

図13-1　信濃国諏訪郡横内村の位置

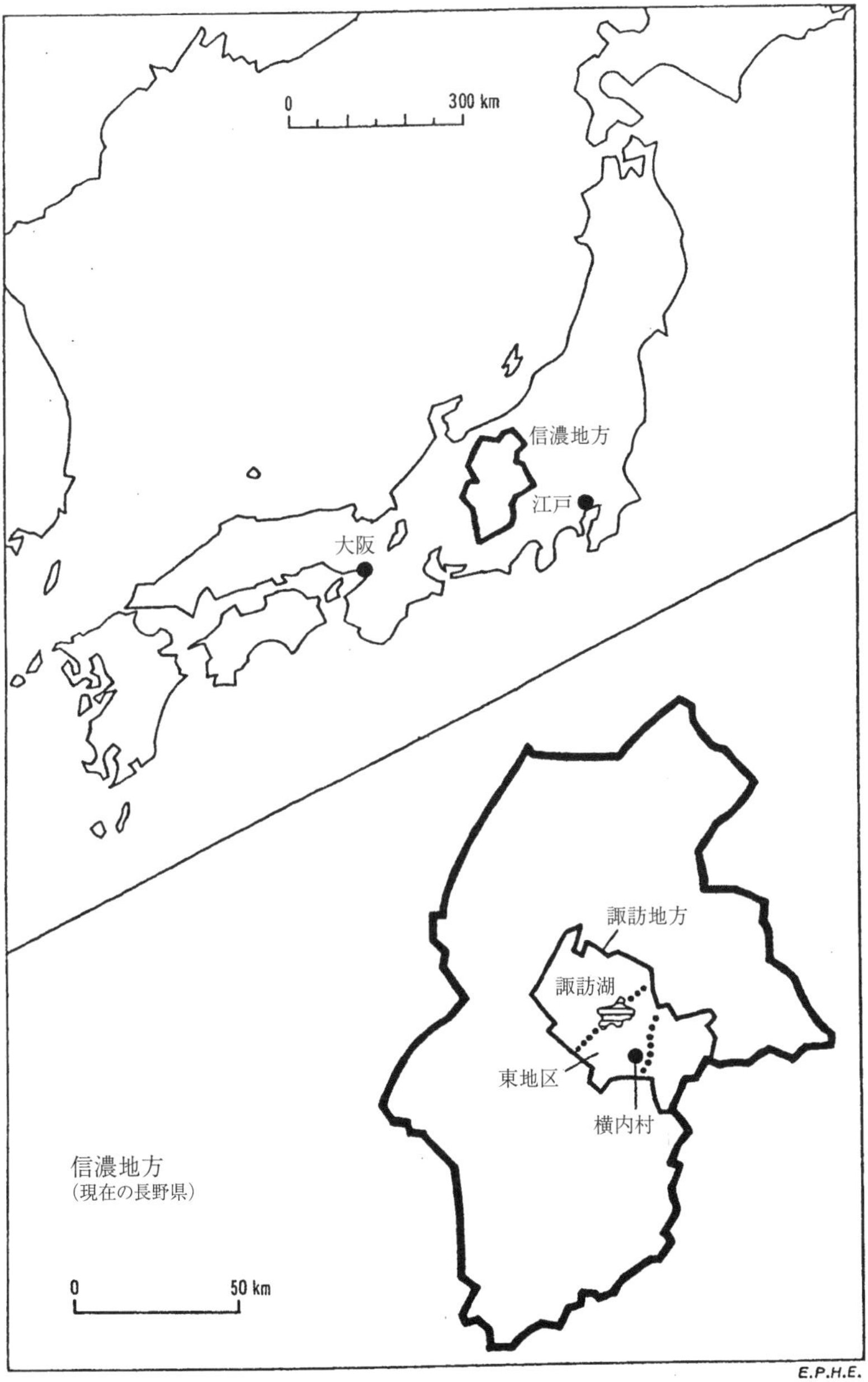

図13-2　諏訪地方と横内村の人口趨勢

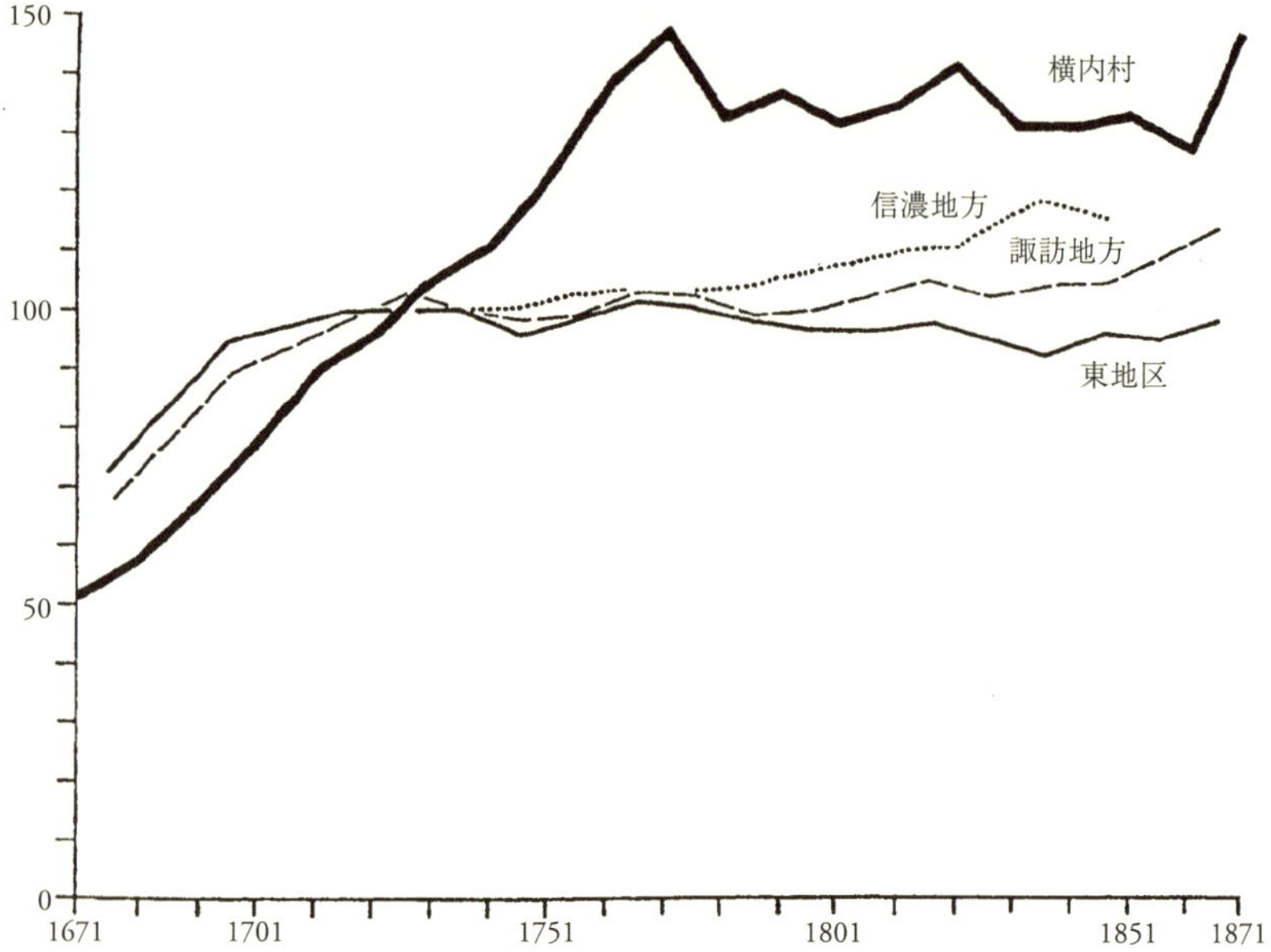

（注）1721年の人口規模を100とする。

世帯数の増加は、人口の増加を上回るものであった。初めの一〇〇年に、世帯数は三・六倍、二七戸から九八戸になっている。これは、当然、一世帯当たりの人数の減少を意味している。つまり、小規模家族への移行である。一六・一七世紀には、一般に、徳川期以前の隷属的労働力をかかえた大規模世帯が、次第に夫婦家族を基礎とする小規模世帯に変化する過程にあったことを示しており、農村地帯では、そうした変化は、狭義の夫婦家族を単位とするものに向かっていった。我々が手にしている初期の史料によれば、この村の場合も同様で、当初は全世帯の一五%以上が一〇人以上の規模であったが、一八世紀半ばには、この数字は、九%以下に、平均世帯規模は、七・〇人から五・四人へと縮小している（表13―1）。

図13-3 横内村と諏訪地方東地区の出生率と死亡率の推移

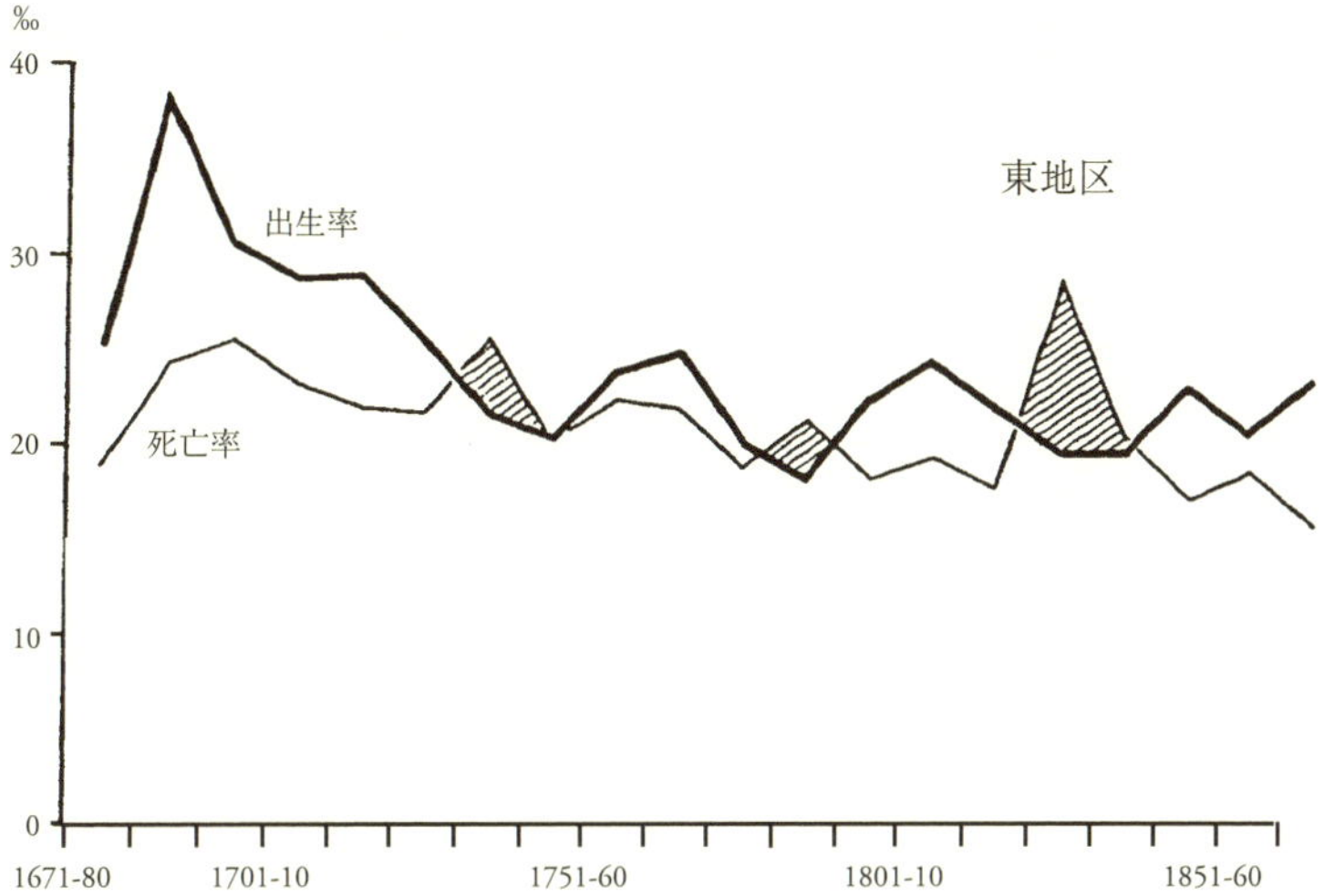

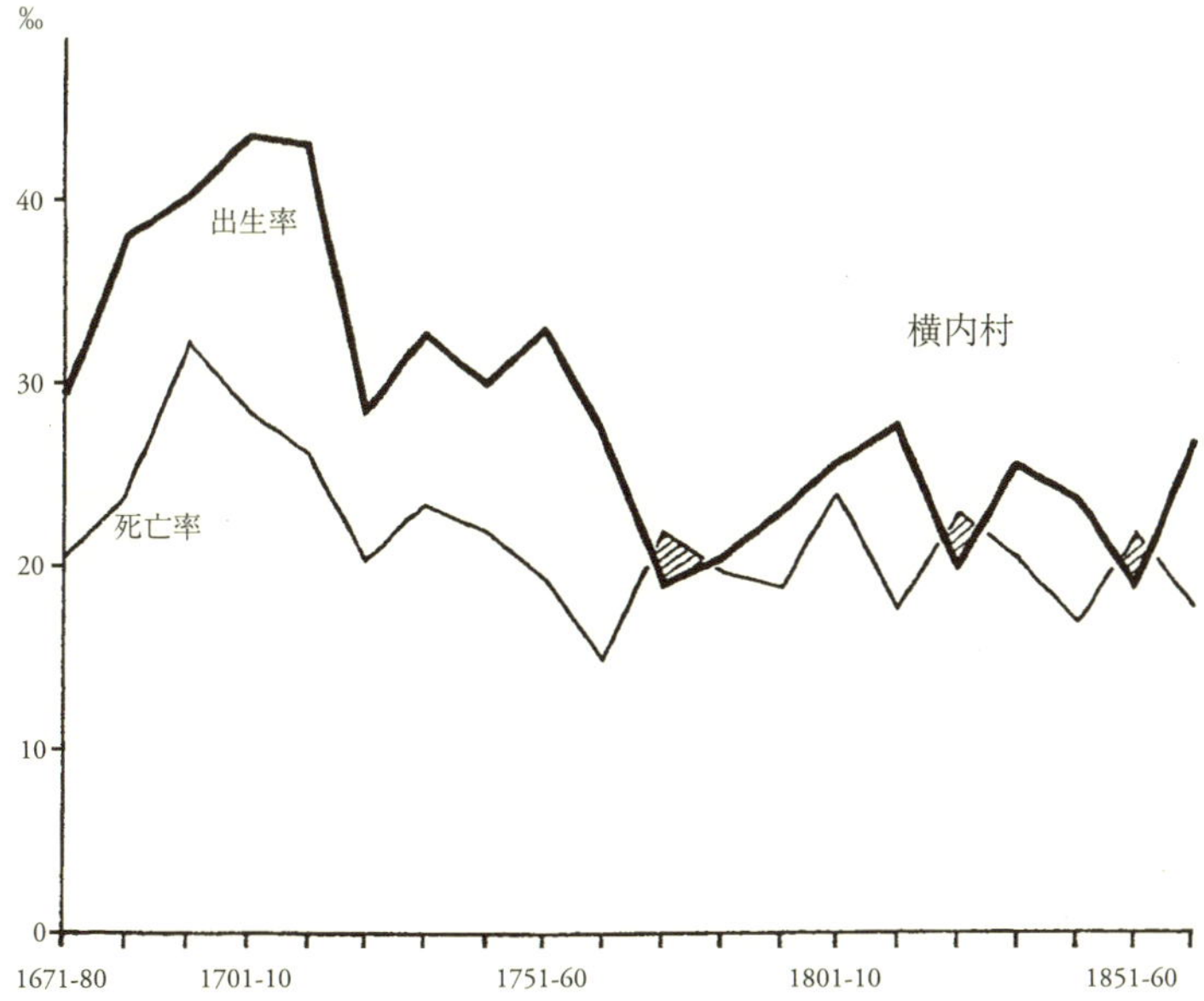

表 13-1　諏訪郡横内村における夫婦組数および規模別世帯分布

夫婦組数	1671	1722	1771	1823	1871
0	2	3	15	15	33
1	13	28	57	65	69
2	9	15	21	20	17
3	3	5	4	1	1
4	—	—	1	—	—
計	27	51	98	101	120
平均	1.5	1.4	1.2	1.1	0.9
世帯規模					
1		1		4	9
2	1	1	13	12	8
3	1	8	11	22	21
4	4	6	18	20	20
5	3	4	18	15	32
6	2	10	16	13	15
7	4	4	7	5	8
8	4	6	7	5	4
9	5	2	4		
10	2	4		1	
11	1	3	2		1
12			1	3	
13				1	
14					1
15		2			
平均	7.0	6.4	5.4	5.0	4.5

この現象は、出生率の低下によるものではなかった。実際、初期には、狭義の「家族」という枠組みを越えて、未婚の親族だけでなく、下人または下女といった、親族ではない未婚の男女の労働力を抱えるような世帯が、ある一定の割合で残存していた。このタイプの世帯は次第に消滅し、世帯規模はより小さくなり、夫婦とその子どもだけからなる世帯が標準的になる傾向にあった。その結果、一七世紀の最終四半世紀には、一六―五〇歳における有配偶率は、男子四七・二％、女子五五・九％であったのが、一八世紀の第3四半期には、男子五四・二％、女子七六・一％にまで上昇した。概して、小規模家族への移行は、この史料の始まる以前からすでに比較的進んでいたと思われるが、このことが、徳川期前半における急速な人口増加の最も重要な原因の一つとなっているがゆえに、この現象をとくに強調しておく必要があろう。

こうした徳川期前半の人口趨勢は、一八世紀第3四半期に劇的に変化する。第一に、この村の人口は停滞に転じ、短期的な変動を除けば、一九世紀後半の再増加まで、ほとんど完全に一定のまま推移した。この一〇〇年間の一年当たりの平均増加率は、〇・〇五％にすぎない。家族規模が最小限に向かう傾向にあったことを考慮すれば、このことは、人口の停滞とは不釣り合いなほどの世帯の増加があったことを意味している。一世帯当りの人口数は少なくなり、四・七人―五人程度になった。また有配偶率の方は、二〇〇年間の前半のうちにピークに達した後、かなり長い間、一定の水準を維持し、その後は、低下傾向にあった。

次に図13―4を参照しながら、時期ごとの年齢構造を見てみよう[5]。この二〇〇年の前半、とくに一七世紀の転換期までは、人口増加率は非常に高かったが、その時期の年齢別人口構造は、顕著なピラミッド型を示している。それに対し、この二〇〇年の後半、一八世紀半ば以降は、年齢別構造は、釣鐘型に近づいている。この違いは、乳幼児死亡率の低下による可能性もあるが、しかしながら、とりわけ出生率の違い、すなわち出生率の高かった前半一〇〇年と、出生率がそれほど高くなかった後半一〇〇年との違いに起因していると言える。

図13-4 横内村の年齢別人口構造

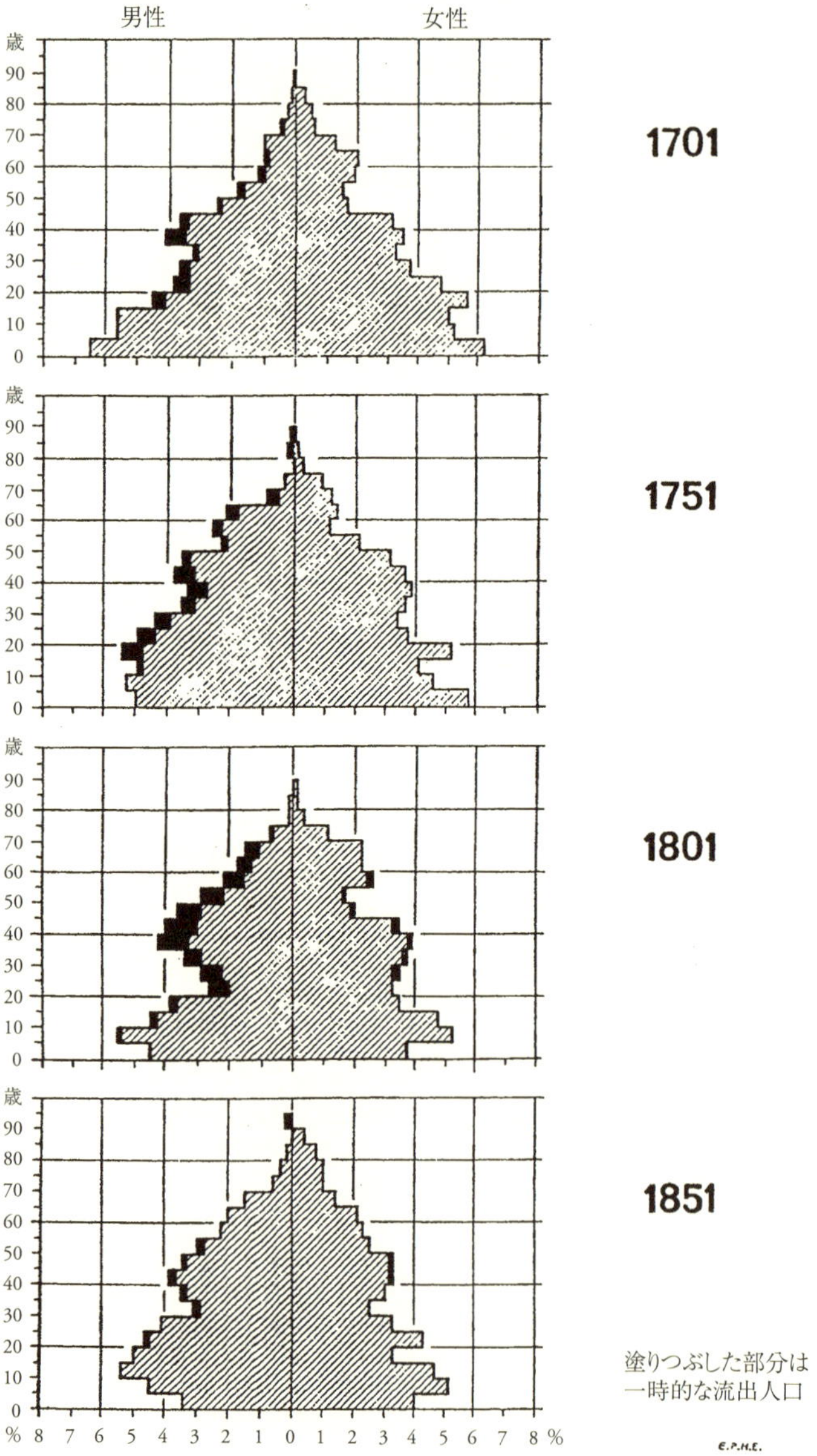

以上の観察から、一六七一年から一七七五年にかけて人口は急速に増加し、その後、一八五〇年まで停滞したことが明らかとなる。この全体としての人口増加は、有配偶率の上昇、それに起因する世帯の小規模化、出生率の上昇によって理解できる。

我々が手にしている宗門改帳には、生まれてから最初の調査が行われる時点――通常は毎年五月――まで生存した者しか記録されていないので、正確な出生率を求めることはできない。しかし、宗門改帳に一歳または二歳で出現する者の全人口に対する率を、出生率の目安とみなすことはできる。この出生率は、最初の一六七一年―一七二五年の五〇年間については、三五―四〇‰、続く五〇年間については、二五―三〇‰、後半一〇〇年間については、二〇―二五‰となっている。ただ、この後半一〇〇年の数値は、あまりにも低すぎる。この数値上の異常は、部分的には史料の不完全さによるものと考えられる。いずれにしても、前半一〇〇年間については、常に高出生率が続いたことは疑いない。

さらに、宗門改帳にはっきりと記された死亡数にしたがって、死亡率を算出し、この変化を追ってみると、最初の五〇年間については、二五‰であり、その後はおよそ二〇‰近くに低下している。この率も、このまま信ずるにはあまりに低すぎる。この数値上の異常も、出生の記録以上に、死亡の記録が不完全であることによると考えられる。

上記に示した数値は、生まれてから最初の宗門改があるまでに死亡した者は含まれていないため、相対的に低くなっており、実際の死亡率を求めるには修正が必要であること[6]を物語っている。平均余命が延伸していること、また乳幼児死亡率がある程度低下していることを考えれば、前半一〇〇年間と比較して、後半一〇〇年間においては、死亡率はおそらく低下したと思われる。

乳幼児死亡率に関するデータを扱うには、時代を進むごとにより慎重さを要すると断言することは難しいが、いずれにせよ、前半一〇〇年間については、平均値は以下のようになっている。宗門改帳に出生が記された一一六人について言えば、二六%が五歳までに、三一%が一〇歳までに死亡している。数値の詳細は、表13―2に掲げた。これに、宗門改帳に記録されていない乳児死亡数を加えると、おそらく一〇歳までに死亡する率は、四〇%に達すると考えられる。とはいえ、乳幼児死亡率は、最初の一〇〇年間、低下する傾向にあった。一六七一―一七二五年に三九%であった一〇歳までの死亡率は、次の五〇年間には、二六%に低下しているのである。

死亡年齢から各歳の死亡確率を求めれば、カーヴは、下方に向かって徐々に屈折し、逆に二歳時の平均余命は、延伸する傾向にあったことが分かる（図13―5）。一六七一―一七〇〇年では、二歳時の男子平均余命は二四・八歳、同じく女子は二九・八歳となっている。それに対し、一七二六―五〇年では、この数値は、それぞれ、男子三四・八歳、女子三五・二歳まで延伸している。各年齢の平均余命をみると、男子では二〇歳以下に、女子では四〇歳以下に顕著な延伸がみられる。この変化は、年齢構造の変化や全人口における生産年齢人口の割合の増加に対応している。

結婚年齢をみると、女子に関しては際立った傾向があることに気づく。平均結婚年齢は、一七世紀では一八・八歳だったのが、一八世紀の第1四半期には、いったん一六・九歳に低下している。その後、規則的な上昇を示し、一九世紀後半には二一・七歳に達している。男子についてはこうした変化は見られず、二五・六歳から二八・五歳の範囲に収まっている。詳細は、図13―6を参照してほしい。

人口学的に興味深いもう一つの現象は、人口流出、とくに男子労働力の流出である。当初は、流出の規模はそれほどでもなく、また流出した人々の大部分は、近隣地域で農業に従事していた。また明らかに他村からの流入も一定程度見られた。しかし、まもなく流出先は、近隣の農村ではなく、人々は江戸で職を求めるようになり、商業や第三次産業で雇用されるようになる。横内村では、一八世紀の第2四半期から流出人口が増え始め、ピーク時には、

表 13-2　諏訪郡横内村における幼児死亡率の推移

出生年	性別	出生数	各年齢の死亡数													11 歳の生存数	5 歳以下の死亡率	10 歳以下の死亡率	11 歳の生存率
			1	2	3	4	5	1～5小計	6	7	8	9	10	6～10小計	合計				
1671–1700	男	119		18	6	15	4	43	2	1	1	1	1	6	49	70	0.36	0.41	0.59
	女	108		14	4	9	5	32	1	2	1		1	5	37	71	0.30	0.34	0.66
	計	227		32	10	24	9	75	3	3	2	1	2	11	86	141	0.33	0.38	0.62
1701–1725	男	157		19	12	14	6	51	1	2		1		4	55	102	0.31	0.33	0.67
	女	145	2	18	19	12	8	59	3	3	1			7	66	79	0.41	0.45	0.55
	計	302	2	37	31	26	14	110	4	5	1	1		11	121	181	0.36	0.40	0.60
1726–1750	男	155		9	8	7	7	31	6	2	4		1	13	44	111	0.20	0.28	0.72
	女	123		10	8	5	5	28	5	3		1	1	10	38	85	0.23	0.31	0.69
	計	278		19	16	12	12	59	11	5	4	1	2	23	82	196	0.21	0.30	0.70
1751–1775	男	160	1	9	9	4	5	28	4		1	2	2	9	37	123	0.18	0.23	0.77
	女	149		5	10	5	3	23	4	1	1			6	29	120	0.15	0.19	0.81
	計	309	1	14	19	9	8	51	8	1	2	2	2	15	66	243	0.17	0.21	0.79
計	男	591	1	55	35	40	22	153	13	5	6	4	4	32	185	406	0.26	0.31	0.69
	女	525	2	47	41	31	21	142	13	9	3	1	2	28	170	355	0.27	0.32	0.68
	計	1116	3	102	76	71	43	295	26	14	9	5	6	60	355	761	0.26	0.31	0.69

図13-5 横内村における平均余命（上）と死亡確率（下）

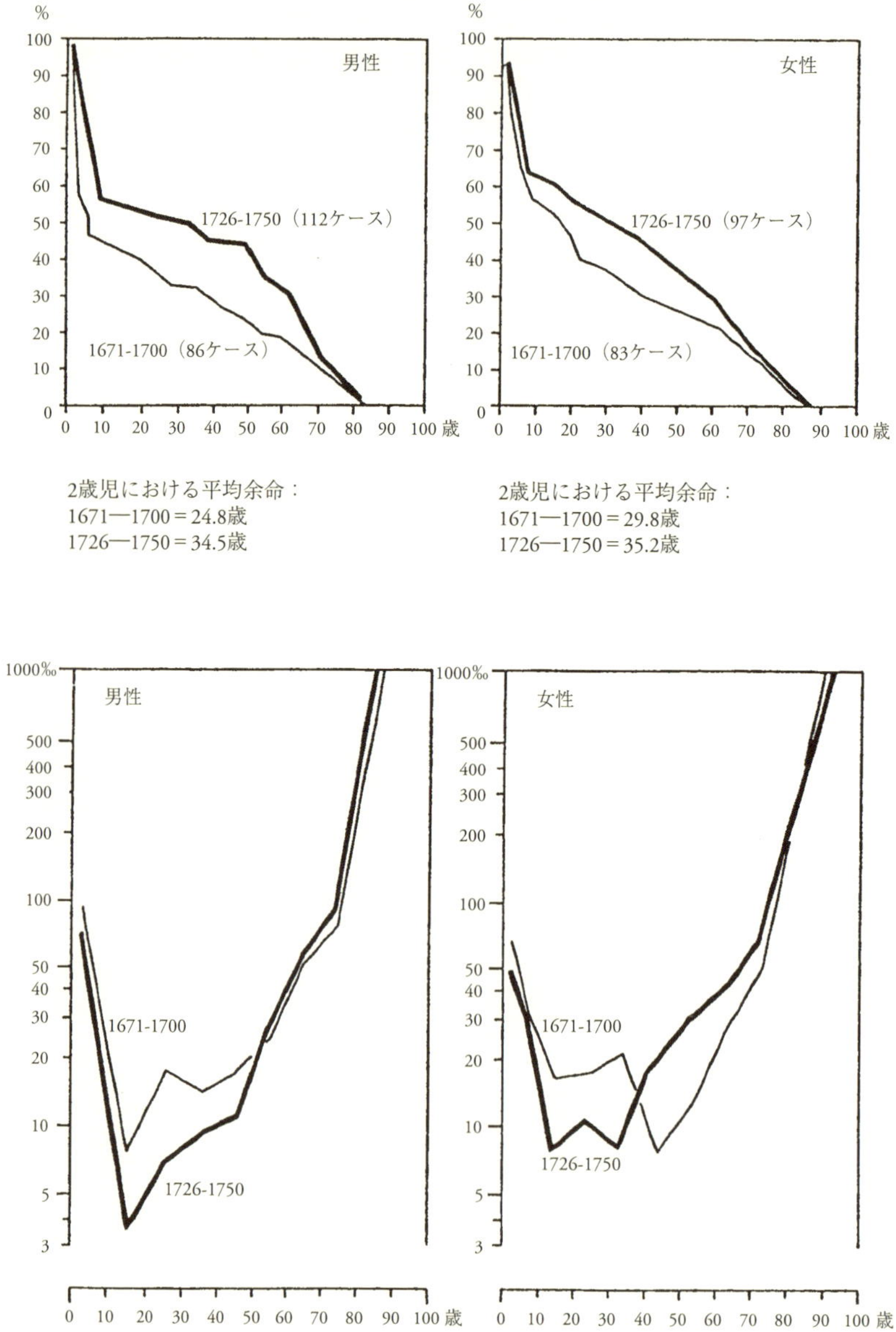

図13-6　横内村における平均結婚年齢

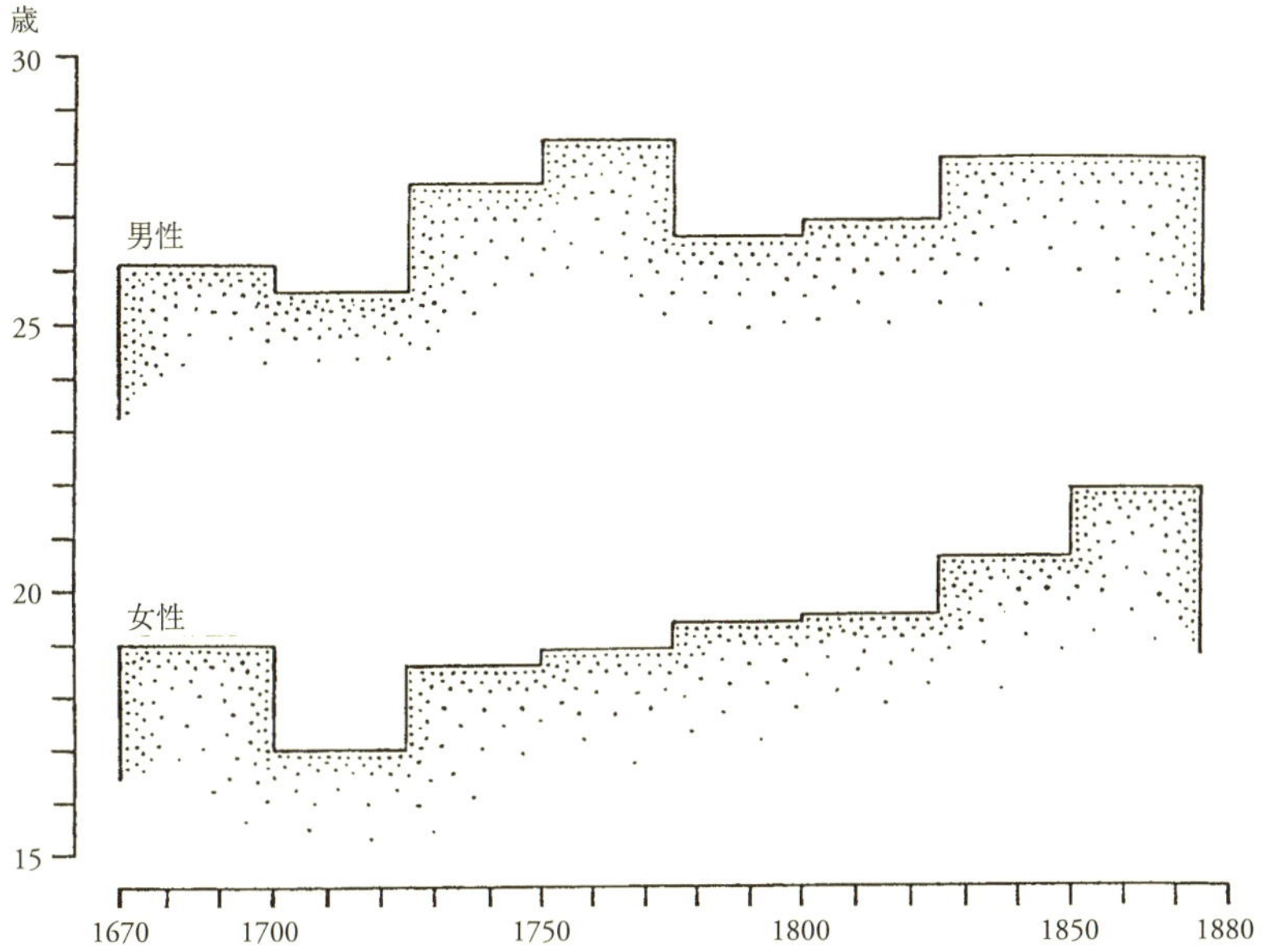

男子労働力の三〇％前後が、江戸やそれ以外の地域に流出した。図13－7は、各時期における二五歳層の流出率を示している。

これら基本的な指標から横内村の人口の歴史に関して知りうるのは、以下のようなことである。二〇〇年間の初めの頃には、隷属的労働力に依存する大規模農業経営がなお存在していたが、これが低い有配偶率の原因となっていた。低い有配偶率のもとでは、出生率もかなり低い水準にとどまっていた。しかし、次の局面では小規模経営が優勢になり、家族が農業経営の基礎単位となった。未婚者は、急速に減り、有配偶率・出生率は一挙に最高値に達する。しかし、労働力の流出が始まり、有配偶率は、低下傾向をはっきり示すようになり、その結果、人口は停滞するようになった。これらの変化は、図13－8に示した。

徳川期後半の人口停滞は、しばしば「マルサス的均衡」の例とみなされてきた。おそら

図13-7 横内村における男性労働人口に対する流出人口の割合

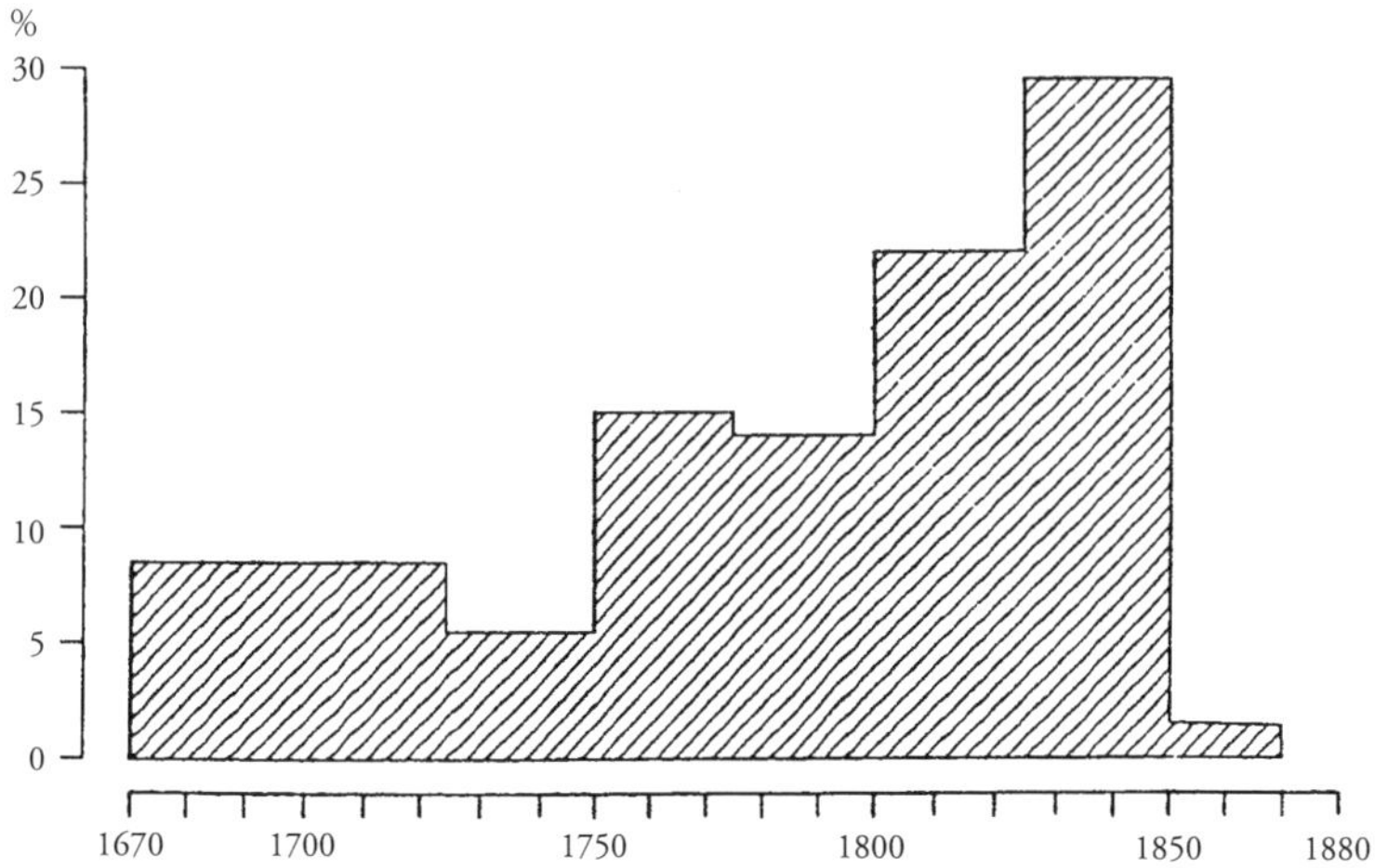

くこの村の住民が、生活水準の引き下げか人口制限を余儀なくされるほどに、経済的条件が悪化したのだろう。しかしながら、生活水準をこれ以上下げる余地はなく、この村の住民は第二の解決策を選ばざるを得なかった。まず結婚年齢が上昇し始め、ついで堕胎・間引による出生数の制限が始まった。一六七一年から一七二五年の間では、「完全家族」（妻が五〇歳に達した夫婦）のうち、女性の平均出産数は、妻が一五―二〇歳で結婚した場合は、六・五人、二一―二五歳で結婚した場合は、五・九人で、二六歳以上で結婚した場合は、わずか一・五人であった（表13―3―A・B・C）。これとは対照的に、一〇〇年後、すなわち一七七六年以降では、平均出産数は、結婚年齢にかかわらず、三・六―三・八人となっている。私見によれば、この変化は、人口制限の結果と考えられる。

　ここで、史料の信頼性が最も高い前半一〇〇年間について、結婚した夫婦の人口学的行動を観察してみよう。この時期、横内村では、妻が一七〇〇年以前に生まれた夫婦は一六八組ある。そのうち三九組は、最初の一六七一年の史料にすでに結婚した夫婦として記載されているので、結婚

図13-8　横内村における年齢別有配偶率

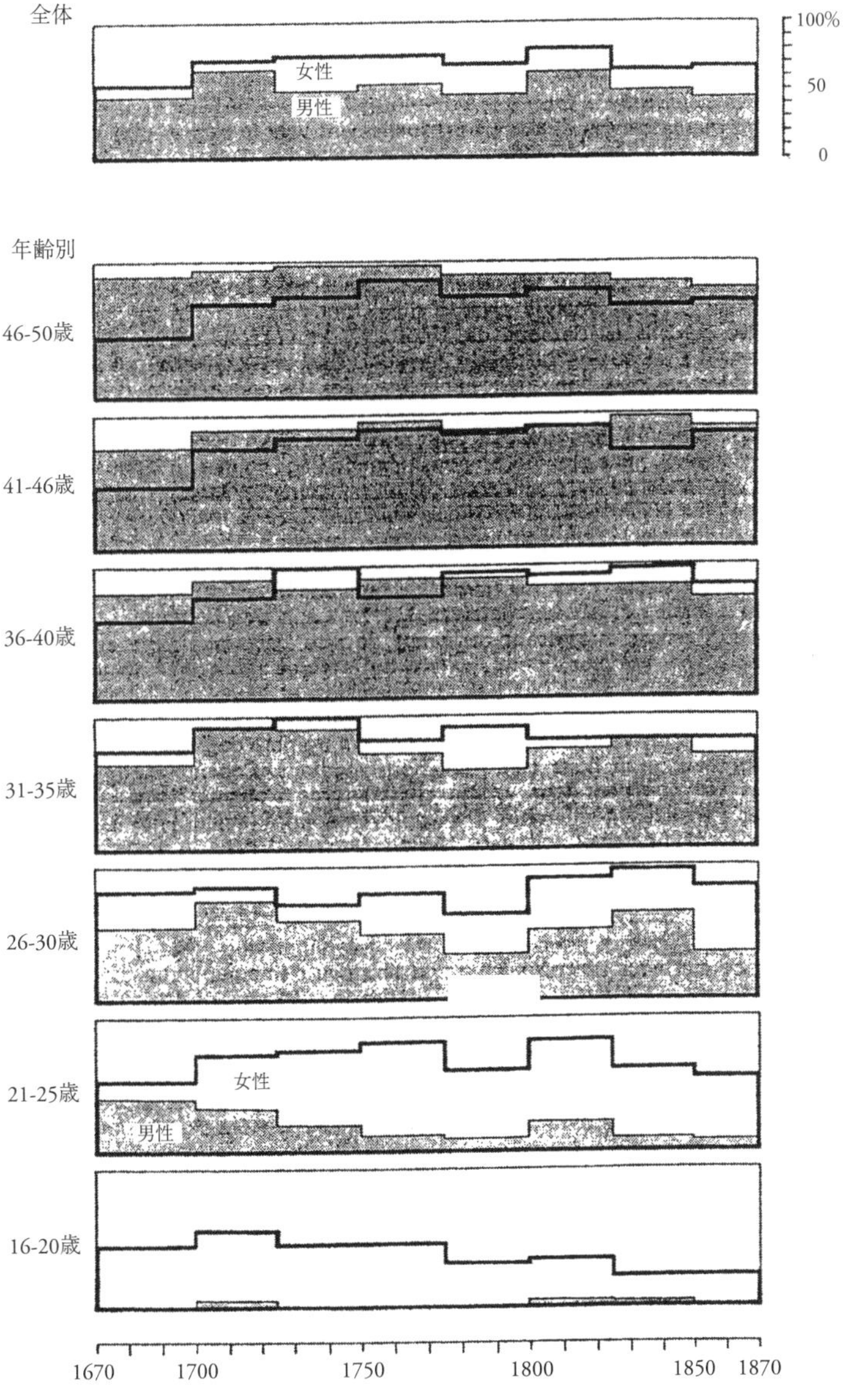

表 13-3-A　諏訪郡横内村における女子の結婚年齢別出生数
（1671-1725 年に結婚）

結婚年齢	出生数 0	1	2	3	4	5	6	7	8	9	10	11	12	13	平均出生数	
15		1		1		1	2			3	1				6.4	
16						3	2		2	3				1	7.5	
17				1	1		3		1		1				6.1	6.5
18						3	2			1					6.0	
19						1	1		1						6.3	
20				1		1	1								4.7	
21								3							7.0	
22							1								6.0	
23						1									5.0	5.9
24																
25					1	1									4.5	
26																
27		1													1.0	
28																1.5
29																
30			1												2.0	
31 歳以上	1	1					1								2.3	

年齢について知ることはできない。

一方、五六人の妻については、結婚年が分かり、出産可能年齢の最後、すなわち五〇歳までの結婚期間を知ることができる。残りの七三人の妻は、出産可能年齢以前に結婚期間を終了している。そのうち三三組は、夫の死亡によって、またそのうち二八組は、妻の死亡によって、結婚期間が妻が五〇歳になる前に終了した。また一一組は、離婚によって、二三組は理由不明で、結婚期間が妻が五〇歳になる前に終了した。妻の死亡か離婚による結婚期間の終了後、夫の八〇%が再婚しているが、それとは対照的に、夫の死か離婚による結婚期間の終了後、再婚する妻の割合は極めて低く、わずか二〇%となっている。

表 13-3-B　諏訪郡横内村における女子の結婚年齢別出生数

（1726-1775 年に結婚）

結婚年齢	出生数 0	1	2	3	4	5	6	7	8	9	10	11	12	13	平均出生数	
15		1		1	2										3.0	
16	1			2	3	2	3	1	1	1					5.0	
17	1			3	5	3	5								4.4	4.2
18		1	3	1	4	3	3			1					4.3	
19			1	1		1	1								4.0	
20	2		1	1	4	3	1								3.5	
21			2		1	1	2								4.2	
22			1	2		1	1								3.8	
23		1	1	1											2.0	3.4
24			1	1	1										3.0	
25				2											3.0	
26		1													1.0	
27								1							7.0	
28			2												2.0	3.0
29			1												2.0	
30															4.0	
31 歳以上		1													1.0	

既婚女子の年齢階層別の一年あたりの出生率をみると、一六—二〇歳層では〇・一六六人、二一—三〇歳層では〇・三人を少し上回り、三一—四〇歳層では〇・二人を少し上回り、四〇歳を越えると実質的にゼロに近い。出産のピークは二一—三〇歳層で、その後、段階的に低下している。二〇歳以下の出産は驚くほど少ない。結婚年齢と出産数の間には相関関係があり、同様に結婚継続期間と出産数の間にも相関関係がある。しかし、最も強い相関関係は、妻の年齢と出産数の間にある。その結果、二〇歳以上では、二〇歳未満よりも、結婚年齢が一歳上昇するごとの人口学的影響がより大きくなる。二〇歳未満では、結婚年齢が一歳変わるごとに〇・二人の差が生じるが、二〇

表 13-3-C　諏訪郡横内村における女子の結婚年齢別出生数

(1776-1821 年に結婚)

結婚年齢	出生数														平均出生数	
	0	1	2	3	4	5	6	7	8	9	10	11	12	13		
15					1	1		1							5.3	
16						1		1		1					7.0	
17			1	2	5	1	2								4.1	3.7
18		1	2		4	1	2				1				4.4	
19	3	3	5					1							1.7	
20		2	3	1		1	3								3.4	
21			1	2	6	3									3.9	
22		1	3	1	2			2	1						4.0	
23		1	3		3	2									3.2	3.6
24	1		1		1										2.0	
25			1	2	1	1									3.4	
26			2	1					1						3.8	
27					1										4.0	
28					1										4.0	3.8
29																
30																
31 歳以上	1			1											1.5	

歳以上では、〇・三人の差が生じている。一八世紀後半以降、平均結婚年齢が二〇歳を越えると、出生率が低下したのも、そのためである。ヨーロッパの事例と比較すると、年齢層ごとの出生力はかなり低い（図13—9）。これは、ある程度は、出生記録の質によって説明できる。この村の出生力をより正しく測定するには、二〇—二五％程度の上昇方向への修正を加えるのがよいだろう。図13—10、図13—11は、「完全家族」について、妻の結婚年齢別にみた出生力を曲線で示したものである。表13—4—A・Bは、出産数と妻の結婚期間を比較したものである。

次に、出産の間隔を見よう。一七〇〇年以前に妻が生まれた場合では、結婚から第一子誕生までの平均期間は三・二年、第一子—第二子間は三・一

図13-9 年齢階層別1年あたりの出生率

（　）内の期間中に生れた女性において

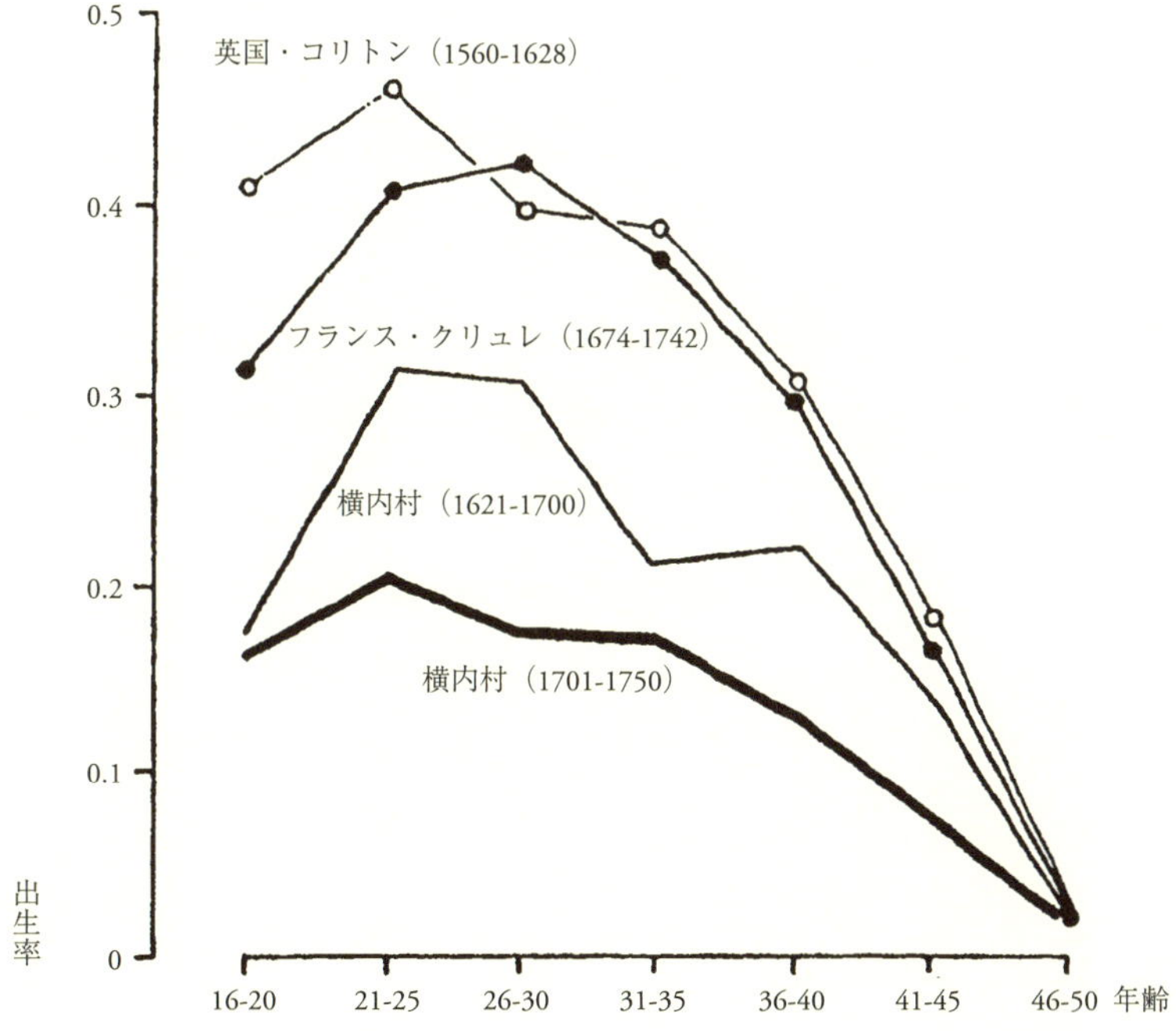

図13-10　横内村における結婚年齢別平均出産数

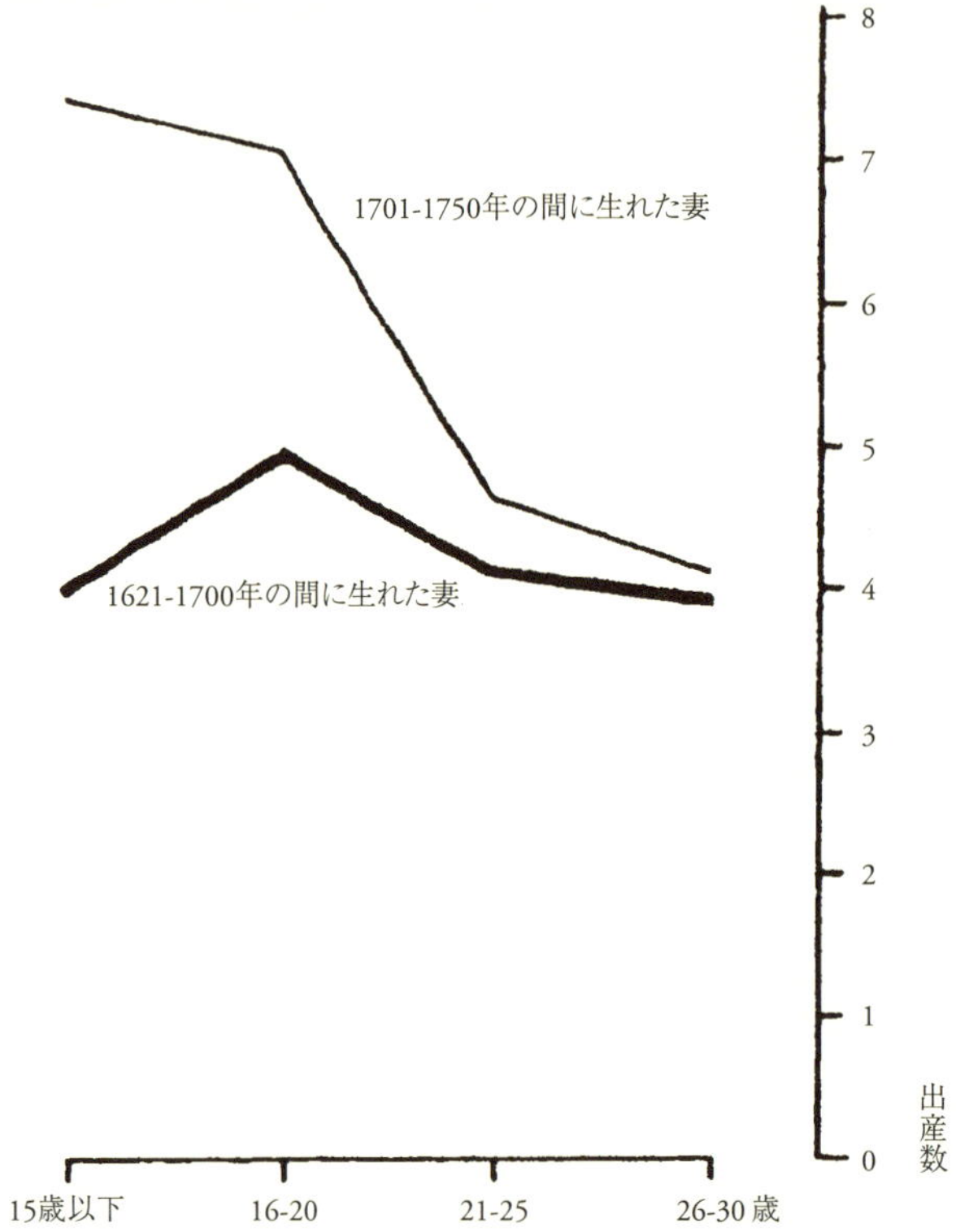

図13-11 横内村における女性の結婚年齢別出生率

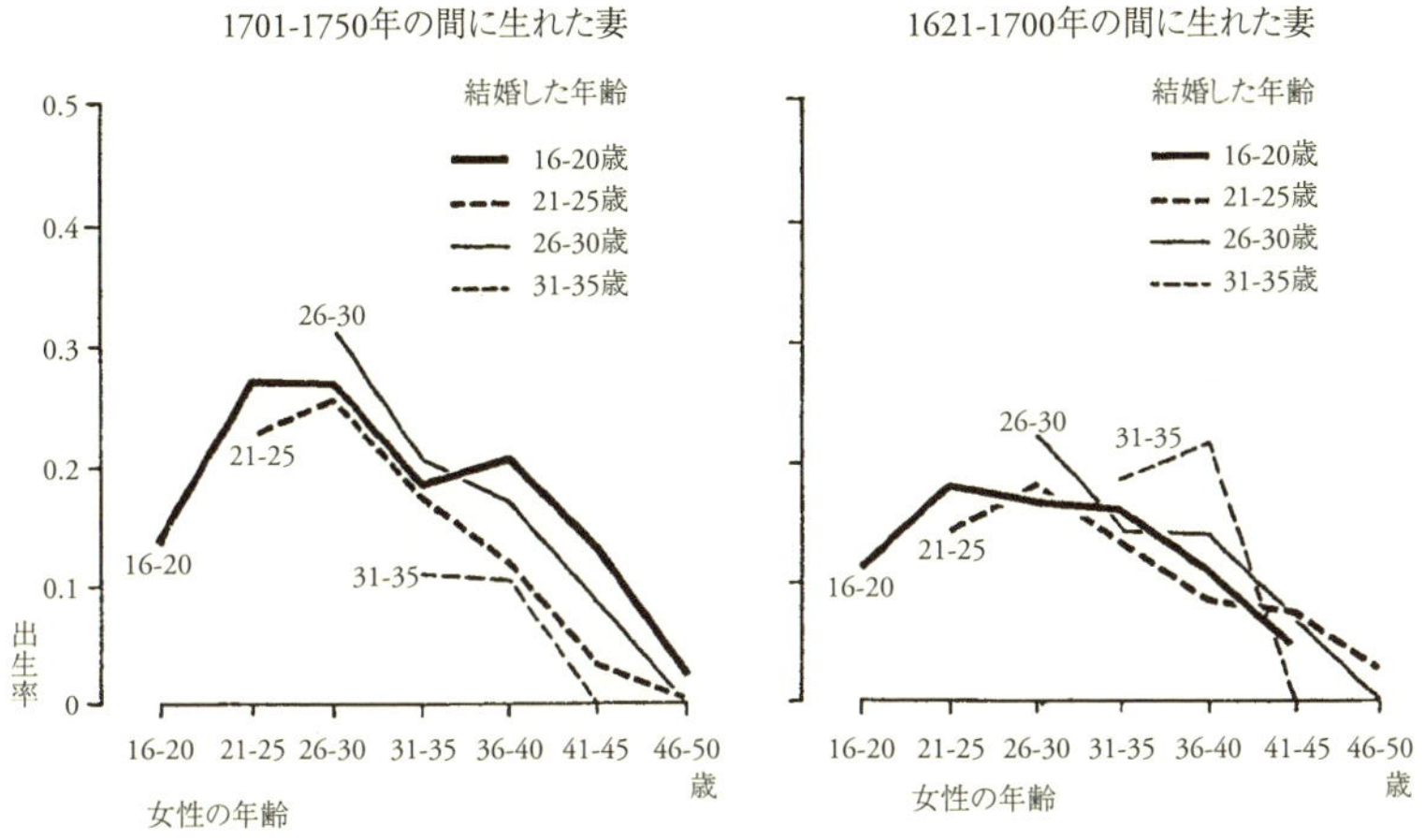

年、第二子—第三子間は三・三年であったが、第五子—第六子間は三・九年に広がり、それ以降は、ほぼ三年になっている。出産回数は、出産間隔にそれほど影響を与えていないようで、ほぼ等間隔で高齢まで出産を続けていることが分かる。これに対し、平均結婚年齢が上昇したとき、全体として出生数が減少したという事実は、出産を完全に止めた女性が増加したということによって説明がつく。

事例数が少なすぎるので、性比に関して、出産回数が何らかの影響を与えているかどうかを正確に述べることは難しい。しかし、以下のような、非常に興味深い傾向がみられる。すなわち、第一子では、男子七七人、女子八八人で、性比は八七・五となっており、最終出生では、男子七四人、女子五五人で、性比は一三四・五となっているのである。出生回数が進むにつれて、男子の割合が多くなっている。これが〔間引などの〕出生制限の実施に起因していることは、大いにあり得る。

表 13-4-A　諏訪郡横内村における出生数と結婚継続期間
(1621-1700 年に出生の女性)

結婚継続期間	出生数											計	夫婦当り平均
	0	1	2	3	4	5	6	7	8	9	10		
0 ～ 5	17	11	2	1								31	0.58
5.5 ～ 10	2	7	8	3	1							21	1.71
10.5 ～ 15	3	1	7	4	4	5						24	2.83
15.5 ～ 20			1	4	6	4	3		2			20	4.60
20.5 ～ 25	2		1	4	4	7	13	10	7	3	2	53	5.96
計	24	19	19	16	15	16	16	10	9	3	2	149	3.56

結　論

この村のケースは、徳川日本に何万とあった村落の一事例にすぎない。しかし、日本全国の人口趨勢も、ほぼこの村の人口趨勢と似通ったものであった。これまで、一七世紀初頭の日本全国の人口は、およそ一八〇〇万人と言われてきた。しかし、これには科学的根拠は全くない。筆者は、一七世紀初期の地方の人口史料を検討した結果、これは過大に見積もられた数値であり、実際には一〇〇〇万人以下だったと判断している。一七二一年、徳川幕府による最初の全国人口調査がなされたが、この時の人口は二六〇〇万人と報告されている。いずれにせよ、一七世紀から一八世紀初頭にかけて、日本の人口が急速に増加したのは確かなことである。この増加は、部分的には、城下町の急速な発展による都市人口の増加に起因している。しかし、農村地帯における増加は、都市人口の増加以上に急速なものだった。横内村のように、一〇〇年間に三倍という増加すらあった。しかし、一七二一年以降、徳川幕府による諸調査によれば、全国人口にはほとんど変動がない。調査は年代とともに正確性を欠くようにはなったが、一八四六年の、この種の最後の調査まで、日本の人口は、二六〇〇万人―二八〇〇万人の間を推移した。一八七二年、新しい戸籍制度が明治政府によって導入された。かなり信頼性のある

表 13-4-B　諏訪郡横内村における出生数と結婚継続期間

(1701-1750 年に出生の女性)

結婚継続期間	出生数											計	夫婦当り平均
	0	1	2	3	4	5	6	7	8	9	10		
0 ～ 5	38	9										47	0.19
5.5 ～ 10	7	12	6	2	1							28	1.21
10.5 ～ 15	2	7	11	12	5	1						38	2.37
15.5 ～ 20	1	6	6	15	10	2						40	2.83
20.5 ～ 25	3	4	6	5	15	18	13	3	2			69	4.29
計	51	38	29	34	31	21	13	3	2			222	2.44

この調査によれば、全国人口は、三五〇〇万人となっている。これは、徳川時代末期に全国人口は停滞していたわけではないことを示している。地方によっては、人口増加が続いていた。しかしながら、徳川期後半における人口増加は、いずれにせよ、徳川期後半におけるそれよりも勢いの鈍いものだったとは言えるだろう。この点で、全国の人口趨勢と、横内村の人口趨勢は、一致しているのである。

早急な結論は避けるべきであろうが、この横内村から得られた指標は、全国規模の人口趨勢のモデルとして用い得ると考えられる。急速な人口増加がいつ始まったかを正確に知ることはできないが、農業の変化に伴って家族形態に変化が生じ、家族の小規模化が広がり始めたときに、急速な人口増加が始まったに違いない。それと同時に、住居環境や食生活が改善され、生活水準も向上したと考えられる。これによって乳幼児死亡率が低下し、平均寿命は延伸した。その結果、人口増加は、出生率の増加をさらに上回ったのである。

人口増加に結びつく他の生産要素の増加——横内村の場合なら、耕地の増加——を伴うかぎりは、問題は起こらない。しかし、一八世紀後半になると、この地域の耕地拡大は限界に達した。そしてさらなる人口増加は、結果として都市への人口流出を生み出した。この人口過剰は、人口の歴史に決定的な変化をもたらした。例えば、横内村では、村として全人口の食糧をまかなうことができず、何らかの解決策が必要となった。あり得る解決策の一つが、村を離れ、他所に職を求めに行くことであった。その結果、女子の結婚年齢は上昇し、有配偶率も若干低下したのである。

しかし、二〇〇年間の後半における人口停滞は、もっぱら上述の要因によると断言するのは難しい。前半と後半の明らかなコントラストを説明するには、やはり人口制限の実施の有無によると認識するほかないだろう。これに対して、横内村の前半一〇〇年の人口史は、人口制限の必要のなかった移行期の様相を呈している。一％弱という人口の年間平均増加率は、例外的なものではない。他の要因に変動がなければ、これは全く標準的な値である。筆者が分析した他村についても、同様の状況を確認できる。横内村のケースでも、また他村のケースでも、この時期には、まだ耕地拡大の余地が残されていたのである。つまり、横内村の事例は、いかなる人口制限も必要がないかぎり、また飢饉や疫病が発生しないかぎり、前工業化日本社会がかなりの人口増加力を擁していたことを物語っているのである。

筆者が宗門改帳を使った徳川期の人口史の研究を始めてから、まだ数年しか経っていない。史料を収集し、整理し、統計処理を行うには長い時間が必要であることは、否定しがたい。現時点までに、ごくわずかしか分析結果を公にできていないのも、そのためである。しかし、今後、研究が期待通り進展していけば、本稿と同じような一連の研究を遂行していけるだろう。[7] 興味深い史料が数多く残されており、近い将来、共同研究を経て、似たような研究成果を発表することは、十分可能である。

〔付記〕　英文ペイパーよりフランス語論文への翻訳はN・ゴドネフ（N. Godneff）氏による。

注

（1）本稿は当初、一九六八年、アメリカ、ブルーミントン〔インディアナ州〕における第四回国際経済史学会に提出された。その後、エマニュエル・ル＝ロワ＝ラデュリ氏の求めに応じ、『アナール』誌に掲載された。Akira Hayami, "Aspects démographiques d'un village japonais 1671-1871", in *Annales : Economies Sociétés Civilisations*, mai-juin 1969.

（2）一六〇三年―一八六八年。

（3）A. Hayami, "Epanouissement du nouveau régime seigneurial, aux XVIe et XVIIe siècles", in *Keio Economic Studies*, Vol. 1., 1963.

（4）Michel Fleury et Lois Henry, *Des registres paroissiaux à l'histoire de la population : manuel de dépouillement et d'exploitation de l'état civil ancien*, Paris, 1956. L.Henry, *Anciennes familes genevoises : étude démographique : XVIe-XXe siècle*, Paris, 1956.

（5）徳川時代の暦法や年齢の数え方は、西洋社会のそれとは異なっている。この論文では、暦法の違いは考慮していない。年齢の数え方は、日本の方法によった。人が生まれると一歳を与えられ、新しい暦年ごとに一歳が加わる算出方法である。西洋社会の方法に一致させるためには、日本人の年齢から、およそ一・五歳を差し引かなければならない。

（6）筆者は、出生も死亡も、一・二〇倍ないし一・二五倍すべきである、と考えている。しかしながら、この論文では、調整した数値ではなく、元の数値を示している。

（7）本論文の『アナール誌』掲載の時点で、宗門改帳を史料として用い、英文で発表した論文は、Akira Hayami, "Demographic Analysis of aVillage in Tokugawa Japan, Kando Shinden of Owari Province, 1778-1871," in *Keio Economic Studies* V, 1968. がある。

第14章　近世紀伊漁村の人口変動

――疲弊期に人口が増加した漁村

近世漁村の人口

近世漁村の人口については一般にその変動が激しかったと考えられている。当時の識者の眼にもこのことはかなりの程度に映じていた。たとえば、佐藤信季（さとうのぶすえ）（一六七四―一七三二、農学者）のやや誇張に満ちた表現ではあるが、「不猟永く継き、且つ凶作にて米穀の高値なる時は、困窮すること極めて甚しく、老若男女枕を並べて餓死し、一村人烟を絶するに至ること往々にありて、予此を目撃せり」(1)と言うがごときは、その激しさを想像させるものである。しかし、ではその変動がどの程度であったのか、その具体的な実証については未だ発表されていない。

しかし漁村人口といっても、その内容によって包摂される範囲が異なってくるのはもちろんである。第一に、漁村のごとく季節的労働が要求されるところでは一年を通じての人口は不定であろう。すなわち、漁期には附近の農村または一部の漁村から加子（かこ）（船乗り）労働力が入り込み、彼らは漁期が終れば帰村してしまう。また逆に、本来その村の住民だった者が漁場を求めて出てしまう。第二に、数年数十年間をとってみた場合、信季の言うごとく、饑饉やその他の天災が与えた影響は、耕作地の少ない漁村にとって農村以上に深刻であったろうことも十分想像される。

しかし他方、特に孤立的な漁村においては、四囲の開けた農村に比し、流行病による被害から免れることができたし、また廻船航路の関係によっては、非合法的な手段(2)によってではあるにせよ、饑饉の年といえども主食類の購入が容易でもあった。商品作物のない農村に対して、魚価さえよければ、貨幣収入は保証されているのももちろんである。これらの諸事情は、漁村だから人口の変動を来す原因がより多かったという短絡的な考えに反省を促すものである。少なくとも、一年単位の変動はさておき、長期間をとってみた場合、一口に漁村では農村に比して人口の動きがより激しかったと決めつけてしまうのは早計であろう。

須賀利村の概観と使用する史料

本稿は、このような見地から一漁村における人口の変動を史料により実証するものであるが、本論に入る前にこの村の概観と使用した史料について若干触れておきたい。

紀伊国牟婁(むろ)郡須賀利(すがり)浦（現在・三重県尾鷲市須賀利町）は紀伊半島東海岸に面する漁村で和歌山藩に属していた。[3] 立地条件については附近漁村の大多数と同じく深い入江の奥に位置し、港としては恵まれている。しかし山地が迫っているため田畑は極めて少ない。慶長六（一六〇一）年の検地帳によれば、村高わずか七石八斗余、しかもそのうち大部分が屋敷地であり、[4] 附近数村の検地帳にも、この村からの入作（他村の居住者が耕作すること）分の記載はみられぬところから、近世初頭からこの村は、農業以外の、おそらくは漁業や廻船業、林業などにその生計の途を見出していたものと推測される。その後の新田開発によって、一八石八斗余の村高に増加しているとはいえ、近世を通じて農業生産への依存は極めて低かった。寛政五（一七九三）年の村明細帳にも、この村の渡世のあり方につき、「須賀利浦之儀年中漁稼仕申候尤漁間には薪柴を伐り出し諸廻船へ売廻船之宿をも仕渡世仕申候」と記されている。ここで注意すべきは、この漁村が「年中漁稼」の可能であった村であることで、事実、春から夏にかけて鰹(かつお)釣り、秋には鯖(さば)釣りおよび細魚（＝さんま）漁、冬には名吉（＝ぼら）および鮪(しび)網と、年間を通じて比較的平均した労働力を必要としていた。したがって関東や日本海側の漁村に比べれば、年間の人口移動は遥かに少なかったものと思われる。

次に主として利用した史料であるが、これは「八歳子惣人数増減家数船数其外改書上帳[5]」なる題名を持つ調査書で、毎年正月に大庄屋宛に差し出されている。大庄屋から藩へは、おそらく管下各村の集計を報告したのであろうが詳細は不明である。今、寛政二（一七九〇）年戌年の書上帳を挙げてみよう。

須賀利浦

酉惣人数三百五拾六人
内　百八拾弐人男　内　百三拾五人　拾五歳
　　百七拾四人女　　　以上六拾歳以下男

一戌惣人数三百五拾七人
内　百八拾二人男　内　百三拾五人　拾五歳
　　百七拾五人女　　　以上六拾歳以下男

右之訳

七人　内　三人男　八歳子
　　　　　四人女

嘉右衛門男子普斎寺　　延蔵男子同寺
一富之助　八歳　　一三之助　八歳
藤助男子同寺　　庄蔵女子同寺
一志け松　八歳　　一いく　八歳
甚之助女子同寺　　瀬蔵女子同寺
一つね　八歳　　一志ち　八歳

吉之丞女子同寺
一ゑん　八歳
出人　須賀利浦甚五郎悴(ママ)ろく年三拾六歳相賀組小山浦庄七方へ縁付
入人　尾鷲組矢浜村伝之丞悴市松年拾七歳須賀利浦茂七方へ養子
弐人せん気病男
六人内　弐人たん病　男　死人
弐人さん後　女
指引　壱人　女　戌年増

一家数五拾八軒　内
三拾軒　本役
拾六軒　半役
拾弐軒　弐分半役

一船数拾三艘　内
七艘　鰹船
弐艘　さつは船
弐艘　てんと船
弐艘　いさは船

一網数拾帖　内
弐帖　細魚網
弐帖　ゑさ網
五帖　ゑひ網
壱帖　名吉網

右者須賀利浦戌年人数出入差引増減家数網数船数等相改申所如此御座候以上

戌正月

庄屋　吉之丞㊞

肝煎　善蔵㊞

玉置元右衛門殿

以上に示したごとく、この書上帳は、年々変動する項目を記載する一種の村明細帳とみることができる。しかし、この史料の存在する安永——明治年間には、他により細密な村明細帳が差し出されている。今、寛政五（一七九三）年九月の村明細帳と同年正月の書上帳を比べてみると記載事項の数値はすべて同一である。しかし明治二（一八六九）年七月の村明細帳と同年正月の書上帳には、逆に全項目にわたる差異が認められ、その数は六カ月間の経過をもっては納得し難いかなりの開きであるところから、少なくともこの年の両史料の間には調査内容の違いがあると言える。また宗門帳との比較は、同年代のものがないので不可能であるが、安永三（一七七四）年の宗門改帳は人数三四〇人となっており、同四（一七七五）年の書上帳の人数三五九人との間に若干の相違がみられる。この相違は家数になるとさらに著しく、前者では八三を数えるが、後者では五七となっており、これは明らかに記載原則の相違であろう。家数については本稿では触れないが、元禄一一（一六九八）年の名寄帳および享保五（一七二〇）年の「家主宗門改帳」に無判の者が若干名おり、それを除いた有判の百姓数が五七を数えるところから、おそらくは無判の百姓は新しい分家であり、この数を含めるか否かにより宗門帳と書上帳ないしは村明細帳記載の家数の相違が出て来るものと思われる。書上帳の家数は、寛政一〇（一七九八）年——寛政一二（一八〇〇）年に（寛政一一年は史料欠）、五八から一挙に八二に増加しているが、これも前述の意味において初めて理解されよう。寛政一一（一七九九）年には、この村で「村中人別並持高当作高書上帳」が作成されているのも決して偶然ではなく、この年における新しい分家の法的な独立が確認されたことと結びつけて考えることができる。

さてこのように家数はさておき、書上帳に記載されている人口は、実際の須賀利浦のそれとは若干の点で相違がある。七歳以下の者、それから地士、医師、僧侶など特殊の階級を構成する者は除かれるが、他方、出稼中の者は含まれてしまう[6]。しかし、連年にわたる宗門帳が未だ見出されないこの村およびこの地方にとって、書上帳はほとんど唯一の人口統計史料であり、これによってその趨勢を知るより外にない。

須賀利村の人口変動

須賀利村の人口数についての初期の記録は全く見出し得ない。宝永六（一七〇九）年に至りようやく全人口を書いた「加子米古未進人別帳」を見出し得るが、これにより、八歳以上の人口を算出してみると、男二〇七人、女一六九人、合計三七六人となっている。次に四四年後の宝暦三（一七五三）年の村明細帳は、人数三九八人、男二〇〇人、女一九八人を示しており、次の安永三（一七七四）年の宗門帳による全人口三四〇人、男一七六人、女一六三人、不明一人に対しては、やや多数となっている。これらの諸指標は、史料の種類が異なるから一貫したものではない。しかし、近世中期におけるこの村の人口の動きが決して増加の傾向を示してはいなかったことを十分推測せしめる。このことは、この村における最重要の生産手段たる漁船の減少によっても裏付けられよう。宝永六（一七〇九）年の史料は、この村に大型の鯨船（くじら）一艘、鰹船一一艘を含めて合計三四艘の漁船が存在していたことを示している。この数は宝暦年間（一七五二―一七六四）の二七から、さらに安永四（一七七五）年の一三艘にまで減少した。書上帳の始まる安永四（一七七五）年は、このようにこの村の状態が最も衰亡していた時期と一応判断し得

表 14-1　紀伊・須賀利村の人口趨勢（1778-1868 年）

年代（西暦）	総数	男	女
安永 7（1778）	376	192	184
天明 3（1783）	361	177	184
天明 8（1788）	351	179	172
寛政 5（1793）	363	186	177
寛政 10（1798）	378	187	191
享和 4（1804）	359	166	193
文化 5（1808）	354	164	190
文化 10（1813）	358	174	184
文化 15（1818）	389	191	198
文政 6（1823）	399	190	209
文政 11（1828）	403	196	207
天保 4（1833）	417	200	217
天保 9（1838）	415	208	207
天保 14（1843）	429	206	223
弘化 5（1848）	406	199	207
安政 2（1855）	433	214	219
安政 5（1858）	417	210	207
文久 3（1863）	424	220	204
慶應 4（1868）	434	224	210

よう。

表14－1は、書上帳により安永七（一七七八）年から慶応四（一八六八）年に至る九〇年間の人口変化を五年ごとに示したものである。ただし史料欠如の分は、翌年あるいは翌々年の分をとってあるから、必ずしも五年ごととはなっていない。表に見るごとく、安永―文化中期に至る停滞期と、それ以後の上昇期の二つに明確に分れている。もちろんそれぞれの時期とも若干の起伏は持っている。天明年間の関東・奥羽を中心とする飢饉は、紀伊半島僻遠のこの地には、人口の上でほとんど影響を与えていない。しかし、天明五（一七八五）年の死人二一人、天明六（一七八六）年の一六人は、それまでの一〇人内外の死人に対し、やや高くなっている。天明五（一七八五）年の死人の内訳は、男四人の海上遭難によるものを除けば他の年と変りなく、また翌年も同様である。ではこの地方に対し、

全く影響がなかったのか。附近の地方的な中心をなす尾鷲（おわせ）（林浦、南浦、中井浦、野地村および堀北浦の街続きの五ヵ村合計）では、天明四（一七八四）年の人口三七一四人に対し、一年間に死人二〇九人のうち、風疫（流行病）によるもの一四五人となっており、かなり多くの死亡者を出したところから、須賀利浦を含め一帯に若干の人口減退をもたらしたことになる。

では、この時期における須賀利浦人口の停滞は、どこにその基本的原因があるのか。第一に、安永七（一七七八）年から文化一〇（一八一三）年に至る間の人口の移動をみると、他村からの流入が六五人であるのに対し、他村への流出が一四人にすぎないことは、この年間の人口の停滞が人口の移動に求められないことを物語っている。もっとも、この間史料の欠如している五ヵ年は算定し得ない。むしろ、この年間に須賀利村は差引五〇人あまりの他村人口の流入を受けているにもかかわらず、この間には停滞、さらには安永七（一七七八）年と文化一〇（一八一三）年との間には僅少ではあるが、減少さえみられるのは、死亡率の高さ、若しくは出生率の低さにその原因を求めることができよう。この藩の支配下にある村々からは、史料記載の関係上、出生率は求むべくもないが、死亡率――もちろん八歳以上の者――の平均を算定してみると、一〇〇〇人当たり二八人となっている。二〇人以上の死亡者のある年は、天明五（一七八五）年、寛政一二（一八〇〇）年、享和四（一八〇四）年、文化五（一八〇八）年の四回にわたっており、後年と比較してかなり頻繁である。これに反し、毎年八歳子として記載されている者の数は、一年平均一〇〇〇人当たり二三人であり、死亡率を遥か下廻っている。この死亡率は、当時（安永―文化）の他村と比較してみると、早田浦が一〇〇〇人当たり一二人、九木浦一七人、大曽根浦二一人となっており、他方、八歳子の率は、一〇〇〇人当たりそれぞれ二九人、二三人、二八人となっている。したがってこれら三カ村では、いずれもこの時期に人口は増加している。結局、須賀利浦では八歳子に生育する者の率よりも、死亡率の高さに、その停滞の真因が求められるように思われる。と言っても、その差はさしたるものではなく、また他村からの人口流入は、この期間を通じて人口の停滞こそもたらしたが、急激な減少は招かなかった。附近漁村の人口増加に対し、なぜこの村のみが停滞していたのかは書上帳のみをもっては解明し難い。それぞれの村の経済的生産構造の差異が原因となっているのであろうが、その解明については後日を期したい。

さて須賀利浦は、文化末期を境に急激に人口を増加させ、弘化年間（一八四四―一八四八）の一時的減少も直ちに回復して、明治に至るわけである。通説的には、近世農村の疲弊期に当って逆の現象が見られたことになる。前記の三漁村についてみても、共に相当の減少を示し、慶応四（一八六八）年の数字は、早田浦のごときは、安永年間（一七七二―一七八一）より下廻るといった減退ぶりである。これらの比較は後で触れることにして、まずこの時期の人口増加の内容について考察してみよう。

文化一〇（一八一三）年から文化一五（一八一八）年に至る五年間の三一人の増加は、何によってもたらされたのだろうか。八歳子の合計は、四四人、死亡は三七人であるから自然増加は七人となる。他方、人口の出入をみると、入人三二人に対し、出人は九人、差引二三人の増加であり、この五年間にかなりの人口流入があったことが明らかである。さらに文化一五（一八一八）年以後、人口が一時的減退を示す直前の天保一四（一八四三）年までの二五年間をとってみると、死亡率は、一〇〇〇人当たり二四人、八歳子は一〇〇〇人当たり二一人で、依然として自然減少を見せている。この時期においても、人口増加の主因となったのは、自然減少を凌駕する人口の流入であったことが注目される。その数は、入人一〇八人、出人四〇、差引六八人の増加で前期以上の高さを示している。

同じ年代をとって比較してみると、たとえば早田浦は、三〇一人から二二七人、大曽根浦は、一六六人から一三九人へと減少し、九木浦のみは、五八八人から六二〇人へと増加を見せている。これら三カ村について言えることは、共に天保七（一八三六）年から天保八（一八三七）年にかけての減少の影響の相当強いことである。この三ケ村を通じて、平均約八％の村民が死亡している。さらに尾鷲になると、この数値は大きく、天保八（一八三七）年の人口四八五四人が、一年間に三九三一人へと二〇％近くを減じている。そして尾鷲は、以後明治に至るまで、この痛手から回復し得ないのであるが、須賀利浦をみると、この影響は、天明期と同様にほとんどない。この年の死亡者数一九人は、平年よりやや高くはあっても、それほどの損害ではなく、翌々年には回復している。この年の多数の死者は、死因に流行病とあり、飢饉で抵抗力の弱ったところへ伝染病の流行が加わったのであろう。このような時期にあって須賀利浦は、おそらくその地理的な孤立性によって流行病による打撃を免れたのであろう。また他の漁村においても、その打撃は、想像されるより遥かに軽少であった。この事実は、漁村における飢饉や流行病に対しての意外に強い抵抗力を証明するものとして注目される。災害の著しかった関東や奥羽においてはもちろん異なっていたと思われるが、漁村といえども、決して信季の言うごとく「一村人烟を絶つ」といったような打撃を受けるものばかりではなく、逆に比較的静穏な状態で災害の時期を通過した村すら存在したのである。

天保の危機を無事に脱した須賀利浦は、以後明治に至るまで、他の多くの村が衰退しつつあったのに引き替え、人口推移の上では変動の少ない経過をたどっている。これを死亡者数をとって考察してみると、文化一五（一八一八）年以後、慶応四（一八六八）年に至るまで、三一人の死者を出した文政五（一八二二）年を除いて、二〇人以上の年は全くない。これを文化以前と比較すれば、いかにその数が減っているかが明瞭である。したがってそこには、文化年間（一八〇四―一八一八）を境にこの村に起った何らかの経済上の変化を想定しうる。

事実、この時期における漁業の発展は非常に著しいものであった。そのきっかけは、この村における鮪網漁業の創業である。創設の年代は、一書[7]によれば文政五（一八二二）年となっており、また書上帳はずっと後れて天保年間（一八三〇―一八四四）から記載しているのであるが、おそらく文化年間（一八〇四―一八一八）を創始期と考えてよいのではなかろうか。この漁業は、村の共同漁業＝地下網として経営されたため、利益分配は、もちろん村の上層階級に多かったとはいえ、村民全員に及び、その金額は多い年には、この漁業のみで普通の漁民一戸当たり銀二〇〇匁近くにも達し、それ以前とは収入の点で格段の相違を来した。

しかも注目すべきは、この漁業が前述の早田・九木・大曽根三ヵ浦には存在していないことで、幕末における一般的な疲弊期にあって、その人口を維持し、増加させた重要な要因として、この鮪網漁業の存在が果した役割は大きい。もちろん人口増加の理由をこの事実だけに求めるのは困難であり、多くの複合した理由によるのであろうが、このように利益の多い生産の存在は、利益が村民一般に分配される場合、村の生活に与えた影響は、農漁村を問わず決定的なものがあった。

流入人口による人口増加

このように、安永以後を通じて、須賀利浦は、極めて人口吸引力の強い村であったということができる。死亡率は、他村に比し、特に目立って高いものではなかったが、常に八歳子の率を上回るものであった以上、この村の人口増加は、この流入人口なくしては考えられない。安永四（一七七五）年から明治二（一八六九）年に至る全移動数は、入人二七四人、出人一〇四人、差引一七〇人が増加している。この数は、附近の漁村に比し、逆の関係を示すものである。たとえば大曽根浦は同じ時期に、入人五九人、出人一〇四人、差引四五人が流出している。早田浦・九木浦は、他村との出入は少なく、相互にほとんど同数を示している。では須賀利浦への流入は、いかなる内容を示すものであろうか[8]。入人二七四人のうち判明する者の種類・男女別を示すと**表14－2**のごとくになる。

この表により、人口流入のうち、圧倒的に多いのは、養子縁組といった家族員としての移動である。他村に比し、八歳子に生長する者の率が少ないことは、「家」の継承のため、かなり広範囲から養子を求める大きな理由となった。しかも特に文化末期以後におけるこの村の漁業発展は、他村からの養子縁組と、それによる新しい分家の創設

表 14-2　紀伊・須賀利村への人口流入の理由

	男	女	計
縁付	—	80	80
養子	98	56	154
引越	13	11	24
不縁戻り	2	5	7
計	113	152	265

を活発にし、文化一〇（一八一三）年から文政六（一八二三）年に至る一〇年間に、家数を八五から一〇一へと急増させている。

他方、これに比して引越しは、九〇年間を通じ、わずか八件二四人のみであり、しかもそのうちには数年を待たずして再び他の村へ越して行った者も二三人いるから、この村へ定着した移住者は極めて少なかったと言える。共同体的意識の強い村にとって、他村からの養子縁組を通じての分家創設による家数の増加は容認し得ても、この家族関係に基づかない他所者の移住は決して好まれなかった。しかし少数ながら移住者は見出されるし、これらの人々がいかにして村の生活に融け込んでいったかは興味深い問題である。

そこで、全体として、——文化末期以後においてはその差は縮まったとはいえ——家数人口共に増加し、新漁業の創設と共に他村に比較して富裕になったにもかかわらず、自然的な人口変動は、依然として死亡者が八歳子に勝っていた事実は何を意味するのであろうか。逆に附近の大曽根浦のごときは文化以後人口を減じているが、それは、自然増加に上廻る流出人口の大きさによった。これらの事実は、自然的な人口の増加は、必ずしもその村の経済的な状態と比例するものではなく、むしろ社会的な、すなわち他村との出入関係の方向こそ問題となるということを示すものである。しかし、須賀利浦における八歳子数の少なさは、果して出生率の低さによるものか、あるいはまた幼児死亡率の高さによるものかは判明しない。

最後にこの村の他村との人口出入の範囲を述べて本稿を結びたい。前記二六五人の内訳を男女通算して地域別にみると、附近の漁村から七二人、半農半漁村から四六人、農村から八八人、尾鷲二八人となっている。残りの三〇人あまりのうち、同じ紀州の新宮、田辺方面から十数人、伊勢・志摩・三河・大和・淡路・京都・大坂、遠く越中から一・二人ずつとなっている。したがってかなり広い範囲と通婚しているわけであるが、これは陸上交通に対して海上交通の便利さから来る結果であろう。しかし、注意すべきことは、附近村との養子縁組の場合、同じ漁村からは少なく、かえって農村、それもやや離れた農村から多く来ていることである。これらの農村の状態は全く判らないのであるが、逆にこれらの農村にとっては、こういった吸引力の強い漁村は過剰人口の捌け口だったのかもしれない。この年代を通じて最も多いのは、粉ノ本村の四五人であるが、この村は、海には面せず「田畑耕作一通に而渡世仕候もの」の多い農村であった。また次に多いのは引本浦の三七人であるが、この村は、粉ノ本村と共に、他の大庄屋管轄区域であり、最も密接であるはずの尾鷲との間では少なくなっていることは、少なくとも人的関係においては、この村が、同一の組内よりも、隣の相賀組の引本浦や、粉ノ本村を中心とする農村地帯と結ばれていたことを示している。また距離の点では最も近い隣村島勝浦からは案外少ないことも考え合わせると、人口の流入は、必ずしも地理的な、あるいはまた政治的な位置だけに縛られていなかったことを示している。

〔附記〕本稿において使用した史料は日本常民文化研究所収集の全国漁業制度資料及び徳川林政史研究所所蔵の史料に拠った。

注

（1）「漁村維持法」（『日本産業資料大系』第四巻所収）より。なおこの著書は安永九（一七八〇）年、信淵（のぶひろ）（一七六九―一八五〇）、経世家、農政家、兵学者）の父信季によって書かれたことになっているが、実際は信淵の著書であろうと言うのが一般的見解である。

（2）たとえば、天保年間（一八三〇―一八四四年）、志摩国波切村で生じた事件――御城米廻船船頭と地元庄屋との結託により、難船と偽って多量の米を取引し、これが露顕した事件――のごとく、城米輸送についてすら密売買が認められる以上、商人間の納屋米廻船についてはかかる不正取引は日常事であったことと推測される。

（3）なおこの村の位置については本書第15章図15－1を参照されたい。

（4）屋敷地の高六石四斗余、反当の石付けは一石四斗、百姓家数五六間。これに対し耕地は合計一反二畝であり、筆数（ひとまとまりの土地の数）は一三、所持者はわずか七人となっている。

（5）和歌山藩では七歳以下の者はあらゆる人口調査から除外されている。この史料も、明治二（一八六九）年までは人口については八歳以上の者のみを記し、三年以後になってようやく全人口を記している。宗門帳、村明細帳、その他についても同様である。したがって以下人口とあるはすべて八歳以上に限られることになる。なおこの史料は、以下単に「書上帳」と呼ぶことにする。

（6）出稼人および廻船乗は、この時期を通じて一〇人内外で比較的一定している。

（7）大林雄也「大日本産業事蹟漁業及水産」瀧本誠一・向井鹿松編『日本産業資料大系』第四巻所収。

（8）本稿では流入人口のみについてその内容や範囲を述べるが、流出人口についてもその内容、範囲はほとんど同程度であり、ただ数が少なくなっているにすぎない。

第15章　近世紀州尾鷲の人口変動——「増減書上帳」による検討

史料について

紀伊国牟婁郡奥熊野尾鷲組は、和歌山藩木本代官所支配で十四ヵ村浦よりなっていた。同藩の行政組織として十ないし数十ヵ村を一まとめとし、大庄屋を置き、これを組と呼んでいる。尾鷲組においては、幸い膨大な量の大庄屋文書が残され、特に宝永津浪以後については組内の行政的資料を通じて、詳細な研究が可能である。(1) また、組内の旧村文書も区有または個人有文書として残されているし、徳川林政史研究所にも、この地域の慶長検地帳原本を始めとして、貴重な史料が所蔵されているので、この地域の近世史は、研究材料に比較的恵まれていると言ってよい。

本稿も、こういった事情に援けられ、豊富に収集することのできた諸資料を利用して、(2) 徳川時代後半の尾鷲組の人口趨勢について、その概観を報告するものである。近代化以前の人口の史的研究は、慶應義塾大学の研究グループによって推進されつつあり（一九六〇―九〇年）、本研究もその一環である。(3) 尾鷲組に関しては、他の地域とは異なって、研究の中核となるべき連年の宗門改帳を欠いているのであるが、他の豊富な資料を用いることによって人口史研究に一つの貢献ができる。本稿に引き続いて尾鷲組の人口史に関し、報告を発表していく予定である。

尾鷲組の領域は、今日の三重県尾鷲市の主要部分をなす。組を構成する一四ヵ村のうち、村方は三、浦方は一一となっている。和歌山藩においては、海岸に位置し、加子役（米・銀）を負担することによって漁業の権利を有していたのが浦方であったが、浦方でも全く漁業を行わず、また、村方でも地先で小規模の漁業を行う例もあるので、制度と現実は必ずしも一致していない。組のうち、林浦、南浦、中井浦、堀北浦、野地村の五ヵ村は、尾鷲五ヵ在として、一つの町を形成し、行政も会所という一つの建物で行われ、事実上、一つの地方都市として存在・機能し

表 15-1　紀伊・尾鷲組の慶長検地帳と宝暦明細帳の比較

村　名	慶長6年　検地帳			宝暦3年　明細帳					
	(1)	(2)	(3)	(4)	(5)	(6)	(7)	(8)	(9)
	家数	石高（石）	(2)/(1)	家数	新田畑高	(2)＋(5)	(6)/(4)	(4)/(1)	(6)/(2)
早田	7	8.989	1.28	39	14.026	23.015	0.59	5.57	2.56
九木	43	47.056	1.09	87	9.416	56.472	0.65	2.02	1.20
行野	9	6.608	0.73	19	3.452	10.060	0.53	2.11	1.52
大曽根	15	30.022	2.00	20	1.556	31.578	1.58	1.33	1.05
向井	43	151.213	3.52	36	16.625	167.838	4.66	0.84	1.11
矢ノ浜	97	525.087	5.41	74	54.973	580.060	7.84	0.76	1.10
林	125 *	595.888	4.77	122	11.266	694.972	2.79	1.99	1.17
南				127	87.818				
中井				232	81.583				
野地	169 **	352.168	2.08	56	22.437	476.878	1.30	2.17	1.35
堀北				78	20.690				
天満	16	23.073	1.44	20	1.012	24.085	1.20	1.25	1.04
水地	25	44.014	1.76	6	1.540	45.554	7.59	0.24	1.03
須賀利	58	7.812	0.13	80	18.866	26.678	0.33	1.38	3.42
尾鷲五カ在計	294	948.056	3.22	615	223.794	1171.850	1.91	2.09	1.24
尾鷲組合計	607	1791.930	2.95	998	345.260	2137.190	2.14	1.64	1.19

*「紀州室郡尾鷲内南村御検地帳」と「紀州牟婁郡尾鷲村中川御検地帳」が合冊になり石高も合算されている。後者には屋敷地がなく、したがって家数はゼロである。なお後筆で「南村ノ内に林村も」とあり、石高から見ても一致するので、林浦は後に分立したものと思われる。

**「室郡尾鷲内堀村中井村野路村北村御検地帳」で後の中井、野地、堀北三村の合冊であることが判る。

ていた。すでに慶長六（一六〇一）年の検地においても、これらの五ヵ村の検地帳は二冊にまとめられており、家数もかなり多い(4)。近世初頭に早くも大きな集落をなしていたことが想定される。

尾鷲組全体にわたるその後の状況については、しばらく知ることができない。宝暦三（一七五三）年に至ってようやく「尾鷲組大差出帳」(5)が残されており、大要を窺うことができる。慶長検地帳との間には約一五〇年間の経過があり、かつ史料の性格も異なるが、**表15－1**に両者における家数・石高の比較を示しておいた(6)。慶長検地帳における家数は、史料末尾の家数改の記載によるが、これは、検地帳上の屋敷地の筆数と一致する。したがって、この「家数」と差出帳の家数とが、直ちに比較しうる同一の規準で量られたものである、とはみなし難い。特にこれを人口の指標とすることはできないだろう。家族構成がこの期間に大きく変化したという可能性が十分にあるからである。一方、石高に関しては宝暦差出帳では、本田畑高は、計算違いに起因すると思われる些細な違いを除いては、慶長検地帳の石高と一致しているので、新田畑高として記載されている石高のみを示した。したがって、この時点での村高は、両者の合算された値である。

さて、家数の変化をみると、五倍以上にも増えた早田浦と、四分の一以下に減った水地浦とでは方向は全く異なっている。大摑みにみて、尾鷲五ヵ在にすぐ隣接するところでは、増加がみられないかまたは減少さえあり、遠い村ほど増加している。後者では、検地当時、未だ小家族への分立が進んでいなかったのかもしれない。向井、矢ノ浜といった農村より、石高家数比の低い浦方ほど家数の増加率は高いのである。

尾鷲組全域にわたる明細帳は、宝暦以後、寛政五（一七九三）年および明治二（一八六九）年のものがある。[7]明治二（一八六九）年のものには、各村の概況について次のごとく記されている。

早田浦　漁稼仕、漁間ニハよミ木薪木伐出し廻船いさば船江売申候、廻船も折々汐懸ニ入津仕候ニ付宿等をも仕渡世仕申候、

九木浦　漁稼仕、漁間ニハ読木薪伐出シ廻船江売申候、汐懸能浦ニ而御座候ゆへ諸廻船之宿等仕、畑作も少々仕渡世致申候、

行野浦　春秋者名吉網漁、十月ニハ鰹漁仕、右漁事之間ニハ読ミ木弐才伐り出しいさば船江売申候而渡世仕候、

大曾根浦　大曾根浦之儀ハ年中漁業仕漁間ニハ読木等伐出シ、いさは船へ売り申し候、田方少々有之候

向井村　田畑耕作之間ニハ弐才読木伐出渡世仕候、
矢ノ浜村　田畑耕作仕、作間ニハよみ木かけ木伐り出、いさば船へ売申候、又ハかけ木等尾はし江売ニ出申候而渡世仕候、
林浦　村高無数御座候ゆへ南浦之内ヲ入作仕、作人之分ハ耕作一通ニ而渡世仕申候、炭焼荷持稼仕候ものも有之、漁稼仕候者も御座候、廻船持も御座候ゆえ江戸往来仕、商い候事にて渡世仕候ものも御座候、
南浦　在半分ハ漁稼、半分通リハ商人并田畑耕作ニ而渡世仕候、
中井浦　在半分通リハ漁稼仕、往還筋之ものハ小商イ并旅人之宿等仕渡世仕申候、尤村高無数御座候故南浦をも入作致耕作仕候ものも御座候、
野地村　田畑耕作少々つつ仕、炭焼小杣荷持稼ニ而渡世仕申候、且又老人子供之外ハ炭薦縄をも仕出シ申候
堀北浦　浦方ニ而加子米銀上納仕候得共在中ニ三四人ならてハ漁事仕候もの無御座候、炭焼荷持稼ニ而渡世仕申候、尤田畑作も少々仕候ものも御座候、
天満浦　耕作之間ニハ他国船之たで草かり、とまをも少々つつ仕出渡世仕申候、
水地浦　田畑耕作之間者薪柴を伐り尾鷲引本浦江積廻り候而売申候而渡世仕申候、
須賀利浦　年中漁稼仕申候、尤漁間ニ者薪柴を伐り出し諸廻船へ売、廻船之宿をも仕渡世仕申候

以上の記述は、村明細帳という史料の性格から、控え目なものであるが、大体の傾向は摑めるだろう。漁業、廻船の寄港に伴う商業、林業が住民の主な生業であった。その職業構成については、明治初年（一八六八―七〇）の戸籍帳が詳細を示してくれる。(8) **表15―2**は明治三（一八七〇）年八月の「戸口帳」による早田、行野、大曽根、向井、矢ノ浜、天満および尾鷲五ヵ在合計の職業別（戸主の）構成表である。(9) 農村的色彩の濃い向井、矢ノ浜という

表 15-2　紀伊・尾鷲組の職業別構成表（1870 年）

	早田浦	行野浦	大曽根浦	向井村	矢ノ浜村	天満浦	尾鷲五カ在
農業	1			10	16	5	55
農業木挽							1
農業山稼							10
農業杣稼							1
農間樵渡世		7					
農業鍛冶職							1
農業線香職							1
農業大工職	1						
農業小計	2	7		10	16	5	69
同上構成比率（%）	4.0	21.2		15.2	13.4	11.6	7.9
山稼				51	86	2	107
炭焼業							93
木挽				2	5		18
杣職				1			2
山業漁稼						1	
山稼小計				54	91	3	220
同上構成比率（%）				81.8	76.5	7.0	25.1
漁業	42	23	25			1	127
漁業小計	42	23	25			1	127
同上構成比率（%）	82.4	69.7	96.2			2.3	14.5
大工職				1	2		27
船大工職							4
鍛冶職							3
石や					2		2
左官							2
塗師							2
畳屋							4
桶屋					1		7
紺屋							4
仕立物職							7
鋳物屋							1
線香屋							6
髪結職							5
下駄屋							2
かご屋							4
桃燈張							1
職人小計				1	5		81
同上構成比率（%）				1.5	4.2		9.2
商人		1					5
浜方商人	6						1
山方商人							18
魚商業							18
諸魚山方商							2
薬種店							10
手質造醤油・味噌							1
手質酒店							1
手質農業							1
手質諸色店							1
手質店・東京贈材木・線香製造							1
諸色店紺屋							1
米諸色刻たばこ							1
諸色店砂糖店							1
太物荒物店山商							2
太物荒物店							2
豆腐屋							3

植木屋							1
たばこ屋							4
たばこ山方魚方店							1
廻船業						1	
廻船問屋							3
廻船問屋山海商							2
廻船問屋浜方商							1
穀物店							1
穀物店山方商							1
茶屋							4
小商内						4	6
もち屋							3
菓子屋							7
煎売職							1
古道具商							1
古金売買							1
湯屋							1
廻船宿						6	2
旅籠宿							2
木銭宿							1
商業小計	6	1				11	112
同上構成比率（%）	11.8	3.0				25.6	12.8
日雇					3	3	121
荷持稼		1					29
仲仕業							1
賃仕事							1
手仕事							3
日雇小計		1			3	3	155
同上構成比率（%）		3.0			2.5	7.0	17.7
船乗稼			1	1		16	9
押送船業							1
船乗稼漁業						1	
船乗稼小計			1	1		17	10
同上構成比率（%）			3.8	1.5		39.5	1.1
医師							4
手習師匠							1
自由業小計							5
同上構成比率（%）							0.6
小廻り							1
手代							6
物産方勤人							4
勤人小計							11
同上構成比率（%）							1.3
寺奉公							1
寺							3
修験					1		
禰宜							7
墓守					1		
宗教関係小計					2		11
同上構成比率（%）					1.7		1.3
出稼					1	1	8
同上構成比率（%）					0.8	2.3	0.9
地士							3
同上構成比率（%）							0.3
その他（あんま）							1
同上構成比率（%）							0.1
ナシ	1	1			1	2	64
同上構成比率（%）	2.0	3.0			0.8	4.7	7.3
計	51	33	26	66	119	43	878

村方でも、林業労働者の構成比率が八割内外を占めていることが判る。尾鷲五ヵ在は、諸職業が入り混り、一つの職業で特徴づけられない。

和歌山藩下における人口資料としては、通常の場合、中心となる宗門改帳が不完全なため、むしろ他の史料に拠らざるをえない。同藩の宗門改帳は、六年ごと、子午の年に「宗門直改帳」が作成され、八才以上の者が登録されたにすぎない。したがって、われわれが今まで行ってきた連年の宗門改帳の整理分析による詳しい人口学的諸指標の検出は、ここでは不可能である。

しかし、宗門改帳の不備を補う資料として、同藩には、毎年、惣人数、家数、八才になった者の名前、死亡者、船数、網数、牛馬数の変化等を書き記した「八才子家数人数網数其他増減書上帳」（以下、単に増減書上帳と呼ぶ）がある。本稿では、主としてこの史料を用いて人口の趨勢を窺うこととしたい。

尾鷲組大庄屋文書において、この増減書上帳が見出されるのは安永四（一七七五）年が最初である。これはたまたま史料の残存がそうなのかもしれないが、村方文書を比較的よく残している須賀利浦区有文書をみても、同じく安永四（一七七五）年がこの史料の初見の年代であるので、この年が史料出現の年である可能性も十分ある。史料の記載様式は、任意にえらんだ文政一一（一八二八）年の九木浦の場合で示すと次のごとくである。

（表題）『子年八歳子惣人数増減并ニ家数船数其外相改書上帳』

一亥惣人数六百人　内
　三百弐拾五人男
　弐百七十五人女
　内弐百四拾壱人　六十才以下
　　　　　　　　　拾五才以上　男

一子惣人数五百八拾五人　内　三百拾七人　男
弐百六拾九人女
内弐百三拾三人　六十才以下
拾五才以上　男

右之内拾壱人　内　七人男
四人女　八歳子

禅宗真岩寺作八子　同寺半次郎子　同寺弥左ェ門子
一　音松　一　吉松　一　杢次郎
同寺忠八子　同寺与三右ェ門子　同寺長助子
一　市松　一　しで　一　三次郎
同寺忠左ェ門子　同寺磯八子　同寺勝四郎子
一　はや　一　とめ　一　虎五郎
同寺藤右ェ門子　同寺友右ェ門子
一　さん　一　市松
右之内　五人　内　壱人　男
四人　女　入人

一良右ェ門　年弐拾五才
是ハ南浦恭平弟此度村方惣人数へ相加へ申候
一ふん　年弐十壱才

是者尾鷲中井清兵衛女子当浦猶右ェ門へ縁付
一さと　　年三十壱才
是は同組野地村鉄之助妹当浦又右ェ門へ縁付
一しよぶ　　年拾九才
是ハ木本組盛松善五郎女子当浦庄七へ養女
一はつ　　年五拾才
是ハ同組二木嶋浦友助妹当浦長兵衛へ縁付
六人　内　五人男
　　　　　壱人女　出人
一全鏡　　年五拾弐才　一屹峯　　年三十才
一全明　　年三拾壱才　一全竜　　年十八才
一全瑞　　年十才
小以五人九木浦真岩寺より相賀組引本吉祥院へ入院
一とさ　　年弐十六才
是ハ九木浦五右衛門女子矢浜村大蔵へ縁付
外ニ
弐拾五人　内　拾弐人男
　　　　　　　拾三人女　病死人
四人男　急病　　四人女　老病

三人男　老病　三人女　長病
弐人男　長病　四人女　急病
三人男　老病　弐人女　長病
差引
当子年拾五人　内　九人男減
六人女減
一船数五拾九艘　内　六艘　鰹船　三拾六艘　早波船
拾七艘　天満船
一鉄炮　五挺　在持
百軒　本役
一家教　百弐拾壱軒　内拾軒　半役
拾壱軒　隠居
壱帖　名吉網　八帖　網代網
一網数　拾九帖　内弐帖　細魚網　五帖　平敷網
三帖　ゐさ網
一牛　壱疋　女牛
右者当子八歳子惣人数増減并ニ家数船数網数其外相改書上仕候処如此ニ御座候以上
九木浦庄屋兼帯
肝煎

表 15-3　紀伊・尾鷲組の増減書上帳の残存度

（1775-1871 年の 97 年間）

村名	残存年数	残存率（%）
早田浦	65	67.0
九木浦	62	63.9
行野浦	64	66.0
大曽根浦	79	81.4
向井村	63	64.9
矢ノ浜村	63	64.9
林浦	66	68.0
南浦	74	76.3
中井浦	66	68.0
野地村	60	61.9
堀北浦	69	71.1
天満浦	65	67.0
水地浦	63	64.9
須賀利浦	96	92.8

大曽根浦および須賀利浦は、それぞれの区有文書によって補った。

子正月　　　　　　　専　四　郎㊞

土井理右衛門殿

以上のような記載に、長寿人書上、浦組（和歌山藩の沿岸警備組織）関係の記述が附される場合もあった。書類は毎年正月に大庄屋宛に提出されている。惣人数は前年の数字も書かれている。尾鷲組大庄屋文書および区有文書をつき合わせると、表15―3のごとく、約三分の二の年度について史料が残存しており、須賀利浦に至っては残存率は非常に高い[10]。

ところで、この増減書上帳の記載内容はどの程度信頼できるだろうか。一般に、歴史史料の統計的処理に当っては、それが処理に耐えうるものであるか否かについて十分検討されなければならず、こういった手続きを踏むのは当然である。

増減書上帳をみると、なかには前後とのつながりが何ともつきかねる記載もある。それは船数の記載で、寛政四（一七九二）年以前の記載と寛政五（一七九三）年以後の記載は、明らかに基準が異なっているとしか言いようがない。両年について船数を記す史料は七ヵ村にわたっている。早田浦は、寛政四（一七九二）年一八艘→寛政五（一七九三）年二六艘。行野浦は五→一四、大曽根浦は七→一四、林浦は一八→二七、南浦は一二→一六、中井浦は二八→四三、須賀利浦は一三→三二となっている。これらの変化は、一年間の実際の変化としては過大であり、明らかに寛政四（一七九二）年以前の記載が実際とかけ離れていたことを物語っている。和歌山藩においては漁船は課税の対象であり、所有者は種類に応じて船床銀を上納する義務を負っていたので、負担を免るべく控え目な記載をしていたものと推測される。

人口についてはどうだろう。船数のように、それが課税対象であるため、記録の信頼度が低くなるというようなことはなかった。しかし、人口についても、次の諸事項は、人口数の記載に限定を附ける必要のあることを示している。

まず第一に、年齢上の制約で、和歌山藩では、宗門改帳への登録は、八才以上に限られたし、この増減書上帳も、同様八才以上を対象としている。しかし、明治三（一八七〇）年・明治四（一八七一）年のもののなかには、八才以下を含むものもある。今、明治二（一八六九）年と明治三（一八七〇）年の間に、急激な人口数の変化はなかったものとして、両年の人口数を比較すると**表15－4**のごとくである。これによって、八才以下を含まない人口数から、八才以下を含めた人口数を推計するに際しては最低一〇％を加算しなくてはならないことが明らかになった。ただこの時期の尾鷲組人口の年齢構造が特殊なものでなかったことが前提となっている。

次に、徳川時代が身分社会としての性格を強く有していたことから来る制約である。身分差をこえて、人口数が合算されることは、徳川時代には公式には不可能であった。幕府による全国人口調査にしても、対象となったのは庶民人口であった。尾鷲組においても、地士関係の人口と穢多は増減書上帳には含まれていない。地士関係の人口には地士格を持つ者自身、その家族、奉公人が含まれている。元治元（一八六四）年の「地士帯刀人家内人数扣」

表 15-4　紀伊・尾鷲組各地域の人口数比較（1868 年）

村名	明治 2 年	明治 3 年	3 年 /2 年 (%)
早田浦	206	228	110.7
九木浦	532	587*	110.3
行野浦	159	190	119.5
大曽根浦	127	157	123.6
向井村	302	330	109.3
矢ノ浜村	564	613	108.7
林浦	797	911	114.3
南浦	670	742	110.7
中井浦	1383	1479	106.9
野地村	526	546	103.8
須賀利浦	419	478	114.1
計	5685	6261	110.1

* 印は明治 4 年の人口。

によれば、地士は一二人、その家族六一人、奉公人一六人、合計八九人が地士関係の除外人口であった。一方、穢多人口に関しては、宝暦三（一七五三）年の尾鷲組大差出帳では四四人、寛政五（一七九三）年で四五人、明治二（一八六九）年で八一人と記録されている。これら身分上から生ずる除外人口の全人口に対する割合は約三％となる。この比率は、もちろん一定であったわけではなかろう。地士の数も、幕末に近づくにつれて増えている（宝暦三年七人、寛政五年一一人、明治二年一二人）。穢多人口も増加の傾向がみられるのである。しかし、全人口に対する比率はそれほど大きく変動しなかったであろう。

他方、資料の人口数にはカウントされながら、現実には不在の人口もあった。出稼はまだしも、永年の行方不明者は、事実上、この組から離れてしまったのであるから除外しなければならない。中井浦、野地村、矢ノ浜村について、それぞれの宗門改帳に行方不明と明記されている数を示してみると**表15－5**のごとくである。ここでも、やはり年と共に増加の傾向が窺われる。明治二（一八六九）年の中井浦の行方不明者は六六人に達し、全人口の五％弱に相当する。

このように、増減書上帳の人口数と現実の人口数の間にはギ

表 15-5　紀伊・尾鷲組の中井浦・野地村・矢ノ浜村における行方不明者数

年代	中井浦	野地村	矢ノ浜村
明和 5 年	1	3	
安永 3 年		7	1
天明 6 年	12		
寛政 10 年	2		
享和 4 年	5	11	
文化 13 年		9	
天保 5 年	46	12	
天保 11 年		25	
安政 5 年	13		
文久 4 年	21		
明治 2 年	66		12

ャップがあった。しかもそのギャップを構成する諸要因は、年代を経るにしたがって大きくなっていく傾向がみられる。しかし、それならば、増減書上帳の人口数は全く信頼するに値しないものだろうか。決してそうではない。むしろ、徳川時代の数量的資料としては、信頼度の高いものであると言える。特に、長期的な系列を考え、これを指数として利用することが可能な場合、他の資料からはほとんど得られそうにもない観察結果を得ることができる。

人口趨勢

増減書上帳の人口数を各村ごとに示したのが表15―6である。尾鷲五ヵ在の小計と、それを含めた組全体の合計は、それぞれを合算して求めた。なお、明治三・四（一八七〇、一八七一）年の人口には八歳以下が含まれている。また増減書上帳の初見年代である安永四（一七七五）年の人口数を一〇〇とし、以後十年ごとに人口を指数化して推移を示したのが図15―2―A・Bである。この図では安永四（一七七五）年以前の人口も、差出帳や宗門改帳から遡及しうるだけ遡及して示した。図15―2―Aは、尾鷲五ヵ在を構成する諸村で、野地村がやや外れている他は、変化はほぼ平行している。図

表 15-6　尾鷲組 14 村人口数の推移

年代	早田浦	九木浦	行野浦	大曽根浦	向井村	矢ノ浜村	林浦	南浦	中井浦	野地村	堀北浦	天満浦	水地浦	須賀利浦	尾鷲組計	尾鷲五カ在
安永 4 年	210	466	125	107	188	425	705	671	1269	355	506	113	42	359	5541	3506
安永 5 年	210	464	128	111	192	435	705	678	1289	355	500	110	39	365	5554	3500
安永 6 年	202	463	128	113	196	436	718	662	1315	358	504	110	36	374	5615	3557
安永 7 年														376		
安永 8 年	204	463	124	117	199	441	711	697	1327	360	520	118	35	381	5697	3615
安永 9 年	207	462	125	126	197	451	724	707	1316	362	514	120	37	374	5722	3623
安永10年	206	473	125	126	204	465	724	711	1330	367	519	119	39	367	5772	3651
天明 2 年	206	475	128	128	210	464	727	712	1349	374	521	120	39	364	5817	3683
天明 3 年	209	473	128	131	211	471	727	707	1339	375	520	123	39	361	5814	3668
天明 4 年	214	474	131	135	214	477	724	714	1363	381	532	123	38	363	5883	3714
天明 5 年	209	478	130	142	214	473	716	719	1346	348	497	127	38	354	5791	3626
天明 6 年	215	479	132	139	197	467	728	708	1349	345	497	125	37	351	5769	3627
天明 7 年	218	487	130	138	202	471	729	709	1355	351	502	132	36	348	5808	3646
天明 8 年	225	507	130	143	205	467	728	706	1369	353	499	137	34	351	5854	3655
天明 9 年	231	510	128	144	200	465	724	711	1374	356	496	137	33	356	5865	3661
寛政 2 年	233	511	123	151	205	466	730	726	1387	363	498	138	33	357	5901	3704
寛政 3 年	238	516	126	154	203	463	729	721	1393	366	508	140	33	360	5950	3717
寛政 4 年	240	517	130	151	204	444	732	724	1400	375	491	144	33	365	5950	3722
寛政 5 年	248	521	135	150	205	449	733	735	1430	375	495	146	32	363	6017	3764
寛政 6 年	255	532	138	151	205	455	732	727	1421	386	513	143	30	379	6067	3779
寛政 7 年	256	533	138	148	200	449	740	716	1424	386	518	143	27	379	6057	3784
寛政 8 年	255	533		149	203	456	758	720	1436	381	527	142	33	384		3822
寛政 9 年	262	528		151	200	456	761	724	1464	394	540	146	32	382		3883
寛政10年	269	539	155	147	197	453	751	735	1445	405	547	147	31	378	6199	3883
寛政11年	269			150	197		750		1457	406	552	147	33	376		
寛政12年	276	534	146	146	196	440	743	760	1458	416	554	149	37	374	6229	3931
寛政13年	281	535	148	148	198	433	749	763	1492	422	569	150	37	380	6305	3995
享和 2 年	279	542	152	149	203	436	764	747	1502	426	574	150	38	378	6340	4013
享和 3 年	286	547	153	146	208	433	758	741	1499	425	565	152	38	377	6328	3988
享和 4 年	290	537	160	142	211	429	749	718	1490	425	547	155	35	359	6247	3929
文化 2 年	288	536	164	141	209		752	727	1486	442	549	159	37	364		3956

文化 3 年	294	546	169	142	208	429	764	753	1504		551	160	37	368		
文化 4 年	296		170	146	214									370		
文化 5 年	294	550	165	148	217	454	784	781	1522	468	574	161	40	354	6555	4159
文化 6 年	299	552	167	147	217	458	788	794	1532	484	573	160	40	347	6558	4171
文化 7 年				144			772		1516			163		362		
文化 8 年	293	566	170	147	225	472	785	818	1549	511	593	163	37	362	6691	4256
文化 9 年	294	579	175	150	226	474	809	820	1559	525	604	163	37	360	6775	4317
文化10年	299	593	179	152	232	480	811	837	1569	532	610	166	38	358	6856	4359
文化11年	296	592	179	155	241	492	826	857	1582	536	606	170	43	360	6935	4407
文化12年	301	594	178	160	244	496	840	869	1617	541	610	170	43	370	7033	4477
文化13年	302	585	174	158	240	484	827	865	1595	555	612	175	43	384	6999	4454
文化14年	302	594	173	164	243	478	825	881	1609	549		175	43	381		
文化15年	301	588	176	166	247	484	841	887	1623	540	620	173	43	389	7078	4511
文政 2 年				166				903						391		
文政 3 年				168										400		
文政 4 年	294	595	175	171	243	510	863	934		557	618	165	46	407		
文政 5 年	295	584	172	174	248	519	863	883	1637	559	638	159	44	393	7168	4580
文政 6 年	297	581	170	170	256	513	869	894	1634	550	641	156	43	399	7173	4588
文政 7 年	297	587	170	169		517	874	906	1669	543	651	157	38	399		4643
文政 8 年				165										402		
文政 9 年	293		164	172	255	536		944		560	656	165	38	405		
文政10年	296	600	165	171	257	533	901	953	1680	561	673	163	41	401	7395	4768
文政11年	294	585	162	168	263	526	893	904	1722		682	158	39	403		
文政12年	295		157	165						535	676	154	40	409		
文政13年	292	583	159	165	270	500	892	906		551	671	154	40	411		
天保 2 年	294	583	158	168	278	506	909	907	1718	552	688	154	40	412	7367	4774
天保 3 年				172				923						416		
天保 4 年	282	585	156	172	283	508	946	935	1748	564	693	150	43	417	7482	4886
天保 5 年	270	590	150	167	297	507	939	886	1756	591	693	149	39	418	7452	4865
天保 6 年	276	601	151	167	292	499	934	888	1719	578	687	152	38	422	7404	4806
天保 7 年	271	605	155	168	297	508	939	890	1735	590	696	149	38	424	7465	4850
天保 8 年	266	610	157	165	299	513	951	883	1738	588	694	143	36	427	7470	4854
天保 9 年	244	573	147	144	277	477	782	751	1412	466	520	137	21	415	6366	3931
天保10年	234	580	150	144	276	483	777	761	1413	468	500	141	19	415	6361	3919

天保11年	227	580	156	139	286	409	758	729	1327	438	494	149	20	432	6144	3746
天保12年	227	580	155	139	288	419	757	733	1332	432	485	151	20	435	6153	3739
天保13年	229	585	160	138	292	422	755	740	1336	440	485	146	20	433	6181	3756
天保14年	229	620	165	144	303	440	780	763	1349	457	495	145	20	429	6339	3844
天保15年	225	615	164	139	300	440	776	765	1358	446	483	145	20	426	6304	3830
弘化 2年	222		168	136	295	445	774	767	1375		466		17	413		
弘化 3年	218		162	132	287	478	795	764	1349		466		17	416		
弘化 4年	220	624	163	134	291	476	788	768	1350	489	466	153	17	411	6350	3861
弘化 5年	229	627	168	138	297	486	793	782	1368	498	481	154	19	406	6446	3922
嘉永 2年	223	618	168	141	301	498	791	794	1395	507	479	157	18	404	6494	3966
嘉永 3年								809			483					
嘉永 4年								831			492			410		
嘉永 5年								814			519					
嘉永 6年																
嘉永 7年	228	635			327		797	859		521	529	165	20	434		
安政 2年	225	628	160	140	329	505	764	857	1432	520	534	165	23	433	6715	4107
安政 3年									1452					427		
安政 4年							758				561			430		
安政 5年	219	593	154		311	541	752	724	1415	545	552	165	22	417		3988
安政 6年	222	582	155	133	314	539	757	728	1424	548	564	162	22	419	6883	4021
安政 7年	225	573	161	132	318	556	764	732	1438	557	565	162	22	416	6621	4056
万延 2年	219	561	157	143	321	560	773	743	1435	561	570	161	22	421	6647	4082
文久 2年	208	563	153	125	307	555	782	733	1410	557	556	161	23	427	6560	4038
文久 3年	206	559	150	119	301	555	758	727	1427	555	561	156	23	424	6521	4028
文久 4年	205	560	161	115	297	550	779	665	1364	539	545	147	21	441	6389	3892
元治 2年	205	559	165	117	300	557	781	662	1357	537	538	146	21	437	6382	3875
慶應 2年	205	557	164	120	301	561	787	666	1370	541	541	146	21	431	6411	3905
慶應 3年	209	555	168	125	301	562	792	675	1382	535	545	147	21	436	6453	3929
慶應 4年	205	534	166	125	301	563	790	678	1380	527	543	143	21	434	6410	3918
明治 2年	206	532	159	127	302	564	797	670	1383	526	538	141	21	419	6385	3914
明治 3年	228		190	157	330	613	911	742	1479	546	515	139	22	478		4193
明治 4年	224	587	192	146		594	806									

図15-1　尾鷲湾付近地図

図15-2-A　尾鷲五カ在の人口趨勢

1775年＝100

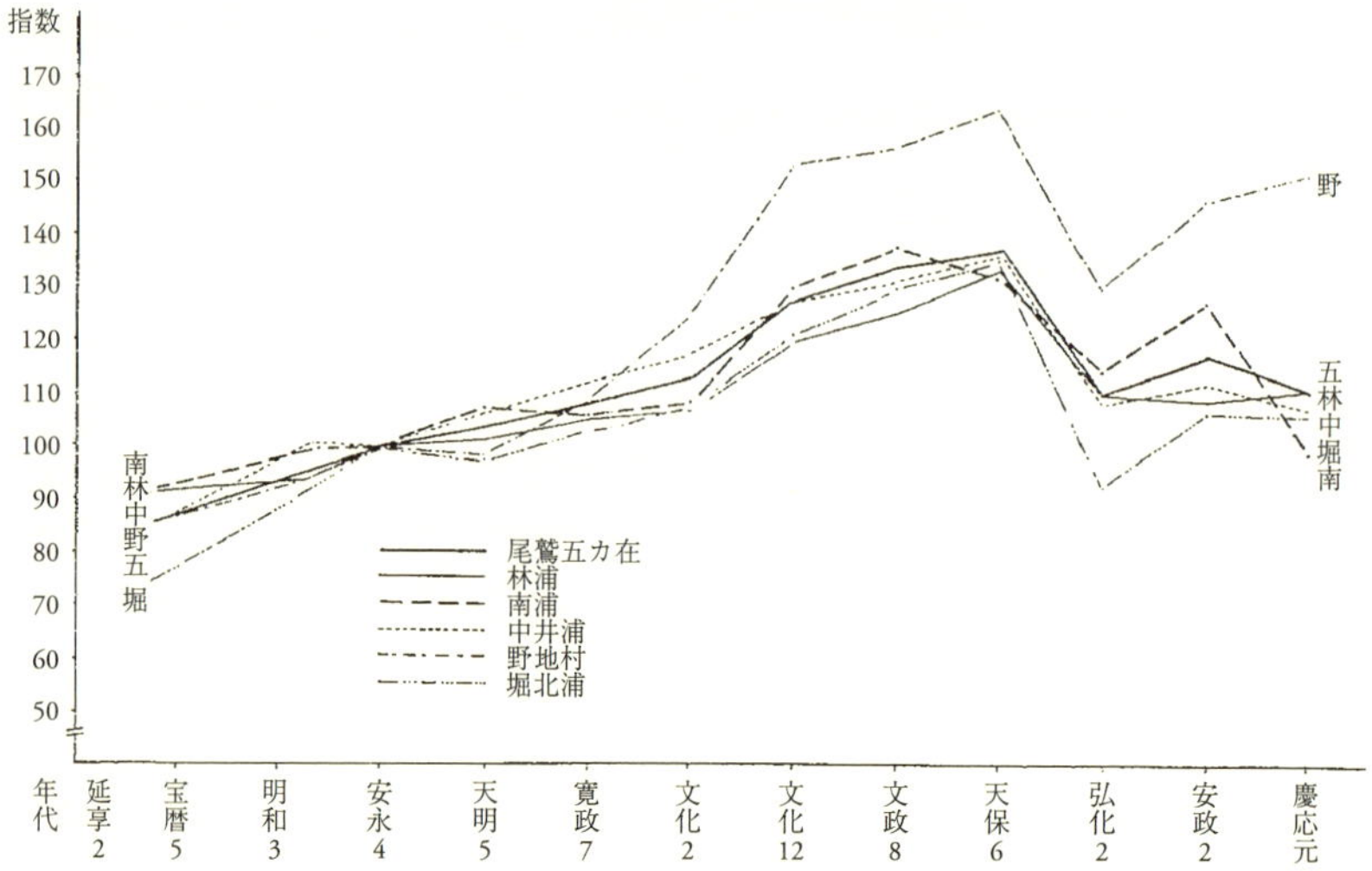

図15-2-B　尾鷲組の人口趨勢

1775年＝100

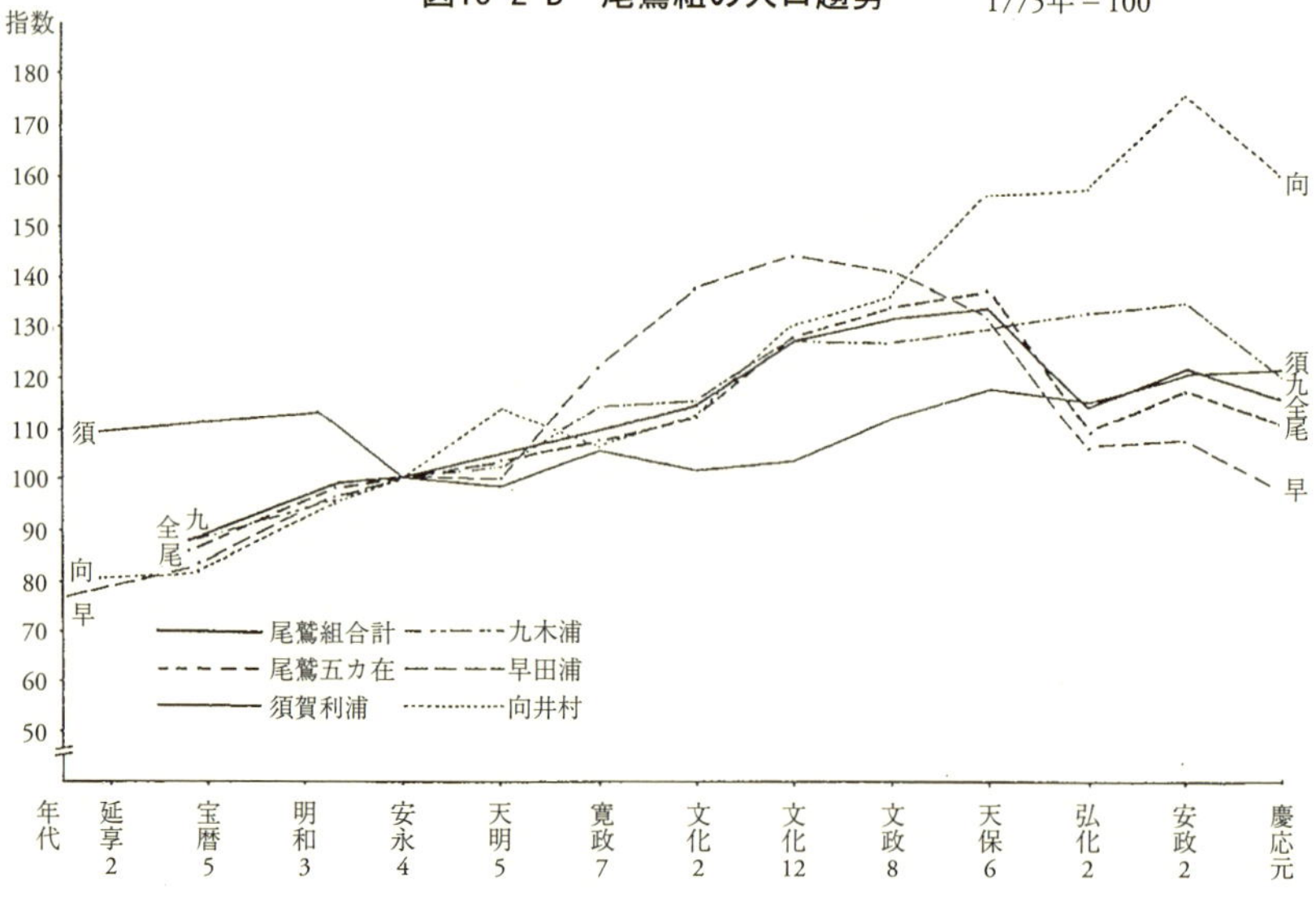

図15-3-A　早田浦の人口・船数・網数の変遷

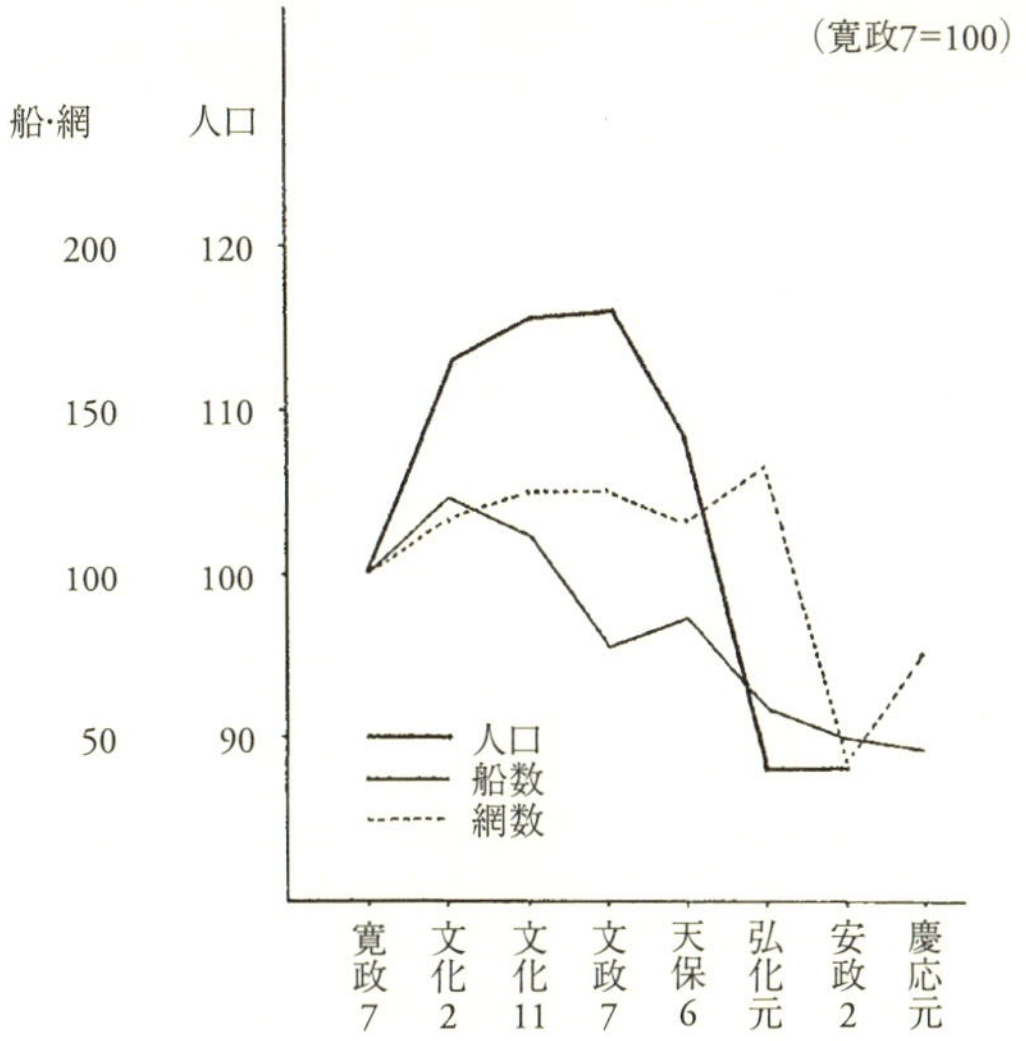

図15-3-B　九木浦の人口・船数・網数の変遷

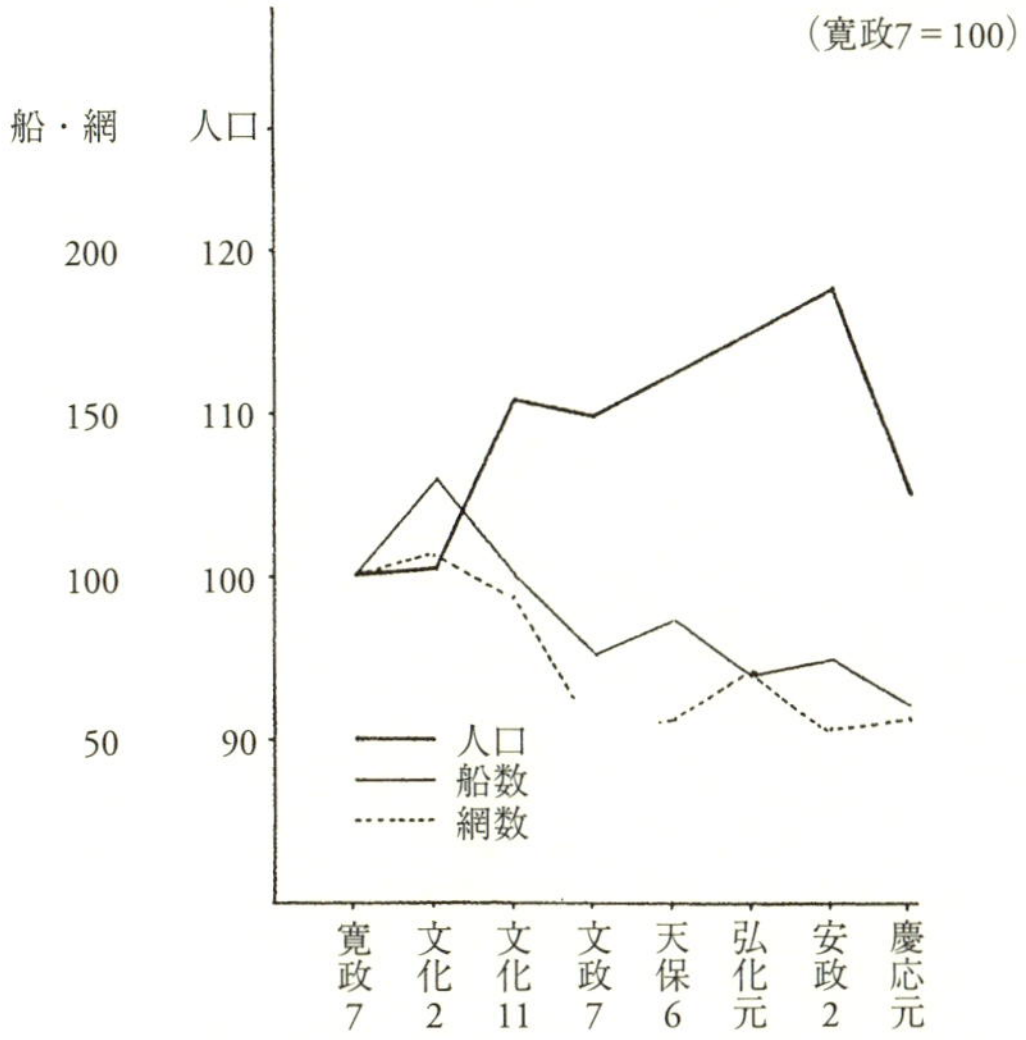

図15-3-C　行野浦の人口・船数・網数の変遷

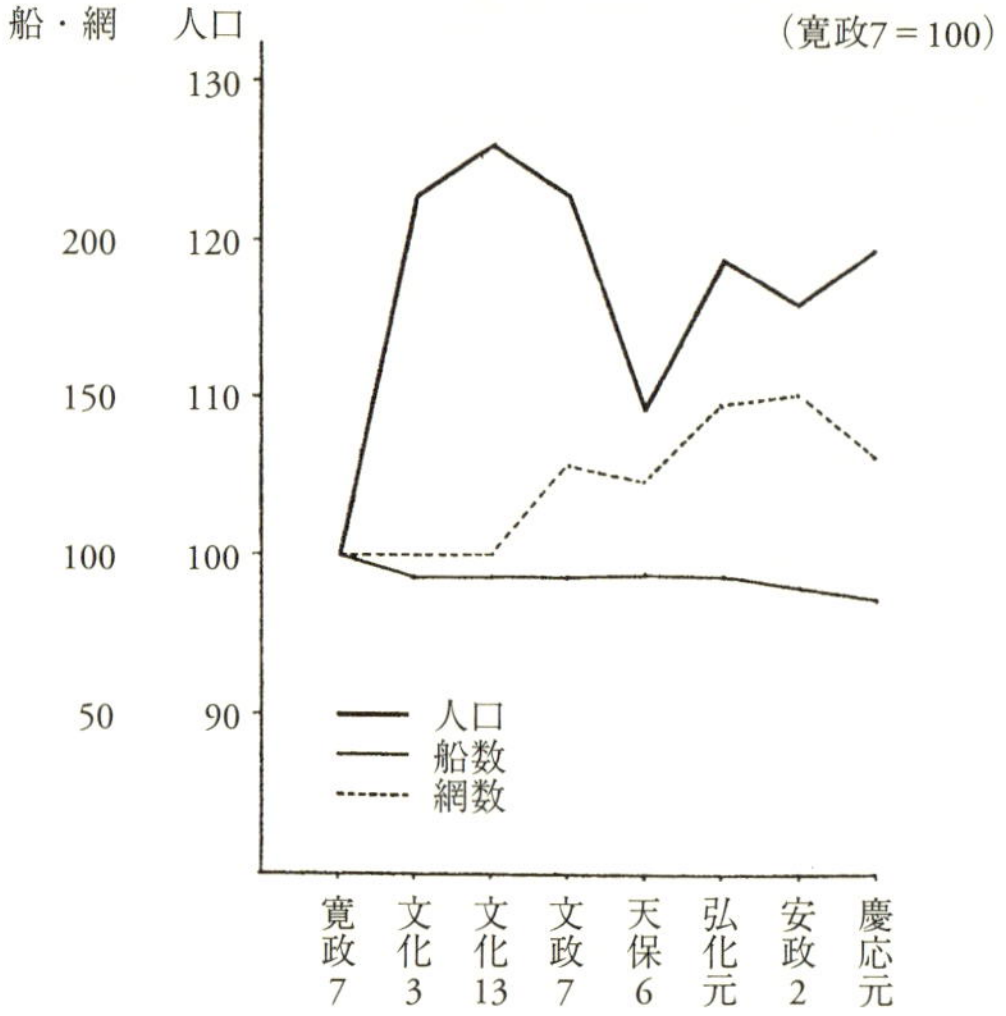

図15-3-D　大曽根浦の人口・船数・網数の変遷

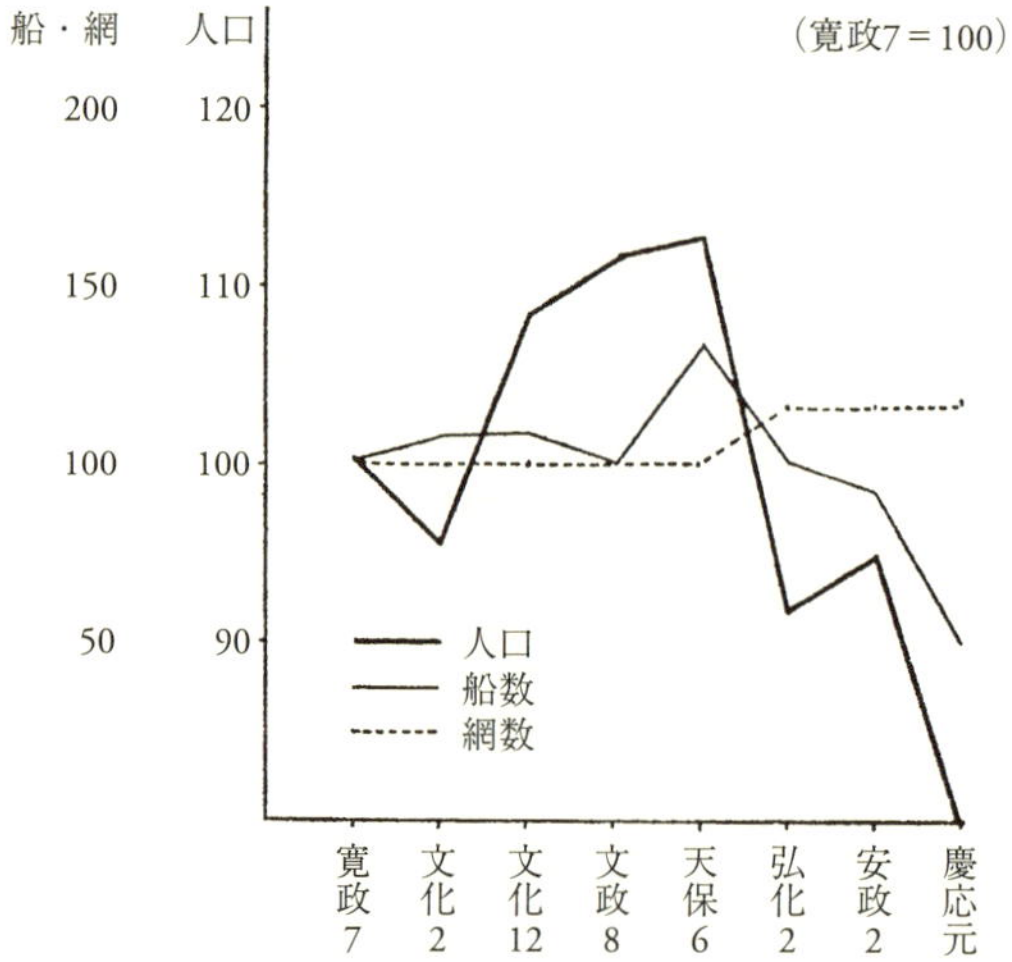

図15-3-E　林浦・南浦・中了浦の人口・船数・網数の変遷

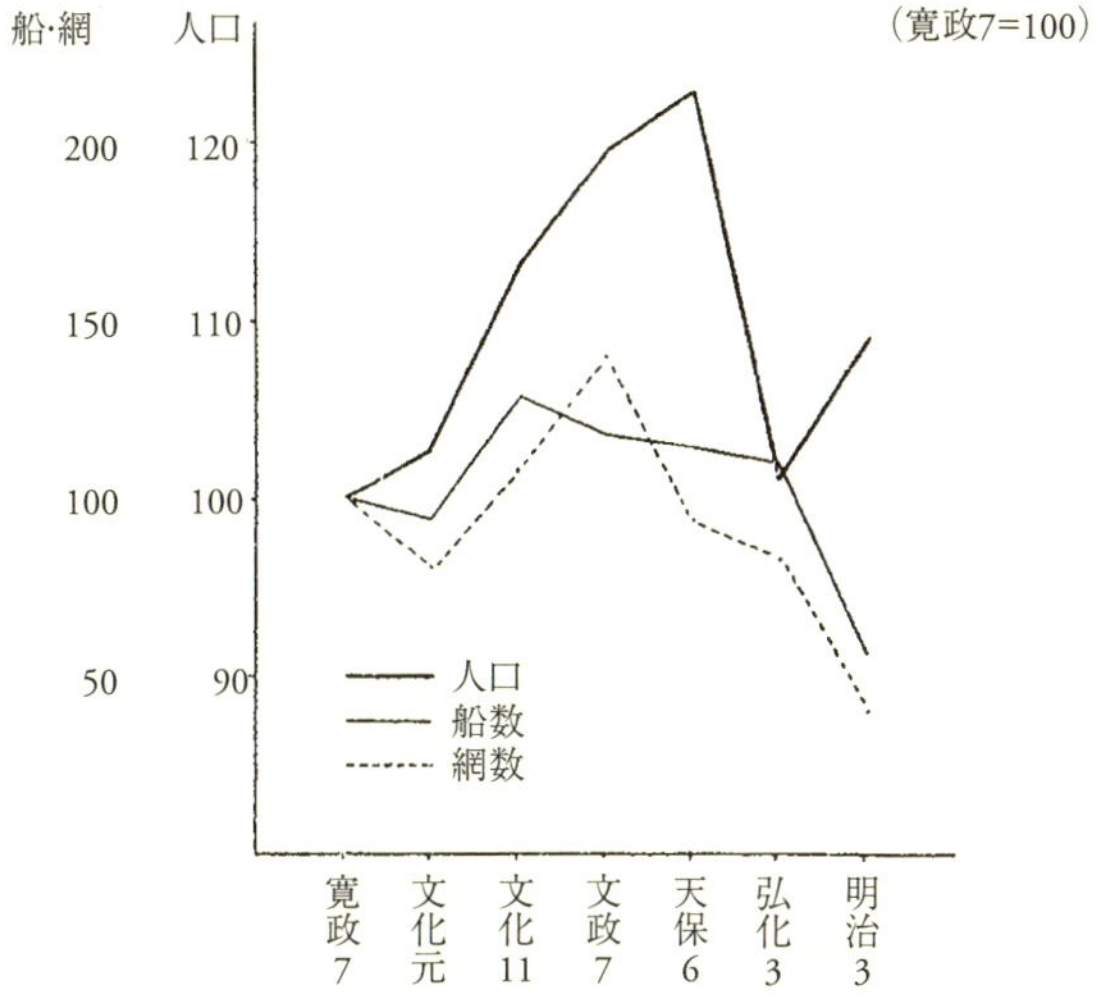

図15-3-F　須賀利浦の人口・船数・網数の変遷

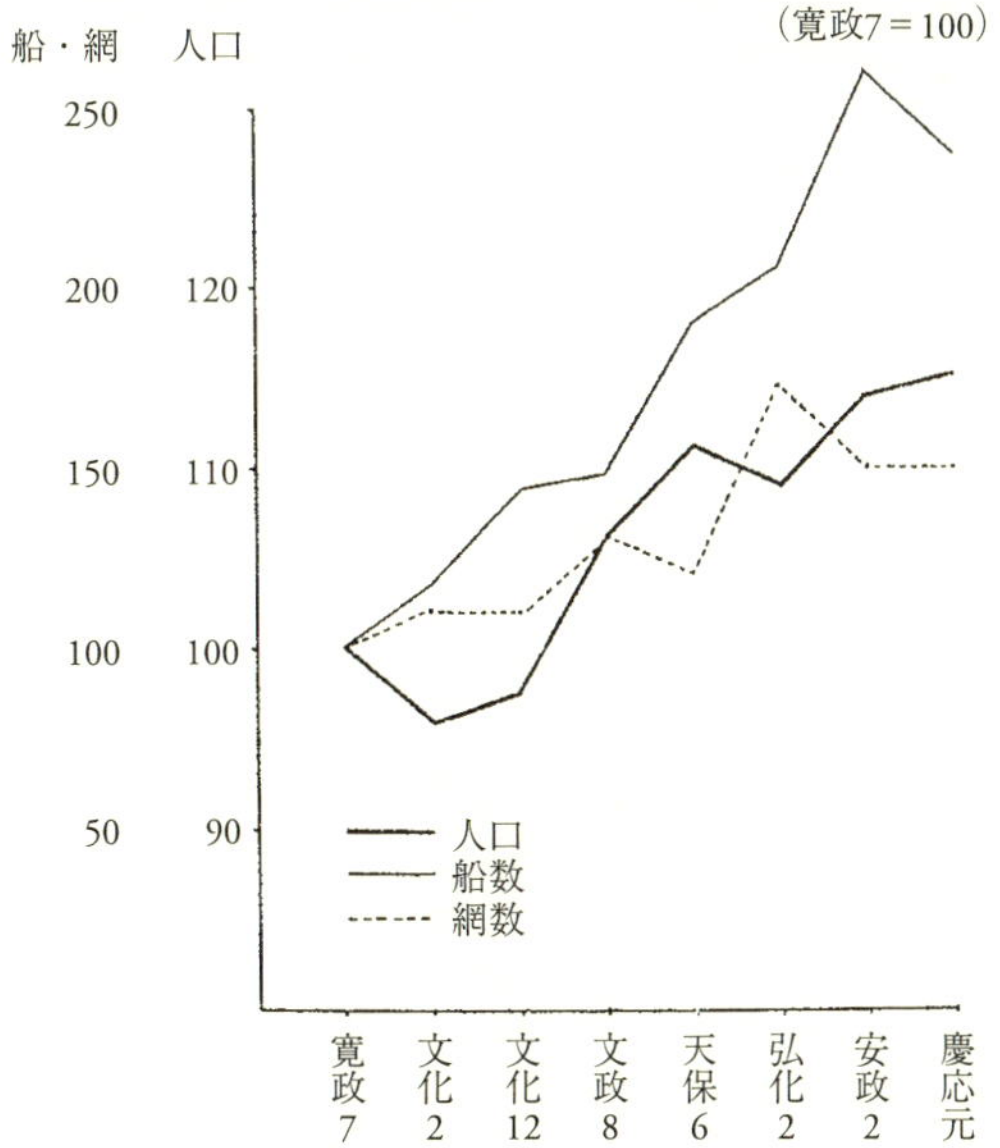

15―2―Bは、早田、九木、向井、須賀利、五ヵ在および尾鷲組総数を示した。ここでは変化のパターンは一様ではない。

全体として言えば、尾鷲組の人口は漸増傾向にあった。特に、天保八（一八三七）年に至るまで、組の総人口は、宝暦三（一七五三）年の四八八一人から七四七〇人へと八五年間に五三％の増大をみせている。増加の年率は〇・五％である。ところが、天保八（一八三七）年から九（一八三八）年にかけて、人口は急激に減少した。これは、後に述べるごとく、流行病による大量の死亡が原因である。このことから、グラフでは趨勢に際立った特徴を与えることになった。その後人口は恢復せず、ほぼ一七八〇年代の水準のまま明治に至るのである。

尾鷲組一四ヵ村中、五ヵ在の人口は、その約六〇％に達しているため、組全体の推移は、五ヵ在のそれとほとんど重なり合っている。しかし、他の諸村の趨勢にはいろいろなパターンがある。須賀利浦のごとく、長期的には増減に乏しく、安定的であった村がある一方、水地浦のごとく、減少を続け、幕末には廃村寸前といった状況を呈している村[11]、向井村のごとくほとんど直線的に増加を続けている村もある。享和元（一八〇一）年から文久元（一八六一）年に至る六〇年間に、向井村の人口は一・六倍になり、増加の年率は約〇・八％という高率に達した。早田浦の傾向も特徴があり、文化一二（一八一五）年をピークとした凸型をなしている。よくみると、変化に乏しいが須賀利浦の線と対称形をなしている。

これらの個々について、今その特殊性を一つ一つ論ずることはできないが、大雑把に言って、村方では漸増傾向が連続しているのに対し、浦方では、文化・文政期をピークとして人口の停滞期に入っている。天保の大減少後も、すでにそれ以前から減少ないしは停滞に入っている村では恢復が行われていない。須賀利浦を除いて、幕末期には、尾鷲組の漁村には人口減少をもたらす何らかの力が働いていたと理解すべきである[12]。浦方における船数と網数の変化をみても、人口と関連性を持っており、漁業の衰退が激しかったのを知ることができる。表15―7―A・B・C・

表 15-7-A　早田浦の船数・網数の変化

年代	船数合計	鰹船	さっぱ	てんま	いさば	網数合計	名吉網	鰹建網	鰹取網	鰹掛網	餌網	細魚網	平敷網	鯥建切網
安永 5 年	21	2	19											
天明 4 年	18	2	15		1	12	1	1	1	3	1	2	3	
寛政 7 年	26	4	17	4	1	12	1	1	1	3	1	2	3	
文化 2 年	32	4	24	4		14	1	2	1	3	2	2	3	
文化11 年	29	4	25			15	1	2	1	3	3	2	3	
文政 7 年	20					15	1	2	1	3	1	5	2	
天保 6 年	22					14	1	2	1	3	1	4	2	
天保15 年	15					16	1	2	1	3	1	6	2	
安政 2 年	13					5	1	1	1	1				1
元治 2 年	12					9	1	3	1		1	1	2	

表 15-7-B　九木浦の船数・網数の変化

年代	船数合計	鰹船	さっぱ	てんま	てんと	いさば	ひらだ	荷舟	押送船	網数合計	名吉網	餌網	細魚網	鯥網	海老網	平敷網	四双張	網代網
安永 4 年	43	13	30															
天明 5 年	45	10	35							36	2	3	7	13			6	5
寛政 7 年	74									34	2	3	6	13			5	5
文化 2 年	78	14	45	18		1				36	2		8	13	3	5		5
文化11 年	75	15	43	16				1		32	1	3	6	11	2	4		5
文政 7 年	57	6	36	14	1					18	1	3	2			4		8
天保 6 年	64	3	31	23	2	1	2			19	1	3	2			5		8
天保15 年	51		23	24			2		2	24	1	2	10			3		8
安政 2 年	55		21	24			9		1	18			8			2		8
元治 2 年	45		13	25	2		5			19	1		6			4		8

表 15-7-C　行野浦の船数・網数の変化

年代	船数合計	さっぱ	大さっぱ	小さっぱ	てんま	網数合計	名吉網（鯔網）	鮪網	鮏網	四双網	かいとり網	いなだ網	細魚網
安永 4 年	5	5											
天明 5 年	5	5				6	1		5				
寛政 7 年	14	14				21	1		20				
文化 3 年	13	13											
文化13年	13	12			1	21	1		20				
文政 7 年	13		11	2		27	1		26				
天保 6 年	13		10	3		26	1		23	1	1		
天保15年	13		10	3		31	1	1	25	1	1	1	1
安政 2 年	11					32	1	1	26	1		1	2
元治 2 年	12		9	3		28		1	23	1		1	1

表 15-7-D　大曽根浦の船数・網数の変化

年代	船数合計	廻船	鰹船	さっぱ	てんま	てんと	いさば	網数合計	名吉網（鯔網）	鮪網	鮏網	鰍網	魬網	魷網	海老網
安永 4 年	9	2		6			1								
天明 5 年	7	1		6				11	1		3			3	4
寛政 7 年	12			12				11	1		3			3	4
文化 2 年	13			12	1			11	1		3			3	4
文化12年	13			11	1	1		11	1		3			3	4
文政 8 年	12			12				11	1		3			3	4
天保 6 年	16			16				11	1		3			3	4
天保15年	12							13	1	1	3	1		3	4
安政 2 年	11							13	1		3		1	3	4
元治 2 年	6		2	4				13	1	1	3		1	3	4

表 15-7-E　林浦・南浦・中井浦合計の船数・網数の変化

年代	船数合計	廻船	鰹船	さっぱ	網船	いさば	てんま	漁船	てんと	網数合計	餌網	細魚網	まかせ網	こませ網	ところ網	手繰網	四双張	打網	中高網	平敷網	地引網	うるめ網	このしろ網	引網	鰹網
安永 4 年	43	9	11	21	2					19	5		1		1	5	1	3							
天明 5 年	55	6	16	26	6	1				28	6	3	3		1	7	3	3							
寛政 7 年*	94	4	19	55	11		5			35*	16	1			1	5	1	1							
享和 4 年	89	5	6	24	6		2	42	4	28	14	6			1	6	2	1							
文化11 年**	120	5	20	69	10	1	5		10	38	12	4		3	1	11	2	1				1	1		
文政 7 年	111		15	40	4					49	14	3	3			20	2	1					1	4	
天保 6 年	107									33	2	3	2	1		20	1	1	1	1	1		1	1	1
弘化 3 年	102									29	3	3		1		17		1							
明治 3 年***	52									14	3	3						1		1					

*　寛政 7 年以降、林浦の網数は不明

**　中井浦の船数は文化 10 年
文政 7 年以降は南浦の分類不明、内訳は林裏と中井浦のみ

***　中井浦は明治 4 年

表 15-7-F　須賀利浦の船数・網数の変化

年代	船数合計	鰹船	さっぱ	てんま	てんと	いさば	はしけ	網船	網数合計	名吉網	鮪網	餌網	細魚網	海老網＊	平敷網＊	地引網	小網
安永 4 年	13	8	2		2	1			11	1		1	3	5			1
天明 5 年	13	7	2		2	2			10	1		2	2	5			
寛政 7 年	39	6	15	15	1	1			10	1		2	2	5			
文化 2 年	46	10	21	8	2	2	3		11	1		2	3	5			
文化12 年	56	8	27	12		4	5		11	1		3	2		4	1	
文政 8 年	58	4	27	16		3	4	4	13	1		2	5		3	2	
天保 6 年	74	6	25	32			7	4	12	1		2	4		3	2	
弘化 2 年	80	5	26	43			2	4	17	1	3	3	5		3	2	
安政 2 年	101	5	20	68			4	4	15	1	3	2	5		2	2	
元治 2 年	92	5	21	58			4	4	15	1	3	2	5		2	2	

＊海老網と平敷網は同じものと考えられる。

表 15-8　紀伊・尾鷲組における「天保の危機」による人口減少（1837–1838 年）

村名	早田	九木	行野	大曽根	向井	矢ノ浜	林	南	中井	野地	堀北	天満	水地	須賀利	尾鷲五カ在	尾鷲組合計
人口 天保 8 年	266	610	157	165	299	513	951	883	1738	588	694	143	36	427	4854	7470
人口 天保 9 年	244	573	147	144	277	477	782	751	1412	466	520	137	21	415	3931	6366
差引減少	22	37	10	21	22	36	169	132	326	122	174	6	15	12	923	1104
死亡	23	51	9	20	30	44	165	154	357	131	184	6	17	19	991	1210
流入		2				1	2	7	7	6	1				23	26
流出		2	3	3			29	7	4	2	5			3	47	58
死亡率（‰）	86.5	83.6	57.3	121.2	100.3	85.8	173.5	174.4	205.4	222.8	265.1	42.0	472.2	44.5	204.2	162

D・E・Fは、増減書上帳による各村の船数および網数をほぼ十年ごとに示したものである。また図15―3―A・B・C・D・E・Fでは、寛政七（一七九五）年以後の船数および網数総数と人口の変化を指数で示し、その関連をみた。

船や網の内容を無視し、総数でとらえたことには問題が残るが、それでも、浦方の人口推移は、これら漁業の生産要素の変化と大体一致していることが読みとれよう。

このような浦方の人口推移に対して、向井、矢ノ浜、あるいは尾鷲五ヵ在中の野地村では、人口は比較的長く増大し続け、浦方とは異なるパターンを持っている。もっとも、これらの村は、農村というよりは山林を生計の糧としていた。(13)（表15―2参照）漁村とは異なって、人口を制限する力は比較的弱かったことが考えられる。

人口学的観察

長期的変化

人口の変化には、出生死亡という自然的要因と移動による社会的要因があるが、この地域での人口変化には、双方が作用していた。本稿ではもっぱら考察を前者に絞り、後者に関しては、別途に独立して取り扱いたいと思う。

増減書上帳からは直接村全体の出生数や死亡数を求めることはできない。死亡については、八才以上のそれは観測しうるけれども、出生については全く知りえない。これに代るものとして、新たに八才になって登録される者の数が書き上げられている。幼児死亡率の高い時代であるから、この数字を溯及させて、出生率の指標とすることはできないが、これと死亡との差を自然増減とすることはできる。そこで五年期ごとに、人口総数の変化の年率と、自然増減の対人口比を比較し、合わせて、五年期ごとの八才子の総人口に対する比率（以下、八才子率と称する）

図15-4-A　早田浦の自然要因による人口の増減

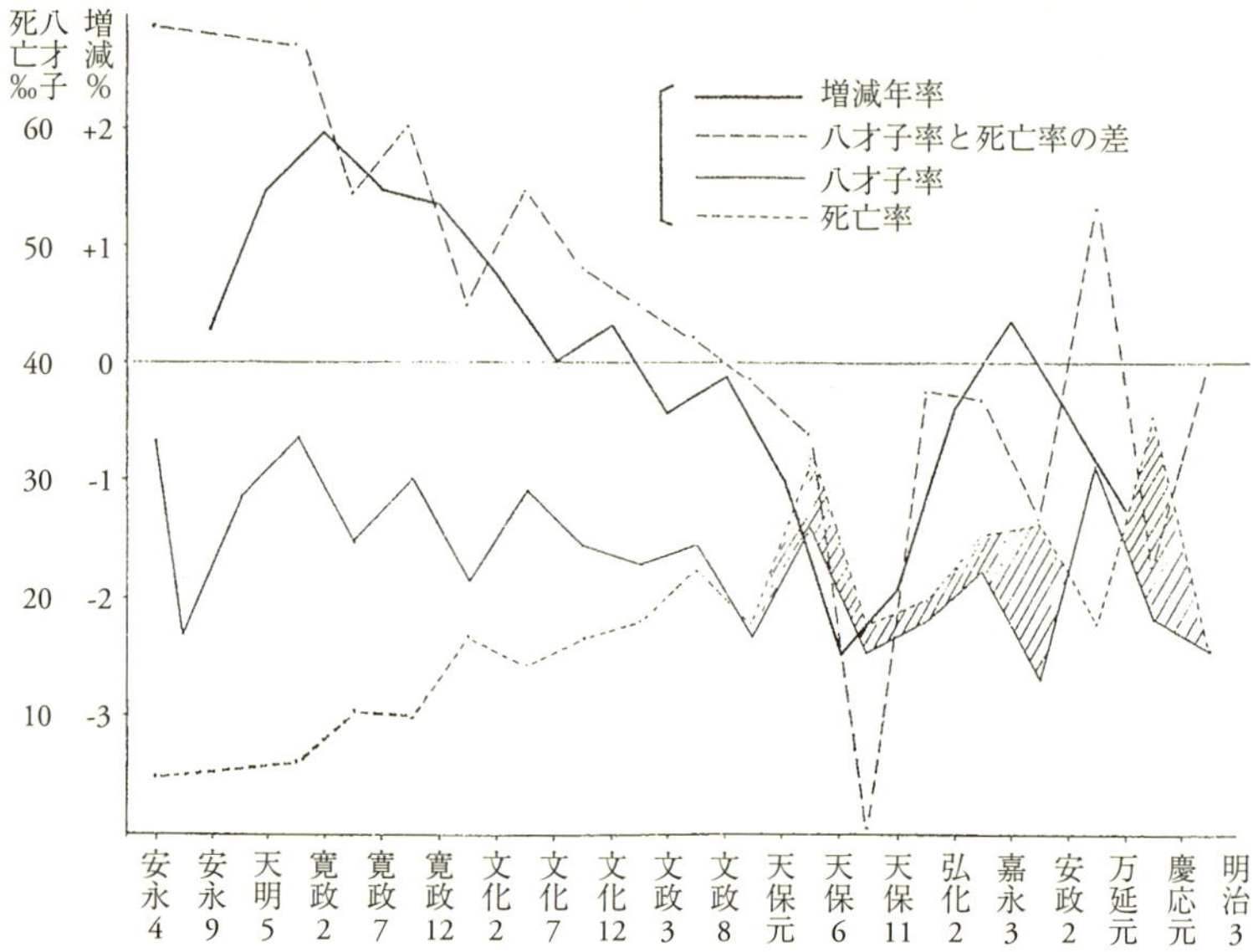

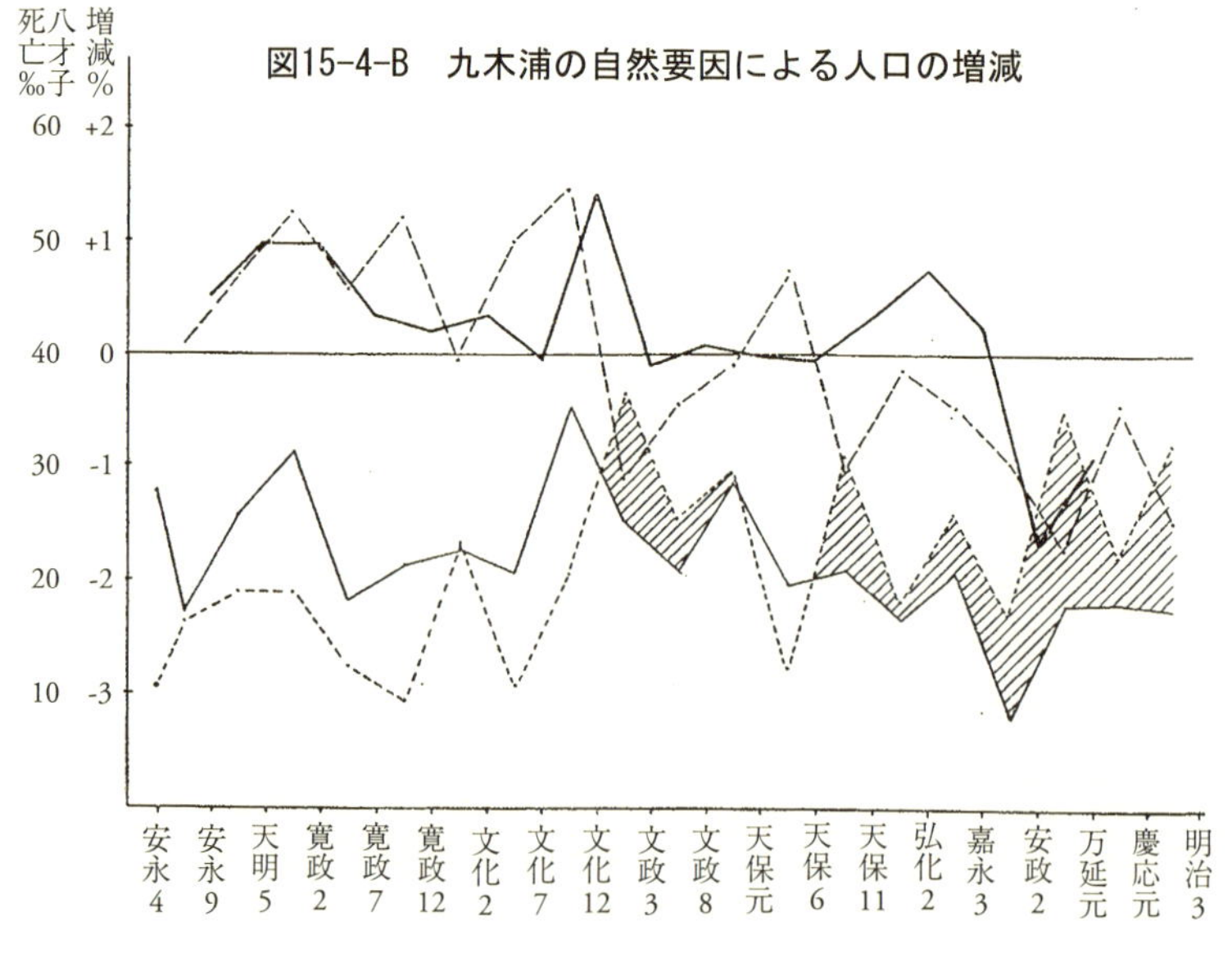

図15-4-B　九木浦の自然要因による人口の増減

図15-4-C　向井村の自然要因による人口の増減

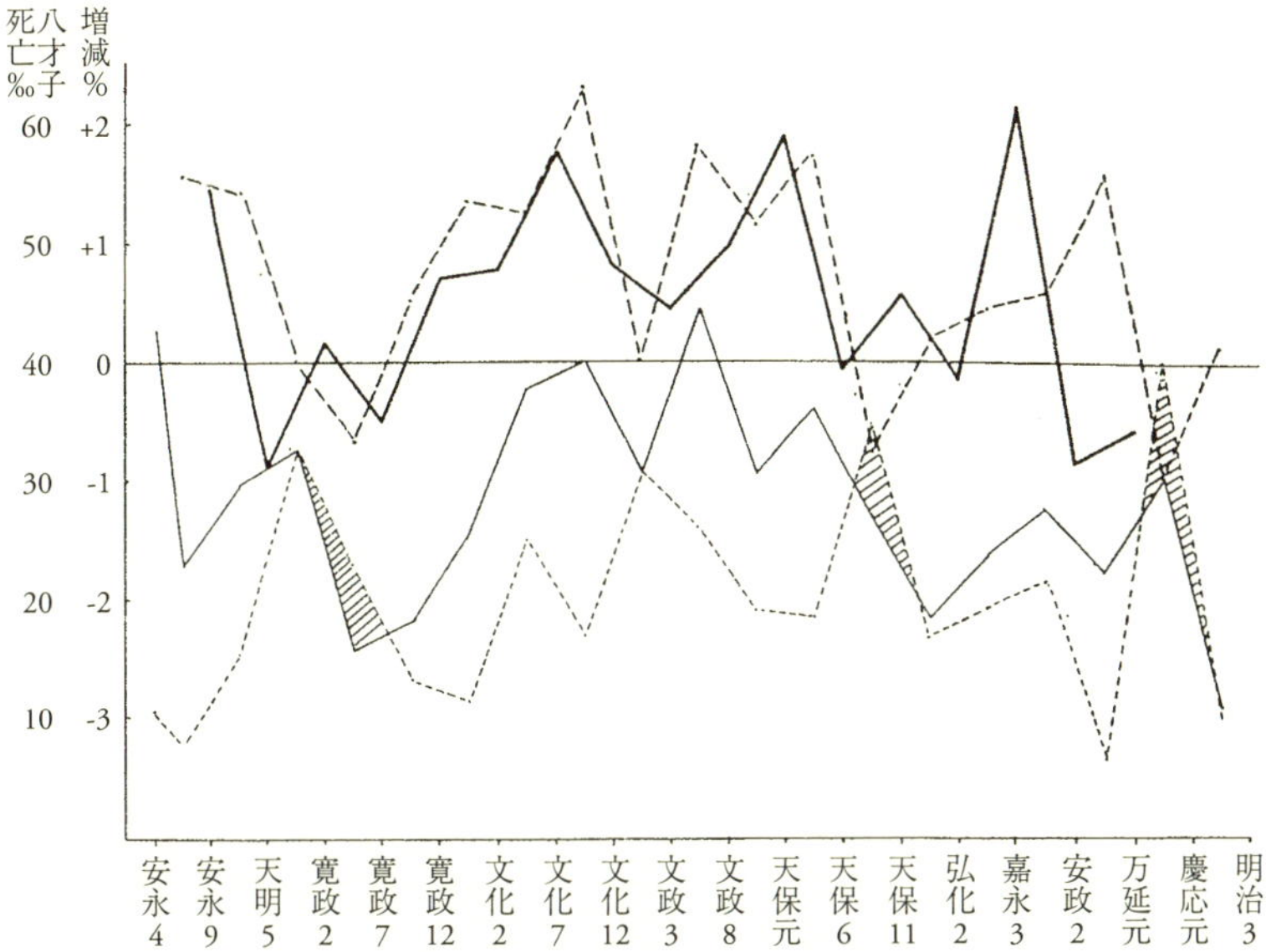

図15-4-D　矢ノ浜村の自然要因による人口の増減

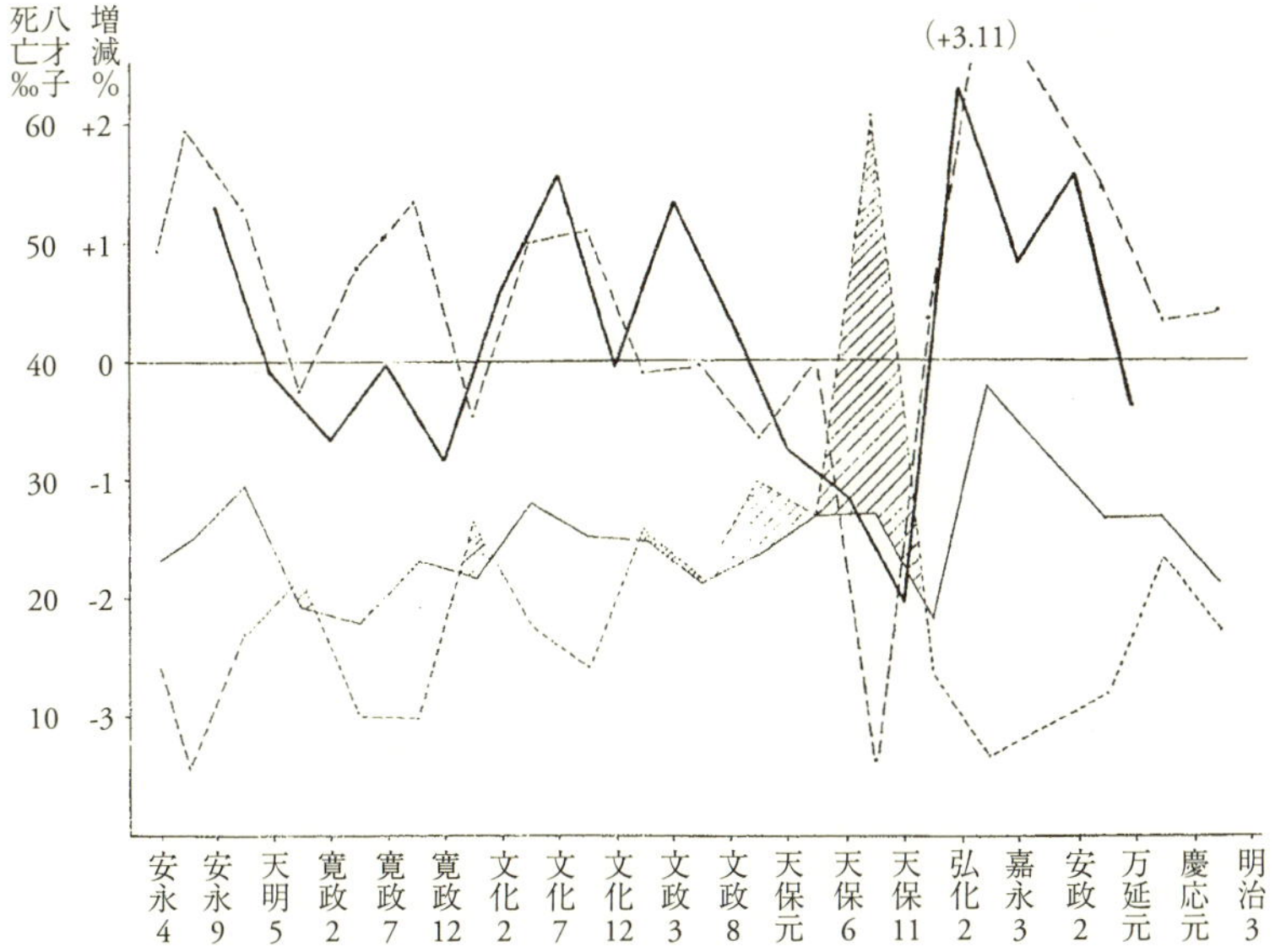

図15-4-E　尾鷲五カ在の自然要因による人口の増減

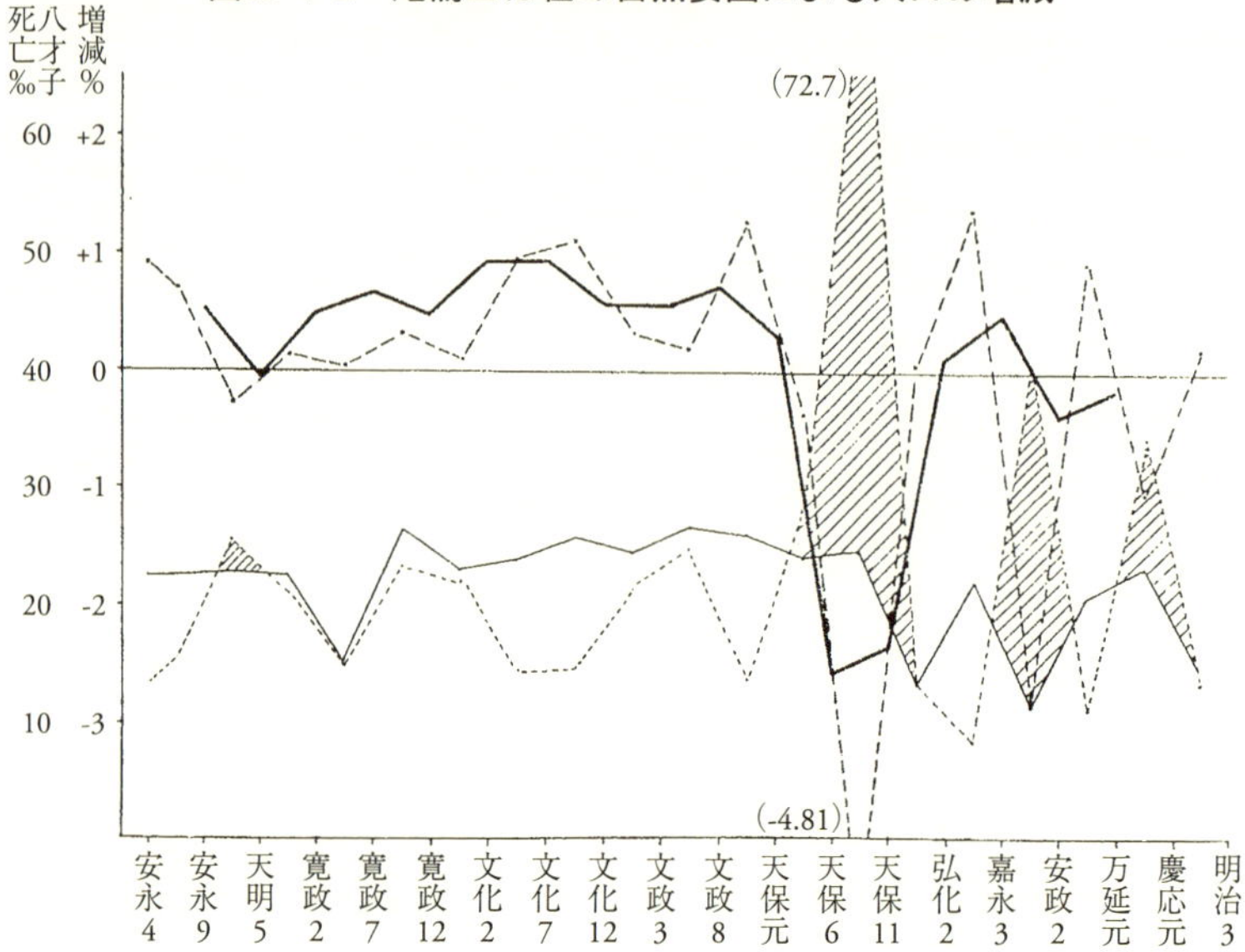

図15-4-F　須賀利浦の自然要因による人口の増減

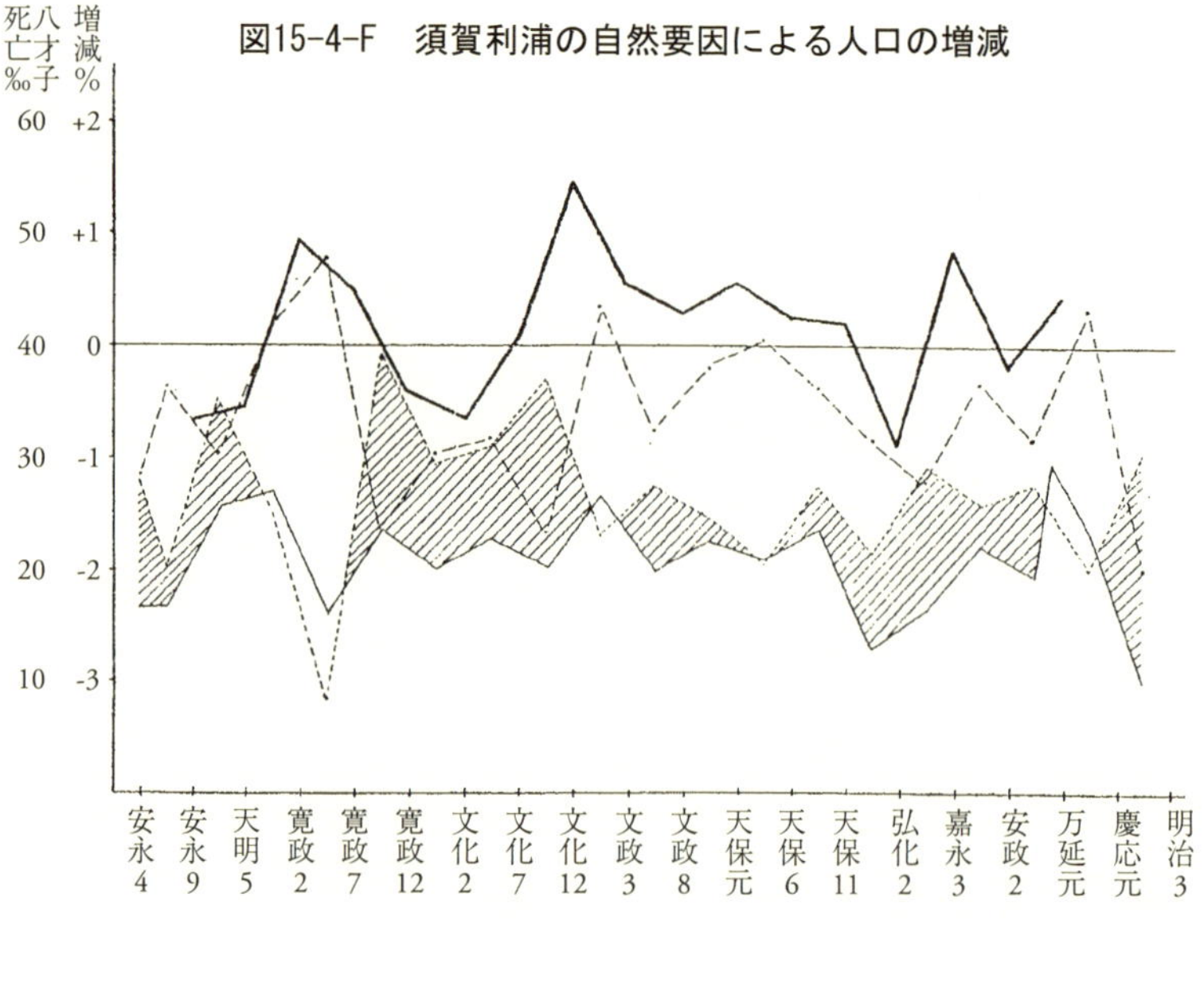

図15-5-A　尾鷲組における8歳以降の生存率（1781-1793年）

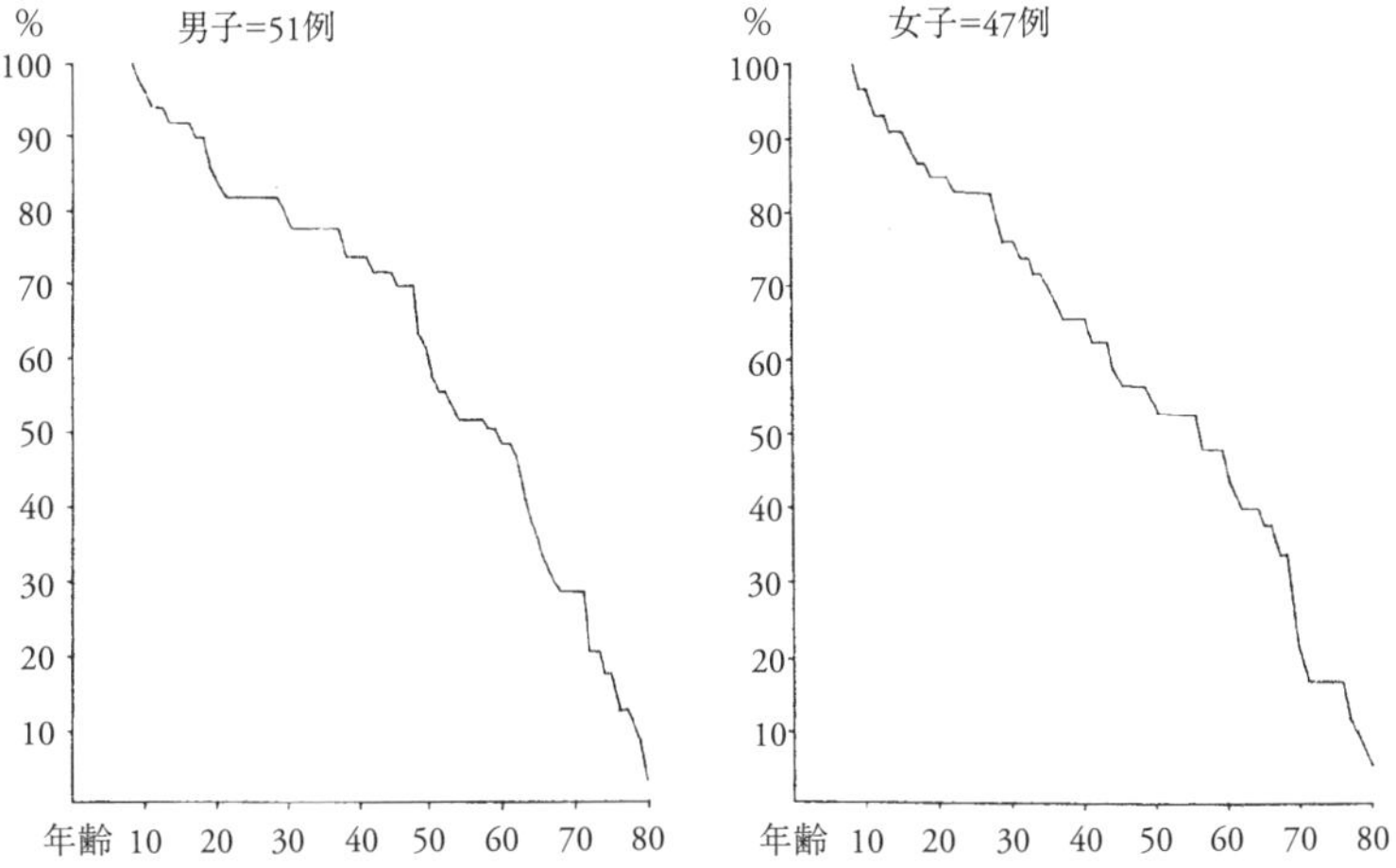

および死亡者――八才以上の――の人口に対する比率（以下、死亡率と称する）を示したのが図15―4―A・B・C・D・E・Fである。この図から、人口数の変化は、ほぼ自然増減に並行していることが明らかであろう。ほとんどの場合、自然増減率がプラスであれば、その時期の人口は増加し、逆の場合（図中斜線を引いてある部分のある場合）には減少している。特に、長期的にとらえた場合、相関度は極めて高い。ところが、ここにも例外が一つみられる。それは須賀利浦で、自然増減は大体マイナスが連続しながら、総人口は減ってはいない。これがもし現実を正しく示しているとすると、この村には不断に人口の流入があったことになる。前章で指摘したことだが、この村は、極めて「人口吸引力の強い村」と言える。[14] この表現は決して間違っていたわけではないが、図15―4―A・B・C・D・E・Fにみるごとく、この村では八才子率は他村に比べて差はないにかかわらず、死亡率の水準が比較的高いことに気づく。何がこのような特殊性をもたらしたか、ここでは明らかにしえないが、この特殊性が人口維持には流入を必要としたのであろう。

図15-5-B　尾鷲五カ在における8歳以降の生存率（1870-1871年）

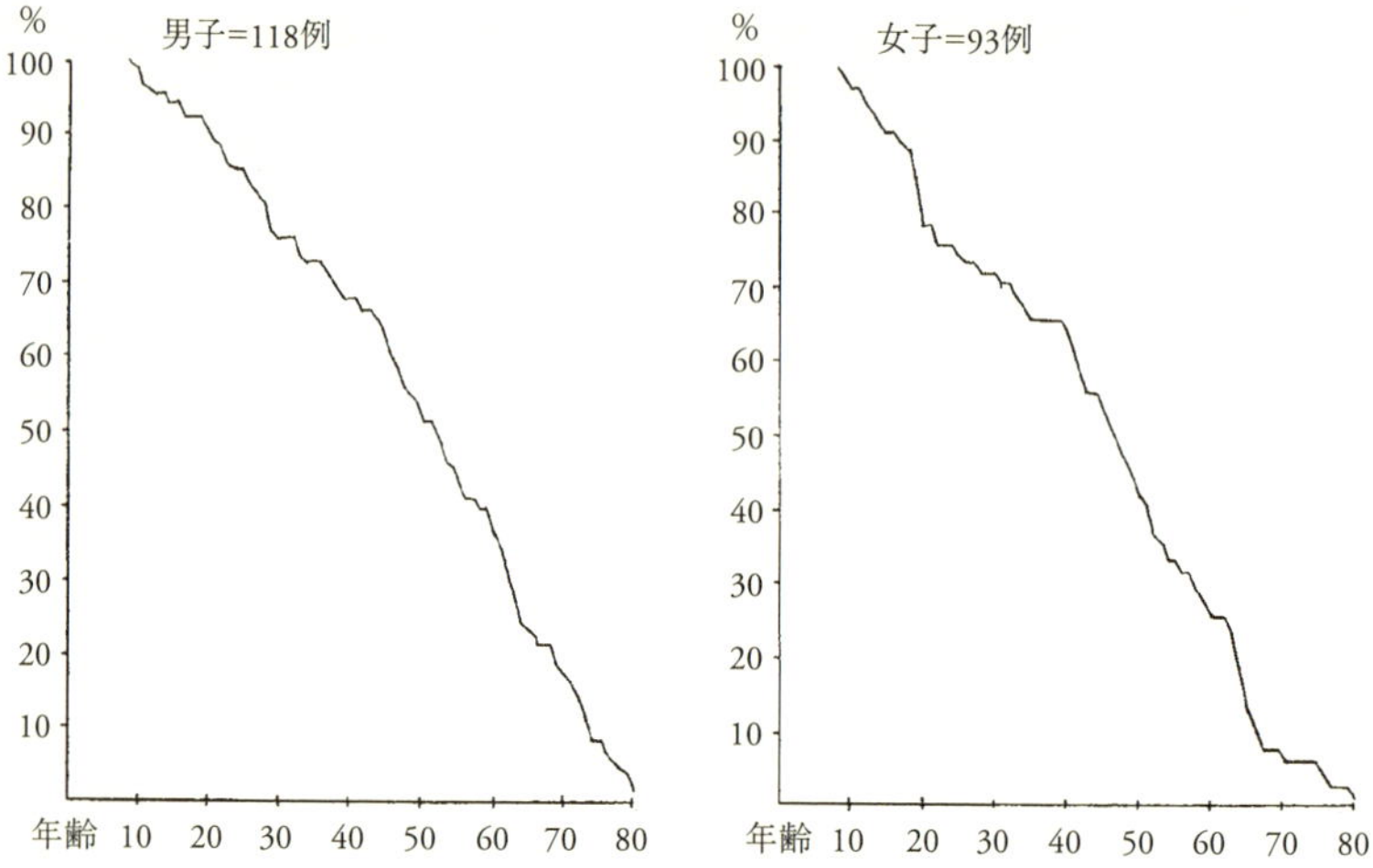

図15-5-C　尾鷲組(尾鷲五カ在を除く)における8歳以降の生存率（1870-1871年）

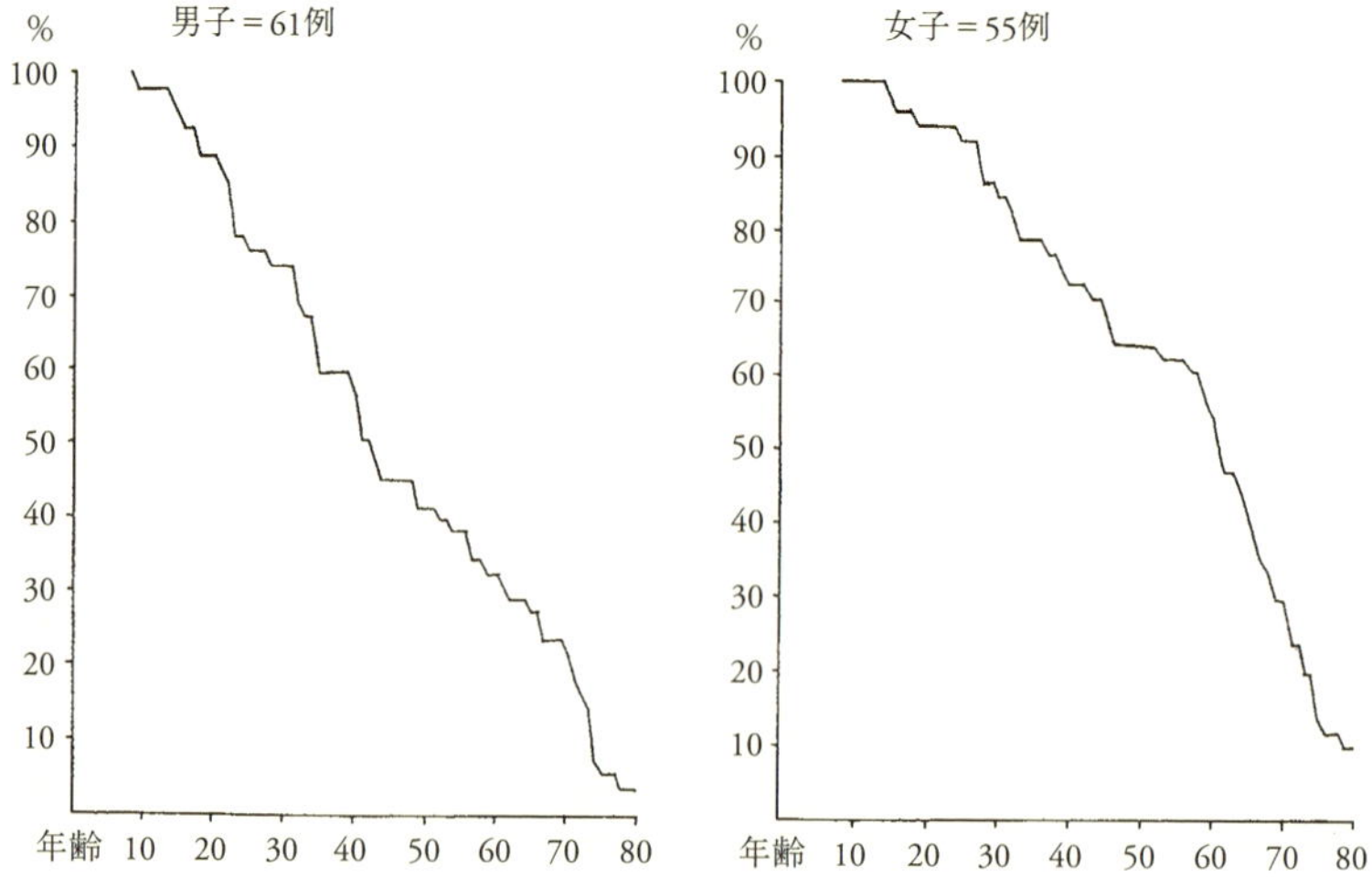

他の村の状態をみると、早田浦では死亡率が次第に上昇し、天保年間以降は八才子率を上廻ってしまう。先に述べた総人口の推移のパターンを裏付けているのである。九木浦にも、ややはっきりしないが、同様の傾向がみられ、前半と後半では、八才子と死亡率の高低が逆転している。このように、浦方では、長期的にみて幕末に近づくにつれて死亡率が上昇するという傾向が現われていることは注目に値する現象である。

尾鷲五ヵ在の場合、幕末三〇年間の人口停滞は、八才子率の低さから説明できそうである。これは出生率低下、幼児死亡率の上昇のいずれによってももたらされる。また、天保の大量死亡が影響しているのかもしれない。いずれにしても、浦方の場合とは異なっている。

このように、人口変化のパターンを決定する長期的要因も決して一様ではない。いずれにしても、死亡率と八才子率が同時に反方向に向って動く時、あるいはいずれか一方が長期にわたって両者のバランスを崩す時、人口趨勢に変化が生ずると言ってよい。

短期的変動

次に、天保八―九（一八三七―一八三八）年の大減少をとりあげてみたい。この時期には、西日本の各地で人口は急激に減少した。例えば天保六（一八三五）年と九（一八三八）年を比較して、大坂では一〇・八％、兵庫では五・五％、西宮では七・七％の減少がみられ[15]、飛驒高山でも人口の八・五％が天保八（一八三七）年に死亡した[16]。このような大量の死亡は、おそらく各方面に大きな影響を与えたと考えられる。しかるに、広域にわたる大量死亡自身、これがわが国の史上最後のものであるにもかかわらず、社会経済史家はほとんど触れていない。特に都市部の被害が大きかったようで、これは流行病が都市では一段と猛威を振ったからであろう。

尾鷲組における状況をみると**表15―8**のごとくである。死者の数は、全域で一二一〇人に達し、これは全人口の一割六分以上に達する。平常年は、およそ死亡率二〇‰、この時期の人口規模ではおよそ一五〇人程度とみられるから、平常年の実に八倍もの死亡があったことになる。しかし、これもまた一様ではなく、天満浦や須賀利浦のように被害の比較的軽いところもあったし、尾鷲五カ在のごとく、二割以上の死者を出したところもある。増減書上帳には、この年の死亡についてかその原因が記されている。近代医学の発達以前の知識に基づくものであるが、**表15―9**にその一覧を示しておいた。明らかに流行病と思われる急病、時疫、風病、疫病、風疫病、傷寒、温疫を合計すると死亡全体の六割近くに達している。この流行病は、高熱と下痢を伴うものであったことが想定される。病名が多岐にわたるのは、村によって呼称が異なるためである。尾鷲五カ在内でも、最も多い病名は、林浦では温疫、

表 15-9　紀伊・尾鷲組における1837(天保 8)年の死亡理由

死亡理由	男子	女子	計＊
1 急病	7	5	12
2 時疫	59	40	99
3 風病	20	12	62
4 疫病	4	4	11
5 風疫病	228	143	371
6 傷寒	73	48	121
7 温疫	28	36	64
8 食傷	9	3	12
9 痢病	7	10	17
10 肺気	5		5
11 痰症	8	8	16
12 痰積	8		8
13 労咳	8	5	13
14 疝癪	20		20
15 疝気	1		1
16 痛風	5	7	12
17 中風	10	17	27
18 老病	76	49	135
19 老死	35	31	77
20 持病			4
21 長病	10	3	13
22 痞癪	5	7	12
23 癪病	5		5
24 疾労	2	1	3
25 かん症		10	10
26 疾	6	9	15
27 水腫	3	4	7
28 血創		11	11
29 怪我	5		5
30 産後		2	2
31 血道		10	12
32 血症	5	5	10
33 不明		5	18
1～7 小計	419	288	707
合計	652	485	1210

＊大曽根・行野の死亡計 73 人については、男女別不明のため、男子数と女子数は合計に合わない場合がある。

表 15-10　紀伊・尾鷲組における全人口に対する「八才子」の比率

	人口	「八才子」	「八才子」／人口（‰）
天保 5 年	7452	266	35.7
天保 6 年	7366	190	25.8
天保 7 年	7427	162	21.8
天保 8 年	7384	175	23.7
天保 9 年	6199	138	22.3
天保10 年	6342	135	21.3
天保11 年	6144	196	31.9
天保13 年	6161	117	19.0
弘化 元年	6138	64	10.4
弘化 2 年	2549	11	4.3
弘化 3 年	5067	177	34.9
嘉永 元年	6446	166	25.8
嘉永 2 年	6494	129	19.9

南浦では傷寒、中井浦と堀北浦では風疫病、野地村では時疫となっていて、一例を除いては相互に重なっていない。しかし、おそらくこれらは同一の病であったのであろう。

ともかく、予防医学や公衆衛生の未発達、治療法の欠如が、都市的な密集住居生活を、流行病に対してほとんど無防備の状態に置いたのであった。この大量死亡は、単にその時点のみでなく、長く爪跡を残すこととなった。知りうる限り、累計した八才子率を示すと**表15－10**のごとくである。天保八（一八三七）年以後の八才子率は凹凸が激しいが、全体としてはやはり低下している。特に弘化元・二（一八四四・一八四五）年は異常に低い。この年に八才の子供は、天保八・九（一八三七・一八三八）年に出生しているから、流行病の猖獗は、出生率に大きな影響を与えたと言えそうである。平常年の半分ないし四分の一に、八才子率が二年間低下したことは、労働力の供給や、次の世代の形成へも強い影響力を持ったことは十分に考えられる。尾鷲五ヵ在の人口が明治に至るまでついに恢復せずに終るのも、少なくとも人口自身の持つ内部要因として、このことがあったからと言えないだろうか。

図15-6-A　尾鷲組における年齢別死亡率（1781-1793年）

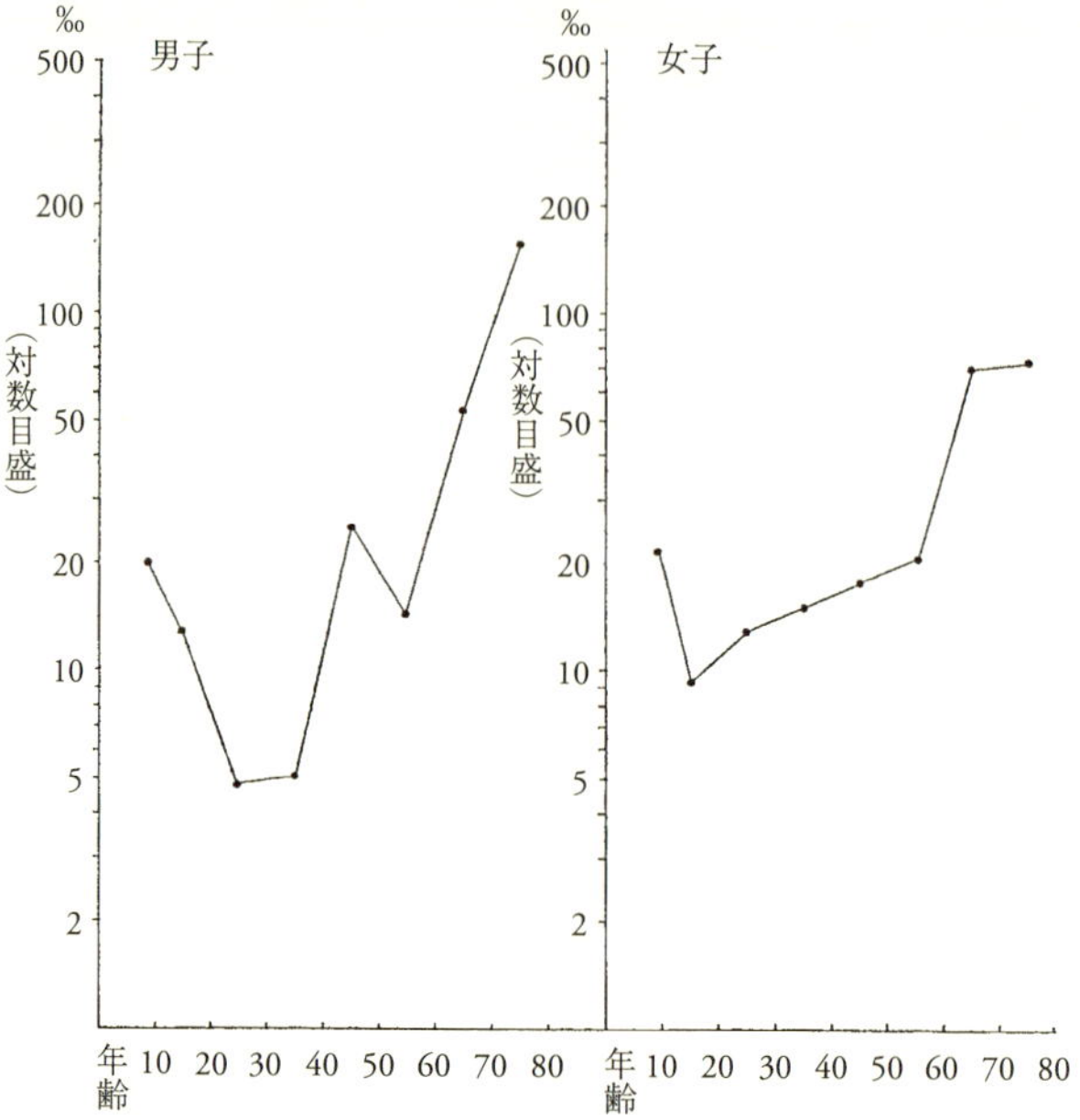

生命表

死亡年齢が判明している場合、これを統計的に処理して生命表を作成することができる。[17] 尾鷲組の増減書上帳のうちに、死亡年齢を記すものがあり、天明・寛政年間（一七八一―一八〇一）と、明治三・四（一八七〇・一八七一）年の史料から諸生命表を作成しえた。事例数は、決して十分というわけではない。天明・寛政年間では、大曽根、向井、矢ノ浜、林、野地で男五一人、女四七人。明治三・四（一八七〇・一八七一）年の史料からは大曽根・水地を除く一二カ村から男一八〇人、女一五〇人のケースを知りうる。後者は、尾鷲五カ在とそれ以外に分けて観察しよう。

図15―5―A・B・Cは、年齢別の生存率曲線である。ただし、八才時を基準にしてある。明治三、四（一八七〇・一八七一）年の資料は八才以下の死亡も記しているが、比較のため、八才を一〇〇％として取り扱った。なお二才時を基準とした場合、八才時の生存率は、尾鷲五カ在の男子で八二・二％、女子

図15-6-B　尾鷲五カ在における年齢別死亡率（1870-1871年）

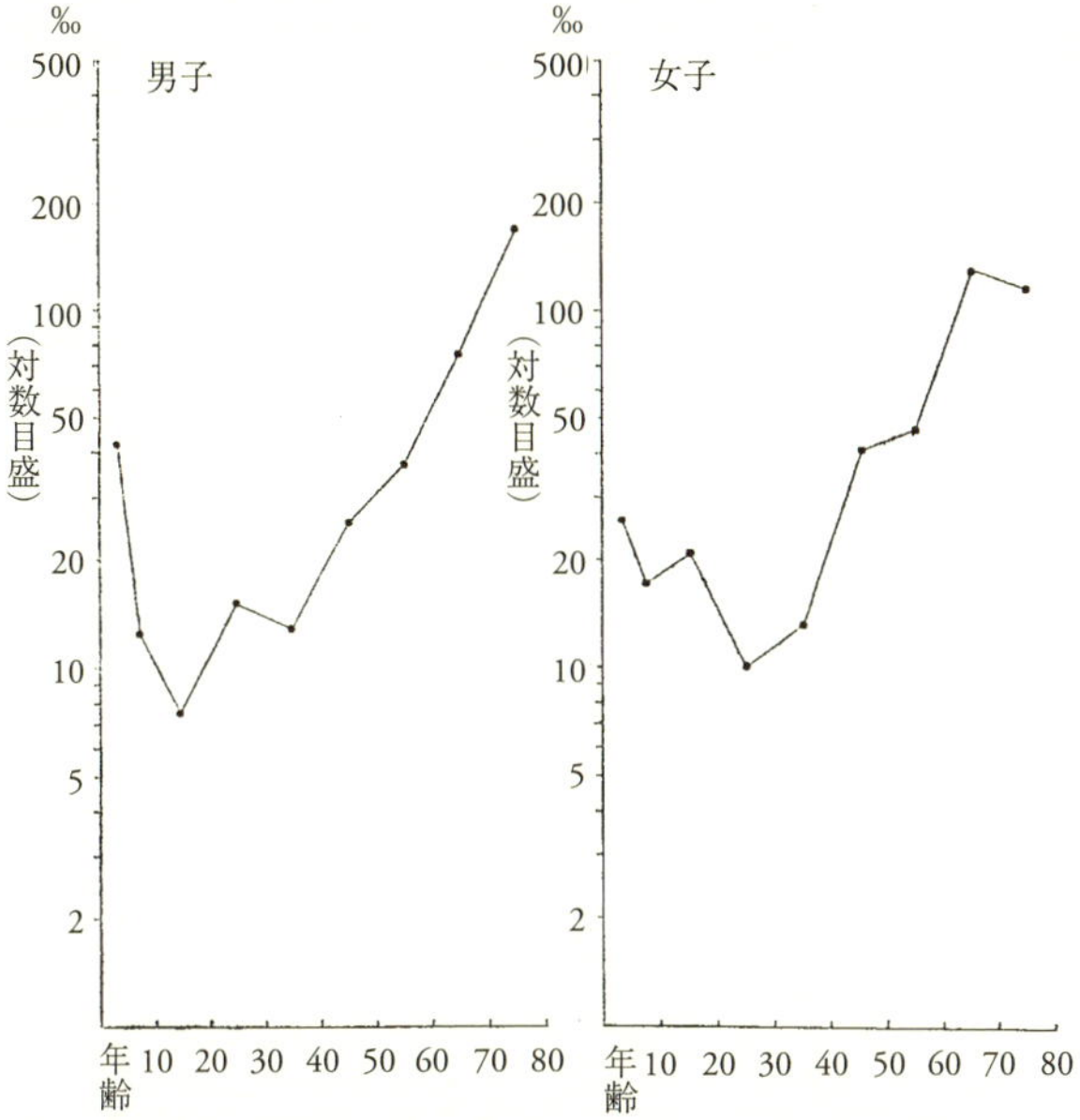

図15-6-C　尾鷲組(尾鷲五カ在を除く)における年齢別死亡率（1870-1871年）

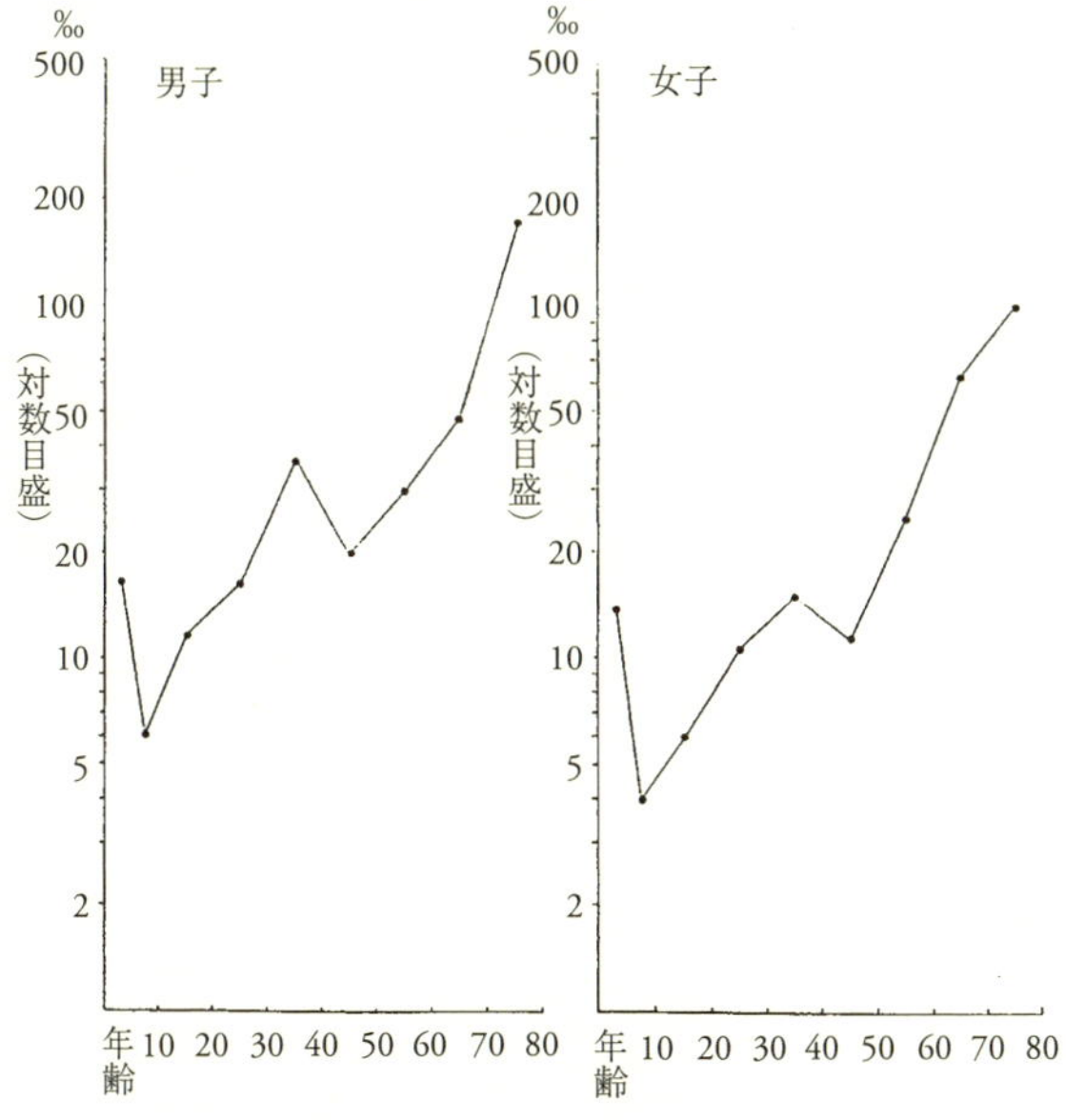

表 15-11　紀伊・尾鷲組における年齢別生存率

年齢	男子			女子		
	天明・寛政期	明治 2・3 年 (1)	明治 2・3 年 (2)	天明・寛政期	明治 2・3 年 (1)	明治 2・3 年 (2)
15 歳	92.2	94.8	94.5	91.5	91.1	98.0
30 歳	78.4	76.3	74.5	76.6	72.2	84.3
45 歳	70.6	60.8	45.5	57.4	53.2	68.6
60 歳	49.0	37.1	32.7	44.7	25.3	55.9

(注) 明治 2・3 年（1）は尾鷲五カ在。明治 2・3 年（1）は尾鷲五カ在を除く。
8 歳を基準とする。

で八四・九％、五ヵ在以外では、男子で九〇・二％、女子で九二・七％である。これは明らかに高すぎる。やはり八才以下の記載が不十分なのであろう。また、一五才、三〇才、四五才、六〇才時における生存率を表示したのが表15―11である。これらの図表から、尾鷲五ヵ在の明治二・三（一八六九・一八七〇）年期の方が、各年齢層にわたって天明寛政期（一七八一―一八〇一）より生存率が低くなっていることが明らかに分かる。

一〇才きざみの年齢階層別の死亡率は図15―6―A・B・Cに示した。これによっても、各年齢層にわたって明治初年の尾鷲五ヵ在の人口内容が悪化していたことを知り得る。特に男子の二〇才・三〇才台の死亡率が、天明・寛政期（一七八一―一八〇一）の三倍近くに達していることが注目される。

最後に、年齢別の平均余命を表15―12に示した。ここでも明治初年の尾鷲五ヵ在の状態が著しく低くなっていることが判る。

結　論

本稿は、尾鷲組の人口史研究における一種の中間報告であり、早急に断定的な結論を導き出すべきものとは思わないが、今までの観測を通じてだけでも、文献的史料のみでは見出しえないような多くの収獲をえたように思う。たとえば、幕末尾鷲五ヵ在の人口内容が非常に悪化していたことは、当然、住民が生

表 15-12　紀伊・尾鷲組における年齢別平均余命

年齢	男子			女子		
	天明・寛政期	明治 2・3 年 (1)	明治 2・3 年 (2)	天明・寛政期	明治 2・3 年 (1)	明治 2・3 年 (2)
2 歳	—	38.5	39.4	—	35.5	49.5
5 歳	—	39.4	38.4	—	36.3	49.3
8 歳	44.6	40.4	37.4	42.2	35.4	47.3
15 歳	41.2	35.5	32.3	39.0	31.6	41.1
30 歳	32.4	27.3	24.5	30.2	23.6	31.3
45 歳	19.9	17.2	20.9	22.8	14	21.9
60 歳	11.1	8.9	10.9	11.7	7.5	10.4
最長時年齢	—	6 歳	3 歳	—	4 歳	3 歳
同上余命	—	41.6 歳	39.7歳	—	36.8歳	50.4歳
余命の方が短くなる年齢(歳)	31 歳	27 歳	27 歳	31 歳	27 歳	31 歳

(注) 明治 2・3 年 (1) は尾鷲五カ在。明治 2・3 年 (2) は尾鷲五ケ在を除く。

活水準の低下に直面していたことを物語っている。もちろんそれが何によってもたらされたのかについては直接知ることはできないが、少なくとも漁業不振という事実も摑みえたし、人口内の要因も指摘しえた。人口現象に関しては、未だ観察されるべきたくさんの事項が残されている。性比、年齢構造、有配偶率といった通常の分析もここでは取り扱わなかった。これらは、いずれこの地方の宗門改帳を分析する過程で触れるであろう。また移動に関しても、増減出入帳は多くのことを知らせてくれるだろう。史料渉猟の範囲を拡大すれば、飢饉や流行病に関する豊富な材料もある。これらの分析は、次の機会に譲って、ひとまず筆を擱きたい。

注

(1) 三重県尾鷲市市立図書館編『尾鷲大庄屋記録目録』(謄写刷)によりその全貌を知ることができる。

(2) 長年にわたって資料の利用を認めて下さった尾鷲市公民館、特に伊藤良氏に感謝したい。本稿で引用した史料は特記するものの他、同公民館所蔵の大庄屋文書である。

(3) 本稿の作成にあたっては、資料整理、統計化に協力された研究グループのメンバー、安元稔、穐本洋哉、三宅昱子、松田瑞恵および特に内田宣子の諸員に負うところが多い。また筆者は資料整理に当って妻の博子からしばしば助力をえた。この種の研究は、これらの方々との共同作業なくしては成立しえなかったことを記しておきたい。

（4）速水融「近世初期の検地と本百姓身分の形成——慶長六年紀州検地帳の研究」『三田学会雑誌』第四九巻第二号、一九五六年所収をみよ。

（5）尾鷲市行野浦区有文書。

（6）慶長検地帳は、須賀利浦のものを除いてすべて徳川林政史研究所所蔵。須賀利浦検地帳は、尾鷲市須賀利浦区有文書（元禄一一年の写本）。

（7）寛政五（一七九三）年、尾鷲組大差出帳、尾鷲組大庄屋文書。明治二（一八六九）年、尾鷲組大差出帳、徳川林政史研究所文書。

（8）尾鷲組におけるこの時期の戸籍帳については、拙稿「宗門改帳より壬申戸籍へ」『三田学会雑誌』第四七巻第一二号、一九五四年・第四八巻第九号、一九五五年所収参照（本書第18章）。

（9）速水融「大山林地主の形成過程——紀州尾鷲における」に土地所有との関係を分析しておいた。速水融『日本経済史への視角』東洋経済新報社、一九六八年所収。

（10）須賀利浦の増減書上帳を紹介した、速水融「近世における一漁村の人口動態——紀伊国牟婁郡須賀利浦」『三田学会雑誌』第四六巻第一二号、一九五三年所収参照（本書第14章）。

（11）水地浦の窮乏については、尾鷲湾の入会漁業をめぐる紛争にもからんでくる。速水融「近世における漁村の移住と漁場の利用、支配の関係について」『三田学会雑誌』第四六巻第七号、一九五三年参照。

（12）須賀利浦のケースについては、速水融「近世における一漁村の人口動態」（本書第14章）でも触れておいたが、文化・文政期から始まったこの村の鮪網漁業が人口維持に関連があったように考えられる。

（13）尾鷲地方の林業については、速水融「大山林地主の形成過程」をみよ。

（14）速水融「近世における一漁村の人口動態」（本書第14章）。

（15）西山松之助「大阪・兵庫・西宮・塩飽嶋人口統計表」『歴史学研究』一五七号、一九五二年所収による。

（16）佐々木陽一郎（報告）「徳川時代における一都市人口の研究——飛驒国高山の場合」社会経済史学会第二七回大会報告（一九六八年）。

（17）小林和正氏は「江戸時代農村住民の生命表」『人口問題研究』六五号、一九五六年所収でこのような試みを開拓された。

第16章　近世屋久島の人口構造

――島内における家族形態の相違――

史料

享保一一（一七二六）年、大隅国屋久島および口之永良部島の「御検地名寄帳」または「御検地竿次帳」(1)の紹介と、この史料にみる人口・家族史的諸指標の検出が本稿の主要目的である。この史料は、表題から推察されるように、検地帳となっているが、同時に人別改帳を兼ねており、徳川中期に作成された史料としては、独特なものと言うことができる。次にその書式を示しておこう。(2)

（表紙）「享保十一年九月廿日　隅州馭謨郡屋久嶋一湊村御検地名寄帳」
（前略）
下屋敷　五間 十間　壱畝廿歩　大つ五升　名頭 孝右衛門
一当四拾五歳　名頭 孝右衛門　一同三拾八歳　妻
一同拾九歳　女子 よね　一同拾七歳　子 長次郎
一当拾五歳　名頭女子 かめ　一同拾壱歳　同子 長十郎
一同五歳　同女子 けさ　一同七拾六歳　同親 六右衛門
一同七拾四歳　妻

川そへ
中　田　十間十間　三畝拾歩　籾壱表　十郎兵衛

川そへ
下　田　六間十四間　弐畝廿四歩　籾弐斗三升　吉十郎

（後略）

右にみるごとく、検地帳に記載される屋敷地の箇所に、その屋敷地に住むとみられる家族の人別改を書いている。このように、土地と農民を一帳にまとめて記す史料は、初期の検地帳にみられる以外に[3]、絶えてなかったことである。この時期にこのような史料が作成された背景として、鹿児島藩における領地支配の特殊性が、当然、考えられるのであるが、具体的な関係についてはここでは触れえない。また、屋久島以外の同種の史料についても知りえない。

この史料に関する限り、およそ一木たりとも、貢租賦課の対象となりうるものはすべて調査し、石高に算入していることが判る。たとえば、桑、柿、唐竹等の樹木、唐芋地等はそれぞれの率で石高に結ばれ、また、漁船、商船、網等も調査の対象となっている。しばしば言われるごとく、農民を商品貨幣経済から遮断し、それを藩の独占という形で吸収した鹿児島藩権力の基調がここにも反映されているのである。

しかし本稿では、このような問題、あるいはまた、この史料の検地帳としての側面の分析は避け、人別改の部分に考察の焦点を合わせることにしたい。

近世の屋久島および口之永良部島については、まとまった業績は決して多いとは言えず、ただわずかに、三橋時雄氏の土地制度および農法に関するもの[4]、喜多村俊夫氏の林産に関するもの[5]を数える程度である。

屋久杉の名で宣伝される林産物が年貢として現物納され、藩はそれと引換に米を島民に与えたと言われている。したがって、おそらくは、この島では農産物の自給はできなかったものと思われる。**表16―1**にみるごとく、若干の村には、漁船や網の存在は認められるから、漁業ももちろん行われていた。しかし、島外への移出産業として確立していたか否かについては詳かにしえない。

さて、**表16―1**は、利用した一八ヵ村の検地竿次帳の村ごとの集計数を示したものである。史料は屋久島の全域をカヴァーしているわけではなく、奉行駐在地の宮之浦および東北部が欠けているが、石高にして、全島一五六九石（口之永良部島を含む）のうち、一三六〇石余、約八七％分の土地をカヴァーしている。

ところで、この検地帳から、各村の高を算出する際、注目すべき操作が行われていることに気づく。第一に、検地を受けた土地のうち、田が籾の高で、畑および屋敷地は大豆の高で換算されているが、これが合算されている。たとえば栗生村は、籾高二二二俵七升、大豆高五九俵六升六合、後述する上木籾一俵一升である（一俵＝三斗五升）。これがストレートに合算され、二八二俵一斗四升六合となる。さらに、この合算された高を、〇・九六で除した数値が、すなわち、栗生村の場合で言えば、一〇七石六六九七九が、この村の高となっているのである。籾と大豆が合算されるというケースは、筆者がかって発表した紀伊国慶長検地帳においてもみられたことであるが[6]、享保期（一七一六―一七三六）の検地においてもなおこのような算定がなされている事例は、おそらく他にはあるまい。さらに検地の結果、打ち出された石高を〇・九六で除すのは（あるいはその逆数を乗ずるのは）、一体何を意味するのだろうか。検地洩れの土地を見込んだ結果なのだろうか。

さて、検地の結果、高に組み込まれる上木籾とは、桑、柿、茶という作物、および唐芋地である。船や網は調査対象となっているが、高には結ばれていない。牛馬も同様である。

表 16-1　屋久島各地域における船数・網数①

村名	高	耕地面積（田）	耕地面積（畑）	屋敷地	石高（籾）	石高（大豆）	石高（上木籾）
長田	700.52442 石	2917-10 畝 - 歩	306-16 畝 - 歩	442-9 畝 - 歩	1834-3.3 俵 - 斗	81-1.83 俵 - 斗	4-3.414 俵 - 斗
吉田	89.49667	418-5	84-20	53-15	299-0.8	15-1.74	0-2.628
一湊	411.775	164-3	578-6	188-25	64-3.0	49-1.54	0-1.00
志戸子	26.6	132-10	123-16	74-28	57-0.5	15-1.96	0-0.90
船行	85.35521		184-23	36-17		15-1.33	—
安房			436-10	147-23		36-1.5	0-0.30
黒石野			142-24	16-12		11-0.77	—
麦生			352-3	49-3		27-1.73	0-0.40
原			84-29	65-26		18-0.57	0-0.30
尾間		197-12	247-3	60-28	98-0.5	23-0.36	0-0.50
小島	8.51146	29-22	25-24	19-6	17-1.8	5-2.51	0-0.40
恋泊	8.19896	59-28	5-8	10-0	20-1.2	2-0.31	0-0.20
椎野	10.52917	62-8	4-19	13-26	26-2.6	2-0.48	—
平内	28.15833	114-19	347-7	68-12	48-0.1	28-2.42	0-1.80
湯泊	54.8778	210-5	166-4	34-18	136-0.7	13-0.41	0-1.40
中間	10.18021	34-4	93-16	24-20	17-3.2	9-2.93	0-0.60
栗生	107.66979	360-9	385-12	182-5	222-0.7	59-0.66	1-0.10
屋久島合計	1175.97181	4700-15	3569-10	1489-3	2773-0.6	441-2.05	8-3.442
口之永良部	184.81458	1048-27	2804-28	171-26	306-1.5	200-0.52	0-1.20

表 16-1　屋久島各地域における船数・網数②

村名	家数	人口	牛	馬	桑	柿	茶	唐芋地	船	網	その他
長田	128	883	22	12	158本	14本	10目	2歩	2 枚帆　：9 瀬渡船：20		唐竹 56束
吉田	18	78		6	25		20	1			
一湊	45	361		5	7	2			16 反帆　：1 15 反帆　：2 瀬渡船：3 2 枚帆船：4	もち網：4	唐竹 5
志戸子	20	113		10	5	3		1			
船行	12	101		16							
安房	43	449		20	3				8 反帆　：1		
黒石野	3	27		4							
麦生	12	123		12	4				2 枚帆　：2	かつを網：2	
原	9	146		11	1	2			2 枚帆　：2	かつを網：2	
尾間	15	196		17	5				2 枚帆　：3	かつを網：3	
小島	4	35		6	4						
恋泊	2	15		3	2						
椎野	1	6									
平内	18	212		25	18				2 枚帆　：1	かつを網：1	
湯泊	14	144		11	14				2 枚帆　：2	かつを網：2	
中間	7	76		7	6				2 枚帆　：1	かつを網：1	
栗生	54	569		29	34	2			2 枚帆　：8 17 反帆　：1	かつを網：6	
屋久島合計	405	3484	22	194	286	23	30	4	17，16，15 反帆　：4 8 反帆　：1 2 枚帆　：32 瀬渡船：23	もち網：4 かつお網：17	唐竹 61
口之永良部	42	419		25	12				2 枚帆　：7		

註

(1) 慶應義塾大学経済学部研究室蔵の故野村兼太郎教授収集文書。長田村（2冊）、吉田村、（同一のもの2冊あり）一湊村、志戸子村、船行・安房・黒石野・麦生・原・尾間村（6カ村合冊）、小島、恋泊・椎野・平内・湯泊村（5カ村合冊）、中間、栗生村（2カ村合冊同一のもの2冊、あり）および口之永良部島の18カ村分より成る。史料の日付は最も早い吉田村が享保11年8月5日付、最もおそいものが志戸子村の同年9月25日付である。どの帳にも、末尾に竿取その他の関係役人の名前が書かれ、「右御検地竿次帳今度就大御支配郡奉行……竿相究帳面差出候後日為見合書写渡置者也」というような奥書が享保12年閏正月9日付で書かれているところから、おそらくは、屋久島奉行の手許に保管されていた史料と考えられる。

(2) なお、本史料の書式については、近世庶民資料調査委員会編『近世庶民資料所在目録』第3輯の口絵写真、第31・32図に一部が写真版で掲げられている。

(3) 所三男「近世初期の百姓本役—役家と夫役の関係について—」（高村象平・小松芳喬編『封建制と資本制』所収）および、拙稿「近世初期の家数人数改と役家について」（経済学年報1所収）参照。

(4) 三橋時雄「屋久島・種子島に於ける土地制度と原始的農法」（経済史研究29-1所収）

(5) 喜多村俊夫「屋久島の平木」（経済史研究29-1所収）

(6) 拙稿「紀州北山地方の検地帳」（三田学会雑誌51-3所収）参照。

史料の信憑度

さて、本論とでも言うべき人口構成の考察に入ろう。この種の史料に記載された内容が、どの程度信憑性を持っているかについては、常に疑問の出るところである。人別帳類の記載が、いつも正確であったというわけにはもちろんいかない。しかし、筆者がかって述べたところであるが、徳川時代の人別帳は、他の史料、たとえば年貢関係の史料に比べれば、まだしも現実に近い記述をしているものと考えられる。もちろん制度上、あるいは技術的にも、欠陥はあったが、人口の多寡が、農民の負担に直接影響することは少かったということは、少なくとも人口の調査者、報告者の意識的偽造の必要を最少にしたと言うべきであろう。しかし、だからといって、人別帳類に無制限の信頼をおくことは慎まなければならない。特に、本稿で対象とする史料のごとく、前後と比較することのできない単独のものである場合には、なおさらそうである。

そこで、この史料を検討する際にも、疑問となった点を指摘しておく必要があろう。最も大きな問題は、一つの家の単位についてである。この史料は、元来は検地帳として作成されたものであり、屋敷地のところにそこに住むと思われる住民を記載している。これが一つの家族を構成するものなのか、そうでないのかについては、何も証拠がない。筆頭に書かれている名頭とその家族については明らかであるが、続柄を何ら記さぬ者やその家族が名頭およびその家族とどういう関係にあるのかについては、実は判らないのである。それゆえ、本稿で、家数を取り扱う際には、同一の屋敷地に住む者全員を一つの単位として、すなわち一つの家族のメンバーとするという仮定の上に立っていることを留意していただきたい。また、結婚についても、史料上で妻を有する場合のみをとった。

図16-1　屋久島の年齢別人口構成（1726年）

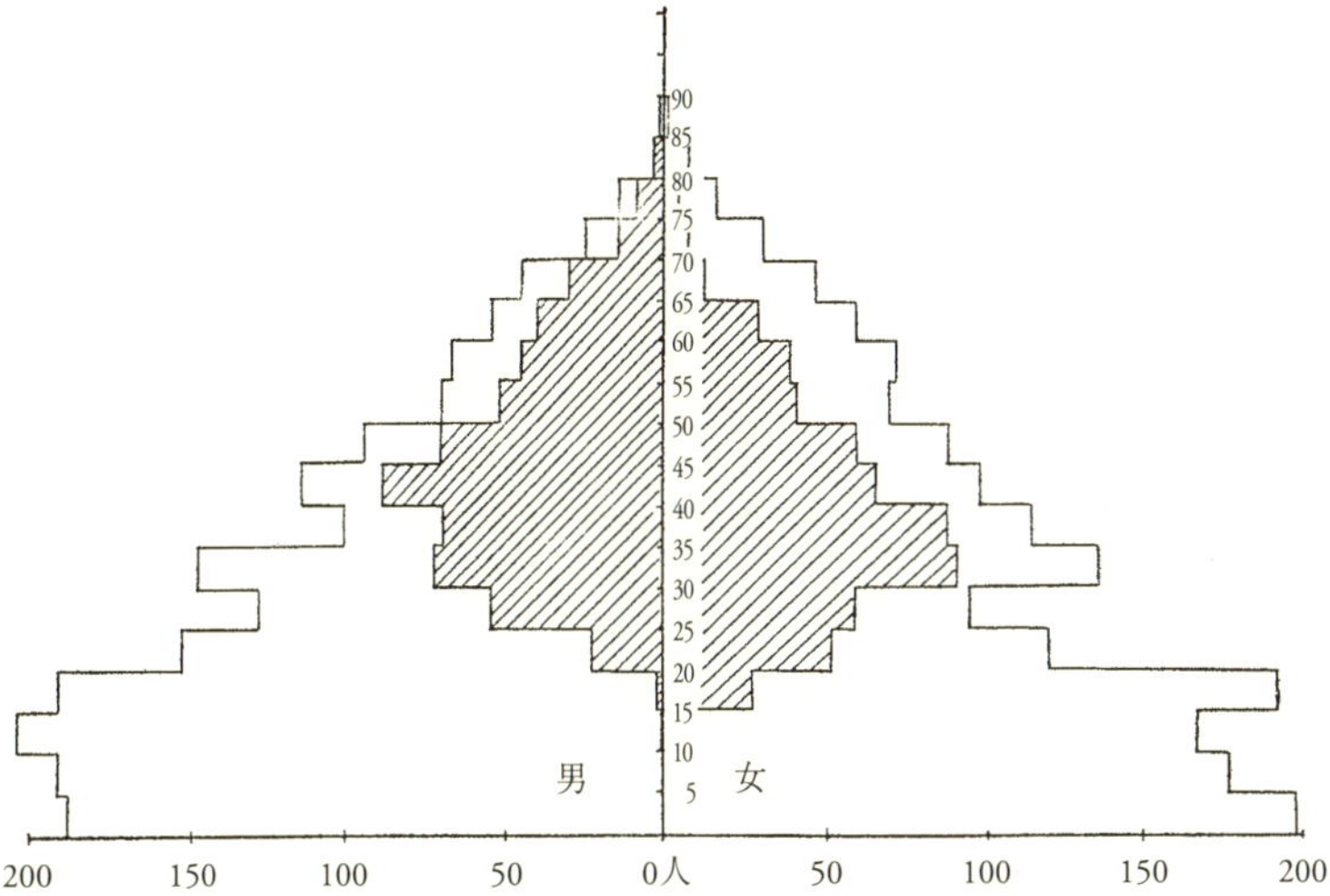

年齢別人口構成と有配偶率

図16―1には、屋久島の五歳きざみ年齢階層別構成について、その合計数のみを図示しておいた（口之永良部島を含まず）。図中斜線の部分は、各年齢階層における有配偶者の数を示す。年齢階層別分布にみられる特徴は一一―二〇歳の層が多いことで、特に、男子については一一―一五歳層が最大である。ここには、約二〇年以前（一七〇六年頃）から、出生が増加するか、または幼児死亡が減少する何らかの要因が作用し始めたとみることはできないだろうか。最低年齢層において、一歳の記載が少ない（史料が八・九月に作成されているため）ということを考慮に入れるならば、実際の分布はさらに末拡がり型になるわけである。

人口史研究において、この種のセンサス型の人別改帳から得られる重要な情報として、各年齢階層における有配偶率がある。しかし、この有配偶率の観察は、男子の場合と女子の場合とに区別して行う必要がある。なぜなら、それぞれの観察結果の有する意義が異なるからである。男子の場合には、それは独立した世帯を何歳で、どの程度持ち得るかという経済的社会的指標たり得るが、女子の場合には、どちらかといえば出産率・出生率を決定する人口学的ファクターなのである。

表16―2は、各村の男子の年齢階層別有配偶数および率を示す。個々の村について、それぞれ率を出すことは、母集団の数が少なすぎるので省いた。これをみると、まず全体として率が低いこと、そして、特に、三〇歳以下が他と比較して低いことが判る。比較のため、筆者がかって行った信濃国諏訪郡横内村の二つの時期の例⑺――二一歳―五〇歳の有配偶率が最高および最低の値を示す――と、屋久島・口之永良部島の四つのケースを図16―2で比較して示しておいた。屋久島の場合は、横内村で有配偶率が最低を示した時期よりもまだ低く、五〇％以上に到達する年齢階層が三六―四〇歳であるのに対して、口之永良部の場合には、横内村の最高の時期にほぼ匹敵する高さであることが明瞭である。この図でみる限り、少なくとも男子の結婚慣習に関する限り、屋久島と口之永良部島では顕著な相違があるということになろう。屋久島では、全般的にみると、男子の結婚年齢は、かなり高かったとみることができるのである。

北東側と南西側の違い――有配偶率と出生数

しかし、同じ屋久島のなかでも、偏差はかなり大きい。今、有配偶者が五〇人以上存在する長田・一湊・安房・栗生の四カ村をとってみると、島の北部および東部に位置する長田・一湊・安房では、いずれも二六―三〇歳の層で有配偶率が五〇％に達しているのに、南西部の栗生では三六―四〇歳でようやく五〇％に到達する。他の小村については、ケースが少なすぎるので、例外があるが、大体においては同様の傾向を看取することができる。今、仮

表 16-2　屋久島各地域の男子の年齢別構成と有配偶者①

年齢＼村名	長田		吉田		一湊		志戸子		船行		安房		黒石野		麦生		原		尾間		小島	
1 ～ 5	34		4		20		6		3		18		2		4		9		8		2	
6 ～ 10	35		5		22		5		6		21		1		4		15		11		2	
11 ～ 15	49		6		24		8		7		24		1		8		8		10		3	
16 ～ 20	49	**1**	4		24		6	**1**	7		23				8		6		14		4	
21 ～ 25	28	**8**	5	**1**	10	1	6	**3**	4	**1**	23	**6**	2		8		9	**1**	15	**1**	4	
26 ～ 30	38	**25**	4	**1**	16	8	1	**1**	2	**1**	15	**10**			4	**1**	6	**4**	7	**1**		
31 ～ 35	29	**20**	2	**2**	13	11	3	**2**	4	**2**	26	**17**	3	**1**	6		7	**4**	4	**2**		
36 ～ 40	19	**14**	1	**1**	11	11	4	**4**	5	**4**	15	**12**	2	**1**	4	**2**	3	**1**	4	**3**	1	
41 ～ 45	30	**26**	4	**2**	13	9	7	**6**	2	**2**	16	**12**	3	**1**	4	**4**	7	**6**	4	**3**		
46 ～ 50	18	**16**	3		11	7	2	**2**	5	**5**	13	**11**			4	**3**	4	**3**	10	**7**	1	**1**
51 ～ 55	25	**18**	1	**1**	5	4	1	**1**	1	**1**	13	**10**			2	**1**	1		4	**4**	2	**2**
56 ～ 60	25	**18**	1	**1**	3	3	1		2	**2**	5	**5**			1	**1**	4	**2**	3	**2**		
61 ～ 65	14	**11**	2	**1**	5	4	2	**2**	2	**1**	4	**3**			2	**1**	4	**4**	4	**4**		
66 ～ 70	9	**6**			4	3	1	**1**	1		9	**6**	1	**1**	1	**1**	1	**1**	2	**2**		
71 ～ 75	7	**4**			1				3	**1**	5	**4**			1	**1**			1	**1**	2	**2**
76 ～ 80	4	**1**			2	2	1	**1**	1	**1**					2	**2**	1					
81 ～ 85									1		1								1	**1**		
86 ～ 90							1															
91 ～ 95																						
計	413	**168**	42	**10**	184	63	55	**24**	56	**21**	231	**96**	15	**4**	63	**17**	85	**26**	102	**31**	21	**5**
有配偶率	*0.406*		*0.238*		*0.342*		*0.436*		*0.375*		*0.415*		*0.266*		*0.269*		*0.305*		*0.303*		*0.238*	
16 ～ 50	211	**110**	23	**7**	98	47	29	**19**	29	**15**	131	**68**	10	**3**	38	**10**	42	**19**	58	**17**	10	**1**
有配偶率	*0.521*		*0.304*		*0.479*		*0.655*		*0.517*		*0.519*		*0.300*		*0.263*		*0.452*		*0.293*		*0.100*	

（注）太字は有配偶者数。

表 16–2　屋久島各地域の男子の年齢別構成と有配偶者②

村名／年齢	恋泊		椎野		平内		湯泊		中間		栗生		屋久島合計		口之永良部		有配偶率	
																	屋久島	口之永良部
1 ～ 5			1		10		18		4		45		188		11			
6 ～ 10	2				10		7		4		41		191		16			
11 ～ 15	2		1		14		5		6		26		202		16			
16 ～ 20	2				18		5		2		19		191	**2**	30	**1**	*0.010*	*0.033*
21 ～ 25			1		9		8	**1**	1		20		153	**23**	28	**13**	*0.150*	*0.464*
26 ～ 30					8	**2**	7	**2**	2		18		128	**56**	12	**11**	*0.440*	*0.916*
31 ～ 35					8	**3**	9	**5**	2		32	**4**	148	**73**	14	**13**	*0.493*	*0.928*
36 ～ 40	1				2	**2**	5	**4**	2	**1**	22	**10**	101	**70**	12	**12**	*0.693*	*1.000*
41 ～ 45	2	**2**			4	**3**	1	**1**	4	**1**	17	**11**	118	**89**	15	**12**	*0.754*	*0.800*
46 ～ 50					7	**6**	1	**1**	4	**3**	11	**6**	94	**71**	17	**15**	*0.755*	*0.882*
51 ～ 55					5	**5**	2	**1**			9	**4**	71	**52**	9	**9**	*0.732*	*1.000*
56 ～ 60					4	**2**	2	**1**	2	**2**	14	**7**	67	**46**	7	**5**	*0.686*	*0.714*
61 ～ 65	1				3	**3**	4	**3**	1	**1**	6	**3**	54	**41**	10	**9**	*0.759*	*0.900*
66 ～ 70	1				1	**1**	3	**3**	2	**1**	8	**5**	44	**31**	8	**6**	*0.704*	*0.750*
71 ～ 75							1	**1**	1		4		26	**14**	3	**3**	*0.538*	*1.000*
76 ～ 80					1				1	**1**	1	**1**	14	**9**	1		*0.642*	*0.*
81 ～ 85													3	**1**	2	**1**	*0.333*	*0.500*
86 ～ 90													1					
91 ～ 95																		
計	11	**2**	3		104	**27**	78	**23**	38	**10**	293	**51**	1794	**578**	211	**110**		
有配偶率	*0.181*		—		*0.259*		*0.323*		*0.263*		*0.174*		*0.322*		*0.521*			
16 ～ 50	5	**2**	1		56	**16**	36	**14**	17	**5**	139	**31**	933	**384**	128	**77**		
有配偶率	*0.400*		—		*0.285*		*0.388*		*0.294*		*0.223*		*0.411*		*0.601*			

（注）太字は有配偶者数。

図16-2　屋久島・口之永良部島・諏訪横内村の男子年齢別有配偶率

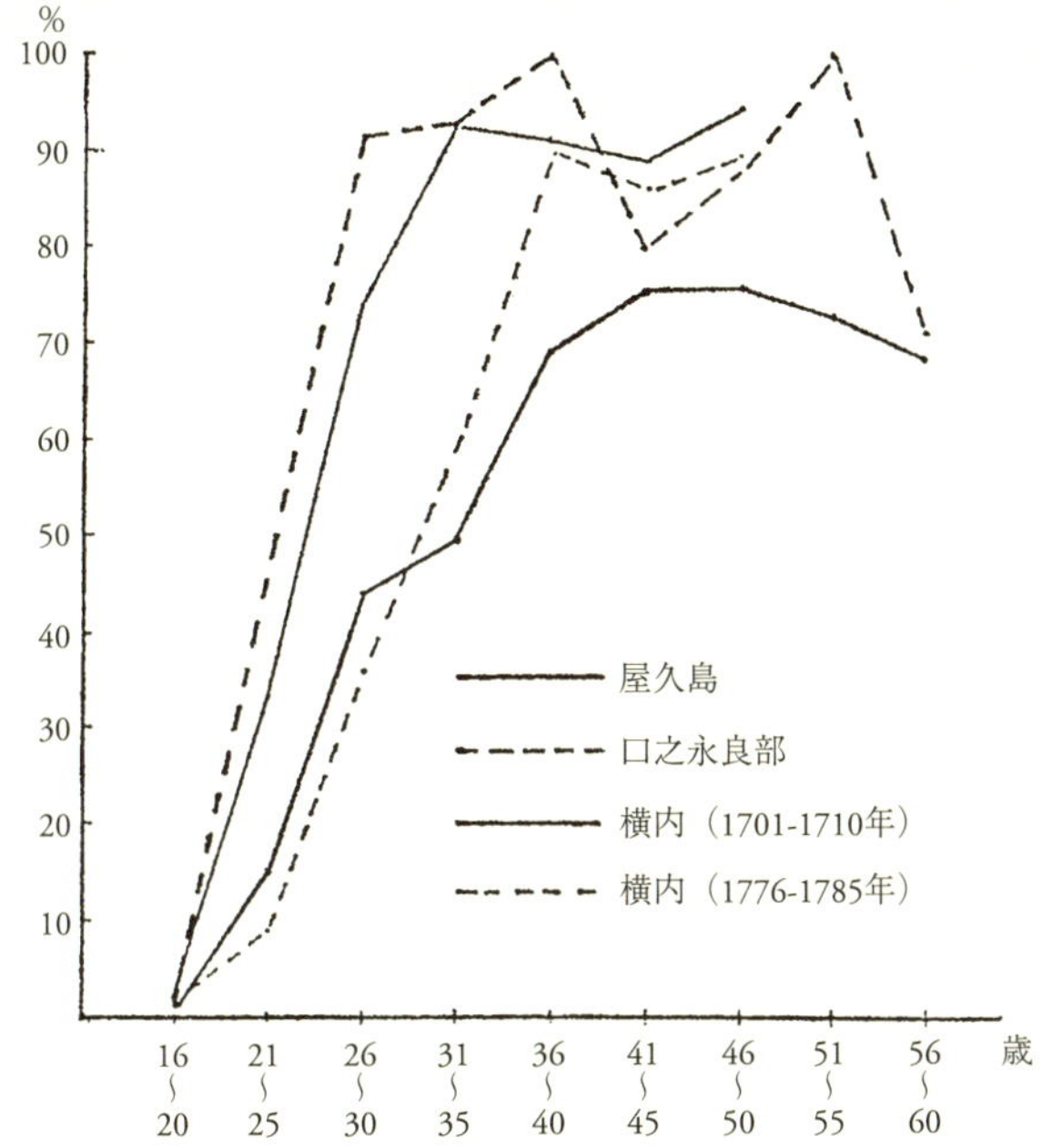

に、長田村から安房村に至る北東側六ヵ村と、黒石野村から栗生村に至る南西側一一ヵ村を集計して比較してみると**表16―3**のごとくである。これによって、北東側六ヵ村の有配偶率は、ほぼ横内村の中間の水準を示しているのに、南西側一一ヵ村の水準は、極めて低いものであることが明らかとなった。このことは、島の北東部と南西部とでは、結婚慣習に影響を与えるような社会的・経済的条件の相違がありうることを物語っている。

男子の有配偶率をもう一度分解してみよう。家族の長である名頭[8]とそれ以外に分けて、それぞれの年齢階層における有配偶率を図示したのが**図16―3**である。当然、予想されるごとく、北東部の名頭は、他に比して最も高い比率を示している。すでに二一―二五歳の階層で、その有配偶率は五〇%を上廻っている。南西部の名頭層と、北東部の非名頭層は、ほぼ同一の水準にあるが（北東部非名頭層の三一―三五歳の率が低いのは、事例数が僅少であるために生じたものとみられる）、南

表 16-3　屋久島北東部と南西部の男子有配偶率の比較

	北東側6カ村計			南西側11カ村計		
	人数	有配偶者	有配偶率	人数	有配偶者	有配偶率
16～20	113	2	0.017	78	0	—
21～25	76	20	0.263	77	3	0.038
26～30	76	46	0.605	52	10	0.192
31～35	77	54	0.701	71	19	0.267
36～40	55	46	0.836	46	24	0.521
41～45	72	57	0.791	46	32	0.695
46～50	52	41	0.788	42	30	0.714
計	521	266	0.510	412	118	0.286

西部の非名頭層において、有配偶率が五〇％を越えるのは、実に四一―四五歳の階層である。これによって、同一の年齢階層においても、名頭と非名頭との間に、結婚慣習の差があり、それに地域差が加わることによって、有配偶率が五〇％を越える年齢階層を比較してみると、北東部の名頭層と、南西部の非名頭層との間には、二〇歳の開きがあることが判明した。南西部の非名頭層においては、若年での結婚は著しく困難であった。

次に女子について同様の観察を行う。まず、**表16―4**は、女子の年齢階層別有配偶数および率である。最下欄には、出産可能期間（一六歳―五〇歳）、および通常出産力が最も高いと考えられる二一歳―四〇歳における有配偶率を示しておいた。**図16―4**は、各年齢階層における女子有配偶率に関する屋久島および口之永良部島の数値を、すでにわれわれが行った信州横内村のケースと比較してみたものである。この図表でみる限り、屋久島においては全般的にみて、女子の有配偶率はかなり低く、ことに出産力の高い年齢階層において他のいずれよりも低くなっている。横内村の二つの数字は、それぞれ人口増加率の最も高い時期と、停滞した時期のものであることに留意し、屋久島においては、出産力および死亡率に差がないとすれば、このような低い有配偶率の下では、人口の自然増加は困難であったことが想定される。しかし、男子の場合と同じく、同じ屋久島の内部でも、地域差の存在がありうるので、**図16―5**では、前記と同じ地域的区分に従って両者を比較してみた。

図16-3　屋久島各地域の男子年齢別有配偶率

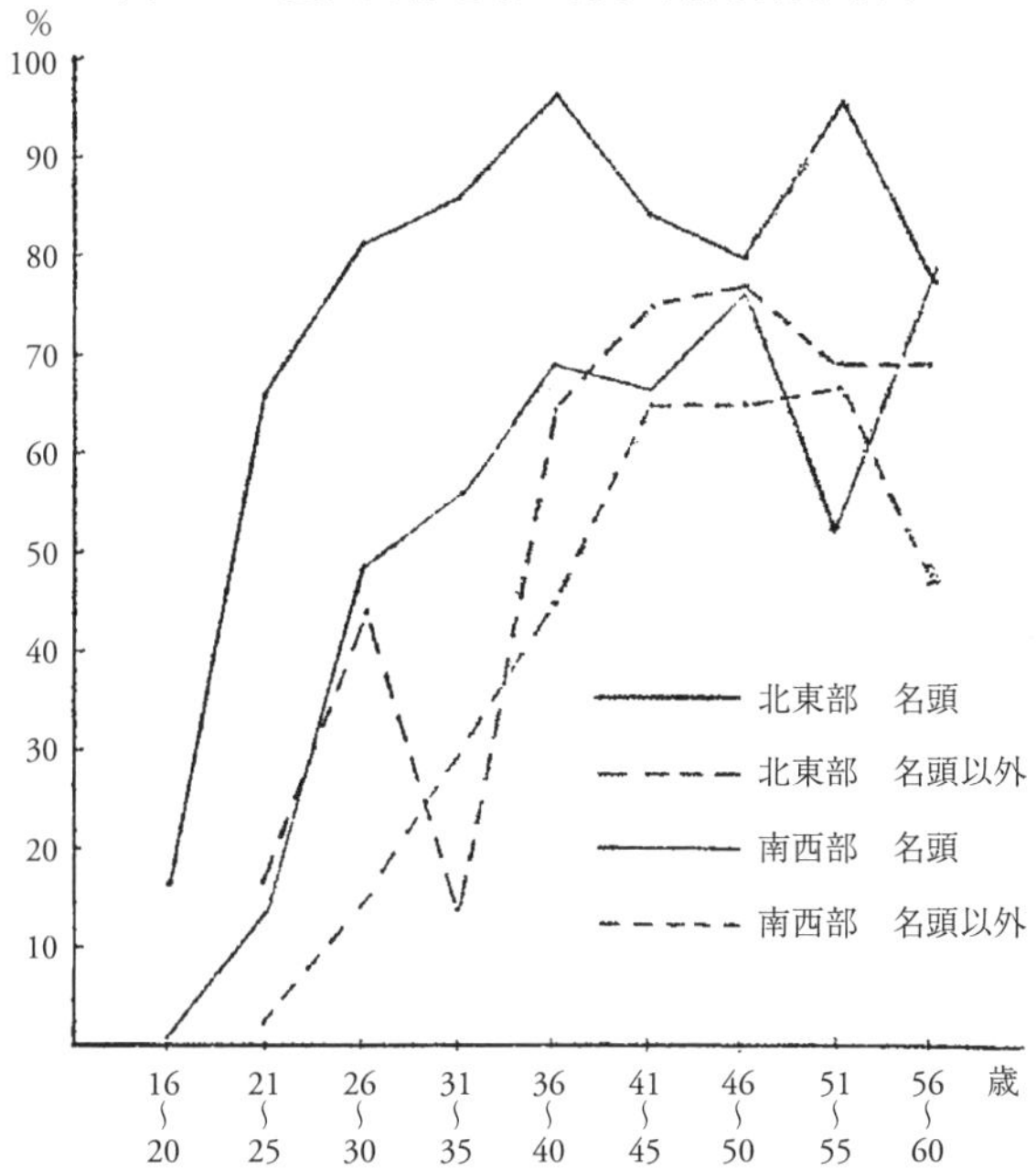

北東部の数値は、図16―4の横内村のレベルとほとんど変らないのに対し、南西部では著しく低いことが明らかである。ことに出産力の最も高い年齢階層（二一歳―四〇歳）では、北東部では有配偶率〇・七八一であるのに、南西部では〇・四二二と、両者の間に相当の懸隔があり、男子の場合と同様、南西部では若年での結婚は、女子にとっても困難であったことが窺われる。南西部においては、有配偶率が五〇％を上廻る年齢階層は、三六―四〇歳なのである。

このように、出生率に大きな影響を与える要素の一つについて、北東部と南西部でかなりの差があることは、当然、出生率にも反映されているとみられるのであるが、この史料では、直接出生率を観測することはできない。そこで、一歳―五歳の子供の総人口および一六歳―五〇歳の女子総数、同有配偶者に対する割合をみると表16―5のごとくである。この表は、一歳―五歳の子供の数は、必ずしも女子の有配偶率の高さに比例していない

表 16-4　屋久島各地域の女子の年齢別構成と有配偶者①

年齢＼村名	長田		吉田		一湊		志戸子		船行		安房		黒石野		麦生		原		尾間		小島	
1～5	44		3		21		9		7		28		1		9		6		10			
6～10	39		4		21		8		6		17		1		3		7		8		2	
11～15	41		2		20		6	1	3		20		3		4		6		12		1	
16～20	41	15	6	1	21	1	4	1	5		27	4	1		7		9	4	16	2	3	
21～25	23	15	2		16	9	3	3	2	1	22	18			7	1	3	3	3		1	
26～30	30	20	3	3	10	9	3	3	3	3	11	9	1	1	1		3	2	6	2	1	
31～35	30	24	4	3	15	13	7	6	5	4	13	11	2	2	4	1	5	4	9	4		
36～40	33	26	2	1	11	10	1	1	2	2	14	13			3	2	5	4	5	3		
41～45	30	18	1		6	4	4	4	1	1	15	12			8	7	3	3	4	4	1	1
46～50	23	17	1		9	6	1	1	4	4	13	10			3	1	1	1	6	6	3	2
51～55	15	8	1	1	10	7	1		3	3	8	6			1		3	1	3	3		
56～60	26	12	3		4	2					10	8			2	2	5	3	4	2		
61～65	15	9	1		1		6	3	1	1	9	4	1		3	1	3	1	3	2	1	1
66～70	19	3	2	1	5		2		1	1	3		2	1	2	1			1	1		
71～75	3		1		5	2	2	1	1	1	4	1			1		2		4	2		
76～80	8	1					1		1		1				1	1					1	1
81～85					2						3				1							
86～90																						
91～95																						
計	420	168	36	10	177	63	58	24	45	21	218	96	12	4	60	17	61	26	94	31	14	5
有配偶率	*0.400*		*0.277*		*0.355*		*0.413*		*0.466*		*0.440*		*0.333*		*0.283*		*0.426*		*0.329*		*0.357*	
16～50	210	135	19	8	88	52	23	19	22	15	115	77	4	3	33	12	29	21	49	21	9	3
有配偶率	*0.642*		*0.421*		*0.590*		*0.826*		*0.681*		*0.669*		*0.750*		*0.363*		*0.724*		*0.428*		*0.333*	
21～40	116	85	11	7	52	41	14	13	12	10	60	51	3	3	15	4	16	13	23	9	2	
有配偶率	*0.732*		*0.636*		*0.788*		*0.928*		*0.833*		*0.850*		*1.000*		*0.266*		*0.812*		*0.391*		—	

（注）太字は有配偶者数。

表 16-4　屋久島各地域の女子の年齢別構成と有配偶者②

村名 / 年齢	恋泊		椎野		平内		湯泊		中間		栗生		屋久島合計		口之永良部		有配偶率	
																	屋久島	口之永良部
1 ～ 5			1		13		7		6		33		198		24			
6 ～ 10	1				12		9		3		37		178		14			
11 ～ 15					10		10		3		26		167	**1**	22	**1**	0.005	0.045
16 ～ 20	1				17		5		2		28		193	**28**	20	**7**	0.145	0.350
21 ～ 25			1		13	**2**	3	**1**	1		20		120	**53**	18	**15**	0.442	0.833
26 ～ 30					7	**2**	4	**4**	1		10	**1**	94	**59**	17	**16**	0.627	0.941
31 ～ 35					7	**4**	6	**5**	4	**1**	25	**9**	136	**91**	11	**11**	0.669	1.000
36 ～ 40	2	**2**			7	**6**	5	**3**	3	**1**	21	**14**	114	**88**	12	**9**	0.771	0.750
41 ～ 45					4	**3**	3	**2**	4	**2**	14	**5**	98	**66**	16	**15**	0.673	0.937
46 ～ 50			1		4	**3**	1		2	**2**	15	**8**	87	**61**	11	**8**	0.701	0.727
51 ～ 55					5	**3**	4	**3**			16	**6**	70	**41**	13	**10**	0.586	0.769
56 ～ 60					4	**3**	4	**3**	1	**1**	9	**3**	72	**39**	4	**4**	0.541	1.000
61 ～ 65					1	**1**	2	**2**	1		12	**4**	60	**29**	10	**7**	0.483	0.700
66 ～ 70					1				4	**3**	6	**1**	48	**12**	7	**3**	0.250	0.428
71 ～ 75					1		1		3		3		31	**7**	7	**4**	0.225	0.571
76 ～ 80					2		1						16	**3**	1		0.187	0.000
81 ～ 85							1						7					
86 ～ 90											1		1					
91 ～ 95															1			
計	4	**2**	3		108	**27**	66	**23**	38	**10**	276	**51**	1690	**578**	208	**110**	0.342	0.528
有配偶率	0.500		—		0.250		0.348		0.263		0.184		0.342		0.528			
16 ～ 50	3	**2**	2		59	**20**	27	**15**	17	**6**	133	**37**	842	**446**	105	**81**	0.529	0.771
有配偶率	0.666		—		0.338		0.555		0.352		0.278		0.529		0.771			
21 ～ 40	2	**2**	1		34	**14**	18	**13**	9	**2**	76	**24**	464	**291**	58	**51**	0.627	0.879
有配偶率	1.—		—		0.411		0.722		0.222		0.315		0.627		0.879			

（注）太字は有配偶者数。

図16-4　屋久島・口之永良部島・諏訪横内村の女子年齢別有配偶率

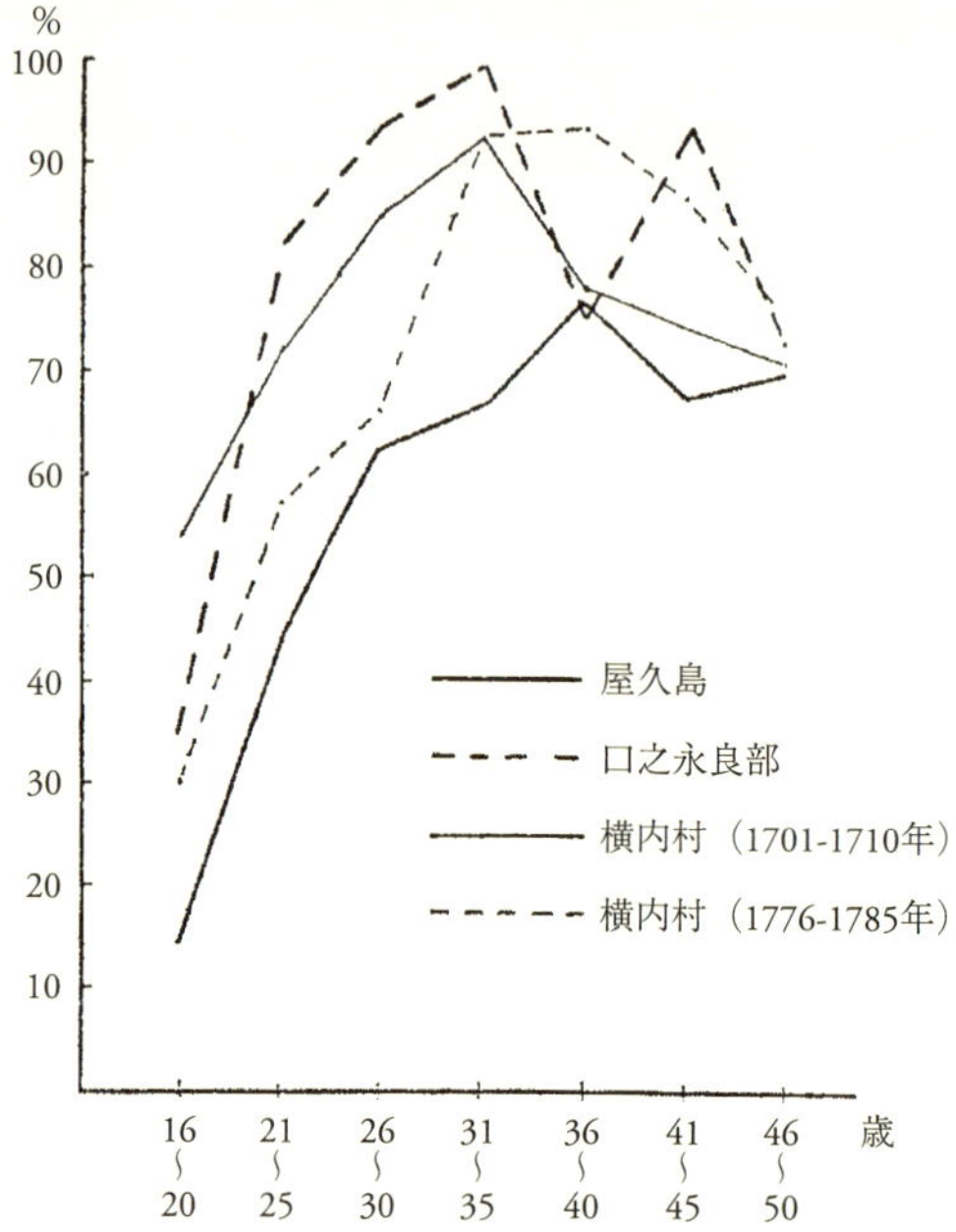

ことを物語っている。それどころか、逆に有配偶率の高いところほど、総人口、または一六―五〇歳の女子に対する子供の率は低くなっているのである。これは、われわれの予想したところと全く逆の関係である。なぜこのような逆の関係がみられるのだろうか。資料記載の不確実性については、ここでは判断すべき根拠を何ら持っていないので、考慮するにも方法がない。そこで、北東部六カ村も、南西部一一カ村も、史料の信頼度は同じであるという仮定の下に考察してみよう。まず一歳―五歳の子供の数を出生数の指標とみることについては、いろいろ問題がある。まず、幼児死亡が、両地域で著しく異なっているならば、指標とは言えないことになる。また、この年齢層が、いわゆる社会移動が多ければ同様の結果をもたらす。われわれは、この両者について、何も情報を持ち合わせていない。常識的に考えれば、両者とも著しく大きいということはありそうにないと言い得るのみである。しかし、有配偶率の高い北東部で総

図16-5　屋久島各地域の女子年齢別有配偶率

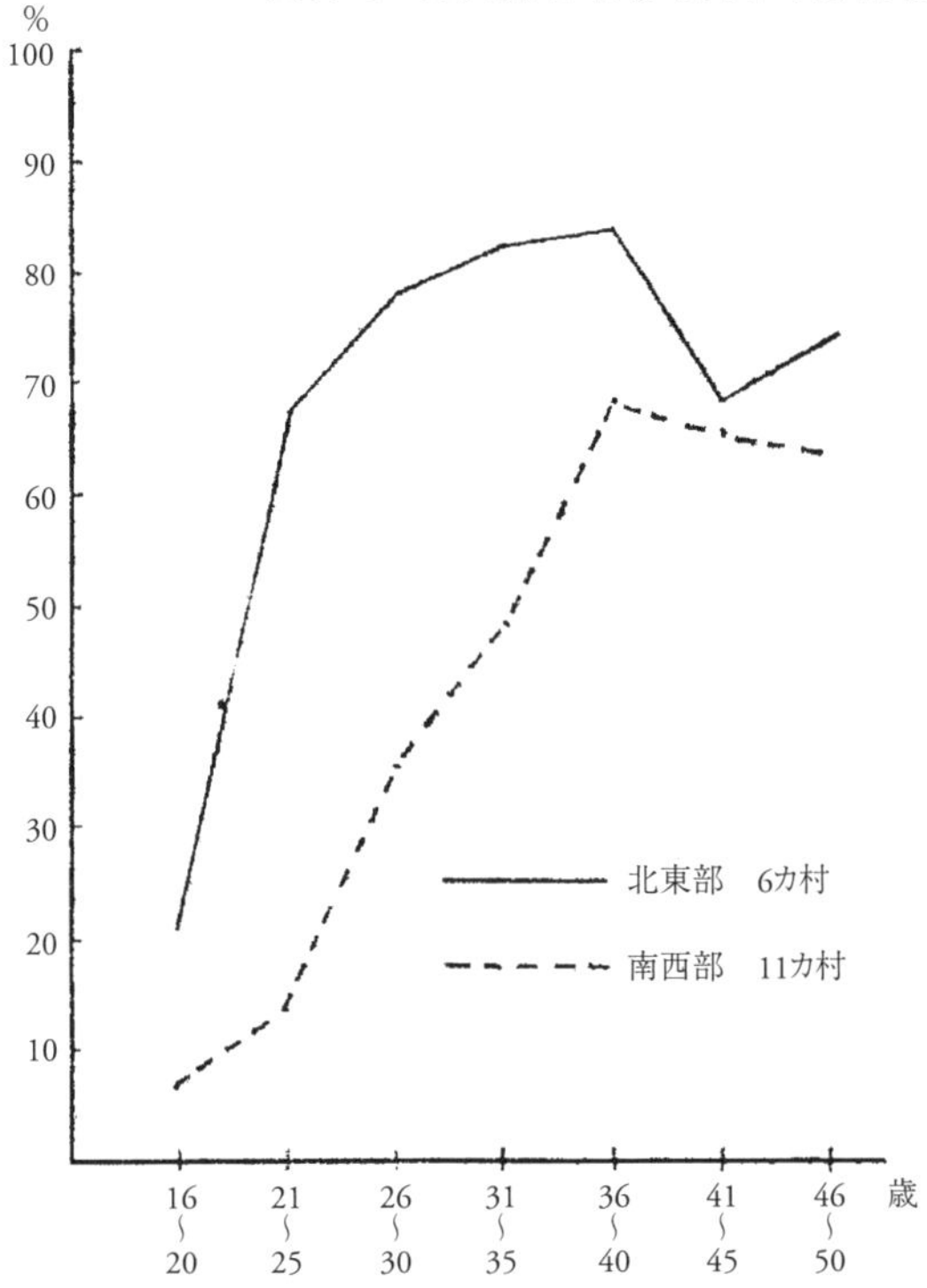

人口中に占める子供の数が少なく、かつ、出産力の最も高い女子との比率も低いということは、出生に対する人為的制限の結果と考えられないだろうか。南西部においても、おそらく、人口と資源（土地）とのバランスを維持する必要があったのだろうが、これは主として男女とも高い結婚年齢によって調節されていたものと考えられる。

家族規模およびその他

次に、視点を変えて、一戸当りの家族員数をみよう。**表16－6**は家族員数による分布である。この表からも、北東部と南西部の対照が明らかである。特に二〇人以上という構成員を擁する大家族は、北東部においては三であるのに対し、南西部では一六を数え、な

表 16-5　屋久島北東部と南西部の子供数と女子の比較

地域＼区分	A 1～5 歳 の子供の数	B 総人口	C A／B	D 16～50 歳 の女子	E A／D	F 16～50 歳の 女子有配偶者	G A／F
屋久島北東部	197	1836	0.107	477	0.412	306	0.643
屋久島南西部	189	1648	0.114	365	0.517	140	1.350
合計	386	3484	0.110	842	0.458	446	0.865
口之永良部島	35	419	0.083	105	0.333	81	0.432

かには四二人という信じられぬ数に達するものもある。しかし家族構成人数の大小は、必ずしも直ちに、いわゆる核家族化の進行程度を物語るとは言えない。そこで、一家族内に含まれる夫婦の組数を**表16－7**に示した。それぞれにおける平均の組数でみる限り、両者の間にはそれほど大きな差はないが、分布の内容はかなり違っている。北東部では、一組の夫婦からなる世帯が、全体の五二％を占めているが、南西部では四一％にすぎない。また一組の夫婦もいない世帯は、それぞれ二二％と一二％である。これらのことから、やはり、北東部においては、核家族化は相当に進んでいたとみることができよう。信州横内村の事例(9)と比較しても、このことは肯定しうるのである。

ところで、一戸当りの平均構成人数から、平均夫婦組数を引いた残り、すなわち夫婦以外の者の数を比較すると、北東部では、四・四であるのに対して、南西部では、八・三となり、相当の開きが生ずる。**表16－5**によって、総人口中に占める子供の割合には両者の間に大きな差のないことが知られているので、明らかにこの違いは、未婚の成年の多寡によっているものとみてよい。

南西部においては、若年における結婚の困難さが、未婚の成年をして、その家族内に留まらしめたというべきであろう。

最後に、存在する夫婦の年齢差を**表16－8**に示した。合計五七八組の夫婦のうち、妻の年齢が、夫のそれを上廻るケースは四六組である。村による偏差はそれほど大きくはない。

表 16-6　屋久島各地域における世帯規模別分布

構成人数	長田	吉田	一湊	志戸子	船行	安房	黒石野	麦生	原	尾間	小島	恋泊	椎野	平内	湯泊	中間	栗生	屋久島 合計	口之永良部	北東部6カ村 計	南西部11カ村 計
1	1	2	1	1						1				1				7		5	2
2	2			1		1	1		1								1	7	1	4	3
3	16	4	4	1	2	1			1					2			1	32	1	28	4
4	20	3	3	2	1	2		2						2	1		2	38	5	31	7
5	22	4	5	6		5		2						1	1		4	50	3	42	8
6	23	3	5	4	2	2		1			2	1	1	1			7	52	4	39	13
7	10	2	2	2	1	5			1							1	4	28	3	22	6
8	10		5	1	1	1		2		3				2	1	1	8	35	1	18	17
9	2		4	1		1		2	1	1		1			4		3	20	4	8	12
10	5		6		1	4	1	1		1					1	2	3	25	2	16	9
11	1		2		1	2				1	1						4	12	3	6	6
12	11		4			5					1				3	1	3	28	4	20	8
13	1				1	3		1						1		1		8		5	3
14			2	1	1	2				2					1			9	2	6	3
15	1		1				1							1	1		3	8		2	6
16					1	3				2					1	1	2	10	3	4	6
17	1					2				1				2			1	7	1	3	4
18			1			1			1	1								4	1	2	2
19						2				1							3	6	3	2	4
20						1								1			2	4		1	3
21														2				2	1		2
22	1								1								1	3		1	2

23														2				2			2
24	1																1	2		1	1
25																					
26									1									1			1
27									1	1								2			2
28																	1	1			1
29																					
30																					
30以上								(42)1	(32)1									32人　1 42人　1			32人　1 42人　1
人数	833	78	361	113	101	449	27	123	146	196	35	15	6	212	144	76	569	3484	419	1935	1549
家数	128	18	45	20	12	43	3	12	9	15	4	2	1	18	14	7	54	405	42	266	139
平均	6.5	4.3	8.0	5.7	8.4	10.4	9.0	10.3	16.2	13.1	8.8	7.5	6.0	11.8	10.3	10.9	10.5	8.6	9.9	7.3	11.1

結　論——核家族化と農業生産性

以上、観察事例数は十分であるとは言えないし、また、一年限りの史料から来る限界も大きい。検出された諸結果について、統計的厳密性の疑問は解決されぬままである。しかし、これらを一つの大摑みな傾向としてみるならば、この史料から、人口史的にいくつかのことが言えそうである。

同じく屋久島といっても、北東部と南西部との間にある顕著な違い、また、すべての数値においてみられる口之永良部島との違いは、史料記載の不確実性に帰因するにはあまりに大きく、かつ確然としている。北東部の人口構造には、明らかに、徳川中期—後期の本州の農村の人口構造との間に親近性があるが、南西部のそれは、かなり異

表 16-7　屋久島各地域における一家族内の夫婦組数

村名 ＼ 一家族内の夫婦組数	長田	吉田	一湊	志戸子	船行	安房	黒石野	麦生	原	尾間	小島	恋泊	椎野	平内	湯泊	中間	栗生	屋久島合計	口之永良部	北東部6カ村計	南西部11カ村計
0	16	8	5	1		2	1	2	2	1			1	4	2	1	17	63		32	31
1	74	10	21	14	7	13	1	7	1	4	3	2		6	4	3	26	196	13	139	57
2	26		15	5	2	12		2	1	5	1			4	5	2	9	89	9	60	29
3	9		4		2	7	1		1	3				3	3	1	1	35	8	22	13
4	1				1	8			1	2				1			1	15	6	10	5
5	1								2									3	5	1	2
6	1					1		1	1									4	1	2	2
計 夫婦組数	168	10	63	24	21	96	4	17	26	31	5	2	0	27	23	10	51	578	110	382	196
計 家族数	128	18	45	20	12	43	3	12	9	15	4	2	1	18	14	7	54	405	42	266	139
計 平均	1.31	0.56	1.40	1.20	1.75	2.23	1.33	1.42	2.89	2.07	1.25	1.00	—	1.50	1.64	1.43	0.94	1.43	2.62	1.44	1.41

表 16-8　屋久島と口之永良部の夫婦年齢差の比較

夫の年齢 引く 妻の年齢	屋久島　合計	口之永良部
−17	1	
−14	1	
−9	1	
−8	1	
−7		1
−6	2	
−5	2	
−4	9	
−3	3	1
−2	11	1
−1	15	3
0	21	8
+1	40	9
+2	36	15
+3	60	8
+4	66	15
+5	53	15
+6	53	8
+7	53	10
+8	37	9
+9	32	2
+10	23	
+11	11	1
+12	12	1
+13	7	2
+14	7	
+15	8	
+17	2	
+18	3	
+19	2	1
+20	1	
+21	3	
+22	1	
+23	1	
平均	+5.2	+4.2

なるものである。有配偶率——男女とも——、家族規模における相違は、両者の間における人口構造上のパターンの違いさえも想定させるのである。何がこのような相違をもたらしたのか。自然的地形的理由なのだろうか、または、社会的、歴史的条件の差なのだろうか。

この史料から、屋久島の北東部と南西部の地域構造の差を示すことは、部分的には可能である。検地帳にあらわれた耕地の面積当り生産量をみると、両地域の間に著しい相違はない。田一反当り籾二・二石対二・〇石、畑一反当り〇・六石対〇・五石で、南西部がやや低い程度である[10]。しかし、人口や家畜と生産量の比率をみると、顕著な相違が認められる。人口一人当りの石高は、北東部において〇・六二石であるのに対し、南西部では〇・二二石、耕地面積は、前者では、三・四反、後者では一・八反となる。また牛馬一匹当りの耕地面積は、北東部では八・六反であるのに、南西部では二・三反となる。この場合、人口、牛馬をすべて農業経営に投ぜられる生産要素とみれば、この顕著な相違から、明らかに、北東部における集約性の高い農業と南西部における粗放性の高い農業という対照がみられるのである。南西部では、単位面積当り用いられる家畜は、北東部より多いにもかかわらず、一人当りの生産量は低い。北東部では、面積当りの家畜数は少ないにもかかわらず、一人当りの生産性は高いのである。このことは、土地の面積当りの生産力がほぼ等しいことから、労働力の質の差にその原因を向けさせるに十分である。ここで、人口学的な要素における相違と結合させてみよう。まず北東部の家族構成にみられる核家族化の相対的な高さ、有配偶率の相対的な高さは、農業経営における労働力が、家族労働力という集約的経営に最も適した形態で存在していたことを意味している。これに対して、南西部においては、核家族化の未発達、有配偶率の低さが、一家族内の労働力を必ずしも北東部におけるような純粋な夫婦家族という形に向わせなかったのではあるまいか。より多量の家畜が用いられながら、低い一人当りの生産量しか実現していないという事情は、このように説明しうると思われる。

一つの島でありながら、このような顕著な対照が存在しうるのは、やはり徳川時代の離島という地理的条件も大きい。しかし、われわれは何も、このような状態を固定的に考える必要はない。徳川時代を通じて全国的に進行していった変化の方向に即してみれば、当然、南西部型→北東部型という変化が考えられるのである。筆者は、かつて小倉藩の人畜改帳から、徳川初期の人口・村高比を、豊前・豊後の各地域ごとに算出したが、[11]そこにおいても、一戸当りの家族構成人数の大きい地域ほど、後進的性格を強く持っていた。とすれば、核家族化の進行は、近世社会形成を理解する上で、普遍的にみられる重要な要素と言えないだろうか。

〔補記〕　本稿は筆者のもとで進められつつある前近代社会の人口史研究に関する協同作業の一報告である。史料の整理・図表の作成には研究グループの方々の協力をえた。また、この研究に対しては、科学研究費補助金が交付された。

注

（1）慶應義塾大学経済学部研究室蔵の故野村兼太郎教授収集文書。長田村（二冊）、吉田村（同一のもの二冊あり）、一湊村、志戸子村、船行・安房・黒石野・麦生・原・尾間村（六カ村合冊）、小島・恋泊・椎野・平内・湯泊村（五カ村合冊）、中間・栗生村（二カ村合冊、同一のもの二冊あり）および口之永良部島の一八カ村分よりなる。史料の日付は最も早い吉田村が享保一一年八月五日付、最もおそいものが志戸子村の同年九月二五日付である。どの帳にも、末尾に竿取、その他の関係役人の名前が書かれ、「右御検地竿次帳今度就大御支配郡奉行……竿相究帳面差出候後日為見合書写渡置者也」というような奥書が享保一二年閏正月九日付で書かれているところから、おそらくは、屋久島奉行の手許に保管されていた史料と考えられる。

（2）なお、本史料の書式については、近世庶民資料調査委員会編『近世庶民資料所在目録』第三輯の口絵写真、第三一・三二図に一部が写真版で掲げられている。

（3）所三男「近世初期の百姓本役――役家と夫役の関係について」高村象平・小松芳喬編『封建制と資本制』所収および速水融「近世初期の家数人数改と役家について」『経済学年報1』所収参照。

（4）三橋時雄「屋久島・種子島に於ける土地制度と原始的農法」『経済史研究』第二九巻第一号所収。

（5）喜多村俊夫「屋久島の平木」『経済史研究』第二九巻第一号所収。
（6）速水融「紀州北山地方の検地帳」『三田学会雑誌』第五一巻第三号所収参照。
（7）速水融「宗門改帳を通じてみた信州横内村の長期人口統計——寛文一一—明治四年」『経済学年報10』所収第九表参照。
（8）史料における世帯の筆頭者には、ほとんどの場合、名頭という所書が附されている。ここでは、筆頭者をすべて名頭として取り扱った。したがって、その数は**表16—1**における戸数と等しい。
（9）速水融「宗門改帳を通じてみた信州横内村の長期人口統計」第一三表参照。
（10）**表16—1**より計算。ただし、ここでは北東部は、長田・吉田・一湊・志戸子の四ヵ村、南西部は、小島・恋泊・椎野・平内・湯泊・中間・栗生の七ヵ村のみをとった。
（11）速水融「小倉藩人畜改帳の分析と徳川初期全国人口推計の試み」『三田学会雑誌』第五九巻第三号所収。

第Ⅳ部　人口史料と歴史人口学

第17章　近世日本の人口史料

――宗門改帳・人別改・増減帳

近世に入って所領の一円支配をたてまえとする領主制が成立すると、領内の土地や家数・人数・牛馬数等、支配にとってとらえるべき最も重要な対象を量的に把握するため、検地をはじめ、諸々の調査が行われるようになった。戸口に関して言うならば、まず在方の夫役負担能力を調査する家数・人数改、あるいは、これに家畜数を対象に加えた人畜改等が近世初頭の史料群に加えられてくる。これらのうち、地域的にもまとまり、かつ印刷刊行されているもので利用の容易なものとして『小倉藩人畜改帳』および『肥後藩人畜改帳』（『大日本近世史料』所収）がある。両者とも、大名細川氏による調査であるが、前者は、慶長一四（一六〇九）年、同一六（一六一一）年および元和八（一六二二）年の小倉藩領、豊前・豊後両国にまたがる所領一〇〇〇ヵ村以上の村高、戸数、人数、牛馬数の村単位の合計数値および豊後国速見郡七六ヵ村の人別改——村内の世帯内部の構成員を単位とする——からなる。また、後者は、寛永一〇（一六三三）年の肥後国合志郡各村および付近の村々の人別改であるが、記載内容が豊富で、年齢や続柄を附した各世帯構成員についての記述のほか、持高・家屋・家畜等についての記載も完備しており、近世初期の農民生活を知る絶好の資料であるため、多くの研究者によって利用されてきた。近世初期には、各地でこの種の調査が行なわれたものと考えられ、とくに中央から西日本にかけて、いくつかの村単位の史料が発掘、利用されている。

宗門改

これらの初期の調査は、農民生活について重要な情報を与えるのであるが、調査の行なわれる年代は随意であり、おそらく領主の必要に応じて行なわれたり、あるいは全く行なわれなかった。これに対して、次に述べる宗門改は、全国的に原則として毎年行なわれ、その結果である宗門改帳は毎年作成されており、人口史料としての価値は非常に高い。

宗門改は、元来は人口調査とは関係なく、徳川幕府によるキリスト教禁止政策の主要手段として実施された。したがって、史料もしばしば「切支（死）丹宗門（旨）改帳」と題されている。宗門改が何年から始まったのかについては、明確な証拠はない。おそらく、慶長一八（一六一三）年一二月にキリスト教禁止に関する法令が出されてから、随時これを行なうようになり、寛永一四・一五（一六三七・三八）年の島原・天草の乱を期に、天領において毎年実施されるようになったものとみられる。宗門改帳とは題されていないが、寛永一一（一六三四）年七月の長崎平戸町・横瀬浦町の「人数改之帳」（『長崎平戸町人別帳』九州史料叢書16所収）は、記載形式として住民一人一人の所属する仏寺やその宗派が書かれている点から、宗門改帳の原型と考えてよく、これが現存する最古のものである。

いわゆる寛永鎖国令の発令以降になると、各地で宗門改帳が作成されるが、寛文五（一六六五）年以前においては、天領に限られていたと言ってよい。ここに掲げた図17―1は、寛永一五（一六三六）年一一月一五日付の美濃国安八郡楡俣村の宗門改帳の一部である。図にみるごとく、一家族ごとに、下人を含め宗旨と檀那寺が書かれ、五または六家族を一組とする五家組（五人組）ごとに関連する寺院の印が押されている。そして、巻末には切支丹宗門の者は一人もいないという史料作成者村役人の奥書きがあり、当時の美濃地方の天領を支配していた美濃国奉行の岡田将監（善政）宛に提出されている。年齢が記されていないが、元来、宗門改には個人の年齢の記載の必要はなかったはずであり、記載のないことは不思議ではない。

寛文五（一六六五）年になると、幕府は各藩にも宗門改帳の作成を命じ、同一一（一六七一）年には、この年以降、毎年この史料の作成を命じている。島原・天草の乱以降、組織的なキリスト教徒の反抗はなくなったが、各地でいわば隠れキリシタンの存在が報告され、また転びキリシタン（かつてのキリスト教徒で、仏教への改宗を申し

図17-1　美濃国安八郡楡俣村宗門改帳（1638年）

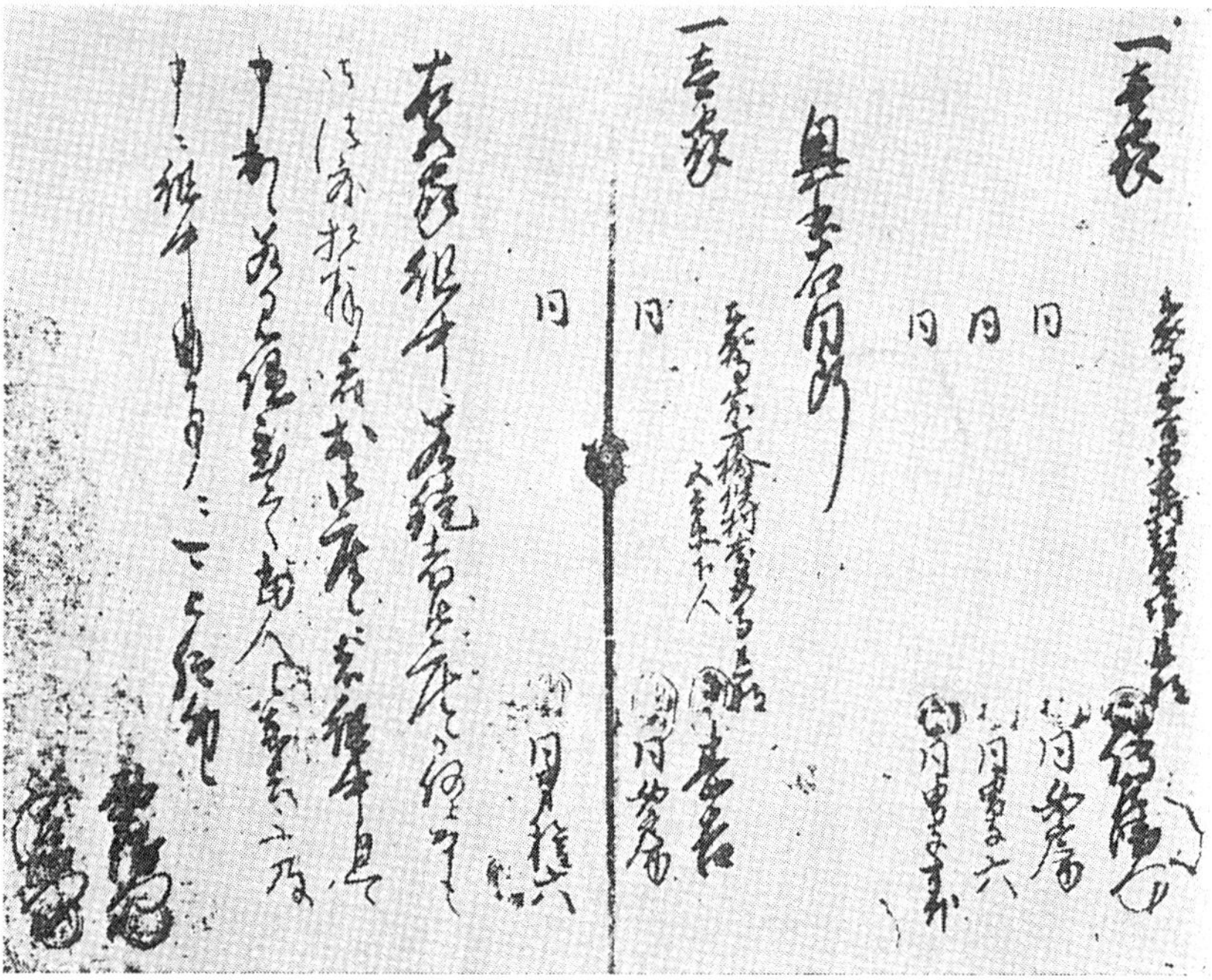

岐阜県安八郡輪之内町楡俣、棚橋五郎氏所蔵。年齢の記載もなく、宗門改帳の原型とでもいうべきものである（『岐阜県史　史料編　近世九』507-508頁に活字印刷されている）。

出た者）も生存していた時期なので、宗門改の全国的強化を通じ、幕府は、その威信を固めようとしたものと考えられる。

　したがって、この年以降は天領・私領を問わず、また武士、農民、町人を含め、日本に住む全員が制度の上では仏教徒として登録され、しかも毎年、宗門改帳が作成されたことになる。しかし、重要な例外がいくつかあった。まず、幕府の命令に従順には応じなかった大大名の下では、天領で作成されたような書式での宗門改帳が作成されたとは限らない。宗門改帳が作成されなかったという積極的な証拠があるわけではないが、薩摩藩、長州藩、土佐藩では、庶民の宗門改帳は見つかっていない。また、御三家の一つでありながら、紀州藩では宗門改帳の作成は、子・午の年に限られ、しかも記載される人口は、八歳以上に限られている。これらの大藩では、自藩独自の行政形態を保持する能力があったからである。

人別改

その他にも、細かい――しかし人口の研究にとっては重要な――点で、作成される宗門改帳にはいくつかの変種が生じた。これは根本的には、宗門改帳に人別改という人口調査としての内容を盛り込むか否かにかかっていたと言ってよいだろう。また、一部の藩や都市の宗門改帳にはずっと年齢を記さないものもある。たとえば近年刊行された『大坂菊屋町宗旨人別帳』には、全期間を通じて年齢の記載がなく、京都や奈良の宗門改帳も、中期あるいは末期になってようやく年齢が記されるようになる。最も重要なことは、人口資料として宗門改帳を取り扱うに際し、記載人口が、今日の「本籍人口」に相当するものか、あるいは「現住人口」に相当するものかの違いである。前者は、その家族に生れた者で、婚姻、養子または正規の出続を経た移動による変化は記すが、出稼奉公のような一時的とみなされる移動は、一切記さないというタイプである。ここに記されている人口は、したがって「本籍人口」的な性格を強く持っている。これに対して後者は、出稼奉公も含め、すべての移動を含めて記しているので、「現住人口」的な性格を持つことになる。出稼奉公中の者は除かれるし、逆に他村からの入稼奉公人は記されている。図17―2は、大垣藩領美濃国本巣郡神海村の事例（宝暦一三年、一七六三）で、前者に属し、図17―3は、先に掲げた同国安八郡楡俣村（天領大垣藩預り地）の後年の事例（文化一三年、一八一六）である。

人口研究の立場から言えば、本籍人口と現住人口の双方がわかるような記載をしている史料が最も望ましいが、前掲の楡俣村の場合は、各家族について書かれた箇所の後に、現在、出稼奉公中であったり、縁組その他の理由で

図17-2　美濃国本巣郡神海村宗門改帳（1763年）

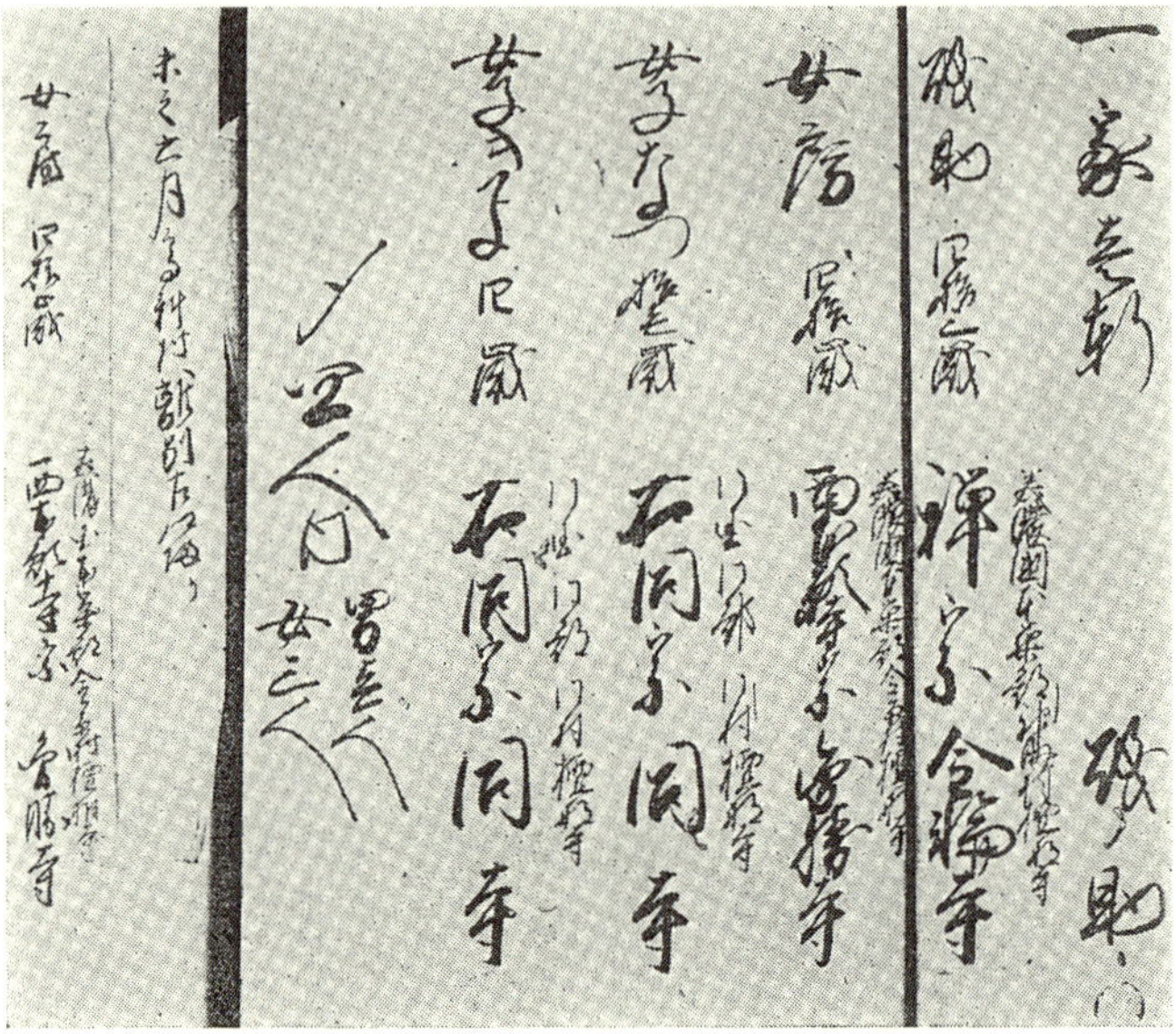

慶應義塾大学古文書室所蔵。宗派を異にする家族の構成員が同一の箇所に書かれている。この村では安永6（1777）年以降、宗派別に宗門改帳が作成されるようになった。なお左端の二枚の紙片は「女房　四拾歳……」の箇所に貼られており、翌年の宗門改の間に四拾歳の妻が離縁して高科村の実家へ帰り、替って新しい別の「女房四拾歳」と再婚したことを示している。

他村へ移動した者の動静まで記されているので、最も情報量が豊富な例である。このような記載は、天領（代官支配地または諸藩の預り地）、幕府の命令を遵守した譜代小藩、長期的な人口減少に苦しんだ東北地方のいくつかの藩にみられる。

しかし、他の多くは、宗門改帳の記載様式は、図17―2のタイプである。この場合、注意しなければならないのは、たとえば出稼奉公が実際にあったかなかったか、あったとして、誰がそうだったのかがわからないことである。江戸時代の労働移動は、この出稼奉公という形態をほとんどの場合とっている。したがって、もしこの記載がなされていないと、本来は、村にいないはずの者が引き続き史料に記されることになる。これをそのまま統計化すると、

図17-3　美濃国安八郡楡俣村宗門改帳（1816年）

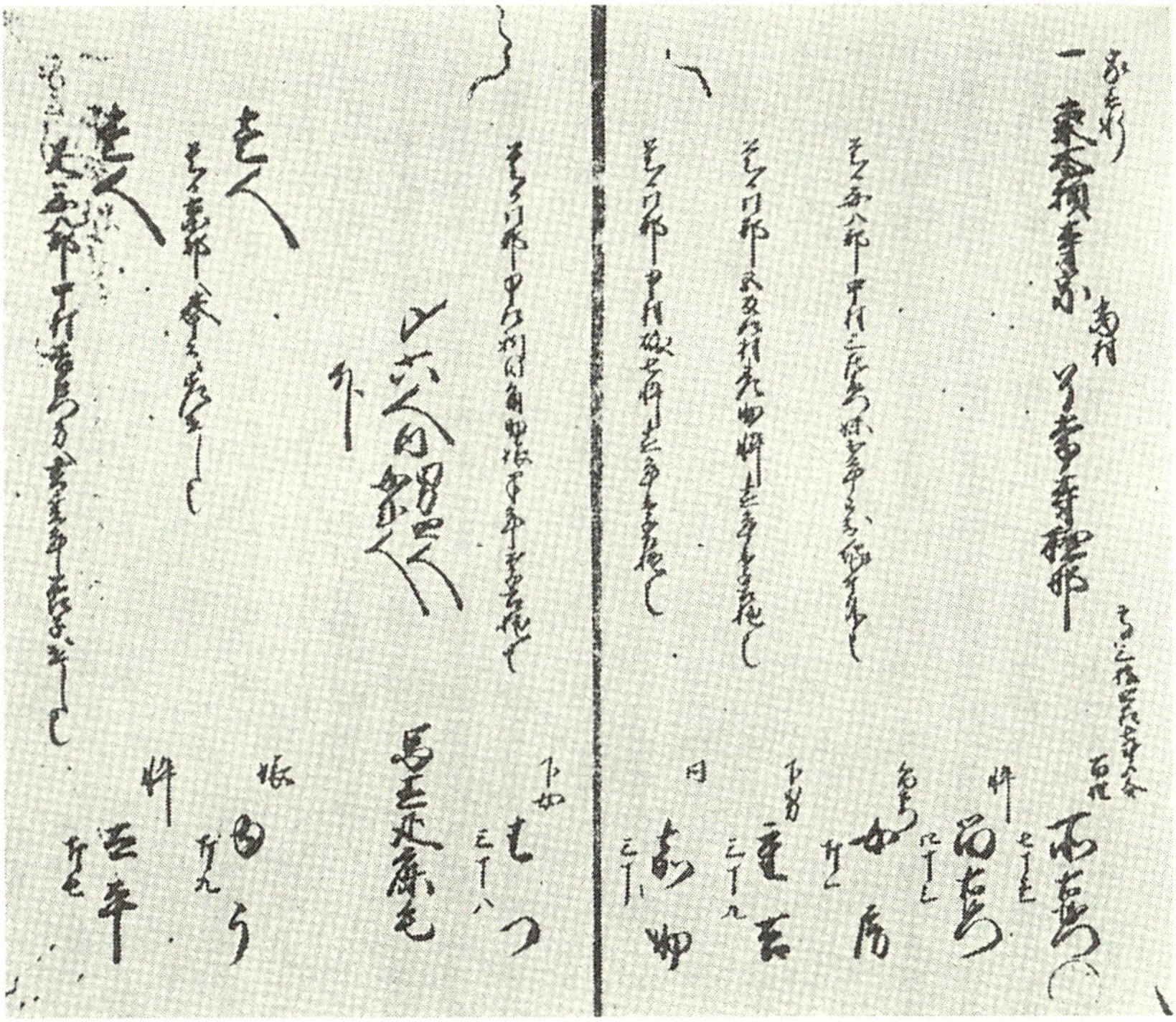

棚橋五郎氏所蔵（図17-1に同じ）。家族員や下男・下女についての出身や、逆にこの家に生れて京都に奉公に出ている娘、養子に出た忰についての記載がある。また、持高、保有する家畜についても記されており、研究資料として非常にすぐれたものである。

多くの農村では、人口が実際より多くなり、なかでも高齢の独身者が相対的に多く、また、世帯あたりの平均規模が大きくなってしまうことである。また総人口を除数とする諸指標（普通出生率・死亡率等）にも狂いが生じ、多くの場合、低い数値が出てしまうことになる。しかし、それでも出生に関するより高次の指標——たとえば家族復元法を利用して求められる諸指標に関しては、影響は少ない（新保博他著『数量経済史入門』日本評論社、一九七五年）。

このように、宗門改帳は、どの程度人口調査としての要素が入るかによって、調査対象、内容、書式等に差を生じ、人口の研究資料としての価値や利用法も異なってくる。享保六（一七二一）年に始まる幕府の全国人口調査も、各地で各様に作成された宗門改帳、もしくは人別改帳の人口数を合算したものであることを知っておく必要があるだろう。もっとも、この調査が始まったことによって、宗門改帳に人口調査の要素が加重された。

図17—3の検保村の宗門改帳をみると、各家族の持高や、保有する家畜についての記載のあることが注目される。もし宗門改帳が、本来の信仰調査にその範囲を限られていたものなら、持高や家畜は記載項目に入らないだろう。事実、**図17—2**の大垣藩領のそれは、これらに関して何も記していない。しかし、検保村のような記載様式は、宗門改帳が、単に信仰調査のみを目的とするだけでなく、近世初頭の人畜改に始まる農民の生活状態についての量的把握という目的が加わったものであったことを意味している。この点で、「現住地主義」で作成され、土地や家畜の保有状況を記した宗門改帳は、庶民生活を知る上で、実にすぐれた史料であることがわかるだろう。実際、これは近代社会における国勢調査の原票にも比すべき性格のもので、しかもそれが毎年作成されていたのである。

宗門改帳の取り扱い

ところが、このような詳細な調査が、その当時、どのように幕政や藩政に活かされていたのか、という点になると判然としない。宗門改は、幕府の政治姿勢から言っても、最も重要な行事として、威厳をもって行なわれていたことは、さまざまな記録からも窺われるにもかかわらず、提出された宗門改帳（原本）が、どう取り扱われたかについてはほとんどわかっていない。もちろん、幕府の調査に応えて、領内で男女別人数、出生、死亡、時として身分・宗派・出生地が、合算され、報告が行なわれたであろうが、それ以上に、史料が施政のために利用されたという積極的な証拠は見出されていないのが現状である。

藩に提出された宗門改帳自身、検地帳や郷帳とは異なって、今日流にいえば「永久保存」の部類に入ったとは限らなかった。極端な例で言えば、対馬藩では提出された宗門改帳（藩による集計の目録写本が東京大学史料編纂所にある）は、三年間保存した後、破棄するという準則があった。さらに大垣藩の宗門改帳は、元治元（一八六四）年に、文政一二（一八二九）年以前の分が、反故紙として入札に附された記録（大垣市小泉町説田竹紀氏所蔵）がある。それによれば「此宗門御改帳之儀元治元甲子年九月、諸筋一統江此度明和之頃ゟ文化之頃迄之宗門帳相当之直段ニ而御払ニ相成候間、望之村方ハ可申出旨……」と始まり、入札に附されたことが記されている。また、一方では、信州諏訪藩のように、維新期まで保存し、維新に際してこれを破棄するという藩もあった（諏訪教育会編『諏訪の近世史』一九六六年、二二一―二三六頁）。毎年の調査であるから、一村一冊としても、量的に膨大となり、仮に一〇万石、二〇〇カ村程度の藩であっても、二〇〇年間には四万冊に達したから、保存も容易ではなかったであろうと推察される。

いずれにしても、藩の蔵で、宗門改帳は、大部分利用されずに朽ちたものとみられる。これに対して、町や村の役人のもとに残った控書――現在われわれが利用するのは主としてこの方だが――は、少なくとも翌年の分が作成されるまでは、その一年間の変動を記すべく活用された。変動は、出生・死亡、移動、分家・絶家等すべてを含むが、控書に朱で書き込まれたり、貼紙や下げ紙で記されたりしている。なかには、これらによってしか変動理由や内容がわからない場合もあるので、貴重な情報源である場合も少なくない。

領主によっては、これらの変動を別冊に記した「人数増減帳」の提出を命じた場合もあったが、人口研究の立場から言えば、変動の理由や内容を知ることは重要なので、小さな紙片たりとも入念に取り扱わなければならない。

宗門改帳について、もうひとつ注意しなければならないことは、前半には家族ごとに、たとえその構成員が異なる宗派の者からなっていても、順に書かれていたものが、中途で宗派別に書かれるようになったケースが多いことである。このような場合、宗門改帳は、一宗派ごとに一冊ずつ作成され、別にその合計を記した寄書が作成されている。大垣藩では、安永七（一七七八）年の改からこのような形態をとるようになった。この変化は、一家族が分載されるようになるので、研究者の立場からは不便になったことになる。しかも、しばしば同一年度について各宗派の分冊全部が揃って利用できないようなケースも出てくる。史料を作成する側からすれば、この方が寺院の印を一括して押すことができるから、一種の〝合理化〟でもあった。いずれにしても、この史料が、当時、領主側にあっては実用的に用いられていなかったことが、このような変化をもたらし得た前提であろう。このような分冊形式をとる場合には「何々宗宗門改帳」というように、表題に宗派名を書いているので、取り扱いに際しては、全宗派が揃っているか否かを確認する必要があろう。人口の多い町村で分冊形式をとる場合があるが、これも同様である。

人々が移動するに際しては、人別送り手形、宗門送り手形が、町や村の役人によって発行され、移転先の役人に届け出ることによって手続きが完了した。在方文書の中に、この種の手形の原本や控書が残されている場合が多い。

残されている史料が果して全点なのか否か判定に迷う場合が多いが、これを利用して移動の範囲等を知ることができる。

戸口関係の史料は、数量史料として、相対的に生産や取引に関するものに比較して、信頼性にも富んでいる。人頭税の制度がなかったから、調査に対して農民や町人の反対や虚偽の申告の必要は少なかった。一つの社会で、近代センサス実施以前にこれほど人口に関する史料が豊富な国は他にはない。「人類の遺産」と評した外国の研究者もいる。とくに、宗門改帳が長期的にわたって連続して利用可能な場合、その史料的価値は非常に高い。そういった点を考慮するならば、江戸時代の日本の戸口関係史料は、もっと組織的にデータベース化されてしかるべきであろう。

第18章　宗門改帳とは何か——対キリスト教政策の貴重な副産物

信仰調査という宗門改帳の成立事情

寛永一五（一六三八）年から明治五（一八七二）年にかけて、日本中の町や村で作成された宗門改帳は、近代以前の社会に生きた人々の生活を伝える、この上ない史料として、歴史人口学や、家族社会学、文化人類学の重要な研究材料となっている。筆者もこの史料を用い、近世日本の歴史人口学的解明に努めてきた。しかし、よく考えてみると、この資料の本来の成立目的は、そういった研究分野と縁がないとは言えないまでも、いささか異なる宗教上の信仰調査である。そのことは、寛永一五（一六三八）年という年が、他ならぬ第五次「鎖国令」の発令された前年、すなわち、徳川幕府が、キリスト教厳禁の政策に踏み切った直前であったことからも明瞭である。残存する数冊のこの年の宗門改帳は、いずれも、後年の宗門人別改帳とは異なり、まさに信仰調査に必要な事項しか記載していない。すなわち、記載内容は、各人の所属する寺院名、およびその所在地、宗派に限られ、それぞれが間違いなく仏教徒であることが記されるのみである。後年の宗門人別改帳のように、持高や所有家畜数、世帯構成員の年齢、異動の内容や理由等は一切書かれていない。つまり、初期の宗門改帳の成立目的は、まさに信仰調査以外の何ものでもないことが、史料の記載内容、形式に明確に現われている。

ところで、すでに幕府成立期――より厳密には秀吉による天下統一直後から、統一政権の必要とする国家理念がキリスト教、とくにカトリック教とあいいれず、その限り、いずれはこのような禁止政策が実施されたに違いない。事実、徳川幕府成立後、寛永一六（一六三九）年の最終決定に至るまでにも、何度か禁教、追放、迫害、殉教が繰り返され、寛永一〇（一六三三）年に始まる「鎖国令」も、当初は制限的な性格のもので、さらに、厳禁に至るまでには、寛永一四・一五（一六三七・一六三八）年の島原・天草の乱があった。宗門改帳が出現する背景には、このような状況があった。

　また、宗門改の制度が撤廃されたのは、明治維新政府の成立後も、なお続けられたキリスト教禁止政策に対する欧米列国の反対を受け入れ、信仰の自由を認めざるを得なくなったからに他ならない。宗門改帳は、徳川幕府のみならず、短期間であったとはいえ、明治政府のもとでも作成され続けたことを忘れるべきではない。

　このように、宗門改帳は、当り前のことだが、最初から最後まで政府の対キリスト教政策の産物であった。ある国に住む人の信仰調査が、特定の信仰の排除のために、このように徹底して行われたのは、世界史のなかでも稀有のことである。われわれは、宗門改帳というと、残存率の高い後年のものを思い出してしまい、とくに人別改帳と合体した宗門人別改帳のように、各人の年齢はもとより、異動の内容や理由、世帯の保有する資産等を記した数量史料として取り扱いがちである。その結果、江戸時代の社会史、経済史、人口史を研究する者にとっては、宗門改帳は非常に貴重な史料であると同時に、あまりにその存在が当り前のものになってしまい、この史料が、その成立の事情から、日本独自と言ってよいということをつい見失ってしまう。

フェリペ二世と秀吉

　このように、信仰調査を、個人個人の名前を書き、彼らがキリスト教徒ではなく仏教徒である、という形で届けさせたこと自体、驚嘆すべきことである。誰が、何年に、いかにして、このような方法を考えついたのかは判っていない。当時の状況は、幕府のとった対外政策の一環として、このような選択の可能性を示唆してくれるが、具体的なことは判っていない。ただ、当時の政策、特に対外政策が、仏僧によって大きく影響されていたことは考慮しなくてはならない。キリスト教については、信長の時代に、朝山日乗がキリスト教宣教師との論戦で勝てなかったことがあった。しかし、家康の外交顧問となった金地院崇伝には、絶大な権力が与えられたし、彼の跡をついだ天海、あるいは、儒学者ながら法印を与えられた林羅山らが、キリスト教に対し、政治権力を背景にその追い落しを図ったことは十分考えられる。

他方、キリスト教の側にも、こういった措置を受けることになる条件があった。何よりも、当初、日本布教をおこなったイエズス会に対し、後発のフランシスカン派やドミニカン派修道会は、強い競争意識をもって、日本に上陸してきた。前者はポルトガル王室、後者はスペイン王室を背後に有していた。ちょうど後者による日本布教が始まった頃、継承者を失ったポルトガルの王位は、一六四〇年までスペイン王によって兼ねられることになるが、そこには世界に君臨するフェリペ二世がいた。スペインの黄金時代にあって、ある時には独立を求めるプロテスタントと戦い、ある時には、台頭して来たオスマン・トルコと戦い、ヨーロッパのかなりの部分、アフリカ、中南米からフィリピンまでも支配下においた王は、カトリック世界の最高実力者となった。一五八四（天正一二）年には、日本からの若き天正遣欧使節を、マドリードの王宮において親しく謁見している。

そのスペイン王室を背後に持った前記の修道会派の宣教師達が、東半球に引かれたデマルカシオンの位置を都合よく解釈し、マニラから続々日本にやってきて、布教活動を始めたちょうどその時が、秀吉による天下統一の時期であった。戦いのなかに「天下人」となった秀吉にとって、日本のなかに自分の権力の及ばない土地があるのは決して許されることではなく、イエズス会に寄進されていた長崎は、直ちに没収され、バテレン追放が発令され、ついには大殉教にまで至るのであるが、その過程において、各会派の確執、相互の中傷が、ただでさえも懐疑的な秀吉の心を、キリスト教禁止の方へ向かわせる決定的要因となった。

数十年後の「鎖国」、宗門改め実施のレールは、この時早くも引かれていたと言えはしないか。筆者は、宗門改帳を手にする度に、その紙背に、フェリペ二世と豊臣秀吉の二人の肖像が浮び上がって来る。二人は、もちろん決して直接相見えたわけではなかった。マニラからの使節が、一五九七（慶長二）年、折柄、朝鮮出兵を指揮していた秀吉の九州名護屋の陣に来て、書簡を提出している。この書簡も、秀吉のそれも、それぞれの尊大を思う存分うたい上げている。当時の通信到達所要日数を考慮すれば、この会談の結果は、生前のフェリペ二世の手元には届かなかったであろう。秀吉の夢想したフィリピン征服は、朝鮮出兵以上に無謀であり、到底実行されなかっただろうけれども、マニラ当局はそれに備えて防備を固めている。しかし、スペイン本国にはいつ状況が伝えられたのだろうか。両者は、慶長三（一五九八）年、ほとんど日を同じくして世を去った。

この二人の歴史的な「出会い」が、宗門改帳が生まれる種子となったのである。

第19章　宗門改帳と壬申戸籍

——現代戸籍の起源

維新期における人口調査

幕末における全国人口の集計と、明治初年のそれとの間に存する六百万ないし七百万の差違[1]は、決して この時期における急速な人口増加を意味するものではなく、徳川時代における人口調査の制度的な欠陥から来る、いわゆる帳外の民の存在によるものであり、したがって享保以降、近世後半においても緩慢ながら人口増加の現象がみられたことは、すでに幾多の先学によって述べられているところである。このことは、基準となった両時代の人口調査が異種のものであり、その内容、方法において同一のものでないことを考えれば、何ら驚くには足らない。すなわち徳川時代の全国人口統計は、幕府および各藩からの報告を集計したものであるが、それは決して同一の規準をもってなされたものではなく、各藩の制度により、除外される人口数[2]の多かったのに対し、明治五（一八七二）年以降においては戸籍法の実施により、全国的に同一の規準をもってなされ、法的には除外人口は消滅したから、数字の上でかなりの増加が見られるのは当然である。ただし、この場合といえども初期においては実施の不徹底からなお相当の脱漏者があったので、最初に発表された数字は後年の補正によって改められている[3]。ともかく相対的に言えば、徳川時代に対し遥かに整備された調査が始まったと言えよう。

この人口調査の変遷、すなわち宗門改、あるいは人別改（以下宗門人別改と称する）から明治五（一八七二）年の壬申戸籍に至る変化は、江戸時代の支配体制の崩壊がなくては不可能であったし、逆にそれは、維新中央政権確立の一指標として考えることができるが、この変化が直ちになされたものか否かについて、少し吟味する必要がある。いわゆる壬申戸籍は、明治五（一八七二）年二月一日現在における戸籍調査であり、前年四月四日の太政官布告[4]に基づくものである。この布告については、今ここで検討する余裕はないが、この年以前に維新政府による人口調査はなかったのかどうか、初年における諸法令のなかから人口関係のものを抜き出してみることにする。

① 明治元年一〇月、会計局より関東諸県へ対し、村鑑長の提出を命じた[5]。
② 明治二年二月二三日、会計官より同じく村鑑長の提出を命じているが、地域的にどの範囲かは不明である[6]。
③ 明治二年六月四日、民部官より京都府において編成の戸籍書式を府県藩へ通達しているが、これによる調査の施行と、集計の提出は命じていない。この書式がいかなるものであるかについては『法令全書』では省略されている[7]。
④ 明治二年六月二五日、行政官より各藩に対し、租税、戸口について調査を命じている[8]。
⑤ 明治三年二月二九日、兵部省から前年の一〇月、諸藩県へ命じた藩籍調書のうち、必要事項の雛形を示し、至急提出方を求めている。そのなかに戸口に関する項目がある[9]。
⑥ 明治三年四月七日、太政官より旧幕府領に対し、村鑑帳等の提出を命じている[10]。
⑦ 明治三年五月、民部省より各府県藩宛に次のごとく命じている[11]。

「戸籍編製ノ儀ハ追テ一定ノ規則相定可相達候共、夫迄ノ処別紙雛形ニ従ヒ、在来ノ人別帳ヲ以戸数人員其外総計不洩様取調、早々可差出候事」（諸藩宛）

「戸籍編製ノ儀去巳六月中雛形ヲ以相達置候間、夫々取調中ニハ可有之候共、右ハ追テ一定ノ規則相立更ニ可相達候得共、夫迄ノ処別紙雛形ニ従ヒ石高戸数人口総計不洩様取調往返日数ノ外三〇日ヲ限リ可差出事」（府県宛）

結局①、②、④、⑥は、村鑑帳その他租税に関する報告一般の提出を命じたものであり、そのなかに戸口数が含まれているからといって、これを人口調査とみなすには疑問である。同様に⑤については、藩に対する調査である点と、命令官庁の点から人口調査とは言い兼ねる。⑦は、「在来ノ人別帳」によるとはいえ、この種の根本資料による調査を命じている点で注目されるが、暫定的なものである点は行文中からも読みとれる。このような点で、③の京都府における戸籍（本書章第3章参照）は一応興味を引く。ただ残念ながら書式は省略されており、従来の宗門改帳といかなる点で異なるのか、また壬申戸籍との関係も知り得ない。

以上の他、幕末に近づくにつれ増大したと見られる無籍者に対する処置として、これらの者の入籍を命ずる法令[12]も、広い意味での人口調査の一環となし得よう。また、この時期には地方的な調査が、従来の宗門人別改とは別に行われていたことも注意すべきであろう。例えば、野村兼太郎教授の紹介されている明治四（一八七一）年の武蔵、下野両国の戸籍簿[13]は、「両国以外の国々にも同様に行なわれたかどうかは全く知らない。」とされているが、「過渡期の一資料として興味あるもの」と言える。また、我国における最初の近代的統計学者杉亭二による明治二（一八六九）年の静岡藩現在人別調[14]は、未完成に終ったとはいえ、新方法による人口調査の企てとして注目を引く。結局この時期にあっては未だ確乎たる方針も定まらず、かつ維新の動乱も未だ終息せず、中央政府としての権力も十分に発揮し得ぬという政治的な弱みも加わって全国的な、同一の規準による調査は行われ得なかったと言える。しかし、地方的にせよ、新方式による調査は全く行われなかったわけではなく、壬申戸籍への途は進行しつつあったことは無視することはできない。

他方、従来の宗門改帳は、何年まで続いたのであろうか。これも各藩によってまちまちであろう。宗門改帳提出の基礎となった切支丹禁止の法令は、王政復古以後においてもしばしば布告され、むしろ攘夷思想の影響からより厳重となり、肥前国浦上村のごとく多数の流刑者を出すに至っている[15]。法令によるキリスト教の解禁は明治六（一八七三）年二月であり[16]、したがって維新以後も引続き従来通りの宗門改が行われる形式的な根拠は存在したとみてよい。法令の上から言えば、明治元（一八六八）年一〇月二五日の太政官布告に、「切支丹宗門改方、追テ御規則相立候迄ハ、旧幕府之所置に相従ヒ、有無取調……[17]」とあり、明治四（一八七一）年一〇月三日の大蔵省よりの通達「先般戸籍法改正ニ付、従前ノ宗門人別帳被廃候条、自今不及差出事[18]」に至るまでは宗門改帳は、依然として存続し得た。

ではこのような諸調査の成果如何であるが、果して政府への報告が全国の府藩県から提出されたか否か甚だ疑問である。少なくとも提出された確証もなく、また提出があったとしても今日明らかにし得るのは、ただ一つの例外を除いては見出し得ない。例外としては、前掲④の調査に対する回答[19]で、それも全国が揃っているわけではない。したがって弘化三（一八四六）年[20]の幕府による近世最終の調査以後、壬申戸籍によりともかく計算された数字に至る間は、日本の全人口数は調査史的に空白なのである。

そこで、全体として言えば、王政復古以後、壬申戸籍に至る間の日本における人口調査は、従来の宗門改帳と並列して、新たな方式による調査の試みが地方的に行われていた時期となし得よう。徳川時代の人口調査が完全に払拭されるのは、やはり壬申戸籍を待たねばならなかった。

壬申戸籍は、いわばこのような前史を持っているわけである。ここでこの戸籍編成の意図や、経過等について述べるべきなのであるが、これはそれだけで独立した一個の研究題目であり、本稿のなし得るところではない。かつまた、従来の研究もわずかながら見出されるようであるので一切を省略することにする。なお法令は先述のごとく刊行されており、書式や記載の内容については後に実例をもって触れるであろう。本稿の主眼とするのは、このような一般的背景を念頭に置きつつ、一地方――詳しくは紀伊国牟婁郡尾鷲組――に残された維新期における人口統計資料について紹介と分析を行わんとすることにある。本論に入る前に、この組の属する旧和歌山藩の人口調査についいて触れておく必要がある。

和歌山藩における人口調査

まず同藩における宗門改の実施であるが、『南紀徳川史』における次の記載[21]は、享保以後におけるこの藩の宗門改の基調をなすものであろう。なおこの史料は文中の「五六年以前万治三年」、「弐拾年以前元禄九年」という記載から享保元（一七一六）年のものと見られる。

人別宗門改

一先年は総改と申候て、在々八歳以上人数例年春廻り之節、大庄屋組切に改印形見届候処、其以後八歳に成候者、並に他所より入り人年々大庄屋改に成申候、其上にて組切に改候、大庄屋誓文状郡奉行へ差出申候

但郡にて郡奉行改大庄屋之年数違候儀も有之由に相聞候、弐拾年以前之内にも郡奉行の料簡次第にて総人数宗門改判大庄屋見届候も有之由に相関候

一八歳に満候子供並他所他村より前年改以後入人之分、毎年春之内一組切に大庄屋相改宗門改の一札に判形取、其上にて誓文状を以郡奉行へ相達候

一村々人数増減は毎春庄屋肝煎相改大庄屋へ出し、組々総人数増減之書付大庄屋より郡奉行へ差出、其上にて奉行所へ相達候

一五六年以前万治三年に在々男女八歳以上の分総改有之、郡々にて郡奉行判形見届候由に御座候、右之翌年も総改有之由、又寛文五年にも総改有之由、右之以後総改は無之由、尤郡により総改之度数一同には無之様に相聞候

（以下省略）

右の記載から、この藩における宗門改が人別改としての要素を多分に持ち、大庄屋――郡奉行という地方系統の線によって調査が行われていることが明らかとなった。また総改――すなわち宗門改帳の作成を意味するのであろうが――が少なくとも享保頃は毎年行われず、しかも郡によって異なるといった状態であった。また宗門改を受けるのは八歳以上であるから、この種の史料には、それ以下の幼児に関する記載は一切ないのである。また、少なくとも宗門改における大庄屋の位置がかなり重要であることも注目される。このことは、和歌山藩における地方支配の特質ともからんで来る(22)のであるが、今は触れない。では享保以後における宗門改は、いかなる形で行われたのであろうか。これを簡単に語ってくれる史料は、今のところ見出し得ない。手近に利用し得る牟婁郡奥熊野尾鷲組大庄屋文書(23)は、管下一四ヵ村の宗門改帳を元文以降残しているが、注意すべきはこれがいずれも六年ごとに書かれている点である。すなわち元文三（一七三八）年を起点とし、明治三（一八七〇）年まで、明治二年を例外とし、六年に一回、子午の年に作成された。もちろん欠年分は少なくない。しかしその場合も一二年、一八年という間を隔てており、これは史料の散逸と考えた方が穏当である。もちろんこれは大庄屋文書であり、一村で量的に揃った史料を未だ見出し得ない現在、六年目ごとにのみ大庄屋への提出がなされたのではないかとの疑問が残る。しかし、前述のごとく、この藩の宗門改は大庄屋改である。この原則が享保以後においても通用している限り、和歌山藩における――あるいは牟婁郡下における――宗門改帳は六年目ごとに書かれたと断定し得るのではあるまいか。しかし、他方、すでに紹介したごとく、各村の家数人口、その他、毎年変動する漁船、牛馬等の数字は庄屋から書き上げられており(24)、この中には八才子、入人、出人、死人については個人別に詳細な記載があるから、六年目ごとの宗門改帳と附き合わせることにより、連年の人口統計を作成し得る可能性はある。この他、記載範囲は八歳以上であり、当歳までの記載がなされるのは、明治二（一八六九）年以後である。

では維新期における人口調査はいかに行われたのであろうか。『南紀徳川史』には、これに関する記述は何ら見出されない。ただ切支丹宗門改を従前通りせよという前掲の太政官布告を記するのみである。しかし、後述するごとく、この時期には明治二（一八六九）年および明治三（一八七〇）年における宗門改帳の他、いくつかの戸口関係史料が村々に残されており、幾度か調査が命ぜられていることは明らかである。宗門改帳がもし六年ごとに書かれたものであるとするならば、幕末における最後の文久四（一八六四）年の次は明治三（一八七〇）年のはずである。しかし明治二（一八六九）年の宗門改帳も存在するところから、この年には従来の慣習を破って書き上げられたものと推察される。また、明治二、三（一八六九・一八七〇）両年の宗門改帳は共に八歳以下の者についても記載しており、この点でも従来の調査とは異なっている。宗門改帳以外の戸口関係資料は後述するごとく明治三（一八七〇）年六月以降、数冊みられるわけであるが、まず法令の上から調査がどのように行われていたかを見ることとする。典拠となった史料は、明治二（一八六九）年七月より一二月まで、明治四（一八七一）年一月より六月まで、同年七月より一二月までの「来状留」三冊と、明治三（一八七〇）年一月より一二月までの「諸達留」で、いずれも旧紀伊国牟婁郡尾鷲組大庄屋（郷長）の控書きである。最後のものは村方↓郷長↓民政役所、前三者はその逆の文書であり、一貫したものではないから、これで人口調査のすべてが判明するわけではないが、以下これらの史料から年代順に抽出してみよう。

①明治二（一八六九）年七月一六日付で、民政局から次のごとき命令が出ている。

尾鷲
相賀組
長嶋

其組々戸口表雛形之通取調差出候様先達而相達候処、未差出候事、右者早々取調可差出事
但年古敷相分り兼候ハヽ、相分り候丈ヶ取調差出、尤不相分品可申出事

郷長江

右の記載によれば、すでにこの年以前に調査が命ぜられている。調査内容については雛形を欠くので不明であるが、文脈より推して過去何年間かの戸口数を調べさせたものと推測する。「年古敷相分り兼るもの」は、判る分だけ調べよというのもかかる調査であったことを窺わせる。したがって、これを従来の宗門改帳や後の戸籍帳のごとく戸ごとの詳細な人口調査とはなし得ない。

②明治三（一八七〇）年七月、当時の尾鷲組郷長代、土井忠兵衛よりの達書に次のごときものが見出される。

乍恐奉御詫申上口上

一当午年戸口調帳之儀、早々御達可申上様度々御通詞之御趣奉畏早々差出候様村々江相達候処、御一新御取調之儀ニ付至急取調出来兼候間猶予之儀願出候得共、延引難成筋ニ付尚急々取調差出可申様申聞御座候得共、兎角行届兼彼是手後レニ相成、御達延引ニ相成候段何とも可申上様無御座不調法奉恐入候、何卒此段幾重ニも御宥免之程偏ニ奉願上候、依之乍恐御詫書付奉差上候以上

役名

午七月

土井忠兵衛

民政御役所

ここに提出を命ぜられた戸口調帳は、前者とは異なり戸籍調の形式のものであることは文面から窺われる。尾鷲組大庄屋文書に現存しているこの年の戸口調は、同年六月と八月の二回、ほぼ同様の書式をもって書かれた管下一四ヵ村のものがあるが、この命令と結び付けて考えることができる。書式その他については、後に実例を挙げて触れる。ただこの種の調査が手間どり、延引を続けていることは、調査方法や書式に従来の宗門改と異なるものであったからであろうか。

③明治四（一八七一）年二月二五日の項に次のごときものがある。

木本尾鷲
相賀長嶋
組郷長江
牟婁出庁

村数宿数を初別帳雛形之通取調之儀、御本府より御達相成候付左様相心得取調させ候儀宜取計候事

二月二五日

木本出張

雛形は省略するが、この中に戸口数の調査が含まれている。ただしこの調査は、郡ごとの集計を出すのを目的としたらしく、書式も村ごとの調査を求めてはいない。おそらくは先述の維新政府による調査④に対応するものかとも思われるが詳細は不明である。少なくとも和歌山藩独自のものでないことは、調査書雛形に、従来この藩内には存在しない宿数等の調査を求めている点からも窺われるのである。

④以上は壬申戸籍以前における調査であった。他方、壬申戸籍の作成をめぐっては、この史料はかなり多くの記

載を見せている。それらを通じて、新戸籍法の実施が地方においていかに迎えられたかを知ることができる。そこには非常な困惑と疑念があったようである。郷長間における、あるいは藩の民政役所との間における慌しい書簡の往復は、この間の事情を興味深く伝えてくれる。紙面の都合上、今そのすべてを紹介し得ないのであるが、適宜取捨し、この項にまとめてみることにする。

すでに述べたように、戸籍法は明治四（一八七一）年四月四日の布告であるが、奥熊野僻遠の尾鷲組に何日伝達されたか明らかでない。この史料に初見されるのは、次の民政局牟婁出庁よりの布達である。

下四組　郷長江

戸籍人員細密取調之儀　天朝様ゟ被　仰出候付速ニ取調候筈、組々書記共も地場御用筋も多端之折柄、右等取調ニ掛居候而者自然延遷可致間、一組ニ而右取調御用筋申付可然者人撰いたし、両人つつ至急出庁江差出可申候、尚取調方之儀者其節篤と申聞候間、右様相心得可申候依而此段相達候也

六月一六日

出　庁

本文取調刻限も有之儀ニ付成丈ヶ早々差出候様可取計事

すなわち調査方法について説明をするから各組より人を寄越せというのである。当時の出庁は潮岬に近い古座にあり、陸路を通れば相当の日数を要する。連絡のため出向くのも容易でなかったことが想像される。次の書簡は、同年六月二五日未刻付の長島組郷長長井覚兵衛からの来状であるが、種々興味深い点が少なくないので適記しよう。

下僕帰村、兼及御申合候拙者御用筋も弥古座行ニ相決候、付而者兼而之戸口人員巨細調之儀、着即刻相伺候へ共

木本御出張ニ而も何事も難相分、組々至急人撰之上古座出張へ差出候様被申付候、且調方之模様も相伺候処、赤城史生被申候候ニハ、先達而相廻し候雛形都而差急キ候事歟ニ被申、左候ハ、此間之御打合ハ大ニ齟齬、拙子ゟ下三組ハヶ様之見込専昨年之戸口帳を調方ニ相掛リ候段申上候処、夫も尤ニ相聞候へ共何様古座へ罷出候上ならでハ確ニ難突留、西川氏へも及問候へ共同様之事ニ而一決致かね、左候ハ、御同前ニ片時も差急キ人撰之上古座へ可差出場ニ候得共、御同前ニ勝手不心得之者を雇入、大暑中遠程を差出、若調方之模様等ニ而一往復致し候ハ、、当敷（マヽ）十日余之消日、都而不手行ニも可有之と存候ニ付西川郷長中へも種々議談之上、木本組ゟ郷長書記之内壱人と、下三組惣代ニ拙者、山組惣代ニ入鹿居合候故新蔵方罷出下郡惣代として三人明二六日木本出立、本庁へ出仕之上調方之模様伺詰木本へ引取之上当所ニ而相認候歟、亦者組々江持帰リ候歟ニ取計候筈ニ相決、即□馳使僕候間右様承知可有之候、（後略）

六月二五日未刻　　長井郷長

土井郷長中

中村郷長中

すなわち手代の者では覚束ないので長島組郷長自らが出庁へ出掛けるというのであり、他方、木本（奥熊野代官所がおかれていた）出張では不明な点が多かったことも記されている。古座で調査手筈を聞いたこの郷長は、六月二九日、木本組郷長宛に次のごとく記している。

（前略）

一戸口人員細詳調、中々壱通之事ニハ無之、向後人撰之上一組弐人ツ、其掛リ役人ヲ見立、御委任ニ相成郷長書記之手を離シ候様ニ致度との御許定、左候ハヽ組々是迄見込之人撰ニ而者不都合と存候ニ付、先つ郷長一同ニ木本江集会之上一（マヽ）集議、各組人撰之上古座へ差出様仕度との儀今朝相伺候処、御廊ニ而御判議ニ候得共決議ニ至兼候、右故只今之所何とも難取留候得共、何れニも集評ものと存候而兎モ角組々同役中二日三日中ニ木本へ相揃候様御手配被下、尤余者拙者木本へ引取之上可申上候以上

六月二九日　　　　　　　　　　長井覚兵衛

西川愛助殿

右の書簡により、戸籍編成専任の役人を組々に置くことその他、郷長が事前に考えていたものとは異なる「壱通之事」ではない調査であることが判明した。その後約一ヵ月、戸口関係の史料は見出し得ないが、七月二六日付の木本組郷長より尾鷲、相賀、長島三組郷長宛の書簡は、戸口調の件につき、先に決めた各組の専任者と書記の内下郡（以上四組）より三名を差出す旨を伝えて来たので取り敢えず木本組のなかから三名を派遣した旨を記している。しかしこの成果は上らなかったらしく、八月一一日付の派遣された者からの書簡は「戸籍編制之儀、上郡においても矢張取極候事も無之候付、別紙之通伺書相達候処上ケ紙付御下ケニ相成候事ニ御座候」と述べており、小在を一村選び、試みに戸籍を作ってみることにすると伝えている。別紙の伺書は、当時の村々役人が戸籍法の施行に当り、いかなる点で困惑を感じたのかを示す好史料と考えられるので敢えて全文を示すことにしよう。

御伺口上

一物産方御役人者寄留へ取組可申哉

「上ケ（朱書）紙朱書出庁之区江加へ候筈ニ付相除可申事」

一郷長捕亡手地士帯刀人幷郷役所書記医師修験人別之儀何職へ取組可申哉
「（朱書）郷長捕亡書記之品ハ追而可相達、地士帯力人は平民同様農商或ハ雑業之内江取組可申事、医師ハ医業トシ、修
験ハ雑業に取組可申事」
一交代兵之内入営之筋幷予備籍等之仕訳如何可仕哉
「（朱書）交代兵ハ寄留之例ニ従ヒ、予備籍之者ハ平民之通可相心得事」
一是迄脱籍之者立帰リ候ハヽ、入籍為致可申哉
「（朱書）立帰リ候ハヽ、其段可申出、其上ニ而沙汰可及事」
一他所ゟ入込其地ニ而商売致居候者共鑑札所持無之候ハヽ、追戻し可申哉
「（朱書）本籍ヲ取調一応可申出、其情ニよって本籍之庁へ掛合上可及沙汰事」
一同県たり共郡違ニ而鑑札所持無之者ハ是亦追戻し可申哉
「（朱書）右ニ準シ候事」
一他県又者郡違ゟ入込有之候半年切奉公人たり共鑑札無之者ハ悉皆追戻し鑑札取り候上ニ而寄留へ取組可申哉
「（朱書）左ニ同」
一他所ゟ湊々江入津且上陸致船宿ニ而滞留いたし候ものも無鑑札之ものと同様追戻し可申哉
「（朱書）二ヶ条共書面之通リニ可相心得事」
一制人制度ニ付而者村々ニ而旅籠屋相極置仮令親類たり共素人屋ニ而旅人止宿為致候儀ハ一切無用候哉
「（朱書）書面之通ニ可相心得尤有縁之者止宿ハ但書之通リ不紛様（マヽ）為相届させ可申事」
　但本文方万一不得止情故有て止宿為致候ハヽ、其段模寄（マヽ）伍甲又者保甲へ相届ケ夫ゟ長副之筋へ相届させ可申哉
「（朱書）吟味親（マヽ）書之通リ御心得可有之様いたし置度候事」

一僧侶之儀仮令一統組合たり共無鑑札ハもちろん鑑札所持致候共他県之僧寺内ニ而止宿為致候儀ハ可為無用哉
　但本文万一不得止事故有て止宿為致候ハ、其節々長副之筋へ相届させ可申哉
「(朱書)二ヶ条共書面之通可相心得事」
一他県之者其県庁ゟ之送籍鑑札持参いたし候ハ、其段長副ゟ支配県庁江伺之上入籍為致可申哉
「(朱書)右同」
一当県之者他県へ入籍いたし度候ハ、其段当人ゟ相願させ長副ゟ支配県庁へ伺之上ニ而送籍為致可申哉
「(朱書)書面之通可相心得事」
一惣廻り非人番人別之儀其生国を聞糺之上分明なるものハ其所之籍へ編入致させ可申哉且何職江取組可申哉
「(朱書)書面之もの共之儀ニ付生国取調等之儀郷長へ達し有之ニ付追而沙汰可及事」
右之通夫々御伺奉申上候以上
　辛未八月　　　　　　　　　下　郡

この記載から理解される限り、新戸籍の編成が非常に困難であったのではないかと考えられる。徳川時代の半ば形式化した宗門人別改帳を一新したこの調査が、地方において円滑に受け入れられなかったことは十分うなずけるのであるが、逆に前時代の調査がいかに厳密性を欠いたかをも窺わせるものがある。困惑の理由となったのは、寄留、一時的滞在および特殊身分の者の算入如何という点にあり、かつまた無籍者の取扱について聞き糺していることも興味深い。幕末に近づくにつれ、これらの数が増加してきたことは一般に認められるところであり、かかる現実の人口数と、宗門帳上の記載との差が戸籍法実施に当って生じた疑問となったと見られる。

この後も年末に至るまでしばしば戸籍編成の手続や打合わせの書簡がみられる。総じて壬申戸籍の作成に非常な

時間と労力を要したことが窺われるのである。しかし出来上ったものは決して完全な調査ではなく、なお相当の脱漏者をみたのであるが、ともかくかかる困難を経験することにより、初めて同一の規準による全国的な調査が可能となったのである。

以上述べてきたごとく、壬申戸籍の編成はいろいろな難点に直面した。太政官布告が四年四月四日であり、編成を翌五年二月一日としたのも、準備に要するかなり長い時間を予想したものであろうか。現在とは異なり、多くの村においては専任の村政担当者もおらず、かつまた諸事多端の折であったから困難が倍加されていたことは前掲の諸資料からも窺うことができる。壬申戸籍以外の戸口帳については、何らかかる記載を見出すことはできない。前述のごとく宗門改帳とは別の戸口調査書が存在するのであるが、この作成に全く問題がなかったとは言えまい。しかし、書式はともあれ、記載の内容は、後に述べるごとく、宗門改帳の延長と見られるのであり、壬申戸籍との開きもかなり存在している。したがって、少なくとも和歌山藩に関する限り、やはり新しい方法、内容による人口調査は壬申戸籍が最初であったとなし得よう。これらの具体的な考察は以下において触れることとしたい。

ただ残念ながら、維新期におけるこれら熊野地方の人口調査と政府の法令との関係は、ほとんど明らかにし得なかった。現在利用し得る史料の性格と制約にもよるのであるが、先に挙げた政府によるいくつかの調査のうち、和歌山藩の関係する部分もかなりあるはずである。それらがいかなる形態で実施されていくかは、ほとんど知り得ないのである。また、地方の史料として尾鷲組大庄屋文書はかなりまとまったものだとはいえ、やはり局地的な制約は如何ともし難い。藩庁に近い地方ではどうだったのかについても今のところ不明である。

表 19-1　尾鷲組各地域の人口

村名	明治3年				明治5年			
	戸数	人口			戸数	人口		
		総数	男	女		総数	男	女
早田浦	52	228	122	106	52	223	116	107
九木浦	151	575	280	295	167	574	284	290
行野浦	30	156	74	82	43	177	93	84
大曽根浦	23	157	80	77	23	125	62	63
向井村	72	330	179	151	58	300	163	137
矢濱村	114	647	329	318	104	612	303	309
林浦	191	911	470	441	202	908	465	443
南浦	165	742	401	341	153	750	391	359
中井浦	365	1479	724	755	288	1456	745	711
野地村	121	546	286	260	97	582	306	276
堀北浦	134	515	264	251	103	558	286	272
天満浦	40	139	65	74	42	126	63	63
水地浦	6	22	13	9	5	26	16	10
須賀利浦	116	478	245	233	122	494	257	237
合計	1580	6925	3532	3393	1459	6911	3550	3361

紀伊国牟婁郡尾鷲組概観

紀伊国牟婁郡尾鷲組は、現在の三重県尾鷲市内に含まれる管下一四ヵ村で構成されていた。中心となる尾鷲は、徳川時代には中井、南、林、堀北の四ヵ浦および野地村の五ヵ村からなり、この他、早田、九木、行野、大曽根、天満、水地、須賀利の七ヵ浦と、向井、矢浜二ヵ村がある。浦方と村方の区別はすでに述べたごとく[25]、漁業を許されるか否かによっており、したがって、実際に漁村であるか農村であるかの区別とはならない。しかし、尾鷲組一四ヵ村のうち一一ヵ村が浦方であったことは、この地の位置するところを物語っている。

さて本稿において取り上げるのは、以上の尾鷲組すべてではない。中心となる尾鷲五ヵ村は、**表19—1**に示すごとく相当大なる人口を有しており、その資料は膨大であり、かつ欠損が甚しいからである。これらは前後の関係から、綿密に行えば復元も可能であるが、これらは後日に譲ることとし、本稿ではその周辺の、早田、行野、大曽根の三ヵ浦と、向井村の四ヵ村の資料につき考察を行いたい。しかし、ここで一応、全村の戸口数を表示しておこう。明治三（一八七〇）年の数字は、同年四月に行われた宗門改帳系統に属する最後の戸口調査によるものであり、明治五（一八七二）年の数字は同年の壬申戸籍による。前者は各村の宗門帳末尾の記載から、後者は戸長における総計「度会県管轄第七区小三区戸籍総計」から求めた。

さてこの四ヵ村の様子を最も手近かに知り得るのは、明治二（一八六九）年の尾鷲組村々明細帳[26]によるのが簡便であろう。適宜抜書きをしてみれば次のごとくである。

早田浦、「早田浦之儀ハ年中漁業仕、漁間ニ者薪木伐出し廻船へ売申候、廻船も折々汐懸ニ入津仕候付宿ヲも仕渡世仕候」

行野浦、「行野浦之儀ハ漁業仕、漁間ニハ薪等伐出しいさは船へ売、又は尾鷲へ積出し日々其日凌ニ渡世仕候」

大曾根浦、「大曾根浦之儀ハ年中漁業仕、漁間ニハ薪木等伐出しいさは船へ売り申候、田方耕作少々仕候」

向井村、「向井村之儀ハ田畑耕作之間ニハ薪等伐出し、又ハ荷物稼等渡世仕候」

以上の記載のみを以てしては断定し難いが、早田、行野の両浦は純漁村に近く、大曽根浦は半農半漁村的であり、向井村は農村とごく大摑みに言うことができよう。これを**表19−5**に示した各村の職業別構成表と比較することはきわめて興味深い。このようなそれぞれの村落の規定は、人口の上に興味深い関係を示している。**表19−1**に示したように、この数字を信ずる限り、明治三（一八七〇）年の戸口数と明治五（一八七二）年のそれとの間には、村によっては近々一両年の自然的な、あるいは通例の社会的な理由をもってしては説明しきれないような変化が見られる。大曽根浦および向井村は著しい減少を見せ、早田、行野両浦は本稿の考察の範囲には属さないが、純漁村とみられる九木、須賀利の両浦と共に人口の上でそれ程の変化を示さず、逆に増加さえ示しているのである。このような差違がなぜに生じてきたか、次に考察を加えてみよう。

幕末維新期尾鷲組人口統計資料の考察

この時期における人口統計の資料を最も多種に残すのは早田浦である。これは、何も同浦のみがこの種の調査が繰り返されたことを意味するのではなく、資料の残存状態によるものと考えられる。すなわち①明治二（一八六九）年四月の「巳年惣人数宗門直改帳」、②明治三（一八七〇）年一月の「午惣人数相調べ書上帳」、③明治三年六月の「戸口籍御達帳」、④明治三年八月の「午歳戸口帳」、⑤明治四（一八七一）年二月の「戸口籍御達帳」、⑥明治五（一八七二）年の「早田浦戸籍」で、これはいわゆる壬申戸籍に相当する。他村では、これらのうちの③、⑤を欠いているが、①、②、④、⑥はいずれの村も残している。要するにこの数年間にいかに戸籍調査が頻繁に行われたかを物語るものである。これらはいずれも各戸ごとの調査であるが、単に村全体の戸口数を示したものは、この他に、明治二、四（一八六九、一八七一）年の書上帳[27]および二年の村明細帳がある。

さて、まずそれぞれの調査資料について見よう。①の「巳年惣人数宗門直改帳」は、全く従来の宗門改帳の形式によったもの[28]であるが、前年のものと次の諸点において相違点を有する。それは、第一に、今までの宗門改帳が八歳以上の者のみを記していたのに反し、当歳以上の者を記載するようになった点。第二に、各戸の職業種類名を記していること。第三は、出稼または行方不明の不在者はその旨記載していること。第四は、各戸別に身分上の本役・半役・無役の記載をしていること。第五に、従来は身分上の理由から別格に取り扱われていた地士格を有する者が共に同じ宗門帳に記されるようになった点である。したがって各村とも帳簿上の人口は増加している。第一および第四の理由は、従来除外されていた村落居住者の数を明確にし、第三の不在者の記載はこれを明らかにすることによって、実際の村落居住者の数を知る可能性を与える。もっともこの場合、他村からの入稼人口が不明である限り、その意義は薄くなるが、少なくともその村からの出稼人口および出奔等の理由による不在人口を明らかにする点で重要である。また、第二の点は、従来この種の調査がなされておらず、職業別構成が不明であるため、とかく不便を生じがちであった研究の上に有効な役割を果し得る。要するにこの調査は形式の上では従来の宗門改の方法によりつつも、漸次実際に近いものへと移行する第一歩を踏み出したものと言えよう。

②の「午惣人数相調べ書上帳」は、前年の①と調査様式を全く一にする。この年は、和歌山藩において宗門改の行われる子午の年に相当しており、この資料の残るのは当然であると言ってよい。

③の「戸口籍御達帳」は先に示した和歌山藩の法制史料による人口調査の第二の例に対応するものである。この調査は、それまでの宗門改の様式とは全く異なる新しい様式によっている。したがって調査に日数を要していることはすでに述べたごとくである。各戸別に一枚の用紙へ戸籍、所有する土地、建物、船舶等についての記載をし、職業も記しているから研究者にとっては便利である。表19―2に記載の実例を示す。この用紙は、各戸によって記載の異なる部分を除いては木版刷りのものを用いている場合が多いが、すべての村でこの用紙を用いているわけではなく、同様の書式で手書きしている村もある。

従来と異なる点は、宗門関係を一切含まないことにより、宗門改の形式を全く脱している点をまず挙げねばなるまい。また、単に戸籍のみではなく、所持するところの田畑、山林、家、屋敷、さらには船さえも記しているのは、この調査が戸口取調と称しながら、単に戸口のみにとどまらず、一種の資産調査をも目的としたものと言える。もっともこのような調査は、和歌山藩においてそれまで全く行われなかったわけではない。すでに尾鷲組大庄屋文書を通じて知り得ただけでも、宝永三（一七〇六）年の「加子米古未進人別書上帳」は、表題の示す加子米の未進高を示すのみならず、各戸別の所持高、船等について書き上げ、さらに家族の年齢（八歳以下も含む）、家屋の状態等について記している。また、寛政一一（一七九九）年の「村中人別並持高当作高書上帳」は、表題の示す内容を有するが、この場合の人別は宗門改の場合と異なり、八歳以下をも含めているのである。これらはいずれも宗門改とは無関係に行われたものであり、前後の宗門改と比較検討することは興味深いが、今は触れない。このような先例を有するとはいえ、明治三（一八七〇）年のこの調査は、和歌山藩における人口調査が、従来の宗門改から全く脱して、近代的なものへ移ったことを意味する点において、その最初の試みとして高く評価されるべきものと考える。

④および⑤の資料は、いずれも③の繰り返しであり、この間に関する限り調査様式上の変化はない。

表 19-2　明治 3 年戸籍

本役	家	田畑
一番組　彌蔵　午三十七歳	所持家　大曽根　壹軒　土蔵　所	高　一石九斗五升二合　二斗九升四夕
職業	**屋敷**	**山林　船**
漁業	竪九間一尺　横六間　高　田七升二合	山林　壹ケ所　船　壹艘

（表）

妻はる　午三十五歳
娘きん　午十二歳
同とう　午五歳
合四人　男一人　女三人

（裏）

⑥のいわゆる壬申戸籍は、先に示したように、明治四年四月の太政官布告に基づくところの全国同一の様式によって行われた調査であり、もとよりこの地方独特のものではない。それは罫紙に書かれた純粋の戸籍調査であり、③で示されたような資産台帳的な面は全く有していない。しかし、氏神、檀那寺の記載が復活し、また職業の記載、不在者はその理由が記されている。何よりも戸籍簿であるから、個々の続柄は詳細に書かれていることは当然である。

以上のごとく、この時期における尾鷲地方の人口調査資料は、①、②の旧宗門帳系統のものと、③、④、⑤の過渡的な戸口調査書と、⑥の壬申戸籍の三種類に分けられることが判明した。ところが、これらの資料によって算定された個々の村の人口は、すでに**表19－1**において示したごとく、決してこの短期間の自然的なあるいは社会的な増減では説明し得ぬ程の偏差を有する。この間の関係を、取り上げる四つの村についてより詳細に表示してみよう。**表19－3**は各年の資料、①、②、④、⑥の実際の記載より算定を試みたものである。**表19－1**と比較し、同じ史料でありながら当時の総計数との間に相違を見出すのは、単に計算上の誤りを意味するとなすにはあまりに大である。これはむしろ当時における合計数が、何らかの条件の附せられた合計数であったことを意味するものと理解し得るのである。

ところで**表19－3**は、早田浦を除く他の三ヵ村が、資料上、この三年間に一割ないし二割の人口減少の事実を見せている。この減少はいかなる理由によるものであろうか。今、大曽根浦の場合をさらに詳細にみると、その増減の理由は**表19－4**のごとくである。理由不明による増減が多いが、このうち男女合計二九人は他村へ出稼か、あるいは行方不明の者で、これらが資料上から姿を消していっていることから、このように大きい減少の数字が示されるのである。したがって、少なくともこの二九人については、最初の調査、明治二（一八六九）年四月において、事実上この村に居住せず、それが明治三（一八七〇）年八月の戸口帳、および明治五（一八七二）年二月の壬申戸

表 19-3　尾鷲組各村戸口数人口数（明治初期）

村名	年代	戸数	人口		
			男	女	計
早田浦	明治 2.4	52	123	104	227
	3.1	52	122	106	228
	3.8	51	118	116	234
	5.2	51	116	107	223
行野浦	明治 2.4	33	98	95	193
	3.1	34	96	94	190
	3.8	33	96	94	190
	5.2	35	93	84	177
大曽根浦	明治 2.4	27	77	76	153
	3.1	26	80	77	157
	3.8	26	74	73	147
	5.2	23	62	63	125
向井村	明治 2.4	74	180	156	336
	3.1	74	179	153	332
	3.8	66	158	141	299
	5.2	74	163	136	299

籍において漸次資料から脱落していったのである。しかし、これらの出稼人や、行方不明の者すべてが脱落したのではない。この村の場合、壬申戸籍では少なくとも一人が「嘉永二己酉年三月出奔永尋」と記載されながらもなお戸籍上に名をとどめている。したがって、戸籍上に残るか残らないかについては何らかの基準があったものと考えられるが、これについては今のところ判然しない。大曽根浦以外の村々についても程度の差こそあれ、同様なことが言える。

したがって、ごく大まかに言えば、この期間における人口の減少は、これらの実際の不在人口の整理によるものであり、この大小が、減少の大小となるものと見てよい。逆に増加について言えば、従来資料には記載されていなかった他村からの入稼その他の理由による実際上の村落居住者、および従来何らかの理由で帳外れとなっていた者をその村の戸籍に新たにつけ加えることにより増加を見るのであるから、自然的社会的増減以外に、こ

表 19-4　紀伊・尾鷲組大曽根浦における人口増減内訳（明治初期）

期間		増 養子縁組	増 出生	増 引越	増 不明	増 計	減 養子縁組	減 死亡	減 不明	減 計	差引
明治 2.4	男		1	3	1	5		2		2	+3
3.1	女	1	2	2		5	1	2	1	4	+1
明治 3.1	男								6	6	-6
3.8	女				1	1			5	5	-4
明治 3.8	男	1			2	3		1	15	16	-13
5.2	女	3	4		3	10			20	20	-10

のような調査基準の変化による増減がかなり大きな部分を占めていたことを認め得るのである。幕末における最後の人口調査と明治初年のそれとの間に相当の差違を生ずるのも当然と言わねばならない。しかし個々の村について見れば、すべての村において増加がみられたとは言えない。和歌山藩の場合は、八歳以下の算入如何によって人口数に大きな増減が見られるから、明治初年の調査が幕末のそれに比して大なる人口数を示しているのは当然であるが、有籍無住の人口数が多い村では、同じ明治初年の調査において、その算定如何による変化が大きいのである。したがって、尾鷲組の四カ村について言えば、大曽根浦、向井村のごときは、少なくとも幕末において相当の離村者を出していた貧村と言えよう。これに対し、行野、早田の両村は離村者の少ないところから前記の二村と対照される。要するに宗門改帳と壬申戸籍とを比較することにより、幕末期におけるその村の状態の一端を窺うことを得るのである。

さらにまた、この年間のいずれの資料にも記載されている職業の記載についても、同様に決して同一の基準によったのではないことは、**表19—5**における各村の職業別構成の変化を見ても判る。我々は、これらのいずれを正とすべきかについてにわかに態度を定め得ない。この職業の記載は、おそらくは戸主の職業によったものと考えられるが、戸主が明らかに船乗出稼などで他村へ出ている場合にも、その家の職業は漁師であったり、また山稼であったりする場合が多いのである。しかし、ともかくもこの記載を通じて、我々は当時における

表 19-5　紀伊・尾鷲組各村の職業別構成表

村名	早田浦				行野浦				大曽根浦				向井村			
資料種類	(1)	(2)	(4)	(6)	(1)	(2)	(4)	(6)	(1)	(2)	(4)	(6)	(1)	(2)	(4)	(6)
濱方商人	6	6	6													
商人						1	1									
商　商間百姓渡世				2												
商　商間漁渡世				2												
商　商間樵渡世								1								
商　商並材木渡世				1												
農業		1	1	2	7	7						1	7	11	10	25
農　農間商渡世				1												
農　農間材木渡世								1								
農　農間漁渡世								1				6				
農　農間樵渡世							7	4					5	1		1
農　農間木挽渡世													1			1
農業大工職		1														
作間石手													1			
漁業　雑業漁渡世	44	42	42	40	21	23	23	14	20	21	25	16				
雑業　漁並樵渡世								5								
船乗　雑業船乗稼		1		3							1		1	1	1	1
山稼　雑業樵渡世								9					42	48	51	42
木　　挽													1	2	2	
杣													3	1	1	
大工　　工大工	1		1										1	1	1	1
工鍛冶																1
荷持						1	1									
日用稼													2			
出稼					1					1			1	1		1
記載なし	1	1	1		4	1	1		7	6			9	8		1
計	52	52	51	51	33	33	33	35	27	28	26	23	74	74	66	74

職業の分化のごく大摑みな傾向は知り得るのである。

さて以上、おおよそこの時期における数種の人口統計資料の記載上の差異を検討した。その差異が決して無視し得ぬものであることは、我々が事実を知る上に一つの警告を与えるのである。すなわち、徳川時代的な調査の結果得られた数字は、明治に入っての新しい方式による調査の結果に比して、以上見たごとく、かなり事実から遠いのである。しかし、また、明治初年におけるそれも、絶対的に正確であるという保証はない。村政を担当する村役人にとっては急激な変化と映じたであろう明治の諸変革は、それだけに法令の意図したごとく最初から円滑な運用は望めなかったのである。壬申戸籍において、従来の有名無実の村民を削り、除外人口を加算することにより戸籍の正確化を図ったことは、確かに意味のあることであった。しかし成立したものは決して完全でなかったことは、なお後年の補正を必要としたことからも確認できる。しかし、尾鷲組の場合では、その正確性を測り得る他の素材を有していないので、この補正は不可能なのであるが、少なくとも正しきものへより一歩近づいたとは言えるものと考えられよう。

結　論

以上本稿においては、主として維新期における人口の調査それ自体を考察してきた。調査の結果得られたものを基礎とする研究は、特に村落構造を問題とする場合に重要な分野を構成するのであり、また人口の研究の上にも当然活かされるべきものであるが、すべてこれらは後日に譲ることとする。これらはそれぞれ独立した研究課題たり得るからである。

本稿で考察してきたところから結論を導き出すことはもとより時期尚早だが、ここで要点をまとめることにより結びに代えたい。

徳川時代の人口調査が主として宗門改の形式で行われたことは、この調査が人口それ自体の調査として出発したのではなかったことを意味する。もっとも後には宗門改よりはむしろ人別改に実質的な重点が置かれ、本来は別の理由から行われた人別改と混淆してくる場合も生じたことは、すでに諸先学によって述べられているところである。和歌山藩においては人別改が全く別個の必要から行われたことはすでに示したごとくである。そして、宗門改が八歳以下の人口を除外したのに反し、この方は全人口の調査を行っている。しかし、これが常時行われなかったことは、当時の藩当局において、全人口の常時的な算定が不必要であったことによるものと思われる。したがって和歌山藩における人口調査の基本は、廃藩直前に至るまで宗門改の形態が続けられた。そして作られる宗門改帳は、さまざまな除外人口を含んでいたが、それのみではなく、後に明治初年の別個の方式による調査と比較して明らかになったように、その記載にはかなりの事実との背馳が見られるのである。このことは、徳川時代の資料の統計的処理に対する一つの警告となるのであるが、このことは程度の差こそあれ、明治初期の戸籍調査についても言えよう。すでに見たごとく、壬申戸籍作成を命ぜられた諸村役人の困惑は大変なものであった。また、出来上った戸籍簿を見ると戸長役場における書き直しや疑問点の註記等が多く、その作成が困難であったことを示している。しかも、この壬申戸籍への変化は直ちに行われたのではない。全国的に行われたか否かはしばらく措き、過渡的な、短命ではあったが従来の方式とは異なる戸口調査が行われていることは注意せねばならない。むしろ資料としては、純然たる戸籍簿となった壬申戸籍に比して、和歌山藩の戸口帳は有用であるように思われる。

しかし、なおいくらかの不備を蔵するとはいえ、作成された壬申戸籍は、徳川時代のそれと比較すれば、戸籍簿としての正確さについては遥かに優れたものであった。明治政府の行った重要な事業の一つには十分値するものと考える。したがって、宗門帳と比較することにより、その増減を通じてそれぞれの村の幕末期による盛衰の一面を窺うことが可能となるであろう。ともあれ、これらの資料は、今後さらに多く利用され発掘されねばならないと考える。

注

（1）弘化三（一八四六）年二六九〇万七六二五人に対し、明治五（一八七二）年三三一一万八二五人、後に補正され三四八〇万六〇〇〇人（推計）となった。

（2）除外人口の種々なる例については、関山直太郎『近世日本人口の研究』一九四八年、六六頁以下、および野村兼太郎「江戸時代における人口調査」『三田学会雑誌』第四二巻第三号所収参照。

（3）明治五（一八七二）年ないし一〇（一八七七）年の戸籍寮発表の人口数と、後年の内閣統計局による推計人口対比については、内閣統計局編『明治五年以降我国の人口』一九三〇年、三頁以下参照。

（4）この布告は前文、本文三二則および書式よりなる。全文については、内閣官報局発行『法令全書』明治四（一八七一）年の部一一四頁ないし一三八頁参照。

（5）同書、一八六八年、三二七頁。

（6）同書、一八六九年、九五頁。

（7）同書、同年、二〇二頁、二〇三頁。

（8）同書、同年、二三八頁、二三九頁。

（9）同書、一八七〇年、六三頁、六四頁。

（10）同書、同年、八六頁。

（11）同書、同年、二二八—三〇頁。

（12）明治二（一八六九）年三月、行政官より命ず。『法令全書』一八六九年、一三六頁参照。

（13）野村兼太郎『維新前後』一九四一年、二五九頁以下。

（14）同氏による最初の調査、および維新期における政表作成に関する政府への意見書については『杉先生講演集』一九〇二年版の附録参照。なお黒羽兵治郎「明治初年の静岡藩及び甲斐国人別調」（日本経済史研究編『幕末維新』三〇六頁以下所収）

参照。
(15) 柿崎正治『切支丹禁制の終末』一九二六年、九五頁以下、および戸谷敏之『切支丹農民の経済生活』一九四三年、四七頁以下参照。
(16) 明治六（一八七三）年二月二一日切支丹禁制の高札は初めて撤去された。
(17)『法令全書』一八六八年、三三六頁。
(18) 同書、一八七一年、五六〇頁。
(19) 土屋喬雄「明治初年の人口構成に関する一考察」『社会経済史学』第一巻第一号、一四四頁以下はこの資料紹介である。
(20) 一説によれば、嘉永五（一八五二）年の集計が想定されているが、疑問の点も多いので一応この年の集計を幕府による最後の調査とする。関山直太郎「徳川時代の全国人口に関する疑問と考察」『社会経済史学』第一一巻第一一・一二号所収参照。
(21)『南紀徳川史』第一〇冊、一九三一年版、三二八頁、三二九頁。なお句点は引用者が附した。
(22) 和歌山藩の組＝大庄屋については、伊東多三郎「近世封建制度成立過程の一形態」『社会経済史学』第一一巻第七、第八号所収参照。
(23) 日本常民文化研究所収集、三重県尾鷲市役所所蔵史料。
(24) この史料については、速水融「近世における一漁村の人口動態――紀伊国牟婁郡須賀利浦」『三田学会雑誌』第四六巻第一二号所収参照（本書第14章）。
(25) 速水融「近世における漁村の移住と漁場の利用、支配の関係について」『三田学会雑誌』第四六巻第七号所収参照。
(26) 徳川林政史研究所所蔵「尾鷲組大差出帳」。
(27) この資料については、速水融「近世における一漁村の人口動態――紀伊国牟婁郡須賀利浦」参照（本書第14章）。
(28) 和歌山藩における宗門改については、本稿の前半部分、および関山直太郎「和歌山藩の人口調査と人口状態――特に幕末紀北における動態人口について」『和歌山大学紀州経済史文化史研究所研究叢書』第二集所収参照。

終章　人口・家族構造と経済発展——日本近代化の基層

家族構造と経済発展との間には、明らかに関係がある。核家族（nuclear family）システムのもとでは、移動が自由な労働力を生み、近代資本主義経済の成立に重要な条件を与えた。ここでは夫婦関係が優先する。直系家族（stem family）システムのもとでは、小家族経営が最適で、ここでは親子関係が優先する。合同家族（joint family）システムのもとでは、共同体経営が最適で、ここでは兄弟関係が優先する。世界的には、日本と韓国はともに、直系家族社会とみなされている。

しかし、以上は概観であって、実際には混合型があったり、相互の浸透があって、一国内でも一律ではない。この報告では、家族構造を広げて「家族・人口パターン」について、伝統日本の歴史資料にみられる家族・人口パターンの観察を行い、その内容を検討する。

史　料

ここで「伝統日本」というのは、主として江戸時代をさすが、明治中期以降、急速な都市化・工業化が本格的に展開する以前、つまり明治前期を含んだ時代である。江戸時代以前にはこのテーマに関する全国的史料はほとんどない。しかし、江戸時代の日本には、このテーマの研究にとって世界でも稀な史料が作成され、いくつかが残存している。一つは、徳川幕府の厳重なキリスト教禁止政策の産物とも言うべき「宗門改帳」である。一六三八（寛永一五）年、幕府直轄地に宗門改が実行されるようになり、住民一人一人に、キリスト教徒ではなく、仏教徒であることを所属する寺院の印を押させて報告を求めた。さらに、一六七一（寛文一一）年には、国内の全領主にまで拡大して実施されることとなった。

第二には、自らの領地を持つようになった大名が、戦闘の補助や諸インフラの築造・整備のため労働力を必要とし、領内の人口調査を行うようになった。その結果「人別改帳」が作成された。江戸時代初期にはいくつかの大名領で見られ、陸奥（むつ）二本松（にほんまつ）藩のように、明治維新まで続いたところもある。

本来の「宗門改帳」と「人別改帳」は、直接の目的は異なるが、ともに領内に住む全住民を対象とし、庶民の場合、町や村ごとに作成されたので、統一され「宗門人別改帳」と呼ばれることが多い。ここでは、「人別改帳」を含め、総称して「宗門改帳」と呼ぶ。

幕府から一定の書式、調査作成の方法が示されたわけではないので、幕府直轄地、各大名領、代官支配地それぞれによって内容が異なっていた。

「宗門改帳」は、世帯を単位として作成されたが、最低限必要な記載項目は、調査対象となった人名、その檀那寺、仏教の宗派、筆頭者との続柄であり、実際、初期の「宗門改帳」には、記載項目はそれらに限られているものもある。しかし、「人別改帳」の要素が加わると、年齢、持高（保有する耕地の価値を表すために米の容積で示した）、家畜数などの記載が加わる。

「宗門改帳」は、当初は宗派の如何を問わず、世帯を単位として村や町ごとに作成されていた。原則的に一年一回、決まった日付で二冊作成された。一冊は廻村してくる領主側（宗門奉行のもとにいる宗門取調役）役人に提出され、他の一冊は町や村に保管され、翌年の取り調べまでに生じた変動が書き込まれたり、張り紙に書かれ、翌年の史料作成の台帳となった。（図20—1）

一方、領主側に提出された「宗門改帳」は、末尾に記載されている町や村の総人口・家数を書き写し、領内の戸数、人口数を知る資料とし、藩の記録に留めたり、一七二一（享保六）年に始まる幕府の全国人口調査における報告資料として用いられた。しかし、「宗門改帳」自身はそれが済めば不要となり、古紙として売りに出されたりしている。われわれが通常利用する「宗門改帳」は、村や町に残された控え書きが多い。「宗門改帳」は、一八七一

図20-1　宗門改帳（美濃国安八郡楡俣村、1773年）の記載例

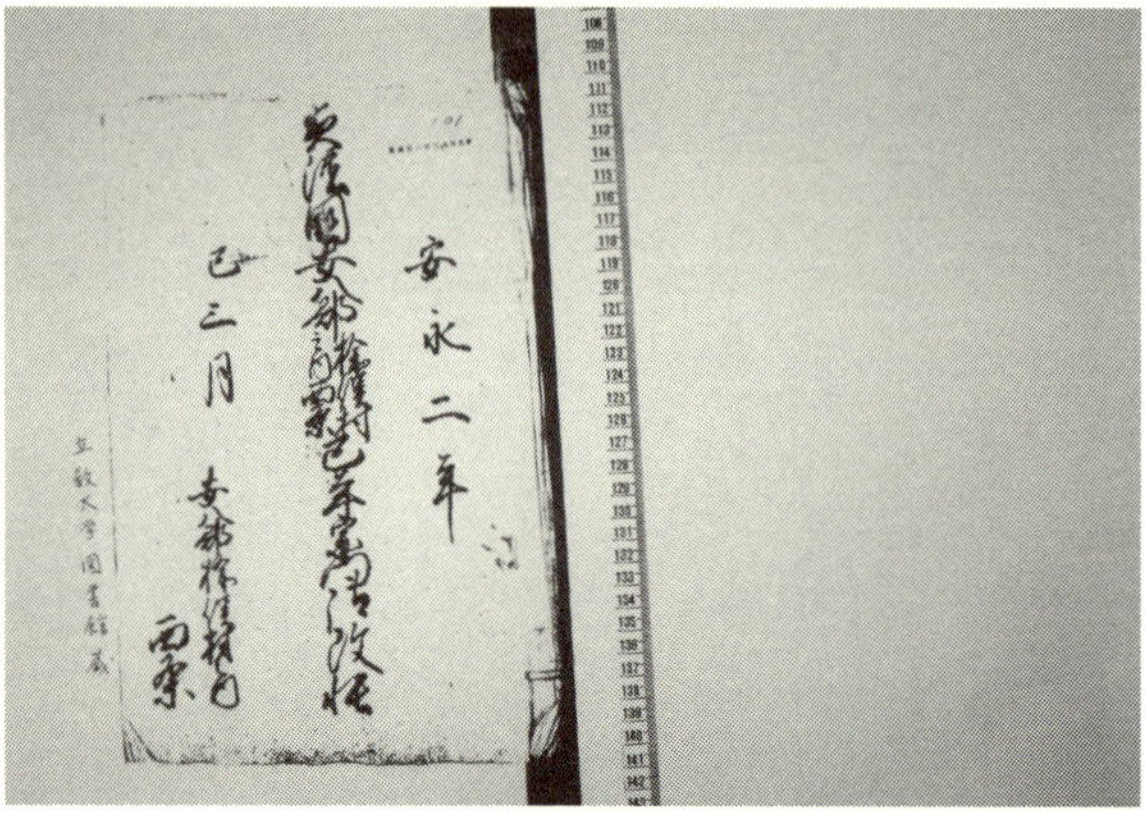

表紙

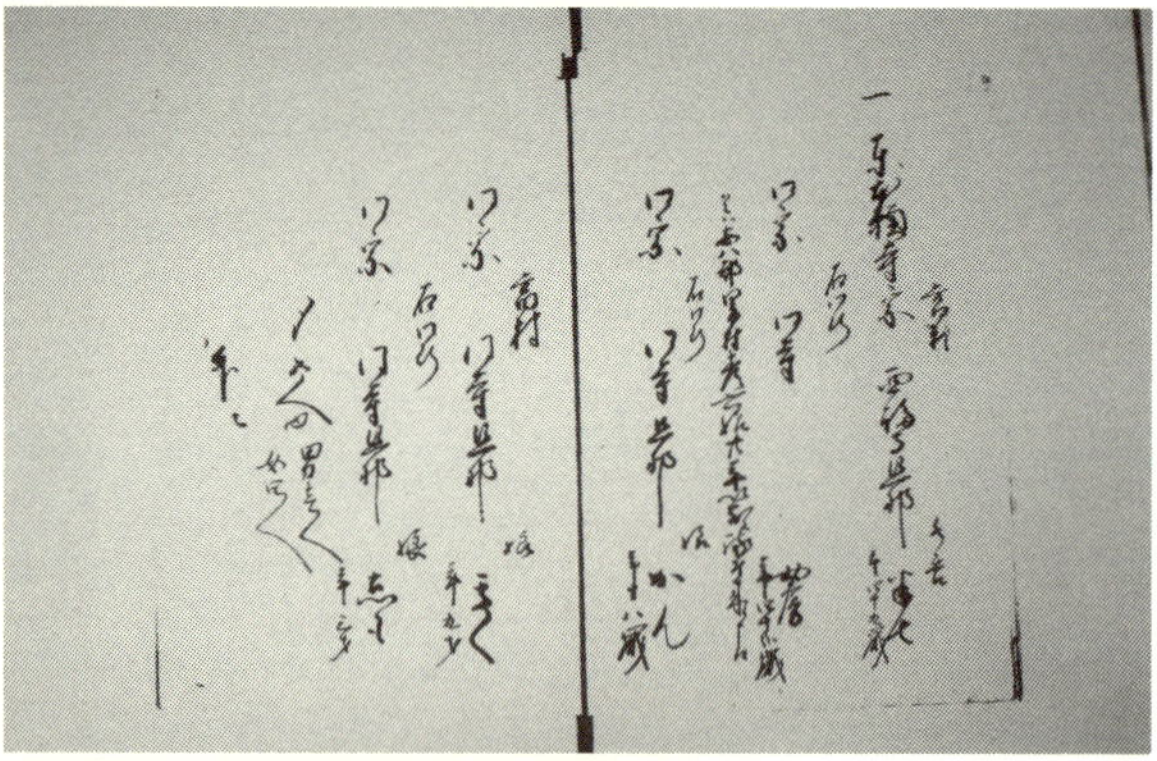

宗門改帳の記載（1）

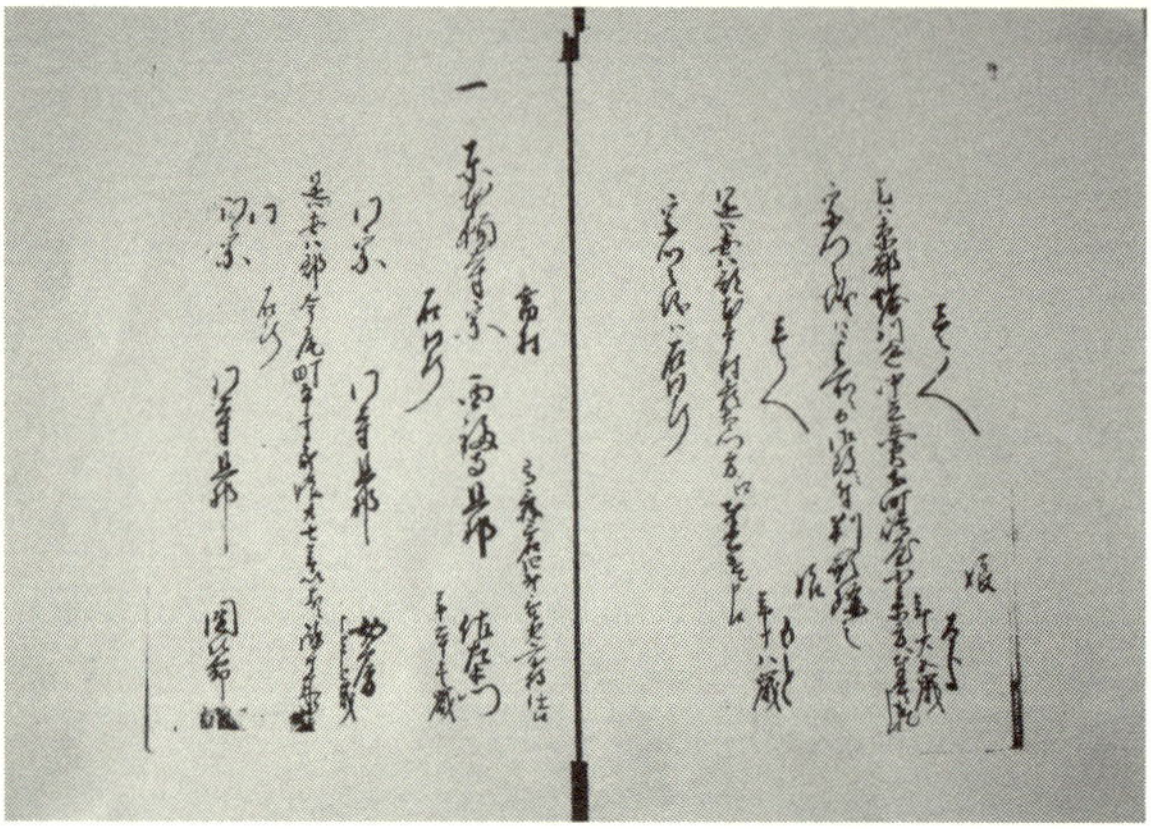

宗門改帳の記載（2）

安永二年

美濃国安八郡楡俣村　巳年宗門御改帳

之内西条

巳三月

安八郡之楡俣村之内

西条

表紙

当村　水呑

一　東本願寺宗　西福寺旦那　半七

年四十九歳

右同断

同宗　同寺　女房

年四十弐歳

是ハ安八郡里村彦六娘廿年以前ニ縁付来リ申候

右同断　娘

同宗　同寺旦那　かん

年十八歳

右同断　娘

同宗　同寺旦那　きく

年九才

右同断　娘

同宗　同寺旦那　志も

年三才

男壱人

メ五人内

女四人

宗門改帳の記載（1）

外ニ

娘

壱人　るよ

年廿五歳

是ハ京都堀川通中立売下町嶋屋小兵衛方へ奉公ニ遣シ申候

宗門之儀ハ其所ニ而御改ニ付判形除之

娘

壱人　もと

年十八歳

是ハ安八郡本戸村彦右衛門方江奉公遣シ申候

宗門之儀ハ右同断

宗門改帳の記載（2）

（明治四）年、列国による信仰の自由の要請によって廃止されるまでその作成が続いた。

人口・家族史料には、このほか「寺院過去帳」、「系譜」があるが、記載内容から言って「宗門改帳」に優るものはなく、ある研究者はこれを「人類の遺産」と評価したほどなのである。なぜならこの種の史料は、一年のみでも貴重だが、もし史料が長期間（一〇〇年以上）にわたって連続して残存している場合、そこに登場する人々の行動を追跡することにより、当時の一般の人々の生涯、あるいは家族の変遷を非常に詳細に知ることができるからである。

史料の整理法

筆者が開発した「宗門改帳」の整理方法は以下のごとくである。まず作成される基礎整理シート（ＢＤＳ）は、縦方向に年代と個々の年齢を記入する欄を設ける。最上欄には、名前、性別、世帯主との関係、個人番号を記入し、最下欄は備考欄とする。横方向には、世帯構成人員を、史料への出現順に記入し、最左欄は年代（和暦・西暦）、最右欄は世帯の人員数（男子・女子・計）、家畜数、持高、史料への記載順を記入する。四隅の空欄には、世帯の壇那寺、その宗派を始め世帯に関するもろもろの情報を記入する。

シートの記入が完了すると、タテ方向に読むことによって、個人の史料への出現から消滅、理想的には出生から死亡までを、その間に生じた出来事とともに追うことができる。このようにして得られた個人個人の生涯または史料への出現から消滅に至る間の記録、つまりライフ・ヒストリー（life history）を別個のシートに書き写すか、コンピュータに入力する。一人一人の生涯とその家族史的環境を明らかにし得るのが「宗門改帳」の特質であり、記載する人口の静態および動態を家族の状態とともに知り得る。

地域別人口・家族パターン

「宗門改帳」自身は、このように人口・家族史研究にとって、これ以上ない良質の史料であるが、しかしこれを用いて全国的視野から研究を行うに際し、いくつかの困難に直面する。それは、少なくとも現時点において、収集史料が少ないことである。たとえ一年分でも収集した町・村数は、約八〇〇あり、これは江戸時代の全国町村数六万─七万の一％以上に当たる。しかし、記載内容が豊富で、一〇〇年前後連続して残存している「宗門改帳」は、全国で約二〇を数えるにすぎない。つまり、「点」の観察はできても、「面」の観察は困難だ、ということになる。そこで、一つの「地域」として考え得る数ヵ村を一くくりにして、①東北日本（旧二本松藩領、および会津山間部）、②中央日本（濃尾平野）、③西南日本（東シナ海沿海部）の三つを対象とし、そこに含まれる「村」を総括し、それぞれの人口・家族パターンの特徴を引き出すことから始めたい。筆者は、決して日本にはこの三パターンしかなかった、と考えているわけではない。史料による観察のできない空白域は決して少なくないのである。わずか数ヵ村の例をもって、「地域」を代表させることはもちろん問題であり、この報告は、あくまで現時点における史料収集の状況の上に立った仮説と言ってよい。しかし、いずれの地域も、年代上では一七三〇年─一八六〇年を期間とし、それぞれ最低五〇万人年（person year）[1]を対象としていることを付記しておこう（図20─2）。

東北日本では、大部分の世帯は直系家族世帯であり、多くは多世代家族である。一世帯当たりの人数は多く、女子の結婚年齢は低い。しかし、出産数は少なく、地域の人口は増大しなかった。[2]このパラドックスをいかに説明できるだろうか。通例、結婚年齢が早ければ、より多くの子どもが生まれ、人口は増大する。しかし、この地方では、それにもかかわらず、出生率を低く抑えて人口水準を増やさないようにするメカニズムが働いていたとしか考えら

図20-2　本稿で取り上げる三つの地域
東北日本・中央日本・西南日本（東シナ海沿岸部）

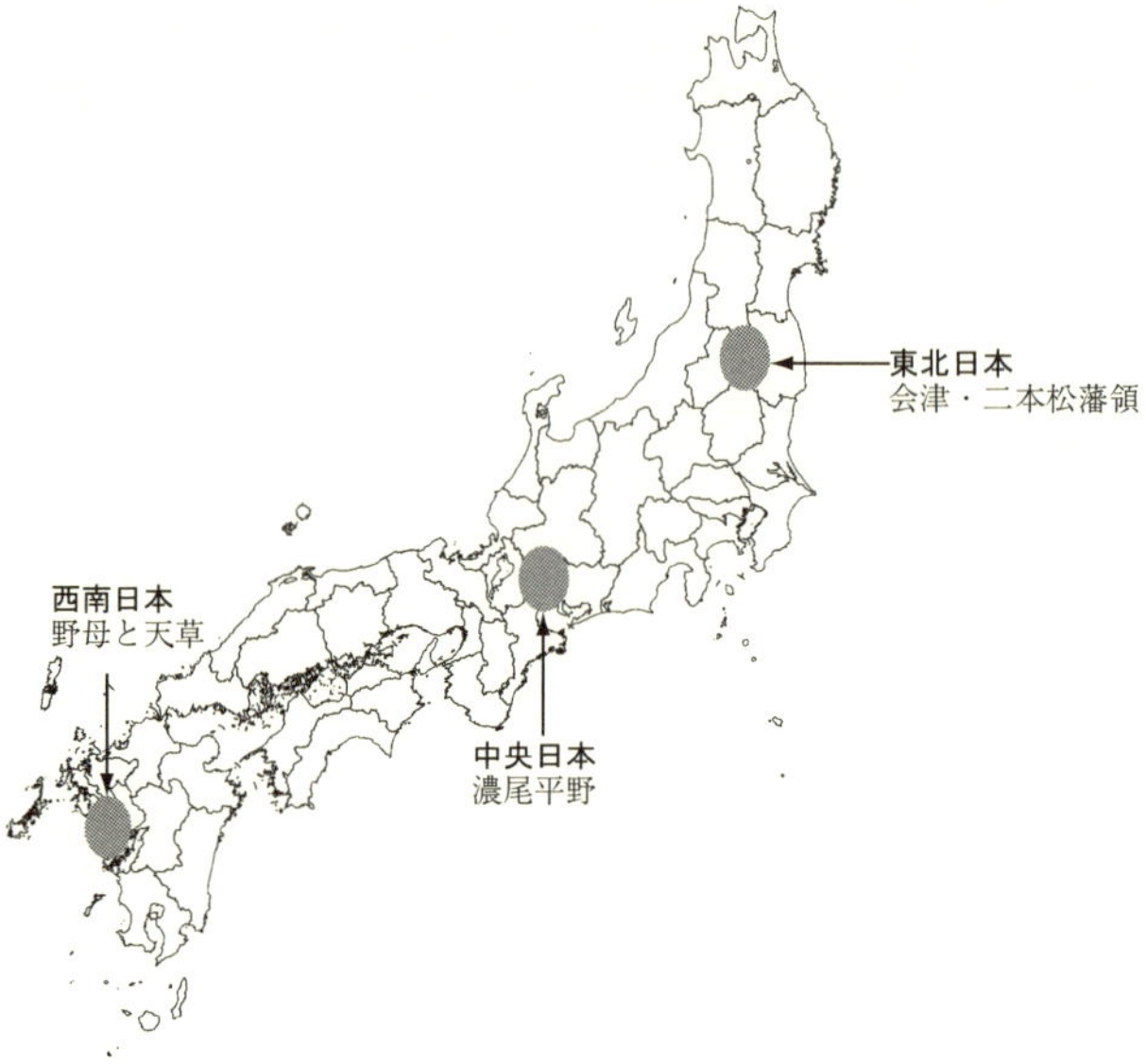

れない。

二番目に、中央日本の事例は、女子の結婚年齢は高いが、出生率は、その年齢から想定されるようには低くなく、むしろ高い。晩婚は、出生率を抑えるためではなかった。

三番目に、西南日本の事例で、進行中の研究によれば、東北および中央日本で見出された特徴と異なり、女子の結婚年齢は高いとはいえ、出生率は婚外子が多いため高く、人口は増大している[3]。

日本の家族の地域的特質については、数多くの研究が発表されている[4]。しかし、これらの研究に、徳川時代の「宗門改帳」を大量に利用したり、明治前期の統計資料を用いたものは多くはない。家族構造を東北日本型と西南日本型に二分する考え方も、再検討を必要とされていると言えよう[5]。筆者による歴史人口学(historical demographic)研究の結果は、前近代日本における少なくとも三つの人口・家族パターンの存在を提示している（**表20—1**）。

表 20-1　東北日本・中央日本・西南日本（東シナ海沿岸部）の家族・世帯構造の特徴

項目	東北日本	中央日本	西南日本（東シナ海沿岸部）
主な家族形態	直系家族	直系または核家族	直系、核、合同家族
相続パターン	単独相続	単独／不平等相続	単独／平等相続
継承パターン	長男子／長子継承	長男子継承	長男子／末男子相続
世帯規模	大	小	大
初婚年齢	低	高	高
第一子出産年齢	低	高	中
出産数	少	多	多
最終出産年齢	低	高	高
婚外子	少	少	多
女子の社会的地位	低	高	高
奉公経験	少	多	少
奉公開始の時期	結婚後	結婚前	結婚前
都市化	低	高	低
出生制限	高	低	低
人口趨勢	減少	停滞	増大

家族構造の安定性と可変性

経験的証拠により、家族構造を議論する前に、用いる二つの分析上の見方について説明しておこう。第一は、家族構造は社会の特徴を決定する基本的なもので、長期にわたって不変であるという見方である。表面に現れたものが何であれ、家族構造の本質的な性格は、環境の変化や外部からの衝撃があっても変わることなく存続する、とする。たとえば、イングランドは歴史上、史料に見られる限り古くから核家族社会であって、核家族は都市化や工業化の結果ではなかったとすることの見方からすれば[6]、日本は基本的には、直系家族社会で、現在みられる「核家族化」は表面的・一時的なものにすぎず、日本の基本となる家族形態に戻る潜在性を秘めていることになる。この見方に立てば、家族構造は「文化」の表出であり、この立場を、文化的視角と呼ぶこともできる。

第二の立場は、家族構造は不変なものではない、とする視角である。それは環境——都市化のような——の変動、工業化によって生じた経済的変動、および他の変化（法令の発布、人口転換後の少子化、晩婚あるいは非婚化）によって変化する。社会は合同家族（joint family）世帯を基本とするものから、直系家族（stem family）世帯を基本とするものへ、さらにそこから核家族（nuclear family）世帯を基本とするものへと変化し得る。この変化と逆の途をたどる場合もあるかもしれない。この視角は、家族構造の不変を主張せず、むしろそれが時間の経過において生ずる諸変動に適合して変化する、としている。この説では、家族構造は「文明の変化」の表出であり、この立場は可変的視角と呼ぶことができる。

しかし、ここで考察するのは、狭義の「家族構造」ではなく、人口統計上の観察を加味した「家族・人口パターン」であり、より柔軟な概念として用いる。強調すべきは、日本の人口・家族パターンを論ずる場合、「家族構造」考察における立場を固定的に前提とはせず、まずは地域ごと、時代ごとに観察すべきだ、ということである。

マクロ観察

一七二一—一八四六（享保六—弘化三）年の徳川幕府全国国別人口調査は、前工業化期日本の地域的人口分布についての得難い鳥瞰図を描いてくれる。かつて、江戸時代、少なくともその後半の人口は「停帯」の一言で片づけられてきたが、国別にみると、地域による差異は大きく、一九世紀の初頭まで、東北日本では減少が続き、中央日本では停滞し、西南日本では増大している[7]。なぜこのような地域差が生じたのか、また変化の内容はミクロ・レベルによる検討を俟たねばならない（図20—3）。

このような各地域の人口趨勢との関連で、人口・家族パターンを知るために貴重なのは、明治政府が行った一八八六年末の戸口調査である[8]。この統計には、各府県別の各歳ごとに、配偶者の有無別の表が含まれており、明治前

図20-3　地域別の人口増減（1721-1846年）

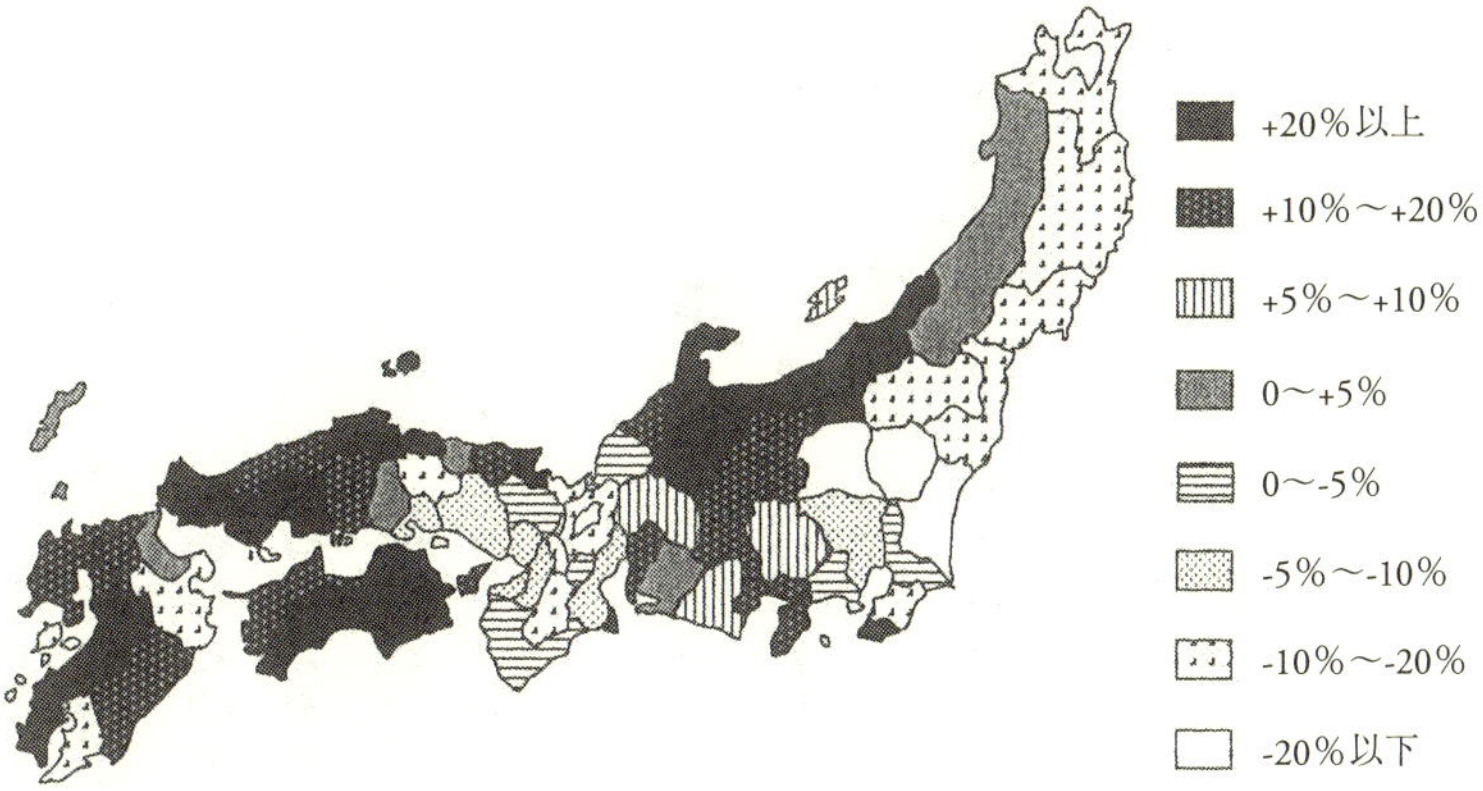

（注）幕府の国別人口調査による。

期、日本がまだ本格的な近代化・都市化・工業化を始める直前の状況を知らせてくれる貴重な情報源となっている。なぜ明治政府がこの年にのみこのような調査を行い、発表したのかについては分かっていない。この年の調査以降、同じような調査は、一九〇八（明治四一）年の調査までなされなかった。一八八六（明治一九）年の調査から、一世帯当たりの人数、一世帯当たりの夫婦組数、平均結婚年齢（男・女）の府県別全国図を作成した（図20―4、図20―5、図20―6、図20―7）。

図20―4においては、明らかに東北日本で世帯当たりの人数は多く、隣接する県もそれに準ずる。一方、近畿地方で少なく、西南日本もそれについで少ない。二つを分ける境目は、はっきりしている。世帯の規模は、世帯の構造、出産子ども数等によって決まる。さらに家族構造に近接すべく、図20―5を用意した。図20―5においても、世帯当たりの夫婦組数は、断然東日本で多く、平均一・二組を超えている。これに隣接する地域も一・〇組以上であり、それ以下との境界は

図20-4　地域別の世帯あたり人数（1886年）

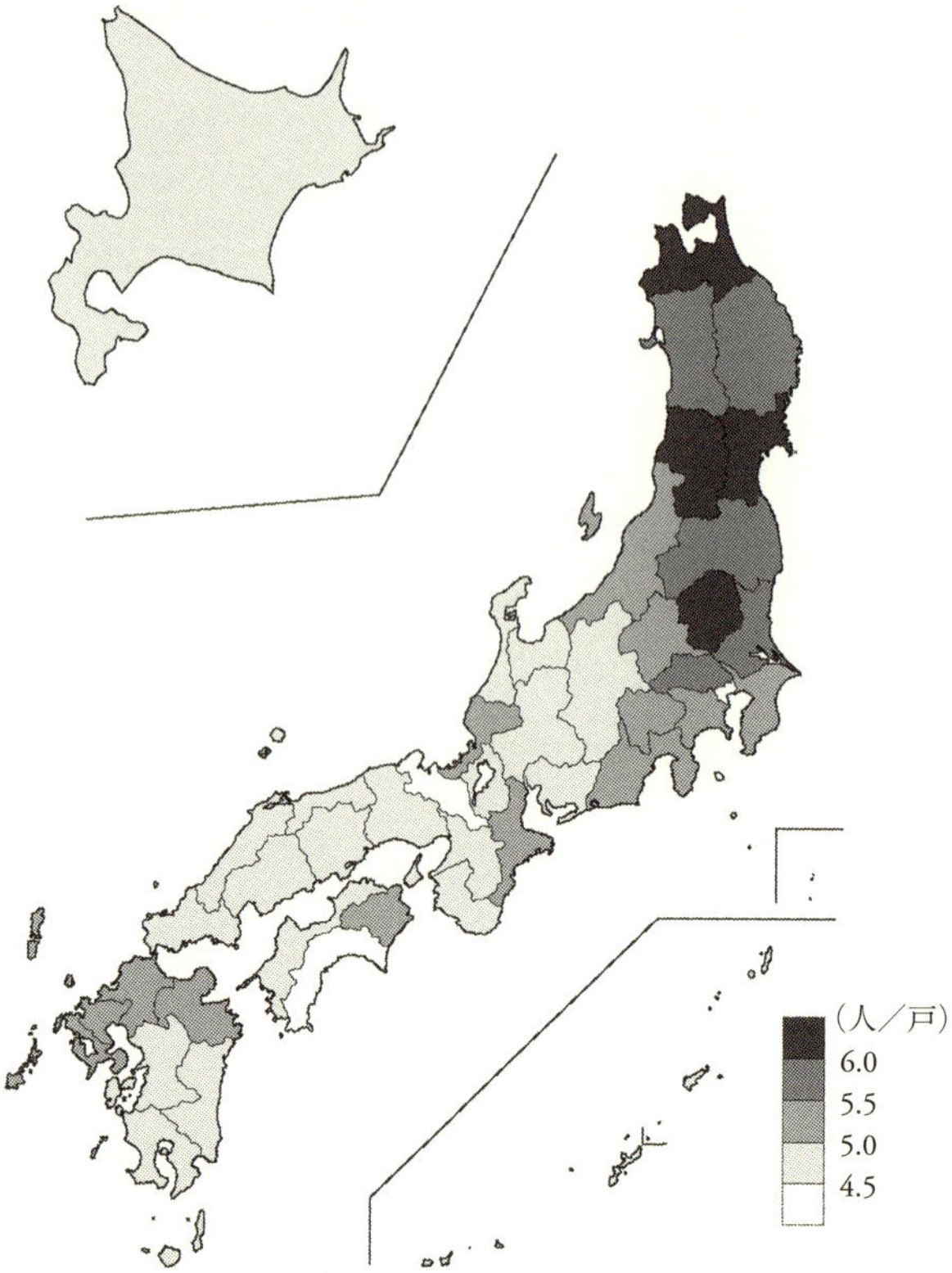

（注）『日本帝国民籍戸口表』より。

非常にはっきりしている。最も低い近畿地方では、〇・八組以下であり、東日本と顕著なコントラストを示している。西日本は、近畿と東日本の中間である。

さらに、一八八六年末の統計には、府県別に、各歳ごとの配偶者の有無別人口の統計が含まれており、これを用いて府県別平均結婚年齢の推計や、男女特定年齢の有配偶率の測定が可能である。図20―6、図20―7は、それぞれ男子および女子の府県別平均結婚年齢である。平均結婚年齢の推計は、男女各歳の有配偶率に加えて、初婚年齢、非婚者数がわかれば、さらに実際に近い近接値を求める方法が開発されているが、ここでは便宜的に有配偶者が年齢とともに

図20-5　地域別の世帯あたり夫婦組数（1886年）

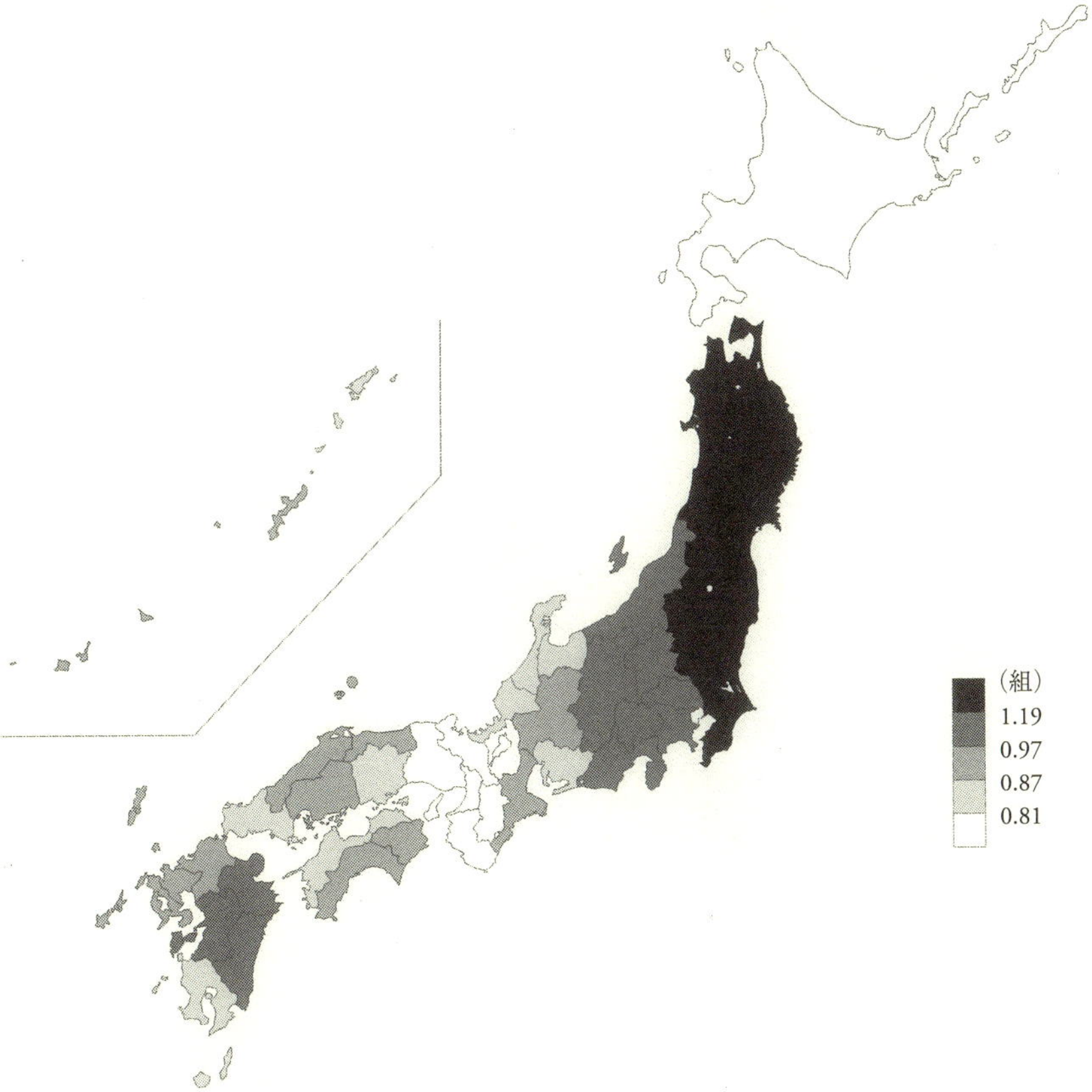

図20-6　地域別の男子平均結婚年齢（1886年）

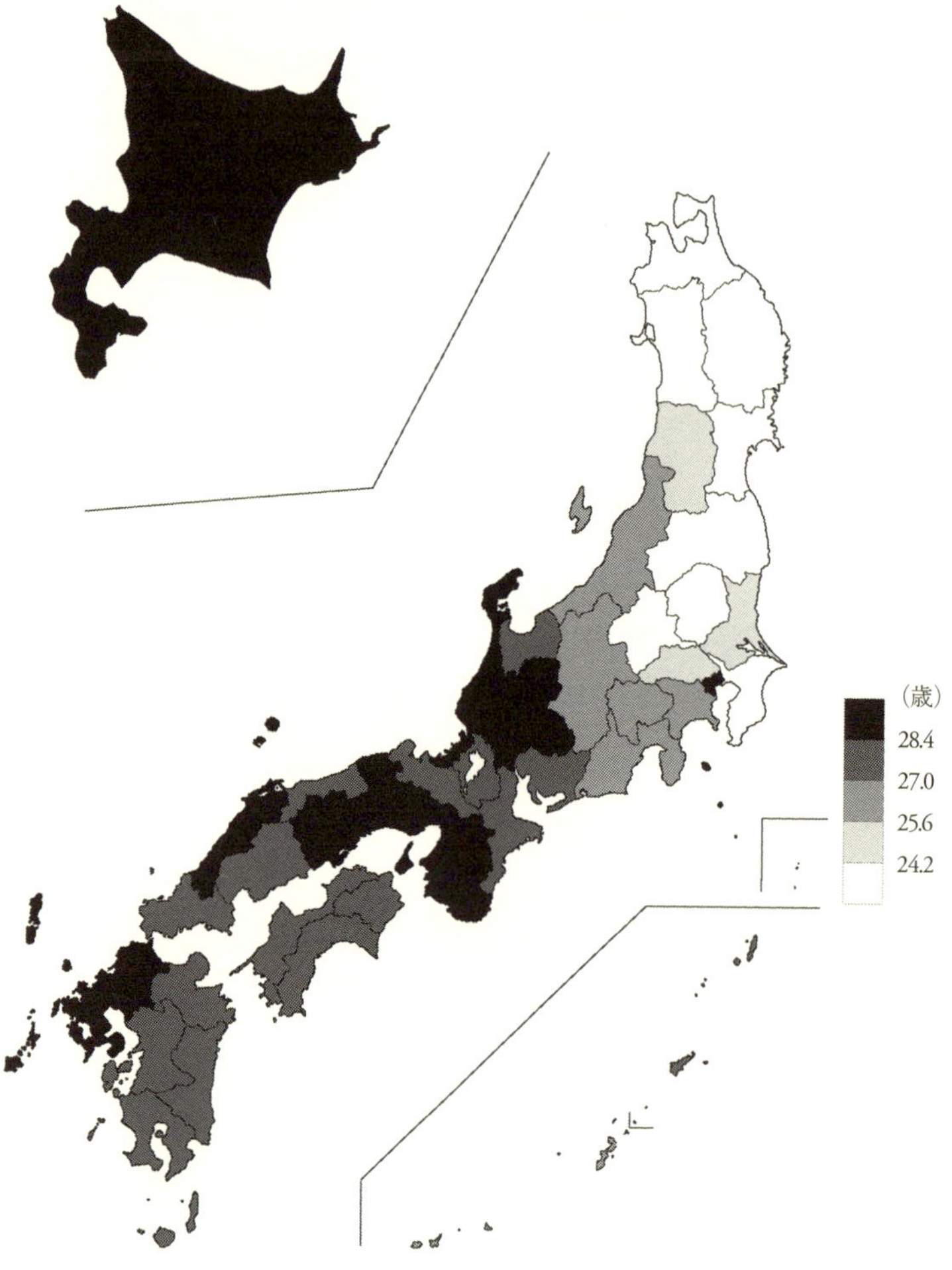

図20-7　地域別の女子平均結婚年齢（1886年）

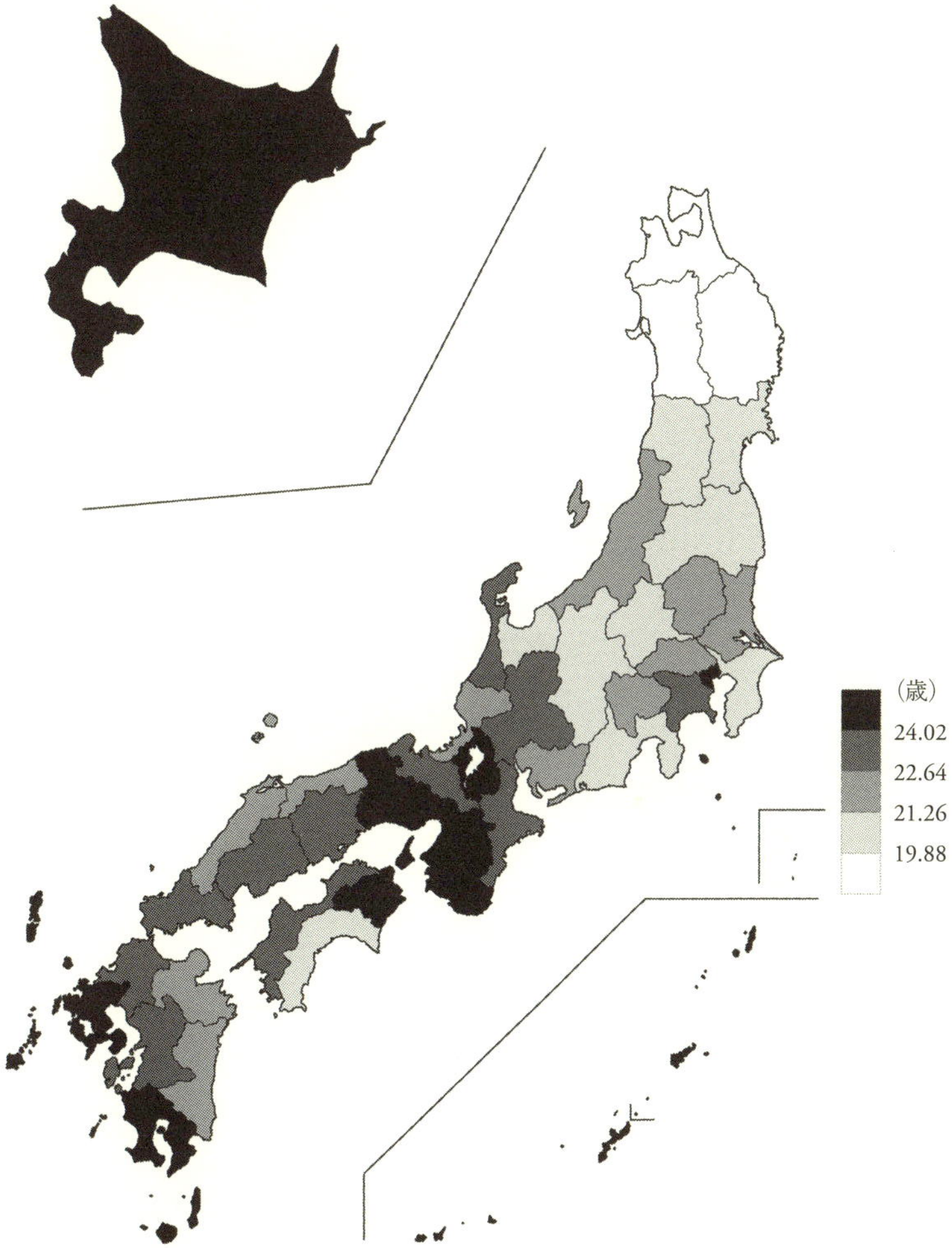

増加し、五〇％に到達した時の年齢をとった。この図をみても、平均結婚年齢における地域差は歴然としている。男子では、東日本は東京府（当時は現在の東京都区部と隣接する町村のみ）を除いて二五・六歳（ただし年齢は、いずれも数え年）以下であり、とくに東北、関東の多くは二四歳以下である。これに対して、西日本では、二七歳以上であり、とくに近畿地方、北陸の一部、山陰、瀬戸内海沿岸、北九州・南九州の一部では、二八・四歳以上とかなり晩婚である。女子についても同様な傾向がみられる。東北は二〇歳未満であり、中央に近づくに従って高くなる。近畿地方、九州西部の一部では二四歳以上となっている。もちろん、これらはすべて本籍に記載された法律婚の結果であることを忘れてはならないが、東日本の早婚、中央―西日本の晩婚は疑い得ない。しかし、注意してみると、東京が早婚地域の東日本の中で孤島のように晩婚の地であり、女子については、晩婚の近畿と西九州の間には、わずかではあるが結婚年齢の早い地帯が存在している。

しかし、結婚の地域性に関する総合的な判断をするには、結婚のタイミング、離婚・再婚、結婚の終了を含めた考察が必要である。[9] 同時に、このような人口・家族の地域的パターンには、明確な境界線を引くことはできない。隣接する地域の特徴が混在する地域もあったし、また、大都市は、本稿では触れないが、それ自身のパターンを持っている可能性が高い。

東北日本

最も特徴的な人口学的特徴は、低い結婚年齢である。二本松藩領の二つの農村では、一八世紀前半、男子の平均結婚年齢は約一九歳、女子は一三歳であった。もっとも幕末には、女子の結婚年齢は一七歳になっている。[10] また、一六八〇年代から明治維新（一八六八年）の間、会津山間部四ヵ村における男子の平均初婚年齢は二二・三歳、女子は一七・一歳であった。[11] 彼らは二本松藩領の人々ほど早くはないが、初婚年齢は低いと言うべきであろう。

このように女子の結婚年齢は低かったにもかかわらず、記録された出生に基づく夫婦の子ども数は極めて少ない。二本松藩領では、「完結家族」(completed family)[12] の子ども数は四人以下で、三人に満たない場合も少なくなかった。出産数が少ないので、家系を継承するために、しばしば婿養子を迎えることが多かった。このようにして、特に土地保有農民の家系は維持されていた。この地方には、他地域からの人口が、配偶者または奉公人として流入していたが、その大部分は、奥羽山脈を越えた越後国から来ている。[13] 仁井田村では、女子の一二・七%は越後から、結婚、養女、その他の理由で移ってきている。[14] 越後国は人口増加地帯であった。

さらにまた、この地方の結婚した女子は、比較的早く出産を終える(stopping)ことも見出した。下守屋村と仁井田村の完結家族の平均最終出産年齢は、約三三歳である。[15] これは、次に述べる中央日本の例と比べて、明らかに早い、と言える。

他の特徴として、人々の出稼ぎ奉公は、結婚後に行われた。たとえば仁井田村では、村を出て、他所に奉公し始める平均年齢は、一七二〇―五〇(享保五―延享三)年および一八二六―五〇(文政九―嘉永三)年をとると、男子二七・四歳、女子二九・〇歳である。永田メアリは、仁井田村・下守屋村からの移動の大部分(九〇%)は帰村したこと、これは中央日本の美濃国西条村の帰村者男子五〇%、女子一五%と比較して、著しい対照を示すとしている。[16] 永田メアリは、結婚は、男子と女子を村やコミュニティにとどめておく手段だったのではないか、としている。このように、夫も妻も、あるいは双方とも、奉公に出ることは、たぶん妊娠の可能性を減らし、全体として出産数を引き下げることになった、と考えられる。

しかし、結婚後の奉公は、東北日本における出産間隔の延伸をもたらす唯一の理由ではなかった。津谷と黒須は、生存している子どもと出生時の性比の対比から、性別選択的間引(嬰児殺し)があったとしている。[17] たとえば、生存する子どもを持っていない夫婦は、女子を選好する。しかし、夫婦が男子を持たず、二人以上の女子を持っている場合には、次の子どもは男で、これは女子の二倍になる。この発見を他の村にも当てはめ、一般化することは早急かもしれないが、この地方では、家族計画が実施されていたことを暗示している。

中央日本

濃尾地方六ヵ村の、一八世紀後半から一九世紀中葉にかけての初婚年齢をみると、男子が二八・〇歳、女子が二〇・五歳である。[18] これは東北日本よりかなり年齢が高いにもかかわらず、夫婦の持つ子ども数は、東北日本よりはるかに多い。たとえば、神戸新田（かんどしんでん）（尾張）と西条村（にしじょ）（美濃）では、完結家族の出生数は五・九から六・五の間であった。結婚した女子は、三年ないし三年半ごとに出産している。大部分の村では、完結家族の最終出産年齢は、四一歳から四五歳の間である。

さらにこの地方では、東北日本とは対照的に、出稼ぎ奉公に出る者は、すべて結婚以前の男女である。西条村の宗門改帳は、一七七三（安永二）年から一八六九（明治二）年の九七年間、一年の欠けもなく、連続して残されている。それによれば、この村に生まれて一一歳に達した者のうち、男子では五〇%、女子では六二%が生涯に一度は出稼ぎ奉公を経験している。奉公に出た平均年齢は、男子で一四歳、女子で一三歳である。主な奉公先は都市で、男子の七〇%、女子の六二%を占めている。人年（person year）単位にみると、男子では四八・四%（一五三五人／年）が、女子では四〇・〇%（一三八五人／年）が大都市（大坂・京都・名古屋）に集中している。そして、都市へ出た男女の三分の一以上は帰村せず、都市に住みついてしまった。

このように、「出稼ぎ」は一時的な労働移動ではなく、明らかに都市をめざしての移動であった。都市側からみると、都市は農村と正反対に、出生率は低く、死亡率は高かったから、農村部からの人口流入によって、その人口を維持していた。都市の歴史人口学は、農村部のそれに比べて遅れており、性急な結論は避けるべきとしても。

奉公は、農村において、人口学上、二重の意味を持っていた。第一は、直接的効果と称すべきもので、農村からの移動により、増大する人口を制御した。第二は、間接的効果で、都市に奉公に出たものが帰村し、結婚しても、その年齢は高く、出生数も少なかった。われわれの研究では、当時の農村において、人口を維持するためには、女子の結婚年齢は二五歳以下である必要があったが、女子の場合、奉公から帰る年齢はそれ以上で、最も妊娠しやすい年齢を越えていたのである。

次に、奉公経験者は、農村の上流階層からは率の上でも低く、下層では高かった。西条村では、村の女子平均結婚年齢は二四歳であったが、奉公経験者は二五・九歳で、非経験者の二一・五歳よりかなり高い。この二〇歳代前半は、最も出産率の高い年齢層なので、奉公経験の有無は、大きく出産数に影響した。上層で出生率が高く、下層で低いのは、出稼ぎ奉公の経験からくるのである[19]。その結果、下層では、結婚年齢が遅れ、家を継ぐ子どもを得ることができず、絶家してしまう場合が多かった。そのままでは、村の家数は減少してしまうが、上層では、子ども数が多く、家を継ぐ者以外に他家に養子に行ったり、分家して新しく世帯を持つ者があり、下層の減少分を補ったのである。かくして、この地方における家族形態は、基本的には直系家族だが、世帯規模が小さく、家族サイクルの過程では、核家族形態の世帯もしばしば出現した。

このように、農村から都市への人口移動が多く、その直接的、間接的影響の結果、地域人口は全体として、内部のダイナミズムにもかかわらず、停滞した。

図20-8　地域別の都市人口比率（明治初期）

西南日本

この地域に関する研究は、一九九〇年代に始まったばかりなので、個別研究の事例は十分には集積されていない。しかし、幕府による国別人口調査では、西南日本は、北陸と並んで人口増大地域であり、一七二一年から一八四六年までの一二五年間に二〇％近い増大を見せている。年間の自然増加率に直すと、〇・二％となり、これは前工業化社会としては低いとは言えないだろう。

西南日本は、中央日本と異なり、地域全体の人口趨勢に影響を与えるような大都市がなかった。明治初期の統計によると、近畿地方では、人口の三二・七％が都市に住んでいたが、西南日本では一〇％にすぎなかった[20]（図20―8）。

中央日本と同じく、西南日本でも結婚年齢が晩かったことは図20―6、図20―7に見るごとくである。離婚、再婚は異常ではなく、離婚・結婚の間に出産する例も見られる。津谷は、長崎近くの野母（のも）村で、一八〇二（享和二）年から一八二一（文政四）年の間、女子の平均結婚年齢は二五歳であるが、妊娠した女子との結婚、結婚前の出産は異例ではなかったことを見出している。[21] 筆者が現在進めている肥後国天草郡高浜村の場合も同様であり、結婚・離婚に関しては、東北・中央日本とは異なる価値観のもとに行動していたように見える。男女とも生涯結婚せず、東北・中央日本では見られないような「家族」形態も少なくなかった。「宗門改帳」は、男子の世帯主を前提とし、世帯には夫婦がいることを当然のこととして書式が作られているが、天草の人々は、そういった先入観では律しきれない世帯形成・行動をしていたかのように見える。出生数は中央日本よりやや多いが、婚外子の占める割合が高いのが特徴である。ここでは、社会的規範（social norm）は、明らかに東北および中央日本と異なっていたことを示している。

地域別人口・家族パターンのシミュレーション

ここで、三つの地域における観察結果から導かれた差異を説明すべく、パラメーター（parameter）を統計的に観察可能なものとし、人口・家族パターンの変化を、最も単純なシミュレーション（simulation）によって示したい。シミュレーションによって、直接には観察できない社会規範を見出し得る可能性がある。

経験的観察に基づき、地域別に以下の事柄を前提条件とする。

①相続は生存している長男子である。末子相続や女子による一時的相続はあるが、少数かつ一時的なものである。
②結婚した夫婦は、七〇歳までそのまま生存する。これはかなりの仮定的前提であるが、死亡や結婚の終了が七〇歳というのは不自然ではない。[22]
③出生児の性別は男女交互とする。これもかなりの仮定的前提であるが、サンプル数が多い場合には実際から遠く

離れてはいないだろう。第一子の性別は、世代によって男女交互とする。
④すべての世帯は、家族員からなり、奉公人を含まないものとする。奉公人を持つ世帯は、全世帯のなかでわずかでしかない地主層に限られており、この仮定を置くことを妨げないであろう。
⑤結婚年齢、生涯出産数、生存子ども数、後継者以外の離家(りか)のタイミングについては、地域ごとに独自の仮定を置く。
⑤―1　東北日本では、男子の平均結婚年齢は二〇歳、女子は一七歳とする。結婚の次の年から、子どもは三年ごとに四人出産する。最終出産時の妻の年齢は二七歳となる。四人の子どものうち、一人は一歳で死亡し、もう一人は五歳で死亡する。残った二人のうち、一人は家にとどまり、もう一人は他所に出て結婚する。
⑤―2　中央日本では、男子の結婚年齢は二七歳、女子は二二歳であり、結婚の翌年から、六人の子どもが二年ごとに生まれる。最終出産時の妻の年齢は三三歳である。六人の子どものうち、一人は一歳で、もう一人は五歳で死亡する。残り四人のうち、二人は一六歳まではその世帯にいるが、その後、他出してしまう。他の二人はその家族を継ぐか、他の家族を継ぐ者の配偶者となる。他出は、この地域に多かった都市への奉公である。
⑤―3　西南日本においては、結婚年齢は中央日本と同じであり、出産の状況も等しい。しかし、中央日本と異なるのは、この地域には大都市がなく、雇用機会が少ない。また、多くの婚外子がいたので、最終出産年齢は同じく三三歳だが、結婚前に一人出産し、計七人を産んだとする。生まれた子どものうち、二人は一歳で、一人は五歳で死亡する。家を継がなかった男子一人は、一五歳または三五歳までとどまるが[23]、後者は、三〇歳で二五歳の女子と結婚する。このカップルは、四人の子供を産むが、その女子は結婚前に一人子供を産んでいる。最後に一人女子が残されるが、二四歳まで親と同居し、二〇歳で出産している。

このような仮定のもとに試みられたシミュレーションは、年月の経過にともなって、いかに家族の構成が変化するかを示してくれる。より具体的には、この作業を通じて、夫婦のライフ・コースを仮説的に提示し、世帯構造の変動と展開を観察し得るのである。家族サイクルの始点は、妻（その時点では未亡人であるが）の死の翌年である。これは、東北日本では、最初の夫婦の結婚後五五年、中央および西南日本では、五〇年後からになる。その後、一〇〇年間にわたり、それぞれのパターンがたどったコースを観察することにしよう。

いくつかの仮定のもとに一〇〇年間にわたって展開された三つの地域の家族サイクルには、以下に述べる特徴が見出された。いずれも一世帯当たりの数値である。

①世帯規模（図20―9）　平均値では中央日本が最も低く、西南日本が最も高い。西南日本には、短期間であるが一二―一四人という規模の大きな世帯が出現する。これは、世帯を構成する諸要素の波が合成された結果であり、期間中一年のみであった。

②世代数（図20―10）　東北日本では三世代世帯に集中していて、八四年、四世代が一六年である。中央日本では、三世代五三年、二世代四七年と、夫婦組数の分布と似ている。西南日本では、三世代世帯がやや突出し六三年、二世代が二四年、四世代が三年となっている。

③夫婦組数（図20―11）　東北日本では、二組が最も多く出現し八四年、三組が一三年、一組は三年しかなかった。この地域の三組というのは、直系の親子三代夫婦である。中央日本では、一組が五九年、二組が四一年とほぼ六対四に分散している。西南日本は、最も分散していて、一組が五七年、二組が三八年、三組が五年となった。この地域の三組の夫婦というのは、一世帯に戸主夫婦と子ども夫婦二組からなっており、形の上では合同家族（joint family）である。

図20-9　東北日本・中央日本・西南日本の世帯規模比較

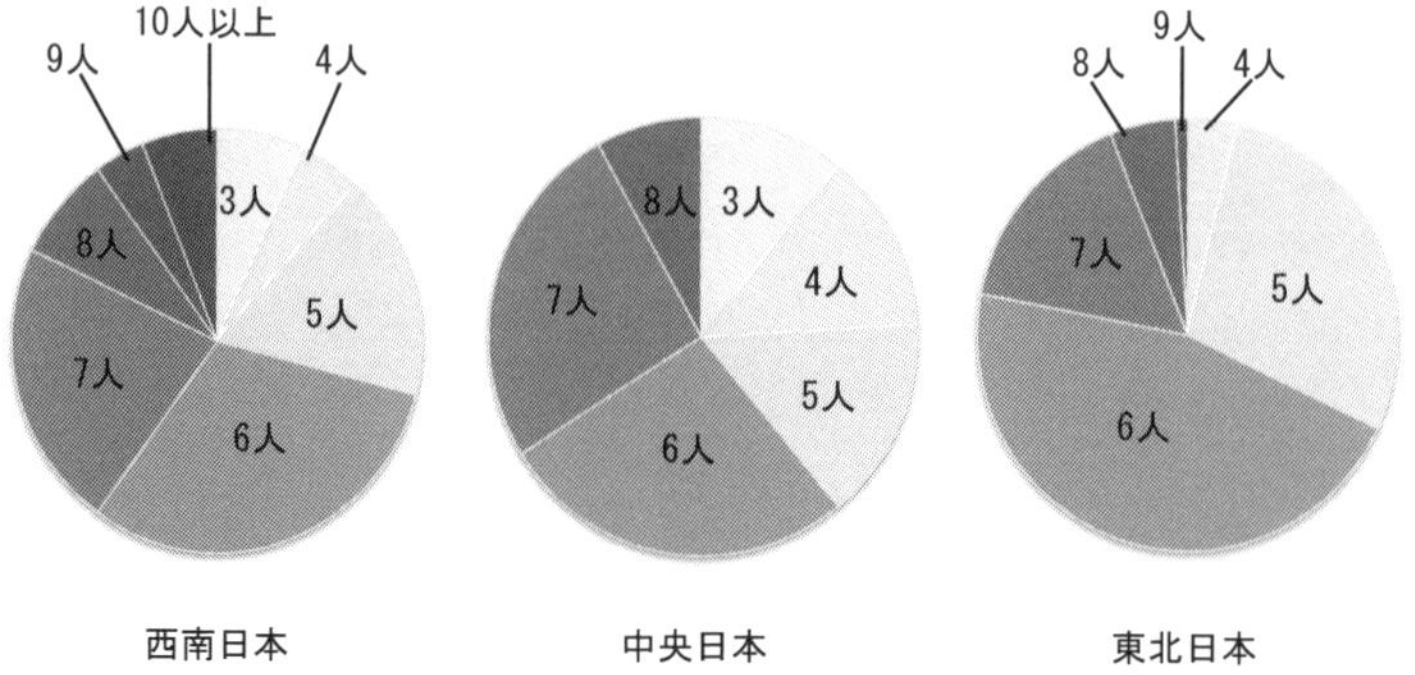

図20-10　東北日本・中央日本・西南日本の世帯当たり世代数比較

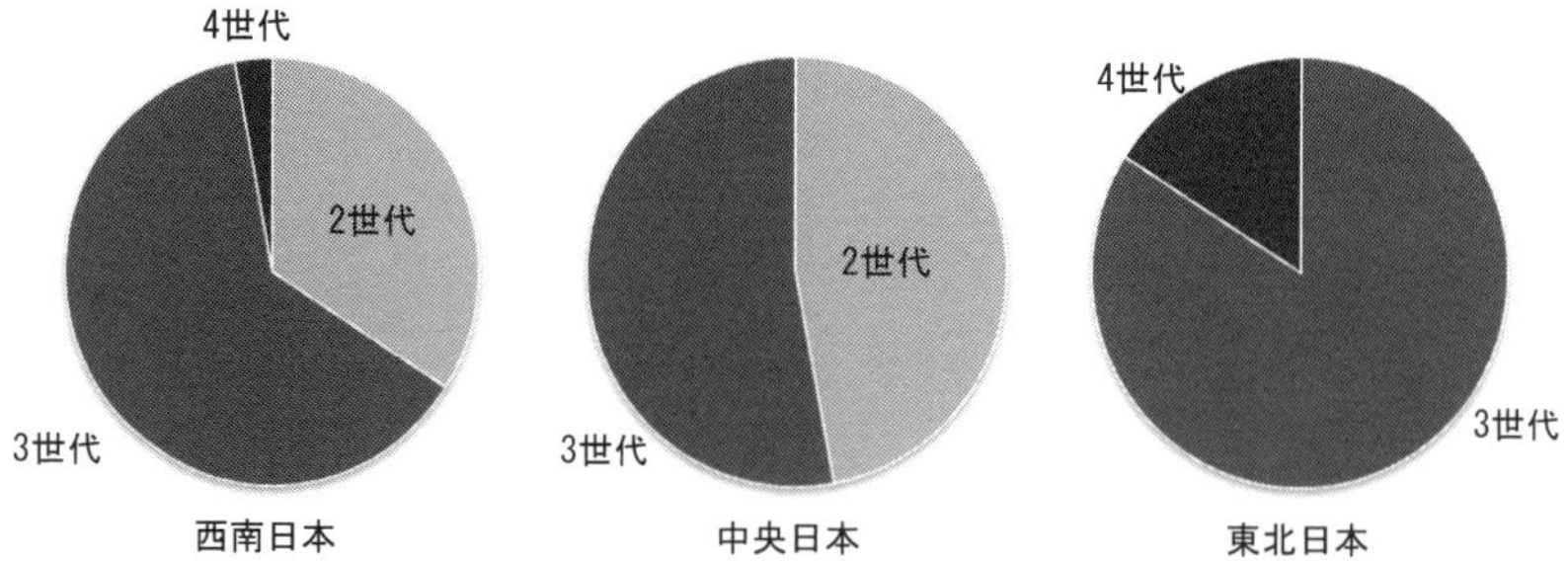

図20-11　東北日本・中央日本・西南日本の世帯あたり夫婦組数比較

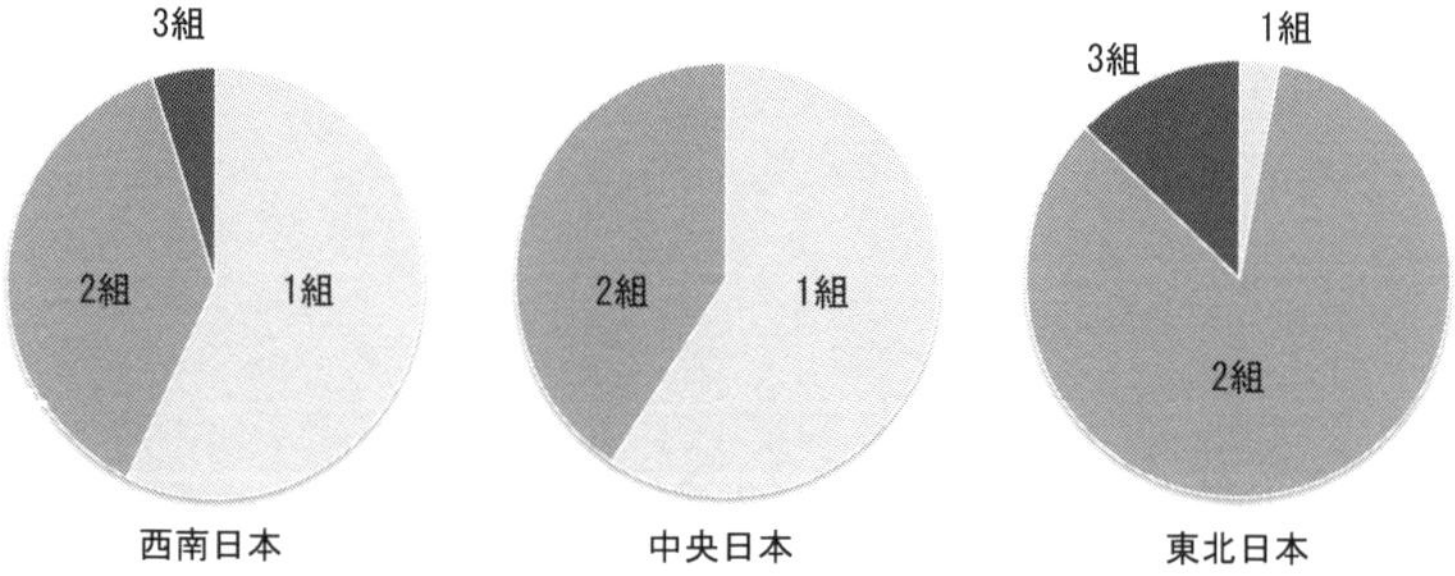

図20-12　世帯あたり生産年齢人口の比率

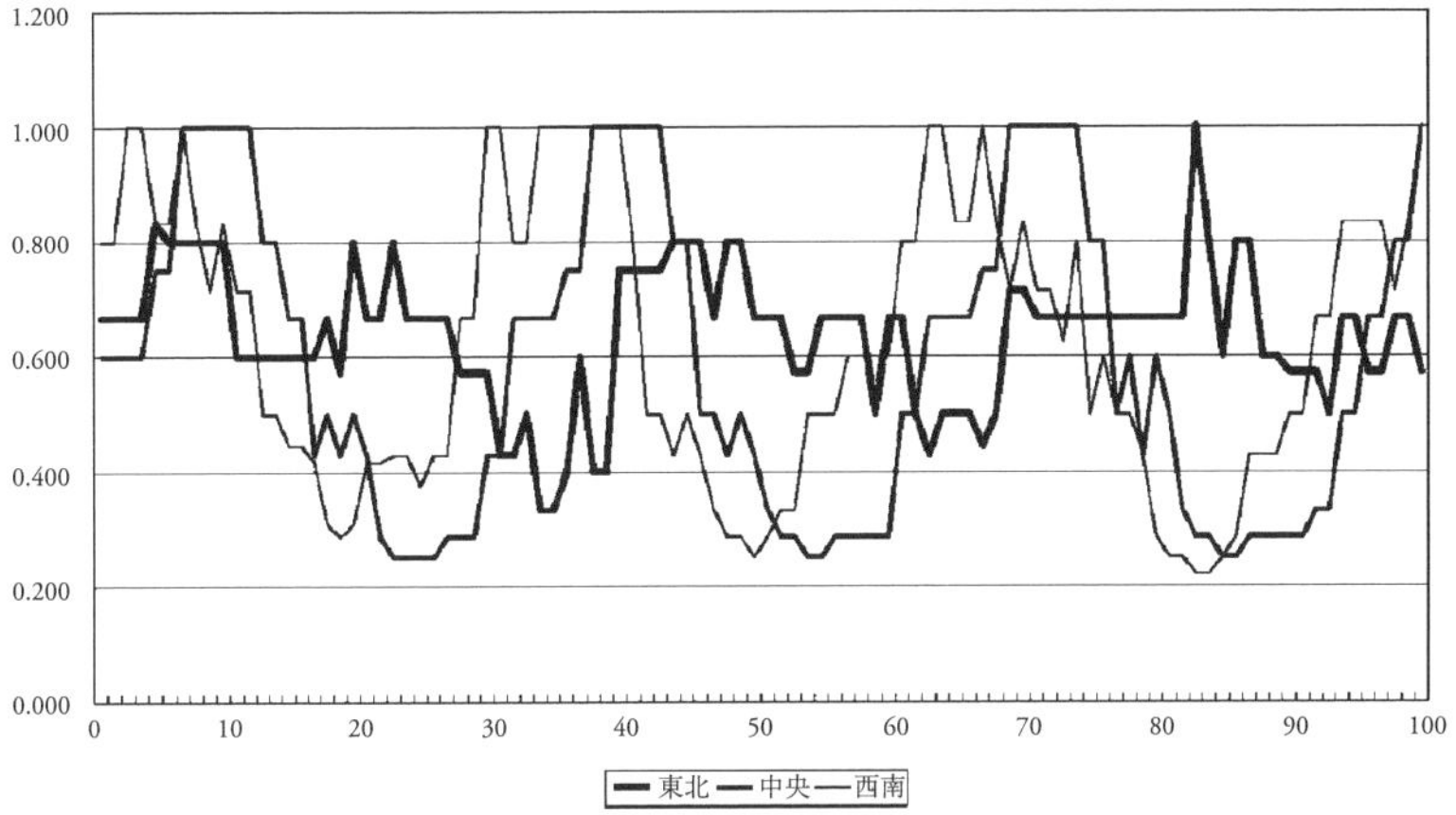

④生産年齢人口比率（図20―12）　世帯の構成員は、生産年齢人口（ここでは一六歳―六〇歳としたが、異論もあり得る）と、幼少年齢＋高齢人口（従属人口）の二つがあった。もちろん、前者は世帯内であれ、世帯外であれ、世帯に収入をもたらす人口であり、後者は、扶養のため費用を必要とする人口である。当然、世帯内で前者の占める割合が高ければ、世帯にとって収入を得る機会が高く、逆に低ければ、機会は低いだろう。そこで、この生産年齢人口比率を求め、地域比較を行った。この図が物語るのは、他の二地域に比べて、東北日本が、この比率の高低が狭く、安定的であるのに対し、他の二地域では、ある年には世帯員全員が生産年齢人口によって占められていたかと思うと、一〇年以内に二五％に落ち込むという変動を、約三〇年ごとに繰り返していることである。東北日本の特徴として**表20―1**に示した低い結婚年齢、少ない出産数は、実は、より劣悪な自然環境下で世帯を維持し、再生産する戦略であったと言えないだろうか。

表 20-2　東北日本・中央日本・西南日本（東シナ海沿岸部）の家族・世帯構造の統計的比較

1. 世帯規模	東北日本	中央日本	西南日本（東シナ海沿岸部）
平均	5.92	5.69	6.43
最小	4	3	3
最大	9	8	14
標準偏差	0.946	1.468	2.109
2. 世帯数			
平均	3.16	2.53	2.70
最小	3	2	2
最大	4	3	4
標準偏差	0.368	0.501	0.524
3. 夫婦組数			
平均	2.10	1.41	1.48
最小	1	1	1
最大	3	2	3
標準偏差	0.391	0.493	0.592
4. 生産年齢人口比率			
平均	0.64	0.59	0.62
最小	0.33	0.25	0.22
最大	1.00	1.00	1.00
標準偏差	0.120	0.265	0.246

（注）いずれも100年間の観察に基づく。

以上の四つの変数を一つにまとめたのが、**表20−2**である。表の標準偏差の欄をみると、東北日本は四つの変数のどれをとっても他の二地域より低い。標本数が同じ一〇〇年間なので、標準偏差が低いことは、分散の程度が低いことを意味する。その逆が西南日本で、三つの変数の標準偏差が最も高い。つまり、分散の程度が激しいのである。

このようなシミュレーションによる観察結果は、すでに行ったマクロおよびミクロ・レベルの個別的観察結果と符合している。東北日本では、多世代世帯が多く、二世代世帯は見られなかった。世帯規模は安定的で、世帯内の生産年齢人口比率にもあまり変動はなかった。これに対して、中央日本は、二世代世帯と三世代世帯はほぼ同数であり、世帯規模と生産年齢人口比率は、大きく波動した。西南日本では、三世代世帯の占める期間は、二世代世帯の占める期間のほとんど二倍である。

特に注目に値するのは東北日本で、世帯内の生産年齢人口比率が比較的安定しており、三三・三％以下にはならず、標準偏差も低いことである。他の二つの地域、特に西南日本では、この比率が一〇〇から二二・二％へと十数年間のうちに大きく波動する。この違いは何に起因するのであろうか。この率は、世帯の経済的基盤を考慮する際、決定的に重要な要素である。この率が高ければ、より多くの収入を得ることができるだろうし、少なければ、経済的危機にさらされる。そうであるなら、この率の平均ではなく、バラツキ（標準偏差）に関して、なぜかくも明瞭な地域間の相違があるのだろうか。

世帯内生産年齢人口比率の地域的差違

マクロおよびミクロ・レベルの観察を総合して、世帯内の生産年齢人口を維持するに必要な労働力の水準は、自然的および社会経済環境における差異とともに異なっているのは当然である。東北日本の自然環境は過酷であり、冬期には寒冷・積雪のため人々はしばしば戸外活動ができないほどであった。少数の生産年齢人口では、世帯の生存水準以上の収入を得ることはできず、意識的であれ、無意識的であれ、この地方の人々は、世帯内の生産年齢人口の比率を最高にすることにより、経済的危機から逃れるべく行動したのである。世帯に生まれた女子は、早く結婚し、子どもを産み終え、嫁ぎ先の労働力となり、結婚後奉公に出ることによって収入を得ると同時に、出産数を減らした。農民は、世帯内の経済的従属人口数を最小にとどめるべく行動した、とするのは決して難しいことではない。かくして、世帯内の生産年齢人口比率は高い水準に安定的にとどまることになる。

結婚年齢が低いことは、世帯が多世代になることを意味し、東北日本は、直系家族社会の模範を示している。他地域と比べて、世代間間隔は短かった上に、この地方では「姉家督」と呼ばれる、性に関係のない第一子相続の慣習があり[24]、さらに間隔は短縮される場合もあった。

他方、中央日本では、日本海沿岸を除き、冬季にも農業生産を続けることができた。また、都市化が進み、雇用機会は高かった。人々は結婚前に奉公に出て、相対的に晩婚であり、出産制限を行う理由はなかった。世代間間隔は長く、大部分の世帯は、二世代＋一組の夫婦からなる核家族の形態をとっている。このことは、この地域が核家族社会であったことを直ちには意味するものではなく、家族サイクルのなかで、核家族状態が現れる機会が多いということを述べているにすぎないのであるが。

都市化の進んだ結果、農村で生まれた大勢の男女が都市へ奉公に出て、そこに住みつくか命を落とした。そのため、地域として人口は増大しなかった。

西南日本においては、自然条件は、中央日本よりさらに良かったが、農村部で増大する人口を吸い取る都市が十分に発達していなかったので、「安全弁」が働かず、人口圧にさらされる結果となった。人口は増大したが、結婚しても行き場所がなく、親の元に住み続ける場合が多かった。それゆえ、世帯の規模は大きくなる。

最大の問題はこの人口圧であった。藩のレベルでは、長州藩や薩摩藩のように、藩主導の経済改革を積極的に行い、ある程度成功したところもあったし、多かれ少なかれ、藩は経済発展を推進する主体となった。幕末期に、徳川幕府への反乱が西南日本の大藩の武士たちの間に広がり、一つの政治勢力に結集した背後には、こういった事情があったのだ、と考えることはできないだろうか。

前述のように、世帯内の生産年齢人口比率は、決定的に重要な経済的指標と考える。それは、上記三つの地域で状況はそれぞれ異なるが、特に東北日本では、危険水準に落ち込まないように保つメカニズムが働いていた。波動に際しては、「オヤカタ」（本家）が一党の面倒を見るべく救済に乗り出し、「オヤカタ」・「コカタ」（分家）関係が危機を回避する機能を演じていた。

中央日本では、その激しい波動は、いくつかのレベルで緩和されていた。家族レベルでは、同族団で、血縁の家族が支えあう組織が最も根深く発達していた。村レベルでは、「講」と呼ばれる組織で、ある場合には宗教的寄り合い（宮座）として、別の場合には民間金融の寄り合い（頼母子講）として機能している。注目されるのは、中央日本では経済的発達の浸透が最も著しく、各世帯が、個別的に危機になれば所持する土地を売り、所得の増えた時期にはそれを買い戻す行動に出ていることである。この地域で近世史料調査をすると、驚くほど多い土地売買証文、質入証文を見出す。これは、農民たちが、危機を回避すべくとった行動記録なのである。

西南日本においては、個々の世帯の危機に際しての措置は、中央日本と同様である。しかし、この地域は、中央日本ほどには経済的発達は農民各層に浸透しておらず、また、経済発展の結果は、藩に帰属してしまう場合が多かったので、土地を手放した農民が、買い戻すような状況は困難であった。もう一つ、西南日本の特徴として、結婚年齢が高いばかりか、生涯結婚しない男女も少なくなく、婚外子が多かった。結婚、家族形成に関する規範は、東北・中央日本とは異なっていたように見える（ただし、東シナ海沿海村に限られていた可能性はある）。

結　論

なぜこのような顕著な地域による人口・家族パターンの差異が存在するのだろうか。一つは、地理的条件である。日本列島は、地形、土壌、気象、海流などが地域によって多様であり、人間活動やそこに住む人々の生活形態にさまざまな特徴を与えた。過酷な自然条件のもと、東北日本の人々は、世帯内の労働力を最大に保つべく、早く結婚し、子どもの数は家族を維持する最小限にとどめようとした。しかし、近世中・後期には、打ち続く冷害のため、不作が続き、人口は減少している。他方、西南日本では、自然条件は相対的に良好で、海という当時の人々にとっては無限の資源を前に、よく言えばおおらかで、「自然児」としての生活を享受することができた。人口は目いっぱいまで増大したと言えるだろう。江戸時代に限って、中央日本では都市化の進展が人口増大の「安全弁」となって人口増大はなかった。

以上を総括し、今後進めるべき研究の方向を述べれば、以下の三つになるだろう。

第一は、国内の空白域とでも言うべき地域について近世史料の探索を行い、なるべく多くの地域の人口・家族構造が観察可能となるよう研究事例を増やす。それと同時に、単に史料調査を行うのみならず、観察結果を標準化し、データ・ベースの作成を行う。

第二は、国際比較研究である。第三の課題とも関係するが、現在、韓国や中国（東北部および北部）では、膨大な研究資金をつぎ込んで、人口・家族に関する史的データの集積と研究が進められている。少なくともこれら二つ、可能ならば、台湾、中国南部、モンゴル、沿海州・サハリン・千島の先住民を加えた北東アジア地域の研究に拡げたい。この試みは、ヨーロッパで進んでいる同種の研究と反響し合い、ユーラシア世界の東端と西端の比較研究を可能にする。先に行った「ユーラシア人口・家族構造比較史」プロジェクト（一九九五―二〇〇〇）では、五つの地域が、実際にはそれぞれ数カ村を含むにすぎず、地域や社会、国を代表するとは必ずしも言えなかった。たとえば、日本は東北地方、中国は遼寧省、スウェーデンはスカニア地方の南端部といったように地域的に限定されていた。これをパイロット・スタディとし、本格的な比較史研究に進みたい。

第三は、人類学・遺伝学との共同作業である。短くても「万」年を対象とするこれらの学問と、観察期間がせいぜい江戸時代以降数百年でしかないこの分野を結合させるには、困難を伴うだろうが、本稿で見出したような人口・家族パターンの地域的差異の起源を探るためには、有効な方法となる。最近における分子遺伝学、分子人類学の発展は著しく、ヒトの移動に関してかなり精密な見取り図が描けるようになった。これにより、文献史料を通じて得た日本国内の人口・家族パターンの地域性は、北東アジアのいずれかのタイプと通じるものとして位置付けることが可能になるかもしれない。

このような将来の研究は、どれ一つとっても、大規模で、多額の研究費を必要とする。とくに、文系の学問と、理系の学問の共同研究には、多くの困難があるだろう。しかし、二一世紀の学問には、あまりに細分化した研究を統合し、「人間とは何か」、「人類とは何か」というわれわれ自身を対象とする学問体系を打ち立てる試みが必要なのではないだろうか。

注

(1) 直系家族とは、直系で一組またはそれ以上の夫婦、あるいは夫婦のいずれか、親・孫が居住する家族である。

(2) 村レベルのミクロ史料を用いた二本松藩領村落の研究として、成松佐恵子『近世東北農村の人びと』(ミネルヴァ書房、一九八五年)、同『江戸時代の東北農村』(同文舘、一九九二年)。会津山間部の研究として、岡田あおい『近世村落社会の家と世帯継承』(知泉書館、二〇〇六年)、ならびに川口洋氏による一連の論文がある。

(3) Noriko O. Tsuya, "Patterns of Nuptiality and Fertility in a Fishing Village in Southwestern Tokugawa Japan," in T. J. Liu et al., eds, *Asian Population History*, Oxford U.P., 2001.

(4) 文献については、清水弘昭『人口と家族の社会学』三省堂、一九八六年、一三四―一五三頁。

(5) 熊谷文枝編著『日本の家族と地域性』(ミネルヴァ書房、一九九七年)。

(6) 現在では、核家族、とくに絶対的核家族形態は、イングランドに固有なものではなく、北海に面したデンマーク、オランダ、フランス各地にみられる家族形態であるとされる。E. Todd, *L'invention de l'Europe*. Paris, 1996.(E・トッド『新ヨーロッパ大全　Ⅰ・Ⅱ』石崎晴己・東松秀雄訳、藤原書店、一九九二年、一九九三年)。

（7）Akira Hayami, *The Historical Demography of Pre-modern Japan*, Tokyo, 1997.
（8）内務省戸籍局『明治一九年一二月三一日調　日本帝国民籍戸口表』。
（9）その一つとして、初婚に関する三つの地域比較を試みた次の論文を参照。S.Kurosu, N.Tsuya, and K.Hamano, "Regional Differences in the Patterns of First Marriage in the Latter Half of Tokugawa Japan." in *Keio Economic Studies*, Vol.XXXVI. No.1. 1999.
（10）成松佐恵子、前掲書。
（11）岡田あおい、前掲書。
（12）完結家族とは、妻が三〇歳以下で結婚し、その結婚が五〇歳まで継続する夫婦を指す。
（13）西南日本と並んで、越後国は人口増大が顕著で、一七二一年から一八四六年の間に、三〇%の増大があった。
（14）成松佐恵子『近世東北農村の人びと』（ミネルヴァ書房、一九八五年、七八頁および九八頁）。
（15）N. Tsuya and S. Kurosu, "Reproduction and Family Building Strategies in 18th and 19th Century Rural Japan." *Population Association of America*, 1999 における報告。
（16）Mary Louise Nagata, "Labor Migration, Family and Community in Early Modern Japan," in Pamela Sharpe, ed., *Women, Gender and Labor Migration : Historical and Global Perspectives*, London, 2001.
（17）N.Tsuya and S.Kurosu, *op.cit.*
（18）速水融『近世濃尾地方の人口・経済・社会』創文社、一九九二年。
（19）速水融、前掲書、二八三頁。
（20）参謀本部編『共武政表』（一八七五年）において、人口五〇〇〇人以上の行政単位に住む人口を「都市」人口とした。
（21）N.Tsuya, "Patterns of Nuptiality and Fertility in a Fishing Village in Southern Tokugawa Japan".
（22）死亡率の高い乳幼児期を過ぎた男女の死亡年齢は、東北日本において、七〇歳代に集中し（成松佐恵子『近世東北農村の人びと』ミネルヴァ書房、一九八五年、七八頁、図3—図8）、中央日本においても同様であった（速水融『近世濃尾地方の人口・経済・社会』創文社、一九九二年、二四二頁、図9—図10）。
（23）離家時の年齢一五歳と、三五歳は交互とする。
（24）前田隆『姉家督』関西大学出版会、一九七六年。

あとがき

本書刊行に際し、史料収集から出版に至る様々な過程で、ご助力戴いた方々に御礼申し上げたい、と言うより、本書は、それらの方々との共同作業の結果なのであって、筆者一人の営為の作品では決してない。もちろん、最終責任は筆者自身が負うのであるが、出版、あるいは出版に至る過程は、多くの方々との苦しく、そして楽しかった分業と協業がなくしては一歩も進まなかった。歴史人口学は、おそろしく費用と時間のかかる研究分野で、まず史料のありかを探し、許可をもらい、コピーを撮る。最初は手で写していたが、マイクロ・フィルムが使えるようになってからは撮影装置をかついで、あるいは車に積んで収集に回った。ようやく最近になってデジタル・カメラが普及し、史料調査に際しての「重荷」から解放された。

撮影された史料は、現像・焼付け・製本の過程を経て、原型に近い状態にした上で記載内容を基礎シート（ＢＤＳ）に転写する。この過程は、古文書の読解能力を持たないとできない。この研究には、三十年近く、成松佐恵子さんによる読解が非常に大きく寄与している。まず記して感謝の意を表したい。

ＢＤＳは、縦方向にたどれば、個人、夫婦、世帯の行動が観察できるし、横方向には、ある年の世帯の状態を知ることができる。このように、時系列的および横断面的分析の双方が同じシートを用いて可能である。したがって、統計的処理のためには、これをコンピュータ入力することが望まれる。しかし、それには入力しやすいプログラムを組む必要が出てくる。この過程は決して容易ではなく、もちろん私自身にはできない。

未だに完全なものはできていないのは、一口に「史料」といっても、書式や記載内容が多様で、最適なプログラムは未開発である。

データ整理・コンピュータ入力については、筆者が慶應義塾大学、国際日本文化研究センター、麗澤大学と勤務先を変え、定年退職後も加えると実に多くの方々の協力を得た。本来ならば、ここに全員のお名前を挙げ、感謝の意を表すべきであるが、それだけで何頁にもなってしまうので、省略することをお許し願いたい。

とにかく大きなデータ・ファイルを作ってしまうと、あとは目的に応じて、計算は敏速かつ正確に取り出すことができるようになった。歴史人口学も、国際的にもこの過程はハイテク化している。しかし、実のところ、筆者自身は到底そこまでついて行けず、ロー（老）テク歴史人口学研究者をもって任じている。その意味では、多分本書は、歴史人口学のローテク時代の最後を伝える弔鐘なのかもしれない。

通常用いるアプリケーション・ソフトを用いた計算さえ覚束ないのが実際で、しばしば立正大学経済学部准教授、高橋美由紀さんの助力を得た。多忙中の高橋さんをたびたび煩わしてしまったが、心から御礼申し上げたい。

このように、歴史人口学は、人文・社会科学系の学問のなかでは、最も多くの尽力・費用、そして時間を必要とする分野の一つである。それは、この研究分野が学際的である証拠でもある。

筆者の慶應義塾大学在籍中に与えられた数多くの民間財団および科学研究費、とくに文部省科学研究費特別推進研究（一九八五―一九九〇）、国際日本文化研究センター時代に与えられた文部省科学研究費創成的基礎研究（一九九五―二〇〇〇）は、日本における歴史人口学の研究水準を引き上げ、若手研究者を輩出させる成果を生んだ。研究結果も国の内外で続々出版されている。しかし、その後、日本国内では、この分野への大型研究費は途絶えてしまった。それに対し、隣国の韓国では、この種の史料のデータ・ベース化を、国家的プロジェクトとして位置づけ、長期にわたる巨額の研究資金を投入している。中国においても同様である。東アジアは、西ヨーロッパと並んで、人口・家族の史的研究の史料に恵まれた地方である。日本では、高額の長期的研究費の保証が困難で、このままでは良質の史料に恵まれながら、ハイテク時代の歴史人口学に遅れをとってしまうのは必定である。この点、筆者は大いに危惧していることを表明しておこう。

本書は、藤原書店の並々ならぬご厚意によって世に出ることになった。当節、このような採算の合わない学術書出版は極めて困難であることは知っているが、それを敢行して下さった店主の藤原良雄氏、図表の多い本書の編集を担当され、その過程で出てきた問題点を指摘され、提言を戴いた西泰志氏には、御礼の言葉もない。

最後になってしまったが、本書出版の最終段階で、原稿・図版の整理等をして頂いた麗澤大学人口・家族史プロジェクト室の黒須里美教授、持田敏子、今村直子、吉田理恵子、長谷川友美の皆さん、および筆者研究室の小嶋美代子さんの助力なくして本書は生まれず、旧稿のまま筐底に埋もれたままになったであろう。満腔の感謝を申し上げたい。

二〇〇九年一〇月

速水　融

第 11 章

第 12 章

第 13 章

第 8 章

第 9 章

第 10 章

図表一覧

第 10 章　近世日本の経済発展と都市人口――「都市」とは何か
（原題）「前工業化期日本の都市人口分布」*Reitaku International Journal of Economic Studies*,Vol. 13, No.1, March 2005, p.47-59.

第 11 章　幕末カラフトの人口構造――幕府による先住民人口調査
（原題）「徳川幕府のカラフト先住民人口調査」『麗澤大学紀要』第 71 巻、2000 年 12 月、55-78 頁。

第 12 章　近世―明治期奥羽地方の人口趨勢――農村における「近世」と「近代」
（原題）「近世奥羽地方人口の史的研究序論」『三田学会雑誌』75 巻 3 号、1982 年 6 月、70-92 頁。

第 13 章　近世信州諏訪の歴史人口学――家族復元法が明かす夫婦の行動軌跡
（原題）« Aspects démographiques d'un village japonais 1671-1871 » in *Annales : Économies Sociétés Civilisations*, 24e Année-N°3, mai-juin 1969, p.617-639.

第 14 章　近世紀伊漁村の人口変動――疲弊期に人口が増加した漁村
（原題）「近世における一漁村の人口動態――紀伊国牟婁郡須賀利浦」『三田学会雑誌』46 巻 12 号、1953 年 11 月、63-71 頁。

第 15 章　近世紀州尾鷲の人口変動――「増減書上帳」による検討
（原題）「紀州尾鷲組の人口趨勢――増減書上帳の検討を通じて」『研究紀要』（1968 年度徳川林政史研究所紀要）1969 年 3 月、304-348 頁。

第 16 章　近世屋久島の人口構造――島内における家族形態の相違
（原題）「近世屋久島の人口構造――享保 11 年検地竿次帳の検討」『研究紀要』（1967 年度徳川林政史研究所紀要）1968 年 3 月、205-224 頁。

第 17 章　近世日本の人口史料――宗門改帳・人別改・増減帳
（原題）「戸口」『日本古文書学講座　第 7 巻　近世編 II 』雄山閣出版、1979 年、52-60 頁。

第 18 章　宗門改帳とは何か――対キリスト教政策の貴重な副産物
（原題）「宗門改帳の紙背に見える肖像」『思想』1990 年 10 月、1-3 頁。

第 19 章　宗門改帳と壬申戸籍――現代戸籍の起源
「宗門改帳より壬申戸籍へ（1）（2）」（第 1 回）『三田学会雑誌』47 巻 12 号、1954 年 11 月、63-74 頁、（第 2 回）『三田学会雑誌』48 巻 9 号、1955 年 8 月、47-55 頁。

終　章　人口・家族構造と経済発展――日本近代化の基層
書き下ろし（但し、要旨を 2009 年 4 月 13 日、日本学士院合同談話会において口頭発表）。

初出一覧

序　章　宗門改帳と近世日本の歴史人口学
書き下ろし。

第 1 章　近世後期人口変動の地域的特性
（原題）「徳川後期人口変動の地域的特性」『三田学会雑誌』64 巻 8 号、1971 年 8 月、67-80 頁。

第 2 章　幕末・明治期日本の人口趨勢――空白の四半世紀
（原題）「幕末・明治期の人口趨勢――空白の四半世紀は？」『数量経済史論集　3』日本経済新聞社、1983 年 4 月、279-304 頁。

第 3 章　人口統計史から見た明治維新
（原題）「明治前期人口統計史年表」『日本研究』（国際日本文化研究センター紀要）第 9 集、1993 年 9 月、135-164 頁。

第 4 章　結婚年齢から見た複数の「日本」――明治前期における地域的特性
（原題）「明治前期統計にみる有配偶率と平均結婚年齢――もうひとつのフォッサ・マグナ」『三田学会雑誌』79 巻 3 号、1986 年 8 月、1-13 頁。

第 5 章　人口移動と都市人口――近世後期都市の地域的特性
（原題）「近世後期地域別人口変動と都市人口比率の関連」『研究紀要』（1974 年度徳川林政史研究所紀要）1975 年 3 月、230-244 頁。

第 6 章　近世京都の歴史人口学――家と奉公人の高い流動性（四條立売中之町）
（原題）「京都町方の宗門改帳――四條立売中之町」『研究紀要』（1980 年度徳川林政史研究所紀要）1981 年 3 月、502-541 頁。

第 7 章　近世における「死」の歴史人口学――都市と農村の比較（奈良東向北町と美濃西条村）
（原題）「近世都市の歴史人口学的観察――奈良東向北町　寛政 5 年―明治 5 年」『三田学会雑誌』82 巻特別号Ⅱ、1990 年 3 月、156-175 頁。

第 8 章　近世奈良の歴史人口学――都市人口の流動性（東向北町）
（原題）「近世奈良東向北町の歴史人口学」『日本研究』（国際日本文化研究センター紀要）第 3 集、1990 年 9 月、11-33 頁。

第 9 章　近世大坂の人口動態と乳幼児死亡――都市人口と人口史料（菊屋町）
（原題）「近世後期大坂菊屋町の人口と乳幼児死亡」『千葉大学経済研究』第 13 巻第 3 号、1998 年 12 月、353-387 頁。

な

は

ま

や

ら

人名索引

あ

か

さ

た

な

は

ま

や

ら

さ

た

事項索引

あ

か

著者紹介

速水 融　（はやみ・あきら）

1929年、東京に生まれる。1950年慶應義塾大学卒業、慶應義塾大学、国際日本文化研究センター、麗澤大学名誉教授。文化功労者。日本学士院会員。文化勲章受章（2009年）。フランス人文・社会科学学士院準会員。経済学博士。経済史・歴史人口学専攻。主要著書に『近世農村の歴史人口学的研究』（東洋経済新報社）『近世濃尾地方の人口・経済・社会』（創文社）『近世日本の経済社会』（韓国語訳あり）『江戸農民の暮らしと人生』（麗澤大学出版会）『歴史人口学で見た日本』『大正デモグラフィ』（文春新書）『日本を襲ったスペイン・インフルエンザ』（藤原書店）『近世初期の検地と農民』（知泉書館）『歴史人口学の世界』（岩波現代文庫）、編著に『歴史人口学と家族史』『歴史のなかの江戸時代』（藤原書店）。

歴史人口学研究（れきしじんこうがくけんきゅう）　**新しい近世日本像**（あたらしいきんせいにほんぞう）

2009年10月22日　初版第1刷発行©
2012年11月30日　初版第2刷発行

著　者　速水　融
発行者　藤原良雄
発行所　株式会社 藤原書店
〒162-0041　東京都新宿区早稲田鶴巻町523
電　話　03（5272）0301
FAX　03（5272）0450
振　替　00160-4-17013

印刷・製本　中央精版印刷

落丁本・乱丁本はお取替えいたします
定価はカバーに表示してあります

Printed in Japan
ISBN978-4-89434-707-6